평양감사 1054일 II

제18대 평남지사 도정일지
(2019. 8. 26 - 2022. 7. 14)

목 차

1. 평양감사 일지를 펴내며 ··· 5

2. 2021년 도정일지 (2021. 1. 1 - 2021. 12. 31) ················ 9

3. 2022년 도정일지 (2022. 1. 1 - 2022. 7. 14) ················ 228

4. 국내외 언론기관 인터뷰 ··· 333

5. 내가 걸어온 길 ·· 403

6. 발간 축하 메시지 ·· 531

1. 평양감사 일지를 펴내며

평양감사 일지를 펴내며

　　2019년 8월 26일 자로 정부의 부름을 받아 제18대 평안남도지사로 임명되었다. 정무직 차관급 자리이니 나 개인을 물론 가문의 영광이 아닐 수 없었다. 첫 출근을 하던 날 도지사로서 앞으로 내가 해야 할 일과 자세에 대해 깊이 생각해보았다. 다음 날 감격스런 도지사 취임식이 있었다. 그날 저녁 취임식 날의 감격을 글로 정리하면서 앞으로 매일 매일 하루의 일과를 정리하며 일기를 써야겠다는 생각을 하게 되었다.

　　나는 온천으로 유명한 평남 양덕에서 태어났다. 내 나이 한 살 되던 해인 1948년 겨울에 어머님 등에 업혀 부모님과 형님과 함께 네 식구가 남쪽을 내려왔다. 그러나 부모님과 형님은 그렇게 그리던 고향 땅을 밟아보지 못하고 세상을 떠나 나 혼자 남게 되었다. 평남지사로 임명될 것이라는 소식을 모처로부터 통보받은 날 아내의 손을 잡고 기쁨에 넘쳐 감격했던 기억이 생생하다. 그날 하늘에 계신 부모님을 생각하며 도지사에 취임한 소식을 전하였다.

　　지사로 취임한 후 날마다 자리에 들기 전에 그날의 일들을 회상하며 하루의 일과를 정리하는 기분으로 일기를 썼다. 그날에 처리한 도정업무, 대내외 공식행사에 참석하여 이야기했던 말과 느낌, 도민들을 만나며 나누었던 이야기 그리고 때로는 그날에 특별히 느꼈던 나의 생각과 느낌을 일기장에 적기 시작했다. 2019년 8월 26일에 평남지사에 취임하여 2022년 7월 14일까지 봉직하였으니 도지사 재임 기간이 1054일이나 되었다. 짧지 않은 기간이었지만 하루하루 일기가 모여 1000여 쪽에 이르는 기록이 되었다. 도지사 퇴임 후에 그동안 써왔던 일기 내용을 정리하고 다듬어 책으로 내야겠다는 생각을 하게 되었다. 일기 내용 중 대외비를 요하는 사항이나 타인의 명예에 관한 사항 그리고 지극히 개인적인 사항은 다듬고 정리하였다.

📖 평양감사 1054일 II

　3년간 도지사로 재임하는 동안 나름 열심히 일했고 보람도 느꼈다. 나는 역대 평남지사 중에 공직 경험이 없는 최초의 도지사였다. 역대 지사님들 모두 고위공직자 출신들이었다. 공직 경험이 없는 나로서는 역대 훌륭한 도지사님들에 누가 되지 않도록 열심히 그리고 온 정성을 다하여 일해야 하겠다고 마음속으로 굳게 다짐하고 최선을 다하여 일했다. 도지사 재임 3년 동안 바르고 공정하게 공무를 수행하려고 했고 새로운 일을 찾아 열심히 일했다. 사전에 잘 준비를 하였고 기획한 일은 기쁜 마음으로 열정을 가지고 추진하였다. 무엇보다도 겸손하고 열린 마음으로 도민들에 가까이 다가가 그분들의 이야기를 듣고 도정에 반영하도록 노력하였다. 그 결과 나름 적지 않은 성과도 있었고 도민사회에서 인정도 받았던 것 같다.

　도지사로 취임한 다음 해인 2020년에는 평남지사인 내가 이북5도지사를 대표하는 이북5도위원장을 맡게 되었다. 그해 2월부터 시작된 코로나 19사태에도 불구하고 이북5도위원장으로서 나름 의미있는 성과를 거두기도 했다. 이북도민부녀회원들과 함께 '사랑의 마스크 만들기' 운동을 전개하여 어르신들과 어려운 이북도민들에게 마스크를 전달한 것을 비롯하여 이북도민 상담센터 개설, 이북5도위원회 홈페이지 개편 그리고 홍범도 장군의 봉오동．청산리 전투 승전 100주년을 맞이하여 봉오동．청산리 전투 관련 희귀사진을 수집 정리하여 도록을 제작하였다. 이어 서울과 전주시, 세종시, 속초시 등 전국을 순회하며 전시회를 개최하여 북간도를 중심으로 한 독립운동과 독립군의 활동을 재조명하고 널리 알리는 일을 하였다.

　평남지사로서는 후세들에게 귀감이 될 수 있는 훌륭한 평남 출신 인물 90인을 선정하여 그분들의 생애를 정리하여 『평남을 빛낸 인물』 I, II 권을 발간하였고, 실향민 1세 어르신 96분을 대상으로 직접 인터뷰하여 『두고 온 고향 남기고 싶은 이야기』 책자를 발간한 것도 보람 있는 일이었다. 또한 대외 언론기관과 여덟 번의 인터뷰를 통하여 이북5도위원회의 역할과 활동에 대해 홍보하였고 조선일보 등 일간지에 기고하여 이북5도위원회와 이북5도지사의 역할에 대해 널리 알리는 일도 하였다.

그러나 무엇보다도 이북도민의 정신적인 지주로서 그분들과 기쁨과 슬픔을 함께하며 통일이 되어 고향에 함께 가는 그날까지 자유 평화통일이 앞당겨지도록 함께 노력하기도 하였다. 특히 후계세대 육성에 지대한 관심을 갖고 이북도민 3, 4세대를 대상으로 평남인의 정체성과 자유 평화통일 방안에 대한 교육을 실시하기도 했다. 또한 이북에서는 사라져가는 고향의 전통무형문화재를 발굴하고 계승 발전시키는 일에 관심과 노력을 기울인 것도 큰 보람이었다.

도정일기를 책자로 발간하며 제목은 『평양감사 1054일』로 정하였다. 평남지사가 조선시대의 관직명으로는 평안감사이다. 그러나 평안감사의 감영이 평양에 있었기에 사람들은 평안감사를 '평양감사'라고도 불렀다. 평양사투리로는 '피양감사'라 했다. 나에게도 평양감사란 말이 더 친숙하다.

이제 세상에 내놓으려고 하는 『평양감사 1054일』이 이북5도와 평남도정을 좀 더 이해하는 데 도움이 되었으면 하는 바램이 있다. 또한 먼 훗날 후세들에게 행정안전부 이북5도위원회 평안남도의 2019년 8월부터 2022년 7월까지 도정 역사의 기록으로 남을 수 있다면 더 바랄 것이 없을 것이다.

2024. 02. 22
제18대 평안남도 지사 **이 명 우**

〈혜촌 김학수 화백 '모란봉 대동강도'〉

2. 2021년도 도정일지

2021년 도정일지

　2021년도는 평남도지사 3년 차가 되는 해이다. 제법 도지사로서 관록도 붙었고 도지사의 업무와 역할에 대해서도 익숙해져 성과가 나기 시작한 해이었던 같다. 연초에 올 한해 도정운영의 캐치프레이스는 "도민과 함께 만들어 가는 평화와 번영의 대한민국으로"라는 비전 아래 소통과 화합으로 하나 되는 도민사회 구현과 도민사회 역량 강화 및 이탈주민 정착지원에 역점을 두었고 이를 구현하기 위하여 노력하였다. 도정 및 시·군정 보고회를 성공적으로 개최하고, 명예시장·군수와 읍·면·동장과의 정기적인 업무회의를 통하여 도정과 도민사회 발전에 기여하였고 시장군수들의 직무역량 제고에 노력해왔다.
　1세대 어른들이 이룩하신 빛나는 업적과 애향심을 계승발전 시키기 위해서 후세대 육성에 보다 힘썼고, 청년회 육성 발전에 적극적으로 노력해왔다. 청년회 모임에는 빠짐없이 참석하여 격려하고 청년회 발전을 위해 토론하고 의견을 나누었다. 도지사 사무실은 항상 문을 열어놓고 도청과 도민회를 방문하는 평남도민들을 반갑게 맞이했다. 하루에 보통 3, 4분이 도지사실을 방문했으니 올해도 연인원 천명 정도는 직접 대면하여 만난 것 같다. 연로하신 어르신들은 도지사 사무실에 들러 내 손을 잡으시며 한결같이 하시는 말씀들이 있다. "도지사님 이곳 구기동 도청에 와 도지사님을 뵈면 마치 고향에 온 것 같아요" 때론 눈시울을 적시시면 하시는 말씀을 들으면 통일의 절실함을 느끼곤 한다.
　특히 북한 이탈주민에 대해 관심을 갖고 그분들이 도지사실을 방문하였을 때마다 따뜻하게 맞이하고 애로사항을 청취하였다. 박지원 국정원장의 배려로 북한 이탈주민들이 한국에 들어와 초기 3개월 동안 합숙하며 집단으로 교육을 받는 하나원에도 방문하여 북한 이탈주민들의 교육과정을 살펴보기도 했다. 평남중앙도민회와 평남 16개 시.군민회의 정기

모임에는 꼭 참석하여 격려하고 도정업무에 대해 설명하고 협조를 구했다. 평남중앙도민회 각종 산하단체의 행사에도 빠짐없이 참석하여 함께하였다.

일상적인 도정업무와 도민회 활동을 지원한 것 이외에 특별히 올 한해 추진했던 일 중에 보람 있었던 사업은 다음과 같다.

첫째는 무엇보다도 『평남을 빛낸 인물 60인』을 발간한 일이다. 평남 출신 인물로서 독립운동과 국가 건국 그리고 국가사회발전에 크게 기여한 60분을 선정하여 그분들의 생애를 정리하여 책자를 발간한 것이 올해 내가 한 일 중에 가장 보람 있고 자랑스런 일이라고 생각한다. 이어 추가로 30인을 선정하는 작업을 시작한 것 또한 중요한 일이었다. 추가 30인의 생애에 대해서는 원고가 정리되는 대로 책자로 만들 계획이다.

둘째는 『평남을 빛낸 인물』 발간 작업에 이어 평남 출신 1세 어르신들의 고향 이야기와 월남 시 겪었던 일 그리고 월남 후 대한민국에 정착하며 겪었던 지난 70여 년간의 삶을 인터뷰를 통하여 정리하고 이를 영상과 책자로 발간하려는 계획을 세워 추진하기로 한 일이다. 이를 위해 시장군수단으로 하여금 『두고 온 고향 남기고 싶은 이야기』 발간위원회를 구성하도록 하고 내년부터 본격적으로 추진하기로 한 것이다.

셋째는 6.25 전쟁 참전 비정규군보상법이 제정된 일이다. 작년에 이북5도위원장으로 재직하였을 때 6.25 전쟁 유격전우회 박충암 회장과 함께 국회 국방위와 관련 국회의원들을 직접 찾아가 만나며 법 제정의 필요성을 역설하고 설득한 결과 드디어 올해 그 결실을 맺어 관련법이 통과되고 제정 공포되었다. 지난 20년간 국회 마지막 문턱인 법사위와 총회에서 번번이 좌절되어왔었는데 우리의 노력과 정성이 통했는지 올해 그토록 염원하던 보상법이 통과되었다. 작은 힘이나마 관련 법 제정에 기여하였다는 보람을 느꼈다. 유격전우회에서도 이러한 나의 공적을 인정하여 영광스럽게도 유격전우회 명의로 나에게 감사패를 주었다.

넷째는 10월 15일 자 조선일보에 나의 글이 게재된 일이다. 해마다 언론기관에서 이북5위원회에 대해 부정적인 방송과 기사를 내보내고 있다.

그동안 이북5도위원회에서는 이에 대한 소극적인 대응만 하여 왔고 이북5도위원회의 역할과 기능에 대해 언론기관이나 일반 국민을 상대로 적극적인 홍보활동을 하지 않았던 것이 사실이다. 이에 이북위원회의 존립 이유와 이북5도지사의 임명은 자유 평화통일을 위한 헌법정신과 가치를 지키는 것이라는 요지의 나의 글이 조선일보에 게재되어 이북5도위원회와 이북5도지사의 역할에 대해 널리 알리는 계기가 되었다.

다섯째는 개인적인 일이기는 하나 대학을 졸업한 지 50년이 되는 올해에 졸업 50주년 재상봉행사에 우리 학과 대표로 그리고 전체동기 준비위원회 총괄 운영위원장으로서 열심히 활동하며 봉사한 것을 들 수 있다. 정말로 열심히 준비하여 멋진 졸업 50주년 재상봉행사를 하였다. 특히 우리 과 단독 기념문집을 만들어 동기들에게 대학생활의 추억을 회상할 수 있는 기회를 준 것도 큰 보람이었다. 올 한 해를 돌이켜 보면 아쉬운 점도 있었으나 열정적으로 일했고 최선을 다해 공적인 일이나 사적 일에 최선을 다했다고 생각한다. 나에게 그런 일을 맡겨주신 하나님과 국가 그리고 이북도민과 친구들에게 감사한다.

그러나 무엇보다도 평남도민들과 좀 더 가까워지고 평남중앙도민회 발전에 일조를 하였다는 것이 큰 보람이다. 훌륭한 1세 어르신들과 자주 만나 그분들로부터 실향민 1세로서 만난을 극복한 지혜와 용기를 배웠고 고향 선후배들과 형제의 정을 나누며 좀 더 가까이할 수 있었다. 후계세대들에게 선대 어르신들의 자유민주 평화통일의 정신과 투철한 반공정신 그리고 나라와 고향을 지극히 사랑하는 마음을 교육과 대화를 통하여 전할 수 있었다. 많은 분들을 새롭게 만났고 우정과 사랑을 나누었다.

- 2021년도 주요행사 기념사진 -

평남을 빛낸 인물 60인 발간식

평남을 빛낸 인물 60인 발간식

국가사회발전 유공포상식

평남을 빛낸 인물 책자

조선일보 기고문

평양검무 정기공연

2021년 1월 1일 금요일 날씨: 맑음 그러나 아주 추웠음

　오늘이 신축년 새해 첫날이다. 해마다 신년 초하루면 몸과 마음을 경건히 하고 가족의 건강과 행복을 기원하였다. 올해도 변함없이 경건한 마음으로 온 가족의 건강과 무탈을 마음속으로 빌어 보았다. 아침을 간단히 먹고 11시쯤에 현서네 집으로 갔다. 현서네 집에서 설날 식사를 온 가족이 함께하기로 하였다. 김 서방이 스테이크를 준비하고 이태리식 마카로니 요리를 한다고 하고 현서네가 빵과 포도주 그리고 간식을 준비하였다. 집사람은 저녁에 먹을 육개장과 식혜 그리고 동그랑땡 전을 준비했다. 동그랑땡 전에는 문재인 대통령 내외분이 추석 선물로 주신 버섯을 재료로 넣었다. 낮 12시쯤에 해림이가 김 서방과 도연이랑 함께 현서네 집으로 왔다. 제윤이가 지난 10월에 태어나다 보니 이제 우리 직계가족 수가 9명이 되었다. 우리 부부에게 세 명의 손녀가 생긴 것이다.

　코로나 사태로 힘들었던 일반 국민에게 우리나라 정치권은 그동안 제 역할을 했는지 의문이다. 여야 간 극심한 대립과 갈등으로 통합을 이루어야 할 국회가 제 역할을 하여 주지 못하고 있다고 생각한다. 연초부터

2. 2021년도 도정일지

 검찰개혁을 강력하게 추진하겠다고 나선 추미애 법무부 장관과 헌법을 수호하고 법과 원칙에 따라 살아있는 권력에 대해서도 주저하지 않고 뚝심 있게 수사를 하겠다는 윤석열 총장과의 갈등으로 그런 모습을 국민들은 피곤하게 지켜봐야만 했다. 추미애 장관의 저돌적이며 독단적인 업무 처리로 비상식적인 검사인사 과정을 통하여 장관과 총장 간에 갈등이 최고조에 이르다가 마지막에는 추 장관이 윤 총장에 대해 총장직무 배제조치를 취하고 윤 총장에 대한 감찰을 실시하더니 결국은 징계위원회에 회부하여 윤석열 총장에 대해 2개월 정직 조치를 취하기까지 하였다. 그러나 행정법원에서 두 번 다 윤 총장에게 총장직무를 수행할 수 있도록 결정하였다. 이로써 결과적으로는 추 장관과 윤 총장 간에 힘겨루기는 윤 총장의 완승으로 끝났다. 그러나 이러한 일련의 과정이 가뜩이나 힘든 국민들을 더욱 힘들고 짜증나게 하였다. 이 과정에서 문 대통령과 정치권의 조정역할은 전무하였다.

 우리나라 정치 제도와 시스템이 고장이 나도 크게 고장이 난 것이 여실히 드러났다. 정치력의 부재이며 현재 우리나라 정치시스템이 문제해결 능력에 한계를 보였으며 순기능으로 작동하지 못함에 대해 안타까울 따름이다. 연초부터 법무부 장관과 검찰총장 간의 갈등과 불협화음은 가뜩이나 코로나 사태로 지칠대로 지치고 심신이 피로한 일반 국민에게 심적 고통을 안겨 주었다. 다행히 사법부의 현명한 판단으로 대한민국이 아직은 법과 정의가 살아있음을 보여주어 다행스러웠다.

 올 한해는 우리나라에 있어서 매우 중요한 한 해이다. 4월에 서울시장과 부산시장 선거가 있고 하반기에 들어가면 내년 3월에 치를 대선 분위기에 온 국민의 관심이 쏠릴 것이다. 이러한 때에 여야 정치인들을 비롯하여 우리와 같은 공직자들이 제 몫을 다하여 국민에 봉사하고 일반 국민 역시 어느 정파에 목숨을 걸듯 지지할 것이 아니라 차분하게 상식과 양심에 기준하여 조용하게 그러나 각 개개인의 정치적인 의사결정이 한국 사회의 앞날을 결정한다는 무거운 책임감을 갖고 주권자로서의 역할을 다 하여야 할 것이다.

[2021년도 신년사]

존경하는 평남도민 여러분!

2021년 신축년 희망찬 새해가 밝았습니다.

새해 어둠을 뚫고 솟아올라 와 온 누리를 밝고 따사롭게 비추는 태양처럼 우리 대한민국과 평안남도에의 앞길에 번영의 서광이 비추기를 간절히 소망합니다. 지난 한 해 도정과 도민회 발전을 위해 아낌없는 애정과 성원을 보내주신 전승덕 도민회장님, 행정자문위원님, 상임고문님 및 각 유관단체 임원 그리고 도민 여러분께 진심으로 감사드립니다.

존경하는 도민 여러분 !

2021년 신축년은 "흰 소의 해"입니다. 소는 여유와 풍요함을 상징하는 우리 민족에게는 농경사회부터 매우 친근한 소중한 동물입니다. 신축년 새해를 맞이하여 평남도민 여러분 가정 모두 더 풍요롭고 건강한 삶이 되기를 바라오며 부디 올해에는 남북공동번영의 이정표를 세우는 한 해가 되어 연로하신 1세 어르신들이 꿈에서도 그리던 고향 땅을 밟을 수 있는 기쁨의 한 해가 되기를 간절히 기원합니다.

존경하는 도민 여러분 !

지난 한 해는 해마다 성황리에 개최되었던 '도민의 날 대회', '재외이북도민초청행사' 그리고 '대통령기 이북도민체육대회' 등 계획된 행사들이 "코로나 19"사태로 인하여 취소되어 많은 안타까움 속에 한 해를 보냈습니다. 그러나 이런 어려운 여건과 환경 속에서도 우리 평남 도정은 도민 여러분들의 깊은 관심과 적극적인 참여 덕분에 나름대로 최선을 다하여 몇 가지 의미 있는 일을 할 수 있었습니다.

우선 연초 코로나로 인해 많은 어려움에 처해 있는 도민들을 돕기 위해 도민 부녀회원들의 참여 속에 "사랑의 마스크 만들기 운동"을 전개하여 6천여 개의 마스크를 직접 제작하여 각 시군민회는 물론 각 지방지구 도민에게 전달하여 평남인의 따뜻한 온정을 나누었습니다. 또한 평남인 출신 선대 어르신 중에 평남인의 강인한 정신과 애국애족 활동에 크게 기여하신 훌륭한 분들을 찾아 그분들의 정신을 계승하고 평남인의 정체성을 확립하고 후세들의 정신적인 사표로 삼기위해 『평남을 빛낸 인물 60인』 선정작업을 완료하였습니다. 각 시군민회에서 추천받은 90여 명과 원로 유지분들이 추천해주신 18명을 대상으로 외부전문가를 포함한 심사위원회를 구성하여 엄정한 세 차례의 심사 회의를 통해 최종적으로 '자랑스러운 평안남도를 빛낸 인물 60인'을 선정하였습니다. 민족의 지도자이셨던 도산 안창호 선생, 고당 조만식 선생을 비롯하여, 독립전쟁의 영웅 홍범도 장군, 왈우 강우규 의사 그리고 6.25 전쟁의 영웅 백선엽 장군에 이르기까지 온 국민의 존경을 받는 애국지사와 정치가, 학자, 문화 예술가 그리고 효봉스님, 한경직 목사, 지학순 주교 등 종교인까지 대한민국 건국을 비롯하여 오늘날 세계 속에 우뚝 솟은 대한민국을 이룩하는데 헌신하신 훌륭하신 선대 어르신들을 재조명할 수 있게 되었습니다. 이분들의 정신을 계승하고 후계세대에 알리는 것이 우리의 임무라고 생각합니다.

특히 독립전쟁의 영웅이신 자랑스러운 평남 출신 홍범도 장군의 '봉오동·청산리 전투 승전 100주년'을 맞이하여 이북5도청에서 성황리에 기념식과 함께 관련 사진전시회를 개최하였으며 이어서 전북, 속초, 세종 등 지방에서 순회전시회를 개최하는 등 큰 성과를 이루어 냈습니다. "독립전쟁! 그 현장을 가다"라는 주제로 충실한 고증을 통한 해설을 실어 관련 사진도록도 발간하여 후세들에게 귀중한 사료로서 전할 수 있도록 하였습니다. 이와 같은 행사와 더불어 코로나 확진 사태가 심화됨에 예년같이 대면 활동 위주로 해오던 행사를 비대면 활동으로 발 빠르게 대처하여 도민과의 소통을 상당 부분 비대면 방식으로 전환하여 이에 대한 시스템도 새로이 구축하고 추진해 왔습니다.

이북5도위원회의 공식 인터넷 및 유튜브 채널인 한백 스튜디오를 개소하였고, 홈페이지의 기능과 내용을 새롭게 업그레이드하여 젊은 세대들에

평양감사 1054일 II

게 위원회와 평안남도의 소식을 전달하고 젊은 세대의 목소리를 듣고 도정업무에 반영하는 노력을 하였습니다. 교육과정 신설, 위원회와 도정 영상회의, 상담실 센터운영 등 비대면 시대에 맞는 입무영역과 방식을 새로이 구축하였습니다.

또한 국외이북도민들과는 영상회의를 통하여 이북5도위원회의 활동상황에 대해 설명드리고 국외이북도민회의 활동상황에 대해서도 이해할 수 있는 소중한 시간을 가졌습니다. 이 모든 것이 도민 여러분들의 적극적인 참여와 성원 덕분이라 생각하며 진심으로 감사의 말씀드립니다.

존경하는 도민 여러분!

도민과 함께 만들어 가는 평화와 번영의 대한민국으로라는 비전 아래 소통과 화합으로 하나 되는 도민사회 구현과 도민사회 역량 강화 및 이탈주민 정착지원에 노력하겠습니다. 도정 및 시·군정 보고회를 개최하고, 명예시장·군수와 읍·면·동장과의 정기적인 업무회의를 통하여 도민사회 발전에 기여하고 직무역량 제고에 노력하겠습니다. 특히 1세대 어른들이 이룩하신 빛나는 업적과 애향심을 계승발전 시키기 위해서 후계 세대 육성에 보다 힘쓰고, 청년회 육성 발전에 적극적으로 노력하겠습니다. 또한 실질적으로 도움이 되는 북한 이탈주민 정착지원을 위해 실생활 위주의 교육과정을 개설하고 이북도민과의 결연사업 및 정착지원을 위해 더욱 노력하도록 하겠습니다. 이 모든 사업은 도민 여러분의 협조와 참여 없이는 불가능하다고 생각합니다. 도민 여러분께서 적극적으로 도정에 관심을 기울여 주시고 참여해주실 것을 당부드립니다. 우리 도정은 도민 여러분들의 귀한 말씀과 의견에 대해 항상 경청하고 이를 도정에 반영하도록 노력하고자 합니다. 늘 도지사실을 열어놓고 도민 여러분들의 방문을 환영하겠습니다.

존경하는 도민 여러분!

우리 국민은 과거 위기를 기회로 삼아 더 큰 도약을 이루어 낸 지혜와 경험을 가지고 있습니다. 특히 우리 평남인은 맹호출림의 강인한 정신과 생활력 그리고 자유민주주의를 지키고자 하는 나라사랑 정신으로 IMF 외환위기 때나 국제금융위기 같은 어려운 시기에도 합심하여 극복한 저력 있는 자랑스러운 도민입니다.

"코로나 19"의 위기도 우리 평남인이 앞장서서 불퇴의 정신과 혼신의 노력으로 대처한다면 충분히 이겨낼 수 있으리라 확신합니다.

존경하는 평남도민 여러분! 신축년 새해 도민 모든 분 가정에 건강과 행운이 가득하기를 기원합니다. 새해 복 많이 받으십시오.

2021년 1월 2일 토요일 날씨: 추움

오늘도 『평남을 빛낸 인물』 원고작업을 계속하였다. 김옥길 총장과 효봉스님에 대해서 인터넷을 검색하여 검색한 내용을 종합하고 정리하여 작성하였다. 특히 효봉스님에 대해서는 그동안 몰랐던 사실을 많이 알게 되었다. 효봉스님은 우리 양덕군 쌍용면에서 태어나신 양덕군의 큰 인물이시다. 우리나라 최초의 판사 출신으로 독립운동가에 대한 재판에서 사형을 언도할 수밖에 없었던 자신의 처지를 한탄하고 참회하며 가족에게도 알리지 않은 채 판사직을 그만두고 엿장수를 하면서 전국을 유랑하기 3년, 우연히 금강산에 들러 불교에 입문하여 지독한 고행과 수련 끝에 득도하여 우리나라 최고의 스님이 되셨다. 통합 조계종 초대 종정으로 우리나라 불교계에 기틀을 잡으셨다. 효봉스님의 득도 과정의 일화와 마지막 세상을 떠나시기 며칠 전에 손자와 상봉하여 이승에서 혈육을 정을 느끼는 장면은 내 마음을 아프게 하였다. 손자와 만나 혈육의 정을 나누며 마지막 밤을 함께 잤다는 이야기는 너무나 마음이 아프면서도 감동적이다.

효봉스님이 출가한 후 득도하여 금강산에서 계실 때 신혼부부가 신혼여행을 금강산으로 와 스님이 계신 산사에 왔었다고 한다. 참선을 하며 창밖을 보던 스님을 그 신혼부부를 보고 깜짝 놀랐다. 그 젊은 신랑이 바로 스님의 큰아들이었다. 혈육을 정을 느끼면서도 속세와 인연을 끊은 스님은 눈을 감고 참선을 계속하셨다고 한다. 두 번째 만남이 손자와의 만남이다. 1966년 9월 29일 자 조선일보에 효봉스님의 기사가 났다. 제목이 '병상에 효봉스님'이었다.

이 기사를 본 장손이 조선일보에 편지를 보내 혹시 효봉스님이 아버지 어린 시절에 집을 나간 이찬형 할아버지가 아닌지 확인해달라고 요청하는 편지였다. 조선일보는 이런 사실을 큰 스님에게 알려 혈육이 맞다는 확인을 받고 장손을 효봉스님이 계신 밀양 표충사로 가게 하였다. 장손은 가족을 데리고 효봉스님을 만나러 갔다. 공교롭게도 큰아들은 그때 마침 일본 출장 중이여 함께 가지 못했다. 감격적인 만남을 가진 할아버지와 장손은 한방에서 잠을 자며 속세에서의 혈육의 정을 나누었다고 한다. 며칠 후 효봉스님은 입적하였다.

2021년 1월 3일 일요일 날씨: 추웠음

오늘도 『평남을 빛낸 인물』에 대한 원고작업을 했다. 이번 신정연휴 기간에 60인에 대해 원고작업을 다 마치려고 욕심을 부렸으나 좀 더 내용을 충실하게 정리하려다 보니 몇 분밖에 정리하지 못했다. 자료를 찾고 글을 다듬어 내용을 충실하게 하여야겠다.

2021년 1월 4일 월요일 날씨: 추웠음. 요즘 계속 강추위가 계속됨

신정연휴가 끝나고 첫 출근길이다. 오늘 오영찬 평북지사에게 이북5도위원장 직책을 넘겨주는 날이다. 지난 일 년 동안 이북5도위원장 직을 수행하면서 심적 부담이 참 많았다. 이북5도를 대외적으로 대표하고 평남뿐 아니라 미수복 경기도와 미수복 강원도를 겸직하여 하나의 도를 책임지는 도지사 업무보다는 2, 3배 정도의 업무량이 많고 책임감이 막중하였다. 그러다 보니 심적 부담감도 적지 않게 있었다. 그러나 열심히 했고 맡은 바 일을 충실히 했다고 생각한다. 도지사에 취임한 지도 16개월에 접어들어 어느 정도 요령도 생기게 되어 이제는 좀 편한 마음으로 근무할 수 있을 것 같다. 그런 자신감도 생겼다.

아침에 오 지사와 각도 지사님들에게 인사를 다녔다. 오후 2시에 영상으로 시무식을 하였다. 시무식을 하기 전에 이북5도위원장 업무인계인수서에 서명하고 이어 이북5도위원장 명패와 이북5도위원회기를 평북지사에게 5도 지사들이 참석한 가운데 전달하였다. 시무식에서 평북지사는 위원장으로서의 계획과 포부를 말하였다. 나는 덕담을 하며 그동안 협조해준 5도 지사님들과 위원회 사무국 직원들의 협조에 감사 인사를 하고 앞으로 오 위원장을 잘 도와 계획하신 일들을 성공적으로 수행해나갈 수 있게 돕자고 하였다. 그리고 신축년 새해를 맞이하여 직원들의 건강과 각자의 바람과 희망을 이루길 바란다는 축원의 말로 신년인사말을 마쳤다.

오후 5시 50분에는 이북5도청 현판 점등식을 거행하였다. 내가 위원장으로 취임하면서 시도하였던 일인데 여건이 허락하지 않아 실행에 옮기지 못했었다. 그러다 과단성이 있는 오 위원장이 위원장직을 인수하자마자 실행에 옮기니 참 기분이 후련하고 내 뜻을 이룬 것 같아 기분이 좋았다.

2021년 1월 5일 화요일 날씨: 추웠음

오늘은 신년 들어 처음으로 개최하기로 되어있는 이북5도위원회 주간회의 날이다. 그러나 최근 코로나사태가 좀처럼 개선되지 않아 사회적 거리 두기 2.5단계가 1월 17일까지 연장되고 좀 더 강화하라는 정부 방역당국의 지침에 따라 개최되지 못하였다. 앞으로 특별한 안건이 있을 때는 당분간 서면결의 하는 것으로 했다. 오전 10시경에 최근에 부임한 이북도민지원과장에게 내 사무실로 와서 차 한잔하자고 하였다. 차를 마시며 몇 주 동안 근무한 소감도 물어보고 이북5도위원회와 이북도민사회에 대해서 도움이 될 말을 좀 해주었다. 다른 정부 기관과 달리 이북도민사회 단체와 함께 이북5도청 건물을 사용하기 때문에 이북도민들에 대한 관심과 이해가 필요함을 이야기해주었다.

특히 내가 지난해에 각별하게 신경을 썼던 홈페이지관리와 온라인 영상교육에 대한 중요성과 그 활용 방안에 대해서 이야기를 나누었다. 그리고 홍보팀의 활용과 관리를 좀 더 세심하게 하여줄 것도 부탁하였다. 이북5도위원회의 활동과 소식을 곧바로 홈페이지에 게시하는 것도 부탁하였다. 며칠 전에 홍보팀장에게 이북5도위원장의 교체에 따른 변경된 사항을 수정하여 입력할 것과 작년 12월 중에 있었던 두 가지 중요한 행사인 제13회 이북청소년 통일글짓기 대회와 제13회 이북도민 통일미술대전 소식을 Timeline에 게시하라고 서너 차례 지시했는데 아직까지 이행이 되지 않고 있어 오늘 중으로 수정하여 줄 것도 지시하였다. 아울러 홍보팀의 중요성에 대해 설명하고 홍보팀 관리에 각별히 신경을 써달라고 당부하였다.

오늘 점심은 구내식당에서 하였다. 오늘 메뉴에 내가 좋아하는 가자미구이가 나와서 맛있게 먹었다. 오후 2시 40분에 현충원 충혼탑에 가서 조국을 위해 순국하거나 헌신 봉사하시다가 먼저 가신 선열들에게 신년인사를 드렸다. 지난해에는 이북5도 각 도별로 각 도지사들이 관할 명예시장군수단들과 함께 가서 참배하였다. 그러나 올해는 코로나 19사태로 인하여 부득이 각도 별로 참배하지 못하고 이북5도위원회에서 위원장을 비롯하여 각도 지사들과 각 도 사무국장들 10명으로 인원을 제한하여 참배하였다. 참배하면서 애국선열들의 헌신이 없었다면 오늘날 우리 대한민국이 존재할 수 없었음을 다시 한번 느끼며 선열들의 숭고한 애국정신을 가슴에 새겼다.

2021년 1월 6일 수요일 날씨: 올겨울 들어 가장 추운 날씨 중 하루였음. 영하 10도

아침에 비서실장이 조선일보 부음기사를 보여주었다. 우리 평남 맹산군 출생이신 세계적인 물방울 추상화가이신 김창렬 화백의 타계 소식이었다. 우선 평남도지사 명의로 조화를 빈소인 고대 안암병원에 보내도록 조치하였다. 점심은 함남지사와 황해지사를 모시고 행복집에서 하였다. 오늘 식사는 세 사람만 하게 되어 우리 도지사들이 늘 먹던 까치복으로 하지 않고 참복 정식으로 주문하였다. 참복이라 그런지 복지리 국물맛이 구수하고 복어고기는 식감이 좋고 부드럽고 맛있었다. 반주로 전북 완주산 고택주를 하였다.

오후 3시 30분쯤에 고대 안암병원 장례식장으로 갔다. 김창렬 화백을 문상하러 비서실장을 대동하고 갔다. 코로나사태로 인하여 문상객들이 그리 많지 않았다. 상주인 큰 아드님에게 위로의 말씀을 드리고 선생의 고향인 평안남도지사라고 나를 소개하였다. 상주는 바쁘신 중에도 문상을 와주셔서 감사하다고 답하였다. 김 화백님은 화장을 한 후에 제주시 선생의 기념관 내에 있는 나무 밑에 모신다고 한다. 작년에 평남을 빛낸 인물 선정 시 맹산군에서 김창렬 화백을 후보로 추천하였으나 생존자 배제 원칙에 따라 선생은 60인 인물로 선정되지 못하셨다. 올해 추가 선정 시 후보로 추천하여 선정심사를 하여 보려고 한다. 선생은 1972년 처음 물방울 회화를 선보여 프랑스문화예술 공로훈장을 받았고 대한민국에서는 은관문화훈장을 받으셨다. 반평생을 물방울 그림에 매달리셔 그림을 그리셨는데 생전에 조선일보 기자의 인터뷰에서 "다른 건 그릴 줄 모르니까요. 그래서 물방울만 그렸지요"라고 겸손하게 말씀하셨다고 한다. 1929년 우리 고향 평남 맹산에서 태어나시어 16세에 월남하였다. 1948년 검정고시로 서울대 미대에 입학하였으나 6.25 전쟁으로 학업을 중단하게 되었다.

1957년 현대미술가 협회 창립회원으로 활동하며 추상미술 앵포르멜 운동을 이끌었다. 6.25 전쟁의 참극 앞에서 전쟁의 참상을 직접 목도하여 느낀 생에 대한 좌절을 비정형의 회화로 풀었다. 물방울은 그 이후에 그리기 시작했다고 한다. 프랑스 파리에 정착한 것이 1972년이었다. 파리 외각의 외양간에서 숙식을 해결하고 작업에 열중하였다고 한다. 밤새

도록 그린 그림이 맘에 안 들어 천을 떼 재활용하려는 요량으로 캔버스에 물을 뿌려놨었다. 아침에 일어나 보니 물이 방울지어 햇살에 빛나고 있었다. 그 순간 존재의 충일감에 온몸을 떨었다고 한다. "그해 파리에서 열린 '살롱 드 메' 전시에 출품작으로 '밤의 사건'을 통해 물방울 회화를 세상에 처음 선보였다. 물방울은 캄캄한 배경 속에서 푸른 광휘를 드러내고 있었다. 물방울과 더불어 문자는 김창열 선생 화업의 큰 축이다. 맹산군에서 명필로 명성을 떨치시며 비석문을 쓰시던 할아버지로부터 천자문을 배우셨다고 한다. 그 기억에 기반하여 글자를 쓰고, 위에 물방울을 넣은 '회귀' 연작이 탄생했다. 물방울과 문자가 이미지와 언어, 동양과 서양, 추상과 구상의 세계를 연결한다. 선생이 1976년 처음 국내 개인전을 열었던 서울 갤러리 현대에서 지난해 열린 물방울과 문자를 함께 조명한 전시가 마지막 개인전이 되었다.

4년 전 조선일보 정상혁 기자와의 인터뷰에서 선생은 "지금 현재에 만족한다"고 했다. 살 만큼 살았고 손자도 봤고 괜찮은 화가란 소리도 들었다고 하셨다. 세계를 떠돌았으나 선생에게 제주도는 각별하다고 한다. 전쟁 당시 1년 6개월 동안 피난 생활을 한 곳이 제주라고 한다. 추사 선생이 있었고 이중섭 선생을 여러 번 뵌 장소라며, 프랑스에 오래 살았지만, 그때의 감동이 평생 작품활동을 하는 데 영향을 미쳤다고 한다. 2016년 제주 도립 김창열 미술관 개관식 당시 선생은 다음과 같은 짧은 축문을 남겼다. "나는 맹산이라는 심심산골에서 태어나 용케도 호랑이한테 잡아 먹히지 않고 여기 산천이 수려한 제주도까지 당도했습니다. 상어한테 잡혀먹히지만 않는다면 제주도에서 여생을 마무리하는 것이 저의 소망입니다."

선생에게 국화꽃 한 송이를 바치고 분향 재배한 후 상주인 큰아들에게 위로 말씀을 드렸다. 선생은 아들 둘을 두셨다고 한다. 작은아들은 현재 프랑스에 거주하여 안타깝게도 빈소를 지키지 못하게 되었다고 한다. 3일 장이 끝나면 선생은 김창열 기념관에 심어진 나무 밑에 몸을 뉘고 쉬실 것이다. 선생은 영면하실 것이나 물방울의 신화는 계속될 것이다.

2021년 1월 7일 목요일 날씨: 폭설에다 강추위 아침 기온 영하 15도

아침에 6시쯤 일어나서 뒷산에 가려고 했더니 눈이 너무 왔다. 도저히 산행을 할 수가 없었다. 집 앞 난간과 계단에 쌓인 눈을 치웠다. 아침에 윤 주무관이 5시에 집에서 나와 강남으로 돌아서 우리 집으로 왔다고 한다. 두 시간 정도 걸렸다고 하였다. 고생이 많았겠다 생각된다. 눈이 너무 쌓인 데다가 제설작업이 제대로 되어있지 않아서 용서고속도로로 진입하지 못하고 돌아서 판교IC를 통하여 경부고속도로로 진입하여 출근했다. 고속도로라 제설작업이 되었는지 아니면 차가 많이 다녀서 그런지 눈이 다 치워진 것 같았다. 생각보다는 교통 적체가 심하지 않았다.

오늘 점심은 평북지사와 함북지사를 모시고 행복집에서 어제와 같은 메뉴로 식사를 했다. 내가 이북5도위원장으로 있는 동안 도지사분들이 적극적으로 도와주신 덕분에 무난하게 위원장 직분을 마친 것에 대해 감사하다는 말씀을 드렸다. 우리 세 사람이 같은 날 도지사로 취임하였고 대학 학번도 같아 비교적 호흡이 잘 맞는 것 같다. 앞으로 1년 동안 평북지사께서 이북5도위원장 업무를 잘 수행할 수 있도록 옆에서 잘 협조하기로 했다. 오후 2시쯤에 이북도민중앙회 연합회장께서 신년인사차 내려오셨다. 지난 한 해 본의 아니게 제대로 돕지 못했고 내 문제로 국민권익위원회에 제소한 건에 대해서 미안한 마음이 있다고 양해를 구하였다. 나로서도 지나간 일이니 섭섭한 마음이야 있지만 개의치 않고 잊어버리겠다고 하였다. 오후에는 2021년도 재상봉 50주년 행사 관계로 상학과 동기들의 명단과 주소를 확인하는 작업을 하였다.

2021년 1월 8일 금요일 날씨: 아침 강추위 서울 온도 영하 15도 체감온도 영하 20도 올겨울 들어서 가장 추운 날씨인 것 같다

오전 10시쯤에 위원회 사무국장이 차 한잔하러 내 방에 들렀다. 지난

한 해 동안 나를 잘 보좌하여 위원회 사무국 일을 잘 처리해 준 것에 대해 고마움을 표시하였다. 노 국장도 합리적이며 의욕적으로 일하셨던 위원장을 모시고 한 해를 보낸 것에 대해서 보람을 느꼈고 많은 가르침을 받았다고 덕담을 하였다. 지난 연말에 박사학위 논문이 통과되어 금년 2월에 정식으로 박사학위를 받는다고 한다. 북한 이탈주민들의 수용성에 대한 실증적 연구를 과제로 논문을 작성하였다고 한다. 박사학위 통과 논문을 한 부 주어 잘 읽어보고 우리 위원회 업무에 도움이 되도록 해봐야겠다.

오전 11시경에 강우규 의사기념사업회 장원호 회장이 남대문 청년회의소 전년도 회장인 이수미 회장과 부회장인 심성우 부회장을 대동하고 방문하였다. 지난번 왈우 강우규 의사 순국 100주년 추념식을 남대문 청년회의소에서 주관하여 준 것에 대하여 평안남도에서 그 공을 인정하여 평남지사 표창장을 수여하기로 하기로 했었다. 두 사람에게 표창장 수여식을 끝내고 차를 마시며 왈우 선생에 대한 이야기에 곁들여 우리 평남 출신 애국지사에 대한 이야기를 같이 나누었다. 오전 11시 30분에 행복집으로 이동하여 장원호 회장과 수상자 두 분과 함께 점심을 같이했다.

졸업 50주년 재상봉 행사 관계로 상학과 동기 친구들에게 일일이 전화를 하여 주소와 전화번호 그리고 이메일 번호를 확인하였다. 서너 명 제외하고는 오늘 거의 다 주소를 확인하였다.

2021년 1월 9일 토요일 날씨: 맑고 매우 추움. 계속 영하 10도 안팎의 추운 날씨임

아침 7시쯤에 완전무장을 하고 운중천변을 걸었다. 평소 목표지점인 널더리 다리(판교다리) 바로 직전까지 갔다 왔다. 날씨가 매우 추운데도 건강을 위해서인지 아침 이른 시간인데도 걷는 사람들이 생각보다 제법 있었다. 집에 돌아와 걸음 수를 확인해보니 1만 2천 보쯤 걸었다. 집에 와서 집사람과 아침 식사를 하고 『평남을 빛낸 인물』 원고작업을 계속하였다. 점심을 먹고 집사람과 모란장으로 갔다.

시흥사거리 가기 전에 오른쪽에 김영모 제과점이 새로 들어선 것이 보였다. 호기심에 들러보았다. 김영모는 도곡동에 본점이 있는 유명한 제빵집이다. 대한민국 제빵 명인 1호라고 한다. 제법 오랫동안 명성도 있고 빵 맛이 있어 강남지역 사람들 단골이 많은 제빵점이다. 이곳에 새로이 건물을 지어 들어섰다는 게 신기하기도 하고 잘 될까 싶어 궁금하기도 하여 한번 들러보기로 했다. 유명세가 있어서 그런지 위치도 시내에서 상당히 떨어진 외곽지대이고 해서 찾아오는 사람들이 있을까 했는데 제법 많았다. 계산대에 줄을 서서 한참을 기다려야 했다. 우리 것과 해림이네 그리고 현서네 집에 줄 빵을 조금씩 샀다.

모란장에 가니 오늘이 장이 서는 날이라 사 코로나와 강추위인데도 사람들이 제법 있었다. 참기름과 황기를 사고 수내동 총각네 집에 들러 채소 좀 사고 집으로 오는 길에 낙생 하나로마트에서 달걀과 우유 그리고 찹쌀을 샀다. 해림이네 집에 들러 김영모 빵집에서 산 빵을 전달해 주고 집으로 와서 조금 있다가 현서네 집으로 갔다. 현서네 집에서 해림이네와 같이 저녁을 먹기로 했다. 떡국에 굴전으로 맛있게 먹었다. 도연이가 오는 화요일에 낙생초등학교를 졸업한다고 한다. 집사람이 도연이 졸업 선물로 이태리 모직 머플러를 사서 주었다. 현서네도 하얀 색갈의 노트북을 선물로 준비하여 주었다.

오늘 방역 당국으로부터 문자 메시지가 왔다. 작년 12월 27일부터 금년 1월 4일까지 사우나에 간 적이 있는 사람은 코로나 확진 검사를 받으라는 통보 메시지였다. 내가 머리 손질하기 위해서 가끔 쉐레이 사우나에 있는 이발소에 가고는 했는데 지난해 12월 초부터 아무래도 위험할 것 같아 머리 손질을 할 때가 지났는데도 가지 않았다.

2021년 1월 10일 일요일 날씨: 맑으나 강추위 아침 기온 -16.1도
아침 7시에 운중천 변을 걸었다. 낙생고등학교 부근까지 갔다 왔더니

11,000보쯤 걸었다. 오늘은 집에서 쉬면서 평남을 빛낸 인물 중에 용강군 출신인 김일엽 스님과 정일형 선생에 대한 일생을 정리하였다. 두 분의 일생을 정리하다 보니 두 분의 가족사에 대한 이야기도 알 수 있었다. 1896년 평남 용강군에서 목사의 딸로 태어난 김일엽은 1920년대 한국 신여성의 대표적인 인물이었다. 동년배인 나혜석, 김명순과 함께 대표적인 신여성 작가로 이름을 날렸다. 박인덕, 윤심덕 등과도 교류하며 남존여비 사상이 공고했던 시절 여성의 독립성과 인간으로서의 존엄을 알며 여성의 권리를 주장한 한국 최초의 여권운동가라고 볼 수 있다. 파란만장한 인생역정에서 인생무상을 느끼며 불교에 귀의하여 여승이 되었다. 그 당시 시대를 앞선 여성들의 운명적인 인생 항로 였다.

2021년 1월 11일 월요일 날씨: 추움

평남중앙도민회장이 신년인사차 내려오셨다. 신년인사를 나누고 앞으로 일 년간 도민회 발전 방안에 대해서 의견을 나누었다. 나로서도 도정의 기본방향은 도민사회와 협조하고 지원하는 방향으로 나가겠다고 이야기 하였고 올 한해도 도민회 발전에 적극적인 관심을 갖고 협조하겠다고 하였다. 전승덕 회장도 도정 발전을 위해 적극적으로 협력하겠다고 약속하였다. 특히 3, 4세대 육성방안에 대해서는 상호 공감하고 구체적인 지원방안에 대해서 추후 협의하기로 하였다. 점심은 구내식당에서 먹었다.

대학 졸업 50주년 기념 재상봉행사 상학과 대표로 활동하게 되어 동기회 명단을 새로이 작성하기 시작했다. 모교 재상봉행사 담당 직원이 보내온 자료를 기초자료로 하여 친구들에게 일일이 연락하여 현주소와 이메일 주소를 확인하였다. 경우회 명단은 이헌창 경우회 간사가 명단을 주어 수고를 좀 덜었다. 내가 알고 있는 전화번호 중 011로 시작하는 번호의 경우는 일일이 중간 3자리 숫자 앞에 2, 3, 5, 8을 차례로 넣어 통화를 시도하여 보았다. 어느 정도 동기 친구들의 명단이 파악되었다. 5, 6명 정도만 추가로 확인하면 완료될 것 같다.

2021년 1월 12일 화요일 날씨: 흐리고 여전히 추웠음 오후 4시부터 눈이 많이 왔음

이북5도위원회 정식 주간회의는 하지 않고 5도 지사들과 차담회를 하였다. 점심은 1월 17일까지는 함께 하지 않기로 하였다. 오늘도 점심을 구내식당에서 하였다. 이북도민 인구추계 조사 자료를 추가로 접수했다. 함남이 2백여 개로 가장 많이 보내왔다. 오늘까지 총 461매 접수되었다. 처음 조사할 때 700여 매쯤 되어 추가분까지 하면 1,200매쯤 될 것 같다. 그 정도 숫자면 충분한 표본조사 수치는 되는 것 같다. 김윤미 주무관에게 자료를 넘겨주면서 통계입력을 부탁하였다.

오후 2시에 김동길 선생님을 댁으로 찾아뵙고 신년인사를 드렸다. 선생님께서 반갑게 맞이해주셨다. 평남을 빛낸 인물에 대한 책자발간에 대해 말씀을 드리고 선생님의 누님이신 김옥길 총장님에 대한 평전에 대해 한 번 읽어보시고 검토해주십사고 부탁을 드렸다. 일견하신 후에 잘 되었다는 말씀을 하셨다. 이번 인물 선정에서 김동길 선생께서 쓰신 인물 평전인 『100년의 인물』에 올라있는 분이 13분 정도 된다고 말씀드렸다. 선정된 13분에 대한 선생님의 평전도 참고로 책자에 올렸으면 좋겠다고 말씀드리니 쾌히 승낙하여 주셨다. 나중에 원고가 완성되면 축사를 써주십사고 부탁을 드렸다. 그렇게 하여 주시겠다고 기꺼이 승낙하셨다.

시국에 관한 이야기를 좀 하다가 혜촌 김학수 선생님의 [모란봉 대동강도]를 기증받았다는 말씀을 드렸더니 감개가 무량하신지 대동강과 모란봉에 대한 옛 시인의 시를 낭송하시어 의미 있게 들었다. 그 연세에 어쩌면 그렇게 기억력이 좋으신지 놀라울 따름이다. 선생님께서 최근에 지으신 책 〈청춘이여 주저하지 말라〉라는 책을 주시어 감사히 받았다. 좋은 업적을 이루어 훌륭한 도지사가 되라는 격려의 말씀도 주셨다. 선생님의 말씀을 명심하여 도지사로 재임하는 동안 내내 초심을 잃지 않고 최선을 다하여 국가와 도민사회 그리고 도민들을 위하여 봉사할 것을 마음속으로 다짐하였다.

2021년 1월 13일 수요일 날씨: 여전히 추웠음

오늘 하루 연가를 냈다. 어제 눈이 너무 많이 내려 아침 출근길이 힘들 것 같기도 하고 작년에 이월된 연가가 10여 일 정도 있어 올해 총 연가 가능 일수가 24일 정도 된다고 한다. 올해는 위원장직도 물려주었으니 그리 중요한 일 없거나 바쁘지 않은 날에는 연가를 내어 격무에 지친 몸과 마음을 좀 쉬려고 한다. 지난 세월 30여 년간 금융기관에서 일하고 그 후 20여 년간을 개인 사업을 하면서 일에 매달려 쉴 틈 없이 일하던 관성이 붙어서 그런지 연가를 내어 쉬는 것에 익숙하지가 않다. 그러나 업무의 수준을 높이고 좀 더 정확한 판단을 하여 도지사의 막중한 업무를 수행하려면 적당한 휴식도 필요하다고 생각한다. 이젠 휴식에 너무 인색하지 말아야겠다. 또 도지사인 내가 연가를 내어 가끔 잘 쉬어야 나를 보좌하며 일하는 비서실장과 비서 그리고 수행원도 편하게 연가를 내어야 쉴 수 있을 것이다. 그런 점도 고려하는 것이 옳은 일이라는 생각이 들었다. 갑자기 나도 이제 1년 반 정도 공직생활을 하다 보니 공무원의 습성이 몸에 익숙해지는 것은 아닌가 하는 생각이 들었다. 점심을 먹고 뒷산에 올라갔다 왔다. 계속해서 『평남을 빛낸 인물』에 선정된 분들에 대한 평전을 썼다.

2021년 1월 14일 목요일 날씨: 날씨가 좀 누그러졌다.

박근혜 전 대통령에 대한 대법원 최종 선고가 나왔다. 직권남용과 뇌물죄로 징역 20년이 선고되었다. 추징금 180억 원도 함께 선고되었다. 선거 개입으로 2년 형의 선고를 받은 것까지 합하여 총 22년형의 선고를 받았다. 참 안타까운 일이다. 문제가 노출되었을 때 자진하야 하는 것으로 정치적인 타결을 보았어야 했는데 너무 실기하였다. 전직 대통령마다 퇴임 후에 곤욕을 치르니 본인들도 그렇지만 그런 상황을 지켜봐야만 하는 국민들도 마음이 착잡하다. 더 큰 문제는 대통령에 대한 호불호에 따라 국민의 생각이 양분되는 현상이 갈수록 심해지다 보니 국민이나 나라 전체로 볼 때 큰 손실이 아닐 수 없다. 세계정세가 갈수록 어려워지고 나라마다 무한 경쟁을 하고 특히 북한과 첨예하게 대치하고 있는 한국의 불안한 안보 상황으로 볼 때 국민이 일치단결하더라도 어려운 상황인데 극심한 대립으로 국가의 힘이 분산되니 참 안타까운 일이 아닐 수 없다.

이승규 혜촌회 회장께 나한테 보내주셨던 혜촌 김학수 화백 관련 자료를 이승규 회장님께 다시 보내드렸다. 필요한 내용은 사본을 만들어 보관하였다. 어제 김동길 박사님께서 아이디어를 주신 김학수 화백의 모란봉 대동강도 그림엽서 제작 건에 대해서 비서실장과 상의하였다.

2021년도 졸업 50주년 상학과 대표를 맡게 되어 동기 친구들에 대한 주소와 전화번호 그리고 이메일 주소를 연 5일째 확인중이다. 오늘로써 거의 마무리되었다. 친구들에게 우선 1차로 완성된 주소록을 송부했다.

2021년 1월 15일 금요일 날씨: 추위가 조금 풀렸다

상학과 67 입학 동기명단을 거의 정리하였다. 한 일주일은 걸린 것 같다. 전산 담당 계장을 내 사무실로 오라고 하여 오늘 영상회의 연결을 보아달라고 하였다. 오전 11시에 충무로 5가에 있는 동방명주 중식당으로 갔다. 오늘은 염승화 회장께서 점심을 내기로 하셨다. 오기봉 서경회 회장과 전승덕 회장 이렇게 네 사람이 월 1회 점심 모임을 갖기로 했다. 점심을 하고 오후 1시 30분쯤 사무실에 도착하여 김규현 사장과 이상현 회장에게 동기회 명부를 메일로 보내주었다.

오후 2시에 2021년도 졸업 50주년 행사 과별 대표자 영상회의가 있었다. 연대 대외 협력처장의 사회로 회의를 하였다. 재상봉행사 내용과 일정에 대한 설명이 있었고 이어 각과 대표들의 각과 현황에 대해 이야기를 하였다. 오늘 영상회의에 참석한 대표는 전체 과대표 31명 중에 11명이 참석하였다. 50주년 재상봉 행사 전체대표를 법학과 출신인 박상은 전 국회의원을 추천하기로 하고 내가 박상은 의원에게 전화를 해서 수락 여부를 확인하기로 하였다. 오후 3시 반쯤 박상은 총대표에게 전화를 하여 오늘 재상봉 대표자 모임에서 박상은 의원을 전체대표로 추대하기로 하였다고 전하고 맡아달라고 부탁을 하였다. 월요일에 수락 여부를 알려주기로 하였다. 오늘 회의결과를 동기생 카톡방에 올려 공유하였다.

2021년 1월 16일 토요일 날씨: 추위가 좀 풀렸음

아침에 7시 30분쯤 일어났다. 박상은 의원으로부터 온 전화 소리에 잠을 깼다. 어제 50주년 재상봉행사 총대표로 추대했다는 이야기를 듣고 아마도 서성환 총장하고 통화를 한 것 같다. 이왕 하려면 제대로 해보겠다는 의지가 있는 것 같았다. 아무튼 월요일에 총대표 수락 여부를 확정해서 알려준다고 했다. 내 생각으로는 맡을 의향이 있는 것 같았다. 우리 동기 중에서 학생회 활동도 하였고 사회에 나와 대기업체 사장도 역임하였으며 인천 지역구에서 두 번이나 국회의원에 당선되어 의정활동을 한 사람이니 격에도 맞는 것 같다.

오늘 점심은 현서네 집에서 하기로 했다. 도연이 초등학교 졸업 축하 겸 해림이네 가족도 함께 모이기로 했다. 도연이 졸업 축하 꽃다발을 사고 점심 먹은 후 간식으로 먹을 겸 축하 케이크도 하나 샀다. 오늘 점심은 굴 비빔밥이었다. 양념간장에 비벼 먹으니 맛이 있다. 굴 비빔밥 먹기 전에 굴전과 오징어 데친 것을 먹었다. 식사를 하고 도연이랑 졸업 축하식도 간단히 하고 함께 사진도 찍었다. 내일 학교에서 졸업사진을 가족들과 찍는다고 한다. 비대면으로 졸업식을 하다 보니 가족들과 졸업기념 사진을 찍을 수 있게 세트장치를 했다고 한다. 도연이는 이모부와 같이 서현동에 있는 교보 문고에 갔다. 아마 박 서방이 졸업선물을 사주려는 것 같았다.

2021년 1월 17일 일요일 날씨: 추움

연일 『평남을 빛낸 인물』에 대한 평전을 쓰고 있다. 여러 자료와 기록들을 찾아서 정리하다 보니 한 분에 대해서 작성하는데 서너 시간이 넘겨 걸린다. 그러나 내용도 충실히 하고 읽기도 편하게 부드러운 문장으로 담으려니 자연히 시간이 많이 소요된다. 오늘까지 49인에 대해서 정리하고 이중섭 화백에 대해서 정리하다가 힘이 들고 좀 지루해서 중지했다. 이중섭 화백은 우리나라 사람들이 가장 좋아하는 화가라고 한다. 뛰어난 천재 화가가 6.25 전란 중에 굶주림과 일본으로 간 가족에 대한 그리움으로 너무나도 일찍 세상을 떠난 것이 못내 안타까웠다. 이중섭은 제주에서 피난 생활을 했을 때 생활의 빈궁함을 있었으나 가장 행복했던 시절이었을 것이다. 사랑하는 일본인 부인과 아이들과 바닷가에 나가 가재도 잡고 조개도 주웠을 것이다. 그가 제주도에서 그린 작품에는 가족을 사랑하는 가장의 모습이 잘 표현되어 있는 것 같다.

2021년 1월 18일 월요일 날씨: 약간 추었음. 그리고 눈이 좀 내렸음
경기 일원과 강원도에는 폭설이 내린 것 같았다. 아침 일찍이 비서실장으로부터 문자를 받았다. 폭설로 인하여 정상출근이 어려운 사람은 한두 시간 늦게 탄력적으로 출근해도 좋다는 이북5도위원회의 메시지를 전달한 것이다. 밖을 내다보니 밤에 눈이 좀 오기는 했는데 그리 많이 내리지 않아 곧 녹을 것 같다. 서울 시내 지역은 평상시와 같이 정상 출근해도 될 것 같다.

박상은 의원으로부터 몇 번이나 재상봉행사와 관련하여 전화가 왔다. 서승환 총장과는 금요일 날 통화를 했고 오늘은 대외협력부총장으로부터 연락이 와서 재상봉행사 총 대표를 맡기로 했다고 한다. 나보고 적극적으로 도와달라고 하여 그렇게 하기로 했다. 오늘 우리 과 동기인 김병연 박사와 직접 통화를 하였다. 집 주소를 도로명 주소로 변경하여 정리하고 이메일도 변경된 것으로 받았다. 김흥기 사장은 최종적으로 근무하였던 금호석유화학에 전화를 걸어 연락처를 알 수 있는지 확인하여 보았다. 김흥기 사장에게 연락하여 나중에 전화번호를 알려주겠다고 하였다.

오후에 정중렬 지사께 전화를 드려 선친의 성함을 확인하였다. 고당 조만식 선생의 평전에 정중렬 지사가 고당 선생의 외손자로서 평남지사를 지낸 분이라는 사실을 게재하려고 한다.

2021년 1월 19일 화요일 날씨: 추었음

오늘 아침에 출근하니 평남중앙도민회 이성삼 사무국장의 장모님께서 별세하셨다는 부음을 비서실장으로부터 들었다. 오늘 특별한 일이 없어 빈소인 대구로 내려가 직접 문상하려고 하였으나 상주 측에서 코로나 사태로 가족 위주로 상을 치른다고 일체 문상객을 받지않기로 했다는 연락이 왔다. 비서실장만 조문하러 갔다. 조화를 보내도록 조치하고 비서실장 편으로 부의금을 전달하였다.

오전 10시에는 이북5도위원장실에서 차담회를 가졌다. 특별한 안건은 없었고 비대면 시대에 홍보활동을 강화하기 위한 계획으로 유튜브 방송을 적극적으로 활용하는 방안에 대해서 논의가 있었다. 오늘 점심은 함북지사께서 일식집에서 초밥을 주문하여 소회의실에서 지사님들과 노 국장과 같이 식사를 했다. 방역수준이 현행대로 유지될 때까지 이북5도위원회 회의 날에는 도시락을 주문해서 먹기로 했다.

오후에 박상은 의원으로부터 연락이 와서 내주 26일 3시에 6, 7명 내외로 재상봉행사 각과 대표들 모임을 갖기로 했다.

2021년 1월 20일 수요일 날씨: 추움

점심은 이 비서와 한우향기에서 따로국밥으로 먹었다. 점심을 먹으려고 자리를 잡고 있으니 조성원 이북도민 새마을회장이 새마을 사무국장과 과장과 함께 들어와 옆자리에 앉았다. 점심값을 내가 내었다. 도서관학과 재상봉 대표를 정세호 동문으로 추천하였다. 전화를 정 동문한테 직접 걸어 부탁을 드렸고 정 동문이 수락하였다.

2021년1월 21일 목요일 날씨: 맑음

아침에는 7시 20분쯤 되어 일어났다. 어제 늦게까지 원고작업을 하다 보니 늦잠을 자게 되었다. 서둘러 준비하고 7시 40분경에 집에서 출발했다. 사무실에 도착하니 9시 정각이었다. 오늘은 토목과 박찬유 대표에게 연락하여 재상봉 대표 수락을 받았다. 오늘 반 차를 내고 낮 12시에 사무실을 나와 집으로 왔다.

2021년1월 22일 금요일 날씨: 이른 아침에 흐렸으나 곧 맑아 짐. 추위가 누그러짐

연세대학교 졸업 50주년 재상봉행사와 관련하여 아직도 과대표가 정해지지 않은 6, 7개 학과에 과대표 후보자들에게 직접 전화를 해서 대표를 결정하도록 부탁을 드렸다. 연 3일간 7개 학과 대표를 선정하였다. 점심은 김밥 한 줄에 우유 한 잔으로 때웠다. 정중렬 지사님으로부터 고당 조만식 선생에 대한 평전이 잘 작성되었다고 격려의 말씀을 주셨다. 다만, 전신애 여사에 대해서는 후실 부인이라는 말을 쓰지 말았으면 하여 그렇게 하기로 했다. 정중렬 지사님의 부친과 본인에 대해서는 구태여 쓰지 않아도 좋겠다고 하여 평남도지사라는 직책의 중요성과 상징성을 생각하여 허락해 주십사고 부탁을 드렸다. 평북지사로부터 오제도 검사께서 쓰신 주요사건 기록 회고담과 논설문을 전해 받아 읽어보았다.

평북지사와 대광고등학교 동기 동창인 조태숙 사장의 전화번호를 알아가지고 오랜만에 전화 연락을 하고 통화를 하였다. 1972년도에 강원도 화천 사방거리에서 16포병부대에서 함께 군 복무를 한 적이 있다. 조태숙 사장은 ROTC 장교로 작전과에 근무하였고 나는 인사과에 사병으로 근무하였는데 대학동문이라는 관계로 아주 가깝게 지냈다. 제대 후에도 업무 관계로 여러 번 만난 적이 있는 친구다. 반갑게 전화통화를 하고 서로 안부를 물었다. 구정 설 지난 후에 코로나 사태가 좀 진정이 되면 구기동 사무실에 한 번 들려달라고 하였다.

2021년 1월 23일 토요일 날씨: 맑음

아침에 운중천 변을 걸었다. 1만 2천 보쯤 걸은 것 같다. 『평남을 빛낸 인물』 원고작업을 계속하였다. 내일 정도면 어느 정도 원고작업은 1차로 끝날 것 같다. 원고작업을 하면서 평남 출신 중에 훌륭한 분이 많은 것에 내가 평남인이라는 것에 자긍심이 생겼다.

2021년 1월 24일 일요일 날씨: 기온이 누그러짐

현서네 집에 가서 제윤이를 보았다. 현서 내외와 제인이는 밖에 나가서 좀 바람을 쐬고 오겠다고 해서 우리 두 내외가 제윤이를 돌보았다. 현서네 집에서 마지막 원고작업을 하였다. 점심은 현서네 집에 있는 매운맛 라면을 끓여 먹었다. 매운맛은 처음 먹어보았는데 속이 좀 거북했다.

2021년 1월 25일 월요일 날씨: 맑음

오늘 오전에는 진남포 명예시장과 군정 보고 미팅을 가졌다. 작년도 주요 업무내용 보고에 이어 금년도 주요업무추진 계획에 대한 보고를 받았다. 금년도 사업 목표를 청년 육성과 지도자 교육에 두겠다는 말을 하고 열심히 노력하자고 말했다. 점심은 모처럼 구내식당에 가서 먹었다. 오후에는 순천군 명예군수가 와서 군정 보고 미팅을 했다. 이후 영원군 명예군수와 중화군 명예군수가 함께 들어와 군정 보고회 미팅을 했다. 저녁은 평북지사의 초대로 마포에 있는 이순복 참치집에서 저녁을 함께 했다. 함북지사도 같이했다. 도지사 취임 동기인 세 사람이 이북오도 위원장을 중심으로 일치된 마음으로 이북5도위원회를 잘 운영해 나가기로 다짐하였다.

2021년 1월 26일 화요일 날씨: 흐림, 풀림

오늘 오전 10시부터 이북5도위원회 주간회의가 있었다. 비대면 유튜브로 이북5도위원회의 2021년도 주요 업무계획을 알리기로 하고 유튜브 영상을 제작하였다. 제작된 유튜브 방송 내용을 시청하였다. 점심은 황해도지사가 초밥으로 냈다. 제28대 행정자문위원회 개최 건에 대해서 신임 자문위원들만 이번 목요일 오후 3시에 위촉장 수여식을 하기로 하였다.

오후 3시에 연대 동문회관으로 갔다. 오늘 졸업 50주년 재상봉행사 관련 각과 주요 대표 몇 사람만 참석하는 첫 회의였다. 박상은 총대표와 김주성 철학과 대표, 안민 의학과 대표, 윤선 가정대학 식생활과 대표, 우남희 영문과 대표, 김용순 간호학과 대표 그리고 내가 상학과 대표로 참석하였고 학교 측에서는 이연호 대외협력처장과 대외협력처 직원들 세 명이 참석하였다. 전반적인 행사 관계에 대해서 학교 측 설명을 듣고 우리들의 역할에 대해서 의견을 나눴다.

2011년 1월 27일 수요일 날씨: 매우 추웠음 영하 10도

오늘은 평양시를 비롯한 4개 시군의 명예시장. 군수들과 군정보고회를 가졌다. 한 시.군에 1시간씩 1시간 간격으로 군정 보고 회의를 개최하다 보니 체력이 많이 소모되었다. 목이 가뜩이나 좀 불편한데 계속해서 이야기를 하다 보니 정말로 힘들게 군정 보고회를 했다. 그러나 대면으로 전체 군정 보고대회를 할 수 없는 상황에서는 어쩔 도리가 없는 노릇이다. 이렇게 해서라도 느슨해지기 쉬운 명예시장 군수들의 군정 업무를 독려하고 시장군수로서의 책임감을 일깨워주는 효과는 있다고 생각한다.

2020년 주요 시군정보고가 있었고 이어 2021년도 주요 시·군정 업무계획에 대한 보고가 있었다. 시군정보고를 받고 금년도 도지사로서 중점 관심 업무는 청년세대 육성과 교육 그리고 명예시장 군수들과의 워크숍을 통한 업무력 향상과 시군정 업무의 목표 달성에 있음을 강조하여 말했다. 특히 청년회 활성화 방안에 대한 구체적인 방안에 대해서 설명하고 함께 노력해 줄 것을 당부했다.

2021년 1월 28일 목요일 날씨: 눈이 많이 내림. 그리고 매우 추웠다. 아침 영하 14도

오전에는 『평남을 빛낸 인물』 책자발간을 위한 원고 보완작업을 계속하였다. 도 사무국장으로부터 2021년도 도정 업무계획에 대한 보고를 받았다. 잘 작성되어 그대로 진행하기로 하였으나 무형문화재 추가 지정 건에 대해서는 서도소리를 추가하도록 검토해보라고 했다.

오늘은 오후 3시에 제28대 행정자문위원 중 신임 자문위원들에 대한 위촉식을 위원회 회의실에서 거행하였다. 장원호 회장이 행정자문위원회 부위원장 자격으로 참석하였다. 오늘 위촉식에는 김호영 신임위원을 제외한 네 분의 신임위원들이 참석하였다. 오세영 위원, 조성원 위원, 최용호 위원 그리고 안병주 위원이었다. 훌륭한 분들을 위원으로 모시게 되어 매우 기쁘고 든든하다고 인사말을 하였다. 이어 장원호 부위원장이 축사의 말씀을 하고 개인별로 위촉장을 수여하고 기념촬영을 한 후에 신임위원들의 인사말과 각자의 소감에 대해서 한 말씀씩 하였다. 모두 행정자문위원이라는 중책을 맡겨주어 감사하다는 말씀과 함께 열심히 도정 발전을 위해 도지사를 도와 좋은 의견과 자문을 하여 주겠다고 말씀하여주셨다. 한 시간 정도 차담회를 곁들여 회의를 하였다.

저녁 6시에는 대한 변협에 이찬희 회장을 방문하였다. 2월 20일 대한변협회장을 퇴임하기 전에 우리 통일교육원 제10기 원우회 임원들이 한번 인사차 사무실로 찾아뵙기로 하였다. 서울 변협회장 2년을 한 후 대한 변협회장 2년 총 4년간을 중책을 맡아 원만하고 무리 없게 정치적으로 매우 어려운 시기에 변협회장직을 잘 수행해 온 것으로 평가받는 것 같다. 특히 이번 공수처 출범에 있어서 대한변협회장으로서 아주 큰 역할을 한 것 같다. 김진욱 헌재 수석연구관을 공수처장 후보자로 대한 변협에서 추천하여 공수처장으로 임명되게 하였고 공수처 차장 또한 대한변협 부회장인 여운욱 변호사가 임명되었다. 두 사람 다 이찬희 변협회장과는 아주 가까운 사이이고 정치색이 없고 판사 경력을 가진 법치주의 정도를 걷는 사람들이라고 하여 다행으로 생각했다.

변협 사무실 부근에 있는 가시리 남도 밥집에서 내 입에 맞는 맛있는 남도 음식에 남도 특별 막걸리로 즐거운 저녁 식사를 함께 가졌다. 오늘 모임에는 곽영길 아주뉴스 그룹 회장과 박희찬 사장 원우회 총무로서 함께 참석하였다. 이찬희 회장에게 아이스와인 2병을 선물로 가져갔다. 세 분에게 '독립전쟁 그 현장을 가다'라는 홍범도 장군 봉오동·청산리전투 관련 사진 도록을 선물로 드렸다.

2021년 1월 29일 금요일 날씨: 아주 추웠음

오늘도 아침 11시에 덕천군 명예군수의 군정보고회가 있었다. 오후 3시부터 강동군 명예군수와. 오후 4시에 용강군 명예군수, 대동군 명예군수의 군정보고회를 가졌다. 16개 명예 시장군수 중에 한 곳만 제외하고 시 군정 보고회를 다 마쳤다. 나머지 한 곳은 유선상으로 시군정회의를 하기로 했다.

2021년 1월 30일 토요일 날씨: 맑음. 추웠음

오늘은 제윤이의 백일 날이다. 벌써 백일이 되었다. 코로나만 아니면 외부에서 제대로 하려고 했었는데 코로나 사태로 외부에서는 5인 이상은 모이지 못하게 되어있어 부득이 집에서 기념사진을 찍고 우리 집 앞에 있는 세프쿠치나 이태리 음식점에서 사돈 내외분과 현서, 지홍이 가족들만 참석하여 점심을 함께했다. 저녁에는 계속하여 『평남을 빛낸 인물 II』 원고작업을 하였다.

2021년 1월 31일 일요일 날씨: 맑음

현서네가 아침에 제인이랑 모처럼 바람도 쐴 겸 산책을 갔다 오겠다고 하여 집사람과 현서네 집에 가서 제윤이를 보았다. 나는 계속하여 원고 작업을 하였다. 점심은 현서네 집에서 먹었다. 신축년 새해 첫날이 이제 같은데 벌써 1월 한 달이 지나갔다. 세월이 점점 빠르게 감을 느낀다. 조태용 의원께서 장인어른인 이범석 장관에 대한 일대기를 꼼꼼히 보시고 수정하여 보내주셨다. 감사의 말씀을 드렸다.

2021년 2월 1일 월요일 날씨: 흐림

오늘부터 2월이다. 그러고 보니 내가 평남도지사에 취임한 지도 벌써 절반이 지나가고 있다. 세월이 어찌나 빠르게 지나가는지 모르겠다. 올 2월에 임기가 만료되는 박성재 지사와 한정길 지사 두 분이 어쩌면 3, 4월에 퇴임하실지도 모를 것 같다. 내년 8월이면 우리도 퇴임할 것이다. 민주평통 이북5도 지역회의 부의장이신 백도웅 선배가 평북지사를 방문하여 함께 점심을 하였다. 불광동 둘레길 맛집에서 백숙을 맛있게 먹었다.

2021년 2월 2일 화요일 날씨: 추웠음

오늘은 이북5도위원회 차담회가 있었다. 차담회에서 위원회 사무국장으로부터 1/4분기 이북5도위원회 과업 중 하나로 이북도민과 북한 이탈주민 대상으로 하는 비대면 영상교육 실시계획에 대한 보고가 있었다. 지난해 교육과정에서 추가된 것은 역사와 통일교육에 대한 것이었다. 차담회 중에 북한관의 전시물과 내용에 대해 점검하여 대대적으로 정비할 필요성이 있다고 생각하여 이에 대한 구체적으로 예산 등을 고려하여 추진하기로 하였다.

오늘은 내가 도지사들에게 점심을 내는 날이다. 그동안 두 번에 걸쳐 일식집에 초밥을 주문하여 먹었기에 이번에는 북악정에 부탁하여 한식 불고기 도시락으로 주문하였다. 각 도지사 수행 요원들에게도 점심식사를 도시락으로 주문하여 식사하도록 조치하였다. 이왕 점심을 내는 김에 평남중앙도민회 사무국 직원들과 이북5도신문 김영근 대표에게도 북악정 도시락을 배달하도록 부탁하였다. 오후에 김영근 대표와 김현균 차장을 사무실에 오라고 하여 『평남을 빛낸 인물 60인』에 대한 원고작업 추진상황에 대해서 설명하였다.

2021년 2월 3일 수요일 날씨: 추웠음

아침에 뒷산에 올라 다리 힘을 길렀다. 매일 아침 일찍 일어나 뒷산을 걷는 것이 습관화되다 보니 과중한 도지사의 일정을 소화하는 데는 큰 도움이 되는 것 같다. 아직까지는 일상 업무를 하면서 육체적으로는 힘이 달리는 것 같은 느낌은 없다. 다만 때때로 심적으로 어려움을 느낄 때는 간혹 있다. 계속하여 『평남을 빛낸 인물』에 대한 원고작업을 하였다. 인물들에 대한 기본 자료는 인터넷을 검색하여 참고하고 이어 각 인물에 대한 책자가 나온 것은 이를 참고하여 보완하여가고 있다.

2021년 2월 4일 목요일 날씨: 추웠음

『평남을 빛낸 인물 II』 30인 중에 독립운동가에 대해서는 독립운동사 연구에 대가인 김시덕 박사에게 집필과 감수를 의뢰하였다. 그리고 여성 인물과 문학가는 왈우 강우규 의사 평전을 쓴 은예린 작가에게 집필을 의뢰하였다. 두 분 다 기꺼이 수락하고 글을 쓰기로 하였다. 두 분 모두 고맙다고 말하면서 이렇게 의미 있는 일에 함께할 수 있어서 오히려 영광이라고 말하니 정말 감사한 일이다.

2021년 2월 5일 금요일 날씨: 추웠음

오늘은 윤 주임이 휴가를 내어 대중교통을 이용했다. 9007번 광역버스를 타고 을지로 입구에서 내렸다. 시청 부근 무교동에서 택시를 잡아타고 사무실까지 왔다. 아침 7시 20분쯤 출발했는데 사무실에 도착하니

8시 50분쯤 되었다. 관용차를 타고 출근할 때와 걸리는 시간과 큰 차이가 없었다. 설 명절 선물 배달 관계를 비서실장한테 점검하도록 하였다. 늦어도 토요일까지는 전부 도착할 것 같다고 하였다. 일찍 받은 분들한테서는 선물 보내주어 고맙다는 전화와 문자가 왔다.

계속해서 『평남을 빛낸 인물 60인』 원고작업을 했다. 퇴근할 때도 대중교통을 이용했다. 이북5도청 사무실에서 카카오택시를 불러 타고 을지로 입구 네거리에서 하차한 뒤에 국민은행 본점 앞 버스정류장에서 9003번 광역버스를 타고 귀가했다.

2021년 2월 6일 토요일 날씨: 조금 풀렸다

아침에 일찍 일어나 운중천변을 걸었다. 목표지점까지는 가지 않고 약 5천 보 정도 되는 거리에서 되돌아 왔다. 집에 오니 1만 보가 조금 넘었다. 아침 9시쯤에 한화손해보험에다 배터리 교체를 부탁했다. 한 시간 후에 정비사가 와서 충전해주었다. 온 김에 집사람 차도 보아달라고 부탁했다. 체크 해보더니 집사람 차는 배터리가 완전히 나가서 교체해야 한다고 하여 그리기로 하였다. 저녁에는 현서집에 가서 과메기로 저녁을 같이 했다.

2021년 2월 7일 일요일 날씨: 추움

아침 일찍이 운중천변을 걸었다. 아침을 먹고 원고 보완작업을 계속하였다. 11시쯤 총각네 집으로 해서 오리역 농협하나로마트로 갔다. 일주일간 필요한 먹거리를 사고 오는 길에 능라도에 가서 집사람과 냉면을 먹었다. 3층은 주로 한우 불고기를 파는 곳으로 했다고 한다. 길가 벽면에 한우불고기 개시라고 한 1년 전부터 쓰여 있어 냉면집이 한우불고기집으로 바뀐 건 아닌지 했는데 여전히 능라도 냉면을 한다고 한다. 냉면 메뉴가 주메뉴라고 한다. 모처럼 시원한 냉면 국물을 마셨다. 집에 와서 원고작업을 하고 수정하였다. 오늘 다 완료하려고 했는데 2, 3일 더 시간이 필요할 것 같다. 저녁에 다시 운중천을 한 30분 걷고 최고다 고깃집에 가서 선물용 고기를 사서 포장을 두 개로 하여 차 트렁크에 넣었다.

2021년 2월 8일 월요일 날씨: 추움

아침에 출근할 때 어제 내차 트렁크에 넣어두었던 고기 선물 두 개를 출근 차에 싣고 사무실로 갔다. 출근하여 오 위원장이 오늘 이인영 통일부 장관과 차담회를 할 때 건의할 우리 이북5도위원회의 건의사항 2가지를 적어 드렸다. 하나는 북한 이탈주민 남한 사회정착 교육 3개월 교육과정에 이북5도위원회를 방문하여 이북5도위원회 기능과 역할에 대한 설명도 하고 이북도민회도 방문하는 1일간의 교육과정을 넣어달라는 요청이었다. 1일 코스로 이북5도위원회를 방문하는 교육프로그램의 중요성은 북한 이탈주민이 향후 사회정착 시에 이북도민사회와 긴밀한 관계를 유지하도록 하는 것이 목적이다. 다른 하나는 전국 16개 시도지구 사무소와 각 시도에 남북하나재단과의 업무협력 관계를 유지하여 북한 이탈주민 지원사업에 우리 이북5도위원회 각 시.도 사무소도 함께 참여할 수 있도록 해 것이었다.

오전 11시쯤에 송경복 평남부녀회장께서 오셨다. 설 명절 선물을 직접 들고 오셔서 사양할 수가 없었다. 점심은 구내식당에서 했다. 구내식당은 2월 말까지만 운영한다고 한다. 식당운영을 하지 않으면 직원들이 많이 불편해질 것 같아 식당 운영자 측과 협상을 하여 보았으나 접점을 찾지 못했다고 한다. 오늘 식당에 가 보니 50여 명 정도는 식사를 하는 것 같았다. 식당 문을 닫는다고 하니 오늘따라 식수 인원이 는 것 같다. 계속하여 평남을 빛낸 인물 60인에 대한 원고 보완작업을 하였다.

2021년 2월 9일 화요일 날씨: 맑고 약간 추웠음

오늘 이북5도위원장과 이북도민 연합회장, 일천만이산가족위원회장 그리고 이북도민경모회장 네 사람이 통일부 장관과 오후 3시에 차담회를 겸하여 이북5도위원회에 대한 현황과 건의사항에 대해 의견을 나누는 시간을 갖는다고 하였다. 이에 전임 위원장으로서 건의하고 싶었던 두 가지 현안에 대해서 간단히 정리하여 이북5도위원장에게 전달하였다. 오전 10시에 행정안전부 감사관실장의 주재로 간편 민원제기 시스템에 대한 소개가 있었다. 5도 지사를 비롯하여 이북5도위원회 전 직원이 영상교육에 참여하였다. 교육이 끝난 후에 위원회 차담회를 내 사무실에서 하였다.

점심은 이북5도위원장이 도시락으로 준비하여 함께 식사를 하였다. 점심식사 후에 일부 미흡한 원고를 정리하고 오후 1시 30분쯤에 사무실에서 나와 강남대로에 있는 서울보증보험증권 사무실에 가서 보증서 변경 문건에 대해 확인하였다. 보증보험 일을 마치고 강남면허시험장으로 가서 자동차 면허 재발급 신청을 하였다. 별도 서류가 필요하지 않다고 하여 주민등록증만 제시하고 수수료 1만 원을 지급하였다. 20분 만에 재발급된 자동차 운전면허증이 나왔다. 어느 나라를 가봐도 행정서비스가 우리나라처럼 신속하고 정확한 데가 없는 것 같다. 세계 최고의 행정서비스 국가인 것 같다. 영진이가 전해줄 물건이 있다고 하여 면허시험장에서 만나 부근 찻집에서 커피라떼 한 잔씩 하며 그간 이야기를 나누었다.

2021년 2월 10일 수요일 날씨: 맑고 약간 추웠음

오늘 설 명절 연휴 전날이라 오전만 근무하고 점심을 먹은 후에 퇴청하였다. 도청 직원들에게 명절 잘 보내라고 이야기하였다. 정 국장이 고맙다며 건강식품 선물을 가져와 받았다. 현서네 집 화장실 부근에 배수관 파이프가 녹슬어서 수리한다고 하여 가서 보아주었다. 수리가 끝나서 거실이 어수선하고 먼지가 많아 집사람과 청소를 하여주었다. 저녁은 현서네 집에서 먹었다.

2021년 2월 11일 목요일 날씨: 맑고 포근함

아침에 뒷산에 올랐다. 8부 능선 쉼터까지 갔다 왔다. 오늘은 저녁은 현서네 집에 모여 도연이네랑 같이했다. 저녁에 평남을 빛낸 인물에 대한 원고작업을 계속하였다. 남북물류포럼 대표로 있는 김영윤 박사의 "북한 비핵화 의지에 대한 믿음"이란 제목의 컬럼을 읽어보았다. 현 정부 북한 문제 담당자들의 생각과 궤를 같이하는 것 같아 내용을 카피하여 일기에 첨부하였다. 다음은 김영윤 박사의 컬럼 내용이다.

"북한 비핵화 의지에 대한 믿음"

국회 외교통일위원회에서 열린 인사청문회(2021.2.5)에서 김정은 위원장의 비핵화 의지에 대해 정의용 외교부 장관 후보자는 제법 강단 있는 답변을 했다. "김 위원장이 분명히 약속했다. 문 대통령한테는 더 확실하게 했다, 영변에 들어와서 봐라. 남측도, 국제원자력기구(IAEA) 전문가도 좋다. 다 들어와서 확실하게 하자"는 말을 전했다. 질문을 한 조태용 「국민의힘」의원이 김 위원장이 "핵무기를 포기하겠다고 했는데 안 하지 않았냐"고 다그치자, 정 후보자는 "거짓말을 한 것이 아니라 북·미 간의 협상이 결렬"된 때문이라고 했다.

북한이 핵을 포기하지 않을 것이라고 믿거나, 비핵화가 불가능할 것으로 생각하는 사람들의 뇌리에는 한결같이 북한이 먼저라는 생각이 자리 잡고 있다. 거의 무조건이다. 북한이 먼저 비핵화를 해야 한다는 것이다. 설혹 비핵화에 대한 조건을 인정한다고 해도 비핵화가 이루어진 다음이다. 선 완전한 비핵화가 북한으로서는 수용할 수 없는 조건이기 때문에 비핵화 진전이 이루어지지 않고 있는 것은 안중에도 없다. 북한이 영변 핵시설을 폐기하겠다는 의지를 드러낸 것은 선 일방적인 폐기가 아닌 미국과의 관계 정상화를 전제로, 그것도 동시 병행하는 것인데도 수용하려 들지 않는다. 싱가포르에서 합의(2018.6.12)한 북미 공동성명에서도 이는 여실히 드러난다. 가장 먼저 평화와 번영의 새로운 북미관계(new relations)를 만드는 것으로 되어있다. 다음으로 한반도 항구적이며 공고한 평화체제를 구축하기 위해 북미가 공동노력(joint efforts)을 하는 것이다. 합의는 공동의 실천을 전제한다. 핵 시설의 대부분을 차지하는 영변을 없애겠다는 북한의 의지에 미국의 노력은 무엇인가? 한 번 폐기하면 복구하기 어려운 영변 핵 프로그램 폐기에 대해 미국이 걸맞게 부응하려는 것은 무엇인가?

정의용 후보자의 북한 비핵화 의지에 대한 청문회 언급에 이런저런 반향이 나타나고 있다. 모두 미국의 심기를 드러내는 말이다. 로버트 아인혼(Robert Einhorn) 전 국무부 비확산·군축담당 특별보좌관은 "문재인 대통령은 설득력 있는 증거 없이 트럼프 정부에 김정은이 비핵화에 진지하다고 주장"했는데, "문재인 정부는 바이든 정부의 조속한 북한 관여를 유도하려는 목적으로 같은 주장을 하지 말아야 한다"고 했다(2021.2.5. VOA). 심지어 "바이든 정부는 그런 주장에 '회의적'으로 반응할 것"이라고까지 훈수했다. 1994년 1차 북핵 위기 당시 제네바 핵합의의 주역이었던 로버트 갈루치(Robert L. Gallucci) 전 국무부 북핵 특사도 "한국의 대통령이 미국의 새 대통령에게 북한이 비핵화에 대해 진지하다고 설득하려는 것은 좋은 생각이 아니라"고 했다. 우리로서는 자존심을 심히 상하게 하는 이야기다. 생각도 못하고 말도 할 수 없다는 것인가?

북한과는 비교할 수 없을 정도의 큰 힘과 무력을 가진 미국으로서는 북한이 핵과 탄도미사일 프로그램 관련 기술을 가지고 있다는 자체가 미국 주도의 세계 질서와 안보에 위협으로 간주한다. 일종의 전쟁행위로 본다는 이야기다. 모든 대북정책을 그 바탕 위에 두고 있다. 바이든 정부 또한 북한 핵 위협이 미국의 사활적 이익(vital interests)에 관련이 되는 바, 동맹국가들과 긴밀한 조율을 통해 접근·해결하려 하고 있다. 사활적 이익은 전쟁을 해서라도 지켜내야 하는 이익이다. 북한의 핵·미사일로부터 자국의 영토와 국민을 보호하는 것이 사활적 이익의 핵심이다. 이의 연장 선상에서 미국은 대북 선제타격을 가하는 전략까지 수립해 놓고 있다. 미국의 최첨단 전략무기들이 한반도를 수시로 선회하는 것은 북한의 위협을 미리 탐지해서 선제 타격할 가능성을 보는 것이다. 이미 오래전부터 핵무기는 물론, 최첨단 재래식 무기를 동원해 군사적으로 중요한 수백 군데의 목표에 일시 타격하는 것을 군사전략으로 세워 놓고 있다.

이런 정황에서도 문 대통령이나 정의용 후보자의 북한 비핵화 관련 발언에 대해 미국이 예민하게 반응하는 것을 달리 보면 우리의 의지와 생각이 미국에도 민감한 영향을 줄 수 있다는 이야기다. 북한 핵이 미국의 사활적 이익과 관련을 갖기에 더욱 신중한 고려를 할 수밖에 없다는 말과 같다. 그런 점에서 우리 정부는 북한 비핵화에 대한 심기를 굳게 해야 한다. 북한이 비핵화하지 않을 것으로 단정하고 비핵화를 위해 노력하는 것은 의미가 없다. 한미동맹이라는 이유만으로 미국의 대북정책을 무조건 추종하는 것이 능사가 아니다. 우리의 대북정책과 조화를 이루어 내야 한다. 미국의 일각에서도 북핵 문제의 해결에 합리적 입장을 띤 사람들이 없는 것이 아니다. 로버트 갈루치 북핵 특사는 북핵 문제해결을 위해 지속적 관여를 통해 북·미, 남·북관계를 정상화하는 협상안을 만들어내야 할 것을 권고하고 있다. 정치적 문제들을 해결해야 북한이 핵무기를 포기할 것이라고 보고 있다. 마크 피츠패트릭((Mark Fitzpatrick) 전 국무부 비확산 담당 부차관보도 "북한의 행동은 비핵화와 거리가 멀다"고 말하면서도 "북한이 핵과 장거리 미사일 실험을 하지 않고 있는 것은 미국, 한국과 대화를 재개할 가능성을 열어 둔 것으로 긍정적인 면"이라고 말했다. 북핵 6자회담 수석대표를 지낸 크리스토퍼 힐(Christopher Hill) 전 국무부 동아시아태평양 담당 차관보 또한 "북한의 비핵화 의지에 대한 증거는 없지만, 그 가능성을 배제하지 않는다"고 말했다. 더 나아가 "북한은 반드시 비핵화해야 하나, 그 목표를 얼마나 오래 걸려 어떻게 달성하는지는 협상의 몫"이라고 말했다.

우리 정부가 북한 문제에 대한 추동력을 얻기 위해서는 무엇보다도 북한 비핵화 의지에 대한 확신이 중요하다. 흔들려서는 안 된다. 북한이 비핵화를 실행하기 위한 환경과 조건을 만들어 미국과 북한을 설득하고 동시 병행적 협상이 이루어질 수 있도록 해야 한다. 이것이 운명과 같은 우리 과제다.

2021년 2월 12일 금요일 날씨: 맑고 포근하였다. 이른 봄 날씨 같았다

아침에 일어나 뒷산을 올라갔다 왔다. 설날이라 황태 떡국으로 아침을 먹었다. 제인네는 용인 할아버지 댁에 간다고 하여 점심도 집사람과 둘이 먹었다. 오후 4시쯤에 해림이랑 도연이가 왔다. 큐브게임 놀이를 하고 LA 갈비찜에 떡국으로 저녁을 같이 먹었다. 저녁을 먹고 4천 보쯤 함께 걸었다.

2021년 2월 13일 토요일 날씨: 맑음

오늘은 현서네 집에서 가서 점심을 같이했다. 현서네 집에서 『평남을 빛낸 인물』 원고작업을 계속했다. 한 분 한 분 운고를 정리할 때마다 내 고향 평남에 이렇게 훌륭한 많은 것에 놀랍기도 하고 자랑스럽기도 하다. 저녁에는 해림이와 도연이가 와서 함께 저녁을 같이했다. 집에 돌아오는 길에 해림이와 도연이를 바래다주고 왔다.

2021년 2월 14일 일요일 날씨: 맑음

오늘은 뒷산 국사봉 8부 능선까지 올라갔다 왔다. 별로 피곤하거나 다리가 불편함을 느끼지 않음에 감사할 뿐이다. 앞으로 한 10년 정도 이렇게 걸어서 산에 오를 수 있다면 얼마나 좋겠는가. 너무 무리한 욕심이 아닌가 생각이 들어 '과욕하면 아니 되지' 하고 마음을 비웠다. 오늘로써 원고작업을 거의 완료하였다. 명예 시장군수들에게 1차 완료된 초안을 송부했다. 어제 잘못 송부하여 완료되지 않은 초기 작업 본을 보내는 실수를 했다. 명예 시장.군수들에게 각 시군 출신 인물에 대한 원고 내용을 검토하여보도록 부탁하였다.

2021년 2월 15일 월요일 날씨: 흐림

아침에 5시 반쯤 기상했다. 더운물 한 컵 먹고 뒷산에 올랐다. 매번 갔다 왔다 하는 코스를 3번에 다녀왔다. 한 4천 보 정도 되는 거리다. 오늘 아침에는 7시 10분 정각에 출근 차를 타러 집을 나왔다. 윤 주임이 주차장에서 막 나오고 있었다. 타이밍이 아주 절묘했다. 아침에 평북지사를 만나 나한테 평사모(평북을 사랑하는 모임) 명의로 온 메시지를 보여주며 상황설명을 들었다.

오전 11시쯤 김원진 행정자문위원장께서 오셨다. 이어서 장원호 부위원장이 오셨고 뒤이어 박지환 전임 부위원장께서 사무실로 오셨다. 차를 나누며 김원진 위원장님께 행정자문위원장이라는 중책을 맡아주셔서 감사하다는 말씀을 드렸다. 위원장님께서는 중요한 자리를 맡겨주어 감사하다며 열심히 도지사와 도정을 위해 일해주시겠다고 하셨다.

오늘 차담회에는 김현균 평남민보 차장과 김영근 오도민신문 대표도 배석하였다. 차담회가 끝나고 이어 함께 점심을 먹으러 행복집으로 갔다. 오늘은 참복정식을 주문하여 먹었다. 고택 막걸리 두 병을 함께 비웠다. 덕담을 주고받으며 즐겁게 식사를 하였다. 식사가 끝난 후에 사무실로 와서 커피를 마시며 환담을 한 30분쯤 하였다. 오후 3시경에 전승덕 평남중앙도민회장께서 방문하여 올해 업무계획에 대해 이야기를 나누었다. 전승덕 회장에게 『평남을 빛낸 인물 60인』에 대한 책자발간 계획에 대해서 이야기하고 원고를 송부하여 읽어보도록 하였다.

2021년 2월 16일 화요일 날씨: 매우 추웠음

오늘 이북5도위원회 심의안건 회의가 있었다. 무형문화재 관리규정 개정안건이었다. 사전에 제안 설명을 들었기에 특별한 이견 없이 원안대로 결의하였다. 이어 1/4분기 이북도민과 북한 이탈주민을 위한 영상교육 계획에 대한 설명을 들었다. 점심을 도시락으로 먹었다.

2021년 2월 17일 수요일 날씨: 추웠음

오늘 12시에 고려제강 홍영철 회장과 점심을 같이 했다. 롯데호텔 37층 노림 중식당에서 맥주 한 잔 곁들여가며 즐겁게 담소하며 식사를 했다. 거의 20년 만에 점심을 같이하는 것 같다. 주로 부산 본사에 있고 서울 지사는 일주일 3번 정도 나온다고 한다. 고려제강은 홍 회장 선대에서 창업한 특수철강 코일 등 선재를 제조 가공하여 파는 세계적인 회사이다. 연간 2조 원 정도의 매출이 있다고 한다. 주로 판매처는 세계 유수의 티이어 제조업체라고 하며 타이어 속에 들어가는 가는 철선을 공급한다고 설명하였다. 한국에서는 한국타이어가 최대 바이어 중에 하나라고 한다. 지난주에는 판교에 새로 지어 입주한 한국타이어 본사 건물을 방문했다고 한다. 우리 현서가 그곳에 다닌다고 말했다. 조현범 사장하고는 가끔 사업상 만나 식사도 하는 사이라고 한다. 오늘은 제인이 생일이라 현서네 집에 가서 생일축하 겸 저녁을 같이했다. 도연이네도 미리 와 있었다. 케이크 커팅도 하고 생일축하 노래도 불러주었다. 적당한 선물 선정하기가 쉽지 않아 금일봉으로 축하금을 주었다.

2021년 2월 18일 목요일 날씨: 아침 출근 시는 매우 추웠으나 점심때 조금 풀렸다

오늘은 대동강도 풀린다는 우수이다. 우수임에도 날씨는 제법 추웠다. 오늘 11시에 도지사 다섯 분과 차담회를 하였다. 내일 국정원 방문에 따른 사전 준비사항을 점검하였다. 점심은 평북지사가 평창동 칼국수 집에 가서 내었다. 황해도지사도 같이 했다. 점심식사를 하고 들어오니 강인덕 전 통일부 장관님께서 『평남을 빛낸 인물 60인』 책자발간에 대한 축사를 직접 써서 보내주셨다. 감사하다는 말씀 전화로 드렸다. 책자발간 소식을 전해 들으시고는 그렇지 않아도 평남의 인물에 대해 정리한 책자가 있었으면 하였던 참에 참 의미 있고 큰일을 하였다고 격려 겸 칭찬을 하여주어 감사히 생각한다. 강인덕 장관님은 우리 이북도민통일아카데미 모임에도 자주 참석하여 좋은 말씀을 주시고 많은 관심을 가져주시고 있다. 강 장관님은 자타가 공인하는 우리나라 최고의 북한 문제 전문가이시다. 젊은 시절 안기부 북한국장으로 근무하시며 남북대화와 협상에 실무책임자로 큰일을 하셨던 분이다. 이북도민사회에 정신적 지주이시기도 하다.

2021년 2월 19일 금요일 날씨: 맑고 기온이 많이 풀렸음

오늘 아침 8시 50분에 윤 주임이 운중동 집으로 왔다. 오늘 아침 10시에 안산에 있는 국가정보원이 관리하는 북한이탈주민보호센터를 이북5도 위원회 지사들이 방문하여 센터 현황에 대해서 설명을 듣기로 하였다. 9시 40분쯤에 도착하여 대기실에서 잠깐 차를 마시며 기다렸다. 10분 전쯤에 센터 소장의 안내를 받아 브리핑룸으로 갔다. 한 10분 정도 북한이탈주민보호센터에 대한 설명을 들었다. 북한 이탈주민이 해외에서 한국에 입국하는 경우 처음으로 입소하면 탈북 동기에 대한 조사도 하고 동시에 탈북 진위 여부도 확인한다고 한다. 조사 과정이 끝나면 바로 입소하여 건강체크와 방역과 소독을 하며 숙소 배정을 하고 이어서 90일간에 대한민국 사회에 대한 기본적인 교육을 실시한다고 한다. 심리적 안정감을 주기 위해 심리상담은 물론 건강증진을 위해 체육시설도 잘 갖추고 있었다. 개인이 오는 경우와 가족이 함께 오는 비율이 거의 반반 정도라고 한다.

특히 가족 단위로 오는 경우는 탈북 과정에서 체류 기간이 긴 경우는 3, 4년도 된다고 하며 이 경우 중국 등지에서 결혼하여 자녀들과 함께 오는 경우도 있어 이들에 대한 한글 교육도 한다고 한다. 탈북 루트는 주로 중국을 거쳐 라오스, 베트남, 태국 등 제3국을 거쳐 오는 경우가 많고 직접 휴전선 접경지역에서 오는 경우와 중국에서 직접 오는 경우는 극히 드물다고 한다. 90일 동안 단체 생활을 하는 동안 인권침해 여부도 세밀히 관리하기 위하여 외부인을 인권문제 관리관으로 임명하여 엄격하게 인권문제를 관리하고 있다고 한다.

　센터 소장에게 교육기간 중에 이북5도위원회가 남한에 있으며 그 역할과 성격에 대해서 홍보하는 시간을 배정해줄 것을 특별히 요청하였다. 이에 대해 긍정적인 답변을 들었다. 브리핑이 끝나고 센터장과 관계관들의 안내를 받아 센터 내의 시설과 활용방안에 대해서 설명을 들었다. 최근에는 탈북민들의 숫자가 급격히 줄어(2020년의 경우 220여 명 정도밖에 되지 않았다고 한다. 이는 예년의 천여 명 이상이던 수준에 비하면 상당히 축소된 인원수이다). 실내체육관에서는 대여섯 명의 여성 북한이탈주민들이 배드민턴운동을 하고 있었다. 잠깐 만나서 이야기를 하였다.

　센터 방문을 끝내고 내곡동에 있는 국가정보원으로 갔다. 박지원 원장의 초대로 국정원 상황실에서 브리핑을 받고 이어 국정원장 공관에 마련된 귀빈 식당에서 박지원 원장과 박정현 국정원 제2차장 그리고 센터장도 함께하여 이북5도지사들과 점심식사를 하면서 의견을 나누었다. 지난 1월 22일에 방문하고 이번이 2차 방문이다. 박지원 원장의 특별한 배려이며 관심의 결과라고 생각한다. 물론 정대철 대표와 오 위원장의 영향력 덕분이기도 하다. 1차 방문 시에도 건의하였던 사항이었는데 첫째는 하나원 교육과정 중에 1일 코스의 이북5도위원회 방문 교육프로그램 신설에 대한 협조를 부탁하였고 다른 하나는 이북5도위원회의 16개 시도 지구사무소와 각 시도 하나센터와의 업무협력 관계에 대해서 건의하고 협조를 부탁을 드렸다.

　박지원 원장과는 내가 12년 전에 목포 호텔 근처 일식집에서 만났었던 이야기를 하면서 정치가다운 면모를 그때 느꼈다고 과거 경험담을 이야기하며 분위기를 띄웠다. 오 위원장이 특별히 생각해서인지 나를 박 원장 바로 옆자리에 앉게 자리를 배치하여준 것 같았다. 국가정보원에서도 이북5도위원회의 일에 관심을 갖고 돕겠다고 말하였다.

2021년 2월 20일 토요일 날씨: 조금 흐렸음. 약간 추웠음

아침에 총각네 집 야채상에 들리고 오리역 하나로마트에 가서 장을 보았다. 저녁에는 현서네 집으로 모두 모였다. 어제 김 서방이 3년 동안 근무하던 부산지방법원에서 수원지방법원 안산지원 형사합의부 부장으로 발령을 받게 되어 서울로 올라왔다. 오늘 저녁은 김 서방 서울 귀향을 축하도 할 겸 모두 모여 저녁을 같이하였다. 마침 현서네가 휴가를 갔다 오면서 사 온 춘천 닭갈비로 저녁을 먹었다. 후식으로 과일과 케이크를 먹었다.

2021년 2월 21일 일요일 날씨: 봄 날씨처럼 포근함

아침에 뒷산에 한 번 올라 갔다 와서 운중천을 걷기로 하였다. 운중천 걷기 전에 은행 통장들을 정리하였다. 점심을 먹고 집사람과 안산지원에 한 번 차로 가 보기로 했다. 김 서방 출퇴근 시간이 얼마나 걸리는지 한 번 시간 체크를 해보고 싶었다. 차를 직접 몰고 가면 넉넉잡아 한 시간 정도면 출퇴근이 가능할 것 같았다. 인덕원에서 안산까지 가는 고속도로가 개통되어 시간이 많이 단축된 거 같다.

오늘 오후 2시부터 5시까지 평남 순천군 출신 1세 어르신들 네 분을 인터뷰하였다. 이채호 순천군민회 상무님, 김영복 고문님, 임성호 군민회장님, 그리고 백규영 평남기우회 회장님이다. 인터뷰를 끝내고 이분들을 모시고 저녁을 같이했다.

2021년 2월 22일 월요일 날씨: 맑음 포근해짐

오전 10시에 주간 도 직원회의를 했다. 코로나 사태로 한동안 회의를 비대면을 하다가 오늘 모처럼 주간회의를 내 집무실에서 가졌다. 『평남을 빛낸 인물 60인』 발간 계획에 대해서 논의하였다. 현재 도 예산으로는 3백만 원 정도밖에 사용할 수밖에 없어 1천 부 발행에 2천만 원 정도의 예산이 들어가는 발간 작업은 예산조달이 문제다. 도민회 유지분들의 지원을 받는 방법밖에는 없을 것 같다. 두 번째는 도정보고 회의를 3월 중에 개최하는 것으로 추진하여 보도록 지시하였다. 점심은 구내식당에서 하기로 했다.

오후 3시에 중화군, 성천군, 개천군 그리고 양덕군 간사면장 들과 간담회를 가졌다. 각 면민회 운영상황에 대해서 설명을 들었다. 최근 청년회육성을 위한 기금 조성방안에 대해서 간사면장들의 의견을 들어보았다. 취지에는 전적으로 찬성하나 기금 조성문제에 있어서는 반대의견도 만만치 않음을 느꼈다. 간사면장들이 잘 설득하여 청년회육성에 대한 체계적인 지원과 교육이 필요함을 강조하였다.

2021년 2월 23일 화요일 날씨: 추웠음

오늘 이북5도위원회 회의는 오후 2시에 했다. 오 위원장이 오전에 남북하나재단 이사회에 참석하였기에 회의를 주재할 수 없어 오후 2시로 연기하였다. 점심은 함북지사께서 도시락으로 준비하여 소회의실에서 먹었다. 간사 읍·면·동장 들과 간담회를 개최하였다. 올해 도정 목표에 대해서 이야기하고 협조를 당부했다. 특히 올해 도정운영의 중심을 도민회 활성화와 청년회원 육성에 주력하겠다는 말을 하였다. 아울러 청년회 육성기금 마련에 협조를 당부했다. 오늘 대표 읍.면.동장 간담회에는 진남포시와 중화군 간사면장이 참석하였다.

2021년 2월 24일 수요일 날씨: 맑았으나 좀 추웠다

오전에 각 시군의 간사 읍면동장 간담회를 어제에 이어 계속하였다. 오늘 참석한 간사읍면동장은 순천군, 강동군, 평원군, 안주군, 영원군, 그리고 대동군이 참석하였다. 어제와 마찬가지로 올해 도정 중점 추진 사항에 대한 설명을 하였고 청년회 육성자금 마련에 대한 협조를 당부했다.

2021년 2월 25일 목요일 날씨: 맑음

오늘 아침 10시에 윤 주무관이 왔다. 오늘은 출근하는 길에 신사동에 있는 김건철 회장님의 사무실을 방문하여 김 회장님께 인사를 드리기로 했다. 최근에 외출을 삼가하시고 댁에 주로 계신다고 한다. 평남을 빛낸 인물에 게재할 김 회장님의 발간에 대한 축사 초안을 보여드리고 감수를 받으려고 갔다. 신사동 길옆에 제법 규모가 있는 5층 건물이다.

3층에 있는 회장사무실에 가니 기다리고 계셨다. 반갑게 인사를 드리고 방문한 목적을 말씀드렸다. 반갑게 맞이해주시며 녹차를 권하여 차를 마시면서 신년인사 겸 들렸고 축사원고에 대해서 말씀드렸다. 제27대 행정자문위원장의 명의로 이번에 발간할 예정인 『평남을 빛낸 인물 60인』에 축사를 부탁을 드리고 도청 사무국에서 미리 작성한 원고를 보여드리며 강대석 실장 보고 읽어 드리도록 했다. 들어보시고는 내용이 좋다고 감사하다는 말씀을 하셨다. 내용 중에 회장님의 조부이신 김응락 장로님에 대해서 강서의 세별이란 칭호를 받으셨으며 교회 장로로서 독립운동을 하셨다는 내용이 들어있어 감격하시는 것 같았다.

김 회장님을 뵙고 도청 사무실로 오는 길에 삼청동 수제비집에 가서 녹두지짐과 막걸리를 한 잔씩 마시며 수제비로 점심을 때웠다. 여전히 삼청동 수제비집은 예전과 변함이 없이 구수하고 맛이 있었다. 사무실에 들어와 공직자 재산신고 문제를 비서실장과 상의했다. 비상장주식의 경우 작년에는 액면가로 신고를 하였으나 올해 신고분부터는 회사의 기본 재무제표 내역을 보내주면 비상장회사의 주식가격이 자동적으로 산출되는 시스템을 공직자 재산신고 시에 적용한다고 한다. 올해 우리 한미지오텍건설의 비상장주식 평가액이 1주당 13,000여 원 정도로 평가됨에 따라 신고 재산액이 작년보다 많이 증가하였다.

오후 2시에는 1층 로비에서 오 위원장 제공한 보름맞이용 호두, 땅콩, 밤 등 정월 보름 부럼까기 행사를 5도 지사와 함께 간략히 가졌다. 오후 2시 20분쯤에 연대 동문회관으로 갔다. 오늘 67 입학 학번 50주년 재상봉행사 각과 대표들 모임이 있는 날이다. 내가 행사준비위원회 총괄운영위원장으로 활동하게 되어 박상은 총대표와 사전에 상의하기 위하여 일찍 서둘러 갔다.

박상은 총대표가 좀 늦게 와서 사전 협의를 하지 못하고 오후 3시에 재상봉 50주년 학과 대표모임을 개최하였다. 대외협력처 팀장의 행사소개에 이어 사전 준비된 의제 안건에 대하여 의견을 나누고 결정할 내용에 대해서는 결의하였다. 주요 처리한 것은 준비위원회의 업무를 5개 분과위원회로 나누어 담당하기로 하였고 5개 분과위원장을 선임하였다.

내가 총괄운영위원장을 맡기로 하였고 홍보분과위원장은 장명 교수가, 행사분과위원장은 최승태 교수가, 출판분과위원장은 신경헌 이사장이 그리고 재무분과위원장은 이경준 사장이 맡기로 하였다. 회의를 끝내고 커피 한 잔씩 하려 커피빈에 갔으나 5인 이상 합석이 금지되어 있다고 하여 조금 앉아 있다가 나왔다.

2021년 2월 26일 금요일 날씨: 조금 추웠음

오늘 점심은 독립문 부근에 있는 대성옥에 가서 이 비서와 윤 주무관이랑 함께 도가니탕을 먹었다. 국민리스에 근무할 때 가끔 온 적이 있었는데 영업한 지는 한 60년쯤은 되었을 것이다. 오후에는 어제 있었던 재상봉행사 회의록을 작성하여 박상은 총 대표에게 보내고 사전 검토를 받은 후에 각과 대표들에게 보냈다. 회의록 작성이 잘 되었다고 수고 많이 했다는 말을 들었다.

2021년 2월 27일 토요일 날씨: 조금 누그러짐

아침 6시 30분에 일어나 운중천변을 걸었다. 걷고 집에 오니 8시 20분쯤에 되었다. 오늘 현서네 집에 가서 저녁을 먹기로 했다고 하여 시장도 볼 겸 10시쯤에 집사람과 나왔다. 현서에게 줄 생일축하카드와 축하금 넣을 돈을 사러 서현역에 있는 영풍문고에 갔다. 가는 길에 도연이가 읽을 책을 몇 권 샀다. 생일카드와 축하금 넣을 봉투를 사고 총각네 집에 들어 야채를 샀다. 부엌에 형광등이 켜지지 않는 것이 많아 오스람이나 필립스 형광등을 사기 위하여 이마트로 갔으나 같은 형광등을 찾지 못했다. 집으로 오는 길에 혹시 No Brand 점에 있을 것으로 생각해서 들려 보았으나 거기도 없었다. 주차한 곳으로 가는데 바로 주차된 장소 건너편에 전기구 판매상이 있어 들어가 보았다. 역시 같은 규격의 형광등이 없어 별도로 10개를 주문했다.

재상봉행사 팀에서 어제 공유한 회의록에 모임 회차에 대해서 지난번 1. 15일에 있었던 회의를 제1차 회의로 하고 이번 2월 25일에 있었던 회의는 제2차 회의로 차수를 정했으면 좋겠다고 하여 박상은 총대표와 상의하여 그렇게 하기로 결정하고 통보하여주었다.

2021년 2월 28일 일요일 날씨: 포근한 봄 날씨 같음, 봄이 가까이 오고 있음

오늘 아침은 조금 늦게 일어났다. 7시 30분쯤에 뒷산에 올랐다. 아침을 먹고 『평남을 빛낸 인물 60인』 원고 수정작업을 계속하였다. 오늘은 현서 생일이라 현서네는 용인 시댁으로 갔다. 해림이네는 여주 신륵사로 모처럼 가족 나들이를 했다고 한다. 저녁은 내가 라면을 직접 끓여서 집사람과 먹었다.

2021년 3월 1일 월요일 날씨: 추웠음

오늘이 3.1절 102주년이 되는 날이다. 평남지사에 취임한 이후 독립운동사와 근. 현대사에 대한 공부를 좀 하다 보니 102주년을 맞이하는 3.1절의 의미가 무게 있게 느껴졌다. 문재인 대통령이 3.1절 경축사에서 일본과 과거를 잊어버리지는 말아야지만 미래지향적으로 협력을 도모하자는 취지의 말을 하였다. 또 1918년도 무오년 독감(스페인독감)이 유행하였을 때 일본은 우리 조선인에 대한 방역을 제대로 못해주었다는 언급도

하였다. 102년 전 사실을 그것도 확실한 통계나 자료에 근거해서 이야기하지 않고 일본에 대한 적개심만을 부추길 수 있는 말을 3.1절 경축사에 말한다는 것이 좀 의아하기도 하고 이해가 가지 않았다. 대통령의 3.1절 경축사 내용으로 적절하지 않은 내용이라고 생각한다. 이를 듣고 일본 정부는 어떻게 생각할까 궁금했다.

『평남을 빛낸 인물 60인』 원고정리 작업을 계속하였다. 내일쯤이면 거의 완성될 것 같다.

2021년 3월 2일 화요일 날씨: 밤에 눈이 많이 옴

아침 일찍 뒷산에 올라갔다. 눈이 많이 내린 것 같았다. 나무에 등산길 주위 나무들이 눈옷을 입었다. 강원 영동 지방에는 폭설이 내렸다고 한다. 이북5도위원회 간담회가 있었다. 황해도지사께서 이산가족 상봉을 탄원하는 편지글들을 정부나 이북에 보내는 의견을 제시하였다. 오 위원장은 월간 이북5도위원회 소식지를 발간하여 관련 기관과 국회 등에 보내어 이북5도위원회 활동 사항에 대해서 홍보할 수 있도록 하면 좋겠다는 의견을 제시하였다. 비서실에서 작성한 2020년도 말 기준 공직자 재산 신고서 내용을 검토한 후 이상이 없어 신고하도록 지시하였다. 한미지오텍건설의 평가액이 2019년도 신고 시는 액면가 기준으로 되어있었는데 올해부터는 실질 평가액으로 기준이 바뀌어 실속 없이 재산 신고액만 증가했다.

오전 11시쯤에 캐나다 뱅쿠버 이북도민회 이중헌 부회장이 방문하였다. 부친의 병 치료 때문에 일시 귀국하였다고 한다. 2주간 자가 격리 후에 오늘 외출하였다고 한다. 뱅쿠버 한인회와 이북도민회 현황에 대해서 이야기를 나누었다. 홍범도 장군 사진도록 5권을 드렸다. 점심은 5도 지사님들이 이중헌 부회장과 함께 소회의실에서 했다. 『평남을 빛낸 인물 60인』 원고작업을 거의 완료하였다. 오후 5시쯤에 퇴근하였다. 요즘 5시를 넘어서 퇴근하면 길이 너무 막혀서 집에 도착하는데 2시간 이상이 걸려 조금 일찍 나왔다.

2021년 3월 3일 수요일 날씨: 맑고 포근함

『평남을 빛낸 인물 60인』 원고 수정작업을 계속하였다. 조태용 의원에게 메일을 보냈다. 이범석 장관에 대한 글을 다시 한번 검토해주시고 게재할 사진도 한 장 보내달라고 요청드렸다. 점심은 이 비서와 한우향기에 가서 된장찌개를 먹었다. 황해지사님과 비서진들 그리고 함북지사님과 비서진 일행이 먼저 와서 식사를 하고 있었다. 황해지사님께서 먼저 식사를 마치고 나가시면서 우리 밥값을 내고 나가셨다. 오늘도 조금 일찍 사무실에서 나왔다. 한 20분 정도 먼저 나오면 집에 도착하는 시간은 한 시간 정도 빨라지는 것 같았다.

2021년 3월 4일 목요일 날씨: 맑고 따뜻해짐 내일이 경칩이라고 한다

계속하여 『평남을 빛낸 인물 60인』 원고 수정작업을 하였다. 사무국장과 김 주무관에게 현재까지 수정 작업한 원고를 메일로 보내주고 보완하도록 지시하였다. 손명원 사장께 전화하여 손원일 제독의 사진을 부탁드렸더니 해군 본부 담당 대령을 소개하여 주었다. 해군 본부 담당 장교에게 연락하여 해군 본부 공식 사진을 핸드폰으로 받았다. 박인덕 선생 사진도 인덕대학교 담당 교수분에게 연락하여 받기로 하였다.

어제 오후부터 윤석열 검찰총장이 총장직을 사직할지도 모른다는 설이 나돌았다. 윤석열 총장이 오늘 오전에 휴가를 내고 오후에 출근하는 길에 대검찰청 앞에서 "오늘 나는 총장을 사직하고자 한다"고 말하며 전격적으로 검찰총장직 사직을 발표하였다. 추.윤 갈등 1여 년을 잘 버텨왔는데 최근 여권 검찰개혁 강경파 의원들이 추진하는 중대수사본부청(중수청) 설치를 두고 더 이상 버티기가 어려웠던 것 같다. 윤 총장이 사직의 변에서 말한 것처럼 오늘 여기까지가 총장으로서의 역할이고 밖에 나가서 대한민국의 자유민주주의와 정의를 지키고 국민을 보호하겠다는 말처럼 큰 역할을 해 주었으면 한다.

저녁에 오진식 씨가 별세하였다는 부음을 들었다. 학과 동기이지만 우리보다는 2, 3년 나이가 많은 동기라 우린 항상 그를 오형이라 불렀다. 1학년 때 과대표 선거연설에서 정치가처럼 연설하던 모습이 떠올랐다. 평소에도 그리 건강이 좋지 않았다고 하였는데 80세를 넘기지 못하고 우리 곁을 떠났다. 고인의 평안한 안식을 기원한다.

2021년 3월 5일 금요일 날씨: 맑음, 포근하였음

무형문화재 담당 주무관을 불러 무형문화재 선정절차에 대해서 알아보았다. 서도소리를 평남의 무형문화재로 지정하였으면 하는 것이 나의 생각이다. 서도소리의 본류가 평남인데도 불구하고 황해도에는 2개나 지정되어있는 데 반해 아직도 평남에는 서도소리가 하나도 지정되어있지 않다. 서도소리의 본향(本鄕)인 평남의 자존심에 관한 문제이다. 그동안 평남도지사들이 이 문제에 대해 깊이 생각하지 못한 것은 아닌지 모르겠다. 내가 지사로 재임하는 동안에 반드시 서도소리 중 몇 곡을 우리 평남의 서도소리 무형문화재로 지정하고자 한다. 이주희 계장을 불러 무형문화재 지정절차에 대해서 검토하였다.

유지숙 선생과는 목요일 오전 11시에 사무실에서 미팅을 하기로 하였다. 점심은 비서실 직원들과 팔선생 중식당에서 했다. 오후 2시쯤에 강서군 간사면장과 미팅을 하였다. 오후 3시에 사무실에서 나와 오진식 형의 빈소로 가서 문상하였다. 경우회 친구들이 여러 명 문상을 왔다. 이경준 회장과 이상현 회장도 조금 있다가 왔다. 빈소에서 대학 시절 오형에 대한 이야기를 하며 오형의 영면을 기원하였다.

2021년 3월 6일 토요일 날씨: 포근함

아침에 좀 늦게 일어났다. 오전 7시 10분쯤에 운중천을 걸었다. 일만천보쯤 걸은 것 같다. 자동차 엔진오일을 주입하러 K-호텔 부근에 있는 단골 카센터로 갔다. 사전 점검해보더니 엔진오일과 브레이크 페달 그리고 연결 호스도 교체하여야 한다고 해서 그렇게 하라고 했다. 견적을 뽑아보더니 90만 원쯤 나온다고 하여 좀 망설였다. 그러나 당분간은 차를 사용하여야 할 것 같아 수리하도록 하였다. 수리하는데 2시간 정도 걸린다고 하여 강남역에 가서 나이트 마스크 크림을 사고 양재시민의숲 역 2번 출구 옆에 있는 커피집에서 커피를 마시며 낮 12시 30분까지 있었다. 커피숍에서 나와 바로 카센터 가니 아직 수리가 다 끝나지 않았다. 20분쯤 기다리니 수리가 완료되어 차를 몰고 집으로 왔다. 집에서 오후 3시까지 쉬다가 집사람과 총각네 집으로 해서 오리역 하나로마트를 다녀왔다.

2021년 3월 7일 일요일 날씨: 포근함

『평남을 빛낸 인물 60인』 원고 수정작업을 계속하였다. 갑자기 영어회화 공부를 해야겠다는 생각이 들어 미국생활영어 필수 400개 문장 공부를 시작했다. 매일 20개씩 20일에 끝내는 걸로 계획하고 시작해 보려고 한다. 나의 끈기를 시험해보는 계기로 삼아야겠다.

도연이 중학생이 되어 학교에 제출할 증명사진을 찍었다고 한다. 해림이가 보내온 도연이 사진을 한참 동안 보았다. 이목구비가 뚜렷하고 얼굴 어디 하나 구석진 곳이 없는 반듯하고 단정한 얼굴이다. 관상학적으로 보아도 초년, 중년, 말년 운세가 다 좋아 보인다. 도연이는 성격도 차분하고 끈기도 있어 보이고 어느 정도 욕심도 있어 보여 본인이 꾸준히 노력만 한다면 국가와 사회를 위해 훌륭한 인물이 될 수 있으리라 생각된다. 마음이 뿌듯하다. 내 생각을 해림이에게 몇 자 적어 카톡으로 보냈다. 저녁 식사 후에 해림이한테 전화가 왔다. 도연이 장래가 있어 보인다고 칭찬해주어 고맙다고 하였다. 잘 길러서 훌륭한 인물 만들어 보라고 했다.

2021년 3월 8일 월요일 날씨: 맑고 포근함

오영찬 위원장과 함북지사가 내 방으로 왔다. 함북지사가 추진하고자 하는 북한 관련 책자 발간과 북한 관련 국제세미나 개최 건에 대해서 의견을 나누었다. 함북지사는 이북5도위원회 명의로 추진하기를 원하나 북한 문제는 예민한 문제이고 우리 이북5도위원회 주관으로 하기에는 문제가 있다는 의견을 제시하였다. 결국 우리 이북5도위원회 명의로는 추진하지 않는 것이 좋겠다는 데에 의견을 같이했다.

오후 5시에 김건백 대표 명예군수가 방문하여 도 사무국장과 주무 계장과 함께 『평남을 빛낸 인물 60인』 책자 발간에 대한 의견을 나누었다. 발간제작비 조달 문제로 발간 주체를 명예시장군수단 명의로 하는 것으로 의견을 모았다. 대표군수와 청년회 육성자금 모금방법에 대해서 이야기를 나누었다. 간사 읍면동장들과 간담회 결과 부정적인 의견이 많아 당초 안대로 진행하는 데는 문제가 있다는 의견이었다. 다시 생각해보기로 했다. 그러나 모금금액을 대폭 축소해서라도 추진해 보기로 했다. 회의를 마친 후에 대표군수, 비서실장과 함께 행복집에서 저녁을 함께했다.

2021년 3월 9일 화요일 날씨: 맑음

오늘 이북5도위원회 주간회의가 있었다. 특별한 안건은 없어 차담회만 하였다. 점심은 내가 준비할 차례였다. 경복궁에서 도시락으로 준비하여 5도 지사들과 위원회 사무국장과 함께 점심을 먹었다. 공무인터넷에 들어가 결재 문서에 서명하고 행정안전부에서 공지한 공문을 읽고 중요 사항을 메모하였다.

3월 10일 수요일 날씨: 맑음

오늘 아침에는 사무실에 가기 전에 도산 안창호 선생 서거 83주년 추모식에 참석하기로 되어있었다. 추모식에 참석하고 사무실에 가기로 일정을 잡았다. 오전 9시 20분에 윤 주임이 집으로 와서 도산공원으로 갔다.

추모식장에 가기 전에 선생의 묘소에 가서 참배하고 김재실 도산기념사업회 회장실로 갔다. 마침 오늘 유공자 표창을 받게 되신 신흥우 이사가 먼저 와 계셔서 인사를 나누었다. 시민사회수석실 비서관이 와서 인사를 나누었다. 오전 11시에 추모식이 거행되었다.

김재실 회장께서 추모사 중에 내빈 소개시간에 안창호 선생의 고향인 평남지사께서도 참석하였다고 하며 나를 소개하였다. 이어 흥사단 박만규 이사장께서 추모사를 했다. 선생의 생애와 업적에 대해서 언급하며 오늘날 도산 선생의 정신이 더욱 필요한 시대임을 역설했다. 코로나 사태로 인하여 20명 정도만 추모식에 참석하였고 다른 흥사단 단우 회원들과 관심이 있는 애국시민들은 영상으로 참여했다. 유튜브로 추모식을 방송하기로 했다.

추모식을 끝내고 비서실장과 윤 주무관과 함께 강남에 있는 남도음식점인 가시리에 가서 갈치조림에 벌교 꼬막으로 점심을 먹었다. 무형문화재 담당 주무관에게 무형문화재 등록 절차에 대해서 설명을 들었다.

2021년 3월 11일 목요일 날씨: 포근한 날씨임

오전 11시에 유지숙 명창이 서한범 교수와 임응수 국악협회 이사장을 모시고 방문하였다. 평안남도 무형문화재로 새로이 서도소리를 지정하는 문제에 대해서 이야기를 나누었다. 미팅을 끝내고 행복집에 가서 점심을 함께했다.

오후 2시경에 이진안 교수께서 방문하였다. 이진안 교수는 부모님이 모두 평남 출신이라고 한다. 부모님 모두 해방 전에 공부를 하러 서울에 정착하셔서 이 교수는 서울에서 출생하였다고 하였다. 부모님들이 평남 태생이다 보니 본인도 평남 2세 출신이라 이북5도청에 자연히 관심이 가게 되더라고 말하였다. 이북5도위원회와 평남도청에서 하는 일에 대해서 설명해 주었다. 오후 4시에 이경준 사장과 박상은 의원이 내방하였다. 2021년 재상봉 50주년 행사 문제에 대해서 이야기를 나누었다. 회의를 마치고 북악정에 가서 저녁을 함께했다.

2021년 3월 12일 금요일 날씨: 흐림 약간 쌀쌀했음
　아침에 황해도지사께서 차 한잔하자고 하여 황해지사실로 갔다. 오늘 16개 시도사무소장 들 영상회의가 있다고 하여 회의에 참석하는지 물어보길래 아직 통보받은 사실이 없다고 하였다. 전임 이북5도위원장으로서 이임 인사를 하지 못하였으니 사무국장에게 얘기하여 영상회의에 참석하는 게 어떠냐고 내 의견을 물었다. 정식으로 참석 요청을 받은 것이 아니라 참석 연락이 오면 참석하여 한 해 동안 열심히 도와주어 감사하다는 말과 함께 새로운 위원장을 잘 모시고 이북5도위원회 발전에 이바지해달라고 당부의 말을 하겠다고 했다.
　내 사무실에 돌아와서 사무국장에게 오늘 영상회의에 인사말을 할 수 있겠느냐고 물어봤더니 오늘 위원장이 특별히 지시할 사항이 있어 다음에 하는 것이 어떻겠냐고 하여 그렇게 하기로 하였다고 한다. 이북5도위원장 이취임식을 정식으로 하지 못하였기에 오늘 같은 영상회의 시 자연스럽게 이임 인사말을 할 시간을 주었으면 좋았겠는데 하는 생각이 들었다. 조금 있으니 오 위원장으로부터 전화가 왔다. 배려하지 못한 것에 이해를 구하면서 다음 기회에 인사 말씀할 기회를 드리겠다고 하였다.

2021년 3월 13일 토요일 날씨: 맑음
　아침 일찍 일어나 뒷산에 올랐다. 오랜만에 국사봉 정상까지 올라갔다 왔다. 국사봉을 나는 오도봉이라고 부르고 있다. 오도봉에 오르면서 이북5도 문제를 생각하며 걷기 위해서다. 오늘은 카타르 현지법인 2020년도 재무제표 작성을 하였다. 거의 4년 동안 실적이 없는 상태여서 현지법인을 정리해볼까도 생각했으나 내년 카타르 월드컵까지는 기다려 보기로 했다.

2021년 3월 14일 일요일 날씨: 맑고 포근함

오늘 14일이라 성남에 있는 재래시장인 모란시장이 열리는 날이다. 모란시장은 서울 인근에서는 제법 큰 규모의 재래시장이다. 매월 끝자리 숫자가 4와 9일로 끝나는 날에 시장이 서는데 경기 동부지역에서 나는 각종 농산물과 산나물들이 나오고 특히 개를 잡아 파는 곳으로 이름이 난 곳이었다. 몇 년 전에 개고기 파는 곳은 철거되고 현대식 상가가 조성되었다. 이곳에서 가장 유명한 것은 기름집이다. 아마 기름집이 백여 군데 이상 있는 것 같다. 우리는 10여 년 전부터 3대가 대를 이어 하는 대광집이라는 기름집을 단골로 정하여 참기름과 들기름을 사고는 한다.

아내가 모란시장에서 살 것이 있다고 하여 아침 먹고 오전 9시쯤에 집에서 나왔다. 모란시장에 가서 필요한 것을 사고 집으로 왔다. 점심은 애들네가 같이 하기로 했었는데 저녁으로 변경하였다. 해림이네는 자기 가족끼리 저녁을 하겠다고 하여 우리 내외만 현서네 집에 가서 죽으로 현서네 가족과 저녁을 먹었다.

2021년 3월 15일 월요일 날씨: 흐리다 맑아짐

함북지사와 평창의 봄 파스타 집에서 점심을 같이했다. 유격전우회 박창암 회장님으로부터 유격군 전우회 보상법안이 국회법사위원회 법안소위원회에서 어제 통과되었다는 좋은 소식을 들었다. 진행 과정에서 수고를 참 많이 하였다. 한고비는 넘겼는데 내일 법사위 전체회의에 부의한다고 하니 잘 되기를 기원해본다. 지난 20여 년간 8240부대 출신에 대한 보상관련법 제정을 위해 얼마나 노력해왔던가. 올해는 반드시 관련법이 제정되어 6.25 전쟁 당시 적 후방에서 사선을 넘으며 첩보활동과 교란 작전을 수행했던 분들 대한 명예가 회복되고 적절한 보상이 이루어져야 한다. 나도 이북5도위원장으로서 최선을 다해 관련 국회의원들을 만나 부탁을 드렸다.

2021년 3월 16일 화요일 날씨: 흐림

오늘 이북5도위원회 주간 업무회의가 있었다. 오 위원장이 이북5도청의 역할과 권위를 확대시키기 위해서 노력하겠다고 하였다. 이에 함남지사께서 이북5도청이라고 하면 행안부 외청으로 기구가 축소되고 5도 지사들의 역할도 축소될 것이라는 의견을 피력하였다. 그런 이유로 이북5도위원회로 존속시키고 가능하면 이북5도위원회가 행안부 소속이 아니라 국무총리 산하의 기구로 독립된 기구로서 위상을 높이는 방향으로 추진하자는 의견을 제시하였다.

이북5도위원회가 독립된 기구로 확대 개편되는 경우 이북도민 관리뿐만 아니라 북한 이탈주민 관리도 현재 통일부에서 관리하고 있는 일을 이북5도위원회에서 직접 담당하게 되면 탈북민과 정서적으로 교감을 이룰 수 있는 이북도민사회가 업무를 맡게 되어 보다 효과적일 수 있다고 생각된다. 앞으로 우리 이북5도지사들이 계속하여 관심을 갖고 추진하여야 할 과제라고 생각한다. 점심은 함남지사께서 초대하여 평창동 칼국수집에 가서 했다. 평남을 빛낸 인물 원고작업을 계속했다.

2021년 3월 17일 수요일 날씨: 흐림

오늘 오후 5시에 종로 3가에 있는 서울극장에서 독립영화 '파이터'를 도민들과 단체로 관람하기로 했다. 어제 지사님들께도 함께 관람하자고 말씀드렸다. 명예시장군수단과 각 읍면동장들을 우선적으로 관람대상자로 정했는데 생각보다 참여율이 저조하여 이북도민통일아카데미 회원들에게도 권유하였다. 실존 인물인 탈북민 최현미 선수를 모델로 한 실화 영화다.

최현미 선수는 평양 출신으로 현재 여자 수퍼페더급 세계 챔피언이다. 얼마 전에 도민 행사에서 최현미 선수의 아버지를 만나 인사를 나눈 적이 있었다. 탈북민으로서 대한민국으로 들어온 후 정착하는 과정에서 힘들게 살아가던 중에 아르바이트를 하게 된 곳이 권투도장 청소부였다.

이곳에서 권투에 매력을 느끼게 되고 열심히 연습하여 세계 챔피언이 되어가는 과정을 그린 영화다. 그 과정에서 같은 도장에 남자 친구와 사랑을 느끼기도 하고 한국에 정착 생활을 성공적으로 해나가는 것을 담담하게 그리고 과장하지 않고 담담히 그린 수작이다. 함께 영화를 관람한 사람은 40여 명 정도였다.

2021년 3월 18일 목요일 날씨: 흐림

도 사무국장이 『평남을 빛낸 인물 60인』에 대한 1차 편집 자료를 보내왔다. 책자 발간을 평남도청에서 주관하는 경우 예산지원이 어려워 부득이 명예시장군수단이 발간위원회를 구성하여 추진하는 방향으로 계획을 수정하였다. 민간 차원에서 발간을 해야 도민사회 유지로부터 발간비 지원을 받을 수 있을 것 같다. 이제 김동길 교수님의 축사와 발간위원회의 발간사 그리고 맺음말을 작성하면 원고는 완성된다. 그리고 독립운동가(독립투사)의 경우 17인에 대해서는 김시덕 박사가 감수하여 주기로 하였기에 감수한 원고를 기다리고 있는 중이다. 김시덕 박사가 최근에 국립중앙역사박물관장 후보에 추천되어 관장에 선임되기 위한 준비를 하느라 좀처럼 시간을 낼 마음의 여유가 없다고 한다. 관장이 결정되어야 시간을 낼 수 있을 것 같다고 하니 조금 시간을 기다려야 할 것 같다.

2021년 3월 19일 금요일 날씨: 맑음

아침 9시에 건강검진을 하러 집사람과 함께 메디스캔으로 갔다. 오늘은 오전 반가를 냈다. 메디스캔 상담원이 국민건강보험에서 정기적으로 검진하는 항목 이외에 추가로 검사를 받는 것이 좋겠다고 권유하여 CT촬영과 초음파 검사를 추가로 하였다. 위내시경 검사는 집사람은 수면내시경으로 하도록 하고 나는 수면내시경검사 대신 수면제를 복용하지 않고 하기로 하였다. 한 20년 전쯤 최초로 위내시경 검사를 할 때 비수면내시경 검사를 했었는데 참 힘들었다. 그 당시에는 입속에 들어가는 내시경의 크기도 커서 상당히 힘들었던 기억이 난다. 그 후 대 여섯 번의 내시경 검사를 하면서 모두 수면내시경검사를 했는데 수면 상태에서 검사하니 힘들지도 않았고 잠에서 깨어나면 다 끝났다고 하여 참 편하게 검사를 받았다. 그런데 나이가 들면서 수면내시경의 부작용도 있다고 하고 잘 못 될 수도 있다고 하니 조금 힘들더라도 비수면 검사로 해보고 싶어 나는 수면내시경으로 하지 않았다. 그런데 많이 힘들었다. 다음에는 아무래도 수면내시경을 검사를 받아야겠다.

오전 11시 30분쯤에 나는 검사가 완료되었다. 집사람은 혈압이 다소 높아 내시경 검사를 조금 기다렸다가 해야 된다고 하여 점심 약속 때문에 아내에게 이야기하고 검진비를 계산하고 나왔다. 충무로 3가에 있는 동방명주 중식당에서 서경회 회장과 함남중앙도민회장 그리고 평남도민회장과 점심 같이 하기로 했다. 오늘은 내가 호스트이다. 점심을 먹고 사무실에 가서 업무를 보다가 4시 30분쯤에 사무실에서 나와 아주대학병원에 가서 박원호 대표 상가에 가서 조문했다.

2021년 3월 20일 토요일 날씨: 흐리고 비가 옴

오늘이 밤낮의 길이가 같다는 춘분이다. 계절의 변화를 느낄 수 있다. 봄을 재촉하는 봄비가 안개비처럼 내렸다. 오늘 점심은 현서네 집에서 온 가족이 모여 떡볶기와 김밥으로 먹었다. 점심을 먹고 커피와 케이크를 사가지고 와서 먹었다. 해림이에게 인터넷으로 와이셔츠를 두 장 주문하라고 하였다. 점심을 먹고 난 후에 나와 집사람은 수내동에 있는 롯데백화점에 가서 파란색 와이셔츠를 두 장 샀다. 하나는 허리가 타이트한 걸로 샀는데 집사람이 맞지 않을 거라고 극구 말리는데 타이트한 셔츠의 색깔이 맘에 들어 우기며 사가지고 왔다. 집에 와서 입어보니 역시 집사람의 말이 맞았다. 너무 팽팽해서 불편하였다. 체면에 불편하다고 말하기도 뭐하고 하여 그냥 입겠다고 우겼다. 아내가 제발 고집부리지 말고 가서 바꾸라고 하여 다시 롯데백화점에 가서 일자로 된 셔츠로 교환하였다.

2021년 3월 21일 일요일 날씨: 흐리고 가끔 가는 비가 옴

아침에 조금 늦게 일어났다. 7시쯤에 뒷산에 올라갔다. 비가 와서 우산을 들고 갔다. 어제 춘분이라 그런지 산에 올라가며 보니 파릇파릇한 나뭇잎들이 보였다. 일주일 전만 해도 나뭇잎에 새순이 돋아오는 것이 보이지 않더니 오늘은 나뭇잎이 연록색 새순이 나오는 것이 눈에 띄게 보였다. 계곡 옆에 개나리도 노란 꽃 아기 봉오리가 보였다. 아마도 일주일쯤 지나면 꽃봉오리를 터트리며 활짝 피어날 것만 같았다. 떡집 앞마당에 있는 매화나무에도 매화꽃이 피었다.

2021년 3월 22일 월요일 날씨: 맑음, 약간 추웠음

오늘은 양덕군민회 원로이신 우윤근 회장님께서 초대하여 남산에 있는 필동면옥에서 점심을 했다. 평남중앙도민회장님과 도민회 사무국장 그리고 김병수 양덕군민회 고문과 같이했다. 필동면옥도 평남도민분이 운영하는 유명한 평양냉면집 중에 하나이다. 내 기억으로는 아마도 한 30년 전쯤에 서너 번 왔던 것으로 기억된다. 모처럼 오니 옛날에 기억이 거의 나지 않았다. 제육 한 접시에 평양식 만두 한 접시를 놓고 소주 한 잔을 마셨다. 시원한 육수 맛이 평양냉면의 참맛을 맛보는 것 같았다.

우윤근 회장님은 우리 양덕군 출신 원로어른으로서 문화방송 전무를 역임하셨고 평남중앙도민회장과 이북도민중앙도민회 연합회장도 역임하신 이북도민사회에 원로 중에 한 분이시다. 현재는 고당 조만식 선생기념사업회 이사장으로 계신다. 특별히 하실 말씀이 있을 줄 알았는데 그냥 점심 한 끼 하고 싶다고 하시며 나를 부르고 평남도민회장과 도민회 사무국장을 함께 초대한 것 같다.

2021년 3월 23일 화요일 날씨: 약간 쌀쌀함. 아직도 꽃샘추위를 하는 것 같다

오늘 이북5도위원회 주간회의가 있었다. 특별한 안건은 없었고 사무국에서 2가지 보고사항이 있었다. 점심은 오 위원장께서 먹음직스러운 돈가스를 준비하여 소회의실에서 5도 지사들과 함께하였다. 차기 황해도지사와, 함남지사에 물망에 오르고 있는 분들에 대한 이야기를 들었다. 황해도지사로는 종로구 민주평통협의회장으로 있는 김기찬 회장이 거론되고 있고 함남지사에는 고려대학교 경영학과 교수를 역임한 이진규 교수가 유력한 후보자인 것 같다는 풍문이 있다. 이진규 교수는 내가 개인적으로 조금 아는 사람이다. 현재 함남 행정자문위원장으로 있고 흥남철수기념사업회 이사장직도 맡고 있다고 한다. 사람의 인연이란 것이 참 신기하다는 생각이 들었다. 만약 이진규 교수가 임명된다면 반갑기도 하겠지만 거의 40여 년 만에 만나는 것이 된다. 이 교수는 40여 년 전 산업리이스에서 같이 근무했던 나와의 인연을 기억할 수 있을까? 연상 67동기들에게 재상봉 행사 관련 준비사항도 설명해 주고 기부금 모금에 대해서도 협조를 구하였다.

2021년 3월 24일 목요일 날씨: 맑음

오늘 오후 3시에 스위스그랜드 호텔 커피숍에서 김형석 교수님을 뵙기로 했다. 그동안 몇 번 댁으로 찾아뵙겠다고 연락을 드렸었는데 코로나 사태로 외부 출입도 자제하고 댁으로 외부 손님도 부르지 않고 있다고 하였다. 지난 19일에 윤석열 전 검찰총장이 댁으로 찾아뵈었다는 뉴스를 접하고 방문이 가능할 것도 같은 생각에 오늘 아침 비서실장을 통하여 연락을 취해보도록 하였다. 『평남을 빛낸 인물 60인』 책자발간에 축사를 부탁하려고 한다는 방문 목적을 말씀드려 시간을 잡았다. 오후 2시 40분쯤에 약속장소에 도착하여 선생님을 기다렸다. 10분 전쯤에 커피숍에 들어오셔서 반갑게 인사를 드리고 평남지사 이명우라고 소개를 드렸다. 연대 상대 67학번이라고 말씀을 드렸더니 반갑게 대해주셨다. 최근 건강과 근황에 대해서 여쭤보고 평남 도정에 대해서 설명드렸다. 그리고 『평남을 빛낸 인물 60인』 선정목적과 그동안의 과정에 대해서 설명을 드렸다. 책자발간에 선생님의 축사를 게재하고 싶다고 말씀드리고 특별히 축사를 써 주십사고 말씀을 드렸더니 쾌히 승낙하여 주셨다. 너무나 감사했다.

선생님은 평남 대동군 출신이시다. 1947년도에 가족과 함께 월남하셨다고 한다. 올해 연세가 102세이신데에도 여전히 건강을 유지하시며 정정하게 활동하시는 모습이 경이롭다. 우리 시대 최고의 철학자이며 인생의 스승이시다. 1960년대 『사랑과 영혼의 대화』라는 수필집을 발간하시고 수필가로도 명성을 날리셨던 교수님이셨다. 연세대학교 철학과 명예교수로서 아직도 저술 활동과 강연을 하시며 왕성하게 활동하고 계신다. 나도 재학시절 채플 시간에 선생님의 강의를 몇 번 듣곤 하였다. 차분한 음성으로 쉽게 그리고 기독교 정신에 바탕을 둔 사랑의 정신을 강조하며 우리 젊은이들에게 참되고 의미 있게 삶을 살아가는 방법에 대해 주옥같은 말씀을 해주셨던 걸로 기억한다.

이야기 도중에 김일성이 해방된 지 얼마 지나지 않아 고향인 평양 만경대에 와서 고향 어른들에게 인사를 드리고 함께 식사를 했던 이야기를 들려주셨다. 그때 김일성에게서 앞으로 정치 활동을 함에 있어 어떤 원칙을 갖고 할 것인지 물어보니 첫째가 친일파 숙청이고 그다음은 자본가와 지주 자산 몰수, 평등한 세상을 구현하기 위한 공산주의 실현 등을 이야기하였다고 한다. 그때 김일성의 사상이 완전 공산주의자임을 느꼈다고 한다. 며칠 후에 평양시 광장에서 김일성 장군 평양시민 환영대회가 있다고 하여 동네 어른들이 다녀왔는데 그동안 말로만 듣던 항일 독립전쟁에 전설적인 영웅인 진짜 김일성이 나타나는 줄 알았는데 며칠 전에 고향 어른들과 식사를 함께 했던 김성주였다고 하였다. 고향 마을 사람들은 김일성의 아명이 김성주였다고 기억하고 있었다. 김일성은 외가인 만경대에서 어린 시절을 보냈고 중학교 때 고향을 떠나 만주로 갔다고 한다. 어른들의 말씀인즉 전설적인 김일성이 나타나는 줄 알았는데 김일성 장군이라고 소개받은 사람이 바로 며칠 전에 고향 동네에 왔던 김성주였다는 것이다. 선생님 말씀을 들으니 확실히 김성주가 김일성이라고 개명하고는 그 당시 한국 사람들에게 신비스러운 인물로 알려진 유명한 독립투사인 김일성 장군 행세를 하는 거라는 말이 맞는 것 같다.

2021년 3월 25일 목요일 날씨: 포근함

아침에 출근하니 내가 인터넷 기사에 나왔다는 카톡 문자가 왔다. 내용인즉 내가 행안부 고위공직자 중에 전해철 장관 다음으로 재산 신고액이 많은 고위공직자라는 기사였다. 작년에 비해 신고재산이 작년 신고액에 배해 무려 2배쯤 된다는 것이다. 그 이유는 비상장주식의 평가를 액면가에서 실질 평가액으로 산정하다 보니 그렇게 되었다. 아무튼 매스컴을 타니 조금은 부담스러웠다. 오전 11시 40분쯤에 인덕대학교의 구완서 교수가 부군인 안모세 목사님과 함께 방문하였다. 반갑게 인사를 나누고 박인덕 선생에 대한 이야기를 나누었다. 이어 이북5도위원회와 평남 도정에 대해서 설명드렸다. 두 분을 모시고 북악정에 가서 함께 식사했다. 오후 2시 10분쯤에 연대동문회관에 가서 2021년 재상봉 50주년 행사 편집분과위원회 편집회의 총괄운영위원장의 자격으로 참석하였다.

오후 4시 30분경에 전해철 행안부 장관께서 이북5도위원회를 방문하실 계획이라고 하여 오후 3시 10분쯤에 미리 나왔다. 3시 40분쯤에 사무실에 도착하여 전해철 장관 방문에 대비하여 준비를 하였다. 오후 4시 45분쯤에 장관께서 오셨다. 1층 현관에서 오 위원장과 위원회 사무국장이 영접하여 2층 위원회 회의실로 모시고 왔다. 위원장을 제외한 나머지 네 명의 도지사들은 2층 복도에서 대기하였다가 장관님을 맞이하였다. 위원회 사무실에서 차담회 식으로 편안하게 이야기를 진행하였다. 오 위원장이 북한 이탈주민에 대한 남한 사회 정착지원 및 관리업무를 이북5

도위원회의 소관 업무로 해줄 것을 건의하였다. 나는 도지사 퇴임 시에 그동안 이북5도지사들에게 수여해주던 근정훈장 수여제도를 복원해줄 것을 건의하였다.

2021년 3월 26일 금요일 날씨: 흐림
오늘은 한미지오텍건설 세무조사 관계로 휴가를 내고 아침 9시쯤에 인덕원 회사 사무실로 갔다. 박 차장과 정 이사를 만나서 세무서에 제출한 자료를 검토하였다. 특별히 문제 될 것은 없어 보였다.

2021년 3월 27일 토요일 날씨: 흐림
아침에 집사람과 월든아파트 뒷산 길을 걸었다. 그 뒷산 길 산책로에 예년에 홀림나물을 뜯은 적이 있어 지금쯤 나물이 나왔을 것 같다고 하여 운동할 겸 같이 나왔다. 아직 이른지 별로 뜯지 못했다. 내려오는 길에 운중동 주민센터 네거리 부근에 있는 북엇국집 식당에 들러 북엇국으로 아침을 먹었다. 오늘도 원고 수정작업을 계속하였다.

2021년 3월 28일 일요일 날씨: 아침에 가는 비가 오고 흐렸다
아침에 뒷산에 올라갔다. 1시간 정도 걸었다. 집사람과 양재동 하나로마트로 갔다. 일 주일분 부식도 사고 페라가모 구두 수선도 할 겸해서 양재동 하나로마트로 갔다. 오는 길 점심시간이 되어 성남공군 비행장 정문 앞에 있는 남 추어탕집으로 가서 추어탕으로 점심을 먹었다. 총각네 집에 가서 채소를 추가로 샀다. 계속하여 원고 수정작업을 했다.

현서네 집에 가서 도연이네와 함께 저녁을 먹었다. 오늘 저녁은 제윤이 세례 받은 것을 축하하는 의미로 함께 먹기로 하였다. 목살을 구워 박 서방과 칭다오 맥주 한 잔씩 먹으며 식사를 했다. 제윤이 세례명은 리디아로 지었다고 한다. 리디아는 성경에 나오는 성인 중에 여성 부호이며 실업가라고 한다. 세례명대로 큰 부자가 되어 사회에 좋은 일을 할 수 있는 사람이 되었으면 하고 기대해 보았다. 세례를 축하하는 의미에서 10만 원을 박 서방에게 주면서 내일 제윤이 앞으로 통장을 개설하도록 하였다. 매월 10만 원씩 제윤이 통장에 넣어 주려고 한다.

2021년 3월 29일 월요일 날씨: 황사가 심했음, 기온이 좀 포근해졌음

점심은 이은주 비서와 함께 한우향기집에서 소고기 된장찌개를 먹었다. 함북지사와 함북 직원들이 먼저 와서 식사를 하고 있었다. 전에 함북지사가 식사비를 낸 적이 있어 이번에는 내가 미리 계산하였다. 음식을 기다리는 중에 오도민신문 대표와 황해도민보 편집국장이 식당으로 들어와 우리 자리에 앉으라고 권하고 식사비를 내가 지불하였다. 식사를 한참하고 있는데 조성원 이북도민 새마을 연합회장과 새마을 직원들이 식사를 하러 왔다. 조 회장이 우리 것까지 내겠다는 것을 미리 계산했다고 말하고 이번에도 내가 점심값을 지불하였다. 모처럼 점심식사 자리에서 여러분들을 만나 식사비를 내고 나니 함께 모이기 어려운 분들을 한꺼번에 식사 대접을 하게 되어 기분이 좋았다.

오후 4시쯤에 사무실에서 나와 장충동에 있는 서울하우스로 갔다. 대학 동기인 남상태 동기 부부가 이상현 회장과 나를 특별히 초대하여 저녁을 함께하기로 했다. 서울클럽은 오래된 사교클럽으로 회원제로 운영되는 곳이다. 서울 시내 제법 유명인사들만이 출입하는 곳이라고 한다. 남상태 부부는 여유 있게 은퇴 생활을 즐기고 있는 것 같이 보였다. 자녀들도 잘 키웠고 결혼도 잘 시켰다고 한다. 몬테스 알파 와인에 닭날개 튀김, 양파튀김, 연어새러드에 피자로 즐겁게 담소하며 맛있게 식사를 하였다. 뒷자리에 안응모 전 내무부 장관께서 가족분들과 함께 식사를 하고 계셨다. 나가실 때 뵙고 인사를 드렸다. 내가 평남지사라고 소개를 드렸더니 매우 반가워하셨다. 오늘 모처럼 분위기 있는 곳에서 즐겁게 식사를 했다.

2. 2021년도 도정일지

2021년 3월 30일 화요일 날씨: 황사가 심했음, 포근해졌음

오늘 이북5도위원회 주간회의가 있었다. 금년도 각 도민회에 국고지원금 배정문제에 대한 계획을 보고 받았다. 우리 평남의 경우 88,330천원이었다. 전년과 동일한 금액이었다. 예산 배정 사용처도 전년도와 같이하는 것으로 계획하였다. 다만 평북의 경우는 중앙도민회에 직접 주지 않고 직접 필요한 시.군민회와 관련 도민단체에 주는 것으로 계획되어있었다.

이북5도위원장이 특별히 6.25 참전 유격부대 보상법이 국회 본회의에 통과된 것에 대해 전임위장장인 평남지사가 특별히 힘쓰셨다는 말씀을 해주어 내가 그간의 활동 사항과 소회에 대해서 간략하게 말씀을 드렸다. 오전 11시 30분에 탕춘대 입구에서 평남산악회 2021년도 시산제가 있었다. 산악회 회원 20여 명이 참석하였다. 상학과 동기들에게 재상봉 50주년 행사 기금 모금에 대해 설명하고 협조를 당부하였다. 이동욱 회장에게 내일 오전 10시에 무림제지 회장실로 방문하여 차 한잔하기로 약속했다.

김동길 교수님으로부터 『평남을 빛낸 인물 60인』에 대한 축사원고를 받았다. 너무나 귀한 글을 받아 고마웠다. 김동길 선생님의 축사는 아래와 같다.

『평남을 빛낸 인물 사전』 발간 축사

누군들 고향을 그리워하지 않을까마는 특히 강산이 수려하고 역사가 두드러진 나의 고향에 대해 큰 자부심을 가지고 나는 산다. 각자 태어난 고장에 대하여 자부심을 갖는 것은 바람직하지만 그것이 지역감정이 될 때에는 한 민족의 민주적 발전에 크게 해를 끼친다는 사실을 무시할 수 없다.

오늘 이 글을 읽는 우리는 모두 평남 출신임을 자랑스럽게 생각한다. 많은 인물이 우리 고장에서 배출되었다. 비단 평안남도만이 인물을 배출한 건 아니다. 평안북도에서도 그리고 함경도에서도 수없이 많은 애국자들이 대한민국을 건설하기에 이르렀다. 한마디로 우리는 평남인임을 자랑스럽게 생각하기 전에 한국인임을 자랑스럽게 생각한다는 것을 말하고 싶다.

내가 어려서 배운 시 한 수가 있다. 어려서 암송했고 지금도 암송하고 있다. 그 시나 한번 읊어 나의 소임을 다하고자 한다.

　왕검성에 달이 뜨면 옛날이 그리워라
　영명사 우는 종은 무상을 말합니다
　흥망성쇠 그지없다 낙랑의 옛 자취
　만고풍상 비바람에 사라져 버렸네
　패수야 푸른 물에 이천 년 꿈이 자고
　용악산 봉화불도 꺼진 지 오랩니다
　능라도 버들 사이 정든 자취 간 곳 없고
　금수산 오르나니 흰옷도 드물어라

　우뚝 솟은 모란봉도 옛 모양 아니어든
　흐르는 백운탄이라 옛 태돈들 있으랴
　단군전에 두견 울고 기자묘에 밤비 오면
　옛날도 그리워라 추억도 쓰립니다

내가 초등학교 학생 시절에 뜻은 모르고 암송만 했던 이 시의 지명들을 올바로 채우는 데도 많은 시간이 필요했다. '왕검성'은 평양을 둘러싼 성을 말한다. 우리가 평양을 떠날 때에도 '영명사 절'은 그 자리에 있었다. '패수'는 대동강의 다른 이름이고 '용악산'은 평양 주변에 있는 산이다. 평양 가까이에 '능라도'라는 조그마한 섬이 있었고 '금수산'은 곧 모란봉이다. '백운탄'은 대동강 어느 굽이의 물살 빠른 데가 있어 그런 이름이 붙었다고 하고 '단군전'은 지금도 보존되어 그 자리에 있다고 들었다.

이번에 이 아름다운 작업을 끝낸 평안남도 도민 여러분께 감사의 뜻을 전하며 특별히 이명우 도지사에게 심심한 사의를 표하는 바이다.
2021년 3월 30일
김동길 적음(연세대 명예교수 평남 맹산군 출신)

2021년 3월 31일 수요일 날씨: 맑음 일교차가 심함. 낮에는 포근해짐

오늘 점심은 박상은 대표와 신경헌 편집분과위원장 그리고 음악대학 기악과에 강경애 대표와 함께 연대 알렌관 식당에서 하였다. 박상은 총 대표가 강경희 대표를 초대하여 식사를 하게 되었다. 강경희 기악과 대표는 음악대학 4개과 총 대표를 겸하는 것으로 재상봉 50주년 행사를 준비하기로 했다고 한다. 대표직을 수락하여 준 것에 대한 고마움도 있고 하여 특별히 박상은 총 대표가 식사대접을 하였다. 오후 3시에 재상봉 50주년 행사 학과 대표자 모임이 있어 나는 식사를 마치고 커피를 마시다가 사무실에 잠깐 드리기 위해서 자리를 떴다. 사무실에 가서 책상을 정리하고 가방을 챙겨서 나와 동문회관 5층에 마련된 제3회 학과 대표 정기모임에 참석하였다. 음악대학 4개 과 대표들이 모두 참석하였고 영문과 문경환 대표도 참석하여 20명 정도 회의에 참석하였다. 회의 의제 순서대로 성과 있게 회의를 잘 진행하였다. 이경준 재무분과위원장도 처음으로 회의에 참석하였다.

2021년 4월 1일 목요일 날씨: 일교차가 심함. 낮에는 따뜻하였음

오늘은 4월 1일 만우절이다. 예전엔 만우절에 제법 거짓말도 하면서 속아 넘어간 친구들 보고 서로 웃기도 했는데 요즘은 그런 풍속이 거의 살아진 것 같다. 우리가 중고등학교에 다닐 때만 해도 교과과정에 도덕과 윤리 시간이 있어서 거짓말해서는 안 된다는 걸 배웠다. 사람이 살아가다 보면 선의든 악의든 간에 때론 거짓말을 하게 되는데 거짓말은 죄악이니 절대로 해서는 안 된다고 가르치고 또 그렇게 교육을 받다 보니

4월 1일 하루만이라도 거짓말을 하도록 풀어 준 것은 아닌가 생각한다. 거짓말에 속은 April fool은 그런 점에서 인간의 본성과 본질적인 욕구에 대한 일종의 탈출구 역할을 해주는 것으로 볼 수 있다. 그러나 요즘 세대는 어떠한가? 구태여 만우절을 정하여 탈출구를 만들어 줄 필요가 없게 되었다. 일 년 내내 거짓말을 하면서 살아가는 게 요즘 사람들이 아닌가.

오늘 점심은 도 사무국장을 비롯하여 직원들과 함께했다. 평창의봄 이태리 식당에 가서 파스타와 피자로 점심을 먹었다. 요즘 도 사무국 직원들이 2020년 시.군정 연간보고서 책자발간으로 수고가 많은 것 같다. 모두 열심히 일해주어 감사할 따름이다.

2021년 4월 2일 금요일 날씨: 좀 쌀쌀함

이북5도위원장이 경북궁 근처에 있는 전통 궁중 음식점 지화자로 점심 하러 가자고 하여 함남지사와 함께 세 사람이 가서 식사를 하였다. 예전에 손님을 모시려고 가격을 물어보니 점심도 최저가 1인당 6만 원이 넘었다. 저녁에는 12만 원부터 시작된다고 하여 엄두도 못 냈던 비싼 집이었다. 그런데 최근에 점심식사를 3만 원대로 낮춘 메뉴를 준비했다고 한다. 궁중요리 전문가인 고 황혜성 선생이 시작한 궁중요리 전문점인데 현재는 그분의 딸들이 경영하고 있다. 가격대비 내용도 괜찮아 가끔 와야겠다.

2021년 4월 3일 토요일 날씨: 비가 옴

아침에 운중천을 걸었다. 천변에 벚꽃이 흐드러지게 피었다. 90분 정도 걷고 집에 와서 아침을 먹었다. 집사람이 허리가 안 좋아 요즘 치료를 받고 있기에 집사람을 모시고 한의원에 가서 치료를 받게 하였다. 집사람이 한 40분 정도 치료를 받아 밖에서 기다리다가 치료가 끝날 때쯤에 병원에 올라가 집사람과 함께 나왔다. 총각네 집에 가서 필요한 야채를 좀 사고 집으로 돌아왔다. 오늘도 계속해서 『평남을 빛낸 인물 60인』 전에 대한 원고 수정작업을 했다. 원고를 정리하면서 내 고향 평남에 너무나 훌륭한 분들이 많이 배출된 것에 자랑스럽다. 선정된 분들의 생애를 잘 정리하여 후세들에게 귀감이 되는 좋은 책을 만들 것을 다짐하였다.

오늘은 제주 4.3사태가 발생한 지 73주년 되는 날이다. 문제인 대통령이 올해도 기념식에 참석하여 추념사를 하였다. 공권력에 의해 무고한 시민들이 희생당한 것이라는 식으로 추념사를 하였다. 대한민국의 대통령으로서 역사 인식에 문제 있는 것이라고 생각된다. 제주 4.3사태의 본질은 1948년 5.10 선거를 조직적으로 방해하려는 남노당 일당들의 준동에 의해 시작된 소요사태이다. 물론 그전 해인 1947년 3.1절 경축 행사에 경찰기마대에 의해 어린아이가 사망한 사건에 제주시민들이 미 군정과 경찰에 대해 반감을 갖고 있었던 점이 저변에 깔려있었던 것은 분명하다. 그런 점을 제주지역 남로당 당원들이 교묘히 이용하여 민중 봉기를 일으켰던 것이다. 제주지부 국방경비대와 경찰이 투입되어 진압하는 과정에서 남로당은 물론 무고한 시민들이 다수 희생된 것은 분명하다. 그러나 단독정부 수립을 반대하고 통일 조국을 원했던 제주시민의 꿈을 국가 권력이란 공권력이 무자비하게 진압하였다는 식으로 4.3사태를 정의하고 있는 것에 놀라지 않을 수 없다. 그런 인식은 역사를 좌편향 시각으로 인식한 매우 잘못된 역사 인식이라 아니 할 수 없다. 더욱이 그것이 대한민국 최고 통수권자인 대통령의 인식이라는 데 놀라지 않을 수 없다. 그것은 오히려 대다수의 제주시민을 욕보이는 발언이라고 할 수 있다.

대한민국 대통령은 헌법의 가치와 국가이념과 정통성에 충실해야 한다. 대한민국은 자유민주국가이며 남북이 대치되어있는 엄중한 상황에서 북한 정권에 대해 분명한 입장을 취해야 한다. 국정의 최고 책임자이며 군 통수권자의 첫째가는 책무는 헌법을 수호하고 국토를 방위하며 국민의 생명과 재산을 보호한 것임에도 우리나라 헌법에 명시되어 있는 자유민주주의 국가라는 헌법의 가치를 모호하게 하는 태도를 취하는 것은 있을 수 없는 일이다.

 4.3사태에 있어서 우리 선대 어르신들인 서북청년단들이 과도한 진압작전에 투입되어 피아 구분이 불분명한 상황에서 무고한 제주시민들에게 피해를 준 점은 서북인 후세인의 한 사람으로 안타까운 일이 아닐 수 없다. 그러나 제주 4.3사태 당시에 모슬포와 서귀포 경찰서장이였던 평남 안주군 출신인 문형순 서장은 사전 검거된 남로당원들과 무고한 제주시민들을 무조건 총살하라는 상부의 지시를 어기고 철저히 조사하고 확인한 후에 상당한 제주시민들을 방면하여 목숨을 구해주어 한국판 쉰들러라는 칭송을 받기도 하였다. 또 서북청년단원 중에는 무조건 살해하려는 경찰들과 동료 대원들의 앞을 가로막고 "차라리 나를 죽여라"라고 하며 몸으로 막아서며 무고한 제주시민들의 목숨을 살려낸 분들이 여러분 있는 것으로 전해지고 있다. 전쟁 중에도 휴머니티는 있기 마련이다.

2021년 4월 4일 일요일 날씨: 흐리다 맑아짐

 오늘 아침에는 집사람과 뒷산에 올라갔다. 집사람이 홀림나물을 좀 따겠다고 하여 같이 올라갔다. 지난주 월든 아파트 단지 뒷길로 홀림나물을 따러 갔다가 홀림나무가 거의 보이지 않아 별로 따지 못했었다. 그래서 오늘은 국사봉 가는 뒷산으로 갔다. 토끼굴을 지나서 운동기구가 있는 쉼터 부근에 홀림나무가 이곳저곳에 있었다. 아내가 나물을 따는 동안 나는 산을 좀 오르다가 내려왔다. 그동안 아내는 홀림나물을 제법 땄다.

 오전 10시쯤에 집사람과 국립중앙박물관에서 전시하고 있는 [세한도 그리고 평양감사 부임 향연 전]을 보러 갔다. 세한도와 평안감사의 향연 어떻게 연관성이 있는 것이기에 함께 전시를 기획했나 싶어 궁금하였다. 11시 30분경에 국립중앙박물관에 도착하여 입장하려고 하였더니 오후 4시 표밖에 없다고 하여 부득이 서너 시간 기다릴 수밖에 없었다. 시간을 보내기 위해 집사람과 모처럼 남산에 오르기로 했다. 남산에 제법 나들이 온 사람들이 많았다. 남산 정상까지 오르려다가 아내가 좀 힘들어 하는 것 같아 조금 오르다가 벤치가 있는 쉼터에서 한 10분 정도 쉬었다.

벤치에서 일어나 점심을 먹으러 을지로 3가 쪽으로 갔다. 우래옥 본점 냉면집을 한 번도 가지 않아서 한번 가보려고 생각해서 차를 그 방향으로 몰고 갔다. 내비가 가르켜주는 대로 갔더니 제대로 안내를 하지 못하고 3번이나 주위를 맴돌아 결국 우래옥 가는 것을 포기하고 오장동 함흥냉면집으로 갔다. 나는 물냉면을 곱배기로 먹고 아내는 회냉면을 먹었다. 국립중앙박물관으로 왔더니 아직도 한 40분 정도 여유가 있어 박물관 앞에 있는 거울 못 주위를 좀 걸었다.

오후 4시에 입장하여 세한도전과 평안감사전을 보았다. 세한도는 추사 김정희가 제주도에 유배하여 있을 때 역관인 제자 이상적에게 고마움을 전하기 위하여 그려준 작품이다. 작품의 예술성도 대단하지만 세한도에 얽혀있는 이야기가 흥미롭다. 이상적은 중인인 역관으로 추사의 제자였는데 청나라에 사신을 따라갈 때마다 청나라의 진귀한 서적과 물품을 가져와 추사에게 전달하였다고 한다.

세한도는 이상적 사후에 세도가인 민씨 일가로 넘어갔다가 경성제국대학의 중국철학 교수로 고미술 수집가이자 완당 매니아였던 후지츠카 치카시(藤塚隣)의 손에 들어갔다. 해방 이후 유명한 서예가인 손재형 선생이 소장한 일본인을 수십 번 찾아가 소장인에게 세한도를 팔 것을 요청하였으나 매번 거절당했다고 한다. 이에 굴하지 않고 손재형 선생은 끈질기게 찾아가 간청하였는 바 그 일본인은 손재형 선생의 끈기와 세한도 작품에 대한 애정을 이해하고 돈을 받지 않고 손재형 선생에게 주었다. 일본인 소장가로부터 세한도를 넘겨받은 손재형 선생은 정치에 투신해 재산을 탕진하자 고리대금업자에게 세한도를 담보로 맡겼는데 돈을 값을 길이 없자 세한도의 소유권을 포기했다. 이후 세한도는 인삼으로 큰 돈을 번 개성 출신의 갑부 손세기가 사들이고 그의 아들인 손창근이 소유하고 있다가 국립중앙박물관에 기증하여 국민의 품으로 돌아왔다.

　세한도는 1974년도에 국보를 지정되었으며 종이 바탕에 수묵화다. 세로 23cm 가로 61.2cm이며 김정희 문인화 이념의 최고 정수를 보여주는 작품이란 평가를 받고 있다. 제자인 역관 이상적의 변함없는 의리를 날씨가 추워진 뒤 제일 늦게 낙엽지는 소나무와 잣나무의 지조에 비유하여 제주도 유배지에서 그려 이상적에게 답례로 주었다고 한다. 그림 끝에는 그림을 그린 경위를 적은 추사의 발문과 청대 16명의 명사들의 그림에 대한 찬사가 적혀 있고 이어 뒷날 이 그림을 본 추사의 문하생인 김석준의 참문, 오세창. 이시영의 배관기 등이 함께 붙어 긴 두루마리로 되어있다. 세한도에 대한 설명을 보니 추사 문인화의 뛰어남을 알 수 있었다.

　그림 해설 : 그림 자체는 단색조의 수묵과 마른 붓질의 필화만으로 이루어졌으며, 소재와 구도도 지극히 간략하게 이루어졌다. 이와같이 극도로 생략되고 절제된 화면은 직업 화가들의 인위적인 기술과 허식적인 기교주의와는 반대되는 문인화의 특징으로 작가의 농축된 내면세계의 문기와 서화 일치의 극치를 보여 준다. 평양감사 부임 향연전은 그 당시 평양감사가 부임하였을 때 대동강 주변의 연광정에서 베풀어지는 향연과 저녁에 부벽루에서 펼쳐지는 불꽃놀이 등이 잘 표현되어 있었다. 한양의 선비들이 왜 평양감사에 그렇게 가고 싶어했는지 알 수 있을 것 같았다. 그런 평양감사를 지금 내가 하고 있으니 나 자신이 뿌듯하고 기분이 좋았다.

2021년 4월 5일 월요일 날씨: 맑음
오전 10시에 도 사무국 직원들과 주간 업무회의를 했다. 김형석 교수님으로부터 『평남을 빛낸 인물』 발간에 따른 축사원고를 받았다. 바쁘신 집필활동과 강연 스케쥴에도 불구하시고 우리 평남인들을 위해 귀한 글을 써주셨다. 선생님은 평남 대동군 출신이시다. 축사 전문은 다음과 같다.

[평남을 빛낸 인물 60인] 발간 축사

『평안남도를 빛낸 60명 인물 사전』 출간을 진심으로 축하합니다.

동물들에게는 귀소(歸巢)본능이 있습니다. 저녁때가 되면 보금자리를 찾아 안식하게 됩니다. 인간에게는 그 정신적 본능이 더 풍부할지 모릅니다. 여행을 하다 보면 떠나온 고향 생각을 더 많이 합니다. 계절이 바뀌면 더 깊은 향수심에 빠지곤 합니다. 나는 100세가 넘은 나이를 살고 있습니다. 지난 어느 때보다도 귀향심이 간절해집니다. 90이 넘으면서부터는 실향민이 되었다는 고독감이 한층 더 심해졌습니다.

먼저 가신 60분의 성함을 볼 때마다 지금은 모두 어디 계신가고 물어 보고 싶어집니다. 그러나 대한민국은 한 나라, 한 민족의 공동체입니다. 남·북을 가릴 필요가 없고, 멀고 가까운 곳이 없습니다. 공간적으로 약간 거리가 있으나 같은 때, 같은 대한민국에 살았다는 것으로 만족하고 행복합니다.

미국 현대사를 연구하는 사람들의 공통된 견해가 있습니다. 20세기 초부터 5~60년 동안에 아메리카는 세계를 영도하는 실질적인 강대국으로 탈바꿈했습니다. 그 원동력은 나치 독일을 탈출해 자유를 찾아 미국으로 이민해 온 사람들과 공산 치하를 벗어나 인간애가 풍족한 미국으로 찾아온 인재들의 덕택이라고 평합니다. 아메리카에 정착해 있는 지도자와 유럽에서 이주해 온 지도자들이 합세해서 건설한 아메리카가 현재의 미국 역사를 건설한 것입니다.

대한민국의 역사도 그렇습니다. 3·8 이북이 공산국가가 되면서 자유와 인간애가 있는 대한민국으로 이주해온 지도층과 남한의 국민이 하나가 되어 오늘의 대한민국을 키워 준 것입니다. 우리와 같은 탈북자들을 따뜻하게 품안에 안아준 동포애에 거듭 고마운 뜻을 깨닫게 됩니다. 그 고마움에 보답하기 위해 대한민국을 돕는 열정어린 노력이 오늘의 대한민국을 새로운 세계무대에 정착하게 만들어 주었습니다.

나는 먼저 세상을 떠난 친구 안병욱 교수와 항상 나눈 얘기가 있습니다.

해방 이후에 우리가 탈북해 왔을 때 대한민국이 우리를 품 안에 안아주지 않았다면 우리와 같은 탈북민들은 지금 세계 떠돌이 신세가 되었을지 모릅니다. 그 은혜에 보답하기 위해서라도 자유민주주의 대한민국을 위해 헌신하지 않을 수 없다는 얘기였습니다. 개인적인 얘기를 털어놓아 죄송하지만, 안 교수와 나를 위해, 휴전선 가까이에 위치한 강원도 양구 군민들이 우리 둘을 위해 기념관을 건축하고 안식할 묘지까지 준비해 주었습니다. 안 교수가 먼저 가 잠들었고, 나도 그 곁으로 가도록 준비해 주었습니다. 우리와 같은 탈북 실향민을 위해 새로운 고향을 장만해 준 것입니다. 얼마나 따뜻하고 아름다운 마음의 고향입니까.

먼저 가신 60분 가운데 직간접으로 만남이 있었던 분이 43분이나 됩니다. 그중에서도 20여 분쯤은 함께 일했거나 가까이 존경스러운 우정을 가졌던 분입니다. 평안남도 출신 중에서도 20여 명이 종교, 학문, 교육, 예술 분야의 업적이 컸던 사실을 발견하게 되면서 평안도 전통과 기질을 느끼게 되는 것 같아 감사한 마음을 갖게 됩니다.

21세기의 세계적 변화는 열린 다원 사회와 자유·인간애가 희망이 될 것이라고 사상가들은 예언합니다. 지난 70여 년 동안 우리는 북한의 동포들을 잊지 못하고 있습니다. UN과 선진국가들은 인간다운 삶과 행복을 빼앗기고 있는 북한 동포들을 위한 인권운동에 총력을 기울이고 있습니다. 세계사적 과제가 되어있습니다. 대한민국 국민인 우리에게 주어진 최대의 과제는 북한 동포들을 위한 진실과 자유는 물론 사랑이 넘치는 사회가 되도록 누구보다도 앞장서야 할 책임이 있습니다. 우리들의 형제자매를 위한 사명이기도 합니다.

그 정신과 사명을 우리 후손들에게 일깨워 계승시켜 주기 위해서라도 이 60인전은 귀중한 유산이 될 것입니다. 3·8선과 휴전선이 생기기 이전의 수천 년을 남북이 모두 한 겨레, 한 나라였습니다. 100년의 역사가 채워지기 전에 양분되었던 남과 북이 하나가 될 때까지 우리의 염원과 노력은 계속되어야 할 것입니다.

다시 한번 『평남을 빛낸 인물 60인 전』의 출간을 축하합니다. 도지사

님과 협력해 주신 여러분께 감사드립니다. 2021년 4월에 연세대 명예교수 김형석(평남 대동군 출신)

2021년 4월 6일 화요일 날씨: 맑고 포근함

오늘은 이북5도위원회 주간회의가 있었다. 이북도민체육대회 안건이 상정되어 세부적인 계획안에 대한 설명을 듣고 지사님들 간에 의견을 교환한 후 일부 내용을 보완하여 의결하였다. 이북도민과 북한 이탈주민들을 대상으로 하는 직업교육을 한국폴리텍 대학과 업무제휴 계약을 체결하기로 하였다는 보고를 받았다. 아주 잘한 일이다. 특히 북한 이탈주민에 대한 실질적인 교육과 교육과정을 이수한 후에 취업의 기회가 주어지는 좋은 직업교육 프로그램이라고 생각되었다.

회의를 마치고 이북도민새마을회에서 주관하는 청사 주변 환경정화 운동 현장을 찾아가 함께 하였다. 50명 정도의 새마을 회원들이 참여하여 환경정화 운동을 하고 있었다. 회원들을 격려하고 내려왔다. 두소식당에서 도지사님들과 전복 갈비탕을 먹었다. 오후 2시 30분에 5.2일에 파주통일 동산에서 개최되는 이북5도 무형문화재 축제에 대한 격려사를 촬영하였다.

2021년 4월 7일 수요일 날씨: 맑음

오늘은 4.7 재보궐 선거가 있는 날이다. 4월 2일과 4월 3일 이틀간 사전투표를 했는데 사전투표 포함 투표율이 50% 이상이 되면 야권이 승리할 것으로 예상했다. 부동산정책 실패와 LH 사태 등으로 극도로 악화된 민심이 투표로 반영될 것이라는 예측으로 서울시장 선거와 부산시장 선거에서 야당 후보가 큰 표차로 승리할 것으로 여론조사에서 나타났으나 선거는 마지막까지 돌발 변수에 의해 대세가 한순간에 바뀔 수도 있기에 야당이 승리를 바라는 보수층의 유권자들은 혹시나 하고 걱정을 많이 한 것 같았다. 나도 야권후보가 되었으면 하는 입장이다. 그러나 거주지가 서판교라 투표권이 없는 것이 좀 아쉬웠다.

저녁 8시에 개표가 완료되고 출구조사가 발표되었는데 서울은 오세훈 후보가 박영선 후보를 거의 20% 정도의 차이로 압승하였고 부산은 격차가 더 벌어져 거의 더블 스코어로 박형준 국민의 힘 당 후보가 승리한 것 같다. 당연한 결과라고 생각한다. 불공정과 무능 그리고 내로남불에 대한 국민 여론의 폭발이며 더불어민주당에 대한 준엄한 심판이라고 생각한다. 한국의 정치가 이번 선거를 계기로 바로 섰으면 하는 바램을 가져본다.

2021년 4월 8일 목요일 날씨: 맑음

아침 10시에 5도 지사들과 차미팅을 하였다. 이북도민지도과에 근무하는 직원의 근무태도 불량에 대한 이북5도위원장의 경고문 발송에 대해 논의가 있었다. 담당과장의 설명이 있었고 이어 사무국장의 보충 설명이 있었다. 두 사람의 의견이 상반되었다. 사무국장 의견은 담당 직원의 특수성을 인정하여 마찰이 없이 일하게 하고 최소한의 업무만 하도록 하는 것이 좋겠다는 것이다. 또한 직원 복무문제로 상부 기관에 진정이 되는 경우 결국 이북5도위원회에 문제가 노출되는 것이기에 신중을 기하자는 생각이다. 아울러 담당과장이 직원을 관리하는데 유연한 태도를 취하기보다는 좀 위압적인 자세로 하는 면도 있어 직원의 반발이 있는 것 같다는 의견도 있었다. 사무국장의 생각은 직원 쪽에 문제가 있기는 하나 담당과장도 좀 더 유연하게 직원 관리를 했어야 했다는 의견이다. 사무국장의 의견이 보다 합리적인 것으로 결론을 냈다. 오늘 점심은 함남지사께서 두소식당으로 가서 갈비탕으로 내셨다.

2021년 4월 9일 금요일 날씨: 맑음

오늘 아침에 황해도지사와 함남지사 신임지사 인사내용이 정식으로 이북5도위원회 사무국으로 통보되었다고 한다. 얼마 전에 알고 있던 내용과 같았다. 발령일자는 4월 17일자이고 4월 19일에 이취임식을 갖는다고 한다. 황해도지사는 종로구 민주평통협의회 회장인 김기찬 씨고 함남지사로는 고려대학교 경영대학장과 경영대학원장을 역임하고 현재는 흥남철수기념사업회 회장과 평북 행정자문위원장을 맡고 있는 이진규 회장이다. 이진규 회장은 젊은 시절 나하고는 같은 직장에 근무한 적이 있는 분이다.

두 분 지사들이 3년여의 임기를 마치고 이임한다고 하니 마치 나의 일처럼 생각이 되어 묘한 기분이 들었다. 함북지사가 햄버거를 돌려서 점심으로 먹었다. 내일이 함북지사의 생일이라 전 직원에게 햄버거를 돌린 것 같다. 오후 3시 40분쯤에 함북지사실에서 생일축하 케이크커팅을 했다. 퇴근하는 길에 평남중앙도민회장으로부터 전화가 와 금해복집에 가서 브랜디 한 잔 마시고 담소 좀 하다가 퇴근하였다.

2021년 4월 10일 토요일 날씨: 맑고 포근함

아침 일찍 일어나 집사람과 운중천변을 함께 걸었다. 최근에 집사람의 체력이 급격히 떨어진 것 같아 같이 운동 겸 걸어야겠다고 생각했다. 운중천변을 걷고 집에 오니 만 천 보쯤 걸었다. 오후 2시에 리버사이드호텔 예식장에서 맹산군 명예군수 아들의 결혼식이 있어 참석하였다. 전승덕 회장을 비롯하여 도민회 임원들과 명예시장 군수들이 많이 참석하였다.

2021년 4월 11일 일요일 날씨: 맑고 아침엔 쌀쌀했으나 낮에는 더웠음

아침에 뒷산에 올라갔다 왔다. 약 40분 정도 걷고 왔다. 아침을 토스트로 먹고 아내와 총각네 집에 들러 오리역 하나로마트에 가서 일주일 먹을거리를 샀다. 집으로 오는 길에 탄천에서 약 40분 정도 걸었다. 날씨가 따뜻하고 화창해서 인지 탄천변을 걷는 사람들이 많았다.

집에 와서 티비를 좀 보다가 졸려서 낮잠을 잤다. 한 4시간 정도는 낮잠을 잔 것 같았다. 일어나 보니 집사람이 안 보였다. 아마도 현서네 집으로 간 게 아닌가 싶다. 한 20분쯤 지나니 아내한테서 전화가 왔다. 현서네 집에 있으니 저녁은 현서네 집에 와서 같이 먹자고 하였다. 6시쯤에 현서네 집에 도착하여 고등어구이 반찬에 간단히 저녁을 먹었다. 제윤이가 그동안 참 많이 큰 것 같았다. 얼굴도 뽀해지고 생글생글 웃는 모습이 귀엽다. 저녁 7시 30분쯤에 집으로 왔다.

2021년 4월 13일 화요일 날씨: 맑음

오전 10시에 이북5도위원회 주간회의가 있었다. 오늘은 15일에 예정된 광주 호남권 가족결연식과 이북5도위원회 역할과 북한 이탈주민지원방안에 대한 정책포럼에 대한 계획안에 대한 위원회 사무국의 보고가 있었고 이에 대해 이북5도지사님들의 의견 교환이 있었다. 오늘 점심은 황해지사와 함남지사께서 행자부 차관과 오찬 약속이 되어있어 5도 지사들과 함께 식사를 하지 못하였다. 나도 친구들과의 약속이 있어 다행이었다. 11시쯤에 김상철 회장과 이성로 사장 그리고 김영진 사장이 내방하였다. 이북5도위원회와 평남지사의 역할에 대해서 간략히 설명을 하고 홍범도 장군 봉오동·청산리전투 100주년 기념 사진전시회 도록을 한 권씩 선물하였다. 낮 12시에 북악정에 가서 점심을 함께하였다. 재상봉행사 50주년 진행 상황에 대해서 설명하고 김상철 회장의 협조를 부탁하였다.

2021년 4월 12일 월요일 날씨: 흐리고 비가 옴

오늘 아침에 속초시장으로부터 전화가 왔다. 작년에는 코로나 사태로 속초 실향민 축제를 개최하지 못하였으나 올해는 연속 2년 개최를 하지 못하는 경우 이제 어느 정도 지역 축제로 자리 잡은 실향민 축제행사가 활기를 잃을 우려도 있어 가능하면 올해는 개최하려고 한다고 하였다. 이북5도위원장과 각 도 도지사님들에게 인사도 드릴 겸 4월 16일에 방문했으면 한다고 하여 이북5도위원장에게 속초시장의 뜻을 전하였다. 오위원장은 좋다고 하여 위원회 사무국장과 총무과장에게 전하고 속초시에서 실무자로부터 연락이 오면 일정을 확정하도록 이야기하였다.

2021년 4월 14일 수요일 날씨: 맑고 쌀쌀함

오전 10시에 제28대 행정자문위원회 5도 대표위원들과의 영상회의가 있었다. 평남에서는 장원호 부위원장과 최용호 위원이 참석하였다. 이북5도위원장 겸 평북지사께서 인사 말씀에 이어 행정자문위원들의 좋은 정책 자문역할을 기대한다는 말씀이 있었다. 이어 5도 대표 행정자문위원장인 평북 지정석 행정자문위원장께서 이북5도위원회와 각 도정 발전에 도움이 될 수 있도록 열심히 노력하겠다는 말을 하였다. 각 도지사들의 인사 말씀과 당부의 말씀이 있은 후에 각 도 행정자문위원님들의 자기소개와 포부에 대해서 한 말씀씩 하였다.

영상회의가 끝난 후에 평남 행정자문위원회 장원호 부위원장과 최용호 위원과 함께 평창동의 봄 이태리 식당에 가서 스테이크가 있는 점심 코스요리를 먹었다. 식사 중에 평남중앙도민회 발전을 위해 의견을 나누었다. 내년도 중앙도민회장의 역할이 연합회장을 겸하는 자리이니만큼 덕망과 경륜 그리고 능력이 있는 사람이 차기 회장이 되었으면 좋겠다는 나의 의견을 말하였다.

2021년 4월 15일 목요일 날씨: 흐림

오늘은 통일교육원 제10기 과정 동기이며 통일부 차관을 얼마 전에 퇴임한 서호 전 차관을 모시고 원우회 동기인 아주경제뉴스 곽영길 회장과 대한변협 이찬희 변호사 함께 점심을 하기로 하였다. 종로구청 부근에 있는 연합뉴스 건물 지하 1층에 있는 베이징코야라는 오리 전문 음식점에서 점심 코스요리로 식사를 했다. 서호 차관은 고려대를 나와 행시에 합격한 후에 줄곧 통일부와 통일 관련 정부기관에 근무한 우리나라 최고의 통일 분야 전문 공무원이다. 서예에 조예가 깊어 개인전도 여러 번 가졌다. 이북5도원회의 주요 업무가 통일부 업무와 관련성이 많아 업무 관계로 일 년에 한두 번씩은 미팅을 가졌었다. 통일업무 분야에 탁월한 식견과 풍부한 경험이 있는 유능한 고위공직자라 앞으로 좀 더 통일 분야에서 큰일을 하여줄 것을 기대해 본다. 당분간 휴식을 좀 취한 다음에 수도권 지역 이외의 대학에 가서 한 3년간 강의와 연구 생활을 할 예정이라고 한다. 곧 좋은 기회가 와서 큰일을 할 수 있기를 바란다. 코로나 19사태로 원우들과 모임을 갖지 못했는데 앞으로 몇 분씩 식사 모임을 가졌으면 한다는 의견들이 있어 시도해보려고 한다.

오후 2시 45분에 용산역에서 광주 송정리역으로 가는 KTX를 타기 위하여 1시 30분경에 점심 모임을 끝내고 용산역으로 갔다. 오후 2시 40분에 KTX를 타고 4시 47분쯤에 송정리역에 내렸다. 오늘은 김대중 기념관 부근에 있는 데일리웨딩홀 지하 1층에서 오후 5시부터 광주. 전남.북 지역 이북도민과 북한 이탈주민과의 가족결혼식이 예정되어 있었다. 가족결혼식을 끝내고 저녁 식사를 한 후에 이북5도위원회의 역할과 북한 이탈주민 지원방안에 대한 정책포럼이 있었다. 가족결혼식은 30쌍 60명이 참여하였고 각 도 지사들이 나누어서 가족 결혼 증서를 수여하였다.

오늘 포럼에는 정대철 전 민주당 대표께서 좌장을 맡아 포럼의 사회를 보셨다. 최승범 교수 등 관련 기관의 전문가들과 이북5도지사를 비롯하여 이북5도위원회 관련 전문가들이 패널로 참여하였다. 5도 지사들도 발표자의 의견에 대해 이북5도위원회의 실정에 맞는 효율적인 방안에 대해서 좋은 의견들을 제시하였다. 저녁 7시 30분 정도에 포럼을 마치고 모든 행사를 종료한 후에 8시 25분 SRT 기차를 타고 수서역으로 왔다. 저녁 10시 40분쯤에 수서역에 도착하여 11시 30분쯤에 집에 도착했다. 조금 피곤하여 대충 몸을 닦고 잠자리에 들었다.

2021년 4월 16일 금요일 날씨: 흐림, 좀 싸늘함

오늘 11시 30에 청사 입구에서 황해지사와 함남지사의 이임 기념사진

촬영을 하였다. 5도 지사들과 이북5도위원회 사무직원들이 함께하였다. 내년 8월이면 나도 이 자리에서 이임 기념사진을 찍게 되겠구나 하는 생각을 하니 기분이 좀 묘했다. 낮 12시 30분에 삼성동 호텔 인나인 21층에 있는 페스타바에서 박상은 의원의 초대로 장명 교수와 김용순 간호학과 대표와 점심을 하기로 되어있어 기념촬영 후에 다른 도지사들에게 양해를 구하고 바로 약속장소로 갔다. 경기고등학교 바로 건너편에 위치한 규모가 작은 호텔이기는 하지만 21층에 위치한 식당은 사방에 유리벽으로 되어있어 한강 조망이 좋았다. 식사를 하면서 재상봉 행사 관련 의견을 나누었다.

오후 2시쯤에 식사를 끝내고 사무실로 왔다. 오후 4시 30분경에 속초시장이 속초시 직원들과 함께 이북5도위원장을 만나러 와서 5도 지사들과 함께 미팅을 하였다. 제6회 속초 실향민 축제 관련하여 행사계획에 대한 설명이 있었고 이어 이북5도위원회의 적극적인 지원과 관심을 부탁하여 관심을 갖고 협조하고 전폭적으로 지원하기로 하였다.

오후 5시쯤에 이북5도위원회 회의실에서 6.25 유격전우회 박충암 회장께서 다과회를 준비하여 5도 지사들과 함께 이번 6.25 참전 비정규군 보상법 제정에 따른 설명과 함께 이북5도위원장을 비롯하여 5도 지사들의 각별한 지원과 협조에 고맙다는 인사 말씀이 있었다. 5시 30분쯤에 다과회를 끝내고 강남에 있는 민속풍류문화 전수관에 있었던 서도소리 명창인 박정욱 명창의 서도소리 배뱅이굿과 기성잡가 공연을 가서 관람하고 막간에 관객분들에게 평남도지사로서 인사 말씀을 드렸다.

2021년 4월 17일 토요일 날씨: 싸늘함

오늘 아침에는 아내와 함께 탄천변을 걸었다. 수내동에서 서울대학교 쪽 방향으로 걸어갔다 왔다. 11,000보쯤 걸었다. 걷고 오는 길에 서브웨이에 가서 아침 식사 토스트를 사 가지고 왔다. 아침을 먹고 원고정리를 했다. 오후에는 뒷산에 올라갔다 왔다. 저녁에도 『평남을 빛낸 인물』로

산정된 분들에 대한 자료를 정리하고 그분들의 생애에 대한 내용을 마지막으로 보완하여 정리하였다. 내용은 사실에 입각하여 정확하게 그리고 좀 더 많은 내용을 담을 수 있도록 인터넷과 관련 자료들을 검색하였다.

2021년 4월 18일 일요일 날씨: 맑았으나 아침에는 쌀쌀했음 오후에 조금 누그러짐

아침에 뒷산에 올라갔다 왔다. 점심은 현서네 집에 가서 돼지 목살을 구어서 먹었다. 제윤이를 좀 보아주었다. 먹기도 잘하고 건강하게 크는 것 같다. 얼굴을 마주 보면 방긋 웃는 것이 귀엽다. 사주가 좋다고 하니 무엇보다도 건강하게 잘 커주기만 하면 바랄 것이 없다. 오늘에서야 『평남을 빛낸 인물』 원고를 1차로 완성했다.

2021년 4월 19일 월요일 날씨: 맑음 포근해짐

아침 6시 반쯤에 아내를 차로 현서네 집에 내려주고 왔다. 현서가 오늘 6개월간의 육아휴직을 마치고 회사로 첫 출근 하는 날이다. 출근하자마자 어제 완료한 『평남을 빛낸 인물 60인』 원고를 도 사무국장과 주무관에게 보냈다. 평남 행정자문위원장으로부터 전화가 왔다. 책을 발간하는데 100만 원을 지원하겠다고 하여 고맙게 생각했다. 전화 받은 김에 김건철 회장님께 부탁을 좀 드렸으면 한다는 말을 전했다. 내일 오후 1시쯤에 압구정동 냉면집에서 만나기로 약속하였다. 양덕군 김진섭 회장께 책 발간 계획을 말씀드리고 우윤근 회장님께 지원 부탁을 드려달라고 말씀드렸다. 김진섭 회장께서도 성의를 표하시겠다고 하였다. 정태영 평양시민 회장님께도 부탁을 드렸다. 최용호 사장에게도 지원을 부탁하였다.

오전 10시 30분쯤에 신임 김기찬 황해지사와 신임 함남지사인 이진규 지사께서 인사차 내 사무실로 오셨다. 진심으로 축하의 말씀을 드리고 앞으로 함께 이북5도 발전을 위해 일해나가자고 말씀을 드렸다. 이번에 함남지사로 취임한 이진규 지사는 나와는 인연이 있었던 분이다. 이진규 지사는 잘 기억이 나지 않는 것 같았다. 1979년쯤 되었을 것이다. 내가 산업리이스에 근무할 당시 고려대 출신인 이진규 지사가 신입사원으로 입사하여 내가 속한 마케팅 부서에 발령을 받았다. 무슨 일인지는 잘 모르겠으나 얼마 근무하지 않고 퇴직하였다. 퇴직 후 학원 영어강사를 한다고 들었었는데 나중에 입사 동기들한테 들어보니 미국 유학을 갔다고 하였다. 그 때 이 지사의 인상이 또렷하게 기억이 난다. 패기만만하고 재기발랄했다. 1993년쯤에 고대 경영대학원 제10기 금융최고위과정에 들어가 6개월간 교육을 받았는데 그때 이진규 교수가 한 시간 인사관리 강의를 하였다.

오늘 만나는 자리에서 산업리이스 이야기는 하지 않고 고대 AMP 과정에서 이 교수의 강의를 들었던 이야기를 하였다. 혹시나 산업리이스 시절을 기억할까 싶어 눈치를 보니 전혀 기억에 없는 것 같았다. 오전 11시에 황해도지사 이취임식에 참석하고 이어 식사를 함께하였다. 오후 2시에는 함남지사 이취임식에 참석하였다. 오후 3시경에 유지숙 선생이 서한범 교수님과 함께 오셨다. 서도소리 문화재 지정 건에 대해서 의견을 나누었다. 재상봉 50주년 학과대표모임 4월 회의 의제에 대해서 박상은 대표와 김지석 담당자에게 이메일로 보냈다.

2021년 4월 20일 화요일 날씨: 맑고 따뜻함

오늘은 윤 주무관이 연가를 내어 내가 차를 몰고 사무실로 출근하였다. 오전 10시에 이북5도위원회 회의를 개최하였다. 오늘 처음으로 신임 황해지사와 함남지사가 이북5도위원회에 참석하였다. 위원장의 개회선언에 이어 두 분 신임지사분들께 환영의 말씀이 있었고 이에 나와 함북지사가 선임 지사로서 진심으로 환영하며 앞으로 서로 협력하여 이북5도위원회를 발전을 위해서 노력하자고 하였다. 오늘 김건철 회장님과의 점심 약속이 있어 지사님들과 함께 식사를 하지 못하였다.

오후 1시에 임영진 주무관이 모는 스타렉스를 타고 압구정 냉면집으로 갔다. 냉면집에 들어서니 김원진 회장님이 먼저 와계셨다. 조금 있으니 김건철 회장님께서 들어 오셨다. 자리로 안내하고 인사를 드렸다. 오늘은 『평안남도를 빛낸 인물 60인』 책자 발간에 필요한 자금을 협찬해 주십사 하는 부탁을 드리려고 왔다고 말씀드렸다. 김건백 발간위원장이 직접 김건철 회장님께 말씀드리기가 어렵다고 하여 내가 발간위원회 명예회장의 입장에서 총대를 메고 부탁드리게 되었다.

어제 김원진 회장님께 나의 뜻을 전달해 주십사고 부탁을 드렸더니 오늘 점심을 같이하자고 하셔서 만나게 되었다. 책자발간에 필요한 자금이 얼마나 드느냐고 물으셔서 1차 발간비가 2천만 원, 2차 발간에 1천 5백만 원 도합 3천 5백만 원 정도 예산이 필요하다고 말씀드렸다. 현재 25 백만 원 정도는 모금할 수 있는데 약 1천만 원 정도가 부족하다고 말씀드렸다. 나의 설명을 들으시더니 쾌히 지원해주시겠다고 하여 얼마나 고마운 줄 모르겠다. 김건철 회장님은 언제나 도민사회에서 거금을 쾌척하시며 도민회 발전을 위해 큰 역할을 하시고 계시는 분이다. 점심은 불고기에 냉면을 먹었다. 식사를 하고 나서 회장님 사무실로 올라가 차를 마시고 회장님께 감사의 인사를 드리고 사무실로 왔다.

2021년 4월 21일 수요일 날씨: 맑고 따뜻함

오전에 도민회 유지분들께 전화를 드려 책자발간에 필요한 지원을 부탁을 드렸다. 대부분 지원해주시겠다고 하여 목표액을 달성할 수 있을 것 같다. 발간위원회에서 책자발간비 조달에 대해서 열심히 노력하고 있으나 아무래도 도지사가 유지분들에게 협조 요청을 해주셨으면 좋겠다고 하여 도지사 신분으로 적절한 것이 아니지만 도민회 중요사업인 관계로 내 도움이 필요하다면 도민분들이 불편해하지 않는 범위 내에 협조를 구하는 것은 별문제가 없을 것으로 판단되었다. 유지분들에게 조심스럽게 협조를 요청할 때마다 쾌히 협조하시겠다고 말씀들을 해주어 얼마나 고마운지 모르겠다. 원로 유지분들의 말씀인즉 바로 그런 것이 평남도민회의 전통이라고도 말씀하셨다. 정말 고마운 일이 아닐 수 없다.

오전 11시경에 청년부녀회 구순림 회장과 부회장이 내방하였다. 오늘 평남 중앙부녀회장인 송경복 회장과 임원들이 오시기로 되어있어 인사를 시켜드리려고 오늘로 약속을 잡았다. 10분 후에 송경복 회장을 비롯하여 부녀회 임원들이 들어오셨다. 그동안 부녀회 활동에 대해 감사의 말씀을 드리고 앞으로 청년부녀회원들을 영입하여 부녀회를 젊고 활기차게 운영하였으면 좋겠다는 건의를 드렸다. 그렇게 할 계획이라고 하셨다. 부녀회에 격려금을 전달하고 함께 기념촬영을 한 후에 북악정에 가서 점심식사를 하였다. 오후에 장명 교수가 보내온 재상봉행사 초청글에 대해서 읽어보고 약간 수정하여 보냈다.

2021년 4월 22일 목요일 날씨: 맑고 약간 더웠음

오전 11시에 평남산악회 모임이 장충단 공원에서 있었다. 산악회 회원들이 약 20여 명 정도 나오셨다. 80세가 넘으신 분들이 꾸준히 나오시는 것을 보면 대단하다는 생각이 들었다. 장충공원에서 남산 둘레길로 해서 어린이회관이 있는 쪽으로 둘레 길을 걷기로 한 것 같다. 한 30분쯤 같이 걷다가 낮 12시에 프레스센터 19층 식당에서 역대 도지사님들과의 오찬 모임이 있어 회원분들에게 양해를 구하고 먼저 왔다. 오전 11시 50분쯤에 프레스센터 19층 식당으로 갔다. 정중렬 지사와 박용옥 지사 그리고 김중양 지사가 미리 와 계셨고 조금 후에 백남진 지사가 오셨다.

식사를 주문하고 김중양 지사께서 와인 한잔 드시겠다고 하여 와인을 시켰다. 식사가 나오기 전에 그간 도정현황에 대해 말씀을 드리고 『평남을 빛낸 인물 60인』 책자 발간 현황에 대해서도 말씀을 드렸다. 2차 30분 선정작업을 위해 도지사님들의 의견을 들었다. 네 분의 생각이 다 달랐다. 일제강점기 시대 유명한 실업가인 박흥식 선생에 대해서는 대부분 부정적인 견해를 보였다. 장면 박사의 경우는 서울 태생이므로 선정하는 것이 적절하지 않다는 의견을 주셨다. 오늘 도지사님들의 의견을 참고하기로 하였다.

평북지사가 내일 정대철 대표와 저녁 모임에 현재 코로나 사태로 6명이 함께 모이는 것은 위험 부담이 있을 것 같다며 네 사람만 만나는 것으로 하자고 하여 그렇게 하기로 하였다. 퇴임하신 박성재 전 황해지사와 한정길 전 함남지사 두 분은 나중에 별도로 우리끼리 환송회를 하기로 하였다.

2021년 4월 24일 토요일 날씨: 맑음

아침 일찍 일어나 국사봉 8부 능선 쉼터까지 올라갔다 왔다. 그래도 매주 한 번씩은 이곳을 왔다 가니 다리 힘이 빠지지는 않는 것 같다. 꾸준하게 걷는 것이 건강에 가장 좋다고 한다. 아침을 간단히 먹고 오전 11시쯤에 수내동 총각네 집에 가서 야채 좀 사고 개성 삼계탕집에 가서 삼계탕으로 점심을 먹었다. 점심을 먹고 오리역 하나로마트에 가서 일주일분 먹을 것을 샀다. 집에 와서 좀 쉬다가 『평남을 빛낸 인물』 제2차 30인 선정 대상자에 대한 자료를 검색하여 수정 보완했다.

2021년 4월 25일 일요일 날씨: 맑고 더웠음

오늘 기온이 많이 오를 것 같다. 낮에는 제법 더웠다. 아침에 운중천 변을 낙생고 부근 다리가 있는 데까지 갔다 왔다. 대략 만 2천 보쯤 되는 거리다. 아침을 먹고 대청소를 했다. 좀 쉬다가 어제 하던 작업을 계속하였다. 점심을 간단히 먹고 좀 쉬다가 뒷산에 올라갔다. 첫 번째 벤치 있는 곳까지 갔다. 벤치에서 한 30분 쉬면서 유명한 웃음 강사의 유튜브 강의를 들었다. 마지막 마무리 말이 인상 깊었다. "너 참 여기까지 잘 왔다." 강의 내내 웃음을 주는 명강의였다. 그러나 중간중간에 가슴에 와 닿는 감동적인 말이 있었다. 생각해 보면 세상살이 어디 쉬운 것이 있겠나. 가만히 생각해 보면 여기까지 참 잘 오지 않았나. 산에서 내려와 좀 쉬다가 작업을 계속하였다. 평남을 빛낸 인물 34분 후보자에 대한 기초 자료를 다 검색하였다. 조금 자료를 보완하고 잘 정리하면 될 것 같다.

2. 2021년도 도정일지

2021년 4월 26일 월요일 날씨: 맑고 더움

　오전 10시에 도 사무국 직원회의를 하였다. 시군정보고서 편집 및 발간 상황을 점검하였다. 내주 중에는 발간될 수 있을 것 같다. 도 사무국 계장급 직원이 위원회 업무만 전담하게 하는 인사 발령에 대한 사무국장과 직원들의 의견을 들었다. 국장을 제외한 도 사무국 직원의 경우 원래부터 위원회 소속으로 되어있기 때문에 구태여 겸직 발령을 면하지 않고 도 담당업무만 배정해주면 될 인데 겸직을 면하는 인사명령을 왜 내려고 하는지 모르겠다는 의견이었다. 이번 하반기에 위원회 업무가 몰려있기 때문에 올해 말까지 위원회 의견대로 따라주기로 하였다.

　『평남을 빛낸 인물 60인』 책자발간비용에 대한 견적을 받아 본 결과 가장 경쟁력이 있게 견적한 회사가 1차분과 2차분 합하여 2천 5백만 원 정도 된다고 하여 다행스럽게 생각하였다. 당초 생각으로는 1, 2차 발간비가 35 백만 원 정도는 되리라고 예상했었다. 평남유지분들로부터 지원 요청하는데 부담을 많이 덜었다.

　전 황해지사와 전 함남지사께 연락하여 이번 주 수요일에 환송식을 마포에 있는 이찬복 복집에서 하기로 하였다. 점심시간을 이용하여 DHL에 가서 하비브에 보낼 서류를 탁송하였다. 오후 2시쯤에 안병주 교수께서 오셨다. 5월 2일에 개최하는 이북5도 무형문화재 축제에 관한 설명을 들었다. 이어 최승희 선생류의 장고춤 무형문화재 지정을 신청한 최진아 건에 대한 의견을 들었다. 김백봉 선생과 북한 춤에 대해서 깊이 있게 연구한 사람의 의견에 따르면 최승희 선생으로부터 장고춤을 이수받았다는 홍정화는 북한에서 유명한 국보급 문화재인 것은 사실이나 북한의 실정으로 홍정화로부터 장고춤을 지도받았다는 데는 의문을 제기하여 좀 더 연수 과정과 장고춤의 예술성에 대해서 알아볼 필요가 있을 것 같다.

　오후 5시에 프라자 호텔 22층에서 한독통일포럼이 개최되어 참석하였다. 매우 유익한 포럼이었다. 손기웅 이사장이 추진하는 [열려라 우리나라]

뜻에 공감하였고 작은 힘이나마 보태고 관심을 갖기로 하였다. 나에게도 한마디 소감을 피력할 시간을 주어 내가 갖고 있는 통일에 대한 생각을 말하고 앞으로 한독통일 포럼의 무궁한 발전을 축원하였다.

2021년 4월 27일 화요일 날씨: 맑고 따뜻함

오늘 이북5도위원회 주간회의가 있었다. 지난주 간담회에서 논의하였던 각 도 사무국에 계장급 직원에 대한 겸직 조항 삭제에 대해 의결하였다. 다만 올해 하반기에 위원회 업무가 몰려있는 점을 고려하여 금년 12월 31일까지 한시적으로 겸직을 해제하고 위원회일 만 담당하는 것으로 의결하였다. 오늘 지사님들의 식사는 내가 준비하여 소회의실에서 함께 하였다.

2021년 4월 28일 수요일 날씨: 맑고 따뜻함

오후에 이북5도지사 간담회를 가졌다. 간담회에서 이북5도위원회 16개 시도지구 사무소장의 임기조항에 대한 의논이 있었다. 현재 규정상 임기조항은 1차에 한하여 부득이 한 경우에 연임할 수 있다고 규정되어 있다. 그러나 현재 3연임 중인 시도지구 사무소장들이 많이 있는 실정이다. 이를 보다 현실적으로 활성화하기 위해 부득이한 경우 1차에 한하여 연임할 수 있게 하고 그 경우도 구체적인 경우를 규정하여 연임규정을 보다 강화할 필요가 있다는 데 의견을 모았다.

2021년 4월 29일 목요일 날씨: 맑고 더움

오늘 11시에 평남 명예시장. 군수단 회의를 하였다. 3개 시군 만 참석하지 못하고 다 참석하였다. 개회에 이어 도지사로서 인사말 겸 그동안 코로나 19사태에도 불구하고 맡은 바 직분을 열심히 수행해 준 것에 대해서 감사를 표하고 이번 평남에서 발간하는 『평남을 빛낸 인물 60인』에 대해서 발간 과정을 설명하였다. 특히 이번 발간 과정에서 시장 군수들의 관심과 협조에 감사를 표시하였다. 모임을 끝내고 4명씩 나누어 준비한 도시락으로 점심을 같이했다.

오후 3시에 연대동문회관으로 갔다. 오늘 재상봉 50주년 학과 대표자 모임이 있는 날이다. 오늘 참석자는 22명이나 되었다. 회를 거듭할수록 참석인원이 늘어나고 활성화가 되는 것을 느꼈다. 주생활과 대표인 김정애 동문이 5천만을 기부하여 현재까지 최고 고액납부자 기록을 세웠다. 우리 대표자 모임에서 1천만 원 이상 고액납부자를 최소 30명은 확보하기로 하고 학과 대표분들에게 협조를 당부했다. 우리 상학과에서도 최소 5명은 확보해야 할 것 같다. 회의는 준비된 순서와 내용에 따라 생산적으로 잘 진행되었다.

2021년 4월 30일 금요일 날씨: 아침에 비가 좀 왔다. 낮에 대구는 화창하고 따뜻했다

오늘 아침 9시 27분에 수서역에서 SRT를 타고 대구로 갔다. 대구사무소를 방문하여 업무회의를 하기로 예정되어 있었다. 대구시청 별관에 있는 이북5도위원회 대구사무소에 들러 염길순 사무소장으로부터 업무보고를 받고 금년도 추진사업에 대해서 논의하였다. 오늘 업무보고 회의에는 대구지역 연합회장이신 한영섭 대구지역 함남도민회장도 배석하셨다. 회의가 끝나고 옛 제일모직 터에 있는 한식 음식점에 가서 식사를 하였다. 갈비구이와 동태찜이 나왔고 메인 식사는 비빔밥이었다. 깔끔하고 맛있었다. 식사대는 내가 지불했다.

식사 후에 삼성그룹 창업자인 이병철 회장의 동상을 구경하러 갔다. 동상 뒤에 새겨진 이병철 회장의 기업보국 정신을 읽으면서 우리나라 경제를 일으켜 세운 거인의 생애를 되새겨 보았다. 우리 대한민국이 세계 10위권의 경제 대국이 되는 데는 3분의 위대한 분들이 있었기에 가능했던 일이 생각한다. 잘살아보자는 구호로 어떻게든 가난은 면해보자는 구국의 일념으로 원대하고 치밀한 경제계획을 수립하고 과감하게 추진해 나간 박정희 대통령과 소비재 산업에서 경공업을 거쳐 중공업으로 그리고 전자와 반도체 등 첨단 산업에 이르기까지 한국 경제계를 이끌었던 이병철 삼성 창업자와 하면 된다는 신념으로 불도저처럼 기업을 이끌었던 현대그룹의 창업자 정주영 회장이다. 이분들이 있었기에 오늘날 우리는 세계가 부러워하는 경제 대국이 되었다고 생각한다. 이병철 회장의 동상을 보며 잠시 고개 숙여 인사를 드리고 고인의 평안한 안식을 기원하였다. 삼성그룹의 효시가 된 대구 삼성상회 간판 앞에서 기념사진을 찍었다.

2021년 5월 1일 토요일 날씨: 맑음, 조금 쌀쌀했음

아침에 국사봉 8부 능선까지 올라갔다 왔다. 간단하게 아침을 먹고 총각네 집에 가서 야채를 좀 사 가지고 왔다. 점심을 간단하게 먹고 오후 2시쯤에 종로 5가에서 개최되는 행사에 참석하러 나왔다. 오늘 행사는 종로5가에 있는 효제초등학교 교정에서 공립어의동실업보습학교 터 표지석 제막식이 있는 날이다. 공립어의동실업보습학교는 순종의 칙령에 의하여 대한제국의 실업교육을 육성하고 기술인을 양성하기 위한 교육기관으로 1910년도에 이곳 어의궁터에 자리 잡은 효제보통학교에 부속 건물에서 출발하였다.

1931년까지 이곳에서 기술인력을 양성하다 마포 아현동으로 자리를 옮겨 교명을 경성기술학교로 하여 공업교육기관으로 발전하여 이어서 경성공업학교, 경기공업고등학교, 경기공업고등전문학교, 경기공업전문학교, 개방대학, 서울산업대학으로 학교명이 바뀌어 가며 발전해오다가 오늘날 4년제 일반대학교인 서울과학기술대학교로 발전하였다. 서울과기대의 모태가 된 곳이 바로 이곳 어의동(현재 효제동)에서 출발한 어의동실업보습학교이다. 그러고 보니 올해로 설립된 지 111년이 된다. 나기선 총동창회 회장과 임원들 그리고 전임 대학 총장과 현 대학 총장 등 학교관계자들과 내외 귀빈들 등 50여 명이 참석하였다.

2021년 5월 2일 일요일 날씨: 맑았으나 좀 추었음

오늘 아침에 현서네 집으로 갔다. 박 서방이 안사돈 병원 입원 관계로 제인, 제윤이를 집사람과 함께 보아주러 갔다. 점심을 짜장밥으로 먹었다. 『평남을 빛낸 인물 60인』에 선정된 분들에 대한 원고 교정작업을 하였다. 저녁을 간단히 현서네 집에서 먹고 저녁 8시쯤에 집으로 왔다.

2021년 5월 3일 월요일 날씨: 맑음, 조금 포근해짐

오늘 10시에 도 사무국 직원들과 주간업무회의를 했다. 오전 11시 20분에 1층 로비에서 구내식당이 새로이 시작하게 되어 5도 지사들이 참석한 가운데 오픈식을 하였다. 한 3개월 동안 구내식당이 문을 닫아 직원들이 좀 불편하였다. 첫날이라 구내식당에서 점심을 하였다. 식사 후에 평북지사가 밖에 나가 커피를 마시자고 하여 함남지사와 위원회 사무국장과 함께 평창동 커피집으로 갔다. 평북지사가 전망이 좋은 커피집으로 가자고 하여 갔더니 공교롭게도 오늘은 문을 닫았다. 월요일에는 영업을 하지 않는다는 안내문이 있었다. 두 곳을 더 들려봤는데 역시 영업을 하지 않았다. 평창동 커피집들은 아마 월요일에는 영업을 하지 않기로 되어있는 것 같았다. 사무실로 돌아오다가 북한산 등산로 입구에 있는 정간이라는 찻집에 들어가 커피를 마셨다.

2021년 5월 4일 화요일 날씨: 약간 쌀쌀함

오늘은 이북5도위원회 주간회의가 있었다. 이북5도위원회 각 시도지구 사무소장 관련 규정 개정안에 대한 논의가 있었다. 소장들의 임기는 단임제를 원칙으로 하고 특별한 경우에 한해서 1회에 한하여 연임할 수 있게 하여 현재보다 강화하는 안과 도지사 별로, 지구별로 분담하던 관리 방법을 이북5도위원장이 총괄하고 각 도지사들이 공동으로 담당하자는 개정안이었다. 도지사로 책임을 분담하여 나누어 관장하는 현행 규정에 대해 개정하는 것은 좀 더 심사숙고하여 처리하기로 하였다.

오늘 점심은 함남지사께서 도시락을 준비하여 먹었다. 오후에 불광동에 있는 정명기 정형외과에 가서 허리 치료를 받았다. 며칠 전부터 허리가 뻣뻣하고 유연하지 못하여 걷기가 좀 불편하였다. 요사이 계속하여 의자에 앉아 『평남을 빛낸 인물 60인』 원고 수정작업을 했더니 허리에 무리가 온 것 같다. 물리치료를 받으니 좀 나아진 것 같다.

2021년 5월 5일 수요일 날씨: 약간 쌀쌀했음

아침에 총각네와 농협하나로마트에 가서 일주일 먹을 찬거리를 샀다. 오늘은 어린이날이라 제인이랑 제윤이에게 돈으로 선물을 대신하기로 하였다. 현서네 집으로 가기 전에 한스베이커리에서 케이크를 한 개 사고 3단지 입구에 가서 딸기를 4박스 샀다. 딸기가 잘 익어 맛있게 보였다. 마침 부여 딸기밭에서 오늘 가지고 올라온 것이라 해서 집사람이 반가워했다. 현서네 집에 가서 제인이 제윤이에게 생일 축하금 봉투를 주고 사진도 찍었다. 케이크도 나누어 먹었다.

2021년 5월 6일 목요일 날씨: 아침엔 쌀쌀했고 점심에 좀 풀렸다

오전 9시 30분에 정세균 전 국무총리께서 이북5도청을 방문하셨다. 황해도지사께서 정세균 전 총리 종로구 지역구 후원회에 중요한 인물이라 오래전부터 잘 아는 사이라고 한다. 황해도지사 취임 축하 겸 방문하였다. 회의실에서 다과회를 하며 정 총리의 말씀을 듣고 오 위원장이 이북5도위원회의 숙원 사항에 대해서도 말씀드렸다. 이북5도위원회의 업무 활성화와 역할 강화를 위하여 북한 이탈주민들에 대한 관리업무를 우리 이북5도위원회에서 담당하게 되면 보다 효과적일 거라는 취지로 건의하였다. 아울러 이산가족 상봉 문제에 대해서도 이북5도위원회에서 영상 상봉을 할 수 있도록 해달라고 건의하였다. 점심은 구내식당에 가서 먹었다.

2021년 5월 7일 금요일 날씨: 약간 쌀쌀했고 황사 현상이 있었다

점심은 한우향기에 가서 따로국밥을 먹었다. 화요일에 병원에 갔다 와서 그런지 허리가 많이 좋아졌다. 황해지사와 함남지사께 [이북5도에 대한 이해-그 기능과 역할]이란 강의안을 복사하여 한 부씩 드렸다. 이북5도위원회와 이북5도지사의 관장업무와 역할에 대해서 개괄적으로 이해하는 데 도움이 될 것 같다. 이북도민 인구 추계조사 설문지를 드리고 설문지 작성을 부탁드렸다. 오후 3시쯤에 황해도지사 방에 가서 차를 마시고 다른 지사분들과 환담을 하다가 황해도지사께서 분양해주는 화분 2개를 받아 가지고 왔다.

2021년 5월 8일 토요일 날씨: 맑음. 좀 쌀쌀했음

오늘은 어버이날이다. 내가 모실 어버이가 없음에 잠시 하늘에 계신 부모님 생각을 하였다. 오후 1시에 해림이네 가족과 현서네 가족이 아내와 나를 집 앞에 있는 이태리 레스토랑 쉐프쿠치나에서 점심을 모시겠다고 하여 갔다. 온 가족이 함께 모이면 우리 직계가족 수가 이제 아홉이나 되니 뿌듯한 생각이 들었다. 영민. 지홍 모두 내 친아들 같은 느낌이 들어 편안하고 좋다. 해림이와 현서, 그래도 잘 키운 보람이 있어 나름 우리 두 사람을 끔찍이 생각하고 공경하려고 하는 것 같다. 즐겁게 식사를 하며 애들의 축하를 받았다.

2021년 5월 9일 일요일 날씨: 맑음

오늘은 아침 일찍 일어나 운중천변을 집사람과 함께 걸었다. 걷고 나니 만천 보쯤 걸은 것 같다. 오늘은 집에서 『평남을 빛낸 인물 60인』 원고 수정작업을 계속하였다. 집사람과 총각네 야채가게와 오리동 농협하나로마트를 다녀왔다.

2021년 5월 10일 월요일 날씨: 맑음

오늘 12시에 삼섬동호텔 인나인 페스타바에서 점심 약속이 있다. 재상봉 50주년 행사 학과 대표들과 함께 점심을 먹기로 했다. 박상은 의원은 음대 대표들과 식사를 하기로 했고 나는 영문과에 우남희 교수와 이상현 사장과 함께 식사를 했다. 당초에는 교육학과 김상훈 대표와 우리 상학과 남상태 사장과 하기로 했는데 김상훈 대표가 집안에 일이 생겨 나오지 못하게 되었고 남상태 사장도 갑자기 병원에 갈 일이 생겨 약속을 지키지 못하게 되었다고 연락이 왔다. 대학생 시절 이야기를 하며 즐겁게 식사를 하였다.

오늘 저녁 6시에 마포에 있는 이찬복 참치집에서 전임 도지사 두 분과 신임도지사 두 분의 환송식과 환영식을 같이 하기로 했다. 이 자리에 정대철 대표님도 모시기로 했다. 네 사람씩 각각 다른 방에서 식사를 하며 중간중간에 자리를 옮겨가며 술잔을 나누며 이야기를 했다. 전 황해지사님과 전 함남지사님 모두 즐거워하며 우리와 함께 도지사 생활을 한 것을 행복하게 생각하며 지난 3년간의 일들을 이야기하였다.

2021년 5월 11일 화요일 날씨: 맑음

오늘 이북5도위원회 주간회의가 있었다. 정식 안건이 없어서 티 타임을 겸하여 간담회를 했다. 이번 주 금요일에 연예인 협회 임동진 회장과 이순재 선생이 이북5도청을 방문한다고 한다. 마침 나는 목요일부터 금요일까지 1박 2일간 제주도 출장을 가기 때문에 아쉽게도 이순재 선생을 볼 수 없게 되었다. 이순재 선생은 함북 출신이고 임동진 선생은 함남 출신 연예인이다. 이북출신 문화예술인이 상당히 많은 편인 것 같다. 점심은 함북지사가 내는 날이다. 불광동 추어탕 집으로 가서 추어탕으로 점심을 했다.

2021년 5월 12일 수요일 날씨: 맑음

오전 11시쯤에 평남 행정자문위원장이신 김원진 회장님이 오셨다. 내게 품위 유지비라며 1백만 원을 건네주시려고 하여 무척 당황스러웠다. 극구 사양하였더니 그럼 발간비용에 보태시라고 하여 마지못해 수락하였다. 비서실장을 들어오라고 하여 책 발간비 조로 입금 조치하도록 했다. 김원진 회장께서 점심을 내시겠다고 하였다. 마침 조성원 이북도민 새마을회장께서 사무실에 나왔다고 하여 같이 가기로 했다. 불광동 네거리 부근에 있는 경복궁으로 가서 불고기 정식으로 먹었다. 맥주도 한잔 하였다.

2021년 5월 13일 목요일 날씨: 맑고 더움

오늘 날씨는 쾌청하고 여름 날씨처럼 더웠다. 오늘 낮 12시에 충무로에 있는 동방명주에서 평남중앙도민회장과 서경회 회장, 함남중앙도민회장과 점심을 하기로 했다. 12시 10분 전쯤에 도착하니 세분이 먼저 도착하여 계셨다. 격월로 점심을 하기로 하였는데 이번이 네 번째이다. 서로의 안부를 묻고 이북도민사회의 현안에 대해서 허심탄회하게 이야기를 나누었다. 주로 1세들이 이제 도민회 활동이 급감되는 문제와 동화경모공원 관리 문제 등에 대해서 이야기했다. 미수복 강원도 중앙도민회장에 대한 이야기도 나왔다.

점심식사를 마치고 차를 한 잔씩 마신 후에 내가 오늘 내가 제주도로 출장을 간다고 말씀드리고 부득이 자리를 먼저 뜨게 되어 미안하다고 양해를 구하였다. 택시를 잡아타고 서울역으로 가서 김포공항으로 가는 전철을 탔다. 서울역에서 김포공항역까지 한 25분 남짓 걸렸다. 비서실장을 만나서 오후 3시 30분 비행기를 타고 제주공항에 도착했다. 이북5도위원회 제주사무소 송훈 소장이 공항까지 마중을 나왔다. 제주사무소장의 차를 타고 먼저 제주사무소를 방문 하였다. 생각보다 사무실 공간이 꽤 넓었다. 다른 시도 사무소보다는 사무실 공간이 좀 여유가 있어 보였다.

간단하게 제주사무소의 업무 현황과 도민사회현황에 대하여 보고를 받았다.

이어 사무소 옆 건물인 제주지방경찰청사로 갔다. 청사 입구 마당에 평남 안주군 출신인 문형순 서장의 동상이 있었다. 동상에 가서 목례를 드리며 문형순 서장님의 명복을 빌었다. 문형순 서장은 제주 4.3사태 시 모슬포경찰서장과 성산포 경찰서장으로 있으면서 상부의 명령에도 불구하고 무고한 제주시민들의 목숨을 살려 준 한국의 쉰들러라는 평가를 받으시는 제주도민의 의인이다. 저녁은 그랜드 식당에서 일식으로 먹었다. 저녁을 먹고 나서 성산포 부근에 있는 콘도로 가서 하루 묵었다.

2021년 5월 14일 금요일 날씨: 아침엔 흐리고 약간 싸늘함. 점심에 풀림

아침에 숙소 부근에 있는 해녀가 운영하는 음식점에 가서 해장국으로 미역국을 먹었다. 8시쯤에 제주사무소장이 왔다. 오늘 일정이 빡빡하여 강행군을 해야 할 것 같다. 이번 1박 2일 제주방문일정은 〈평남인과 제주도와의 인연〉을 찾아가는 길이다. 평남인 중에 제주도와 각별한 인연이 있는 분들의 발자취를 찾아 나서 보기로 한 것이다. 우선 제일 먼저 이중섭 화백이 살던 서귀포를 찾아갔다. 그다음 토평리 마을에 있는 나비 박사로 알려진 석주명 선생 동상을 보고 이어 제주 4.3 평화박물관과 평안도민 경모공원을 방문하였다. 〈평남인과 제주도와의 인연〉이란 제목으로 제주방문기를 썼다.

[평남인과 제주도와의 인연]

지난 5월 13일부터 14일까지 1박 2일 일정으로 제주 이북도민회와 제주사무소를 다녀왔다. 이번 제주도 방문은 제주도 이북도민연합회장이며 제주도 평남도민회 회장이신 노현규 회장께서 지난해부터 한 번 제주도에 내려와서 이북도민회 활동 사항도 보고 이북도민 격려도 해주십사 하는 말씀에 대한 응답이기도 했다. 코로나 사태로 제주방문 일정을 차일피

일 미루어 오다가 이번 『평남을 빛낸 인물』을 선정하는 과정 중에 제주도와 특별한 인연을 있었던 평남인들이 많았던 것을 알게 되었다. 이런 분들의 발자취를 찾아보기로 마음먹고 제주방문 일정을 잡았다.

평남과 제주도

평남과 제주도는 지리적으로 너무 먼 거리다. 요즘은 제주도 가는 것이 웬만한 지방 도시 가는 것보다도 빠르고 편리하지만 80년대 이전까지만 해도 본토 사람들이 제주도에 가는 것은 그리 쉽지 않았다. 70년대 후반부터 신혼여행지로 서울 사람들이 간혹 가고는 했지만 일반 사람들에게는 여전히 멀고 먼 곳이었다. 하물며 해방 전후에는 평남인과 제주도란 전혀 인연이 없는 전혀 교류가 없는 다른 지역이었다. 지리적으로 보나 역사적으로 보나 평남과 제주도 두 지역은 인적, 물적 교류의 인연이 거의 없었던 것이 사실이다.

그런데 일제강점기와 해방 전후 그리고 6·25전쟁을 거치면서 우리 평남인 1세분들이 제주도와 인연을 갖기 시작하였다. 제주도를 위해 헌신하였고 때론 제주 사람들의 따뜻한 도움도 받았다. 이번 제주도 방문에는 이런 평남 선대 어르신들의 발자취를 따라가 보았다. 조선 시대에 제주도는 한반도 본토 육지 사람들에게는 귀양의 땅이었다. 대역죄를 지은 자는 한양에서 가장 먼 지역인 함경도나 제주도로 귀양을 보냈다. 조선 후기 300년 동안 평안도 출신으로는 정3품 이상 관직에 등용된 적이 없었다고 한다. 사화에 화를 입거나 역적으로 몰릴 인물들이 없었다. 그런 연고로 조선 시대에는 평안도 출신 인물들이 제주 땅을 밟을 일은 거의 없었을 것이다.

최초의 제주도 선교 사역 이기풍 목사

1907년 우리나라 최초의 개신교 목사 안수를 받은 평양장로신학교 1회 졸업생 일곱 분 중 한 분인 이기풍 목사는 모두가 원치 않았던 제주도 선교사로 선택되어 제주도에 선교 목사로 오게 되었다. 아마도 기록상 최초로 제주도와 인연을 맺은 평남 출신 인물일 것이다. 1868년도에 평양에서 태어난 이기풍은 목사안수를 받은 다음 해인 1908년 2월에 제주도 선교사로 선발되어 제주도로 왔다. 이기풍은 제주도에 복음을 전파한 최초의 개신교 목회자였다. 1908년부터 1915년까지 그리고 1927년부터 1932년까지 2차에 걸쳐 12년간 제주선교에 헌신하였다. 초기 선교 과정에서 목숨이 위태로운 적이 한두 번이 아니었다고 한다. 이런 어려움을 극복하고 제주도에 성안교회를 시작으로 8개 교회를 개척하여 제주도 토착 신앙과 뱀을 숭배했던 제주도 사람들에게 하나님을 말씀을 전파하며 많은 사람들에게 예수교 신앙을 갖게 하였다. 제주시 조천읍에는 이기풍 목사의 선교기념관이 건립되어있다.

세계적인 나비학자이며 제주학의 선구자 석주명 선생

한국의 파브르라는 세계적인 나비학자 석주명 선생도 제주도와는 각별한 인연이 있다. 평양 출신인 선생은 일본 가고시마 고등농림학교를 졸업한 후 선생의 모교인 개성 송도고보 선생으로 재직하며 전국의 나비를 채취하며 한국산 나비 종류에 대한 분류를 체계적으로 한 세계적인 나비학자였다. 또한 제주도의 문화와 방언 및 풍물 등에 대한 연구를 체계적이고 심층적으로 하여 제주학의 토대를 마련한 박물학자였다. 석주명은 스스로 반(半)제주인임을 밝힌 바 있다. 석주명은 제주도에 세 차례 방문하여 체류했다. 첫 번째는 1936년 7월 21일부터 8월 22일까지 제주도의 나비를 채집하기 위해 1개월 남짓 체류한 것이고, 두 번째는 1943년 4월 24일부터 1945년 5월까지 경성제대 부속 생약연구소 제주도시험장[현재 서귀포시 토평동 소재 제주대 아열대농업생명과학연구소]에 부임하여 2년 1개월간 근무한 것이고, 마지막으로 1948년 2월경에 제주도를 찾아 제주섬을 일주한 바 있다. 선생은 6권의 '제주도총서'를 포함하여 제주도와 직간접적으로 관련된 논저 38편을 남겼다. 제주도총서 가운데 『제주도곤충상』을 제외한 나머지 5권이 인문사회 분야이다. 선생은 제주도 연구를 통해 나비 전문가를 넘어 자연·인문·사회 분야를 아우르는 통합학자의 반열에 올랐던 것이다.

선생이 연구원으로 근무했던 옛 생화학연구소 제주도 시험장터에는 선생의 업적을 기리는 동상이 세워져 있다. 동상 앞에 서서 인사를 드리고 선생을 추모하였다. 연구소가 있던 토평마을은 석주명 선생 거리가 있고 제주시에서는 석주명 기념관건립도 추진한다고 한다. 동상 앞에 놓인 나비상을 보며 선생이 1950년 10월에 인민군으로 오인되어 총을 맞고 쓰러지면서 "나는 나비밖에 모르는 사람이야!"라고 소리쳤다는 마지막 말을 떠올리며 잠시 마음이 울적해졌다.

4.3사건과 한국의 쉰들러 문형순 경찰서장

1948년 4.3사건은 단독정부 수립 반대를 위해 5.10 총선거를 보이콧하려는 남조선노동당(남로당) 제주도당이 조직적으로 일으킨 무장봉기를 진압하는 과정에서 발생한 비극적인 사건이다. 제주 양민이 2만5천에서 3만 명 정도 희생되었다. 무장봉기한 남로당을 토벌하기 위하여 이북출신 청년들로 조직된 서청 단원 1개 대대 규모의 인원이 진압 작전에 투입되었다. 철저한 반공 투사였던 서청 단원들은 군인과 경찰로 편성된 대대보다 효과적으로 무장대를 진압하였다. 이는 태생적으로 반공주의자들이었고, 대원들 간에 동향이라는 정서적 공감대로 인한 단결력과 무엇보다도 대원 모두 고등학교 정도의 고학력자들이었다는 점이다. 그러다 보니 무장대들이 가장 두려워했던 진압군 대대였다고 한다. 진압과정에서 과도한 진압으로 무고한 양민들에게 피해를 준 것도 사실일 것이다. 그러나 극한상황에서 피아 구분이 어려웠고 갈수록 과격해지는 무장대들의 저항을 분쇄하기 위해서는 어쩔 수 없는 상황이었을 것이다. 특히 서청 단원들은 정식 군경 조직도 아니었다. 이승만 대통령을 비롯한 정부 요인들의 요청으로 갑자기 투입된 토벌대였다. 그럼에도 서북청년단에게 과도한 역사적 책임을 묻는 것은 부당하다.

한편 4.3사태 진압과정에서 평남인들의 숭고한 인간애와 생명존중의 정신을 볼 수 있다. 죽고 죽이는 살벌한 준전시 상황에서 피어난 휴머니즘이기에 더욱 값지다. 대표적인 인물이 평남 안주군 출신인 문형순 총경이다. 문 총경은 독립군 출신으로 해방 후 경찰에 투신하여 4.3 사건 발발 당시 모슬포경찰서장이었다. 1948년 12월 군경이 좌익관련자 백여 명의 명단을 확보하고 이들을 처형하려고 할 때 이들을 설득하고 자수하게 하여 이들의 목숨을 구해주었다. 이후 성산포 경찰서장으로 재직 중 남로당 협력 이력이 있다고 생각되는 예비 검속자들은 모두 학살하라는 해병대 정보참모의 학살 명령서에 대해여 부당하다고 끝까지 반대하여 이들의 목숨을 구했다.

  이러한 문형순 경찰서장의 공적을 기려 모슬포 주민들은 선생의 공적비를 세워 기리고 있고, 대한민국 경찰은 선생을 자랑스런 경찰로 선정하여 제주경찰청사 앞마당에 동상을 세워 그 높은 뜻을 기리고 있다. 선생의 동상 앞에 서서 잠시 머리 숙여 선생의 명복을 빌며 선생의 숭고한 뜻을 되새겨보았다. 문형순 서장은 한국의 쉰들러라는 칭송을 받고 있으나 후손이 없는 관계로 아직도 국가로부터 훈장을 추서 받지 못하고 있다. 이제 안주군민회와 제주도 평남도민회에서 선생의 훈장 추서를 위해 노력해야 할 것 같다.

  문형순 서장 이외도 많은 평남 출신들이 양민들의 목숨을 지키고 구해 주웠다고 한다. 군인들이 마을 주민을 운동장에 집결시켜 기관총으로 사살하려고 할 때 "이들은 죄 없는 사람들이다. 차라리 나를 쏘아라."라고 소리치며 온몸으로 막아 대량학살을 막은 이북 출신 순경들도 있었다. 서청단원이었던 고희준도 무고한 희생을 막은 의인이었다. 서북청년단으로 제주도에 온 인원은 대략 7백여 명으로 추산된다. 이중 일부는 제주도 여성과 결혼하여 가정을 이루고 제주도에 정착하여 제주도민이 되었다.

  제주방문 이틀째에는 제주4.3평화기념관도 관람하며 제주4.3사건의 역사적 의미를 알아보는 시간도 가졌다. 제주4.3평화공원 팜프렛에 쓰여 있는 '제주4.3 사건'의 정의는 **"1947년 3월 1일 경찰의 발포사건을 기점으로 하여, 경찰, 서청의 탄압에 대한 저항과 단선. 단정 반대를 기**

치로 1948년 4월 3일 남로당 제주도당 무장대가 무장봉기한 이래 1954년 9월 21일 한라산 금족 지역이 전면 개방될 때까지 제주도에서 발생한 무장대와 토벌대 간의 무력충돌과 토벌대의 진압과정에서 수 많은 주민들이 희생당한 사건"이라고 되어있다. 이는 제주4.3사건 진상보고서의 결론이다. 결론적으로 말하면 1948년 4얼 3일 남로당 제주지부 무장대가 단선 당정반대로 무장봉기하여 이를 진압하는 과정에서 수많은 제주도민이 희생된 사건이다.

제주 4.3평화공원을 관람하고 제주도에서 정착하여 사시다가 고향땅을 밟아보지도 못하고 망향의 한을 안을 채 세상을 떠난 평안도(평남과 평북) 출신 1세 어르신들이 평안한 안식을 취하고 있는 평안도 경모공원도 찾아보았다. 113분의 1세 어르신들이 이곳에 잠들어계신다. 문형순 서장도 이곳에서 영면하고 계신다. 선생의 묘소를 참배하고 180만 평남 이북도민을 대표하여 명복을 빌며 선생을 추모하였다.

6.25 전쟁 중 제주로 피난 온 이북도민

6.25 전쟁이 나자 그해 7월에 무려 1만 명의 피난민(이북도민 포함)이 제주도에 들어왔고 1951년 1.4후퇴 이후 많은 이북도민들이 제주도로 피난을 왔다. 흥남철수작전 시 거제도에 피난민들이 일시 수용되었으나 그 후 계속하여 많은 이북도민들이 피난길에 오르자 정부에서는 이들을 인천항에서 LST를 태워 제주 성산포와 모슬포에 내려주었다. 수만여 명이 넘는 인원이었다. 이들 이북도민 피난민들은 몇 년간 고단한 피난 생활을 제주도에서 보냈다. 전쟁이 끝나자 대부분 이북도민은 서울 등 본토로 돌아갔고 일부 이북도민은 제주도에 정착하여 제주 여성과 결혼하여 가정을 이루고 제주도민이 되었다. 현재 제주에 거주하는 이북도민은 1만 3천여 명으로 추산된다.

제주도와 화가 이중섭

평남 평원군에서 출생한 화가 이중섭 가족도 제주도에서 피난 시절을 보냈다. 1951년도 1월에 이중섭은 부인과 두 아들과 함께 부산에서 제주도로 와 서귀포 알자리 마을에서 어려운 피난 시절을 보냈다. 그러나 가족이 함께하였고 아이들과 게도 잡고 그림도 그리며 보낸 시절이 행복한 때였다고 술회하였다. 그림 속에 가족들이 유쾌하게 묘사되는 것은 어쩌면 전쟁의 가난과 공포를 잊고자 했던 이중섭의 유토피아적 상상력의 표현이라고 볼 수 있지 않을까 생각된다. 이중섭은 그의 많은 대표작을 이곳 제주도에서 그렸다. 〈서귀포의 환상〉, 〈섶섬이 보이는 풍경〉과 은지화인 〈게와 물고기〉, 〈아이들〉, 〈가족〉 등 가족과 서귀포를 주제로 한 그림을 그렸다. 제주도에서는 이중섭이 세 들어 살던 집도 보전하고 화가의 산책길도 조성하였고 2002년도에는 이중섭미술관도 건립하였다. 이중섭이 서귀포에서 살면서 걷고, 아이들과 게와 물고기를 잡고, 그림을 그렸던 곳을 이중섭 테마관광마을로 개발하였다. 이중섭미술관으로 올라가는 오르막길은 프랑스 파리의 몽마르트 거리를 연상하게 하였다.

이중섭미술관을 방문하였던 날은 마침 "이중섭 친구들의 화원(畵園)"이란 제목으로 전시회가 열리고 있었다. 이중섭과 가까이 지냈던 한국 서양화가 1세대들의 작품들이 전시되어있었다. 이중섭과 동시대에 활동했던 화가 24명의 작품이었다. 고향 친구였던 김병기 화백을 비롯하여, 김환기, 유영국, 윤중식, 김영주, 손응성, 박수근, 권옥연, 이봉상, 이경성, 이응노, 남관, 이대원 등 한국 화단에 기라성같은 화가들의 작품들이 전시되어 귀한 작품을 감상할 기회를 가졌다.

제7대 제주도지사 길성운 선생

제2대 평남지사를 역임하였던 길성운 지사(평북 선천군 출신이다)도 평남지사로 부임하기 전에 1953년 11월부터 1959년 5월까지 5년 4개월간 제7대 제주도지사를 지냈다. 길성운 지사는 제주지사로 재직하는 중 4.3사건 후 흉흉해진 민심을 안정시키고 피폐한 제주도를 새로운 희망의 섬으로 만드는 데 각고의 노력을 하였다. 1954. 9. 21일 한라산 금족령을 해제하였고, 제주읍을 제주시로 승격시켰으며, 제주대학을 4년제 도립대학으로 승격시켰고, 전쟁고아들을 수용할 수 있는 제남보육원을 건립하였다. 또한 국립 제주 송당목장을 건립하는 등 큰 업적을 이루어 제주도민의 칭송을 받으며 1959년 5월에 퇴임하고 바로 제2대 평남지사로 부임하였다. 역대 18명의 도지사 중에 유일하게 평남 출신이 아닌 평북 선천군 출신이다. 길성운지사 시절에는 평남 출신과 평북 출신이 평안도 출신으로 불리던 시절이었다.

제주도 화가라 불리운 장리석

서양화가 장리석은 1916년 평양에서 태어나 1938년 일본 다마가와 미술학교를 마쳤으며, 1958년 〈그늘의 노인〉이 대한민국미술전람회(국전)에서 대통령상을 수상한 한국 서양화의 대가이다. 화가 장리석도 제주도에 내려와 오래 머물면서 제주도 풍광을 화폭에 담았다. 해녀와 제주도 사람들의 삶과 애환을 그렸다. 제주의 산과 바다와 풍물은 그의 그림의 주제이며 대상이었다. 선생 작품의 주 대상인 해녀와 어부 그리고 제주도 사람들의 그림을 보면 토속적이며 원시적이다. 과감하고 투박한 터치는 마치 타이티 섬에서 원주민을 대상으로 그렸던 고갱을 연상하게 한다. 장리석은 2005년에 제주도와 '미술작품 제주도 기증 협약'을 맺고, 그가 그린 제주도 그림 110점을 기증했다. 이번 제주방문 일정이 1박 2일의 짧은 일정이어서 아쉽게도 장리석 화백의 작품이 전시되어있는 제주도립미술관 상설전시관은 방문하지 못했다. 다음 기회로 미루고 평남인의 발자취를 돌아본 제주 일정을 마무리하고 서울로 돌아왔다. 송훈 제주도 사무소장은 1박 2일 동안 제주도와 인연을 맺은 평남인의 발자취를 찾아보는 데 나와 함께 동행하며 수고를 아끼지 않았다.

2021년 5월 15일 토요일 날씨: 맑음

오늘 광주사무소를 방문하였다. 광주사무소장이 송정역으로 마중 나왔다. 광주사무소에 가니 오건웅 이북도민 연합회장님이 와 계셨다. 광주 소장으로부터 광주사무소 업무보고를 받았다. 한정식집에 가서 한정식으로 점심을 먹었다. 오후 2시 40분 SRT를 타고 서울로 올라왔다.

2021년 5월 16일 일요일 날씨: 맑음

오늘은 5.16군사혁명이 일어난 지 60년이 되는 해이다. 내가 중학교 1학년 때인 1960년도에 4.19혁명이 있었고 그다음 해인 1961년에 박정희 장군이 주도하는 군사혁명이 일어났다. 어린 마음에 나라에 큰일이 일어났음을 느꼈다. 그 당시 어른들은 군사쿠테타가 일어났다고 하였다. 깡패들을 잡아가고 사회질서를 잡아가면서 혁명정부에 대한 믿음이 차차 쌓아가기 시작했었다. 4.19 학생 혁명 이후 1년간 장면 내각의 무능으로 사회가 극도로 혼란했었다. 매일 데모였다. 어쩌면 군사혁명은 필연적인 결과가 아니었을까 생각된다. 그 당시 대통령이었던 윤보선 대통령은 군사혁명이 일어났다는 보고를 받고 '올 것이 왔구면' 했다고 한다. 일부 정치군인들의 정치참여 욕구가 있었음을 부인하지는 못하겠지만 군인이 나서 부패하고 무능한 정부를 대신하여 구악을 일소하고 잘살아 보자는 구호하에 국가안보와 산업발전에 기여한 점은 인정해야 할 것이다. 오늘과 내일은 『평남을 빛낸 인물 60인』 원고작업을 마무리하려고 한다. 작업을 하다 보니 새벽 2시까지 원고 수정작업을 했다. 요즘 원고 작업을 무리하게 하다 보니 코피가 자주 난다. 좀 쉬어가면서 해야겠다.

2021년 5월 17일 월요일 날씨: 맑음

아침에 뒷산에 올라갔다 왔다. 아침을 간단히 먹고 총각네 집으로 해서 오리역 하나로마트에 다녀 왔다. 점심은 현서네 집에 가서 집사람이 준비해간 감자 수제비를 해서 먹었다. 휴일이라 편하게 쉬면서 『평남을 빛낸 인물 60인』 원고작업을 계속했다. 자료도 찾아 선정된 인물 한 분 한 분마다 내용을 충실하게 하고 싶은 욕심 때문에 한 분의 생애를 정리하는 데 시간이 꽤 걸린다.

2021년 5월 18일 화요일 날씨: 맑음

오전 10시에 이북5도위원회 회의가 있었다. 특별한 안건이 없어 차담회를 했다. 5.18광주사태가 발생한 지 41년이 되었다. 5.18 민주항쟁에 대한 역사적인 평가가 아직도 제대로 되지 않은 것 같다. 우리나라가 한 발 앞으로 전진하려면 5.18 같은 현대사에 큰 영향을 끼쳤던 사건과 사태에 대해 국민 대다수가 공감하고 수용할 수 있는 역사적 평가가 이루어져야 한다고 생각한다.

2021년 5월 19일 수요일 날씨: 맑음

오늘은 부처님 오신 날이라 휴일이다. 아침에 뒷산 오솔길을 서너번 걸었다. 집에서 쉬면서 원고정리를 계속하였다. 점심은 현서네 집에 가서 먹었다.

2021년 5월 20일 목요일 날씨: 맑음

정병욱 국장과 주간 도정업무에 대해 협의하였다. 도 사무직원들의 근무상황을 점검하고 격려하였다. 오늘 점심은 연목회 모임에 참석하여 친구들과 함께하였다.

2021년 5월 21일 금요일 날씨: 맑음

오늘 이북5도위원회 광주광역시사무소에 업무출장을 갔다. 오전 11시 20분쯤에 광주 송정리역에 내렸다. 광주사무소장이 마중 나왔다. 바로 광주사무소에 가서 사무소장으로부터 업무보고를 받았다. 역시 그동안 코로나 사태로 인하여 자체 행사를 거의 하지 못하였다고 한다. 여전히 사무장으로부터는 충분한 서포트를 받지 못하는 것 같았다. 광주지구 이북도민연합회장도 함께 배석하였다. 업무보고를 마치고 부근에 있는 한정식집에 가서 점심을 했다. 오늘 점심은 내가 샀다. 점심시간에 연합회장께서 이북5도위원회에서 지방사무소와 지역 이북도민회에 대한 관심과 배려를 특별히 부탁하였다. 특히 건의사항으로 각 지역 이북도민연합회장들의 연례 정기모임이 있었으면 좋겠다는 의견을 제시하여 이북5도위원회와 이북도민중앙회 연합회 측에 전달하고 실현될 수 있도록 노력하겠다고 말하였다. 오후 2시 40분 차로 올라왔다.

2021년 5월 22일 토요일 날씨: 맑음

아침에 뒷산에 올라갔다 왔다. 아침을 먹고 집사람과 시장을 보았다. 총각네 집에 가서 야채와 과일을 좀 사고 이어 오리역에 있는 하나로마트에 가서 시장을 보고 왔다. 원고 수정작업을 계속했다.

2021년 5월 23일 일요일 날씨 :흐림

오늘도 『평남을 빛낸 인물 60인』원고 수정작업을 했다. 오늘로써 원고 수정작업을 거의 완료하였다. 내일 출근하면 정병욱 국장에게 원고를 넘겨 검토해보라고 할 예정이다. 현서네 집에 가서 점심을 같이했다.

2021년 5월 24일 월요일 날씨: 비옴

오늘 도 사무국 직원들과 주간 업무회의를 했다. 정병욱 국장과 김윤미 주무관에게 『평남을 빛낸 인물 60인』원고를 넘겨주었다. 원고를 작성하고 교정하는데 거의 6개월 정도 시간이 소요되었다. 참 힘이 많이 들었다. 그러나 정말 보람이 있었다.

2021년 5월 25일 화요일 날씨: 맑음

오늘은 이북5도위원회 주간회의가 있는 날이다. 보고사항이 3건 있었다. 이번 목요일에 대전시에서 이북도민과 북한 이탈주민 간의 가족결연식이 있고 이어서 북한 이탈주민 정착 지원문제에 관한 세미나를 하는 건에 대한 보고였다. 또 하나는 민주평화통일 자문위원 추천에 관한 건이다. 인원 배정문제에 있어서 오 위원장이 문제를 제기하여 도민의 수와 과거 전례에 따라 배정한 것이라고 하여 원안대로 결정하였다. 나머지 하나는 상반기 교육프로그램에 대한 건이었다. 시장·군수와 읍면동장을 대상으로 하는 교육프로그램과 일반 도민들과 북한 이탈주민들을 대상으로 하는 교육이다. 오늘 점심을 내가 준비해서 모셨다. 김기찬 도지사는 다른 약속이 있어 함께 하지 못했다. 도시락은 울돌목 가는 길에서 떡갈비 정식으로 주문하여 퀵서비스로 배달하여 먹었다.

재상봉 50주년 행사 관련 기념문집 발간에 67학번 동기 중에 사업에 크게 성공한 기업가를 대상으로 두 명 정도 인터뷰 기사를 싣기로 했다. 인터뷰대상자 중에 한 사람을 우리 상학과 출신인 고려제강 홍영철 회장으로 결정하였다. 인터뷰 진행 방식과 질문 초안을 내가 작성하여 신경헌 편집분과위원장과 이진안 대표에게 송부하였다. 홍영철 회장이 처음에는 완강히 거절하여 매우 난감했는데 내가 여러 차례 간곡하게 부탁을 하니 마지 못해 승락을 하였다. 내가 생각하기에도 홍영철 회장이 가장 적임자인 것 같이 생각된다. 특수 철강제를 생산하는 기업을 경영하여 키워왔고 공익사업에도 관여하였기에 우리 동기들을 대표하는 기업가로서 조금도 손색이 없다고 생각한다.

2021년 5월 26일 수요일 날씨: 흐림

오늘 점심은 규현이랑 준기랑 수지구청역 부근에 있는 일식집에서 했다. 규현이가 몸이 불편하여 시내에 나오지 못하게 된 지도 거의 일 년이 되는 것 같다. 가까이 사는 준기랑 매주 수요일에 수지구청역에서 만나 연안식당에서 간단히 식사를 하고 근처 당구장에서 서너 시간 당구를 친다고 한다. 규현이의 유일한 낙이고 운동이라고 한다. 점심은 내가 샀다. 점심을 먹고 나서 규현이와 준기가 근처 당구장에 가서 당구를 치자고 하여 당구장에 잠깐 들렸다가 바로 사무실로 왔다.

2021년 5월 27일 목요일 날씨: 맑음

오늘 백신을 접종하기로 예약되어 있었는데 대전 행사로 6월 1일로 연기하였다. 며칠 전부터 목이 심하게 불편하여 불광동에 있는 연세이비인후과 의원에 가서 검사를 받았었다. 종합병원으로 진료 의뢰서를 작성하여 주어 오늘 신촌세브란스 병원 이비인후과에 가서 예약하였다. 5월 31일에 검진을 받기로 하였다. 병원에 온 김에 이명 검사를 받아보았다. 청력 테스트 결과 오른쪽 귀는 정상의 약 70프로 정도, 왼쪽 귀의 경우는 약 4, 50% 정도의 청력으로 나왔다. 담당 의사의 말로는 왼쪽의 경우 보청기를 하는 게 좋겠다는 의견이다. 오늘 대전시에서 대전시 거주하는 이북도민들과 북한 이탈주민 간에 가족결연식이 있는 날이다. 5도 지사가 함께 내려가 행사에 참여하였다. 오늘 10쌍의 가족 결연행사가 있었다. 가족결연 행사의 주례는 평남 용강군 출신이 정대철 전 민주당 대표가 수고하여 주셨다. 이어서 북한 이탈주민들의 남한 사회정착을 위한 정책포럼 시간을 가졌다. 포럼이 끝나고 참석자들과 저녁을 같이 하였다.

2021년 5월 28일 금요일 날씨: 아침에 가는 비가 왔음. 오후에 맑아짐

오늘 점심은 전 황해도지사께서 같이 식사를 하자고 하여 함께 근무한 평북지사와 황해도지사 그리고 나 이렇게 네 사람이 서울역에 있는 티원 중식당에서 점심을 같이했다. 생맥주 반 컵 정도 마셨다. 박 지사님은 여전히 건강한 모습이었다. 이북5도 민주 평통 부의장 임기가 금년 12월까지라 백도웅 현 부의장의 임기가 끝나면 그 자리로 가려는 생각을 갖고 계신 것 같다. 가장 적임자라고 생각이 되어 우리 세 사람 도지사들이 적극적으로 지원하기로 하였다. 오후 2시쯤에 양덕군 원로 한 분이 세상을 떠나셨다. 한양대학교 장례식장에 가서 문상하였다.

2021년 5월 29일 토요일 날씨: 맑음

재상봉 50주년 기념문집 발간에 제출한 글을 편집위원장에게 제출하였다. 박주철 사장의 40년간 직장생활에 대한 에피소드 모음편이다. 성태영 사장의 '바이칼을 가다'란 제목의 여행기도 일부 수정하여 제출하기로 하였다. 우선 성태영 사장에게 일부 수정한 내용을 전해주고 검토해보도록 하였다.

2021년 5월 30일 일요일 날씨: 맑음

아침에 뒷산에 올라갔다 왔다. 아침을 먹고 집사람과 분당천을 한 시간 정도 걸었다. 매주 주말에는 토요일이나 아니면 일요일에 한 번씩은 집사람과 분당천을 걷기로 나는 아침마다 뒷산을 한 30분씩 걸어 그런대로 체력유지가 되는데 집사람은 요즘 체력이 달려서인지 걷는 것이 시원치가 않다. 그래도 일주일에 한 번씩은 걸어야 다리 근육이 유지될 것 같아 꼭 같이 걷고는 한다. 우포 성태영 친구의 글 '바이칼을 가다'란 여행기를 조금 수정해서 우포에게 보냈다. 내용이 너무 길어서 대폭 줄여서 편집위원에게 보냈다.

2021년 5월 31일 월요일 날씨: 맑음

오늘이 5월 말이다. 5월이 시작되는가 싶더니만 벌써 말일이 되었었다. 참 세월이 빠르다. 강대석 실장을 불러 민주평통자문위원 후보자에 대해서 평남중앙도민회 측에 후보자 30명을 선정해서 제출해달라고 요청하도록 했다. 점심은 모처럼 평남중앙도민회 사무직원들과 팔선생 중식당에서 함께 했다. 오후 2시 30분에 세브란스 이비인후과에 가서 검진을 받았다.

2021년 6월 1일 화요일 날씨: 맑음

이북5도위원회 주간회의가 있었다. 오늘 보고 안건 중에 이북5도위원회 사무직원을 대상으로 직장 내 갑질문화 현황에 대한 설문조사 결과에 대한 보고가 있었다. 5개 문항에 대한 질문과 이에 대한 개선 의지가 있느냐 하는 것에 대한 앙케이트 조사였다. 행안부 감사관실에서 실시한 조사인데 전 직원 45명 중에 무작위로 20명에게 설문조사를 의뢰하여 12명이 설문조사에 답변을 하고 그 결과를 집계한 보고서를 이북5도위원회에 보내왔다.

보고서 내용에 따르면 행안부 소속 부처 중에 하위권에 속한다고 한다. 이북5도위원회 전체 직원의 수가 45명 정도에 불과하고 설문에 응한 수가 전체 인원의 20% 수준에 불과하여 워낙 표본 수가 적다 보니 설문조사의 신뢰도가 떨어질 수도 있다고 생각한다. 특히 설문조사에 참여한 사람의 경우 직장 내 갑질 문화에 대해 관심도가 높은 사람들이 적극적으로 참여했을 것이다. 그런 점을 고려하더라도 이번 설문조사 결과는 평균 수준 이하라는 점을 인식하고 구성원 모두 자기 성찰과 각성이 필요하다고 생각한다. 특별히 나를 포함한 이북5도지사와 각도 사무국장들을 비롯한 고위직 구성원들의 각별한 노력이 절실하다.

2021년 6월 2일 수요일 날씨 무척 더웠음

오늘 점심은 김기찬 지사가 소개한 평남 안주군 2세인 안재홍 평창동 새마을금고 이사장과 북악정에서 함께했다. 종로구청 구의회 의원을 네 번이나 한 경력이 있고 고향에 대한 애정도 있어 향후 안주군민회와 평남중앙도민회에 역할을 할 수 있도록 기회를 주었으면 하고 생각했다. 본인도 그런 뜻이 있는 것 같아 고맙게 생각했다.

오후 2시에 고려제강 홍영철 회장사무실에 갔다. 오늘 홍영철 회장 인터뷰가 있는 날이다. 재상봉 50주년 전체동기 기념문집에 홍 회장 인터뷰 기사를 게재하기로 하였다. 신경헌 출판분과위원장과 홍 회장과는 학생 시절 같은 동아리 활동을 하였다는 이진안 교수가 인터뷰를 하기로 하였다. 사전에 인터뷰 질문 문안을 작성하여 준비를 잘 하였기에 인터뷰 진행이 순조로웠다. 상학과 동기 중에 훌륭한 기업인이 있어 인터뷰 대상자로 선정되었다는 게 자랑스러웠다. 홍영철 회장은 선친으로부터 기업을 물려받아 연간 매출액이 2조 원이 넘는 철강재와 와이어로프 부분에서는 세계 최우수 기업으로 평가받고 있는 기업이다.

2021년 6월 3일 목요일 날씨: 무척 더웠음

오늘 12시에 알렌관에서 윤기중 교수님과 인터뷰를 하기로 하였다. 오늘 인터뷰는 황한택 편집위원과 윤선 교수 그리고 응통과 출신 음성직 박사가 함께했다. 준비된 인터뷰 질문 문안을 참고로 하여 인터뷰를 진행하였다. 예상 밖으로 음성직 박사가 인터뷰 중에 윤기중 선생님에 대한 이야기를 대신 해주는 바람에 내용이 충실해지기는 했으나 인터뷰 진행은 다소 매끄럽지 못하였다. 중간에 내가 좀 개입하여 인터뷰 진행이 잘되도록 도왔다. 전반적으로 듣고자 하는 내용의 이야기는 거의 물어보고 답변을 들었다.

정식인터뷰를 끝내고 별도로 최근 윤석열 전 검찰총장과 관련하여 언론사로부터 전화 같은 것이 와 불편하지는 않으신지 여쭤보았다. 별로 연락 오는 것도 없고 불편하지도 않다고 말씀하여 무척 다행으로 생각하였다. 다만 4.7 지방선거에서 투표장에 윤석열 전 총장과 함께 나갔을 때 갑자기 많은 사람들과 기자들 때문에 좀 놀라고 불

〈연세대학교 상경대학 윤기중 은사님〉

편했다고 말씀하셨다.

2021년 6월 4일 금요일 날씨: 더움

오늘 오후 1시에 남산에 있는 평양냉면집인 필동면옥으로 갔다. 양덕군민회 원로이신 우윤근 회장과 김진섭 회장이 며칠 전에 점심을 같이하자고 하여 점심을 같이하였다. 필동면옥의 돼지고기 수육은 참 별미다.

식사 도중에 양덕군민회 장학회 관련하여 특별한 말씀들이 있을 것으로 생각했는데 별말씀이 없었다. 이영순 군민회 장학회장이 회장직 사임서를 제출하였기에 접수하였다고 알려드렸다.

2021년 6월 5일 토요일 날씨: 맑음

오늘 아침에 산에 올라갔다. 모처럼 청계산 국사봉 8부 능선 쉼터까지 올라갔다. 올라가는 도중에 전북 장수군 출신 윤 목사를 만났다. 한 일 년 전부터 등산할 때 가끔 만나게 되어 서로 가볍게 인사를 하고 지내는 사이였다. 나이는 나보다 한 살 위다. 명랑하고 유쾌한 분이다. 그동안 어떤 일을 했던 분인지 몰랐었는데 쉼터에서 한참 동안 이야기하다가 자기가 강원도 양양에서 한 30년간 목회 활동을 한 목사라고 말하여 다소 놀랐다.

오늘은 시국에 관하여 이야기를 했는데 나라의 형편이 어렵다는 데는 의견이 일치하였으나 오늘날 국내 정치 상황이 매우 어렵게 돌아가는 것에 대해서 전혀 예상 밖의 이야기를 하였다. 윤 목사의 생각은 현재의 어려운 시국의 근본적인 원인은 이승만 정권에서 친일세력을 단죄하지 않은 때문이라는 말을 하였다. 그 말을 듣고 깜작 놀랐다. 70대 중반에 사람이 이런 생각을 한다는 것이 신기하기도 그동안 친일프레임이 얼마나 효력을 발휘했는지를 뼈저리게 느꼈다. 워낙 두 사람 간의 생각의 차이가 크고 서로의 주장만 이야기하는 꼴이 되어 정치에 대해서는 더 이상 깊게 이야기를 하지 않았다.

다만 북한은 김일성이 친일세력을 단죄하여 민족정기를 제대로 세웠다고 주장하기에 내가 하도 어이가 없어 한마디 질문을 하였다. 친일세력을 철저히 청산하고 민족정기를 바로 세웠다는 김일성 북한 정권이 과연 현재 국가가 잘되고 국민이 자유롭고 정의롭게 잘살고 있는지를 역으로 물어보았다. 그 질문에 대해서는 대답을 하지 못했다. 친일파 척결을 주장하는 사람들의 한계가 어디 그뿐이겠는가? 아무튼 학교 교육에서부터 일반 시민들을 대상으로 하여 한국 근.현대사에 대한 공부를 제대로 시켜야 되겠다는 생각이 절실했다.

2021년 6월 6일 일요일 날씨: 맑고 더웠음

아침에 일찍 일어나 월든아파트 단지 뒷산 길을 걸었다. 오리역 하나로마트에 가서 부식 거리를 좀 사고 해림이네 집으로 갔다. 해림이가 현서네랑 우리 부부랑 함께 점심을 하자고 하여 생맥주랑 몇 가지 사 가지고 해림이네 집에 갔다. 해림이가 준비한 점심을 함께 먹었다. 손녀딸들과 좀 놀다가 집으로 돌아왔다. 저녁은 간단히 물냉면으로 먹었다.

2021년 6월 7일 월요일 날씨: 맑고 더웠음

오전 10시에 도 사무국 직원들과 주간 업무회의를 하였다. 직원들과 점심식사를 함께하였다. 여천 홍범도 장군 기념사업회 주관으로 제101주년 봉오동전투 101주년 기념식이 안중근 의사 기념관에서 거행되었다. 작년에 장군을 국내에 봉환하여 국립대전현충원에 모신 후 처음으로 봉오동전투 승전기념식을 갖는 의미 있는 날이다. 봉오동전투는 일본 정규군과 싸워 처음으로 대승을 거둔 우리나라 독립전쟁사 상 가장 빛나는 전투 중에 하나다. 청산리전투의 영웅인 김좌진 장군의 후손인 김을동 전 의원도 참석하여 인사를 나누었다. 공무 인터넷을 검색하여 행안부에서 온 문서와 통지문을 열람하였다. 이북5도위원회 홈페이지 내용도 검색하였다.

2021년 6월 8일 화요일 날씨: 맑고 더웠음

오전 10시에 위원회 회의실에서 이북5도위원회 주간회의가 열렸다. 오늘은 특별한 안건이 없어 차담회를 하며 각도의 현안 사항에 대해서 이야기를 나누었다. 나는 어제 안중근 의사 기념관에서 개최된 제101회 봉오동전투 기념식에 다녀온 이야기를 하였다. 작년에 봉오동 청산리 전투 100주년 기념식과 관련 역사사진전을 성공적으로 개최했던 이야기를 나누었다. 김재홍 지사께서 좋은 아이디어와 귀중한 관련 자료를 제공하여 준 덕분에 의미 있고 훌륭한 기념식과 전시회를 가졌음을 회고하였다.

2021년 6월 9일 수요일 날씨: 맑음

홈페이지를 검색하여 평남 도정 소개 면에 있는 내용을 업데이트했다. 인터넷을 검색하여 수신된 문건을 열람하였다. 재상봉행사 진행상항을 점검하였다. 동기들에게 재상봉 행사 참여와 협조를 당부하였다.

2021년 6월 10일 목요일 날씨: 맑음

공무 인터넷을 검색하여 행안부 공지문을 확인하였다. 6원 중 평남중앙도민회 중요 일정을 확인하였다. 오후 1시에 알렌관에서 모교 대외협력처장인 이연호 교수의 초대로 알렌관에서 점심을 했다. 오늘 점심에는 박상은 전체대표와 우남희 교수와 함께했다. 점심을 마치고 세브란스병원에 가서 처방전을 재발급받아 세연약국에서 약을 구매했다. 오후 3시에 동문회관 5층에서 제5차 재상봉 50주년 행사 학과 대표자 모임을 가졌다.

2021년 6월 11일 금요일 날씨: 맑음

도 사무국장과 주무관을 불러 이번 주 주요 업무처리 상황을 점검하고 내주 주요 업무에 대해 협의하였다. 상학과 동기들에게 재생봉행사 관련하여 참여를 독려하고 모교에 장학금 모금에 관련해서도 협조를 구했다. 친구들 모두 적극적으로 참여해주는 분위기여서 마음이 든든하다. 우리 동기들이 타과에 비하여 단결도 잘 되고 모임도 잘 하고 있는 것을 보며 무척 부러워한다. 재상봉기념문집 발간에 기고할 원고를 독려하였다.

2021년 6월 12일 토요일 날씨: 맑고 더움

재상봉행사 50주년 기념문집에 제출할 〈상학과 친구들과 함께한 지난 반세기〉 글을 작성하였다. 작성한 글을 친구들에게 이메일로 보내어 검토해달라고 하였다.

2021년 6월 13일 일요일 날씨: 맑고 더움

어제 재상봉행사 50주년 기념문집에 제출할 〈상학과 친구들과 함께한 지난 반세기〉 글을 친구들에게 이메일로 보내어 검토해달라고 요청하였더니 김영국 사장과 김재수 회장부터 전화가 와 일부 내용에 대해 정정을 요청하여 반영하기로 하였다. 이상현 회장은 카톡 문자로 이해진 사장 경력 내용을 수정하여 통보하여주었다. 글 내용에 대해서 공감하는 친구들이 많은 것 같아 기분이 좋았다.

2021년 6월 14일 월요일 날씨: 맑음

도 사무국 직원들과 주간 업무회의를 하였다. 점심은 직원들과 하였다. 재상봉행사와 관련하여 동기들에게 협조 전화를 하였다. 기념문집에 기고를 독려하고 모교 기부금 모금에도 협조해 줄 것을 부탁하였다.

2021년 6월 15일 화요일 날씨: 맑음

이북5도위원회 회의가 있었다. 오늘 심의안건은 대통령기 이북도민체육대회 날 수상예정인 이북도민 대상 훈.포장 및 표창에 대한 각도별 추천 인원수 결정에 대한 사항이었다. 관례대로 결정하였다. 오전 11시에 청사 입구에서 이북5도민 체육대회 D-123 개막식이 있었다. 개막식이 끝난 후에 평남중앙도민회장실에서 개최된 청년회육성회 회의에 참석하여 축사와 격려를 하고 육성방안에 대한 의견을 제시하였다. 청년회가 발전하려면, 청년회원 수 증대, 예산확보, 콘텐츠개발 등이라고 말하고 이에 대처하는 방안을 구체적으로 강구해 나가자고 제안하였다. 재정지원방안으로 기념엽서 발간에 대해서 말했다. 오전 11시 40분에 사무실에 내려오니 김종덕 사장과 김 사장의 현대건설 친구가 와 있었다. 차 한잔 하고 그간에 지냈던 이야기를 한 다음에 행복집에 가서 점심을 하였다.

오후 2시에 스위스그랜드 호텔에 가서 오늘 인터뷰 진행에 관련하여 윤선 교수와 황한택 사장과 사전에 만나서 의견을 나누었다. 이미 작성된 인터뷰 질문 문안대로 진행하기로 하였다. 오후 3시에 김형석 교수님이 오셔서 간단히 인사를 드리고 인터뷰를 진행하였다. 나는 인터뷰 진행이 잘되도록 배석하여 지원하였다. 오늘 인터뷰는 염려했던 우려를 씻고 아주 잘 진행되었다.

〈김형석 교수님과 두고 온 고향 남기고 싶은 이야기 인터뷰를 마치고〉

2021년 6월 16일 수요일 날씨: 맑고 더웠음

이성로 사장이 글씨를 보내왔다. 정말 잘 쓴 글씨였다. 김재홍 지사가 내 글씨체가 마음에 든다며 한자 글을 주면서 부탁하기에 내 글씨가 그렇게 다른 사람에게 써 줄만큼의 글씨가 안 되어 부득이 명필 서예가인 친구 성로에게 부탁하였다. 이성로 사장이 보내온 글을 김재홍 지사에게 전달했다. 김 지사는 내가 쓴 글씨로 알고 있다.

오전 11시에 평창동 새마을금고 안재홍 이사장이 오셨다. 안주군 최용호 전 명예군수와 현 명예군수와 함께 서로 인사를 나누었다. 점심은 최용호 사장이 내겠다고 하여 팔선생 중식당에 가서 함께 식사를 했다. 안재홍 이사장에게 앞으로 평남도민회 활동에 참여하도록 권유하였다. 오후 2시에 이북5도 명예읍·면·동장들을 대상으로 이북5도위원회의 역할과 기능에 대한 온라인 강의를 하였다. 강의 내용 중에 이북도민의 독립과 건국에 기여한 내용과 한국의 근현대사에 대한 개괄적인 강의를 하였다.

2021년 6월 17일 목요일 날씨: 흐리고 비가 옴

오전 11시에 평남 행정자문위원장과 부위원장이 사무실에 오셨다. 오늘 점심을 같이하기로 했다. 낮 12시에 행복집으로 가서 참복지리를 먹었다. 조성원 이북도민 새마을협회장도 같이했다.

2021년 6월 18일 금요일 날씨: 맑음, 더움

오전 11시에 평남산악회 모임이 있었다. 서울대공원 산책길을 걷기로 했다. 10시 10분쯤에 윤 주무관이 집으로 와서 바로 서울대공원 산악회 모임 장소로 갔다. 오늘 산악회 모임에는 20여 분이 모였다. 장년층 회원은 트레킹코스를 한 바퀴 돌기로 하였고 노년층은 점심을 하고 주변을 좀 걷기로 했다.

2021년 6월 19일 토요일 날씨: 맑음, 더움

아침에 일찍 집사람과 함께 운중천 변을 걸었다. 일주일에 한 번 정도는 집사람과 함께 걸어야겠다. 집사람이 전에보다 체력이 좀 떨어진 것 같다. 작년까지만 해도 나보다 훨씬 가볍게 그리고 빨리 걸었었는데 요즘은 나보다도 걷는 속도가 느려진 것 같다. 졸업 50주년 재상봉기념문집 원고를 정리하였다.

2021년 6월 20일 일요일 날씨: 맑음, 더움

오늘은 우리 첫째 딸 해림이 태어난 날이다. 해림이가 우리에게 태어난 것은 하나님의 축복이다. 해림이는 마음도 너그럽고 생각이 깊어 언제나 마음 든든하다. 영민이와 도연이 행복한 가정을 이루고 살아가는 모습을 보면 든든하다. 점심은 집 옆에 있는 능이버섯집에 가서 오리백숙을 해림이네와 현서네 가족과 함께 먹고 현서네 집에 가서 케이크 컷팅을 하며 해림이 생일을 축하하였다.

2021년 6월 21일 월요일 날씨: 맑음

오늘 비서실장이 대전에 내려갔다. 이승규 혜촌회 회장님댁에 가서 혜촌 김학수 선생이 그리신 병풍 1점과 산수화 한 점을 가져오기로 되어있다. 혜촌 선생께서 그리신 〈모란봉 대동강도〉를 몇 달 전에 평남도청에 기증하셨는데 이번에도 병풍과 그림 한 점을 추가하시겠다고 하시어 고마운 마음으로 받기로 하였다. 혜촌 선생께서 그리신 〈모란봉 대동강도〉 그림은 '평남을 빛낸 인물' 책자 표지그림으로 실었다. 이승규 회장님께서 매우 기뻐하셨고 기쁘신 나머지 추가로 작품을 기증하시겠다고 결심하였다고 한다. 혜촌 선생의 작품은 작품값이 상당히 나가는 걸로 알고 있다. 일전에 기증받은 〈모란봉 대동강도〉 작품은 1억 원 이상 호가하는 것으로 알고 있다. 4, 5년 전에 선생의 작품 몇 점이 KBS 진품명품 프로에 나왔는데 4천만 원 정도 평가되었다고 한다.

2021년 6월 22일 화요일 날씨: 맑음

오늘 이북5도위원회 주간 업무회의가 있었다. 특별한 안건은 없었고 23일부터 27일까지 개최되는 제6회 속초실향민축제 행사에 참여하는 일정에 대한 설명이 있었다. 우리 이북5도지사들은 23일에 개막식 행사에 참석하고 주요행사 일정을 소화한 후에 1박을 하고 24일에 서울로 올라오는 것으로 계획을 잡았다.

재상봉행사기념문집 발간을 위해서 윤기중 선생님과 김형석 선생님의 인터뷰 내용을 글로 변환하기 위해 서초동 법원 주위에 있는 녹취사무실에 들렀다. 녹음시간이 약 2시간 40분 정도 된다고 하였다. 비용은 40만원으로 하기로 했다. 내주 화요일쯤에 녹취내용을 이메일로 보내주기로 했다.

2021년 6월 23일 수요일 날씨: 맑고 더움

아침 7시 30분에 속초로 출발하였다. 10시 30분쯤에 행사장인 속초 청호동 아바이 마을에 도착했다. 오전 10시에 축제 개막식과 함께 이산가족 망향탑 이전식이 있었다. 행사가 끝나고 속초시장이 오찬에 초대하여 이북5도지사들과 함께 식사를 했다. 점심을 마치고 숙소인 라마다 호텔에 들러 잠깐 휴식을 취한 후에 오후 2시에 개최된 학술세미나에 참석하였다. 이어 오후 4시에 개최된 이북도민 역사 사진 개막식에 참석하였다. 속초시장이 우리 이북5도지사 일행을 저녁에 초대하여 속초시장과 속초시 직원들 함께 식사를 했다.

2021년 6월 24일 목요일 날씨: 맑음

오늘 속초실향민축제의 메인 행사는 함상위령제이다. 2007년부터 영동 이북도민 연합회 주체로 거행하는 의미 있는 행사이다. 1. 4후퇴 이후 배를 타고 남한 땅으로 피난 오던 사람들 중에 남한 땅을 밟아보지도 못하고 배가 전복되어 아깝게 목숨을 잃은 원혼들을 위로하기 위해서 시작했다고 한다. 올해는 속초해양경찰서에서 2천 톤급 대형 경비정을 지원하여 해상에서 1시간가량 위령제를 거행하였다. 위령제가 끝나고 숙소인 라마다호텔 앞에 있는 일식당에서 이북5도지사들과 이북5도위원회 행사 진행 직원들과 함께 점심을 하였다. 속초해양경찰청 서영교 서장을 초대하여 함께 하였다.

점심을 마치고 바로 서울로 출발하였다. 오는 도중에 양평에 이사해서 살고 있는 강 비서실장 집에 잠깐 들르기로 하였다. 단독 주택으로 앞마당도 있고 깔끔하고 예쁘게 잘 지은 것 같았다. 강 실장 부부와 가족 모두 아주 만족하는 것 같았다.

2021년 6월 25일 금요일 날씨: 맑음

오늘은 아주 중요한 행사가 있었다. 『평남을 빛낸 인물』 책 발간식이 있는 날이다. 아침에 출근해서 비서실장에게 행사준비에 만전을 기하도록 지시하였다. 초대한 분들의 참석 여부와 행사장 준비 그리고 행사 진행에 대해서 몇 번 점검했다. 오후 3시쯤에 행사장인 AW 컨벤션 하림각 중식당 2층으로 갔다. 무대 뒤에 〈모란봉 대동강도〉 벽 그림도 걸어놓고 이승규 회장님께서 기증한 병풍도 단상 뒤에 펼쳐놓았다. 테이블도 정리하고 나니 행사장의 분위기가 제법 살아나는 것 같았다.

〈평안남도를 빛낸 60인 발간식〉

오늘 발간식 행사는 오후 4시에 시작되었다. 이북5도지사님들과 전임 평남지사님들, 정대철 대표, 강인덕 장관, 조태용 의원, 전승덕 평남중앙도민회장과 집행부 임원들, 김원진 행정자문위원장과 장원호 부위원장, 박지환 자문위원, 정태영 자문위원이 참석하였다. 특히 조태용 의원은 평남을 빛낸 인물 60인 중에 한 분으로 선정된 평양 출신 고 이범석 선생의 사위가 되어 특별히 발간식에 초대하였다.

조태용 의원도 선친도 평남 강동군 출신으로 실향민 2세이다. 평남 출신이라는 데 긍지를 갖고 계신 것 같았다. 비례대표 국회의원이기에 당신의 지역구는 평남이라고 생각한다기에 모두 박수로 화답했다. 그리고 『평안남도를 빛낸 인물』에 선정된 분들의 후손들과 책자 표지그림을 기증하여주신 혜촌회 이승규 회장님과 이명호 회원님들 그 외 평남유지 여러분들이 참석하셨다. 언론기관에서는 아주경제뉴스 노경조 기자, 오도 민신문 김영근 대표, 평남민보 김현균 차장, 이북도민연합방송 취재팀들이 왔다. 40여 분 정도 참석하여 격조 있고 의미 있게 발간식이 진행되었다.

[발간식 인사말]

이번에 제1차로 선정된 『평남을 빛낸 인물 60인』에는 민족의 지도자이셨던 도산 안창호 선생과 고당 조만식 선생을 비롯하여 봉오동·청산리전투의 영웅 대한독립군대장 홍범도 장군, 왈우 강우규 의사, 6.25전쟁의 영웅 백선엽 장군을 비롯하여 수많은 독립운동의 지도자와 독립전쟁의 영웅들, 교육자, 종교인 그리고 일제강점기인 1920년대에 여성운동의 선봉에 섰던 김일엽·박인덕 등 여성운동가, 소설가 김동인, 화가 이중섭, 작곡가 김동진을 비롯한 문화예술인이 계셨다. 한 분 한 분의 삶의 궤적이 바로 우리 근현대사의 고난과 역경을 극복한 자랑스러운 역사임을 알 수 있다. 제2공화국 내각책임제하에 국무총리를 역임한 장면 박사도 서울 출생이지만 부친인 장기빈이 평남 중화군 출신으로 평남 2세로 포함되었다. 초대 평남중앙도민회 회장으로서 도민회의 기틀을 마련하신 정일형 박사를 비롯한 역대 도민회장들과 1946년 11월에 초대 평남지사로 임명되어 도정을 이끌었던 김병연 도지사를 비롯한 역대 도지사들도 도민사회 발전을 물론 국가사회 발전에 큰일을 하였던 자랑스러운 평남인들이다.

선정된 분들을 활동 분야별로 보면 민족지도자 및 독립운동가에 강우규, 강혜원, 김붕준, 박치은, 송계백, 안경신, 안창호, 양기탁, 이 탁, 이재명, 장인환, 장한성, 조만식, 차리석, 홍범도, 3.1운동 민족대표 33인 중 한 분인 길선주, 나용환, 나인협, 임예환, 홍기조 (김창준 선생은 월북 인사로 제외), 국가발전공로자(국가 건국)로는 김병연, 김재순, 노신영, 오제도, 유창순, 이범석, 이영덕, 이종현, 정일형, 현승종, 국방안보 분야에는 백선엽, 손원일, 이응준, 교육학술(교육자/학자) 분야에는 김옥길,

박인덕, 박종홍, 박현숙, 석주명, 안병욱, 양호민, 오천석, 이호빈, 장도빈, 장이욱, 한필순, 경제발전(기업인) 분야에는 유일한, 장학엽, 종교사상 분야에는 노기남, 숭산스님, 지학순, 한경직, 효봉스님 그리고 문화예술 분야에는 김동인, 김동진, 김일엽, 김중업, 안익태, 이중섭, 주요한, 황순원 등이 있으며 번외 인물(외국인)로는 선교사의 아들로 평양에서 출생한 윌리엄 해밀턴 쇼가 있다.

〈평안남도를 빛낸 60인 발간식〉

2021년 6월 28일 월요일 날씨: 맑음

오후 5시 30분에 경복궁역 부근에 있는 곰솔집에 갔다. 월셔회원들과 저녁을 하기로 했다. 박명준 선배가 허리가 갑자기 아파 참석하지 못하여 구자형 총장만 참석하였다. 구 총장은 요즘 시설관리업체에 나간다고 한다. 참 열심히 사는 친구다.

2021년 6월 29일 화요일 날씨: 맑음

오늘 10시에 이북5도위원회 회의가 있었다. 도지사님들과 점심을 같이 했다. 어제 발간식에 참석하여 자리를 빛내준 것에 대해 감사의 말씀을 드렸다. 모두 축하하여 주시며 타도에서도 책자발간을 해봐야겠다고 말했다. 특히 황해도 김기찬 지사께서 특별한 관심을 갖고 추진하려고 하시는 것 같다. 노하우를 전수해달라고 하여 기꺼이 도와드리겠다고 하였다.

오늘은 윤석열 전 검찰총장이 정치참여 선언을 하였다. 법치와 공정의 가치를 내세워 자유민주주의가 제대로 작동하는 나라를 만들어 보겠다는 포부를 밝혔다. 홍준표 의원도 대선 출마 선언을 하였다. 서서히 대선 분위기가 나는 것 같다. 내년에는 정말로 훌륭한 지도자가 나와야 할 텐데 하는 걱정이 앞선다.

2021년 6월 30일 수요일 날씨: 맑음

『평남을 빛낸 인물 60인』 발간에 대해 평남도민은 물론 이북도민사회로부터 정말로 큰 일을 했다는 축하와 감사의 말을 많이 받았다. 내가 생각하기에도 정말로 의미 있고 보람 있는 일을 한 것 같다. 도지사로 재임하는 동안 무언가 뜻있는 일을 해야겠다고 생각했었다. 이번 『평남을 빛낸 인물』 발간 사업은 내가 도지사로 재임하는 동안 하려고 마음먹은 과업 중에 하나다. 특히 이북도민사회로부터 좋은 평가를 받으니 기분이 좋고 보람을 느낀다.

2021년 7월 1일 목요일 날씨: 맑음

2021년도 하반기가 시작되는 7월이다. 세월이 유수와 같다는 말이 갈수록 실감이 난다. 내가 평남지사에 취임한 지도 이제 한 달만 있으면 2년이 된다. 그동안 참 많은 것을 경험하고 많은 일을 해왔다. 보람도 있었고 때론 어려움도 있었다. 앞으로 남은 1년간도 지금과 같이 열심히 해보려고 한다.

김상철 회장한테서 전화가 왔다. 오늘 연세대학교 대외협력처와 1억 원의 기부금 약정서를 체결하고 올해분 2천만을 송금했다고 말하였다. 당초 내 생각에 3천만 원 정도 기부할 줄 알았는데 통 크게 기부하겠다고 하여 놀랍기도 하고 정말로 고마웠다. 상학과 체면이 서는 것 같았다.

홍 회장에게 추가 기부를 부탁해봐야 할 것 같다.

2021년 7월 2일 금요일 날씨: 맑다가 조금 비가 옴

점심을 직원들과 같이했다. 공용인터넷을 검색하여 결재문건을 체크했다. 오늘은 조금 일찍 사무실에서 나왔다. 인덕원 사무실에 들러 회사 현황을 파악하였다. 윤응수 사장이 열심히 하고 있어 고마울 따름이다. 공직에 있는 몸이라 회사 일에 관여할 수도 없고 관여할 시간적 여유도 없어 윤 사장과 송 사장이 잘 해주기만을 바랄 뿐이다.

2021년 7월 3일 토요일 날씨: 흐리다 비가 옴

장마철에 접어들었는지 아침부터 날씨가 흐리더니 비가 왔다. 오늘 아침에 죽전 신세계백화점에 가서 하복 바지 찢어진 것을 보여주고 재고가 있는지 확인해보니 마침 있다고 하여 50% 할인가격으로 구입했다. 온 김에 콤비 상의 한 벌 샀다.

상학과 동기들의 재상봉 50주년 기념문집에 게재할 글을 열심히 독려 중이다. 이상현 회장의 '하나님의 은혜'라는 글을 조금 수정 보완하였다. 수정한 글을 이상현 회장에게 보내주었다. 이 회장이 읽어보고 연락이 왔다. 아주 잘 다듬어 주었다며 마음에 든다고 했다. 앞으로 전기 작가를 해도 되겠다고 하며 고마워했다.

2021년 7월 4일 일요일 날씨: 비가 옴 본격적인 장마가 시작됐다고 함

아침에 뒷산에 좀 다녀왔다. 어제 용인 신세계백화점에서 산 재킷과 아래 바지를 찾으러 갔다. 오는 길에 장수천 장어구이 집에 가서 집사람과 점심을 먹었다. 집에 와서 좀 쉬다가 낮잠을 한 3시간 정도 잤다. 잠에서 깨어나 집사람이 준비한 닭 곰탕을 가지고 현서네 집으로 갔다. 현서네 집에서 닭곰탕으로 현서네 식구랑 함께 저녁으로 먹었다.

2021년 7월 5일 월요일 날씨: 비음

오늘 평남도 사무국 직원 주간회의를 가졌다. 『평남을 빛낸 인물 60인』 발간식의 성공적인 개최에 대하여 사무국장을 비롯한 도 직원들의 노고에 고마움을 표하고 격려하였다. 최근 이북5도위원회 직장 내 갑질 문화에 대한 직원들의 설문조사 결과가 안 좋게 나오는 이유에 대해 의견을 나누었다. 우리 평안남도 내에는 전혀 갑질 문화가 없노라고 이구동성으로 이야기하여 마음이 놓였다. 아무튼 우리 평안남도가 이북5도위원회 내에 건전한 직장 분위기가 조성하는 데 앞장서자고 이야기하고 나부터 노력할 테니 모두 타도에 모범이 되고 선도하여 나가자고 이야기하였다. 각자 모두 노력하기로 다짐하였다.

2021년 7월 6일 화요일 날씨: 맑음

이북5도위원회 회의가 있었다. 몇 가지 보고사항이 있었다. 2022년도 예산증액 문제와 관련하여 읍면동장에 대한 보수 증액 건도 예산증액 항목으로 거론하였다. 오늘 점심은 내가 호스트 하였다. 평창동 미역국 집으로 갔다. 나는 가자미 미역국을 먹었다. 제법 맛이 있고 영양가도 좋을 것 같았다. 점심을 먹고 그라운드 카페에 가서 차를 마셨다.

2021년 7월 7일 수요일 날씨: 맑음

오늘 10시에 2021년도 국가유공자 훈.포장 및 표창 대상자 1차 심사가 있었다. 도 사무국장이 심사위원장을 맡고 도에서 추천한 세 사람 그리고 도민회에서 추천한 세 사람 총 7인으로 구성된 심사위원회에서 1시간 30분 정도 심사를 했다. 국민훈장 동백장에는 도민회장을 역임한 조성원 회장이 1순위로 선정되었고 국민포장은 우리 양덕군 출신인 이응두 선생이 1위로 선정되었다. 이응두 선생은 이번 추천이 세 번째이다. 올해에 드디어 1위로 선정되어 유력한 국민포장 수훈자로 추천되었다. 같은 양덕군 출신으로서 기쁘게 생각한다. 공정하게 심사한 결과여서 더욱 뜻깊게 생각한다.

　올해 국가유공자 훈포장과 표창 선정은 전반적으로 잘 선정된 것 같았다. 그러나 평양시 출신으로 이번 유공자 표창심사에서 1순위로 선정된 분이 세 분이나 있어서 김건백 시장에게 시.군별 균형을 맞추기 위해서 한 사람만 조정할 수 없는지 의사를 물어보라고 하였다. 김건백 명예시장이 이영일 후보가 국무총리 1순위로 선정되었는데 도민회 활동 기간이 다른 후보들에 비해서 상대적으로 일천하여 양보할 의사가 있다고 통보하여왔다. 양보하는 것이 쉽지 않은 결정인데 도지사의 합리적인 고민을 고맙게 수용하여 무리 없이 결정해준 것에 대해 고맙게 생각한다. 그래서 차 순위자인 부산사무소에서 추천한 후보를 선정하는 방향으로 조정하여 결정하였다.

　오후 2시 40분쯤에 혜촌회 회원인 이명호 전 연세대 교수께서 오셔서 이승규 회장님과 혜촌회에 관하여 말씀하시고 도움을 청하여 전적으로 돕고 지원하겠다고 말씀을 드렸다. 일전에 인제대학교에 보관되어있는 김학수 화백의 대표작인 〈한강전도〉를 서울 고궁박물관에 기부하는 문제에 대해서 그동안 진행 상황을 말씀하였다. 기부하는 문제에 대하여 현재 유족인 혜촌 선생의 따님과 문제가 정리되지 않고 있어 기증문제는 당분간 유보하기로 했다고 한다. 혜촌 선생의 따님은 혜촌 선생께서 월남하실 때 북에 남겨두고 오셨다고 한다. 혜촌 선생이 돌아가신 후에 선생의 유지를 받들어 이승규 혜촌회 회장님을 비롯한 선생님의 제자들이 노력하여 한국으로 탈북할 수 있도록 도왔다고 한다. 그러다 보니 〈한강전도〉에 대한 법적 소유권이 유가족인 따님에게 있어 따님의 승낙이 없으면 서울고궁박물관으로 이전이 불가능하다는 이야기다.

2021년 7월 8일 목요일 날씨: 맑음

　아침 9시에 신촌세브란스 이비인후과에 검진이 있었다. 저번에 목이 아파서 검진을 받았었다. 그때 MRI 검진 결과는 별다른 이상이 없었다.

그나마 다행이다. 아무튼 목소리가 탁한 것에 대해서는 각별히 조심하여 관리하여야겠다. 하는 일이 목을 많이 쓰는 일이라 어쩔 수는 없지만 되도록이면 무리하게 목을 쓰지 않도록 주의하고 목에 좋다는 것을 골라 먹어보도록 해야겠다. 오늘 MRI 검진은 이명으로 왼쪽 귀가 잘 들이지 않아 청력 저하의 원인을 알아보기 위한 것이었다. 검사결과는 별다른 이상이 없다는 것이었다. 다행이다. 담당 의사의 말로는 달팽이관이 문제인 것 같다고 하였다. 보청기 사용을 권하여 오늘 보청기 상담을 하였다. 일주일간 시험 착용을 한 후에 귓속에 들어가는 보청기를 맞추기로 하였다. 보청기를 맞추는데 210만 원 정도라고 한다.

검사가 끝난 후에 연대총관 공관 안에 있는 영빈관으로 갔다. 오늘 서승환 총장의 초대로 재상봉 50주년행사 준비위원회 대표 6명이 총장과 오찬을 하기로 하였다. 영빈관에 처음으로 초대되어 점심식사를 총장과 함께했다. 오후 3시에는 제6차 졸업 50주년 재상봉행사 학과 대표자 회의가 연대동문회관 5층 회의실에서 있었다.

2021년 7월 9일 금요일 날씨: 맑음

아침 8시에 집에서 출발하여 서수지에 사시는 박용옥 전 지사님 댁으로 같다. 오늘 11시부터 거행된 고 백선엽 장군 1주기 추도식에 모시고 가기 위해서다. 박용옥 지사님은 국방부 차관을 역임하시고 평남지사를 지내신 분이다. 현재 평남성우회 회장으로 계시며 평소에도 고 백선엽 장군과 교류가 있었던 분이다. 국립대전현충원 장군묘역에 안장되어 계신 백선엽 장군은 우리 평남 강서군 출신으로 『평안남도를빛낸 인물 60인』에 선정되신 분이기도 하다.

📖 평양감사 1054일 II

〈백선엽 장군 추도식 전 현충원 참배〉   〈고 백선엽 장군 1주기 추도식〉

오전 11시에 충혼탑에 참배하고 오전 11시 30분에 추도식을 거행하였다. 장군님의 약력 보고에 이어 내가 추도사를 하였다. 도지사의 추도사에 이어 평남중앙도민회장, 육군참모총장을 대신하여 고태남 육군인사사령관, 그리고 박용옥 전 지사께서 평남 성우회장 자격으로 추도사를 하였다. 추도사에 이어 헌화하고 기념촬영을 한 후에 추도식을 마쳤다. 잘 준비되어 엄숙하고 품격 있게 추도식이 잘 진행되었다.

추도식이 끝난 후에 서울로 오른 길에 휴게공원에서 준비된 도시락으로 점심을 함께하였다. 오늘 추도식에 참석한 인원은 30여 명 정도 되었다. 추도식에 참석한 30여 명의 평남 유지분들과 함께 도시락으로 점심을 먹으며 소주 한 잔씩 음복하는 기분으로 마셨다. 점심을 먹고 나서 좀 쉬다가 서울로 올라왔다. 다음은 추도사 전문이다.

[백선엽 장군 추도사]

존경하는 백선엽 장군님!

장군님의 고향 후세인 저희들은 장군님이 소천 1주기를 맞이하여 장군님을 추모하기 위하여 이곳 대전국립현충원에 왔습니다. 장군님은 일제 강점기에 우리 고향 평남 강서군에서 태어나시어 해방과 남북 분단을 거쳐 6.25라는 민족 최대 위기의 시기에 창군의 주역이셨으며 6.25 전쟁의 영웅으로 풍전등화와 같은 위기에 빠진 대한민국을 구하셨습니다. 장군님이 이끌었던 제1사단이 낙동강 다부동전투에서 북괴군 최정예 3개 사단의 남하를 필사적으로 막음으로써 인천상륙작전이 가능하였으며 이로써 북진 반격의 발판을 마련하였습니다. 낙동강 전투에서 장군님은 "내가 물러서면 나를 쏴라!"며 죽음을 무릅쓴 임전무퇴의 정신으로 장병들의 전의를 북돋았습니다. 실로 장군님은 용장이셨으며 덕장이셨으며 또한 지장이셨습니다. 생전에 장군님은 일생에서 가장 기뻤던 순간은 1950년 10월에 장군님이 지휘하던 제1사단이 제일 먼저 평양에 입성하여 고향 땅 평양을 탈환하였던 때라고 회고하셨습니다. 조국의 통일을 눈앞에 두고 그것도 장군님이 태어나신 고향 땅을 다시 밟으셨으니 그 감격은 어느 누구보다도 컸으리라 생각됩니다.

장군님은 대한민국 최초의 4성 장군으로서 전후에는 두 번 걸쳐 육군참모총장을 역임하시며 굳건한 한미 군사동맹과 정예군 건설의 초석이 되어 오늘날 대한민국이 자유와 평화를 누릴 수 있는 기초를 닦으셨습니다. 그럼에도 일부 편협하고 왜곡된 역사관을 갖고 있는 사람들이 장군님을 폄하하고 공적을 깎아내리려고 하는 시도를 자행하고 있음을 우리는 목도하고 있습니다. 정말로 개탄하지 않을 수 없는 일입니다. 지난 6월 25일에는 〈평남을 빛낸 인물 60인〉에 장군님을 선정하고 이를 책자로 발간하였습니다. 이 책자를 장군님께 바칩니다. 이제 우리 평남 후세들은 장군님이 우리에게 남기신 애국 헌신의 정신과 자유에 대한 신념 그리고 불굴의 의지를 가슴 깊이 새기며 장군님의 뜻을 이어갈 것입니다. 또한 장군님을 폄하하는 어떠한 시도에도 단호히 대처하여 장군님의 명예를 지켜나갈 것입니다. 우리 평남 후세들은 장군님께서 조국의 안위에 대해 조금도 걱정하지 않으시도록 최선을 다하겠습니다. 부디 하늘나라에서 편안하게 영면하시옵소서.

끝으로 바쁘신 중에도 추도식에 참석하여 주신 평남도민 유지 여러분, 오늘 추도식 행사에 도움을 주신 남영신 육군참모총장님과 참모총장님을 대신하여 참석해주신 인사사령관님 그리고 국립대전현충원 관계자 여러분들께 감사의 말씀드립니다.

2021년 7월 10일 토요일 날씨: 맑음

오늘은 허리가 좀 불편해서 아침 뒷산으로 올라가지 않았다. 아침을 먹고 자리에 누워 좀 쉬었다. 집사람이 현서네 집에 가서 점심을 비빔면을 끓여 먹었다. 처음 먹어보는 것인데 먹을 만했다. 수내역 부근에 가서 집사람이 필요하다고 한 스프링노트 두 권을 사 가지고 왔다. 현서네 집에 들어 집사람과 같이 오리역 부근 농협하나로마트에 가서 일주일 먹을 찬거리와 과일 등을 사 가지고 왔다. 저녁은 만두를 2개 먹고 우유 한잔으로 때웠다. 간단히 저녁을 먹고 동네 한 바퀴 돌았다.

2021년 7월 11일 일요일 날씨: 맑음

아침에 뒷산 오동나무까지 세 번 다녀왔다. 『평안남도를 빛낸 인물』 2차 선정 후보 40분에 대한 기본 자료를 정리하였다. 여전히 허리가 좀 유연하지 못하여 오후 늦게 뒷산을 다녀왔다. 졸업 50주년 기념문집 내용을 정리하였다.

2021년 7월 12일 월요일 날씨: 맑음

아침에 이북5도청 정문에 도착하니 정문 옆에 웬 시위판이 세워져 있었다. 무슨 일인가 하고 보니 평북도민 한 사람이 시위 피켓을 들고 있었다. 평북지사가 도민회에 지원하는 정부 보조금을 현재까지 도민회의 요구대로 지급하지 않고 있다며 도민회 요구대로 지급해달라고 주장하는 거였다. 평북지사의 의지는 분명하다. 국고보조금의 용도를 보다 시·군민회의 활성화에 사용되었으면 하는 의도이다. 평북지사의 생각이 보다 정의에 가깝다. 그러나 도민사회에서 전례를 무시할 수 없는 것 또한 사실이다. 평북중앙도민회의 요구는 타도와 같이 전례대로 지원해달라는 것이다. 원만하게 해결되었으면 한다.

2021년 7월 13일 화요일 날씨: 무더움

오늘 오전 10시 이북5도위원회 회의가 있었다. 행정자문위원회 관련 규정개정에 대한 검토보고가 있었다. 행정자문위원들이 직무수행 상 어려운 문제가 발생하였을 경우 해촉할 수 있는 근거 조항을 별도로 신설하자는 의견이었다. 모두 공감하였고 함남지사께서 해촉 절차에 대한 규정도 있었으면 좋겠다는 의견이 있어 다음 회의 때까지 사무국에서 관련 규정이 있은 지 검토하여 보고하기로 했다.

낮 12시에 연합뉴스건물 지하에 있는 베이징 코아에 갔다. 아주경제뉴스 곽영길 회장과 국내뉴스부 조윤형 팀장과 점심을 같이 했다. 지난 6. 25일 평남을 빛낸 인물 발간식에 아주경제뉴스팀이 직접 발간식에 참석하여 취재하여 주었다. 취재내용도 비중 있게 다루어 보도하여 주었다. 고마움의 표시로 식사를 모시기로 했다. 곽영길 회장은 나와 국립통일교육원 제10기 최고위과정 동기이다. 사업도 잘하고 대인관계도 좋고 정관계 인사들을 두루 알아 내가 지사직을 수행하는 데 도움을 주고 있다.

2021년 7월 14일 수요일 날씨: 무더움

오늘 12시에 김동길 선생님 댁으로 갔다. 『평남을 빛낸 인물 60인』 책자 2권을 갖고 과일 선물을 준비하여 뵈러 갔다. 오늘 방문에는 서도소리 명창인 유지숙 선생과 함께 갔다. 선생님께서 점심을 같이 하자고 하여 기대하고 갔다.

한국에 내로라하는 유명인사들이 초대되어 선생님 댁에 평양냉면과 평양식 빈대떡 대접을 받았다고 한다. 전두환 대통령도 몇 번 초대되어 점심 대접을 받았다고 한다. 인사를 드리고 책 두 권을 드렸다. 유지숙 선생을 소개하고 선생님을 위하여 [왕검성에 달이 뜨면]이란 창작 서도창과 평안도 아우래기도 불러 드렸다.

선생님께서 매우 즐거워하셨다. 거실 옆방에 준비된 식탁에서 선생님과 유지숙 명창 그리고 비서실장과 함께 선생님을 모시고 점심을 같이했다.

점심 메뉴는 선생님 댁에서 직접 만든 평양식 물냉면에 평양식 빈대떡 그리고 돼지고기 수육이었다. 유지숙 명창은 오복녀 선생님이 평양 출신이어서 오복녀 선생님한테서 평양냉면은 많이 얻어먹었다고 말하였다. 포도주도 반주로 나왔다. 후식으로는 견과류가 들어간 요구르트를 먹었다.

점심을 먹고 담소를 나누다가 유지숙 명창보고 선생님 고향이 맹산이니 양덕 맹산 흘러내리는 말로 시작되는 양산도를 한번 불러드리라고 부탁하였다. 구성지게 부르는 양산도 음률에 선생님은 취하시어 눈을 지긋이 감으시고 손으로 박자를 맞추시며 흥겨워하셨다. 유지숙 명창이 찾아와 선생님 앞에서 직접 소리를 들려주니 즐거워하시며 매우 행복해하셨다.

1시간 정도 선생님과 담소하며 지내다가 다음에 또 찾아뵙겠다고 인사를 드리고 선생님 댁을 나왔다.

선생님은 유지숙 명창의 손을 꼭 잡으며 다음에 또 와주게 하며 작별을 아쉬워 하셨다.

〈김동길 선생님 서재에서 다과를 하며 담소하다〉

선생님 댁을 나와 선생님 댁 앞에 있는 커피점에 가서 유지숙 선생과 차를 마시며 오늘 함께 선생님 댁에 방문해 주어 감사하다는 인사를 하였다. 유 선생은 오히려 평소에 존경하는 선생님을 직접 뵐 수 있는 기회를 주어 감사하다고 말하였다.

2. 2021년도 도정일지

2021년 7월 15일 목요일 날씨: 맑고 더움

오늘 낮 12시에 전임 도지사님들과 프레스센터 19층에서 오찬 모임을 가졌다. 김중양 지사님을 제외한 4분이 참석하였다. 모처럼 김인선 지사님께서 오셨다. 용인 삼성노블카운티에서 서울 시내로 오시려면 2시간 정도 걸린다고 하셨다. 그 정성과 동료 지사님들을 만나고 싶어하시는 마음이 이해가 되었다. 앞으로 짝수 월 4번째 주 목요일에 정기적으로 만나는 것으로 결정하였다. 일명 4목회가 되었다. 점심은 대구지리로 했다. 프레스센터 사무실에 가서 회원가입 절차에 대해서 알아보았다. 8월 중에 개별적으로 알려준다고 하였다.

오후 2시쯤에 사무실로 돌아오니 이진안 교수가 와 계셨다. 배상명 선생님에 관한 자료를 받았다. 『평남을 빛낸 인물 60인』 책 두 권을 드렸다. 한 권은 오빠인 이준봉 이사장님께 드리라고 하였다. 오후 3시에 신촌 연세세브란스병원 이비인후과에 갔다. 일주일 전에 맞춰놓은 보청기를 구매하였다. 210만 원을 지불하였다. 보청기가 귓속에 꼭 들어가서 밖에서는 보이지 않아 좋았다. 보청기를 끼어보니 소리가 확실히 잘 들리는 것 같았다.

2021년 7월 16일 날씨: 계속 무더움

오늘 점심은 부암동 고갯길에 있는 간이 일식집인 〈나뭇잎 스시〉에 가서 도 사무국 직원들과 식사를 같이 했다. 6.25일 책자 발간식에 사회를 보았던 장유화 주무관도 함께했다. 공무원 초년생인데도 발간식 사회를 잘 보았다. 학교 다닐 때 방송반에서 활동한 경력이 있다고 하였다. 이북5도위원회가 첫 근무지여서 이곳에서 근무하는 동안 잘 수련하여 공무원으로서의 품성과 자세를 바르게 잘 배웠으면 한다. 기회 있을 때마다 관심을 갖고 조언을 해주어야겠다.

2021년 7월 17일 토요일 날씨: 무더움

아침에 아내와 밭에 갔다. 채소를 좀 뜯은 다음에 운중 방죽 있는 곳으로 2번 걸어서 갔다 왔다. 아침을 먹고 하나로마트에 갔다. 물건을 사고 계산대에 서 있는데 양덕군민회 박종필 고문이 나를 먼저 알아보시고 인사를 하여 반갑게 인사를 하였다. 아내에게 인사를 드리라고 하였다. 박종필 고문은 한일약품 전무로 근무하였고 어머니가 한일약품 우대규 회장을 뵈러 성수동에 있었던 한일약품에 가시면 종종 만났던 분으로 어머님이 생전에 잘 알고 계셨던 분이다. 박종필 고문의 선친은 5, 60년대에 문화재청에 근무했던 분으로 양덕군민회 창설과 발전에 크게 기여하신 분이다.

『평남을 빛낸 인물』 추가 30분에 대한 인물 개요를 오늘 완성하였다. 오늘은 제73주년 개천절 날이다. 1948년 7월 12일에 제정되어 7.17일에 공포한 제헌 헌법 이후 9차례에 걸쳐 개헌이 이루어졌다. 수난의 헌법이라 아니할 수 없다. 국가의 영속성을 위해서는 큰 틀에서 헌법 개정은 자주 하는 것이 결코 바람직한 것은 아니다. 내각제개헌 움직임이 있는 것 같다. 최재형 전 감사원장의 말대로 제왕적 대통령제 헌법이 문제가 아니라 대통령이 제왕적인 것이 문제일 것이다. 오늘 헌법 전문을 다시 한번 읽어보았다. 우리나라 헌법은 자유민주주의 체제와 삼권분립 그리고 국민의 기본권이 잘 보장된 모범적인 헌법이라고 생각된다. 문제는 헌법정신을 잘 지키지 않는 정치세력의 이기심과 권력욕이 실질적인 문제인 것 같다.

2021년 7월 18일 일요일 날씨: 아주 더움

아침에 4시쯤에 잠에서 깨었다. 어제 좀 일찍 자리에 누웠더니 일찍 일어나졌다. 오전 5시까지 자리에서 유튜브 방송을 듣다가 일어나 간단히 세수를 하고 뒷산으로 갔다. 일주일에 한 번은 꼭 뒷산 산행을 해야 의무를 완수한 것 같은 느낌이다. 오늘은 올라가면서 정규재 유튜브 방송을 들으며 천천히 올라갔다. 독립운동사와 한국 근현대사를 깊이 있게 연구한 정안기 박사의 시리즈로 된 김구 신화의 진실에 대한 프로를 들었다. 오늘은 치하포 살인사건의 진실에 대해서 이야기했다. 백범일지에는 치하포에서 일본 육군 중위를 국모 살해범의 하나로 생각하고 비분강개하여 국모를 살해한 왜놈에 대한 보수라는 심정으로 살해했다고 되어있으나 사실은 김구가 살해한 사람은 일본 군인이 아니라 민간인 상인이었다는 주장이다. 그리고 살해 동기도 주막집 주인이 아침밥을 일인에게 먼저 주는 데에 기분이 상하여 홧김에 살해한 것이고 살해 후에는 잔인하게 강에 내다 버리고 일인이 소지하고 있던 천량의 돈도 탈취하였다는 것이다. 사실이 그러하다면 우리가 알고 있는 김구와는 전혀 다른 모습이라고 볼 수 있다.

정안기 박사는 구체적인 자료와 연구논문 등을 수집하여 분석한 결과라고 하니 전혀 사실무근은 아닌 것 같다. 아무튼 대부분의 한국 사람이 국부로 생각하는 김구 선생의 다른 모습에 놀라울 뿐이다. 정안기 박사의 주장에 신빙성이 있어 보이기도 하지만 아직은 100% 믿기가 어려워 나도 향후 좀 더 정확하게 내용을 파악해 보기로 하였다. 오늘은 국사봉 8부 능선까지 올라갔다 내려왔다.

2021년 7월 19일 월요일 날씨: 더움, 낮에 소낙비가 옴
아침 뒷산 오동나무에 4번 왕복하였다. 오전 10시에 평남도사무국 직원들과 주간업무 회의를 하였다. 『평남을 빛낸 인물 30인』 추가 선정에 대한 문제를 협의하였다. 평양검무 현안에 대하여 의논하였다. 이번 주에 두 분 예능보유자를 도지사실로 오시라고 하여 해결방안을 제시하도록 하였다. 박정욱 명창에 대한 평남배뱅이굿 무형문화재 지정절차를 추진하도록 주무관에게 지시하였다. 점심에 조태숙 사장이 오기로 하였는데 약속한 사실을 깜빡하여 잊어버려 오지 못하겠다고 하였다.

2021년 7월 20일 화요일 날씨: 더움

오늘 아침에는 6시 20분쯤에 잠에서 깼다. 평소보다 한 시간은 늦게 일어났다. 아침 등산 걷기를 하지 못하였다. 오늘 출근길에 여러 곳에서 생일축하 메시지를 받았다. 내 생일이 음력으로 7월 20일인데 카카오톡에 입력된 것은 양력 기준으로 입력되었기에 오늘 내 생일인 줄 알고 축하 메시지를 보낸 것 같다. 내 생일이 아니라고 말하기도 그렇고 하여 축하를 받고 감사하다는 답신은 일일이 하였다.

오늘 이북5도위원회 회의가 있는 날이다. 행안부에서 가능하면 모든 회의를 비대면으로 하라는 지시가 내려왔다고 한다. 따라서 오늘 회의는 특별한 안건도 없기에 개최하지 않는 것으로 한다고 위원회사무국에서 연락이 왔다. 점심은 전과 같이 5도 지사들이 함께하기로 하였다. 오늘 순번은 함남지사 차례다. 강된장 쌈밥집으로 갔다. 점심을 먹고 함남지사께서 내 생일을 축하한다고 생일케이크를 준비하였다. 평창동 언덕길에 있는 전망이 좋은 그라운드 커피점에 가서 커피를 마시며 생일축하 케이크를 커팅했다.

오후 4시 30분쯤에 김상진 회장이 찾아왔다. 노영민 전 대통령 비서실장이 내년도 지방선거에 충북지사로 출마한다고 하였다. 언제 시간을 내서 한 번 청주에 같이 내려가기로 했다. 오후 5시 30분에 나뭇잎 스시점에 가서 김상진 회장과 초밥 정식으로 식사를 하였다.

동경은행에 근무하던 김상진 회장을 국민리스로 내가 스카웃하여 몇 년 동안 함께 근무했었다. 대학 후배이고 업무 능력이 뛰어난 후배였다. 특히 영업력이 탁월했다. 과장으로 진급한 후 얼마 지나지 않아 경인리스 부장으로 스카웃 되어 갔다. 제물포고등학교를 나와 인천이 연고가 있어 경인리스로 옮긴 것 같다. 직장을 옮겨서도 자주 연락을 주고받으며 가까이 지내는 사이가 되었다. 선배인 내가 후배에게 도움을 주기보다 후배인 김 회장이 나에게 도움을 주는 것이 더 많았다. 참 고맙고 자랑스럽고 든든한 후배다.

2. 2021년도 도정일지

2021년 7월 21일 수요일 날씨: 무더움

오늘 점심은 새로 부임한 이북5도위원회 유정인 사무국장과 함남 사무국장 그리고 평남 사무국장과 점심을 함께했다. 나뭇잎 스시집에서 맥주 한잔 씩 마시며 초밥으로 점심을 함께했다. 앞으로 자주 만나서 의사소통도 하고 맡은 바 업무도 함께 잘해 나가자고 부탁도 하였다.

2021년 7월 22일 목요일 날씨: 무더움

필라델피아 이북도민연합회 이헬렌 회장의 공적서를 잘 다듬어서 이 회장께 보냈다. 연합회 사무국장의 정식 서명을 받아서 이북5도위원회 상훈 담당자인 이주희 계장에게 보내도록 말씀드렸다. 이 헬렌 회장은 평남 평양시 출신이어서 평남지사인 내가 좀 더 신경을 쓰고 배려를 해야 할 것 같다.

오후 3시에 박상은 의원과 함께 고려제강 홍영철 회장사무실로 갔다. 재상봉 행사 기금을 홍 회장의 위상에 맞게 좀 더 고려해주었으면 한다는 취지로 우리 뜻을 잘 전달하였다. 홍영철 회장도 분위기를 파악하고 우리의 진의를 이해한 것 같았다. 모교 발전기금을 좀 더 낼 것으로 기대해 본다.

2021년 7월 23일 금요일 날씨: 무더움

오전 11시에 장원호 회장과 조성원 회장께서 내 사무실로 오셨다. 오늘 최용호 사장과 함께 점심을 하기로 했다. 낮 12시쯤에 최용호 사장과 나뭇잎 스시집으로 가서 초밥정식으로 점심을 함께했다. 식사 후에 커피집에 가서 커피를 한 잔씩 하며 차기 평남중앙도민회 회장 문제에 대해서 이야기를 나눴다. 내년도 중앙도민회장이 이북도민중앙회 연합회장을 맡기로 되어있어 차기 평남중앙도민회장의 비중과 역할이 매우 중요한 상황이다. 이에 젊고 유능한 최용호 사장이 뜻을 세워 회장 선거에 나셨으면 하는 바램을 모두 이야기했다. 최용호 사장이 어느 정도 마음을 굳힌 것 같았다. 80% 정도는 선배들의 뜻을 받들어 조만간 결심하겠다고 하였다. 우리 세 사람이 모두 최용호 회장이 회장직을 맡게 되는 경우 열심히 도와주기로 하였다.

오늘 오후 3시에 향두계놀이 교육이수자에 대한 이수증 수여식이 있었다. 올해 이수자는 총 21명이다. 코로나사태로 이수자 전원 소집하여 수여하기 어려워 대표자 네 명만 도청 사무실에서 수여하였다. 향두계놀이 전수회 유지숙 회장과 사무총장이 수여식에 함께 착석하였다.

2021년 7월 24일 토요일 날씨: 무더움

연일 무더운 날씨가 계속되고 있다. 오늘부터 여름휴가다. 내주 한 주간 집에서 푹 쉬며 체력도 보강하고 충전을 좀 해야 할 것 같다. 그리고 역사 관련 책을 몇 권 읽으려고 한다. 우리나라 근현대사에 대해 좀 더 심도있게 공부하려고 한다.

2021년 7월 25일 일요일 날씨: 무더움

아침에 산에 올라갔다 왔다. 점심은 현서네 집에 가서 먹었다. 오늘도 집에서 푹 쉬었다. 한국 근현대사에 대한 책을 읽었다. 고종 즉위부터 일제에 강제점거되기까지 개화기 역사에 대해서 공부했다.

2021년 7월 26일 월요일 날씨: 무더움

오늘 연가를 내고 인덕원에 있는 한미지오텍건설 사무실로 갔다. 사무실에 가니 송영복 사장이 출근해 있었다. 그동안 송영복 사장의 업무추진 상황에 대해서 이야기를 듣고 점심은 벤처다임 빌딩 내에 있는 메밀국수집으로 가서 먹었다. 오후 4시 반까지 사무실에 있다가 왔다.

2021년 7월 27일 화요일 날씨: 무더움

오늘은 1953년 7.27일 휴전협정이 있었던 날이다. 휴전협정이 체결된 지 벌써 67년이 되었다. 휴전된 지 67년이 지났건만 아직도 남과 북은 휴전선을 사이에 두고 긴장감이 넘치는 대치상태에 있다. 한반도의 평화통일은 요원한 것인지 답답할 뿐이다. 오늘은 밖에 외출하지 않고 집에서 쉬면서 한국 현대사 공부를 하였다.

2021년 7월 28일 수요일 날씨: 무더움
오늘은 인덕원 사무실로 출근하였다. 윤응수 사장이 기다리고 있었다. 윤응수 사장이 그동안 추진했던 업무에 대해 보고가 있었다. 점심은 지하 1층에 있는 음식점에서 코다리정식으로 먹었다. 가스공사업 신규면허를 내는 문제를 논의하였다. 윤 사장이 한국가스공사에서 발주하는 가스배관 설치를 위한 관 추진공사를 하도급계약으로 하다보니 가스공사로부터 직접 수주받을 수 있는 가스공사업 면허가 필요한 시점이 된 것 같다고 하였다.

2021년 7월 29일 목요일 날씨: 무더움
오늘도 인덕원 사무실에 가서 일을 했다. 사무실 에어컨이 나오니 피서 온 느낌이다. 내년에 도지사 임기를 마치면 다른 일 신경 쓰지 말고 본업에 충실해야겠다. 80세까지는 현업에서 활동했으면 한다. 그 이후에는 좀 더 나 자신을 위해 시간을 써야겠다.

2021년 7월 30일 금요일 날씨: 무더움
오늘은 도청에 볼일이 있어 구기동 이북5도청 사무실로 출근하였다. 오전 11시 30분에 이진규 지사 사무실에 갔더니 손님이 와계신다고 하였다. 금융감독원장을 지내신 김용목 전 원장과 바티칸교황청 대사를 역임한 이백만 전 대사가 방문하였다고 한다. 함북 지사실에 잠깐 들러 이야기를 하고 있는데 함남지사가 두 분을 모시고 함북지사 방으로 왔다. 서로 인사를 나누고 담소를 나누었다.

2021년 7월 31 토요일 날씨: 더움

아침에 뒷산에 올라갔다 왔다. 오늘은 집에서 푹 쉬었다. 도쿄올림픽 중계방송을 보았다. 해림이네가 저녁을 먹으러 오라고 하여 해림이네 집에 갔다. 돼지갈비구이에 카레로 저녁을 맛있게 먹었다.

2021년 8월 1일 일요일 날씨: 더움

오늘이 휴가 마지막 날이다. 저녁에 현서네 집에 갔다 왔다. 한국 근현대사 책을 보았다. 근 현대사의 시대구분은 역사학자에 따라 다소 차이는 있으나 학계 정설은 고종 즉위부터 해방 전까지의 시기를 근대라 하고 해방 이후 시기를 현대라 한다고 한다. 한국의 근현대사는 격변의 시기이다. 가장 최근대 역사임에도 역사적인 사건에 대한 주장이 다른 경우가 많다. 특히 진보정권이 들어선 이후에 역사의 왜곡이 심하여 청소년 학생들에게 잘못된 역사관을 심어주고 있지 않나 걱정이 많다. 우리 이북도민 3, 4세대에게 보다 올바른 역사관을 심어주기 위해서 나부터 제대로 된 역사 공부를 해야되겠다는 생각을 갖게 되었다.

2021년 8월 2일 월요일 날씨: 더움

오늘 일주일 휴가를 보내고 첫 출근을 했다. 아침에 직원 주간회의를 했다. 8월 한 달간 월간 업무계획을 수립하였다. 점심은 이 비서와 함께 모처럼 구내식당에서 먹었다. 점심을 먹고 서울프리자 빌딩 뒷 편에 있는 한화생명에 갔다. 해마다 5월 말에 1백만 원씩 보험금 수령이 있다. 국민은행 계좌로 입금하여 달라고 하였다. 앞으로는 전화로 보험금 신청을 할 수 있도록 조치하였다.

오후 2시 30분쯤에 북한연구소의 김희철 소장이 방문하였다. 북한연구소 관리부장과 함께 왔다. 김 소장으로부터 북한지 8월호를 20권 받았다. 이번 북한지 8월호에는 평남을 빛낸 인물 책자에 대한 광고가 게재되었다. 무료로 광고 게재하여주어 감사하게 생각한다. 책 앞 페이지에는 『평남을 빛낸 인물 60인』에 선정된 오제도 선생과 양호민 선생에 대한 소개도 했다. 두 분 다 북한연구소와는 인연이 깊은 분들이다.

2021년 8월 3일 화요일 날씨: 여전히 무더움

오늘 날씨도 덥고 하니 싸리집에 가서 보신탕을 먹자고 하였다. 평북 지사도 함께하기로 했다. 마침 박성재 전 황해도지사도 연락이 되어 네 사람이 같이하기로 하였다. 오전 11시 40분쯤에 싸리문집에 도착하니 박성재 전 지사님도 와 계셨다. 별장으로 예약되어 있어 소주를 곁드려 개고기 수육에 탕을 조금씩 먹고 밥은 볶아먹었다. 점심을 먹고 나서 싸리문집 건너편에 있는 다락방 커피숍에 가서 커피 한잔 씩 마셨다.

점심 먹고 나서 농협에 가서 재상봉 행사 통장을 재발급받았다. 이어 연대 세브란스병원 이비인후과에 보청기 상담을 하러 갔다. 보청기 회사 직원이 목요일에만 나온다고 하여 이번 목요일에 다시 오기로 하였다.

2021년 8월 4일 수요일 날씨: 무더움

오전 10시 30분경에 김백봉 부채춤 연구회에 안병주 교수가 국민대 신영민 교수와 함께 방문하였다. 김백봉 부채춤을 올해에 국가무형문화재로 올리고 싶다고 하여 이북5도위원회 무형문화재 위원회에 심의를 요청하도록 하였다. 심의에 필요한 서류를 받고 검토하기로 하였다. 김백봉 선생은 일제강점기 시대부터 해방 전후에 이르기까지 세계적인 무용가인 최승희의 동서로서 최승희의 수제자이다. 최승희 무용을 올곧이 전수한 유일무이한 사람이라고 볼 수 있다. 김백봉 선생은 1949년까지 북한에서 최승희무용단 제1무용수로 활약하다가 남편인 안재승과 자유를 찾아 월남하였다. 남한에 내려와 경희대 무용과 교수로 재직하며 수많은 제자를 길러냈고 화관무와 부채춤을 완성하였다. 이중 부채춤은 평안남도 무형문화재 제3호로 지정되었다.

2021년 8월 5일 목요일 날씨: 무더움

오늘 점심은 코리아나 호텔 동원참치 VIP 점에서 대학 동기인 상현, 준석, 성로와 함께했다. 재상봉 50주년 행사준비 관계에 대한 의견 교환이 있었다. 회계 및 업무감사로 이성로 사장을 선임하고 준비해 간 자금 수입지출 현황에 대해서 확인 감사를 받았다. 마침 참치집 옆에 있는 중식당에서 평남중앙도민회 임원진들의 업무회의 겸 점심식사를 한다고 하여 중식당에 들어 잠깐 인사만 하고 나왔다.

점심을 먹고 세브란스병원에 가서 보청기 수리를 부탁했다. 오후 3시에 평남무형문화재 제4호인 평남수건춤 이수자에 대한 이수증 교부식이 있었다. 이주희 교수 등 두 사람이 제1회 이수자로 교부증을 받았다. 이주희 교수는 중앙대학교 예술대학 교수로 있는 분으로 평남수건춤 예능보유자이신 한순서 선생의 따님이다.

2021년 8월 6일 금요일 날씨: 무더움

도청 사무실 공조시설에 문제가 있어 수리를 한다고 하여 하루 연가를 내었다. 마침 윤 주무관이 오늘 이사를 한다고 하여 겸사겸사 잘 되었다. 아침 7시 30분쯤에 집에서 나와 양재동 예전 사무실 부근에 들러 사무용품을 좀 사고 불광동에 있는 IBK 기업은행에 가서 어제 처리하지 못한 연금 수령처리를 했다. 사무실에 잠깐 들어 잠시 서류를 검토한 후에 인덕원 사무실에 들렀다. 윤응수 사장이 사무실에 있어 반갑게 만나 이야기를 나누었다.

2021년 8월 9일 월요일 날씨: 더움

오전 10시에 도 사무국 직원들과 주간 업무회의를 했다. 김백봉 부채춤의 국가무형문화재 신청문제, 박정욱 명창의 서도소리 배뱅이굿의 도 무형문화재 지정 신청 건, 평남을 빛낸 인물 30인 선정문제 등에 대해서 추진상황을 점검하였다. 점심은 곽영길 아주경제 회장의 초대로 서호 차관을 모시고 신라스테이호텔 지하에 있는 스시집에서 민어탕으로 먹었다.

안병주 교수가 이북5도위원회 정주환 과장과 면담 후 마음에 상처를 많이 받았던 모양이다. 참 안타까운 일이 아닐 수 없다. 정주환 과장을 불러 상황을 다시 파악한 후에 좀 더 성의를 갖고 8월 30일까지는 김백봉 부채춤이 국가무형문화재 신청이 될 수 있도록 행정적 지원을 해주도록 지시하였다.

2021년 8월 10일 화요일 날씨: 무더움

오늘은 말복이다. 복날 음식으로는 보신탕, 삼계탕, 추어탕과 민어탕이 있는데 오늘은 어북쟁반과 평양냉면을 먹기로 하였다. 이북5도위원회 주간 업무회의가 있는 날이라 5도 지사들과 함께 점심을 먹기로 되어있다. 오늘 호스트는 김기찬 황해도지사께서 할 순번이나 세브란스병원 검진예약이 있어 다음 순번인 내가 호스트 하기로 했다. 송추에 있는 평양면옥에서 어북쟁반을 하기로 하였는데 여름이라 어북쟁반 준비가 되지 않는다고 하여 메뉴를 초계탕으로 바꾸고 냉면에 빈대떡을 곁들여 먹기로 하였다. 송추에 도착하기 전에 황해지사께서 마침 검진이 막 끝나서 점심 모임에 합류하시기로 하였다. 평양면옥에 도착하여 초계탕에 빈대떡을 먹고 있는데 황해도지사가 오셨다. 황해도지사께서 오늘 호스트 하기로 하여 나는 내주에 민어탕으로 점심을 내기로 하였다.

오후에 총무과장이 내 방으로 와서 안병주 교수 건에 대해서 어제 안 교수에게 담당과장으로서 입장을 말한 것일 뿐, 불편하게 하려 하였거나 부당하게 업무를 지연한 것이 없는데 오해를 한 것 같다며 억울해하기에 이해하라고 말하였다. 아무튼 김백봉부채춤이 올해 국가무형문화재로 신청이 될 수 있도록 협조하도록 지시하였다.

상학과 기념문집 중 친구들의 개인 이야기를 실을 코너인 〈My Life & My Story〉에 게재할 글을 김상철 회장과 이동욱 회장 그리고 홍영철 회장에서 써달라고 부탁했다. 김상철 회장이 직접 글을 써서 보내주었다.

2021년 8월 11일 수요일 날씨: 무더움

아침에 아내와 뒷산에 올라갔다 왔다. 오늘 김포에서 모임이 있어 오전 10시 10분쯤에 윤 주임이 집으로 오기로 되어있어 아침에 시간적으로 여유가 있었다. 오전 10시 10분쯤에 김포 풍무동을 지나 검단 쪽에 있는 약속장소인 풍천장어집으로 갔다. 오늘은 김포지구 이북도민회장인 김형렬 회장과 서도소리 김포지구 협회장인 정 선생을 만나기로 했다. 반갑게 인사를 나누고 담소하며 풍천장어구이로 점심을 먹었다. 현재 김포지역은 이북도민이 대략 200명 정도 등록되어 있다고 한다. 중요행사 때에는 5, 60명 정도는 모인다고 한다. 서도창 연구소도 제법 활발하게 활동한다고 한다. 김형렬 회장은 10여 년 전부터 서도소리의 매력에 빠져 열심히 소리 공부하고 있다고 한다. 서도소리 국가무형문화재인 김광숙 명창으로부터 직접 사사 받았다고 했다.

점심을 다 먹고 날 때쯤에 독립투사인 대동군 출신인 최태환 선생의 증손녀가 평남도지사가 김포에 왔다는 소식을 듣고 인사차 나를 찾아왔다. 최태환 선생은 독립운동의 공적을 인정받아 독립훈장 애국장을 추서 받은 분이다. 증손녀가 증조할아버지에 대해 무척 자랑스럽게 생각하며 평남지사가 김포에 왔다니 찾아온 것이다. 최태환 선생은 평양신학교 출신의 목사로서 독립운동을 하신 분이다. 독립군 후손으로서 평남 후세로서 앞으로 도민회 활동에 적극적으로 참여하겠노라고 말하기에 참 고마웠다.

오늘 오후 5시는 소회의실에서 왈우 강우규선생기념사업회 이사회가 있었다. 9월 2일 강우규 의사 거사 102주년 기념식 계획안에 대한 협의가 있었다. 회의를 끝내고 준비된 도시락으로 저녁을 함께하고 식사가 끝난 후에 내 방으로 모시고 와 기념촬영을 하였다. 오늘 용간군지인 황룡성 제22호 축간사를 작성하여 용강군에 전달했다. 축간사 내용은 다음과 같다.

2. 2021년도 도정일지

[황룡성 제22호 축간사]

"황룡성" 제22호 발간을 진심으로 축하드립니다.

존경하는 용강군민 여러분! 그동안 안녕하셨습니까?

코로나 팬데믹 사태가 좀처럼 완화되지 않아 여러분들을 직접 뵙지 못하고 있음을 매우 안타깝게 생각하던 중, "황룡성" 22호 지면을 통하여 여러분께 안부 인사드리게 되어 매우 기쁘게 생각합니다. 이 자리를 빌려 황룡성 22호 발간을 진심으로 축하드리오며 용강군민회의 무궁한 발전과 용강군민 여러분들의 건강과 행운을 기원합니다.

용강군민회는 평소 제가 존경하는 박상필 회장님을 비롯한 임원진과 박상철 명예군수님을 비롯한 명예동장님들께서 애향심과 열정으로 군민회 발전에 헌신하시는 것으로 알고 있습니다. 특히 평남도민회 단체 중에서 용강군민회와 같이 꾸준히 군민회지를 발간하여 통권 22호의 지령을 유지하는 곳은 거의 없는 것으로 알고 있습니다. 이는 그동안 훌륭하신 1세 어르신들과 용의주도하신 박상필 군민회장님 그리고 활달하고 추진력이 있으신 박상철 명예군수님의 열정과 헌신의 소산이라 생각합니다.

용강군은 평남의 서남단에 위치하고 있으며 진남포시와 인접하여 해상교통이 편리하고 농수산업이 발달한 고장으로 알고 있습니다. 특히 진남포와 더불어 평남의 경공업 중심지로 일찍부터 상업과 경공업이 발달한 풍요로운 고장입니다. 용강군지의 제호로 사용하고 있는 〈황룡성〉 또한 고구려 시대부터 있었던 석성(石城)으로 북한 국가지정 문화재 제37호로 지정될 만큼 유서 깊은 유적지입니다. 예로부터 수려한 산천에서 훌륭한 인물들이 난다고 하였습니다. 그런 점에서 용강군은 단연 훌륭한 인물을 많이 배출한 인물의 고장이라고 말할 수 있을 것입니다. 임진왜란 때 해전에 이순신 장군이 있었다면 육전에는 김응서(김경서)장군이 있었습니다. 근.현대사에 있어서는 일제 암흑기와 광복 전후에 걸쳐서 수많은 민족의 지도자와 독립투사를 배출하여 대한민국의 독립과 건국에 크게 기여하였습니다. 민족의 지도자 33인 중에 한 분인 홍기조, 상해

임시의정원 의장을 지내신 김붕조, 비구니 승려 시인 김일엽, 외무부 장관을 역임한 정치가 정일형, 한국 3대 철학자로 불리는 안병욱, 진로그룹 회장을 역임한 기업인 장학엽, 일제강점기 조선 최대의 갑부인 박흥식, 농촌 의료봉사의 선구자며 한국의 슈바이처로 불리는 이영춘과 한강성심병원과 한림대를 설립한 윤덕신 등 수 많은 인물들이 용강군에서 배출되었습니다.

인물의 고장, 역사와 전통이 있는 용강군이기에 평남 도정과 평남도민회 활동에 있어서도 타 시·군의 모범이 되는 선도적인 역할을 하며 도정과 도민회 발전에 기여하고 있습니다. 이 모두 1세 어르신들의 한 없는 애향심과 현 군민회장님과 읍면회장민 그리고 현 명예시장군수를 위시한 읍면장님들의 탁월한 리더십과 고향 사랑 정신이 발휘되었기 때문이라 생각합니다.

존경하는 용강군민 여러분!

이제 무더운 여름철도 지나고 얼마 있으면 민족의 최대 명절 중에 하나인 한가위가 돌아옵니다. 해마다 한가위를 맞이할 때마다 1세 어르신들이 고향을 그리워하는 모습 지켜보며 안타까운 심정 이루 말할 수 없습니다. 해마다 망향탑에서 고향을 바라보며 망향제를 올릴 때마다 이번이 이곳 망배단에서 망향제를 지내는 마지막이 되었으면 하는 간절한 소망을 말하곤 합니다만 그날이 오기에는 아직도 요원한 것 같습니다. 그러나 통일은 반드시 올 것입니다. 자유민주주의, 시장경제 그리고 인류 보편적 가치와 인권이 실현되고 한민족의 정체성이 유지되는 그런 통일은 반드시 올 것입니다. 우리 그날을 위해 보다 활발한 애향활동을 통해 통일을 준비하고 통일을 앞당기는 통일의 역군이 됩시다.

다시 한번 〈항룡성〉 제22호의 발간을 진심으로 축하드리며 박상필 군민회장님을 비롯한 용강군민 여러분의 건승과 용강군민회의 무궁한 발전을 기원합니다. 감사합니다.

2021년 8월 12일 목요일 날씨: 무더움

오늘 점심은 남산에 있는 필동면옥에서 양덕군민회 유지분들과 함께 했다. 우윤근 고문님, 김진섭 고문님 그리고 박종필 고문님과 돼지고기 제육과 소고기 수육을 시켜 놓고 청하 한 잔씩을 마시며 담소를 나누다가 냉면 한 그릇씩 먹었다. 필동면옥의 돼지고기 제육은 그 맛이 담백하고 육질이 좋아 아주 일품이다. 오늘 호스트는 내가 하기로 했으나 박종필 형님께서 이런 기회가 흔치 않으니 당신이 꼭 내시겠다고 끝까지 우기시는 바람에 내가 양보할 수밖에 없었다. 코로나 사태로 자주 만나지 못하다가 오랜만에 만나서 그동안 지나온 이야기를 하며 군민회 발전에 대해서 이야기를 나누어 모두 즐거워하였다.

상학과 기념문집 작성을 위한 원고작업을 계속하였다. 친구마다 대학생활과 사회생활에 대해 My Life & My Story 코너에 한 편씩 써서 내기로 했다. 30편 정도만 들어와도 성공적이라고 생각한다.

2021년 8월 13일 금요일 날씨: 계속 무더움

오전 10시에 맹산군 명예군수와 맹산군 군민회장 그리고 간사면장을 지사 집무실로 불러 현재 맹산군의 문제점에 대해서 당사자들의 의견과 설명을 들었다. 도 사무국장이 회의를 주재하였고 회의 소집의 목적에 대해서 먼저 설명하였다. 현재 문제점은 도정지시사항이 명예시장군수에 전달되어 군민회와 협의하거나 공유하여야 할 사항이 제대로 공유되지도 않고 협의되지도 않고 있어 군정과 군민회의 운영이 파행적으로 운영되고 있는 것이다. 이에 대해 그 문제점이 무엇이고 누구에게 귀책사유가 있는 것인지 규명하는 것이 목적이었다.

결론은 명예군수가 제대로 도정지시 사항을 군민회에 전달하지 않았고 군민회와도 원활하게 소통하지 않고 있었다는 결론에 도달하였다. 물론 명예군수는 나름 이런저런 이유를 들어 해명하였으나 그럼에도 불구하고 군정과 군민회 간에 원활한 관계를 유지하는 것에 대한 일차책임은 명예군수에 있는 것임을 주지시키고 엄중하게 구두로 경고하고 향후 유사한 문제가 발생하는 경우 특단의 조치를 하겠다고 말하였다. 아울러 군민회장과 간사면장도 공적인 문제에 있어서는 명예군수의 입장을 이해하고 협조하도록 당부하였다.

오전 11시 30분에 김백봉 부채춤의 보유자인 경희대 안병주 교수가 오셨다. 이북5도 위원장과 면담을 하려고 하였으나 출타 중이어서 다음에 하기로 하였다고 한다. 안병주 교수 차를 타고 오늘 점심 약속장소인 석파랑으로 갔다. 오늘은 평남 행정자문위원 중에 여성위원님들을 모시고 점심을 하기로 했다. 석파랑에 도착하니 송경복 회장님께서 먼저 와 계셨다. 정태영 회장님이 조금 늦게 도착하였다. 식사를 하면서 석파랑에 관련된 이야기를 들려주었고 행정자문위원회에서 여성위원들의 중요성에 대해서 이야기를 나누었다. 즐겁게 식사를 끝내고 기념촬영도 하였다. 모든 분이 격조 높은 훌륭한 장소로 식사 초대해 주어 감사하다는 말씀을 하였다.

오후 2시에 서울신문 강국진 정책뉴스부 차장의 이북5도위원회에 대한 비판 기사에 대한 5도 지사들의 의견 교환이 있었다. 위원회 사무국장과 평북사무국장 그리고 지원과장도 배석하였다. 결론은 직접적인 대응보다는 시간을 갖고 현명하게 대처하기로 했다. 해마다 연례행사처럼 있어 온 것이며 적극적으로 대응하는 경우 여론의 주목도를 높일 수 있으니 잠잠해질 때까지 무대응으로 가는 것이 좋겠다는 의견들이었다. 〈See & Wait〉 작전이 최상책이라는 것이다. 그러나 내 생각은 좀 다르다. 이북5도위원회와 이북5도지사가 어떤 일을 하는지 일반 국민에게 정확하게 알릴 필요가 있다고 생각한다. 이런 나의 생각을 정리하여 유력 신문지에 기고할 생각이다.

2021년 8월 14일 토요일 날씨: 무더움

아침에 아내와 뒷산을 올랐다. 아내가 나보다 아직은 산을 잘 탄다.

오늘부터 3일간 휴일이다. 8.15일 광복절 공휴일이 일요일이어서 몇 해 전부터 대체 휴무제가 실시되어 내주 월요일인 16일은 휴무다. 3일 동안 좀 쉬어야겠다. 상학과 동기들 재상봉 50주년 기념문집에 실을 친구들의 My Life & My Story 글의 형식을 잡아 친구들에게 일일이 개별적으로 이메일로 보내어 보충해서 작성해 달라고 해야겠다. 공무에 바쁜 내가 왜 이다지도 동기들 일에 열심인지 나도 잘 모르겠다. 그러나 공무에 지장을 주지 않는 범위 내에서 졸업 50주년 재상봉행사와 우리 상학과 기념문집 만드는 일에 정성을 다하려고 한다.

2021년 8월 15일 일요일 날씨: 무더움

오늘을 제76회 광복절이며 73주년 대한민국건국일이다. 진보좌파 정권이 들어선 이후에는 건국기념일이라는 말 자체가 사라진 지 오래다. 안타까운 일이다. 역사를 바로 인식하고 후세에 전하여야 할 텐데 하는 걱정이 앞선다. 오늘 밤 8시 50분에 평양시 출신 대한독립군 대장 여천 홍범도 장군의 유해가 카자흐스탄 크즐오르다에서 78년 만에 귀환한다. 역사적인 날이 아닐 수 없다. 홍범도 장군은 우리 평남 출신의 자랑스런 독립군 대장이다. 그동안 문재인 대통령이 카자흐스탄 대통령에게 특별히 요청하고 협조를 받아 국내로 모시게 되었다. 18일 날 대전 국립현충원에서 정식으로 안장식과 추모식을 갖는다. 나는 평남지사로서 그리고 홍범도장군기념사업회 이사 자격으로서 안장식에 참석하기로 했다.

2021년 8월 16일 월요일 날씨: 무더움

오늘은 대체 휴무일이다. 집에서 쉬면서 북한연구소 기관지인 〈북한〉지에 권두언을 쓰려고 한다. 제목은 〈이북5도위원회를 아십니까?〉로 정했다. 기념문집 작업을 계속하였다. 저녁에 현서에 집에 잠깐 다녀왔다.

2021년 8월 17일 화요일 날씨: 무더움

오늘 오전 10시에 천안 독립기념관에서 홍범도 장군 기념자료 전달식과 반병율 교수의 홍범도 장군 일대기에 대한 특별강연이 있었다. 독립기념관 연구위원들과 홍범도 장군 기념사업회 이사들 그리고 카자흐스탄 고려인협회 임원분들이 참석하였다. 반병율 교수가 2018년도에 입수한 1922년 1월에 모스크바에서 개최된 원동지역 대표자 회의에 홍범도 장군을 비롯한 한국 대표들이 참석한 회의 영상을 상영하면서 원동회의 의의에 대해 설명하고 자료를 입수하게 된 배경에 대해서 설명하였다. 독립기념관 측에서 마련한 도시락으로 점심을 먹고 오후 3시쯤에 집에 도착했다.

집에서 좀 쉬다가 오후 5시에 예 이비인후과로 가서 아내와 2차 코로나 백신 접종 주사를 맞았다. AZ(아스트라제네카)였다. 오늘 청와대에서는 홍범도 장군에 대한 건국훈장 대한민국장 추서가 있었다. 대통령장에서 1등급 격상되어 추서하는 것이다. 이로써 독립군 활동으로 건국훈장 대한민국장을 수여받은 분들은 오동진, 김좌진에 이어 홍범도 장군이 받음으로써 세분이 되었다. 세분 중에 김좌진 장군 이외 두 분이 평안도 출신이다. 홍범도 장군은 유족이 없어 홍범도장군기념사업회 우원식 이사장께서 대신하여 받으셨다.

2021년 8월 18일 수요일 날씨: 약간 비가 왔다 갬

아침에 사무실에 출근하여 오전 9시에 명예시장군수 업무회의를 주재하였다. 오늘은 평양시 명예시장과 진남포시 명예시장, 평원군 명예군수가 참석하였다. 그동안 코로나 방역사태 강화로 정부의 4단계 방역 조치로 인하여 시군별 모임을 전혀 갖지 못하였다고 하였다. 내가 도지사로서 앞으로 잔여임기가 이제 1년밖에 남지 않아 앞으로 남은 1년 동안 시장군수들과 함께 도지사로서 꼭 해야 할 일, 네 가지를 이야기했다.

첫째는 제21대 명예시장군수들은 팀웍을 강화하여 퇴임 후에도 도정과 도민회 발전에 기여하자는 말과 업무역량을 키워나가 도민사회에 지도자로서 역할을 하자는 것, 둘째는 평남을 빛낸 인물 추가 30여 분 선정작업을 완료하여 적어도 금년 말까지는 발간 작업을 하자는 것, 셋째는 각 시군별로 1세 어르신 서너 분을 선정하여 그분들의 고향 이야기와 남한에서의 정착에 대해서 『두고 온 고향 남기고 싶은 이야기』라는 책자를 만들자는 것과 마지막으로 청년회 활성화에 주력하자고 부탁하였다. 모두 공감하고 함께 추진해 나가기로 했다.

오전 9시 45분쯤에 회의를 마치고 국립대전현충원으로 갔다. 가는 코스를 중부고속도로를 택해서 가까스로 오후 1시에 도착했다. 홍범도 장군 안장식과 추모식이 막 시작되려고 했다. 정식 안장식은 오전 10시 30분에 문재인 대통령과 정부 요인들이 참석한 가운데 거행되었다. 오후는 여천 홍범도장군기념사업회 주관하는 추모 행사를 하였다. 장군님의 묘 앞에서 헌화한 후 묵념하고 78년 만에 고국에 오신 것을 환영하며 그리던 고국 땅에서 편안하게 잠드시기를 기원하였다. 추념식이 끝난 후에 현충원 옆에 있는 갑동솔골냉면집에 가서 물냉면을 먹었다. 참 맛이 좋았다. 주인 사장의 말씀이 장인과 장모님이 30여 년 전에 개업하셨다고 한다. 장인어른은 평양고보 출신이라고 하였다. 평양냉면의 맛을 아는 분들의 말이 이곳 냉면 맛이 평양 옥류관 못지않다고 평가한다고 하였다.

냉면을 먹고 차 한 잔 마신 후에 재신 처제한테 연락하여 서울 올라가는 길에 세종시에 들리겠다고 말하고 약속장소를 알려달라고 했다. 브레드마마라는 유명한 빵집이 있다고 하여 그곳에서 보기로 하고 30분 후에 만났다. 마침 막내 처제 환갑이 며칠 전이라 축하케이크를 사서 간단하게 생일축하 노래를 하며 케익커팅도 했다. 모두 즐겁게 이야기하다가 세종시 사람들에게 맛있는 빵을 사주고 서울로 올라왔다. 밤에 북한지에 건네줄 원고를 마무리하였다. 원고 제목은 "이북5도위원회를 아십니까?"로 하였다.

2021년 8월 19일 목요일 날씨: 맑음

오전 10시에 명예시장 군수 업무보고를 받았다. 오늘 모임에는 순천군 명예군수와 중화군 명예군수가 참석하였다. 어제와 마찬가지로 향후 1년 동안 함께 추진해 나갈 주요한 일 4가지에 대해서 말하고 함께 추진해 나가기로 하였다. 북한연구소 김희철 소장에게 원고를 보냈다. 사전에 다른 도지사님들께 원고 내용을 보여드리고 의견을 구하였다. 모두 내용구성이 좋다고 찬성하였다. 원고를 평남민보, 오도민신문 그리고 이북도민연합신문에도 보내어 게재해 줄 것을 부탁했다.

2021년 8월 20일 금요일 날씨: 맑음

조선일보 정지섭 차장에게 "이북5도위원회를 아십니까?" 제목의 기고문을 보내고 조선일보에 게재해 줄 것을 부탁했다. 적극적으로 힘써보겠다고 하였다. 아주뉴스 곽영길 회장에게도 조선일보에 아는 분이 있으면 부탁 좀 해달라고 했다. 원고를 보내 달라고 하여 카톡으로 보냈다. 점심은 함남지사님과 함께 평창의 봄에 가서 먹었다. 함남 비서실장과 수행원 그리고 이 비서와 윤 주무관도 함께 갔다.

집에 오는 도중에 정지섭 차장과 카톡으로 메시지를 주고받았다. 잘 진행될 것 같다는 좋은 소식이었다. 다만 내용이 너무 길어서 원고지 5매 정도로 줄여달라고 하였다. 내가 괜찮다면 정 차장이 손을 보아 내용을 정리해주겠다고 하였다. 내 생각도 내가 저널리즘에 익숙하지 않아 정 차장이 조선일보의 입장도 고려하여 수정 보완해주면 좋겠다고 말했다. 집에 와서 아무리 생각해도 일차로 내가 직접 손을 봐야 될 것 같았다. 차분하게 컴퓨터 자판 앞에 앉아서 5쪽 분량의 글을 2쪽 정도로 압축하여 정 차장에게 보냈다. 정 차장이 메일을 체크한 후에 내가 보내준 원고를 참고하여 손을 좀 보겠다고 하여 고맙다고 말하였다.

2021년 8월 21일 토요일 날씨: 약간 흐렸다가 맑아짐

아침 일찍이 일어나 아내와 운중천변을 걸었다. 아침을 먹고 밭에 가서 가지와 옥수수를 좀 얻어 왔다. 운중동으로 이사 온 이후에 거의 15년 정도를 이곳 밭에서 야채와 토마토 등의 채소를 사다 먹었다. 이제는 이웃처럼 지내는 사이가 되어 종종 전화가 와서 이것저것을 가져가라고 한다. 덕분에 야채는 별로 사서 먹지 않고 싱싱한 유기농 야채를 먹을 수 있었다. 이곳 땅을 성남시에서 수용하여 공용주차장 부지로 조성한다고 한다. 아마도 내년 정도면 더 이상 농사를 짓지 않을 것 같다. 하나로마트에 가서 부식 거리를 사 가지고 왔다. 온종일 기념문집 원고작성 작업을 했다.

2021년 8월 22일 일요일 날씨: 비가 좀 왔다

현서네 집에 가서 점심으로 소고기 안심을 같이 먹었다. 제윤이가 이유식을 먹었다. 박 서방한테 원고 정리할 때 필요한 편집방법을 배웠다. 저녁에 뒷산을 다시 올라갔다 왔다. 세 번 갔다 오니 오늘 1만 보쯤 걸었다. 김상철 회장으로부터 전화가 왔다. 김 회장 회사의 안산 공장에 공장을 증축하려고 하는데 지반이 취약하여 보강하려고 하는데 기술자문을 부탁했다. 지반공사 경험이 있냐고 하여 최고의 기술력을 갖고 있다고 말했다. 정문교 사장에게 김 회장 공장 책임자의 전화번호를 알려주었다. 내일 실무자와 연락하여 안산 공장을 답사하라고 하였다. 정문교 사장에게 자세히 설명하고 내일 안산 공장에 가서 잘 살펴보라고 하였다.

2021년 8월 23일 월요일 날씨: 흐림

오늘 점심은 도시락을 주문해서 먹었다. 수요일에 개최하는 평남 행정자문위원회 회의를 마치고 자문위원들과 식사할 도시락을 미리 먹어보기로 했다. 3만 원 정도의 도시락이면 무난할 것 같다. 상학과 기념문집 원고작업을 계속했다. 조선일보 정지섭 차장으로부터 신문에 게재할 사진을 보내 달라고 하여 이메일로 보냈다. 나의 기고문이 조선일보에 게재되었으면 하고 희망해본다. 해마다 연례적으로 이북5도위원회가 특별히 하는 일도 없이 해마다 100억 원 정도의 예산을 사용하고 다섯 명의 차관급 도지사를 두어 과분한 대우를 해준다는 조의 비판기사가 나온다. 이에 대해서 이북5도위원회에 이북5도지사를 임명하는 것은 대한민국 헌법 정신을 지키는 일이며 또한 이북5도위원회가 자유민주 평화통일을 준비하는 헌법기관임을 강조하는 논조로 시론(時論)을 써서 얼마 전에 평소에 알고 있던 정지섭 기자에게 보냈었다. 꼭 게재되어 우리 이북5도위원회의 입장을 일반 독자들이 잘 이해할 수 있게 되기를 바란다.

2021년 8월 24일 화요일 날씨: 흐리고 비가 옴 남부지방은 태풍권에 들어간 것 같다

오늘 이북5도위원회 회의가 있었다. 오늘 주요 안건은 금년도 대통령기 체육대회 개최 여부에 대한 결정이었다. 현재 코로나 19사태에 대한 정부 방역지침이 더욱 강화된 시점에 개최하기 곤란하다는 결론을 내렸다. 다만 체육대회 예산의 전용 여부에 대해 연구해 보기로 했다. 점심은 내가 내는 차례다. 북한산 둘레길 맛집에 능이 닭백숙으로 먹었다.

대외협력처에 연락하여 상학과의 기부금 사용 용처를 1억 원은 대학 본부에 런어스 지원금으로 하고 나머지 1억 원은 경영대학 발전기금에 사용하도록 기부금 사용처를 지정하여 주었다. 대학본부 계좌로 1천만 원 추가로 송금하여 총 송금액이 1억 8천만 원이 되었다. 나머지 2천만 원은 이경준 재무분과위원장 명의 계좌로 입금하였다. 2천만 원에 대한 기부금 영수증 희망자들에게 연락하여 확인하였다. 총 10명이 29백만 원의 영수증 발급을 요청하였다. 기부금액에 65% 해당액만 기부금 영수증을 발급할 수 있다고 설명하고 양해를 구하였다.

2. 2021년도 도정일지

2021년 8월 25일 수요일 날씨: 흐림

　오전 11시에 평남 행정자문위원회 회의를 개최하였다. 도지사 인사말에서 향후 1년 남은 임기 중에 세 가지 사항에 대해서 일을 하고자 한다고 말하였다. 첫째는 평남을 빛낸 인물 30여 분을 추가로 선정하여 책을 발간하는 일, 둘째는 평남 1세 어르신들을 시군 별로 3, 4분씩 선정하여 고향이야기와 월남 후 생활에 대한 이야기를 인터뷰식으로 취재하여 이를 책자로 만들어 보겠다는 것 그리고 셋째로는 평남청년회를 보다 체계적이고 지속적으로 육성하기 위한 구체적인 방안을 마련하겠다는 것이다. 행정자문위원님들 모두 찬성하였고 적극적으로 지원하기로 약속하였다. 자문회의가 끝난 후 김원진 위원장님께 모란봉 대동강도 복사본을 증정하였다. 회의를 마치고 점심은 김원진 위원장께서 스폰하셨다. 오후에는 명예시장 군수 업무보고 겸 시.군정 업무회의를 가졌다.

2021년 8월 26일 목요일 날씨: 흐림

　아침 출근길에 위원장으로부터 문자 메시지가 왔다. 이북도민연합신문에 게재된 내 글에 대해 원고를 직접 전해준 것인가에 대한 물음이었다. 사전에 충분히 협의했던 사항인데 지금 와서 조금은 다른 뉘앙스로 이야기하니 난감했다. 아무튼 직접 전달한 것은 아니라고 말씀드리고 이해를 구하였다. 오전에 명예시장.군수 업무회의를 하였다.

　평남 사무직원들이 나의 도지사 취임 2주년을 축하를 해주었다. 평남중앙도민회장이 축하란을 보내주었다. 오늘 점심은 코리아나 호텔에 있는 VIP 참치집에서 중앙도민회장과 상임부회장과 함께했다.

　지난 2년 동안 평남중앙도민회에서 적극적으로 협조하고 도와주어 평남도정을 무난하게 이끌었다고 생각한다고 말하고 감사의 뜻을 전했다. 앞으로도 1년간 세 가지 사항을 중점적으로 추진하겠다고 말하고 협조를 당부하였다.

　'이북5도위원회를 아십니까?' 란 글에 대해 설명드렸다. 글의 내용에 대해

📖 평양감사 1054일 II

서는 이북5도지사들의 의견을 취합하여 반영한 내용이며 유력 언론기관에 게재하자는데 의견을 같이 했다고 말했다. 평남민보에도 게재해 줄 것을 부탁했다. 도민회장은 글의 내용으로 보아 이북5도위원장 명의로 나가야 할 성격인데 평남도지사 명의로 나가는 것이 문제가 있을 수 있다는 생각을 처음에 했던 것 같다. 이에 대해 사전 의견 조율을 하고 조선일보 등 유력 신문에 글을 쓴 평남지사 명의로 기고하기로 의견을 모았다고 설명을 하였다.

오후에도 명예 시장군수 군정보고회의를 하였다. 오늘은 나에게 각별한 날이다. 바로 2년 전 오늘 대통령으로부터 평남도지사로 임명을 받은 날이기 때문이다. 그날 그 순간의 감격과 기쁨을 이루 말할 수 없을 정도로 컸다. 세월이 유수와 같다고 하지만 이렇게 빨리 갈 줄은 몰랐다. 그동안 나름 평남 도정과 평남 도민사회 발전을 위해 열심히 일했고 도민사회에서도 나에 대해 어느 정도는 열심히 일했다는 평가를 해주는 것 같았다. 모든 분께 감사한다. 문재인 대통령으로부터 생일축하 엽서를 받았다. 대통령으로부터 생일축하 엽서를 받으니 기분이 좋았다.

2021년 8월 27일 금요일 날씨: 흐림

오늘은 음력으로 내 생일이다. 대부분 사람은 양력 7월 20일이 내 생일인 줄 알고 양력에 축하 메시지를 보내주곤 한다. 올해도 예외는 아니었다. 음력생일에 축하를 보내주는 사람들은 대부분 나를 잘 아는 친지들이다. 재찬이를 비롯한 가까운 친구들과 가족들로부터 생일축하 메시지를 받았다. 아침에 출근하고 조금 있었더니 평남도사무국 직원들이 생일케이크를 갖고 와서 축하해주었다.

오전 11시에 3층 회의실에서 제35회 평남 장학생에 대한 장학금 수여식이 있었다. 오늘 장학금 수혜자는 탈북민 3명을 포함하여 모두 19명이다. 한 학생당 3백만 원의 장학금이 지급되었다. 장학금 수혜자들에게 격려사를 하였다. 격려사는 아래와 같다. 오늘 점심은 이북5도지사님들과 도지사 취임 2주년 기념을 자축하는 오찬 모임을 가졌다. '평창의 봄'에서 코스메뉴로 와인을 곁들여 5도 지사님들과 함께하였다. 오늘이 내 생일이라 식사비용은 내가 부담하였다. 앞으로 1년 동안에도 서로 단합하고 이해하여 좋은 팀웍을 이루어 이북5도위원회 발전을 위해서 열심히 노력하기로 하였다. 퇴근길에 공전 동창인 최성환 사장 모친 빈소인 서울대 분당병원 장례식장에 들렀다. 마침 심충렬도 와서 한 시간 정도 있다가 왔다.

[제35회 장학금 수여식 격려사]

오늘 제35회 평남장학회 장학금 수여식을 갖게 된 것을 매우 기쁘게 생각합니다.

또한 도민의 한 사람으로서 여러분의 선배로서 영광스런 평남장학회 장학금 수혜자 여러분과 가족분들께 축하와 격려의 말씀을 드리고자 합니다. 평안남도 장학회가 오늘에 있기까지 물심양면으로 후원을 아끼지 않으신, 선배 지도자, 도민 여러분과 뜻깊은 오늘 행사를 준비해 주신 김건철 이사장님과 장학회 이사 여러분께 진심으로 감사의 인사를 드립니다.

사랑하는 장학생 여러분!

우리 1세대 어르신들은 맨몸으로 월남하여 실향민의 아픔을 겪으며 대한민국에 정착하기 위하여 많은 고초와 시련을 겪었습니다. 우리 평남장학회는 1세 어르신들이 겪었던 고통과 힘든 환경을 극복하기 위해선 후세들에 대한 교육이 최우선이란 생각으로 만든 소중한 장학회입니다. 장학생 여러분은 이러한 선대 어르신들의 장학회 설립 정신을 가슴 깊이 새겨 면학에 힘쓰고 어르신들의 고향 평남을 늘 가슴속에 간직하시기 바랍니다.

사랑하는 장학생 여러분!

오늘 저는 이 자리를 빌려 여러분의 인생의 선배로서 몇 가지 당부의 말씀을 드리고자 합니다.

첫째 꿈을 가지시기 바랍니다. 원대한 꿈도 좋지만 그 보다는 여러분들이 각자 나름대로 아름다운 꿈을 꾸었으면 합니다. 나와 주위 그리고 사회를 아름답게 할 수 있는 그런 꿈 말입니다.

둘째 그런 아름다운 꿈을 이루기 위해 여러분들의 능력(ability)을 착실하게 키워나가시기 바랍니다. 국제화 시대와 전문가를 필요로 하는 시대의 요청에 맞게 여러분들의 능력을 개발하여 어디서도 필요한 인재가 되어주시기 바랍니다.

마지막으로 따뜻한 감성을 지닌 아름다운 사람이 되어주십시오. 특히 평남인으로서의 긍지와 기백을 잃지 마시고 평남을 사랑하고 우리 이북도민의 염원인 평화통일에 선봉이 되어줄 것을 간곡히 부탁을 드립니다.

끝으로 평남장학회를 이끌어 오신 김건철 이사장님과 장학회 이사 여러분께 다시 한번 감사드리며 훌륭하게 자녀들을 키워 오신 학부모님들께도 그간의 노고에 대하여 찬사와 격려를 보냅니다. 참석하신 모든 분의 가정에 건강과 행복이 늘 함께하시기를 기원하며 우리 함께 코로나19사태를 잘 이겨나갑시다. 감사합니다.

2021년 8월 28일 토요일 날씨: 맑음

아침에 뒷산에 올라갔다 왔다. 오전에 아내가 과천에 있는 단골 미장원에 퍼머를 한다고 하여 같이 갔다. 집사람이 미장원에서 머리 손질을 하는 동안 과천에 있는 은행 몇 군데를 들러 통장정리를 했다. 아내가 머리 손질을 끝내고 같이 집으로 돌아오는 길에 인덕원에 있는 한미지오텍건설 사무실에 아내와 함께 들렸다. 아내에게 이전한 회사 사무실을 보여 주고 싶었다. 사무실 구경을 한 후 사무실 건너편, 유명한 갈비탕집에 가서 갈비탕으로 점심을 먹었다. 집에 돌아와서 좀 피곤하여 낮잠을 잤다. 저녁에는 기념문집 원고작업을 계속하였다.

2021년 8월 29일 일요일 날씨: 맑음

오전에 오리역에 있는 하나로마트에 가서 일주일 먹을거리를 샀다. 집에 와서 좀 쉬다가 계속해서 기념문집 원고작업을 했다. 단톡방에 홍범도 장군에 대한 부정적인 기사가 유포되어 이에 반론을 제기하고 역사적인 사실을 정확히 알려주어야 할 필요성을 느껴 다음과 같은 글 작성하여 여러 단톡방과 단체밴드에 공지하였다. 대부분 나의 의견에 공감을 표하였다. 단톡방에 올린 글의 내용은 아래와 같다.

[홍범도 장군에 대한 오해에 대하여]

최근 여천 홍범도 장군이 사후 78년 만에 고국 땅으로 귀환하여 국립대전현충원에 최고의 예우를 받으며 안장되었다. 또한 1962년 장군에게 추서된 건국훈장 대통령장을 1등급 상향하여 건국훈장 최고등급인 대한민국장을 추서하였다. 현재 한국인으로 건국훈장 대한민국장을 수여받거나 추서받은 사람은 역대 대통령을 비롯하여 32분에 불과하다. 건국훈장 대한민국장은 한마디로 대한민국 최고 영예의 훈장이다.

홍범도 장군에 대해 최고 예우로 고국에 모시고 훈장을 추서한 것에 대해 일부 보수단체나 인사들 사이에 장군의 독립군대장으로서의 공적은 인정하더라도 다음과 같은 이유로 과대한 예우이며 부적절하다고 주장하는 사람들이 있다. 심지어는 백선엽 장군에 대해서는 파묘까지 주장하는 진보 인사들의 주장까지 거론하며 그런 진보 인사들이 공산주의자인 홍범도 장군에게 지나친 예우를 하는 것이 부적절하다는 주장까지 펴고 있다.

백선엽 장군에 대한 잘못된 인식과 홍범도 장군에 대한 잘못된 인식 모두 역사를 정확하게 알지 못하고 이해하지 못한 상태에서 진영논리에 바탕을 둔 외눈박이 역사관 때문이라고 하지 않을 수 없다. 정말로 안타까운 일이 아닐 수 없다.

현재 이야기되고 있는 홍범도 장군에 대한 오해는 대략 다음 세 가지로 요약할 수 있다.

첫째 독립군 투쟁사에 있어서 최대의 참사인 1921년 6월에 발생한 자유시(스보보드니) 참변에서 홍범도 장군이 가해자 편에 섰다는 주장이다. 둘째 레닌으로부터 자유시 참변의 공로로 권총 한 자루와 100루불을 포상으로 받았다는 주장이다. 셋째 공산당에 가입한 공산주의자였다는 주장으로 요약할 수 있다.

이런 연유로 건국훈장 최고등급인 대한민국장으로 승급하여 훈장을 추서하는 데 문제가 있다는 주장이다. 이에 대해 독립운동사와 홍범도 장군 연구에 대해 최고의 권위자인 건국대학교 반병률 명예교수로부터 직접들은 설명과 내 나름대로 역사적 사실을 조사하고 연구한 지식을 바탕으로 위와 같은 문제 제기에 대해 해명하고자 한다.

첫째 논점인 자유시 참변에서 홍범도 장군이 가해가 편에 섰다는 주장에 대해서 결론적으로 말하면 자유시참변에서 홍범도 장군은 가해자의 입장에 서지 않았다는 점이다.

우선 먼저 자유시 참변에 대한 역사적 사실에 대해 고찰해보면 자유시 참변은 북만주 일대에서 독립전쟁을 벌이던 홍범도 장군과 김좌진 장군 등 봉오동·청산리전투의 영웅들이 일제의 대토벌 정책으로 인해 북만주 지역에서 더 이상 독립투쟁을 하기 어려운 상황에 처해있을 때 소비에트 적군과 일제의 밀약과 유인에 의해 여러 성향의 한인 무장부대원 약 4,500명이 1921년 3월부터 부대별로 '자유시'에 집결하자 공산주의자들은 이들을 자기 세력으로 끌어들이기 위해 치열한 권력다툼을 벌였다. 그 결과 한인 무장부대는 소비에트 적군 산하로 편입되어야 한다는 이르쿠츠크파 세력과, 그에 반대하는 상해파 세력으로 갈라졌다. 이르쿠츠크파 세력의 핵심은 자유대대였고, 상해파의 주력은 사할린부대였다. 당초 사할린부대 편에 섰던 홍범도는 양파의 반목이 점점 심각해지고, 이르쿠츠크파의 배후에 소비에트 정부가 있다는 사실을 알게 되자 1921. 6. 2일 안무, 최진동, 지청천 등과 함께 이르쿠츠크파의 자유대대 진영으로 돌아섰다.

러시아로 이주한 독립군은 소련 적군 소속 한인 부대장을 통해 군사

훈련에 도움을 받는가 하면 소련 정부와 군사협정을 통해 무기를 공급받게 된다. 이에 일제는 강력한 외교 공세를 벌여 소련 정부에 독립군의 무장해제를 요구하게 되었다. 그 당시 볼세비키 혁명 후 내란 발생이 불안했던 소련은 1921년 6월 22일을 기해 자유시에 주둔한 대한독립군에게 무장해제를 명령했다. 그러나 사할린부대가 적군 산하로 편입되기를 거부하며 무장해제에 반발하자 소비에트 정부와 이르쿠츠크파는 1921년 6월 28일 새벽, 수라세프카에 주둔 중이던 사할린부대를 포위하고 기관총과 대포, 장갑차 등을 앞세워 적군 편입을 거부한 대한독립군을 무차별 학살했다. 자유시에서 가장 심각한 피해를 당한 부대는 청산리전투에 참가했던 의군부 대원들이었다. 만주 초원과 한만 국경지역에서 일본 제국주의자들의 간담을 서늘케 했던 한국 무장 독립군은 그렇게 비참하게 자유시 일대에서 동료들의 손에 사살당하거나, '제야' 강에 빠져 익사하거나, 포로가 되었다. 이것이 바로 한국 독립운동의 흑역사로 기록된 '자유시 참변'이다.

무력충돌이 발생하였을 때에 홍범도 장군과 지청전 장군 등은 사건이 발생한 곳에서 3킬로 떨어진 곳에 있었다고 한다. 따라서 자유시참변에 직접적인 연관이 없었던 것으로 볼 수 있다.

그뿐만 아니라 사건이 종료된 후 사후처리문제에 있어서 러시아에서는 독립군 사이에 신망이 높은 홍범도 장군을 사태 해결을 위한 3인의 재판관 중에 한 사람으로 선임하였는데 사건 처리를 공정하게 처리함은 물론 상당수의 사람을 사면하거나 처벌을 경감하여 목숨을 구해준 것이 사실이다. 이런 역사적인 사실로 볼 때 홍범도 장군은 결코 자유시 참변의 가해자 측에 서서 피해자 측을 무력으로 공격한 적이 없다. 다만 홍범도 장군은 자유시 참변이 나기 직전에 상해파에 속해 있다가 이르쿠츠크파에 가담한 것은 사실이다. 그런 사실이 오해를 받을 수 있는 소지는 있다.

둘째 레닌으로부터 자유시 참변의 공로로 권총과 100 루불을 상금으로 받았다는 사실로 미루어 "홍범도 장군은 레닌이 인정한 공산주의자다"

라는 주장이다. 레닌을 면담하였고 권총 한 자루와 100루불을 받았다는 것은 사실이다. 그러나 자유시 참변에 대한 공로로 받았다는 주장은 전혀 사실이 아니고 역사의 왜곡이다. 자유시 참변은 극동지구 러시아 공산당의 주도로 된 것이지만 그 과정과 결과가 러시아 공산당 입장에서도 결코 자랑스런 것이 아니기에 선전 선동에 이용할 가치와 필요가 없었다. 자유시 참변이 레닌에게 보고되었다는 구체적인 기록도 없다.

장군이 레닌을 만난 것은 1922년 1월 21일 모스크바에서 개최된 국제공산당대회 중 원동(극동)노력자대회 참석차 김규식을 대표로 한 조선인 56인 중에 한 사람으로 참석하였을 때다. 회의 참석 후 홍범도 장군은 조선의 위대한 독립군대장으로 레닌에게 소개되어 잠시 면담하였다. 이것은 의례적인 만남이었고 면담 기념으로 권총과 100루불을 선물로 받은 것이다. 마음에 징표로 준 것에 불과하다. 레닌은 장군 이외에도 면담자들에게 이와 유사한 선물을 했다. 이런 의례적인 선물을 마치 자유시 참변에 대한 공로를 인정하여 준 것처럼 사실과 다르게 호도하는 것은 역사의 왜곡이며 온당치 않다.

셋째 장군이 공산당에 가입한 공산주의자였다는 주장에 대해서는 말하면 장군이 소련공산당에 입당한 것은 사실이다. 그러나 공산주의자는 아니다. 장군이 러시아 공산당에 입당한 시기는 1927년도로 연해주 지역에 독립군단이 완전히 해체되어 평범한 민간인으로 지내던 시절이다. 고려인들의 농지경작 관계로 고려인 교민들의 권익을 보호하기 위하여 공산당원으로 가입한 것으로 볼 수 있다.

주지하는 바와 같이 만주와 연해주 지역에 독립군이나 독립투사들은 대부분 러시아의 지원을 받기 위해 사회주의나 공산주의를 자연스럽게 받아드린 것이며 근본적인 공산주의자들은 아니었다. 따라서 철저한 공산주의자도 아니었고 공산주의 운동을 하지도 않았다. 그 당시 공산주의는 제국주의 피압박 약소국가의 지식인이나 혁명가들에게 매우 매력적인 사상으로 받아드렸던 것도 사실이다. 그러나 장군은 이념적으로나 사상적으로 공산주의에 심취하거나 경도된 분이 아니었다. 민족주의자이며 조선의 독립을 위해 투쟁한 분일 뿐이다. 1921년 원동노력자대회 참석을 위해 장군이 작성하여 제출한 인적사항을 보면 장군은 직업을 의병이라 하였고 희망 사항은 조선의 독립이라고 하였다. 국제공산당대회에 참석하여 공산주의란 말은 하나도 쓰지 않았다.

장군은 평양 서문밖에 상민의 아들로 태어나 머슴살이, 평양 관군의 나팔수, 제지소 일꾼, 금강산 탁발승, 포수, 의병장, 독립군대장을 거치면서 오로지 조국 독립의 일념으로 자신의 안위를 돌보지 않고 부대원과 똑같은 생활을 하며 일제와 맞서 용감하게 투쟁하였다. 암울했던 일제강점기에 사랑하는 부인과 두 아들을 일제에 의해 잃어버린 슬픈 가족사도 있다.

장군의 독립전쟁 공적에 대해서 김좌진 장군과 비교하는 자체도 의미가 없는 일이다. 두 장군 모두 독립전쟁사에 있어서 훌륭한 공적이 있는 분들이다. 홍범도 장군이 지휘한 대한독립군부대의 봉오동전투는 우리 독립군이 일본 정규부대와 싸워 승리한 최초의 독립전쟁이다. 4개월 뒤에 이어진 청산리전투는 김좌진 장군의 북로군정서부대가 주력부대였으나 홍범도 장군 연합부대와 함께 거둔 독립군 전쟁사에 길이 빛내는 전투이다.

간도대참변 이후 중러 국경 지역인 밀산(흑룡강성 동남부 우수리강 유역에 위치한 국경도시)에서 독립군 연합군인 대한독립군단을 결성하였을 때, 지도부는 서일이 총재이었고 부총재가 홍범도 장군이였으며 김좌진 장군은 참모부장을 맡았다. 이러한 객관적인 사실로만 보아도 홍범도 장군의 공적이 김좌진 장군에 비해 결코 뒤진다고 볼 수 없다. 따라서 공훈심사에 있어서 김좌진 장군의 대한민국장과 동급으로 평가하는 것은 지극히 당연하고 국민 정서에도 부합한다고 본다.

또한 장군은 1937년 스탈린의 강제이주 정책으로 연해주에서 카자흐스탄으로 이주한 후 10만 카자흐스탄 고려인의 정신적인 지주로서 고난의 삶을 살아가는 카자흐스탄 고려인들에게 희망을 주었다. 그뿐만 아니라 장군은 1943년 10월에 카자흐스탄에서 영면함에 따라 북한 정권

수립에도 전혀 기여한 바가 없다. 그럼에도 불구하고 사실을 잘 못 알았거나 또는 장군의 봉환과 훈장 승격이 진보정권에서 추진되었기에 공산주의자 프레임을 씌어 공격하는 것은 아닌가 하는 생각이 든다. 영웅을 영웅답게 예우하는 부끄럽지 않은 후세가 되어야 할 것이다.

2021년 8월 30일 월요일 날씨: 맑음

비서실장과 9월 업무일정표를 의논하였다. 오전 10시에 평남도 직원들과 주간 업무회의를 했다. 사무국장은 통풍이 심하다고 하며 휴가를 내어 참석하지 못했다. 도 직원주간회의에서 향후 1년 동안 내가 도지사로서 해야될 과업 네 가지에 대해서 설명하고 과업이 성공적으로 이루어질 수 있도록 함께 노력하자고 했다. 점심은 이 비서와 구내식당에서 먹었다. 구내식당이 식수 인원이 적고 매일 식수 인원도 일정하지가 않아 이번에 새로 들어온 식당도 그만두겠다는 말을 한다고 한다. 매번 반복되는 일이기에 별도의 대책을 강구할 필요가 있을 것 같다.

박성재 전 황해도지사께서 인사차 방문하셨다. 이번에 민주평통 이북5도지역협의 부의장직을 맡게 되셨다. 원하던 일이라 진심으로 축하드렸다. 5도 지사들의 적극적인 지원이 있어 되었노라고 고맙다는 인사말을 하셨다. 오후 3시 30분쯤에 북한연구소에 김희철 소장이 방문하였, 북한지에 내 원고가 권두언으로 게재되었다. 〈이북5도위원회를 아십니까?〉란 제목 글이다. 이북5도위원회 역할과 기능 그 존재 이유에 대해서 상세히 설명한 글이다. 이글을 통하여 많은 사람들이 이북5도위원회와 이북5도지사들에 대해 잘 이해하는 계기가 되었으면 한다. 이북5도위원회와 북한연구소 간에 업무적인 유대를 맺을 필요성이 있을 것 같다. 아울러 재정이 열악한 북한연구소를 정기적으로 후원하는 방안도 생각해 볼 필요가 있다.

2021년 8월 31일 화요일 날씨: 흐림

오늘 10시에 이북5도위원회 주간회의가 있었다. 특별한 안건은 없었다. 점심은 이진규 지사가 불광동 네거리에 있는 추어탕집으로 안내하여 추어탕으로 먹었다. 대동군 명예군수로부터 군정 업무보고를 받고 향후 1년간 함께 추진해 나갈 도정업무에 대해서 의견을 나누었다. 기념문집 발간을 위한 작업을 계속하였다.

2021년 9월 1일 수요일 날씨: 맑음

아침에 배달된 이북5도민 신문을 보았다. 1면에 함남지사께서 기고한 이북5도위원회에 대한 최근 언론의 잘못된 논조에 대해 논리적인 접근을 통해 그러한 주장이 오해나 무지에서 온 잘못된 주장임을 비판하는 글이 게재되었다. 일부 언론의 잘못된 주장에 대해서 적절히 대처할 필요성이 절실하다. 내 글도 게재될 줄 알았는데 아마도 함남지사의 글을 게재하느라 게재하지 못한 것 같다. 다음 호에 게재되기를 바란다. 평남민보에는 게재될 것으로 예상된다.

아직도 조선일보에서 좋은 소식이 오지 않고 있다. 게재되지 못할 것 같은 생각도 들었다. 북한연구소에서 발간 한 월간 북한 잡지 9월호에 게재된 내 글을 캡처하여 이북도민들과 공유할 예정이다. 통일신문과 아주경제와의 인터뷰를 통하여 우리 이북5도위원회의 입장을 정확하게 전달할 필요성을 느꼈다. 오전 11시에 곰솔에서 재상봉 50주년 행사 대표자 회의가 있었다.

오후 2시에 강동군 명예군수가 와서 강동군의 업무보고를 받고 향후 1년간 도지사와 함께 추진해 나갈 일 네 가지 과업에 대해서 설명하고 협조를 당부했다. 이지만 연세대 상경대학장과 통화를 하고 기념문집 발간에 축간사 말씀을 써달라고 부탁을 드렸다. 기념문집발간 계획서를 메일로 보내드렸다.

2021년 9월 2일 목요일 날씨: 맑음

오늘 아침 출근은 하오개로 길로 해서 서부간선도로 방향으로 갔다. 며칠 전에 개통된 서부간선도로가 양화대교로 연결된 지하차도가 개통되었다고 한다. 당분간 통행세 2,500원이 무료라고 하여 시험 삼아 가 보겠다고 윤 주임이 말하였다. 평소 다니던 길과 거리는 비슷하게 45Km쯤 되는데 중간에 좀 병목현상이 있는 곳이 두서 곳 있어서 소요시간은 별 차이가 없었다. 오전 9시 30분에 양덕군 명예군수가 군정 보고를 하러 왔다. 오늘을 끝으로 16개 시군정보고회를 모두 마쳤다. 양덕군의 군정 주요추진 상황을 보고받고 이어 향후 1년간 21대 명예 시장군수단과 함께 해야 할 일에 대해서 말해주었다. 함께 계획한 일을 잘 추진할 수 있도록 노력하여줄 것을 당부하였다.

오전 11시에 서울역 광장에서 왈우 강우규 의사 의거 102주년 기념식을 서울지방보훈처장의 참석 하에 거행하였다. 20여 명 정도의 관계자들만 단출하게 참석하여 행사를 진행하였다. 의사의 거사 정신을 잊지 말자고 인사말을 하였다. 행사를 끝내고 프레스센터 19층으로 가서 평남 역대 도지사님들과 점심을 함께 하였다

〈왈우 강우규 의사 의거 102주년 기념식〉

북한연구소의 월간 잡지 '북한'을 한 권씩 드리며 권두언으로 게재된 나의 원고 〈이북5도위원회를 아십니까?〉란 기고문을 읽어보시라고 말씀드렸다.

점심을 먹고 나서 신촌세브란스 이비인후과로 가서 보청기 수리를 부탁하였다. 오늘은 조금 일찍 사무실에서 나왔다. 윤 주무관이 이사를 하여 우리 집에서 멀어진 데다가 윤 주무관 집사람이 임신 5개월째라고 하여 조금 집에 일찍 갈 수 있도록 신경을 썼다. 집에 도착하자마자 황해도지사께서 전화를 주셨다.

서울신문 강국진 기자가 이북5도위원회와 이북5도지사에 대한 정보공개 청구를 했다고 한다. 조금 느낌이 좋지 않았다. 내일 아침 10시에 도지사들 간에 회의를 통하여 대책을 의논하기로 했다.

2021년 9월 3일 금요일 날씨: 맑고 따뜻함

오늘 아침 10시에 이북5도위원회 회의가 열렸다. 위원회 사무국장과 총무과장 그리고 지원과장도 배석하였다. 회의 주제는 서울신문 강국진 기자가 위원회에 요청한 정보공개 건과 관련된 사항이었다. 작년에도 서울신문기자라고 하며 구두로 정보제공을 요청하였으나 이에 응하지 않았다. 올해는 정식문건으로 정보공개를 요청하여왔다고 한다. 요청사항은 7가지 문항이었다. 이북5도위원회 예산관계, 도지사급여와 업무추진비 내역, 명예시장, 군수, 읍면동장의 수당 지급 관계, 그리고 5도 지사들의 대외활동 내용 등이었다. 정보공개법상 언론기관이 정식으로 정보공개를 요청하는 경우 제공하도록 되어 있다고 하여 오늘까지 작성하여 위원회에 제출하기로 하였다.

점심은 오 위원장이 호스트했다. 평창칼국수집에 가서 콩국수와 수육에 소주 한 잔 나누어 마셨다. 황해도지사가 오늘 약속이 있어 황해도지사는 참석하지 못하고 네 명의 지사들만 함께하였다. 2021년도 훈포장, 표창 대상자를 확정하여 위원회 사무국에 제출하도록 하였다.

오후 3시 30분쯤에 사무실에서 나와 인덕원 사무실로 갔다. 사무실에 들러 윤응수 사장과 이야기를 나누고 박영숙 차장으로부터 현황설명을 들었다. 정문교 사장 쪽에서 최근에 추진했던 김상철 회장의 DNP 회사 관련 지반보강 건에 대해서 이야기 나누었다. 아쉽게도 시공방법은 파일공법으로 결정하였고 우리가 제시한 금액이 다소 높아 우리 회사가 선정되지 못했다. 두 시간 정도 있다가 오후 6시 20분쯤에 사무실에서 나왔다.

2021년 9월 4일 토요일 날씨: 맑음

하나로마트에 가서 일주일 먹을거리를 샀다. 기념문집 편집작업을 계속하였다. 저녁에는 해림이네 가족과 현서네 가족이 우리 집으로 와서 불고기로 저녁을 함께했다. 기념문집에 게재할 용도로 전체 가족사진을 찍었다. 제윤이가 들어간 사진으로는 처음 찍은 사진이다.

2021년 9월 5일 일요일 날씨: 맑음

아침에 일찍 일어나 운중천변을 걸었다. 평일에는 뒷산 오솔길을 4천여 보쯤 걸으나 토요일이나 일요일에는 운중천변을 속보로 걷는다. 아침을 먹고 나서 기념문집 편집작업을 계속하였다. 상학과 동기들의 지난 50년 간의 삶의 궤적이 잘 묻어나도록 기념문집을 잘 만들어 보려고 한다.

2021년 9월 6일 월요일 날씨 :흐리고 약간 비가 옴

오늘은 함남지사와 함북지사의 휴무로 오 위원장과 황해도지사와 나, 위원회 사무국장, 총무과장 그리고 지원과장 이렇게 여섯이 점심을 같이 했다. 삼청동 한정식집에서 굴비정식으로 먹었다. 점심을 먹고 나서 한정식집 부근에 있는 스타벅스에 가서 커피를 마시고 사무실로 들어왔다.

추석 선물 보낼 분들에 대한 명단을 확정했다. 도청과 도민회 관련 분들이 146명, 개인적으로 보낼 곳이 40여 곳 되었다. 개인적으로 보낼 곳은 내 개인카드로 결제했다.

2. 2021년도 도정일지

2021년 9월 7일 화요일 날씨: 흐리고 약간 비가 옴

오전 10시에 이북5도지사들과 차담회를 했다. 이북5도위원회 회의자료가 준비가 덜 되어 위원회 회의를 오후 2시에 하기로 하고 아침에는 간단히 차담회만 하기로 했다. 점심은 함북지사가 호스트 하는 날이었다. 추어탕집으로 가려고 했는데 비가 오고 날씨가 좀 꾸물꾸물하여 미역국집으로 가기로 했다. 나는 가자미 미역국을 먹었다. 점심을 먹고 나서 그라운드 찻집에 가서 차를 마셨다. 나는 밀크티를 마셨다.

오후 2시에 이북5도위원회 회의를 하였다. 논의할 주제는 최근 이북5도위원회와 이북5도지사의 무용론을 주장하며 이제는 이북5도위원회를 폐지하는 것을 논의할 때가 되었다는 주장을 하였던 서울신문의 강국진 기자가 요청한 자료에 대한 내용 검토였다. 정보공개법에 따라 언론기관에서 문서로 정보공개를 요청하면 국가기밀사항이 아닌 경우는 제출할 의무가 있다고 하여 제출하기로 하였다. 주요 제출자료는 도지사의 보수와 업무추진비, 시장 군수와 읍면동장들 대한 수당 지급 내역 그리고 이북5도지사들의 2020년부터 2021년 8. 31일까지의 외부활동 내역에 대한 것이었다.

오후 7시 30분에 국립국악원에서 공연하는 이주희 교수의 춤을 관람하러 갔다. 안병주 교수도 관람하러 왔다. 한 시간 정도 승무, 오북, 평남수건 춤 그리고 퓨전 춤인 장고춤을 전자기타의 반주에 맞춰 신명 나게 공연하였다. 평소에는 차분하고 조용해 보이던 이주희 교수가 무대에 서니 어찌나 파워풀하게 춤을 추시는지 새삼 놀라고 말았다. 이주희 교수는 평남수건춤 예능보유자이신 한순서 선생님의 따님이며 평남수건춤 제1호 교육이수자이다. 한순서 선생님이 평양 출신이시기에 이주희 교수는 평남 2세다. 어머님의 피를 이어받아 어려서부터 어머니가 추는 춤을 보고 자랐다고 한다.

2021년 9월 8일 수요일 날씨: 맑음

추석 선물 보내온 분들에게 감사 메시지 보냈다. 조선일보 정지섭 차장으로부터 기고한 글 게재 건에 대해서 연락이 왔다. 데스크에서 글의 내용에 대해 관심을 갖고 있는 것 같다고 하였다. 최선의 노력을 하여 게재될 수 있도록 노력해보겠다고 하여 감사하다고 말하였다.

평양시민회장을 지내신 오원숙 회장님께서 노환으로 별세하셨다는 소식을 접하였다. 조화를 보내드리고 오후 4시쯤에 퇴근길에 빈소에 가서 명복을 빌며 고인과의 만남을 회상하였다. 참 애향심이 많으셨고 그리 여유가 없으신 것 같은데도 불구하고 도민회와 평양시민회 발전을 위해 기부를 많이 하셨다. 자녀분들이 미국에 주로 계시어 따님 한 분과 손녀딸이 빈소를 지키고 있었다. 평남중앙도민회와 시.군민회에서 조화는 많이 보냈는데 직접 문상을 오시는 분은 그리 많지 않은 것 같아 마음이 아팠다.

2021년 9월 9일 목요일 날씨: 맑음

아침에 10시 반에 세브란스 이비인후과에 예약이 되어있어 사무실에 출근한 후 업무를 조금 보다가 병원으로 갔다. 보청기 담당하는 이민영 선생에게서 새로 제작한 보청기를 받고 청력검사를 받았다. 최재영 주치의 진료를 받아야 하는데 오늘 12시 점심 모임이 있어 부득이 내주에 진료를 받기로 하고 점심 모임 장소인 롯데호텔 37층 중식당 도림으로 갔다.

오늘은 대학교 은사이신 김기영 선생님을 이경준 회장, 이상현 회장 그리고 김준석 교수와 내가 모시고 점심을 대접하기로 되어있었다. 약속 장소에 가니 이상현 회장이 막 도착하여 같이 루비홀에 들어가니 이경준 회장과 김준석 교수가 미리 와서 기다리고 있었다. 12시쯤에 선생님이 오셔서 반갑게 인사를 드리고 그간 지내신 이야기를 들었다. 올해가 우리 동기들의 재상봉50주년 행사가 있는 해라고 말씀드리고 그간 우리 동기들의 활동에 대해서 말씀드렸다. 기념문집발간 계획에 대해서도 말씀을 드리고 축사를 써주실 것을 부탁드렸다. 식사 도중에 선생님께서 그동안 살아오신 이야기를 들려주셔서 뜻깊게 들었다. 앞으로 기회 있을 때마다 종종 모시겠다고 말씀드리고 기념촬영도 하였다. 선물을 준비하려다가 마땅한 선물을 구하기 어려워 사모님과 한번 식사를 하시라고 약소하지만 금일봉을 준비하여 이경준 회장이 드리도록 하였다.

2021년 9월 10일 금요일 날씨: 맑고 약간 더웠음

오늘은 연가를 내었다. 이 비서는 어제 코로나 백신을 맞고 오늘 하루를 쉬어야 한다고 휴무를 하였고, 윤 주무관도 오늘 백신을 맞는 날이라 휴무하였다. 나를 지근 거리에서 보좌하는 두 사람이 출근하지 않는데 내가 나오면 당사자들이 심적으로 편안하지 못할 것 같아 핑계 삼아 나도 휴가를 내었다. 아침 8시쯤에 인덕원 사무실로 출근하였다. 기념문집 작업을 계속하였다. 점심은 정문교 사장과 직원들과 함께했다. 사무실 건너편에 있는 갈비탕집에 가서 먹었다. 이곳에 갈비탕은 한우고기로 만들어서 그런지 국물이 진하고 맛이 있다. 홍영철 회장에 대한 My Life & My Story 를 작성하여 홍 회장에게 보내어 수정 보완해달라고 부탁을 하였다.

김기영 선생님으로부터 전화가 왔다. 어제 고마웠다고 하시며 기분 좋아하셨다. 이런저런 말씀을 하시며 가끔 연락을 하시기로 하셨다. 오후 4시쯤에 사무실에서 나와 집으로 오는 길에 대장동 네거리에 있는 꽃집에 들어 아내의 70회 생일축하 꽃다발을 만들어서 집으로 가져왔다. 아내에게 건네주며 평남지사가 보냈다고 너스레를 떨었다. 아내도 속으로 흐뭇해하는 것 같았다.

2021년 9월 11일 토요일 날씨: 맑음

오늘은 양력으로 아내의 70번째 생일이다. 어제 준비한 생일축하 꽃다발을 정식으로 전달하였다. 해림이 가족과 현서네 가족들이 집 앞에 있는 중식당 치화에 점심 예약을 하였다고 한다. 아내와 치화에 가니 룸으로 좌석이 마련되어 있었다. 점심 코스로 일곱 사람분을 미리 주문하였다. 조금 있다가 해림이네와 현서네 가족이 들어왔다. 우리 직계가족이 모이니 이제 우리 부부 둘, 두 딸 내외 넷, 손녀 도연, 재인, 재윤 셋이다 보니 이젠 아홉 사람이 되었다. 1.5세대인 내가 남한에 정착하여 오늘 현재 직계가족이 아홉 명이나 되었다. 내가 거의 이북도민 증가율의 평균치라고 보면 이북도민 증가율이 1세대 실향민의 수에 거의 9배쯤에 달하는 것으로 볼 수 있겠다. 해방 이후 남한으로 내려온 실향민의 수를 대략 120만에서 150만으로 추정하고 있는데 135만 명으로 가정하고 9배수를 곱하면 1,215만 명쯤으로 추산된다. 점심을 먹고 우리 집으로 와서 생일축하 케이크를 커팅하며 축하 노래를 부르며 아내의 생일축하를 하였다.

2021년 9월 12일 일요일 날씨: 맑음

상학과 재상봉 기념문집 중에 동문기업 소개 글을 완성하였다. 홍영철 회장의 고려제강, 이동상 회장의 무림제지그룹, 김상철 회장의 디앤피코포레이션, 그리고 우리 회사인 한미지오텍건설 이렇게 네 회사에 대해 소개글을 완성하였다.

오후 3시에는 연세대학교 경영대학을 방문하였다. 재상봉행사 관계로이지만 경영대학장을 만나 인사드리고 그동안 준비상황과 경영대학발전기금 전달 방식에 대해 협의하기 위해서다. 이상현 회장과 같이 갔다. 학장 응접실에서 행사준비상황과 발전기금 용처에 대해서 의논하였다. 장학기금으로 했으면 좋겠다는 의견을 주어 그렇게 하기로 결정하였다. 1억 원 이상 기부자나 단체의 경우 경영대학 강의실이나 회의실 하나에 기부자 명의의 현판을 회의실 벽면에 붙이게 하는 명예를 준다고 하여 205호실로 정하였다.

2. 2021년도 도정일지

2021년 9월 13일 월요일 날씨: 맑음

아침 10시에 5도 지사 간담회를 했다. 오후에는 김백봉 부채춤 보유지인 안병주 교수가 오셨다. 안병주 교수의 남편인 나의 후배 장석의 스포월드 이사도 함께 왔다. 반갑게 인사하고 그동안 지내온 이야기를 나누었다. 헬쓰클럽이 아파트로 재개발되는 바람에 현재는 쉬고 있다고 한다. 안 교수가 평양떡과 와인 한 병을 추석 선물이라고 가져왔다. 거절하기가 어려워 받기로 했다.

2021년 9월 14일 화요일 날씨: 맑음

이북5도위원회 주간회의를 가졌다. 특별한 안건이 없어 간담회로 대체하였다. 점심은 황해도지사가 내기로 되어있어 성북에 있는 갈비집으로 가기로 했다. 박성재 이북5도 민주평통지역회의 부의장께서 오셔서 함께 가기로 했다. 갈비집이 제법 이름이 난 곳인지 사람들이 많았다. 갈비구이가 조금 맵쌀하였다. 갈비구이를 먹고 난 후에 밥을 볶아주어 먹었다. 점심을 먹고 나서 옆집에 있는 유명한 성북동 빵집에 가서 빵을 먹으며 커피를 마셨다.

2021년 9월 15일 수요일 날씨: 맑음

비서실 직원들에게 추석을 맞이하여 부담이 가지 않을 선물을 주었다. 오후 1시 30분에 방배동 대판스시 집에서 청해회 점심 모임을 가졌다. 이완성 회장님과 이영순 교수님 등 일곱 분이 참석하였다. 점심을 먹고 난 후에 사무실로 들어와 2건의 문서에 결재를 하고 공지문도 열독하였다.

2021년 9월 16일 목요일 날씨: 맑음

오늘 점심은 코리아나 호텔 3층에 있는 대상해 중식당에서 가졌다. 오늘 점심은 평남 원로 유지분들과 함께했다. 강인덕 장관님, 김원진 행정자문위원장님, 이명걸 고문님, 박지환 고문님 그리고 전승덕 평남중앙도민회 회장을 모시고 내가 점심을 모시기로 하였다. 도지사로 취임한 지 2년에 되어 그동안 도정 발전에 도움을 주신 것에 대한 감사의 뜻도 전하고 앞으로 남은 1년간의 임기 동안에 할 일에 대한 나의 계획에 대해 말씀드렸다.

오늘 이근태 어르신도 모시기로 했었는데 오늘 아침에 컨디션이 좋지 않아 외출하기가 어렵다고 하시며 참석하지 못하셨다. 이근태 회장님이 오시면 지난주에 100세 생신을 맞이하신 것도 축하할 겸 해서 모시려고 했었다. 도민회장이 생일케이크를 준비해 가지고 왔다. 식사를 하면서 지나온 2년 동안의 내가 도지사로서 한 일에 대해서 간단히 말씀드리고 그동안 관심을 갖고 지원해주신 것에 대해 진심으로 감사드렸다. 모두들 그동안 도지사로서 잘하고 있다며 많은 업적을 남길 거라고 말씀들 하셨다. 덕담으로 하시는 말씀이겠지만 기분은 좋았다.

2021년 9월 17일 금요일 날씨: 맑음

오늘 점심도 코리아나 호텔에서 평남 원로 어르신들을 모시고 점심을 했다. 오늘은 최기석 고문님, 우윤근 고문님, 장원호 회장님, 그리고 조성원 도민회 명예회장을 모시고 점심을 했다. 어제와 같이 관심을 갖고 성원하고 지도해주신 것에 대해 감사드리고 향후 1년간 도정을 잘 이끌어나가겠다고 말씀드렸다. 앞으로 1년 동안 역점을 두어 추진할 세 가지 중점 도정 계획에 대해서도 말씀드렸다.

2021년 9월 18일 토요일 날씨: 맑음

오늘부터 추석 연휴가 시작된다. 연휴 동안 재상봉50주년 기념문집 원고작업을 해야겠다. 요즘 좀 무리를 했더니 코피가 자주 나와 은근히 걱정이 된다. 체력이 많이 떨어지는 것 같은 느낌이 든다. 무리하지 말고 조금은 페이스를 조정해 가면서 일해야겠다.

2021년 9월 19일 일요일 날씨 : 맑음

오늘부터 추석 연휴가 시작된다. 큰딸 가족은 진주 시댁으로 갔고 작은딸 현서도 용인 시댁에 가서 추석 제사상 음식을 준비한다고 한다. 졸업 50주년 재상봉 기념문집 작업을 하였다.

2021년 9월 20일 월요일 날씨: 맑음

오늘 아침을 먹고 어머니 산소에 갔다. 송편과 과일을 준비하고 광주 공원묘원 입구에 있는 상점에서 조화를 샀다. 형님에 드릴 조화도 샀다. 어머니와 형님에게 드릴 술은 대통령께서 추석 선물로 주신 청명주를 갖고 갔다. 소박한 제사상을 차리고 꽃다발을 드린 후에 잠시 묵념을 하며 어머니 얼굴을 떠올렸다. 참 일평생 긍정적으로 삶을 사시다 가신 분이었다. 청명주 한 잔을 올리고 절을 하였다. 석 잔을 드리고 술은 어머니가 주시는 걸로 생각하고 내가 마셨다. 묘지는 잘 관리가 되어있었다.

2021년 9월 21일 화요일 날씨 : 맑음

해림이네가 시댁이 있는 진주에 갔다가 오늘 올라왔다. 두 딸 가족이 집에 와서 저녁을 같이 했다. 진주 사돈댁이 잘 계시다고 하였다.

2021년 9월 22일 수요일 날씨 : 맑음

추석 연휴 마지막 날이다. 한국 근대사 공부를 했다. 한국역사에서 근대사의 시작은 고종이 즉위한 1864년부터로 본다. 고종이 즉위한 후 1905년 일사늑약으로 대한제국의 외교권이 일제에 침탈당하면서 실질적으로 주권을 상실하기까지 수많은 역사적 사건들이 발생했다. 고종 즉위 후 10년간 대원군의 섭정 시기로 내적으로는 세도정치로 무너진 왕권을 강화하는 시기였으나 반면 대외적으로는 철저한 쇄국정책을 유지하는 바람에 외세의 침입에 취약할 수밖에 없었다. 대원군 시기 병인양호, 신미양호, 운양호 사건 그리고 임오군란을 겪었고 대원군이 권좌에서 물러난 후 바로 문명개화파 1세대인 김옥균, 박영효, 홍영식 서광범, 서재필 등 급진개혁파가 주도한 갑신정변이 일어났다. 3일천하로 끝난 갑신정변으로 문명개화파 1세대 대부분이 일본과 미국으로 망명하였고 조선에 남아있던 홍영식 등 국내 잔류 급진개혁파는 멸문지화를 당하여 조선에는 개화의 싹이 꺾이고 말았다. 1894년 동학혁명이 일어나 이어 이를 진압하는 과정에 청나라와 일본군이 조선 땅에서 싸우게 되는 청일전쟁이 일어났고 1904년에는 러일전쟁이 일어나 예상과 달리 일본이 승리함에 따라 일본은 조선에 대한 영향력이 증대되어 드디어 1905에는 대한제국의 외교권을 획득하게 되었다. 이후 대한제국은 1910년에 일본에 강제 합병되어 1945년 8월 15일 일본이 태평양전쟁에서 패하여 미국에 항복함으로써 독립을 하게 된다. 일제강점기에 민족의 수난사는 이루 말할 수 없을 정도이다.

2021년 9월 23일 목요일 날씨 : 맑음

추석 연휴를 보내고 출근했다. 도 사무직원들과 미팅을 했다. 공무 인터넷에 들어가 행안부 공문을 열람하였다. 저녁에 한국 근대사를 공부하였다. 우리나라 역사 중에 근대사는 고종황제의 즉위 시기부터 시작하는 것이 정설이다. 고종 즉위 10년간 흥선대원군의 섭정기간 동안 쇄국정치로 말미암아 개화가 일본보다 50년이 늦어지는 바람에 메이지유신이후 서양의 발달된 문명을 재빨리 받아드려 개화에 성공 근대국가를 이룬 일본에 의해 나라를 빼앗기를 치욕의 역사를 갖게 되었다.

2021년 9월 24일 금요일 날씨 : 맑음

조태용 의원한테서 연락이 왔다. 일간 점심을 같이 하고 싶다고 하였다. 일정을 조정하여 연락을 주시기로 했다. 조태용 의원은 평남 강동군 2세 출신이다. 평양시 출신인 이범석 전 외무부 장관이 조 의원의 장인이다. 처가도 평남이다 보니 평남에 대한 애정이 남다른 것 같다.

2021년 9월 25일 금요일 날씨 : 맑음

대전대학교 김건우 교수가 지은 『대한민국의 설계자들』을 다시 읽어 보았다. 대한민국의 건국은 이승만과 그를 따르는 자유민주주의 세력이 주도하여 이루었다. 그러나 김 교수의 주장은 건국의 실무적인 역할은 소위 학병세대라고 할 수 있는 1920년 전후의 인물들이라는 견해다. 이들 학병세대는 건국 이후 대한민국의 정치, 경제, 사회, 문화 모든 분야에서 자유민주주의 대한민국의 건설에 실질적인 설계자이며 실천가였다는 주장이다. 특히 언론과 사상, 문화 그리고 교육 분야에서 놀라운 기여를 했다고 주장한다. 저자는 이들이야말로 태생적으로 친일문제에 자유로웠고 일부는 중경 임시정부 시절 광복군지대에 편입되어 대한민국 임시정부의 적자라는 자부심이 대단했다고 주장하였다.

대표적인 인물이 사상계 발행인이었으며 박정희 대통령의 최대 정적이라고 평가받는 장준하 선생이다. 그의 광복군 동지이며 평생의 친구였던 고려대학교 총장을 역임했던 김준엽 선생 그리고 강원룡, 지명관, 서영훈, 선우휘, 김성한, 양호민, 김수환, 지학순, 조지훈 등이 소위 학병세대로서 대한민국을 건설한 실질적인 인물들이라고 주장하였다. 연령적으로는 1916년도부터 1924년도 태생이다(주로 1918년도에서 1922년). 이들의 사상적인 선배로는 류영모, 함석헌, 김재준, 류달영 등이 있었고 이들 학병세대의 뒤를 이는 후배세대로는 천관우, 이기백 등 언론인과 역사학자가 있다고 했다.

저자는 이들 학병세대야말로 정치, 언론, 교육, 종교, 학술, 사상 등 각 분야에서 오늘날 대한민국의 기초를 놓고 다진 인물들이라고 말한다. 이들은 기본적으로 서구 지향적인 세계주의자였고 대한민국의 현대화에 대한 투철한 소명의식이 있었다고 생각했다. 때때로 박정희 체제와 뜻을 같이하기도 했지만 그의 친일적인 뿌리에 대해서는 태생적으로 반감을 가졌다. 또한 이들 학병세대는 제헌 헌법에 구현된 상해 임시정부의 중도적 이념에 동감했고 산업화의 밑그림을 박정희 정권에 제공했다(박정희 정권의 경제개발 5개년 계획의 모델은 장면 정권 시절 장준하 선생이 주도 하에 설계한 경제개발계획 마스터플랜이었다).

이들은 또한 박정희 정권이 한국적 특수성을 내세워 한국적 민주주의를 주장하며 정치 사회적으로 반대세력을 억압하고 탄압할 때 최일선에 서서 박정희 독재정권은 물론 그 후 들어선 군사독재정권에 맞서 치열하게 싸우기도 했다. 이들 학병세대의 전면에 섰던 장준하 선생은 1972년 유신체제 이후 더욱 공고화되어가는 박정희 독재정권에 목숨을 걸고 과감히 맞서 싸웠다. 그는 1974년 '박정희 대통령에게 보내는 공개서한'을 통하여 박정희와 정면 대결하였다. 박정희는 늘 장준하를 비롯한 이들 학병세대에 대해 그들이 친일로부터 자유스러운 데 반해 자신은 일본군 장교 출신으로 친일문제에 자유스럽지 못하다는 점 때문에 근본적인 콤플렉스가 있었다.

이들 학병세대의 주류는 바로 평안도(평남과 평북)출신들이다. 장준하, 김준엽, 선우휘, 지명관은 평북출신이고 서영훈, 양호민, 지학순은 평남 출신이다. 그리고 강원룡은 함경도 출신이다. 선배세대 중 함석헌은 평북, 김재준은 함북이다. 학병세대로 대한민국의 건국에 기초를 다진 이들의 80, 90 프로가 평안도를 비롯한 이북출신이다. 한국 근대사에 있어서 문명개화파 2세대로 불려지며 일제강점기 시대 민족의 지도자로서 독립운동을 이끌었던 이승만, 김구, 안창호 그리고 이동휘는 모두 이북 출신이다. 1920년도 이후 무장 항일투쟁을 이끌었던 유명한 독립군 대장들도 이북출신이 많다. 홍범도 장군, 권동진 장군, 양세봉 장군 모두 평안도 출신이다. 또한 해방 정국에서 남북한 정치지도자들 모두 이북출신이었다. 이승만과 김구 선생이 남한 정국을 주도하였고 북한에는 조만식 선생과 김일성이 주도하였다. 이들 모두 이북출신이다. 한국 근대사를 공부하며 이북출신 선대 어르신들이 역사의 전면에서 온몸을 바쳐 나라와 민족을 위해 헌신하였음에 평남의 후예로서 무한한 긍지를 느끼며 한없이 자랑스럽다. 이런 분들을 한 분 한 분 찾아 90분을 〈평남을 빛낸 인물〉로 선정하여 책자로 만들어 이들의 숭고한 삶을 후계세대에 전할 수 있어 보람을 느낀다.

2021년 9월 26일 일요일 날씨: 맑음

아침에 조금 일찍 일어나 뒷산에 갔다. 새벽녘이라 등산길이 어두웠다. 밤나무 있는 곳을 가니 어두워서 밤이 보이질 않았다. 오동나무까지 두 번을 다녀오며 내려오니 한 아주머니가 밤을 줍고 있었다. 한발 늦은 셈이다. 오늘은 아주머니한테 양보를 하는 것이 순리일 것 같다. 아침을 먹고 기념문집 작업을 계속하였다. 점심을 먹고 조금 쉬다가 계속해서 기념문집 원고작업을 했다.

2021년 9월 27일 월요일 날씨: 맑음

오늘 도 사무국 직원들과 주간 업무회의를 하였다. 9월 29일에 있을 예정인 명예시장. 군수 정기 월례회 준비를 잘하도록 지시하였다. 오늘 비서실 직원들과 대성옥에 가서 도가니탕에 수육 한 접시를 시켜서 먹었다.

2021년 9월 28일 화요일 날씨: 흐림 간혹 비가 옴

오늘 아침 10시에 위원장이 자리에 없어 주간업무 회의는 오후 2시에 하기로 하고 네 분 도지사들과 차담회만 가졌다. 점심은 황해도지사가 안내하는 혜화동 국수집으로 가서 먹었다. 튀김을 한 접시 시켜서 먹었다. 안동국시와 비슷한 맛이다. 그러나 안동국시보다는 맛이 떨어지는 것 같았다.

오후 2시에는 정식으로 이북5도위원회 주간 업무회의를 하였다. 이북5도위원회 사무국에서 일반수용비 예산에 대한 설명이 있었다. 금년도 해외 출장에 대한 추진상황에 대해서 이야기를 나누었다. 행정안전부 입장에 코로나 사태로 인하여 해외 출장에 대한 승인을 받기가 어려울 것이라는 설명이 있었다. 저녁 6시 30분에 용산역 부근에 있는 일식집에서 5도 지사들과 저녁을 함께하였다. 오늘은 오 위원장이 식사를 냈다.

2021년 9월 30일 목요일 날씨: 맑고 햇빛이 부드러워짐
오늘 점심은 장모님 해장국집에 가서 먹었다. 배추국에다 선지와 곱창을 넣어 끓였는데 담백하게 간을 해서 먹기가 좋았다. 오후에 조성원 이북도민새마을회장과 박지환 고문께서 오셔서 환담을 하였다. 조태용 의원으로부터 10월 7일 자 점심 일정을 10월 25일로 변경하자는 메시지가 와서 그렇게 하기로 말씀드렸다.

2021년 10월 1일 금요일 날씨: 맑음
오늘은 반 차 휴가를 내었다. 오전 11시 40분쯤에 퇴청하여 인덕원 사무실로 갔다. 사무실로 가는 도중에 과천에 있는 곰탕집에 들러 윤 주무관과 곰탕으로 점심을 먹었다. 사무실에 가서 최근 진행되는 수주 건에 대한 설명을 들었다.

2021년 10월 3일 일요일 날씨: 맑음
오늘은 개천절이다. 아침에 국기를 게양하였다. 우리 빌모트빌라 단지 내에서는 우리 집이 유일하게 국기를 단 집이다. 애국심이 없어서라기보다는 국경일에 대한 인식이 예전 같지 않은 것은 분명하다. 나도 평남지사로 취임하기 전에는 국기 게양에 대해 소홀했었던 것이 사실이다. 학교 교육에서부터 애국심을 고취하는 교육이 필요한 이유이다. 점심에는 현서네 집에 가서 제인이와 제윤이를 보았다. 기념문집 작업할 것을 갖고 가서 계속하여 작업하였다.

2021년 10월 4일 월요일 날씨: 맑음
어제가 개천절 공휴일인데 일요일이었기에 오늘은 대체 휴무일이다. 예전과 달리 참 공휴일과 노는 날이 많아졌다. 인간답게 살기 위해서라지만 아직 우리나라 실정에는 좀 이른 게 아닌가 하는 생각이다. 오늘은 모처럼 집사람과 바람을 쐬러 가자고 하였다. 오랜만에 세종시 집사람 형제자매가 있는 곳으로 가기로 했다. 국립대전현충원 부근에 있는 갑동 숫골냉면집의 냉면 맛이 평양옥류관 못지 않다고 하고 그곳에서 세종시 동서들과 아내의 자매들과 평양냉면을 먹기로 했다. 낮 12시쯤에 모두 모여 냉면을 먹었다. 육수 맛이 정말 시원하고 맛이 있었다.

점심을 먹고 대전 현충원 둘레길에서 2시간 정도 있다가 저녁은 조치원 부근에 있는 제법 유명하다는 산장가든으로 갔다. 소문대로 대기하는 사람들이 많았다. 돼지숯불갈비가 전문인 식당인데 외딴곳에 제법 크게 지은 건물에 대규모 갈비집이었다. 세종시 부근에서는 제법 이름이 난 음식점이라고 한다. 돼지갈비를 맛있게 먹고 나서 후식으로 아이스크림을 한 개씩 사서 먹고 우리는 서울로 올라왔다.

2021년 10월 5일 화요일 날씨: 맑음

오늘은 이북5도위원회 회의가 있는 날이다. 아침에 회의자료가 준비되지 않았다고 하여 간담회만 했다. 북한연구소에서 발간된 북한지 9월호에 박성재 이북5도 민주평통 부의장의 기고문이 실렸다. 북한연구소에서 9월호 다섯 권을 보내와 지사님들에게 나누어 주었다.

오늘 점심은 내가 호스트 하는 날이다. 전에 다른 지사들이 갔었다는 민어탕 잘한다는 집이라는 신성으로 갔다. 나와 오 지사는 민어탕으로 하고 다른 세분 지사님들은 서더리탕으로 하였다. 민어탕 맛이 그런대로 좋았다.

2021년 10월 6일 수요일 날씨: 맑음

오늘은 필동면옥에서 양덕군 유지분들과 평양냉면과 수육으로 점심을 함께했다. 식사 대는 박종필 형님께서 내시겠다고 하여 그렇게 하시게 했다. 박종필 형님은 어머니와도 가깝게 알고 지냈던 사이라 내게는 형님처럼 느껴지는 분이다.

2021년 10월 7일 목요일 날씨: 맑음

대학 동기들에게 일일이 연락하여 원고 부탁과 사진 독촉을 하였다. 내가 좀 너무 심하게 하는 건 아닌지 하는 생각도 들었으나 한 번 제대로 된 멋진 기념문집을 만들어 보고 싶은 욕심이 생겼다. 모든 친구들이 참여하는 그런 의미 있는 기념문집을 만들어 보고 싶다.

2021년 10월 8일 금요일 날씨: 맑음

오늘 이북5도위원회 광주사무소에서 이북도민과 북한 이탈주민들과 가족 결연자들 간에 화합의 한마당 행사가 있었다. 김대중 컨벤션센터 델리하우스 3층에서 있었다. 80여 명 정도 참석하였다. 방역 조치 때문에 광주 부시장이나 광주시의회 의장은 참석하지 못하였으나 광주시의회 부의장 두 분을 비롯하여 그 외 몇 분의 시의원들과 박만규 흥사단 이사장님과 친구분이라는 최태용 전남대 교수도 참석하여 반갑게 인사를 나누었다. 행사가 아주 잘 진행되었다. 광주지구 사무소장이 업무를 잘 처리하는 것 같았다. 저녁 식사를 한 후에 곧바로 서울로 올라왔다.

2021년 10월 9일 토요일 날씨: 맑음

오늘은 한글날이다. 세종대왕께서 한글을 창제하신 것은 우리 역사의 가장 큰 문화적인 자산이다. 글이 있기에 우리의 역사와 정신을 올바르게 전해왔고 후세에 전할 수 있을 것이다. 세계역사상 글을 만들겠다고 생각하고 글을 제대로 만든 나라는 아마도 우리 민족이 처음일 것이다.

몇 년 전부터 세계인을 상대로 조사한 바로는 한글이 가장 우수한 문자라는 평가를 받았다고 한다. 글이 만들어진 과정과 의미, 쓰기 쉽고 배우기 쉬우며 또한 소리글이기에 표현하지 못하는 소리가 없다. 글이 있었기에 암흑기 일제강점기에도 독립정신을 갖고 민족혼을 지킬 수 있었다고 생각한다.

한글학회 회장을 오래 역임하시며 광복 이후 한글의 문법 체계를 확립하고 한글 전용에 온 힘을 기울이셨던 최현배 선생님을 연세대학교에서 뵙고 직접 그분의 강연을 들을 수 있어서 영광이었다. 카랑카랑한 경상도 사투리로 조금은 어눌하게 말씀하셨지만 정신이 살아있는 말씀을 하셨던 것으로 기억한다.

2021년 10월 10일 일요일 날씨: 맑음 약간 추웠음

어제와 오늘 그리고 내일은 대체 휴무일이어서 연속 3일간 쉬는 날이다. 쉬는 동안 기념문집작업을 계속하였다. 체력 단련을 위해 뒷산을 올라갔다 왔다.

2021년 10월 11일 월요일 날씨: 맑음

오늘도 대체 공휴일이어서 집에서 편하게 쉬려고 했으나 문집작업을 하느라 제대로 쉬지도 못했다. 10월 들어 두 번째 대체 공휴일이다. 10월은 유난히도 공휴일이 많다.

2021년 10월 12일 화요일 날씨: 맑음

오늘은 위원회 회의가 있는 날이다. 특별한 안건이 없어서 간담회 형식으로 차를 마시며 몇 가지 이북5도위원회의 현안들에 대해 자유롭게 의견을 나누었다. 이진규 함남지사가 추진하는 내달 11월에 개최하기로 한 국제세미나에 대한 설명이 있었다. 공용인터넷에 접속하여 문서 결재를 하고 행안부 공지문을 열람하였다.

2021년 10월 13일 수요일 날씨: 맑음

오늘 점심은 곰솔집에서 월셔회원들과 오랜만에 함께 했다. 멀리 산청에서 정규일 사장도 올라왔고 모처럼 박명준 선배도 함께했다. 점심을 먹고 난 후 나는 오후 일정이 있어서 사무실로 왔고 다른 월셔회원들은 모처럼 경복궁을 들어가 고궁 산책을 하였다고 한다. 90년대 미국 LA에 리스 업무연수차 함께 갔던 리스업계 동료들이 연수를 다녀온 후 두 달에 한 번씩 점심 모임을 갖기 시작한 지 벌써 30년의 세월이 흘렀다. 함께 연수를 다녀온 분 중에 벌써 두 분이 세상을 떠났다.

2021년 10월 14일 목요일 날씨: 맑음

오늘 점심은 코리아나호텔 VIP 참치집에서 평남청년회 임원진들과 간담회를 하였다. 청년회 육성방안에 대한 나의 뜻을 전달했다. 오후 3시에는 연세동문회관에서 제8차 졸업 50주년 재상봉행사 학과 대표모임에 참석하여 회의 사회를 보았다.

2021년 10월 15일 금요일 날씨: 맑음

어제저녁 10반쯤에 조선일보 정지섭 차장 기자로부터 카톡 메시지가 온 것을 보지 못했다. 일찍 잠에 들다 보니 새벽 4시쯤 깨어서야 카톡 메시지를 보았다. 10.15일자 A25면에 내가 기고한 [이북5도위원회를 아십니까?] 란 제목의 글이 지면에 맞게 줄여서 게재하기로 결정했다는 내용이었다. 너무나 기뻤다.

거의 한 달 반을 학수고대했던 순간이었다. 국내 최대 발행 부수를 자랑하는 보수언론의 최선봉에 서 있는 조선일보에 내 글이 실린다는 것이 너무나도 기뻤고 자랑스러웠다. 기고한 글의 분량이 많아 거의 1/3수준으로 줄였다고 한다. 아침 일찍 일어나 뒷산으로 등산을 가면서 101호 문 앞에 배달된 조선일보 오늘 자 신문 A 25면을 보았다. 좌측 아랫면에 내 사진과 함께 실렸다. 너무 기뻤고 나 자신이 큰일을 한 것 같은 생각이 들었다.

내가 정 차장에게 보낸 원고의 제목은 '이북5도위원회을 아십니까?'였는데 데스크에서 '이북5도지사를 임명은 헌법정신을 지키는 일'이라고 고쳤다. 역시 기자들이 제목을 뽑는 감각이 탁월한 것 같았다. 최근 언론기관에서 이북5도위원회의 활동이 미미하여 연간 100억 원이 넘는 예산을 사용하는 기관으로서 제 역할을 하지 못한다는 논조로 비판하는 기사가 있었다.

해마다 국회에서 예산심의를 할 때쯤에 단골 메뉴로 나오는 이슈이다. 이러한 상황은 일반 국민들이 이북5도위원회의 존재 이유와 역할에 대해 잘 이해하지 못하고 있는 데서 비롯된 것이라고 생각한다. 대한민국이 건국된 후 1949년 이승만 대통령이 헌법 제3조에 규정된 '대한민국의 영토는 한반도와 그 부속도서로 한다'는 헌법정신을 지키기 위해 일시적으로 북한 괴뢰집단에 영향력 하에 있는 실지(失地)인 이북5도를 관리하기 위하여 이북5도위원회란 행정기구를 설립하고 이를 관리하는 행정책임자로 5도 지사를 임명했던 것이다.

따라서 이북5도지사를 임명하는 것은 그 자체가 바로 헌법에 규정되어 있는 대한민국 영토를 수호하는 것이며 이는 바로 헌법정신을 지키는 일인 것이다. 이런 시각에서 조선일보가 뽑은 '이북5도지사를 임명은 헌법정신을 지키는 일' 내 기고문의 내용과 의도를 아주 잘 표현한 것이라고 생각한다.

우리나라 헌법 제3조에는 "대한민국의 영토는 한반도와 그 부속도서로 한다."라고 규정하여 이북 지역은 대한민국의 영토임을 분명히 대외에 천명하고 있다. 세계 제2차대전 종전 후에 한반도에 영향력이 있는 미소 양 강대국의 한반도 간섭으로 타의에 의해 일시적으로 대한민국의 실질적인 지배권이 일시 중지된 실지(失地)일 뿐이다. 또한 대한민국 헌법 제4조는 대한민국의 통일에 대한 의지와 그 방법에 대해 "대한민국은 통일을 지향하며, 자유민주적 기본질서에 입각한 평화적 통일정책을 수립하고 이를 추진한다."라고 규정하고 있다. 상기와 같은 헌법정신을 구현하기 위한 실질적인 기구로 이북5도위원회를 설립하고 그에 대한 임무를 규정한 것이 「이북5도 등에 관한 특별조치법」이다.

평양감사 1054일 II

「이북5도 등에 관한 특별조치법」은 "이북5도와 미수복 시·군의 행정에 관한 특별조치를 규정함"을 목적으로 한다고 규정함으로써 이북5도위원회가 이북5도와 미수복 경기도 및 미수복 강원도의 지역의 이북 지역을 관리하는 행정부서 규정하고 통일에 대비한 준비를 하도록 한 것이다. 따라서 이북5도지사의 임명은 바로 헌법에 규정한 대한민국의 영토 규정과 통일을 추진하고 준비하는 헌법정신에 따르는 것이다.

[조선일보에 게재된 기고문]

이북5도 지사 임명은 헌법 정신 지키는 일

기고

이명우
이북5도위원회
평안남도 지사

서울 구기동 북한산 자락 부근 5층 건물에 이북5도위원회가 있다. 1945년 8·15 해방 후 공산주의 폭정을 피해 자유를 찾아 남한으로 온 이북5도(황해도·평안남도·평안북도·함경남도·함경북도)와 미수복 경기도·강원도 지역 출신 실향민 1세들과 그 후계 세대들을 지원하고 관리하며 통일을 준비하는 행정안전부 산하 기관이다.

대한민국에는 북한 공산 정권을 거부하고 자유민주주의와 신앙의 자유를 찾아 남하해 정착한 실향민 1세와 그 후계 세대들이 880만명 정도로 추산된다. 실향민 1세 어르신들은 공산주의와 최일선에서 싸워 자유 대한민국 건설에 이바지했다. 후계 세대들도 자유민주주의와 시장경제를 신봉하는 건전하고 양식 있는 시민으로 성장했다.

이북5도위원회의 역할 중 특히 중요한 것은 후계 세대들을 통일 미래세대로 키우는 일이다. 특히 2세·3세들을 중심으로 훌륭한 인격과 자질을 갖춘 사람들을 육성해 이북5도 지역의 명예시장·군수·읍면동장으로 임명하여 행정 경험을 쌓게 하고 통일 시대에 대비하도록 하는 일은 완전한 통일을 이루는데 크게 기여할 것이다. 한국에 정착한 3만4000여 명의 북한 이탈 주민 또한 통일에 대비한 훌륭한 자산이다. 이들이 한국사회 정착 과정에서 정서적 안정감을 갖도록 도와주는 것 또한 이북5도위원회의 중요한 역할이다. 880만 이북도민사회의 구심점인 이북5도위원회와 이북5도지사의 역할을 단순 경제적 가치로만 환산할 수 없다.

1949년 이북5도청을 설치하고 이북5도지사를 임명해온 근본적 이유는 대한민국 헌법 정신의 구현에 있다. 헌법 제3조에 "대한민국의 영토는 한반도와 그 부속 도서로 한다"고 명시하고 있고 제4조에는 "대한민국은 통일을 지향하며 자유민주주의적 기본질서에 입각한 평화적 통일정책을 수립하고 이를 추진한다"고 규정하고 있다. 따라서 헌법에 명시된 영토 규정과 평화 통일 정책을 추진하는 국가 행정 기관으로서 이북5도위원회의 존재 이유가 있고, 이북5도지사들을 대통령이 임명하는 것은 지극히 합헌적이고 현실적이다. 2019년 12월 고려대 산학협력단이 진행한 설문조사에서도 응답자의 81%가 이북5도위원회가 설립 목적에 맞게 역할을 수행했다고 답했고, 87%가 향후 기능과 역할이 현재보다 확대되어야 한다고 답했다.

이북도민 1세대 어르신들은 매년 명절 때면 헤어진 혈육과 두고 온 고향을 그리며 임진각 망배단을 찾아 부조(父祖)님들에게 참배하고 망향의 슬픔을 달랜다. 세계 유일의 분단국가인 우리만이 겪고 있는 아픔이다. 90세 넘으신 어르신들이 간혹 이북5도청사를 들렀다가 도지사실을 찾아와 인사를 나누고 눈시울을 붉히며 하시는 말씀이 있다. "여기 와서 지사님을 보면 고향에 온 것 같아요." 어르신들의 말씀이 이북5도위원회와 이북5도지사의 존재 이유를 말해준다.

〈2021년 10. 15일 금요일 조선일보 A 25 좌측 하단에 실린 기사 전문〉

오늘은 평남 청년부녀회원 임원들과 평창의 봄에서 갈비구이와 파스타로 점심을 함께했다. 그동안 함께 일했던 일을 회고하면서 향후 1년 동안 함께 할 일에 대해서 이야기를 나누었다.

2021년 10월 16일 토요일 날씨: 약간 흐리고 추웠다

　10월 중순 날씨로는 60년 만에 기온이 낮았다고 기상청에서 발표하였다. 아침 9시 20분에 수서역에서 SRT를 타고 대구에 내려갔다. 오늘 대구지구 이북도민회에서 대구시 이북도민연합회 주최로 침산공원에 있는 이북도민 망배단에서 이북 부조님들에 대한 추모제를 거행하는 날이다. 비서실장은 양평에서 출발하여 서울역에서 KTX를 타고 먼저 동대구역에서 나를 기다리고 있었다. 동대구역에 도착하여 비서실장과 역 밖으로 나가니 대구지구 소장이 차를 대기하고 있었다.

　침산공원에 있는 망배단으로 가서 대구지구 한영성 연합회장님을 비롯하여 청년회장인 김원길 회장 등을 만나 인사를 하고 추모식을 거행하였다. 약 70여 명 정도의 이북도민과 북한 이탈주민들이 참석하였다. 한영성 회장의 추모사에 이어 내가 "오늘 대구 침삼공원에서 정성을 드려 개최하는 합동망향제도 우리 이북도민만이 갖는 단결력의 상징이요, 서로 간에 이산과 실향의 아픔을 달래고, 동시에 남북 이산의 아픔이라는 비극과 통한의 시대를 끝내려는 도민의 의지를 한데 모으는 대표적인 연례행사라고 할 수 있습니다" 라는 요지의 추모사를 하였다.

　한 시간 정도의 추모제를 끝내고 미리 예약한 식당에 가서 갈비찜 정식으로 점심을 대구지역 임원진들과 함께했다. 식사하고 대구지구 도민 유지분들과 인사를 나눈 후에 염길순 소장의 차를 타고 동대구역으로 와서 SRT를 타고 서울로 왔다. 오후 5시쯤에 집에 도착하여 샤워를 하고 좀 쉬었다. 차정렬 평남청년회 명예회장에게 연락하여 10월 15일자 조선일보 신문기사를 청년회원들에게 읽어보도록 독려 좀 해달라고 부탁하였다.

2021년 10월 17일 일요일 날씨: 맑음

　아내와 하나로마트에 가서 일주일 먹을거리를 사고 이어 최근에 개장한 롯데아울렛에 갔다. 지난주에 찜해놓은 올첸브랜드 겨울 반코트 식 점퍼를 샀다. 내 몸에 딱 맞고 스타일도 캐주얼한 게 마음에 들었다. 집에 와서 청소 좀 하고 뒷산에 올라갔다 왔다. 저녁 늦게까지 기념문집 작업을 했다.

2021년 10월 18일 월요일 날씨: 조금 흐리고 추웠다

오늘 아침에 아내를 현서네 집 부근까지 차로 데려다주고 왔다. 매주 월요일은 제윤이 보는 아주머니가 늦게 오기 때문에 출근하는 현서와 지홍이를 위해서 두세 시간 동안 제윤이를 돌봐주어야 한다. 집에 돌아와서 시간이 충분하지 않아 급하게 아침을 간단히 먹고 세수를 한 다음 사무실로 출근하였다.

오늘은 조성원 회장을 비롯하여 새마을회 간부들을 점심에 초대하기로 한 날이다. 오전 11시쯤에 이완용 회장을 비롯하여 임원 몇 분이 먼저 왔다. 11시 20분쯤 황해도지사 방에서 연락이 왔다. 종로구청장과 종로구문화원장 그리고 민주평통 상임위원 세 분이 방문하셨다고 하여 인사하러 갔다. 세 분에게 황해도 명예도민증 증정식이 있었다. 북악정에서 새마을 임원들 다섯 분과 함께 식사를 하며 새마을운동이 이북도민사회에 활발하게 전개되기를 부탁하였다.

2021년 10월 19일 화요일 날씨: 맑음

오전 10시에 이북5도위원회 회의가 있었다. 특별한 안건이 없어서 간담회식으로 이야기를 나누었다. 내주 금요일에 속초시청을 방문하는 계획에 대해서 의논하였다. 5도 지사 다섯 분이 평일에 모두 함께 가는 행사이기에 공식적인 행사가 되어야 하는 문제가 있어 속초시장의 초청 형식이 필요하다는 의견이었다. 함북지사가 속초시장과 의논해서 결정하기로 했다.

오늘 점심은 김원진 행정자문위원장께서 박지환 자문위원, 장원호 위원, 조성원 위원 그리고 최용호 위원을 나와 같이 초대하여 대접하기로 하였다. 북악정에 가서 점심을 하며 평남 도정에 대해 이야기하였다. 김원진 위원장님을 비롯하여 참석한 위원님들 모두 열심히 도지사를 보좌하여 도움이 되는 자문역할을 충실하게 하시겠다고 말씀하셨다. 환담 중에 평남중앙도민회의 현 집행부에 대해 우려하는 의견들이 있었다.

식사 시간 중에 최용호 행정자문위원이 평남중앙도민회의 발전을 위해 내년도 중앙도민회장 직에 출마하겠노라고 말하며 출사의 변을 말하였다. 도민회장이 되면 열심히 봉사할 각오가 서 있다면서 도민회장 출마 결심을 굳혔음을 밝혔다. 그동안 주위에서 내년도가 평남도민회에서 연합회장을 맡는 해이니 좀 더 능력이 있고 대외적으로도 연합회장으로서 품격에 맞는 인물이 나와야 된다는 이야기는 있어 왔다. 이에 장원호 전 도민회장과 조성원 도민회 명예회장을 비롯한 몇몇 뜻 있는 유지분들이 최용호 위원에게 간곡히 회장에 나오도록 권유를 한 것으로 알고 있다. 아무튼 잘 된 결정이라고 생각한다. 공용인터넷에 접속하여 문서 결재를 하고 행안부 문서를 열람하였다.

2021년 10월 20일 수요일 날씨: 맑음

오늘 오전 11시에 평양고보 동창회가 강남 동보성에서 있었다. 인사말을 하면서 평양고보의 훌륭하신 선배님들이 평남은 물론 우리나라 발전에 큰 역할을 하셨음에 감사하고 평남의 자랑이라고 말씀드렸다. 1세 어르신들에 대한 인터뷰작업을 한 후 이를 영상과 책자로 발간할 계획임을 말씀드리고 그동안 평고보 동창회지인 대동강 지에 실린 귀한 글 중에 고향 이야기를 담은 회고담은 책자에 실을 계획도 갖고 있음을 말씀을 드리고 평양고보 동창회장님으로부터 허락을 받았다.

2021년 10월 21일 목요일 날씨: 맑음

아침에 서울대공원으로 갔다. 오늘 평남산악회가 서울대공원에서 트레킹하는 날이다. 점심 약속이 평남중앙부녀회 임원들과 있어 오전 11시에 산악회 회원들에게 인사 말씀만 드리고 약속 장소로 향했다. 전통 한식당인 '지화자'에 도착하니 송경복 회장님과 두 분 팀장 그리고 구순림 청년부녀회장이 오셨다. 점심을 하며 평남부녀회 향후 발전 방향에 대해서 이야기를 나누었다. 평남중앙부녀회장이신 송경복 어르신이 너무 연로하여 후계문제를 준비해야 할 것 같다.

2021년 10월 22일 금요일 날씨: 맑음

오늘 점심은 박성재 전 황해지사와 한정길 전 함남지사 두 분을 모시고 코리아나호텔 3층에 있는 대상해 중식당에서 했다. 두 분이 올해 4월에 퇴임하신 후에 한 번 모신다고 이야기를 했었는데 일정이 서로 마땅하지 않아 오늘에서야 식사를 함께하게 되었다.

박 전 지사님은 민주평통 이북지구회의 부의장으로 임명되어 활동하시고 계시기에 일주일에 한 번씩은 만나보게 되었지만 한 지사님은 퇴임하신 이후 전화통화만 몇 번 했을 뿐 오늘 처음으로 만나게 되었다. 그동안 헬스에 다니며 운동도 하고 양재천도 규칙적으로 걸으신다고 하셨다. 뵙기에도 아주 건강해 보였다. 식사를 하며 이북5도 현황에 대해 설명을 하였고 내가 기고한 글 〈이북5도위원회를 아십니까?〉란 글이 게재된 북한지 9월호를 보시라고 한 지사님께 드렸다. 식사 후에 윤 주무관 보고는 먼저 퇴근하라 하고 나는 인덕원 사무실로 갔다.

2021년 10월 23일 토요일 날씨: 아주 맑음

오늘은 우리 셋째 손녀딸 박제윤이의 첫 돌잔치를 하는 날이다. 집 앞에 있는 이태리 레스토랑에 예약하였다고 하여 오전 11시 30분쯤에 식당으로 갔다. 해림이네 식구, 사돈어른, 사돈총각네 가족 그리고 현서네 가족 이렇게 함께 모였다. 사부인은 치료 중이라 오늘 함께 하지 못하셨다. 돌잡이에 제윤이가 비타민C 병과 청진기를 잡았다. 바이오 분야 의사가 될 거라고 이야기들 했다. 사돈어른이 덕담으로 제윤이 무엇보다도 마음과 정신이 건강한 아이로 자라주었으면 좋겠다고 말씀하셨다. 나 역시 몸과 마음 그리고 정신이 바르고 건강하게 잘 자라서 자기 자신을 귀하게 여기고 사랑하고 사회에 도움이 되는 인물이 되었으면 좋겠다고는 덕담을 하여 주었다.

2021년 10월 24일 일요일 날씨: 맑음

오늘은 주로 기념문집 작성에 시간을 보냈다. 정말 내용 있고 멋있는 기념문집을 만들려고 생각하다 보니 자꾸 욕심이 나서 일이 많아지고 시간이 많이 소요된다. 그러나 모든 친구가 참여하는 그런 의미 있는 문집을 만들어 친구들에게 전해주고 싶다. 오늘이 '유엔의 날'이다. 우리가 중고등학교에 다닐 때만 해도 유엔의 날을 제법 의미있게 기념했었는데 요즘은 여전같지 않은 것 같다. 나라의 위상이 대외적으로 높아지다 보니 유엔 무대에서도 대한민국의 발원권이 세지는 것 같다.

2021년 10월 25일 월요일 날씨: 맑음

도 사무국 직원들과 주간 업무회의를 했다. 이번 주 도지사 주요 일정을 설명하고 준비를 부탁했다. 북한연구소의 월간 잡지 '북한'을 한 권씩 드리며 권두언으로 게재된 나의 원고 〈이북5도위원회를 아십니까?〉란 기고문을 읽어보시라고 말씀드렸다. 점심을 먹고 나서 신촌 세브란스 이비인후과로 가서 보청기 수리를 부탁하였다. 오늘은 조금 일찍 사무실에서 나왔다. 윤 주무관이 이사하여 우리 집에서 멀어진 데다가 윤 주무관 집사람이 임신 5개월째라고 하여 조금 집에 일찍 갈 수 있도록 신경을 썼다. 집에 도착하자마자 황해도사께서 전화를 주셨다.

『평남을 빛낸 인물 30분』 추가 작업상황을 점검하였고 평남무형문화재 지정 관련하여 진행 상황을 체크 하였다. 오늘 점심은 코리아나호텔 3층에 있는 VIP 참치집에서 조태용 의원의 초대로 장원호 회장과 최용호 사장이 동석하여 함께 했다. 몇 주 전에 약속이 되어있었는데 조태용 의원께서 이준석 국민의 힘 당 대표와 함께 미국에 출장을 가는 바람에 오늘로 연기되었다. 식사를 하며 조태용 의원의 의정활동에 대한 이야기도 듣고 이북도민들을 적극적으로 성원하겠다는 덕담도 하였다. 이어 이북5도위원회와 이북도민 사회의 현안에 대해 이야기를 나누며 의견을 교환을 하였다. 조태용 은 말씀 중에 당신은 비례대표 국회의원이기에 지역구가 이북5도라고 해서 모두 공감하면서 웃었다. 공문서를 열람하고 결재할 문서에 서명을 했다.

2021년 10월 26일 화요일 날씨: 맑고 약간 추었음

오늘 위원회 주간회의가 있었다. 특별한 안건은 없었고 11월 5일에 국제학술세미나를 개최하는 건에 대해서 행사를 기획한 함남지사의 설명이 있었다. 통일에 대한 문제가 주제가 될 것 같다. 점심은 평창동 칼국수 집에 가서 먹었다.

점심을 먹고 난 후에 가수 조영남의 화투 그림 전시회가 있는 종로에 있는 미술관으로 갔다. 조영남 씨가 아직 도착하지 않아서 1층에 있는 찻집에서 커피를 마시고 1시간 30분쯤 지하에 있는 전시실로 갔다. 예의 화투 그림이 40여 점 정도 전시되었다. 지명도가 있어서 그런지 작품 가격이 호당 70만 원 한다고 한다. 최고가의 그림은 태극기를 그린 대작이었는데 1억 원 정도로 책정되었다고 한다. 오후 2시경에 조영남이 전시실로 왔다. 반갑게 인사를 나누고 자리에 앉아서 이야기를 나누다가 도지사들과 함께 기념촬영을 하고 나왔다. 오늘 전시회 방문은 조영남이 황해도 신천 출신이어서 황해도지사께서 사전 방문 약속을 하고 갔었다. 기회가 되면 이북5도청에 한 번 방문하기로 했다.

오후 3시경에 송경복 회장께서 오셔서 〈유화〉라는 평양고녀 동문 잡지를 몇 권 가지고 오셨다. 동문지에 실린 글 중에 송경복 회장님의 글을 인터뷰 책자 발간할 때 넣기로 하였고 동문 중에 고향에 대한 이야기를 쓴 글이 있으면 게재하기로 했다.

오후 4시에 평북지사의 평북발전기금 전달식이 있었다. 정대철 대표께서 오셔서 축사를 해주셨다. 오늘 전달식은 평북지사가 평북 도정과 평북 후계세대 육성을 위하여 5천만 원을 기증할 것을 약정하였고 오늘은 우선 3천만 원을 기증하여 이를 기념하기 위한 자리였다. 다른 도지사들이 내심 모두 놀라는 분위기였다. 오후 4시 40분경에 유지숙 선생이 오셨다. 유 선생님과 평남무형문화재 발전 방향에 대해 의견을 나누었다.

2021년 10월 27일 수요일 날씨: 맑고 추웠음

평남중앙도민회 회장단과 유지들의 단합대회 겸 워크숍을 강원도 양양에 있는 동해보양온천컨벤션호텔에서 가졌다. 약 50여 명 정도의 도민들이 참석하였다. 저녁을 하면서 그동안 코로나 사태로 도민회 활동을 제대로 개최하지 못한 것에 대해 아쉽게 생각하며 도민회 발전에 서로 최선을 다하기로 다짐하였다. 저녁을 먹고 해변가에 나가서 도민들과 맥주를 마시며 환담을 하였다.

2021년 10월 28일 목요일 날씨: 맑음

아침에 일어나 사우나를 하고 동해안에 뜨는 일출을 감상하였다. 동해안에서 일출 모양을 보는 것은 아마도 처음인 것 같았다. 신비롭고 경이로웠다. 우주와 자연계의 신비롭고 위대함을 새삼 느꼈다. 비록 내 나이 75살이지만 아침에 떠오르는 태양과 같이 언제나 힘차게 하루하루를 맞이하려고 다짐해 보았다.

오늘 점심에 역대 평남지사님들과의 오찬 모임이 있어 행사를 다 마치지 못하고 먼저 서울로 출발하였다. 12시 전에 약속장소인 프레스센터에 도착하였다. 마침 서울보증보험 측에서 자서 받을 것이 있다고 하여 프레스센터 로비에서 만났다. 자서 해주고 19층 식당으로 가서 역대 지사님들과 오찬을 함께 하였다. 오늘 점심 모임에는 김중양 지사님만 참석하지 못하였다.

2021년 10월 29일 금요일 날씨: 맑음

　오전 11시 30분에 양덕군 유지들을 모시고 간담회를 하였다. 간담회를 마치고 통의동에 부근에 있는 곰솔로 가서 양덕군 유지분들과 오찬을 함께 했다. 양덕군민 어르신들은 내가 양덕군 출신으로 도지사가 된 것에 대해 무척 긍지를 느끼신다고 한다. 고향 어르신들의 기대에 저버리지 않기 위해서라도 더욱 열심히 도지사 직무를 수행할 것을 마음속으로 다짐했다.

2021년 10월 30일 토요일 날씨: 맑음

　오늘은 대구지구 사무소에서 주관하는 대구지역 가족결연행사가 있었다. 대구지역 이북도민과 대구지역에 거주하는 북한 이탈주민과의 가족결연 행사이다. 행사가 끝난 후에 시간이 있어 삼성물산의 발상지인 공원을 방문하여 이병철 회장의 동상도 보고 삼성의 위대한 출발 현장을 보았다. 기업보국이란 정신으로 우리나라 경제발전에 크게 기여하신 이병철 회장의 앞을 내다보는 예지력과 탁월한 경영능력과 그리고 흔들림 없는 기업가 정신에 경의를 표한다. 한국의 산업화는 박정희 대통령의 영도력과 이병철 회장과 정주영 회장 그리고 김우중 회장 같은 탁월한 기업가들이 있었기에 가능한 것이라 생각된다.

2021년 10월 31일 일요일 날씨: 맑음

　아침에 일찍 일어나 뒷산에 다녀왔다. 연일 행사에 참가하다 보니 피로가 쌓여 오늘은 집에서 푹 쉬기로 하였다. 저녁을 먹고 북한 현대사 책을 읽었다. 우리나라의 근현대사에 대해 정확하게 이해하려면 북한 현대사에 대한 이해가 반드시 필요하다고 생각한다. 최근 중고등학교 역사교육에 상당한 문제가 있는 것으로 알려져 있다. 올바른 역사교육이 절실한 때이다.

2021년 11월 1일 월요일 날씨: 맑음

도 사무국 직원들과 주간 업무회의를 가졌다. 오전 11시 30분에 금창호 경북사무소 사무국장에게 명예평안남도 도민증을 수여하였다. 금창호 사무국장은 경상북도 공무원으로 근무하다가 정년퇴직한 후에 이북5도위원회 경북사무소에서 사무소장을 보좌하는 사무국장직을 맡아서 오랫동안 일해오고 있다. 경북지구에서 북한 이탈주민과 가족결연을 하는 데 참여하겠다는 의사를 표시하였다. 북한 이탈주민과 가족결연을 하기 위해서는 이북출신이거나 최소한 명예 이북도민증이 필요하기 때문에 이번에 평남 명예도민증을 신청하였기에 명예도민증을 수여하기로 했다.

그동안 이북5도위원회 경북사무소에 사무국장으로 근무하였고 이북도민사회에 대한 이해도가 높기 때문에 충분한 자격이 있다고 생각하여 평남 명예도민증을 수여하기로 결정하고 오늘 명예도민증을 수여하였다. 명예도민증을 수여한 후에 행복집에 가서 김주철 경북사무소장과 함께 점심을 하였다.

2021년 11월 2일 화요일 날씨: 맑음

이북5도위원회 주간회의를 가졌다. 특별한 회의 안건은 없었다. 5도 지사님들과 점심을 같이 했다. 결재문건에 서명하고 행안부 공지문을 열독하였다.

2021년 11월 3일 수요일 날씨: 약간 추웠음

오늘은 창원으로 출장을 갔다. 저녁 6시에 제1회 홍범도 장군 배 전국 사격대회 전야제 겸 환영만찬회가 있어서 홍범도 장군 기념사업회 이사 자격으로 참석하기 위해서다. 우원식 국회의원이 기념사업회 이사장으로 있어서 축하 만찬 겸 전야제에는 창원시장을 비롯하여 창원시 유력 인사들이 많이 참석하였다. 만찬이 끝난 후에 기념사업회 임원들 10여 분하고 시내 막걸리 바에 가서 대회의 성공을 빌며 즐겁게 담소를 나누며 막

걸리를 함께 기울였다. 행사장 부근에 있는 호텔에서 1박 하였다.

2021년 11월 4일 목요일 날씨: 맑고 포근하였음

제1회 여천 홍범도 장군 기념 사격대회가 열리는 창원시 국제사격장으로 갔다. 창원은 국제사격대회를 유치할 만큼 규모가 큰 사격장이 건설되어 있다. 창원시 사격협회 임원의 안내를 받으며 사격장의 경기장과 시설을 둘러보았다. 사격대회가 개최되는 현장에도 가서 사격대회를 관람하였다. 사격대회장을 둘러본 후에 서울로 올라왔다.

2021년 11월 5일 금요일 날씨: 맑음

오늘은 연가를 내고 쉬기로 했는데 문서 작업을 할 것이 있어서 사무실에 잠깐 들렀다. 단골 목욕탕에 가서 이발도 하였다. 단골 이발사는 나보다 서너 살 정도 적은데 이발 경력이 50년이 넘는 전국 이용사협회에서 인정하는 이발 장인이다.

2021년 11월 6일 토요일 날씨: 맑음 그러나 약간 추웠다

평남중앙청년회 임원연수회가 경기도 양주군 딱따구리연수원에서 개최되었다. 중앙청년회 임원들과 함께 연수회에 참석하여 축사와 격려의 말을 하였다. 전승덕 중앙도민회장도 참석하였다. 평남도민회의 발전을 위해서 청년회원들의 역할이 매우 중요하다는 것을 역설하였다. 연수원에서 청년회원들과 함께 1박을 하였다. 청년회 회원들의 수가 점점 줄어드는 것이 걱정이다. 1세 어르신들이 너무 연로하여 요즘 도민회 모임에 참여율이 급격히 떨어지고 있는데 2, 3세 청장년들의 활동이 저조하고 모임의 참여율이 떨어져서 앞으로 평남도민회의 활동에 대한 우려가 이만저만이 아니다. 청장년회원의 육성이 절대적으로 필요하다.

2021년 11월 7일 일요일 날씨: 맑고 약간 추웠음

아침을 청년회 임원들과 함께 먹고 서울에 다른 행사 일정이 있어서 일찍 서울로 왔다. 오후 1시에 평원군민회 정기총회가 한옥갈비집에서 있었다. 평원군민회에 참석하여 축하 인사말을 하였다.

저녁 7시에 서울 남산국악당에서 만당 오복녀 선생 20주기 추모 공연이 있었다. 서도소리 명창이신 김광숙 선생과 유지숙 선생 그리고 그 제자들이 오복녀 선생을 추모하여 서도소리 공연을 하였다. 평남도민회와 이북도민 아카데미 회원들이 20여 명쯤 참석하여 공연을 관람하였다. 김광숙 선생은 서도소리국가 무형문화재이다. 김광숙 선생의 소리는 오늘 처음 직접 듣게 되었는데 목소리가 맑고 고왔다. 유지숙 선생과 함께 스승인 오복녀 선생을 추모하며 서도소리의 진수를 들려주셨다.

2021년 11월 8일 월요일 날씨: 맑음

도 사무국 직원들과 주간 업무회의를 하였다. 전주에서 있었던 일을 점검하고 이번 주에 할 일들을 논의하였다. 공용인터넷에 들어가 공지문을 점검하였다.

2021년 11월 9일 화요일 날씨: 맑음

이북5도위원회 주간회의를 하였다. 오늘 모처럼 고경회 모임이 있어서 도지사님들과 함께 점심을 하지 못하였다. 오후 1시에 고경회 점심 모임을 서초동에 있는 〈울돌목 가는 길〉에서 가졌다. 모처럼 만에 만나 즐겁게 인사하며 식사를 함께하였다.

오후 3시에 도산공원에 있는 도산 안창호 선생기념관에서 도산 안창호 선생 탄신 143주년 기념식에 참석하였다. 내가 도산안창호선생기념사업회 고문자격으로 참석하여 도산 안창호 선생의 약전을 봉독하였다. 도산 안창호 선생은 일제강점기 시기에 진정한 민족의 스승이요 지도자이셨다. 평남 최고의 인물이시다. 그분의 독립방략인 실력양성론이란 정치철학은 대공주의(大公主義)이며 애기애타(愛己愛他)이다. 이런 선생의 정신은 오늘날에도 우리 후세들이 본받아야 할 큰 가르침이라고 생각한다.

2021년 11월 10일 수요일 날씨: 맑음

그동안 평남사무국에서 근무하였던 김한상 계장이 인사 발령으로 정부청사 관리부서로 전근하게 되었다. 관례대로 평남사무국에 근무하다가 퇴직하거나 전출되는 경우 그동안 평남도에 기여한 공로를 인정하여 평남 명예도민증을 수여하는 것이 관례였다. 이에 오늘 오전 11시에 김한상 계장에게 명예도민증을 수여하고 간단한 선물을 전달하여 그동안의 노고에 감사를 표하였다.

저녁 6시에는 코리아나 호텔 중식당인 대상해에서 강우규의사기념사업회 이사회를 가졌다. 나도 강우규 의사 기념사업회 이사 자격으로 참석하여 왈우 강우규 의사 101주기 추모식 행사에 대한 준비상황을 의논하였다. 특히 이번 추모식에는 국민의힘 당 대통령 후보인 윤석열 후보가 참석하기로 되어있어 의전에 관하여 각별한 신경을 쓰기로 했다. 이북5도지사들은 정치적 중립의무를 요하는 공직자 신분이므로 별도의 간담회는 갖지 않는 것으로 했다.

2021년 11월 11일 목요일 날씨: 맑음 약간 추움

이북5도위원회 출입기자단과 평창의 봄에서 점심을 같이했다. 그동안 언론기관으로서 공정 보도와 평남 도정에 대해서 정확하고 우호적인 보도를 해 준 것에 대해 감사를 표하였다. 오후 2시에는 민주평통지역회의 이북5도 지역회의 4분기 정기회의를 개최하였다. 이북5도 지역회의 부의장은 전임 황해도지사를 역임하여 5도 지사들 모두 축하 겸 참석하였다.

2021년 11월 12일 금요일

졸업 50주년 재상봉 기념 상학과 문집 발간을 위한 사진 작업을 점검하였다. 11월 20일 재상봉 50주년 기념행사에는 기념문집 발간이 어려울 것 같다. 이왕 늦어졌으니 좀 더 내용이 풍부하고 내실이 있게 만들어 보겠다는 의욕이 생겼다. 재상봉행사일 이후에 발간하게 되면 좋은 점도 있다. 재상봉행사 당일의 행사 스케치와 행사 관련 사진도 함께 실을 수 있기 때문이다.

2021년 11월 13일 토요일 날씨: 맑음

오전 11시에 일천만이산가족위원회 장만순 이사장의 딸 결혼식에 참석하였다. 장만순 이사장에게 축하를 드렸다. 장 이사장이 그동안 일천만이산가족위원회 활동을 활발하게 한 덕분에 이북도민들이 많이 참석하였다.

2021년 11월 14일 일요일 날씨: 맑음

오전 11시에 김포지구 이북도민 연합회 정기총회 겸 망향제에 참석하였다. 애기봉에서 거행된 올해 망향제에는 김포시장과 김포지역 2개 지구 국회의원 및 지역 유지들이 다수 참석하였다. 작년에는 코로나로 행사가 거행되지 못하였으나 올해 방역지침이 다소 완화되어 소규모로 진행되었다. 망향제가 끝나고 김포에 있는 신촌식당에 가서 식사하였다.

2021년 11월 15일 월요일 날씨: 맑음 추웠음

도 사무직원 주간회의를 하였다. 사무국장이 올해 말에 공로휴가를 가게 되어있어 퇴임할 때까지 업무 인수인계와 마감을 잘 해달라고 부탁하였다. 지난 1년 반 동안 평남 사무국장으로서 나를 잘 보좌하였고 도 사무직원들의 잘 이끌어주어 도정 발전에 크게 기여했다.

2021년 11월 16일 화요일 날씨: 추움

이북5도위원회 회의가 있었다. 한 주간 각도 추진업무에 대한 설명이 있었다. 위원회 회의를 마치고 공용인터넷을 검색하여 전자결재를 하고 공문서를 열람하였다.

2021년 11월 17일 수요일 날씨: 맑음

중화군민회 이사회가 있었으나 다른 일정이 있어서 참석하지 못했다. 저녁 8시에 대학로 아크로 예술극장에서 김백봉 부채춤 공연이 있었다. 조금 일찍 도착하여 윤 주임과 함께 개그맨 출신인 이원승이 운영하는 피자집에서 저녁을 먹었다. 꽤 이름이 난 집인지 젊은 사람들이 많이 왔다. 공연장에 가서 안병주 교수의 부군인 고등학교 후배인 장석의 이사를 만나 공연을 함께 관람하였다.

2021년 11월 18일 목요일 날씨: 맑음 약간 추움

오늘은 평남산악회에서 소요산으로 정기 산행을 가는 날이다. 이동이 불편하여 윤 주무관이 차를 집으로 몰고 와 차를 타고 갔다. 소요산역에 도착하여 평남산악회 회원들과 만났다. 20여 분 정도 참여하였다. 부근에 예약한 장어탕 집에서 점심을 함께한 후에 트레킹을 하다가 김원진 위원장님을 모시고 서울로 왔다. 서울로 오는 동안에 김원진 위원장님을 인터뷰하였다. 한 시간 반 정도 위원장님의 고향 이야기와 월남하셨을 때의 이야기, 월남 후 군에 입대하여 남한 사회에 정착하는 과정의 이야기 그리고 은퇴하여 애향활동을 하신 이야기를 자세히 말씀해 주셨다.

오늘 인터뷰한 내용을 정리하여 『두고 온 고향 남기고 싶은 이야기』 책에 실을 계획이다. 내년에는 평남 출신 1세 어르신들 5, 60분 정도 직접 인터뷰를 하여 그분들의 고향 이야기와 월남 후 남한 사회에 정착하는 과정의 이야기를 들어보려고 한다. 인터뷰 내용을 정리하여 책자로 발간할 계획이다.

2021년 11월 19일 금요일 날씨: 맑음 약간 추웠음

오늘은 울산지구 평남도민회 간담회가 있는 날이어서 아침에 SRT를 타고 울산으로 갔다. 울산역에 도착하니 울산지구사무소장이 나와 기다리고 있었다. 사무소장의 차를 타고 간담회 장소로 갔다. 울산지구 이북도민연합회장이신 함남 출신 이형철 회장님을 처음 만나 뵈었다. 이형철 회장님은 울산지역에서 사업에 성공한 분으로 오랫동안 지역사회에 크게 기여하신 분이라고 한다. 울산지역에서는 도민사회뿐 아니라 울산 지역사회에서도 크게 존경받은 분이라고 전해 들었다. 도민회 발전을 위해서도 물심양면으로 많은 도움을 주신다고 한다.

오늘은 마침 평남무형문화재 제2호인 향두계놀이 공연이 있는 날이다. 방방곡곡에 무형문화재를 공연하는 프로그램으로 선정되어 울산지역에서는 처음으로 향두계놀이를 공연한다고 한다. 유지숙 단장과 향두계놀이 공연팀을 격려하고 축하해주기 위해서 울산지역 이북도민 간담회 참석을 겸하여 울산에 내려왔다. 공연 전에 이형철 회장님을 비롯하여 이북도민 임원분들과 갈비탕으로 식사를 했다. 마침 유지숙 공연팀도 같은 식당에 있어 반갑게 만났다. 저녁 7시 30분에 공연이 시작되어 내가 평남지사로서 인사말을 하였다. 오랜만에 공연무대에서 향두계놀이 전편을 흥겹게 관람하였다. 공연을 보러 온 울산시민들도 매우 흥미롭게 공연을 관람하였다. 울산에서 1박을 하였다.

2021년 11월 20일 토요일 날씨: 맑고 포근함

오늘 11시부터 연대 총장공관 잔디밭 광장에서 졸업 50주년 기념 재상봉행사가 있었다. 아침에 일찍 일어나 울산역에서 KTX를 타고 서울역에 9시 30분쯤에 도착하였다. 윤 주무관이 서울역으로 마중을 나왔다. 10시쯤에 연대에 도착했다. 경영대학 건물 앞에서 동기 친구들을 기다렸다. 일찍 도착한 친구들과 경영대학 앞에서 그리고 언더우드 동상주위를 배경으로 기념촬영을 하였다. 이북도민연합TV 에 이성환 감독이 일찍 나와 오늘 기념식 행사 전 과정을 촬영해주기로 했다. 유광석 후배도 사진 촬영을 해주었다.

해마다 재상봉 행사는 매년 5월 둘째 주 토요일에 거행되는 것이 관례였다. 그러나 올해는 코로나19 사태로 5월 2째 주에 개최되던 전통을 깨고 11월에 개최하기로 했다. 무리하게 올해 하지 말고 내년으로 연기하자는 의견도 있었으나 아무래도 50주년의 의미를 살리려면 올해 해야 할 것 같다는 동문 다수의 의견에 따라 11월에 강행하게 되었다. 아침부터 날씨가 너무 좋았다. 11월 하순 답지않게 포근하고 햇살이 밝게 비쳤다. 나는 재상봉 50주년 행사 전체 총괄운영위원장으로서 지난 10개월 동안 열심히 준비했었다. 날씨도 포근하고 하늘도 맑아 재상봉행사를 하기에 참 좋은 날씨였다.

2021년 11월 21일 일요일 날씨: 맑음

오후 4시에 국립국악원 예악당에서 평양검무 정기공연이 있었다. 평남도민들과 함께 공연을 관람하러 갔다. 공연 시작하기 전에 해설자가 평남무형문화재 평양검무를 지원하는 평남지사께서 공연장을 찾아주셔서 감사하다는 소개말에 이어 축하의 말씀을 부탁한다고 하기에 무대에 올라 공연 축하 인사말을 하였다.

〈평안남도 무형문화재 1호 평양검무 정기공연〉

정기공연을 진심으로 축하하며 잊혀져 가는 고향 평남의 무형문화재를 이곳 남한 땅에서 전승하고 발전시켜주어 감사하다는 말씀과 함께 평양검무에 대한 관심과 애정을 가져달라고 부탁의 말씀을 드렸다. 임영순 보유자와 그의 제자들이 준비한 평양검무 여러 종목의 춤을 한 시간 넘게 관람하였다. 공연이 끝난 후에 임영순 보유자와 평양검무 단원들에게 축하와 감사의 인사를 드렸다.

2021년 11월 22일 월요일 날씨: 맑음

주간업무회의가 있었다. 도 사무국장이 올해 말에 공로연수에 들어가기로 하여 그동안 노고를 치하했다. 차분하고 책임감 있게 그동안 평남 사무국장으로서 일을 잘 하여 도지사인 내가 편안하게 도정업무를 할 수 있었다.

2021년 11월 23일 화요일 날씨: 맑음

이북5도위원회 간담회가 있는 날이었으나 오 위원장의 다른 일정으로 내일로 연기되었다. 오후 2시에 제50회 평안남도 도민의 날 대회 행사가 이북5도청 5층 중강당에서 있었다. 도민의 날 행사에 축사를 했다. 해마다 도민의 날은 5월 5일 어린이날에 우신고등학교 운동장에서 개최되었는데 코로나 사태로 작년에는 열리지 못하였고 올해는 야외운동장에서 개최하는 대신에 이북5도청 중강당에서 소규모로 갖게 되었다. 하루빨리 코로나 사태가 해결되어 야외에서 체육대회 겸 도민의 날 행사가 있기를 바란다.

2021년 11월 24일 수요일 날씨: 맑음

어제 개최하지 못한 위원회 회의를 오늘 오전 10시에 하였다. 내일 제주도에서 개최하는 이북5도 정책포럼 행사에 대한 오 위원장의 설명이 있었다. 오늘 점심은 인덕대학교 구완서 교수 부부와 함께 북악정에서 했다. 오늘은 구완서 교수가 점심을 냈다. 구완서 교수는 인덕대학교 은봉(박인덕 선생 호)기념관장으로 있는 분으로 『평안남도를 빛낸 인물』에 박인덕 선생이 선정되어 책자에 선생의 일대기를 게재하게 되어 알게 된 분이다. 은봉 선생 일대기를 작성하는데 최종 감수를 하여 주셨다.

2021년 11월 25일 목요일 날씨: 맑음

1박 2일 일정으로 제주도에 갔다. 오늘은 제주도에서 이북5도 정책포럼이 있는 날이다. 이북5도지사 모두 참석하였다. 포럼의 좌장은 정대철 대표가 맡아주셨다. 이북5도위원회와 이북도민회의 중요 행사가 있을 때마다 행사에 참석하시어 좋은 말씀을 하여 주시는 정 대표님께 우리 지사들은 감사할 따름이다. 정 대표께서도 평남 출신이다. 저녁은 횟집에서 포럼을 준비한 이북5도위원회 사무국 직원들과 함께했다.

2021년 11월 26일 금요일 날씨: 맑음

오늘은 포럼에 참석한 지사님들과 사무국 직원들과 함께 제주 투어를 했다. 투어 코스 중에 평안도 출신 1세 어르신들이 잠들고 있는 평안도 경모공원에도 가서 어르신들에게 참배하고 편안한 영면을 기원했다. 점심을 먹고 오후에 서울로 왔다.

2021년 11월 27일 토요일 날씨: 맑음

이북5도 새마을 평남지회 임원연수회가 경기도 장흥 유원지에서 있었으나 다른 일정이 있어 참석하지 못하고 격려금만 전달하였다. 오전 11시 30분에 파노라마뷔페에서 개최된 용강군민회 정기총회에 참석하였다.

2021년 11월 28일 일요일 날씨: 맑음

평남 청장년 등산모임인 평아름회 금년 마지막 산행에 함께 했다. 오늘 산행은 이북5도청 뒷산인 북한산을 올랐다. 선비봉을 거쳐서 비봉으로 내려왔다. 비봉이란 이름의 유래는 이곳에 진흥왕 순수비가 세워진 곳이라 해서 지어진 이름이다.

2021년 11월 29일 월요일 날씨: 맑음

오전 10시부터 30분간 주간 직원회의를 하였다. 오전 11시에 이북5도청 5층 강당에서 왈우 강우규 의사 101주기 추모식을 강우규의사기념사업회 주최로 엄숙하게 거행하였다. 나도 기념사업회 이사로 활동하기에 남다른 관심을 갖고 추모식 행사에 참석하였다.

오후 3시 45분에 서울 정부종합청사 국무총리실에서 국가사회발전에 공헌이 있는 이북도민들에게 국무총리로부터 국민훈장 동백장 전수식이 있을 예정이었으나 국무총리 일정 관계로 다음 주로 연기되었다. 올해 평안남도에서는 조성원 평남중앙도민회 명예회장이 국민훈장 동백장을 수여 받았다. 조성원 회장은 평남중앙도민회장으로 재임할 때 탁월한 지도력과 열정으로 도민사회에 활성화와 발전에 크게 기여하였다. 국민훈장 동백장을 받을 만한 충분한 공적이 있는 분이다.

2021년 11월 30일 화요일 날씨: 맑음

오전 10시에 이북5도위원회 주간회의가 있었다. 오후 2시에는 이북5도청 중강당에서 이북도민 평화 공감 토크콘서트가 있었다. 이북도민에게 통일은 무엇이며 평화통일을 위하여 어떤 준비를 하여야 하는지에 대한 자유로운 토의가 있었다. 결재 문서에 사인을 하고 공지문을 읽어보았다.

2021년 12월 1일 수요일 날씨: 추움

벌써 올해의 끝자락 12월이다. 참 세월이 빠르다는 것을 실감하지 않을 수 없다. 해마다 12월 초가 되면 한해를 돌이켜보며 감회에 젖곤 한다. 올해는 더욱 특별한 느낌으로 12월 마지막 달을 맞이한다. 올해로 내가 도지사에 취임한 지 세 번째 해를 맞은 해다. 정말로 열심히 앞을 보며 달려왔다. 나름 업적도 있었다고 자평해본다. 내년 8월이면 도지사 임기를 마칠 것이다. 후회 없이 마무리를 잘해야겠다고 마음속으로 다짐해본다. 낮 12시에는 코리아나 호텔에서 점심 약속이 있었다.

2021년 12월 2일-12월 3일 목요일 날씨: 맑음

오늘부터 1박 2일간 명예시장군수단 워크숍을 갖는다. 강원도 양구군으로 가기로 했다. 아침 7시 30분에 잠실종합운동장 버스정류장에서 예약한 버스를 타고 가기로 했다. 정류장에 도착하니 시장.군수들이 버스에 타고 기다리고 있었다. 워크숍 첫날은 양구군청을 방문하여 군수와 군청 관계자들로부터 양구군청의 현황과 군청 업무 처리절차 등에 대한 브리핑을 듣기로 되어있었다. 코로나 방역지침에 따라 간이 검사를 받고 군청 직원의 안내를 받아 군청 회의실로 갔다.

조인묵 양구군수의 안내를 받아 회의실에서 양구군수의 환영사와 함께 양구군청의 현황에 대한 설명을 들었다. 양구군은 접경지역으로서 국가안보상 중요한 역할을 하는 지역임을 강조하여 이야기하였다. 오랫동안 군부대가 주둔하여 있었기에 군부대의 역할이 지역경제에도 상당한 영향을 미친다고 하였다. 이어 나는 우리 일행을 환영해주시는 군수님과 관계자 여러분께 감사하다는 인사말과 함께 우리 이북도민은 하루라도 빨리 평화통일이 되기를 학수고대한다는 말을 하였다. 또한 안보의 최일선에서 일하는 양구군과 자유 평화통일을 염원하는 우리 평안남도 간에 긴밀한 협력 관계를 이룰 필요가 있다는 말도 하였다. 양구군청의 브리핑에 이어 안보 주제로 토의를 마친 후 조인묵 군수의 초대로 점심을 함께하였다.

점심을 끝마친 후에 인제의 명소인 소백산 자락을 트레킹하였다. 트레킹코스가 잘 조성되어있었다. 트레킹에서 돌아와 저녁을 먹고 안보연수 겸 리더십 세미나를 하였다. 용강군 명예군수와 성천군 명예군수가 준비한 내용을 발표하고 질의응답 시간을 가졌다. 이어 용강군 명예군수의 지도로

포크댄스를 배우고 함께 추며 즐거운 시간을 가졌다.

다음 날 아침 식사 후 인제지구의 명소를 한두 군 데 들러보고 점심을 먹은 후에 서울로 올라왔다. 의미 있는 워크숍을 한 것 같다. 명예시장군수 간에 거리가 좀 더 가까워진 것 같고 시장.군수의 역할에 대한 책임감과 방안에 대해서도 어느 정도 이번 워크숍을 통해 교육이 된 것 같다.

2021년 12월 4일 토요일 날씨: 맑음

아침에 일어나 모처럼 뒷산에 올랐다. 평일에는 뒷산 오솔길을 4천여 보쯤 걷고 있으나 주말에는 가능하면 국사봉 정상까지 올라 갔다 오려고 한다. 작년까지만 해도 매주 한 번씩은 국사봉에 오르내렸건만 올해 들어 다소 게을러졌는지 주말에 국사봉을 오르는 것이 잘 지켜지지 않았다. 국사봉에 올라 주위를 내려가 보니 가슴이 시원해지는 것 같았다.

고려 말 한 충신이 나라가 망한 후 벼슬을 버리고 이곳으로 와 은거하며 수시로 산에 오르며 나라를 걱정했다는 말에서 유래하여 이곳의 이름이 국사봉이 되었다고 한다. 나도 이곳에 오르면 평안남도와 국가의 장래를 생각하는 버릇이 생겼다. 도지사에 취임하고 나서부터 생긴 일이었다. 국사봉을 다녀온 후 아침을 먹고 조금 쉬다가 아내와 오리역 부근에 있는 하나로마트에 가서 장을 보았다.

2021년 12월 6일 월요일 날씨: 추움

오전 10시에 도 사무국 직원회의를 하였다. 지난 6월 30일에 발간한 『평남을 빛낸 인물 I』60인전에 이어 『평남을 빛낸 인물 II』30인 발간 작업에 대해 의견을 나누었다. 이번에는 평남을 빛낸 인물 30인을 추가로 선정하려고 한다. 당초 평남을 빛낸 인물로 100인을 선정할 계획이었으나 1차에 60인을 선정하여 지난 6월에 책자를 발간했고 2차에는 30인을 선정해서 총 90인을 선정하려고 한다. 당초 선정하려던 100인 중에 나머지 10인은 현재 생존해 있는 훌륭한 분 중에 타계하시는 경우 선정하기로 하였다. 현재 생존한 분 중에 훌륭한 분들은 102세 철학자인 대동군 출신 김형석 교수, 현존하는 최고의 석학이라 일컬어지는 맹산군 출신 김동길 박사, 전 건설부 장관과 삼성건설 회장을 역임하신 박기석 선생, 평남중앙도민회장을 역임하셨고 대한 장로협회 회장을 역임하신 김건철 회장, 통일과 대북문제에 최고 권위자이신 강인덕 전 통일부장관 등이다.

2021년 12월 7일 화요일 날씨: 맑음

오전 10시에 평남도 사무국 직원들과의 주간 업무회의를 하였다. 낮 12시에 신촌에 있는 거구장에서 전.현임 시군민회 회장단 모임인 서경회에 참석하여 축하 말을 드렸다. 서경회는 대동회와 함께 평남중앙도민회를 이끌어 가고 있는 중추적인 역할을 하는 모임이다. 활발한 서경회의 활동을 통하여 평남 도민사회 발전에 기여할 수 있기를 진심으로 바란다는 말도 하였다. 오늘 서경회 모임에서는 그동안 회장으로 수고해주신 오기봉 회장 후임으로 용강군 출신 박진식 회장께서 서경회 차기 회장으로 추대되었다.

오후 3시에는 1층에 있는 북한관 재정비 현판식을 거행하였다. 오 위원장의 큰 업적 중에 하나는 이북5도청사 건물 중앙과 측면에 '이북5도청'이란 다섯 글자를 설치하여 이북5도청 건물에 어떤 정부 기관이 있는지를 대외에 알게 한 것이다. 그동안 이북5도청사를 지나가는 사람이나 심지어는 청사 부근에 사는 구기동 주민들까지도 이북5도청 건물이 무슨 건물인지 모르거나 궁금해하는 사람들이 많았다. 이제 이북5도청이란 글자를 설치함으로써 우리 청사 건물이 어떤 기관의 건물인지 알게 한 점이다. 그리고 또 한 가지는 오늘 북한관 재정비 작업을 통하여 북한관의 역할을 좀 더 확실하게 하고 제대로 기능할 수 있게 한 점이라고 나는 생각한다. 이북5도위원장으로서의 확고한 주관과 강력한 추진력에 존경과 감사함을 느낀다.

사실 '이북5도청'이란 현판을 건물에 설치하는 것은 내가 이북5도위원장으로 있을 때 정식으로 제안하고 추진했었다. 그러나 일부 도지사들이 그런 경우 이북5도 각도의 위상이 낮아질 수 있다는 의견이 있어 추진하지 못했었다. 결단력이 있는 오 위원장이 내가 추진하려던 일을 해주어 마음속으로 고맙게 생각하고 있다.

2021년 12월 9일 목요일 날씨: 조금 흐리고 추웠음

오늘 오후 4시에 인사동에 있는 한국미술관에서 제14회 이북도민통일미술대전 시상식이 있었다. 백여 점이 출품되어 30여 점의 작품이 수상의 영예를 안았다. 최고 대상은 평남 양덕군 출신이 출품한 '금강산'을 주제로 그린 서양화에 돌아갔다. 양덕군민회 회장이신 윤종관 회장의 부인되시는 분이다. 내 고향 양덕군 출신이 대상을 수여 받아 더욱 기쁘고 뜻깊었다.

2021년 12월 10일 금요일 날씨: 추움

낮 12시 30분에 신촌 거구장에서 평남 전현직 명예시장군수 모임인 대동회가 주최하는 송년 모임에 참석하여 축사를 했다. 벌써 1년이 지나가고 있음을 실감했다. 오늘부터 각종 모임에 송년 모임이 시작될 것이다.

2021년 12월 11일 토요일 날씨: 맑음

오늘 낮 12시에는 조성원 회장의 국민훈장 동백장 수여를 축하하는 축하연이 있었다. 조성원 회장이 호스트 하였다. 중식당 하림각에서 평남도민 유지분들과 조성원 회장 가족들이 함께하여 축하연회를 가졌다. 그동안 평남중앙도민회장으로서 그리고 이북도민새마을 연합회 회장으로서 열심히 봉사한 것에 대한 정당한 평가라고 생각한다. 초대된 70여 분 정도의 평남도민들과 조성원 회장의 국민훈장 동백장 수여를 축하하고 앞으로 더욱 도민사회를 위해 헌신하여줄 것을 기대하였다.

〈이북도민 유공자 훈포상수여〉　〈조성원 회장 국가 유공 동백장 수여식〉

2021년 12월 12일 일요일 날씨: 맑음

아침에 일찍 일어나 뒷산 오솔길 오동나무까지 세 번 왕복했다. 『두고 온 고향 남기고 싶은 이야기』 프로젝트에 대한 추진 방안에 대해 생각해 보았다. 평남 시장군수단을 발간위원회로 하고 평남 16개 시장군수들이 해당 시군민회장들의 협조를 받아 인터뷰대상자를 선정하도록 하여 선정자 명단이 확정되면 스케줄을 잡아 인터뷰를 하는 것으로 구상하였다. 영상인터뷰를 하는 것을 원칙으로 하고 부득이 한 경우는 직접 찾아가 인터뷰하기로 하였다. 대상 인원은 각 시군 별로 서너 분 정도로 하고 대상자는 고향을 기억하여 고향에 살았던 이야기를 들려줄 수 있는 분들로 한정하였다. 그러다 보니 월남 당시 최소한 15세 이상은 되어야 할 것 같다.

2021년 12월 13일 월요일 날씨: 맑음

오전 10시에 평남도 직원회의를 하였다. 1주일간의 업무를 점검하였다. 오늘 점심은 파스타집인 '평창의봄'에서 위원회 사무국 직원들과 함께하였다. 지난달 제주에서 개최한 제주포럼이 성공적으로 치러진 것에 대한 고마움을 표하고 격려하기 위한 자리였다.

2021년 12월 14일 화요일 날씨: 맑음

오전 10시에 위원회 간담회가 있었다. 오후 2시에는 강화군 교동도에서 개최된 실향민 1세 증언록 발표 및 위문 공연에 참석하였다. 이북5도 지사들 모두 참석하였다. 교동도는 1.4 후퇴 당시 교동도와 임진강을 사이에 두고 접해 있는 황해도 연백군 출신 1세들이 대거 월남하여 집단으로 마을을 이루고 살아왔던 곳이다. 그래서 황해도의 전래 풍속과 황해도 전통음식문화가 그대로 전래되어 온 실향민의 고향이다.

이런 실향민 1세들을 대상으로 하여 직접 인터뷰를 통하여 고향 이야기와 월남했을 때의 어려움 그리고 교동도에 정착하여 살 온 지난 70여 년간의 삶의 이야기를 인터뷰하여 책으로 엮고 오늘 발간식을 겸하여 발표회를 하는 날이다. 우리 평남도에서 이미 1세 어르신들을 대상으로 인터뷰를 하여 『두고 온 고향 남기고 싶은 이야기』를 제작하려는 계획을 하고 있던 차에 오늘 발표회에 참석하게 되어 참고가 되었다.

2021년 12월 15일 수요일 날씨: 맑음

어제 교동도에서 개최된 황해도 출신 실향민 1세 어르신들의 증언록인 『격강만리』를 읽어보았다. 격강만리란 말의 뜻이 너무 절절했다. 임진강을 사이에 두고 강화도 교동도와 황해도 연백군이 바로 마주 보이는 두 지역이 지척에 있는데에도 불구하고 70여 년의 긴 세월이 지나는 동안 고향 땅을 가보지도 못하니 강을 사이에 둔 그 거리가 만리나 되는 것처럼 느껴진다는 뜻이리라. '격강만리'- 교동도에 터 잡고 살아온 연백군 실향민 1세들에게는 절절한 말이 아닐 수 없다.

황해도 연백군에서 월남한 1세 어르신들을 대상으로 한 인터뷰이기 때문에 인터뷰 내용이 거의 비슷하였다. 우리 평남에서 추진하려는 『두고 온 고향 남기고 싶은 이야기』 프로젝트에 참고할 사항이 있는지 증언록을 자세히 읽어보기로 하였다.

2021년 12월 16일 목요일 날씨: 맑음

매주 한 번씩은 직원들과 점심을 하기로 마음을 먹었는데 외부행사와 외부 인사들과의 식사 약속으로 생각대로 같이 점심을 하지 못하게 되는 경우가 많다. 오늘은 모든 약속으로 뒤로 미루고 직원들과 한우향기에서 점심을 함께했다.

2021년 12월 17일 금요일 날씨: 맑음

오늘 점심은 코리아나호텔 대상해에서 이번 달에 공로 연수로 퇴임하는 정병옥 사무국장 송별 오찬을 하였다. 평남사무국 직원 모두 참석하여 이임하는 정병옥 국장과의 헤어짐을 아쉬워하며 정 국장의 퇴임 후 생활에 안락과 행복이 함께하기를 축원하였다. 정 국장은 내가 두 번째로 함께 일한 평안남도 사무국장이다. 차분하면서도 실무경험이 풍부하여 공직 경험이 없는 나에게 많은 도움을 주었다. 정 국장의 앞날에 행운이 함께 하기를 빌며 석별의 아쉬움을 달랬다.

정 국장에게 간단한 선물을 준비하여 주었다. 오후 1시 30분부터 이북5도청 중강당에서 이북5도 새마을회의 주관으로 새마을지도자대회가 있었다. 새마을지도자 대회에 참석하여 격려하고 축하해주었다.

2021년 12월 18일 토요일 날씨: 맑음

아침 일찍 일어나 뒷산으로 올라갔다. 매일 올라가는 길이라 산길이지만 눈 감고도 올라갈 수 있을 만큼 익숙하다. 조금 오르막길을 지나 평평한 길이 나오면 잠시 눈을 감고 걷기도 한다. 눈을 지긋이 감고 걸으면 내가 보인다. 어떤 때는 아집스런 내가 보일 때가 있고 어떤 때는 순수한 내가 보일 때도 있다. 어느 경우도 다 나의 모습일 것이다. 가능하면 순수하고 참되고 따뜻한 내가 더 자주 보였으면 한다.『평남을 빛낸 인물 30인』원고작업을 하였다.

2021년 12월 19일 일요일 날씨: 맑음

아침에 일어나 집사람과 함께 운중천변을 걸었다. 낙생고등학교 부근인 널더리(板橋다리)까지 갔다 오면 약 만 1천 보쯤 된다. 아침에 만 보쯤 걷고 나면 그날 하루 몸이 가뿐하고 기운이 난다. 아침에 일찍 일어나 뒷산 청계산 오솔길을 매일 걷기 시작한 지 5, 6년은 더 되는 것 같다. 칠십이 훌쩍 넘은 나이에도 도지사의 격무를 감당할 수 있는 것도 매일 아침 산책으로 다져진 체력 덕분이 아닌가 생각된다. 그동안 눈이 오나 비가 오나 바람이 불거나 어떤 날씨에도 아침 산책을 거르지 않았다. 걸을 수 있을 때까지 아침 걷기는 계속할 것이다. 『평남을 빛낸 인물 30인』 원고작업을 하였다.

2021년 12월 20일 월요일 날씨: 맑음

오전 10시에 도 사무국 직원들과 주간 업무회의를 하였다. 10시 30분에 평남무형문화재 제1호로 지정된 평양검무보존회에 유공도민 도지사 표창장을 수여하였다. 오후 3시에 삼육대학교를 방문하여 평남 출신인 김일목 총장을 예방하였다. 평남 도정과 평남중앙도민회 활동에 대해 설명하고 앞으로 도민활동에 관심을 가져달라고 부탁하였다. 저녁 6시 30분에 곰솔에서 저녁 모임을 가졌다.

2021년 12월 21일 화요일 날씨: 추웠음

오전 10시에 이북5도위원회 회의가 있었다. 올해 주요 추진상황을 회고하며 내년도 이북5도위원회 운영방안에 대해 의견을 교환하였다. 올해도 코로나 사태로 대와 행사를 하지 못하거나 축소하여 진행하였는데 내년에는 코로나 사태가 진정되어 이북5도위원회와 이북도민회의 주요 연례행사들이 잘 진행되었으면 한다.

2021년 12월 22일 수요일

오전 11시에 평남 행정자문위원회 회의를 하였다. 2022년도 하반기 주요 도정업무 추진상황에 대한 보고가 있었다. 행정자문위원님들께서 도정 발전에 도움을 주는 조언하여주셨다. 낮 12시에 북악정에서 행정자문위원님들과 오찬을 같이 하였다.

오후 2시부터 4시까지 이북5도청 중강당에서 이진규 함남지사가 기획하여 추진한 2021년도 이산가족 정책세미나가 있었다. 이산가족 문제해결을 위한 실질적인 방안에 대한 좋은 의견들이 제시되었다. 오후 6시에 홍범도 장군 기념사업회 이사회가 있었다.

2021년 12월 23일 목요일

평남중앙도민회 주최로 2022년도 연말을 맞이하여 불우도민을 위한 사랑의 물품 전달식이 도청광장에서 있었다. 전달식이 끝난 후 평남중앙청년회에서 사전에 파악한 사랑의 선물을 전달할 가정을 직접 방문하여 전달하기로 했다. 이어서 오전 11시 30분에 도청 강당에서 평남산악회 송년모임을 가졌다. 점심은 한정식 곰솔에서 오찬을 함께하며 역대 도지사 오찬 모임을 가졌다. 짝수달에 한 번씩 역대 도지사들의 점심 모임이 있는데 1월과 12월에는 현직 도지사가 호스트 하기로 되어있어 오늘은 내가 전임 지사님들을 모셨다.

2021년 12월 24일 금요일

성탄절 전일이라 연가를 내고 집에서 쉬었다. 코로나19 사태로 직접 성당에 갈 수가 없어 성탄절 이브에 TV로 방영되는 성탄절 미사를 시청하였다. 내년에는 성탄미사를 직접 성당에 가서 드릴 수 있었으면 한다.

2021년 12월 25일 토요일

오늘은 예수께서 이 세상에 오신 날이다. 경건한 마음으로 구세주 오신 날을 경축하였다. 만약 2천 년 전 예수 그리스도가 태어나지 않았다면 인류의 역사가 어떻게 되었을까 생각해보았다. 예수 그리스도로 인하여 서구사회가 인간다운 사회와 국가로 발전한 거라는 생각이 들었다.

예수 그리스도는 지난 2천 년 세계역사에 가장 영향력이 큰 인물임에 틀림이 없다. 예수의 가르침에 따라 전쟁이 없는 사랑이 넘치는 사회가 되었으면 한다.

2021년 12월 26일 일요일 날씨: 추움

집에서 푹 쉬었다. 점심은 현서네 집에 가서 현서네 가족들과 함께 먹었다. 오후부터 『평남을 빛낸 인물 30인』 원고작업을 했다.

2021년 12월 27일 월요일 날씨 : 추움

주간 도 사무직원 회의를 하였다. 2021년도 도정업무를 열심히 해준 도 사무국 직원들에게 수고했다는 말을 하고 며칠 남지 않은 기간 동안 마무리를 잘하자고 하였다. 공용 PC에 들어가 공문을 체크했다. 5도 지사들과 모처럼 저녁 식사를 함께하였다.

2021년 12월 28일 화요일 : 맑고 추움

이북5도위원회 회의를 하였다. 오늘이 오영찬 평북지사가 이북5도위원장으로서 마지막으로 주재하는 위원회 회의다. 그동안 5도 지사들이 협력하고 적극적으로 도와주어 이북5도위원회를 대과 없이 잘 마무리하게 되어 감사하다는 위원장의 소회의 말이 있었다. 이어 각도 지사들이 지난 1년간을 회고하며 내년에도 서로 협력하여 이북5도위원회를 잘 운영하자는 다짐하였다.

2021년 12월 29일 수요일 : 맑음

오후 5시 30분에 친구들과 송년 모임을 가졌다. 해마다 연말이면 송년 모임이 그리 많았다. 그러나 올해는 코로나19 사태로 송년 모임이 대폭 축소되어 모임이 별로 없었다. 연말이 되면 정신없이 보낸 지난 일년간을 돌이켜보게 된다. 즐거웠던 일, 보람 있었던 일도 많았지만 마음

아팠거나 속상했던 일도 적지 않다. 도지사의 직책을 맡고 보니 사람들과 교류도 많고 업무적으로 관계되는 사람도 많다 보니 마음 고생한 일도 적지 않다. 그러나 돌이켜보면 다 나의 불찰이고 나의 부족함에 기인하는 일이 많다. 그런 점에서 내년에는 좀 더 이해하고 양보하는 모습을 보여야 하겠다.

2021년 12월 30일 목요일

연가 일수가 많이 남아 30일부터 이틀간 연가를 하고 집에서 쉬며 새해 맞을 준비를 하였다. 평남도 사무국 직원들과 평남도민들에게 송년사를 작성하여 평남민보와 이북오도민신문에 보냈다.

2021년 12월 31일 금요일

어제에 이어 오늘도 연가를 냈다. 사무국 직원들과 평남도민들에게 보낼 송년사를 다듬었다. 올해 마지막 날에 지난 일 년을 회고하며 평남지사로서 연초에 계획하고 생각했던 일을 제대로 했는지 생각해보았다. 연초에 올 한해 도정운영의 캐치프레이스는 "도민과 함께 만들어가는 평화와 번영의 대한민국으로"라는 비전 아래 소통과 화합으로 하나 되는 도민사회 구현과 도민사회 역량 강화 및 이탈주민 정착지원 두었고 이를 구현하기 위하여 노력하였다. 올 한해 연초 생각했던 바대로 도정업무를 했는지 생각해보니 별로 자신은 없다. 그러나 여전히 코로나 19사태로 여러 가지 제약적인 여건 속에서도 열심히 노력하고 일했던 것만은 사실이다. 도정 및 시·군정 보고회를 성공적으로 개최하였고, 명예시장·군수와 읍·면·동장과의 정기적인 업무회의를 통하여 도정과 도민사회 발전에 기여하였고 시장군수들의 직무역량 제고에 노력해왔다.

특히 1세대 어른들이 이룩하신 빛나는 업적과 애향심을 계승발전 시키기 위해서 후세대 육성에 보다 힘썼고, 청년회 육성 발전에 적극 노력해왔다. 청년회 모임에는 빠짐없이 참석하여 격려하고 청년회 발전을 위해 토론하고 의견을 나누었다. 도지사 사무실은 항상 문을 열어놓고 도청과 도민회를 방문하는 평남도민들을 반갑게 맞이했다. 하루에 보통 3, 4분이 도지사실을 방문했으니 올해도 연인원 천명 정도는 직접 대면하여 만난 것 같다. 연로하신 어르신들은 도지사 사무실에 들려 내 손을 잡으시며 한결같이 하시는 말씀들이 있다. "도지사님 이곳 구기동 도청에 와 도지사님을 뵈면 마치 고향에 온 것 같아요" 때론 눈시울을 적시면서 하시는 말씀을 들으면 통일의 절실함을 느끼곤 한다.

특히 북한 이탈주민에 대해 관심을 갖고 그분들이 도지사실을 방문하였을 때마다 따뜻하게 맞이하고 애로사항을 청취하였다. 박지원 국정원장의 배려로 북한 이탈주민들이 한국에 들어와 초기 3개월 동안 합숙하며 집단으로 교육을 받는 하나원에도 방문하여 북한 이탈주민들의 교육과정을 살펴보기도 했다. 평남중앙도민회와 평남 16개 시.군민회의 정기 모임에는 꼭 참석하여 격려하고 도정업무에 대해 설명하고 협조를 구했다. 평남중앙도민회 각종 산하단체의 행사에도 빠짐없이 참석하여 함께 하였다.

위와 같은 일상적인 도정업무와 도민회 활동을 지원한 것 이외에 특별히 올 한해 추진했던 일 중에 보람 있었던 사업은 다음과 같다.

첫째는 무엇보다도 『평남을 빛낸 인물 60인』을 발간한 일이다. 평남 출신 인물로서 독립운동과 국가 건국 그리고 국가사회발전에 크게 기여한 60분을 선정하여 그분들의 생애를 정리하여 책자를 발간한 것이 올해 내가 한 일 중에 가장 보람 있고 자랑스런 일이라고 생각한다. 이어 추가로 30인을 선정하는 작업을 시작한 것 또한 중요한 일이었다. 추가 30인의 생애에 대해서는 원고가 정리되는 대로 책자로 만들 계획이다.

둘째는 『평남을 빛낸 인물』 발간 작업에 이어 평남 출신 1세 어르신들의 고향 이야기와 월남 시 겪었던 일 그리고 월남 후 대한민국에 정착하며 겪었던 지난 70여 년간의 삶을 인터뷰를 통하여 정리하고 이를 영상과 책자로 발간하려는 계획을 세워 추진하기로 한 일이다. 이를 위해 시장군수단으로 하여금 『두고 온 고향 남기고 싶은 이야기』 발간위원회를 구성하도록 하고 내년부터 본격적으로 추진할 것이다.

셋째는 6.25 전쟁 참전 비정규군보상법이 제정된 일이다. 작년에 이북5도위원장으로 재직하였을 때 6.25 전쟁 유격전우회 박충암 회장과 함께 국회국방위와 관련 국회의원들을 직접 찾아가 만나며 법 제정의 필요성을 역설하고 설득한 결과 드디어 올해 그 결실을 맺어 관련법이 통과되고 제정 공포되었다. 지난 20년간 국회 마지막 문턱인 법사위와 총회에서 좌절되어 왔었는데 우리의 노력과 정성이 통했는지 올해 그토록 염원하던 보상법이 통과되었다. 작은 힘이나마 관련 법 제정에 기여했다는 보람을 느꼈다. 유격전우회에서도 이러한 나의 공적을 인정하여 영광스럽게도 유격전우회 명의로 나에게 감사패를 주었다.

넷째는 10월 15일자 조선일보에 나의 글이 게재된 일이다. 해마다 언론기관에서 이북5위원회에 대해 부정적인 방송과 기사를 내보내고 있다. 그동안 이북5도위원회에서는 이에 대한 소극적인 대응만 하여 왔고 이북5도위원회의 역할과 기능에 대해 언론기관이나 일반 국민을 상대로 적극적인 홍보활동을 하지 않았던 것이 사실이다. 이에 우리 이북위원회의 존립 이유와 이북5도지사의 임명은 자유 평화통일을 위한 헌법정신과 가치를 지키는 것이라는 요지의 나의 글이 조선일보에 게재되어 이북5도위원회와 이북5도지사의 역할에 대해 널리 알리는 계기가 되었다.

다섯째는 개인적인 일이기는 하나 대학을 졸업한 지 50년이 되는 올해에 졸업 50주년 기념 재상봉행사에 우리 학과 대표로 그리고 전체동기 준비위원회 총괄 운영위원장으로서 열심히 활동하며 봉사한 것을 들 수 있다. 정말로 열심히 준비했고 봉사하며 멋지고 행복한 졸업 50주년 재상봉행사를 하였다. 특히 우리 과 단독 기념문집을 만들어 동기들에게 대학 생활의 추억을 회상할 수 있는 기회를 준 것이 큰 보람이었다. 지난 한 해를 돌이켜 보면 아쉬운 점도 있었으나 열정적으로 일했고 최선을 다해 공적인 일이나 사적인 일에 헌신하였다고 생각한다. 나에게 그런 일을 맡겨주신 하나님과 국가 그리고 이북도민과 친구들에게 감사한다.

그러나 무엇보다도 평남도민들과 좀 더 가까워지고 평남중앙도민회 발전에 일조를 하였다는 것이 큰 보람이다. 훌륭한 1세 어르신들과 자주 만나 그분들로부터 실향민 1세로서 만난을 극복한 지혜와 용기를 배웠고 고향 선후배들과 형제의 정을 나누며 좀 더 가까이 할 수 있었다. 후계세대들에게 선대 어르신들의 자유민주 평화통일의 정신과 투철한 반공정신 그리고 나라와 고향을 지극히 사랑하는 마음을 교육과 대화를 통하여 전할 수 있었다. 많은 분을 새롭게 만났고 우정과 사랑을 나누었다.

2022년 도정일지

　2022년에 들어서니 전국은 제20대 대통령 선거에 모든 이슈를 빨아드리는 것 같았다. 이북도민의 성향이 반공 보수이기에 이북도민은 물론 이북5도지사들도 내심으로는 보수 정권이 정권을 창출했으면 하는 분위기였다. 올해는 평남지사 임기 마지막인 해이도 하다. 올해를 시작하면서 추진했었던 사업이 잘 마무리되고 도지사 임기도 순조롭게 잘 마무리될 수 있기를 바라며 차분하면서도 성과 있게 도정업무를 수행했다.
　올해는 정치적으로도 큰 의미가 있는 해였다. 3. 9일에 대통령 선거가 있고 근소한 표차로 국민의힘 윤석열 후보가 당선되었다. 5월 10일에는 국회의사당 광장에서 제20대 대한민국 대통령 취임식이 있었다. 우리 이북5도지사들도 취임식 행사에 내빈으로 초대되어 귀빈석에서 취임식을 지켜보았다. 4월에는 이북5도위원회 경북지구 사무소와 광주지구 사무소가 공동 주최하는 안보행사의 일환으로 두 지역 이북도민과 북한 이탈주민 80여 명이 참여한 울릉도와 독도방문 안보견학을 다녀왔다. 나는 광주지구사무소를 담당하는 이북5도지사로서 함께하였다. 독도방문 시 도지사에 대한 예우로 독도경비대의 공식적인 환영을 받았고 동도에 위치한 독도경비대 숙소와 독도령이라고 새겨진 바위에 올라가 기념사진도 찍었다. 이곳은 일반인들은 출입이 제한된 곳이다. 이명박 대통령이 대통령 재임 시에 이곳을 올라가 일본 측으로부터 격렬한 항의를 받고 한동안 한일간에 외교적으로 어려움을 겪기도 한 적이 있었다.
　작년부터 계속이어서 추진하였던 『평안남도를 빛낸 인물 30인』 편찬작업도 잘 마무리되어 6. 30일에 발간식을 가졌다. 2021년 12월에 『평안남도를 빛낸 인물 60인』을 발간한 후 6개월 만이다. 이로써 총 90분의 평남을 빛낸 인물들을 우리 가슴속에 담게 되었다. 이분들의 숭고한 삶과 겨레와 민족을 위해 헌신한 삶을 우리 후세들이 계승하기를 기대해

본다. 작년 말에 기획하여 추진하기로 했던 1세 어르신들의 고향 이야기와 월남 시 겪었던 일 그리고 월남 후 고단했던 피난 생활을 극복하고 남한 땅에 뿌리내려 이룩한 치열하고 진솔한 삶의 이야기를 직접 인터뷰하여 펴낸 『두고 온 고향 남기고 싶은 이야기』는 평남도지사로서 가장 보람이 있었던 사업이라 생각한다. 아쉽게도 재임 중에 마치지 못하고 2022년 12월에 책으로 발간하였다.

평남지사로 재임하는 동안 모두 일곱 권의 책을 발간하였다. 2020년도에 봉오동·청산리전투 승전 100주년을 맞이하여 『독립전쟁! 그 현장을 가다』 I, II 권을 펴냈고, 2021년 12월에 『평남을 빛낸 인물 60인』, 2022년 6월에 『평안남도를 빛낸 인물 30인』과 『평안남도를 빛낸 인물 90인 약전』 그리고 도지사 퇴임 후인 2022년 12월에 『두고 온 고향 남기고 싶은 이야기』 I, II 권이다. 하고 싶었던 일이었고 꼭 해야만 할 일이었다. 뜻은 내가 세웠으나 평남도민들과 도 사무국 직원들이 정성과 힘을 한데 모아 이루어 낸 일이다. 함께 작업에 참여했던 모든 분께 감사드린다. 특히 1억 원 가까이 든 사업비용을 후원해주신 평남도민 여러분들께도 감사한 마음 이루 말할 수 없다.

도지사로 재임하는 동안 평남무형문화재 발굴과 전승에 각별한 관심을 갖고 지원하였다. 내가 도지사로 취임하였을 때 평남에는 4개의 무형문화재가 평남무형문화재로 지정되어있었다. 우리 평남은 서도소리의 본고장이다. 그런데 내가 도지사로 취임할 때는 서도소리가 평남무형문화재로 지정된 것이 없었다. 김정연 선생과 이은관 선생으로부터 서도소리와 배뱅이굿을 전수받은 박정욱 명창이 오랫동안 서도소리를 해왔고 이를 계승 발전시키려고 노력해왔다. 국악계에서 소리 분야 이론에 최고의 권위자인 서한범 단국대 명예교수도 박정욱 명창의 소리를 극찬하였기에 문화재 심의위원들 모두 이의 없다고 하여 박정욱 명창을 평안도 배뱅이굿 무형문화재로 지정하였다. 박정욱 명창의 평안도 배뱅이굿이 평남무형문화재에 지정됨에 따라 우리 평안남도는 전통무용과 춤, 서도소리 그리고 향두계놀이라는 소리놀이극 등 다양한 종목에 걸쳐 균형감 있게 선정되었다. 이제 기악 부문만 무형문화재로 선정된다면 거의 모든 분야에 무형문화재를 보유하게 된다. 마침 부산대학교 대학원에서 전통음악을 전공한 젊은이들이 평양줄풍류단을 창단하여 활발하게 해마다 연구 발표회를 하고 있다. 적당한 시기에 이들을 평남무형문화재로 지정하게 되면 우리 평남은 검무, 소리놀이극, 춤, 서도소리 그리고 기악곡 분야의 무형문화재를 보유하게 되어 거의 모든 분야에 걸친 무형문화재를 지정한 이북5도가 될 것이다.

7월 14일에는 그동안 미루어 왔던 제21대 평남 명예시장군수단 워크숍을 1박 2일 일정으로 연평도로 갔다. 인천 연안 부두에서 연평도행 여객선에 승선하여 정해진 좌석에 앉아 창밖을 보고 있었다. 여객선이 출발한 지 한 30분쯤 지났을 때다, 강대석 비서실장에 급히 나한테 오더니 긴급뉴스라며 내일 7.15 일자로 평남지사를 포함하여 3개 이북도지사에 대한 인사 발령이 났다고 한다. 내달 8월 중에 있을 것으로 생각했는데 예상보다 조금 빨라져 다소 놀랐다.

인사 발령 내용을 자세히 듣고는 또 한 번 놀랐다. 평남지사로는 평양시 출신 탈북민으로 김일성대학 교수를 지냈고 전 국회의원을 역임한 조명철 전 의원이었다. 내 후임 지사로 선임된 조명철 전 의원은 매스컴을 통해서 널리 알려진 인물이다. 자유를 찾아 대한민국으로 온 용기 있는 분이다. 탈북민 중에서는 최고의 엘리트급에 속하는 사람이다. 한국에 와서 정부와 학계에 통일 관련 기관과 단체에서 일을 하였고 비례대표의원이기는 하지만 북한 이탈주민 출신 중에는 최초로 국회의원으로도 활동한 분이다. 통일문제와 북한 이탈주민에 대한 이해도가 높기 때문에 평남지사로서 큰 역할을 하실 것으로 기대된다. 내 후임으로서 앞으로 3년간 평남 도정과 이북도민사회를 잘 이끌어주기를 마음속으로 빌었다.

연평도로 가는 동안 가만히 눈을 감고 도지사로서의 지난 3년간의 공직생활을 회상해 보았다. 전혀 꿈꾸지도 않았던 일이었다. 나에게 도지사로서 국가를 위해 봉사할 수 있는 기회가 주어지리라고는 전혀 예상하지도 바라지도 않았었다. 관운이 있었던 것일까? 너무나도 자연스럽게 그리고 순조롭게 나에게 기회가 주어졌다. 물론 나는 미래를 위해 언제나 준비하며 살아왔던 것은 사실이다. 만나는 사람마다 진실하게 대했고 최선을 다하여 좋은 관계를 유지하려고 노력하였다. "좋은 친구를 갖기 원한다면 먼저 좋은 친구가 되어 주십시오" 란 에머슨의 말처럼 늘 먼저 다가가고 좋은 친구가 되려고 노력하였다. 어쩌면 이런 나의 평범한 대인관계가 나에게 국가와 이북도민을 위해 봉사할 수 있는 기회가 오게 된 것이 아닌가 생각한다. 모든 분에게 감사한다. 지난 3년간 공직을 담당할 수 있게 기회를 준 하나님과 오늘이 있기까지 나에게 도움을 준 모든 분에게 감사한 마음이다. 7월 15일 아침에 이북5도청으로 향했다. 사무실에 있는 내 개인 사물을 정리하기 위해서다. 마침 강 실장과 이 비서 나와 있었다. 두 사람의 도움을 받아 2시간 정도 사물을 정리하고 정리한 사물을 차에 싣고 집으로 왔다.

   7월 22일 오후 2시에 평남지사 이취임식이 있었다. 이임사에서 3년 전 취임식을 회고하며 "저에게 도지사의 직책이 주어진 것은 고향과 나라를 위해 마지막으로 봉사하라는 하늘의 뜻으로 알고 혼신의 힘을 다하여 봉사하겠다"고 결연한 어조로 다짐했던 기억이 난다고 이야기하고 지난 3년 동안 여러 가지로 부족한 제가 훌륭하신 평남 1세 어르신들과 선배님들 그리고 평남사무국 직원들의 도움으로 무난히 도지사 직분을 마치게 되었다고 말하고 감사함을 표하였다. 앞으로 훌륭한 신임도지사님을 중심으로 충실한 도정업무와 활발한 평남도민회가 되기를 간절히 소망하며 작은 힘이라도 보태겠다고 이야기하였다.

평양감사 1054일 II

- 이로써 1054일간 국가의 부름을 받아 국가와 평남도민 사회가 나에게 부여한 평안남도지사로서의 소중한 직분을 대과 없이 마치게 되었다 -

- 2022년도 주요행사 기념사진 -

2022년 1월 1일 토요일 날씨: 추움

오늘은 2022년 새해 첫날이다. 새로운 한 해가 시작되었다. 올해는 나에게 여러 가지로 의미가 있는 한 해다. 2019년 8월 26일에 평남지사로 취임하여 2년 4개월을 근무하였다. 이제 도지사로 봉직할 기간도 여덟 달쯤 남은 셈이다. 남은 기간 잘 마무리하고 후회 없는 공직생활을 마무리해야겠다. 아침에 일찍 일어나 뒷산을 다녀왔다.

큰딸 해림이 집에 가족들이 모이기로 했다. 해림이네가 아침을 웨스턴 블랙퍼스트로 준비하겠다고 한다. 오전 9시에 집에 가니 해림이네 가족이 열심히 아침 준비를 하고 있었다. 조금 있다가 현서네 가족이 와서 아침을 두 딸네 가족과 함께 맛있게 먹었다. 온 가족이 모이면 나도 이제 직계가족만 9명이 되는 대가족이다. 아침을 먹고 조금 쉬다가 두 딸 내외와 도연, 제인, 제윤이 손녀들의 세배를 받았다. 거금 120만 원이 나갔다. 그래도 기분이 좋다.

점심은 닭고기 국물로 된 떡국을 먹었다. 점심을 먹고 조금 있다가 집으로 왔다. 집에 와서 뒷산을 다시 갔다 왔다. 오늘 『두고 온 고향 남기고 싶은 이야기』 김원진 위원장님과 이응두 고문님의 인터뷰 내용을 정리하였다. 올 한해 무탈하고 가족 모두 건강하게 잘 지냈으면 좋겠다. 나의 공직생활도 대과 없이 잘 마무리하기를 바란다.

2022년 1월 2일 일요일 날씨: 맑으나 추움

아침에 일어나 조금 걸었다. 오늘 점심은 현서네 집에서 돼지고기 삼겹살을 구어 먹기로 했다. 조성원 회장의 국민훈장 축하연에 갔을 때 선물로 받은 전기프라팬을 갖고 갔다. 처음 사용하는 것인데 유용한 것 같다. 삼겹살 고기가 맛있게 구어져 모두 잘 먹었다. 오늘도 『두고 온 고향 남기고 싶은 이야기』 원고 정리를 했다.

2022년 1월 3일 월요일 날씨: 추움

오전 9시 30분에 평남사무국 직원회의를 했다. 도 주무 계장과 주무관에게 새로운 국장이 부임할 때까지는 일주일에 두 번씩 직원회의를 하자고 하였다. 오늘 장 주무관에게는 평남을 빛낸 인물 33인 원고 정리 작업을 하도록 지시했다.

오전 10시에 5층 중강당에서 이북5도위원회 신년 시무식을 거행하였다. 신임 이북5도위원장인 함남지사가 새해 인사말을 했다. 오랜 교수 생활을 해서 그런지 원고 없이도 아주 매끄럽게 말씀을 잘하시는 것 같다. 이어 각도 지사들이 직원들에게 새해 덕담의 말을 했다. 오늘 점심은 떡만두국 집으로 가서 위원장이 5도 지사들을 대접하였다. 식후 식당 2층에 있는 커피숍에서 커피를 마시며 이런저런 이야기를 나누었다. 오후 3시에 전해철 장관 주재로 행정안전부 시무식이 있었다. 오늘 시무식을 화상으로 하였다.

📖 평양감사 1054일 II

2022년 1월 4일 화요일 날씨: 추움

오늘 점심은 정규식 사장과 비서실장과 함께했다. 식사를 하면서 인터뷰를 담당할 사람을 부탁하였다. 최근에 하는 일이 좀 바빠져서 정 사장은 시간 내기가 만만치 않다고 하며 대신 딸아이가 연극영화과 석사 과정 중에 있어서 연기력도 있고 인터뷰도 잘 하는 것 같아 딸아이가 도울 수 있도록 하겠다고 하였다. 점심을 먹고 나서 사무실에 들어오니 김원진 회장과 원로 어르신들이 찾아와 차를 마시며 새해 인사를 나누었다.

오후 2시에 2022년도 신년하례식이 예정되어 있었다. 한 30분 정도 시간적인 여유가 있어서 올해 평남 도정의 주요 추진업무 중에 하나인 『두고 온 고향 남기고 싶은 이야기』 발간 계획에 대해서 말씀드리고 김원진 위원장님과 가진 인터뷰 내용을 한번 읽어드렸다. 김 위원장님께서 인터뷰 내용에 대해 매우 만족해하시는 것 같다. 인터뷰 내용을 어쩌면 그렇게 하나도 빠뜨리지 않고 잘 정리했는지 놀랍다고 하시며 이 지사님의 기억력에 놀랐다고 하였다.

오후 2시에 중강당에서 평남중앙도민회 신년하례식에 참석하여 신년인사 겸 인사말을 했다. 신년인사말은 아래와 같다. 오후 4시에 이북5도위원회 회의가 있었다. 이북5도위원회 주간회의를 하였다. 논의 안건은 2022년도 해외 출장계획에 관한 사항이었다. 해외 이북도민 고국 초청 행사에 대한 설명회 겸 해외 도민사회를 격려하기 위한 출장이다. 올해 출장 TO는 도지사는 3명으로 될 것 같다고 하였다. 출장 순번에 대한 의견 교환이 있었다. 2019년도 출장한 도지사가 황해지사와 평북지사로 되어있었다. 따라서 직전에 해외 출장을 다녀오지 않은 평남, 함남, 함북 순서로 출장을 가는 것이 합리적일 것 같다. 그렇게 되면 평북지사의 경우 임기 중에 해외 출장을 가지 못하게 되므로 아직도 임기가 2년 넘게 남은 함남지사가 평북지사에게 출장기회를 양보하는 방법도 있을 것 같다. 그러나 차기에 새로이 임명되는 지사들이 양보한 순번을 인정하지 않을 수도 있어서 좀 더 의논해보기로 하였다.

234

3. 2022년도 도정일지

[임인년 신년사]

존경하는 평남도민 여러분!

2022년 임인년 새해 도민회 신년하례식에 참석하여 도민 여러분께 새해 인사드리게 되어 기쁘게 생각합니다. 올 한 해 늘 건강하시고 가내 두루 평강하시길 축원합니다. 또한 지난 2년여간 계속된 코로나 사태가 극복되어 평안남도와 도민회가 발전과 활력이 넘치는 한 해가 되기를 도민 여러분들과 함께 간절히 소망합니다.

지난 한 해는 코로나 19사태로 도정이나 도민회 활동에 여러 가지로 어려운 일들이 많았습니다. 그럼에도 도정을 위해 아낌없는 성원을 보내주시고 도민회 발전을 위해 노력을 아끼지 않으신 전승덕 중앙도민회장님, 김건철 고문님, 김원진 행정자문위원님, 상임고문님들과 각 유관단체 임원 그리고 도민 여러분께 진심으로 감사 말씀드립니다. 『평남을 빛낸 인물 60인』을 발간함에 있어 도민 여러분들께서 깊은 관심과 적극적인 지원을 아끼지 않으셨습니다. 이 자리를 빌려 도움을 주신 여러분께 감사 말씀드립니다.

존경하는 도민 여러분!

올해는 "검은 호랑이 해"입니다.

평남인의 상징인 호랑이해를 맞이하여 평남도민 여러분 가정 모두 더 풍요롭고 건강한 삶이 되기를 바라오며 부디 올해에는 남북교류의 물꼬가 트여 연로하신 1세 어르신들께서 꿈에서도 그리던 고향 땅을 밟을 수 있는 기쁨의 한 해가 되기를 간절히 소망해 봅니다.

존경하는 도민 여러분!

우리 평안남도는 올 한 해도 '도민과 함께하는 도정'이란 케치플레이스 하에 도정을 운영하고자 합니다. '도민과 함께 만들어가는 평화와 번영의 대한민국으로'라는 비전 아래 소통과 화합으로 하나 되는 도정 구현과 효율적인 도민사회지원 그리고 북한 이탈주민 정착지원에 노력하

235

겠습니다. 아울러 이 자리를 빌려 몇 가지 중점 추진사업에 말씀드리고 도민 여러분의 적극적인 관심과 협조 부탁드립니다.

첫째로 '평남을 빛낸 인물' 33인을 추가로 선정하여 이분들의 생애에 대한 책자를 올 상반기 중에 발간하고자 합니다. 또한 제1차로 선정된 60인과 추가 선정된 33인에 대한 생애 개요를 발췌하여 『평남을 빛낸 인물 93인 약전』을 발간하여 젊은 후계세대들이 손쉽게 읽고 평남인으로서 자긍심을 가지도록 하겠습니다.

둘째로 각 시군으로부터 50여 분의 1세 어르신들을 추천받아 그분들을 직접 인터뷰를 하여 어르신들의 고향 이야기를 비롯하여 월남 후 지난 70여 년간의 삶의 이야기들을 듣고 정리하여 "두고 온 고향 남기고 싶은 이야기"라는 제하의 책자를 발간하고 이를 영상물로도 제작하여 평남의 귀중한 기록물로 남기고자 합니다.

마지막으로 새로이 구성되는 평남중앙도민회 집행부와 협력하여 평남청년회, 평남중앙부녀회 육성에 대한 효과적인 방안을 제시하고 청년회와 중앙부녀회의 육성 발전과 활성화를 위해 함께 노력하고자 합니다. 현재의 평남청년회의 모습이 바로 미래의 평남도민회의 모습임을 절감하고 도민회와 협력하여 청년회 육성 발전에 관심과 성원을 아끼지 않겠습니다.

이 모든 사업은 도민 여러분의 지속적인 관심과 적극적인 협조 없이는 불가능하다고 생각합니다. 도민 여러분께서 적극적으로 도정에 관심을 기울여 주시고 참여해주실 것을 부탁드립니다.

존경하는 도민 여러분!

우리 국민은 역사적으로 위기를 기회로 삼아 더 큰 도약을 이루와 낸 지혜와 경험을 가지고 있습니다. 특히 우리 평남인은 맹호출림의 강인한 정신과 끈질긴 생명력으로 국난의 위기에서 항상 앞장서 나라의 위기를 극복하여 온 저력 있는 자랑스러운 도민입니다.

"코로나 19"의 위기도 우리 평남인이 앞장서서 불퇴의 정신과 혼신의 노력으로 대처한다면 충분히 이겨낼 수 있으리라 확신합니다.

존경하는 평남도민 여러분!

임인년 새해를 하여 맞이하여 다시 한번 축원의 말씀드리며 모든 분의 가정에 건강과 행운이 가득하기를 진심으로 기원합니다. 새해 복 많이 받으십시오.

신년하례식이 끝나고 도민들과 서로 마주 보며 신년 인사를 나눈 후 덕담을 하며 화기애애한 분위 속에서 떡만두국을 먹었다.

2022년 1월 5일 수요일 날씨: 맑으나 추웠음

오늘 점심은 인터콘티넨탈 호텔 일식당 하코네에서 했다. 이찬희 전 변협회장의 초대로 전 금융위원장을 역임했던 임종용 회장과 임 위원장과 대학 동기인 서창우 3650 로타리클럽 총재와 함께했다. 임 위원장은 재경부 시절 산업금융과 사무관으로 근무할 때 리스회사 담당 사무관이었다. 1980년대이니까 벌써 40년의 세월이 흘렀다. 간간이 만나기는 했어도 함께 식사를 한 것은 산업금융과를 출입한 이후에 처음이다. 무척 반가웠다. 박근혜 대통령 시절에 경제부총리로 내정되었으나 탄핵사태로 임명되지 못하였다. 실력이 있고 인품이 있는 훌륭한 후배다.

오후 4시에 도지사 회의가 있었다. 해외 출장 순서에 대한 논의였다. 건재순서로 하자는 데 의견을 모았다. 그래서 함남, 함북, 황해 순서로 출장을 가는 것으로 결정하였다. 그렇게 결정하다 보니 내 재임 중에는 해외 출장의 기회가 없을 것 같다.

2022년 1월 6일 목요일 날씨: 맑고 추웠음

오후 11시에 2022년도 시장군수 및 읍면동장 연석회의를 개최하였다. 2022년도 도정 및 시군정 주요 추진계획에 대한 보고가 있었고 이어 2022년도 핵심 추진사업 중에 하나인 『두고 온 고향 남기고 싶은 이야기』 책자와 영상물 제작 기획안에 대한 설명이 있었다. 점심을 나누어서

하고 평남 명예시장군단과 함께 오후 2시에 국립서울현충원에 가서 호국영령들께 참배하였다.

오후 3시에 태영호 의원이 일천만이산가족위원회의 초청으로 이북5도청을 방문하여 이북도민연합회 회의실에서 간담회를 가졌다. 태영호 의원이 대한민국에 온 이후 5촌 당숙을 극적으로 만났던 이야기를 해주었고 한국에 온 이후 정계에 진출하기까지의 일화에 대해서 한 25분 정도 이야기하였다. 이어 이북도민회장들과 이북5도지사들이 태영호 의원에게 이북5도위원회의 역할과 기능을 제대로 할 수 있도록 의정활동을 통하여 관심을 갖고 노력해달라는 부탁을 하였다.

이성환 감독과 『두고 온 고향 남기고 싶은 이야기』 인터뷰 영상촬영에 대해 의논을 하였다.

평남 명예 시장군수·읍면동장 현충원 참배

2022년 1월 7일 금요일 날씨: 추웠음 소한이라고 함

오늘 직원들과 점심을 파스타 집인 평창의 봄에서 했다. 오후 7시 30분에 예술의 전당 콘서트홀에서 열리는 신년 가곡의 밤 음악회에 갔다. 여천 홍범도 장군 기념사업회서 마련한 행사이다. 가곡 100년의 역사를 되돌아보며 주제에 맞는 가곡을 유명한 성악가들이 불러주었다. 음악회가 끝나고 커피숍이 모두 문을 닫아 기념사업회 회원들과 차도 마시지 못하고 헤어졌다.

2022년 1월 8일 토요일 날씨: 맑고 조금 추위가 누그러졌음

아침에 운중천 변을 걸었다. 정해 놓은 지점까지 갔다 오면 대략 11,000보쯤 된다. 시간은 100분 정도 걸렸다. 아침에 걷고 나니 몸이 개운했다. 아침 청소를 하고 안양에 있는 하나로마트에 다녀왔다. 수산 시장에서 새조개를 샀다. 저녁에는 두 딸 가족이 와서 새조개에 소고기 샤브샤브를 해서 함께 먹었다. 박웅규 감독 아들이 제조하였다는 맥주를 마셨다. 독일에서 마셨던 맥주같은 맛이 있었다. 계속해서 원고 정리작업을 하였다.

2022년 1월 9일 일요일 날씨: 추움, 미세먼지 많음

아침에 일어나 뒷산을 올라갔다 왔다. 동네 하나로마트에 가서 우유와 달걀 그리고 메추리 알을 샀다.『평안남도를 빛낸 인물 II』원고 정리작업을 계속했다.

2022년 1월 10일 월요일 날씨: 맑음 약간 추웠음

오전 10시 40분경에 은예린 작가가 방문했다. 오늘 장원호 회장과 함께 점심을 같이하기로 했다. 오전 11시에 장원호 회장이 와서 함께 은예린 작가가 평남을 빛낸 인물로 선정된 인물 중에 문학가 세 분에 대해 글을 쓴 것에 대해 고마움을 표시하였다. 오늘 점심은 은예린 작가의 도움에 감사를 표하기 위해서다. 평창의 봄에 가서 코스메뉴로 먹었다. 오후 4시쯤에 함북 지사실에 들러 평북지사의 제안에 대한 의견을 나누었다.

2022년 1월 11일 화요일

위원회 간담회가 있었다. 2022년도 해외이북도민 국내초청행사를 위해 도지사들이 해외 이북도민 초청행사 관련 설명회를 위하여 해외 출장을 가는 건에 대해서 논의하였다. 지난 2년 동안 코로나 사태로 해외 출장을 가지 못했는데 올해는 코로나 사태가 더 이상 악화되지 않는다면 해외 출장을 다녀와야 할 것 같다. 도지사들의 해외 출장은 단지 해외 이북도민 모국 초청행사에 대한 설명회뿐만 아니라 이북5도 지사로서 해외이북도민들을 만나 이북5도의 활동 사항에 대한 설명도 하고 또한 그들을 격려하는 뜻도 크다.

2022년 1월 12일 수요일

오전 11시부터 『평남을 빛낸 인물 II』 편집회의를 하였다. 미얀마 양곤에서 선교사로 있는 대학 동기인 김학영 목사가 사무실로 방문하였다. 코로나19 관계로 일시 귀국하여 두세 달 한국에 머무를 예정이라고 한다. 선교사업과 목회 활동을 병행하는데 사명감을 갖고 하고 있으며 보람을 느낀다고 하였다. 우리 동기 중에 유일하게 목사가 된 친구다. 60세가 넘어 신학대학을 졸업하고 목사 안수를 받았다. 하나밖에 없는 아들을 일찍 하늘나라에 보내고 하늘이 무너지는 절망감을 극복한 것은 하나님을 영접한 때문이었다고 하였다. 지금 부부가 함께 미얀마에서 선교사역을 10년째 하고 있다. 김학영 목사와 점심을 같이 했다. 오후 2시부터 2층 회의실에서 『두고 온 고향 남기고 싶은 이야기』 영상인터뷰를 했다.

2022년 1월 13일 목요일

오전 10시에 직원회의를 했다. 직원들과 점심을 함께 했다. 저녁에는 안재홍 평창새마을금고 이사장의 초대로 북악정에서 황해도지사와 함께 저녁을 했다. 안재홍 이사장은 평남 안주군 출신 2세이다. 그동안 활발한 사회활동으로 애향 활동을 별로 하지 못했는데 나이가 들면서 아버님 고향에 대한 관심이 많아져 기회가 되면 평남도민회 활동을 해보려고 한다고 하여 고맙게 생각했다. 안주군민회장과 안주군수와 인사를 나눌 기회를 갖기로 했다.

3. 2022년도 도정일지

2022년 1월 14일 금요일

『두고 온 고향 남기고 싶은 이야기』 영상인터뷰를 시험적으로 했다. 박웅규 사장이 유튜브 촬영 장비를 갖고 와 이광수 이북도민 통일아카데미 회장이 나를 인터뷰하였다. 몇 번의 시험 촬영을 거쳐 본격적으로 1세 어르신들을 대상으로 영상인터뷰를 추진하기로 했다.

2022년 1월 15일 토요일

아침에 뒷산에 올라갔다 왔다. 새해 할 일에 대한 구상을 하였다. 올해는 내가 평남도지사를 그만두는 해이기에 더욱 열심히 하여 잘 마무리해야겠다는 각오를 하였다. 또한 도지사에서 퇴임한 후 향후 계획에 대해서도 생각해보았다. 현재로서는 다른 공직의 기회가 오더라도 특별한 경우를 제외하고는 도지사 취임 후에 그만두었던 한미지오텍건설의 회장직에 복귀하여 열심히 일하려고 한다.

2022년 1월 17일 월요일

오전 10시에 주간회의를 하였다. 오후 2시에 평남 중앙도민회 이사회가 5층 중강당에서 있었다. 2021년도 결산보고와 2022년도 사업계획 및 예산에 대한 보고와 의결이 있었다. 결산보고도 잘 되었고 내년도 사업계획도 올해와 비슷한 내용과 규모로 짜여 있었다.

2022년 1월 18일 화요일

오전 10시에 위원회 사무실에서 주간 위원회 회의가 열렸다. 상정된 안건은 없었고 각도별로 중요 추진사항에 대한 설명이 있었다. 공문서를 열람하였다.

2022년 1월 19일 수요일

오후 2시부터 5시 30분까지 프레스센터 19층에서 Korea Forum 학술대회가 있었다. 함남지사가 이북5도위원장으로 있으면서 야심차게 기획하고 추진한 학술대회다. 이북지역에 관한 조사연구업무가 이북5도 등에 대한 특별법에 규정되어 있는 이북5도위원회의 첫 번째 업무이다. 그런데 그동안 예산과 인력 부족을 이유로 조사연구업무에 대해 제대로 일을 해오지 못했던 것이 사실이다. 해마다 연례적으로 이북5도위원회가 하는 일 없이 예산만 낭비하는 정부기관 중 대표적이 기관이라는 언론기관의 보도가 있어 왔다. 예산과 인력 탓만 할 것이 아니라 현 상황에서 좀 더 활발하게 북한에 관한 조사와 연구업무를 해야할 것이다. 이런 점에서 오늘 코리아포럼 학술대회는 그 의미가 크다고 할 수 있다.

2022년 1월 20일 목요일

주간 직원업무회의가 있었다. 오전 11시에 평남무형문화재 보유자들과 2022년도 맞이하여 간담회를 가졌다. 평남무형문화재 예능보유자 간에 협의회를 결성하여 서로 정보를 교환하고 함께 공연하는 기회를 자주 가져보자는 데에 의견을 같이했다. 예능보유자 별로 올해 주요 공연계획에 대한 설명이 있었다.

2022년 1월 21일 금요일

달개비에 점심 예약을 하였으나 약속이 연기되는 바람에 취소하였다. 오후 2시에 위원회 회의실에서 『두고 온 고향 남기고 싶은 이야기』 인터뷰를 진행하였다. 주 2, 3회 한 번에 2, 3인 정도하면 인터뷰는 5, 6개월 정도면 마칠 수 있을 것 같다.

2022년 1월 22일 토요일

아침에 뒷산에 올라갔다 왔다. 계속해서 『평남을 빛낸 인물 II』 원고작업을 하였다. 저녁 6시에 강남에 있는 파르나스 예식장 2층에서 평남도민 자제의 결혼식이 있어 다녀왔다.

2022 1월 24일 월요일

오전 10시에 도 직원회의를 하였다. 지난 일주일간의 업무를 점검하고 한 주간의 계획된 업무 일정을 점검하였다. 맡은 바 업무를 책임감 있게 잘 해주는 사무국장을 비롯한 직원들에게 고마움을 표하였다.

2022년 1월 25일 화요일 날씨: 맑고 추움

오전 10시에 이북5도위원회 회의를 하였다. 오후 2시에 5층 중강당에서 평남중앙도민회 대의원총회가 있었다. 오늘은 평남중앙도민회장을 선출하는 날이다. 안주군 출신 최용호 전 안주 군수와 중앙도민회 수석부회장인 개천군의 김길준 두 후보자가 회장 후보로 출마하여 정견 발표를 하고 투표에 들어갔다. 예상했던 바대로 최용호 후보가 상당한 표차로 회장에 당선되었다. 최용호 회장이 도민회 발전을 위해 헌신 봉사하겠다는 포부를 피력하였다. 젊고 패기 있는 최용호 후보가 회장에 당선되어 평안남도 발전에 기여할 것으로 기대된다. 마침 내년에는 평남중앙도민회장이 이북도민중앙회 연합회장을 맡는 해이기에 더욱 기대가 크다.

2022년 1월 26일 수요일 날씨: 맑고 추웠음

오후 2시에 위원회 회의실에서 『두고 온 고향 남기고 싶은 이야기』 영상인터뷰가 있었다. 실험 영상인터뷰를 몇 번 해보고 내달부터는 본격적으로 1세 어르신들을 대상으로 영상인터뷰를 할 계획이다.

2022년 1월 27일 목요일 날씨: 추웠음

오전 10시에 도 사무직원들과 주간 업무회의를 하였다. 『평남을 빛낸 인물II』 진행 상황을 점검하였다. 『두고 온 고향 남기고 싶은 이야기』 프로젝트도 잘 준비하여 상반기 중에는 1세 어르신 100분에 대한 인터뷰를 마칠 수 있도록 실무적으로 노력해달라고 부탁하였다.

2022년 1월 28일 금요일 날씨: 맑고 추움

오후 2시에 위원회 회의실에서 『두고 온 고향 남기고 싶은 이야기』 시험 영상인터뷰를 진행하였다. 양덕군 이응두 어르신에 대한 인터뷰를 했다. 고향에 대한 기억이 많아 인터뷰 내용이 아주 풍부했다. 이응두 선생의 고향인 양덕군에 대한 역사와 지리, 풍습 등 다양한 내용을 말씀하셨다. 기억력이 무척 좋으신 분이다. 단신 월남하여 침식을 해결하기 위해 사병으로 군에 입대한 후, 현지 장교 임용제도를 통해 장교로 임관하여 20여 년을 군복하고 소령으로 전역한 분이다.

전역한 후에 애향 활동을 열심히 하였고 양덕군민회 회장과 양덕군 명예군수를 거쳐 평남중앙도민회 부회장으로 애향활동을 하셨다. 현재도 양덕군민회의 큰 어른으로 군민회 활동에 적극적으로 참여하고 계신다. 2020년도에는 이러한 애향활동의 공을 인정받아 국민포장을 수여받았다.

2022년 1월 29일 토요일 날씨: 추움

설 연휴 시작되는 날이라 집에서 신정 맞을 준비를 했다. 『평남을 빛낸 인물II』 원고 정리작업을 했다. 선정된 인물 한 분 한 분마다 인터넷을 검색하여 자료를 찾아 보완하여 선정된 분들의 일대기와 업적을 쫓아가다 보면 나도 모르게 존경심이 들게 된다.

2022년 1월 30일 일요일 날씨: 맑고 추움

설 연휴 기간 집안 구석 구석을 청소했다. 뒷산에 올라갔다 왔다. 『평남을 빛낸 인물II』 원고 수정작업을 계속하였다. 작년에 60인을 선정하여 책을 발간한 후 추가로 선정된 30인에 대해 그분들의 생애와 업적을 조사하여 정리하다 보니 평남 선대 어르신 중에 엄혹했던 일제강점기에 조국과 민족을 위해 헌신한 숭고한 생애에 깊은 존경심을 갖게 되었고 평남 출신 후예로서 자랑스럽게 생각한다. 또한 해방 이후 신생 대한민국 건국과정에서 정치, 경제, 사회, 교육, 종교 및 문화예술 등 모든 분야에서 뛰어난 업적을 남기셨다. 비록 90인에 선정되지는 못하였지만 추천된 나머지 분들 또한 선정된 분들 못지않게 훌륭한 업적을 남겼고 숭고한 삶을 사셨다. 우리 후세 평남인들이 가슴속에 새기고 그분들의 정신과 삶을 본받아야 하겠다.

2022년 1월 31일 월요일 날씨: 맑고 추웠음

해림이네와 현서네가 왔다. 세 손녀딸 도연이와 제인이 그리고 제윤이 오니 집안이 시끌벅적하다. 무릇 삶이란 이런 게 아닌가 싶다. 이제 내 직계가족의 수가 9명이나 된다. 모두 잘 성장하여 자기 인생에 의미를 찾고 열심히 살았으면 한다. 나는 큰 손녀 도연이에게 왠지 기대가 크다. 태어나서 한 일 년간 우리 집에서 함께 살다 보니 큰손녀 도연이에 대한 정이 애틋하다. 어려서부터 영특하고 똑똑하여 잘 자라면 큰 인물이 될 수 있지 않을까 하는 기대도 해본다. 그러나 몸과 마음이 건강하게 성장하여 자신과 남을 귀중하게 여기고 자기의 위치에서 최선을 다하면 더 바랄 것이 없다.

2022년 2월 1일 화요일

설 연휴 마지막 날이다. 2월에는 코로나 19사태가 좀 더 진정되었으면 하는 바람이다. 이런 사태가 오래 지속이 되면 개인은 물론 사회 전체가 변화되어가는 건 아닌지 염려스럽다. 이런 때일수록 나부터 밝고 긍정적인 마인드로 나 자신은 물론 주위 사람들에게 좋은 영향을 주어야겠다고 다짐해 본다.

2022년 2월 2일 수요일 날씨: 추웠음

설 연휴가 끝나고 모처럼 출근하였다. 직원들과 반갑게 인사를 하고 집무를 시작하였다. 다른 도지사들을 만나 설 연휴 잘 쉬었는지 문안 인사도 나누었다. 양덕군 어르신 한 분이 돌아가셨다는 부고를 받았다. 군민회에도 자주 나오시는 분이었다. 오후 4시경에 빈소에 들러 문상을 하고 유족들을 위로하였다.

2022년 2월 3일 목요일 날씨: 추움

오전 10시에 주간 업무회의를 하였다. 2월 주요 업무추진 계획에 대해 보고를 받았다. 현재 추진 중인 『평남을 빛낸 인물II』 발간 작업과 올해부터 새로이 추진하는 『두고 온 고향 남기고 싶은 이야기』 영상인터뷰 작업도 기획한 대로 차질 없이 잘 진행하도록 지시하였다.

2022년 2월 4일 금요일 날씨: 추움

오전 11시에 덕천군 명예군수가 방문하여 덕천군 1세 어르신들에 대한 대면 인터뷰 원고를 제출하였다. 사전에 황영인 덕천군 명예군수가 춘천에 사시는 백윤걸 어르신을 직접 찾아뵙고 자세히 인터뷰했었다. 백윤걸 어르신께서 6.25를 몸소 겪으신 내용을 잘 담은 것 같다. 6.25에 대한 귀중한 증언록이 될 것 같다. 황 명예군수와 평남중앙회 이성삼 국장과 북악정에서 점심을 함께했다.

2022년 2월 5일 토요일

오전 11시 30분에 종로5가에 있는 한옥갈비집에서 강서군 신년하례회가 있었다. 강서군은 우리 평남중앙도민회에 큰 어른이신 김건철 회장님과 김원진 행정자문위원장님이 계신 군으로 16개 시군민회 중에 가장 모범적으로 활동하는 군민회 중에 하나이다. 군민회장의 인사말에 이어 내가 인사 겸 군민회 발전을 기원하는 덕담과 격려의 말을 했다.

2022년 2월 6일 일요일

아침에 뒷산에 올라갔다 왔다. 음력으로 신년을 맞이했으니 결의도 다질 겸 체력도 길을 겸 국사봉 8부 능선까지 올라갔다 왔다. 산 중턱부터는 아직도 눈이 쌓여있다. 아침을 먹고 아내와 시장을 보러 갔다.
『평남을 빛낸 인물 II』 30인 원고작업을 계속했다.

2022년 2월 7일 월요일

오전 10시 30분에 이북도민 해병전우회 임원진이 내 사무실을 신년인사차 방문하였다. 해병전우회는 이북도민 행사가 있을 때마다 질서유지를 위해 수고를 아끼지 않는다. 우리나라 어느 기관이나 어느 지역이나 가면 해병전우회는 있다. 현역일 때는 훈련과 전투에 용감하고 제대해서도 해병대 정신으로 지역사회에 봉사하는 모습이 좋다.

우리 평안남도는 여러 해 동안 김포에 있는 해병 제2사단과 자매결연을 맺어 해마다 연말이면 해병 제2사단 장병을 위문하러 간다. 그래서인지 해병대가 나에게는 친근하다. 이북도민 해병전우회 회장단과 임원들에게 격려차 주기적으로 격려금도 전해주고 식사도 하였더니 평남도 행사 시에는 각별하게 협조하여주는 것 같다. 오후 5시 30분에 논현동에 있는 4.31 치과병원에 가서 치료를 받았다.

2022년 2월 8일 화요일

오전 10시에 위원회 회의가 있었다. 별도 안건은 없었고 해외 이북도민 고국 초청행사와 관련하여 해외도민을 대상으로 현지에 나가 설명회를 갖는 계획에 대해서 의견을 나누었다. 올해는 반드시 해외 방문을 하고 고국 방문 행사를 진행할 수 있도록 하자고 하였다.

2022년 2월 9일 수요일

낮 12시 북악정에서 평남중앙도민회장 초대로 평남유지 오찬 모임이 있었다. 음력설을 기해 덕담을 나누며 올해 도민회 발전에 함께 노력하자고 하였다. 오후 3시에 이북5도위원회 경기지구사무소장이 방문하여 업무 현황에 대해서 보고하였다.

2022년 2월 10일 목요일

오전 10시에 주간직원업무회의를 하였다. 11시 30분부터 코리아나호텔 VIP 참치집에서 중화군 신년교례회에 참석하여 중화군민회 어르신들과 군민들에게 새해 복 많이 받으시고 일 년 내내 코로나19 걱정 없이 건강하게 지내시라는 덕담을 하였다. 중화군민회에는 평안중앙도민회 회장을 역임하신 우리 도민회의 큰 어른이신 이근태 고문이 계신다. 102세의 고령임에도 도민회 모임이나 군민회 모임에 거의 빠지지 않고 나오신다. 이근태 고문님은 나와도 특별한 인연이 있는 분이다. 내가 산업은행 자회사인 산업리스 평사원으로 근무할 때인 1970년대에 우리 회사 등기업무를 담당하셨던 사법서사(후에 법무사로 명칭이 변경됨)이셨다. 삼각동 부근에 있는 어르신의 사무소에 가면 두터운 서류를 넘기시며 열심히 일하시는 모습을 보곤하였다. 한 2년 정도 등기업무 관계로 어르신의 사무실을 가끔 가곤 하였다. 그 당시에 특유의 액센트로 평안도 사투리를 쓰셨던 걸로 기억이 난다. 내가 2016년 평남중앙도민회 부회장으로 선임되어 도민회 활동을 하면서 거의 40년 만에 다시 뵈었는데 옛날 모습이 생생하게 기억이나 금방 알아볼 수 있었다. 어르신께 그 당시 이야기를 하였더니 참 반가워하시며 잠시 그 시절을 회상하시는 듯 하셨다.

2022년 2월 11일 금요일

오후 2시부터 5시까지 도지사실에서 『두고 온 고향 남기고 싶은 이야기』 대면 인터뷰를 진행하였다. 평남 양덕군 출신이신 이응두 어르신을 모시고 고향 양덕에 대한 이야기를 들었다. 워낙 기억력이 좋으시고 향토지리와 역사에 대해 아시는 것이 많아 평남 양덕군에 대한 귀중한 말씀을 많이 들었다.

2022년 2월 14일 월요일

오전 11시 30분에 도산 안창호 선생 기념사업회가 있는 도산공원으로 갔다. 기념사업회 김재실 회장을 만나 인사를 나누고 기념사업회 현황에 대해서 이야기를 나누었다. 나는 평남도지사에 임명된 후 곧바로 도산 안창호 선생과 고당 고만식 선생의 묘소에 참배하고 두 분의 높은 뜻을 가슴속에 새겼다.

도산 안창호 선생은 우리 평남 강서군 출신으로 일제강점기에 겨레와 민족의 독립을 위해 언제나 낮은 자세로 일생을 조국의 독립과 청소년들의 교육에 온몸과 정성을 바치신 분이다. 그분의 뜻을 계승하는 도산안창호선생기념사업회에 나는 평남도지사의 자격으로 상임고문으로 추대되어 현재까지 활동하고 있다. 오후 2시부터 5시까지 『두고 온 고향 남기고 싶은 이야기』 영상촬영이 위원회 회의실에서 진행하였다.

2022년 2월 15일 화요일

오전 10시에 위원회 회의실에서 이북5도위원회 회의가 있었다. 오후 2시부터 『두고 온 고향 남기고 싶은 이야기』 영상촬영을 하였다. 인터뷰와 영상촬영이 순조롭게 잘 진행되고 있다.

2022년 2월 16일 수요일

오후 2시부터 전국 16개 이북5도 시.도지구 사무소장들의 업무보고가 소회의실에서 있었다. 평남도지사가 관장하는 경기지구소장, 대구지구소장, 광주지구소장으로부터 별도 보고를 받았다. 2021년도 시·도 지구 사무소 업무에 대한 성과가 좋았다는 말과 함께 올해도 사업계획 내용대로 잘 해 주었으면 하는 부탁과 함께 격려의 말을 하였다.

2022년 2월 17일 목요일

오전 10시부터 도 사무국직원들과 주간 업무회의를 하였다. 각자 담당 업무를 잘 처리해 줄 것을 당부하였다. 오후 2시부터 회의실에서 『두고 온 고향 남기고 싶은 이야기』 영상촬영 인터뷰를 하였다. 오후 2시에는 송경복 평남중앙부녀회장님, 오후 3시에는 용강군 출신인 김덕용 전 중앙도민회장님 그리고 오후 4시부터는 행정자문위원장이신 강서군 출신 김원진 위원장님을 영상인터뷰 하였다. 지난달 평아름회 트레킹을 갔을 때 내 차로 김원진 위원장님을 댁까지 모셔드리는 동안 차 안에서 인터뷰를 진행한 바 있다.

오늘은 영상촬영을 위하여 김 위원장님을 모시고 촬영을 진행하였다. 영상인터뷰는 오늘 처음으로 시작했는데 생각보다 잘 진행되었다. 앞으로 일주일에 두세 번 정도 할 계획이다. 오늘 영상인터뷰 촬영은 이북도민연합TV에 이성환 감독팀이 해주었다. 앞으로 이 감독이 영상인터뷰 촬영을 전담해 주기로 했다.

2022년 2월 18일 금요일 날씨: 맑고 다소 추움

오후 2시부터 5시까지 1세 어르신 인터뷰를 진행하였다. 일주일에 세 번 하루에 두 세분씩 진행하면 6월 중에는 70여 분 정도 영상촬영이 가능할 것 같다.

2022년 2월 19일 토요일 날씨: 추움

아침에 뒷산 오동나무까지 네 번 왕복했다. 추운 날씨에도 일찍 일어나 산에 뒷산을 오르기 기분이 상쾌하다. 에너지가 충전되는 느낌이다. 아침에 뒷산을 오르내리며 한 4천 보쯤 걷고 샤워하고 아침밥을 먹으면 식욕도 난다. 사무실에 출근하여 활동하다 보면 하루 평균 8천 보에서 만 보정도 걷는 것 같다. 우리 나이에 하루에 그 정도 걸으면 기본 건강 유지에는 도움이 될 것 같다. 나 자신이 그걸 느낄 수 있다. 앞으로도 계속해 하루에 8천 보 이상을 걸을 생각이다. 『평남을 빛낸 인물 II』 원고작업을 했다.

2022년 2월 20일 일요일 날씨: 추움

아침을 먹고 아내와 오리역 하나로마트에 가서 장을 보았다. 점심을 먹고 조금 쉬다가 『평남을 빛낸 인물 II』 원고작업을 계속했다. 한 분 한 분 선정된 분들의 일생을 보며 그분들의 나라 사랑 정신과 훌륭한 삶에 대한 경의를 표하게 된다.

2022년 2월 21일 월요일

오전 10시부터 맹산군 명예군수로부터 맹산군 군정 보고를 받았다. 코로나19 사태로 2022년도 명예시장군수로부터 시·군정 업무보고를 개별적으로 받기로 하였다. 맹산군은 내 나름 특별 관리 군이다. 방 군수에게 군민회와 원활한 협조 관계를 유지하도록 각별히 부탁하였다. 오후 2시에도 시·군정 업무보고를 받았다.

오후 3시부터 5시까지 『두고 온 고향 남기고 싶은 이야기』 영상촬영과 인터뷰를 진행했다. 오늘은 순천군 출신 이채호 상무님과 김영복 고문님, 임성호 회장님 그리고 백규용 평남기우회장님을 인터뷰하였다. 인터뷰가 끝난 후 촬영팀과 인터뷰에 참여하신 어르신들을 모시고 저녁 식사를 하였다. 인터뷰 참여하신 어르신들 모두 인터뷰하는 동안 고향을 떠나온 70여 년간의 생활을 회고하고 정리한 느낌이 들었다고 말하였다.

2022년 2월 22일 화요일

오전 10시에 이북5도위원회 회의를 하였다. 상정된 안건이 없어 일주간 해당 도의 업무에 대한 이야기를 했다. 오후 2시에 도지사실에서 명예시장군수의 시군정 업무보고가 있었다. 코로나19 사태로 단체 소집이 곤란하여 하루에 한두 분 명예시장. 군수로부터 시·군정업무에 대한 보고를 받고 업무지시를 하고 있다.

2022년 2월 23일 수요일

오후 2시에 도지사실에서 명예시장 군수 시.군정 업무보고를 받았다. 오후 2시부터 5시까지 이북5도위원회 회의실에서 『두고 온 고향 남기고 싶은 이야기』 영상촬영을 했다. 횟수가 거듭될수록 인터뷰로 잘되고 영상촬영도 순조롭게 진행되고 있다.

2022년 2월 24일 목요일

오전 10시부터 30분간 도 사무국 직원들과 주간 업무회의를 하였다. 오후 1시 30분에 2층 회의실에서 민주평통 김창수 사무처장과 5도 지사들 간에 차담회를 하였다. 김창수 처장이 오늘 오후 2시부터 개최되는 민주평통 이북5도 지역회의 1/4분기 정기총회에 참석하기 위하여 청사를 방문하였다. 오후 2시부터 민주평통 1/4분기 정기총회가 개최되어 내빈으로 참석하였다.

2022년 2월 25일 금요일

오후 2시부터 5시까지 1세 어르신을 대상으로 『두고 온 고향 남기고 싶은 이야기』 영상촬영과 인터뷰를 하였다. 1세 어르신들의 지난 70여 년간의 치열한 삶의 이야기를 들으며 마음이 숙연해졌다.

2022년 2월 26일 토요일

오후 11시에 경기도 고양시에 있는 동화경모공원 식당으로 갔다. 오늘 이곳에서 경기도 고양시 평남청년회 발대식이 있는 날이다. 오늘 발대식에서 초대 회장으로는 평양시 2세인 고재혁 평양시민회 상무가 취임하였다. 총무는 박성영 양덕군 명예군수가 맡기로 했다.

2022년 2월 27일 일요일

아침에 아내와 함께 운중천 변을 걸었다. 평소 정한 목표지점까지 갔다 오는데 1시간 30분 정도 걸렸다. 목표지점까지 갔다 오면 대략 8천 보 정도 걷는다. 집에 들어와 샤워를 하고 아침을 먹었다. 모처럼 집 안 청소를 하였다. 오늘 현서 생일축하 점심을 온 가족이 함께했다. 점심을 먹고 난 후 좀 쉬다가 『평남을 빛낸 인물 II』 원고작업을 하였다. 원고작업은 4월 중에는 완료 목표로 진행 중이다.

2022년 2월 28일 월요일

『두고 온 고향 남기고 싶은 이야기』 프로젝트에 대한 시장군수들에게 관심과 노력을 부탁하며 담당 시.군별 인터뷰 대상자를 잘 선정해 줄 것을 당부하였다.

2022년 3월 1일 화요일 날씨: 쌀쌀함

오늘은 기미 3.1운동 103주년 되는 날이다. 이북도민 중앙청년연합회와 3.1운동 기념사업회에서 주관하는 103주년 3.1 독립운동 기념식에 참석하여 기념사를 했다. 남산 장충동공원 3.1 독립운동 기념탑에서 이북도민 60여 명이 참석한 가운데 엄숙하게 거행되었다.

이북도민청년회가 3.1운동 기념일을 맞이하여 3.1운동의 숭고한 독립정신을 기렸다. 기념식이 끝난 후에 최용호 이북도민중앙연합회장이 장충동 평양면옥집으로 초대하여 참석한 주요 내빈과 함께 평양냉면을 빈대떡과 수육을 곁들여 먹었다. 이북도민청년회가 3.1운동 기념일을 맞이하여 민족의 숙원인 평화통일에 매진하여 3.1 독립운동 정신을 구현하기 바란다는 당부를 하였다.

⟨3.1운동 기념일을 맞이하여 평남도민들과 함께 하는 만세삼창⟩

2022년 3월 2일 수요일 날씨: 쌀쌀함

오후 2시부터 5시까지 1세 어르신 세 분에 대한 영상인터뷰를 진행하였다. 오늘은 항해도 해주 출신인 박성재 전 황해도지사, 황해도 벽산 출신 박충암 6.25 전쟁 유격전우회 회장 그리고 평남 강동군 출신 김시홍 고문을 인터뷰하였다. 박성재 전 지사께서는 이북에서 인민학교 다닐 때 학교생활에 대한 재미있는 증언을 하여주셨다. 김시홍 어르신은 인터뷰 도중 감정에 복받치셨는지 소리 내어 우시기도 하였다. 인터뷰를 진행하던 우리도 눈시울이 뜨거워짐을 느꼈다.

2022년 3월 3일 목요일 날씨: 기온이 좀 풀림

평남도 사무국 직원들과 주간 업무회의를 사졌다. 3월 중에 처리할 중요 업무에 대해서 의견을 나누었다. 새봄을 맞이하는 3월에 일에 보람 있고 느끼고 활기차고 즐거운 근무 분위기를 만들어 보자고 주문하였다.

2022년 3월 4일 금요일 날씨: 맑음

오늘과 내일이 제20대 대통령 사전선거일이다. 정권교체가 이루어져야 할 텐데 은근히 걱정된다. 오후 2시부터 4시까지 실향민 1세 어르신들

영상인터뷰를 하였다. 오늘은 평남 강동군 출신인 장순덕 여사와 용강군 출신인 김현용 중앙도민회 부회장을 인터뷰하였다. 장순덕 어르신은 내가 직접 인터뷰를 했다. 올해 90세의 나이신데도 얼굴도 고우시고 말씀도 또렷하게 잘하셨다. 고향 승호리에 동양 최대의 시멘트공장이 있었다는 말씀도 하시고 월남할 때에 겪었던 어려운 이야기도 말씀해 주셨다.

김현용 선배님은 중앙대학교 약학과를 나와 근화제약회사의 전무로 근무하셨고 우리나라 제약업계 발전에 크게 기여하신 분이다. 평남골프 모임에 회장을 오랫동안 맡아 평남유지분들의 친목 도모에 큰 역할을 하셨다. 단신 월남하여 어려운 가운데에도 학업을 계속하여 명문 중앙대학교 약학대학을 나와 우리나라 초창기 제약업계에 큰 역할을 하신 분이다.

2022년 3월 5일 토요일 날씨: 맑음

아침 일찍이 집사람과 운중동 주민센터에 마련된 투표소에 가서 투표했다. 집사람과 의견이 같아 생각했던 대로 찍었다. 정권교체가 민심의 큰 흐름인 것 같다. 민심의 방향대로 결과가 나올지 걱정이다. 저녁에 뉴스를 보니 역대 최고의 사전투표율이라고 한다.

이번 선거에 대한 국민의 관심이 얼마나 높은지를 알 수 있게 한다. 특이한 것은 호남지역의 사전투표율이 6, 70 프로를 상회한다는 사실이다. 더불어민주당 지지유권자들이 윤석열과 안철수의 극적인 단일화에 위기의식을 느꼈기 때문이라는 정치분석가들의 분석이 나왔다.

2022년 3월 6일 일요일 날씨: 추움

아침 일찍이 집사람과 운중천 변을 걸었다. 오후에는 안양에 있는 농수산물센터에 가서 시장을 보았다. 고구마와 농어를 샀다. 아내는 생선요리를 별로 좋아하지 않아 그동안 집에서는 생선탕을 별로 먹어보지 못했다. 모처럼 농어 지리탕을 잘 끓여 맛있게 먹었다.

평양감사 1054일 II

2022년 3월 7일 월요일 날씨: 맑음

『평남을 빛낸 인물』 2차 선정 인물에 대한 원고작업을 검토했다. 이번 2차 선정에는 30분만 하는 것으로 정했다. 당초에는 40분을 선정하여 1차 선정된 60분을 하하여 전체적으로 평남을 빛낸 인물 100인을 선정하기로 했지만 1차에 60인 선정하고 2차에는 30인만 선정하여 총 90인을 우선 선정하고 나머지 10인에 대해서는 현재 생존해 계신 훌륭한 분 중에서 사후에 선정하기로 하였다.

2022년 3월 8일 화요일 날씨: 맑음

위원회 간담회가 있었다. 속초 실향민 문화축제와 관련하여 속초시장이 이북5도위원회를 다음 주에 방문한다는 위원회 사무국장의 보고가 있었다. 속초시장이 오는 경우 실향민문화축제에 대한 설명을 듣고 점심을 같이하기로 했다.

오늘 오후 2시부터 4시까지는 평남청년부녀회 명예회장인 김숙진 전 회장이 인터뷰를 담당해 주었다. 오늘 영상인터뷰는 강서군의 최윤관 고문을 하였다. 최 고문이 부산 피난 시절 동네 친구들로부터 이북에서 온 피난민이라고 놀림을 받게 되자 이들과 맞서 싸우기 위해 태권도를 배웠고 태권도 유단자가 된 후에 혼내주었다는 이야기를 듣고 시대의 아픔을 공감했다.

2022년 3월 9일 수요일 날씨: 맑음

오늘이 역사적인 20대 대통령 본 선거일이다. 사전선거에서 보여준 높은 투표율이 계속 이어질 수 있을지 궁금했다. 투표율이 80 프로 이상 되지 않을까 예상을 했으나 77% 정도에 그쳤다. 사전투표율과 본 선거 투표율이 거의 같았다. 본 선거 투표가 종료되는 시점에 지상파 방공 3사가 공동으로 조사한 출구조사 결과가 발표되었다. 출구조사 결과가 발표되는 순간 깜짝 놀랐다. 불과 0.6% 포인트 차이로 윤석열 후보가 앞서는 것으로 나왔다. JTBC가 단독으로 조사한 출구조사는 이와는 반대로 이재명 후보가 앞서는 것으로 나왔다. 출구조사를 시행한 두 곳이 엇갈리게 나오고 그 차이도 초박빙이다 보니 야권후보의 승리를 예측하기가 어려웠다.

초반에 사전투표함을 개표하기 시작했다. 이재명 후보가 계속해서 앞서나갔다. 표차도 꽤 벌어졌다. 상당히 불안했다. TV에서 눈을 뗄 수가 없었다. 오전 11시부터 벌어졌던 표차가 점점 좁혀지더니 12시 30분에 가서 역전되기 시작하여 개표 종료될 때까지 윤석열 후보가 앞서나갔다. 결국 지상파 방송 3사의 공동출구조사가 예측한 대로 윤석열 후보가 간발의 차이로 승리하였다. 새벽 4시까지 한잠도 자지 못하고 개표방송을 지켜보았다. 예상에 훨씬 못 미치는 표차로 당선되자 좀 의아하다는 생각도 들었다. 아무튼 일반 국민의 과반수 이상이 정권교체를 열망하여 국민의 기대 대로 된 것만 해도 다행이라고 생각했다.

2022년 3월 10일 목요일 날씨: 맑고 약간 추웠음

오늘 아침 11시에 도산 안창호 선생 84주기 추모식이 도산 안창호 선생기념관에서 거행되었다. 코로나 사태로 비대면을 진행되어 20여 분 정도 참석하였다. 내가 평남지사로서 선생의 약전을 봉독하였다. 나는 도산 안창호 선생 기념사업회 고문으로 있다. 겨레의 큰 스승인 도산 선생이 우리 평남 출신이라는 것이 자랑스럽다. 도산 선생과 고당 조만식 선생은 두 분 모두 강서군 출신이시다. 강서군에는 인물이 많이 나는 곳으로 정평이 나 있는 곳이다. 6.25 전쟁의 영웅인 백선엽 장군도 강서군 출신이다.

2022년 3월 11일 금요일 날씨: 맑음

그동안 영상 인터뷰한 『두고 온 고향 남기고 싶은 이야기』 원고를 정리하였다. 영상인터뷰 원고가 부정확하여 한분 한분 영상을 보며 원고 내용을 확인하다 보니 예상했던 것보다 시간이 많이 걸린다. 영상인터뷰 한편을 정리하는데 보통 2, 3일은 소요되는 것 같다. 결코 쉬운 작업이 아님이 틀림없다. 그러나 꼭 해야할 과업이라고 생각한다. 어떤 어려움이 있더라도 내 임기 중에 반드시 이루고 말 것이다. 아니 이루어야만 한다.

2022년 3월 12일 토요일 날씨: 맑음

오후 2시에 의왕지구 이북도민회 청장년회 창립총회가 경기도 의왕시 새마을금고 회의실에서 있었다. 의왕시에 사는 이북도민 청장년 창립회원 10여 명과 의왕시 의회 의원들이 대여섯 분 참석하여 축하를 해주었다. 창립대회 축사를 했다.

2022년 3월 13일 일요일 날씨: 흐리고 약간 비가 옴

오늘 9시부터 고양시에 있는 연세대학교 삼애캠퍼스 야구장에서 평남 맹호출립야구단 동국리그 Playoff 결승전이 있을 예정이었으나 비가 온다고 하여 취소되었다. 『평남을 빛낸 인물 원고』마무리 작업을 하였다. 상반기 중에는 책자 발간을 하려고 한다.

2022년 3월 14일 월요일 날씨: 흐림

오후 2시부터 오후 5시까지 이북5도위원회 회의실에서『두고 온 고향 남기고 싶은 이야기』인터뷰를 진행하였다. 오늘 인터뷰는 평남 평원군에 주중괄 어르신과 함남 출신 최금녀 시인 그리고 흥남철수기념사업회 이사장을 맡고 있는 함경남도 흥남 출신 이인재 회장 이렇게 세 분을 인터뷰하였다. 주중괄 선생은 90이 훨씬 넘으신 연세에도 불구하고 꼿꼿한 자세로 또렷또렷한 목소리로 고향의 이야기와 월남 시 겪었던 일 그리고 월남 후에 남한 땅에 정착하여 자리 잡으신 이야기를 말씀하셨다.

함남 최금녀 시인은 국회의원을 역임한 신경식 의원의 부인이시다. 최금녀 시인도 월남 시 겪었던 무섭고 힘든 과정을 증언하셨다. 이인재 회장은 흥남철수작전 시 흥남부두에서 탈출한 마지막 배인 메레디스호를 타고 월남한 1.5세대이다. 메레디스호를 타고 3일간의 험난한 항해를 거쳐 거제도에 내린 이야기를 생생하게 이야기하였다.

2022년 3월 15일 화요일 날씨: 맑음

이북5도위원회 간담회가 있었다. 이어 11시에 소회의실에서 남북실향민 문화육성사업에 대한 설명회가 있었다. 오늘 점심은 강화도에 행사 관계로 지사분들과 함께하지 못하고 강화도 행사장으로 갔다. 강화도에 도착하여 짬뽕집으로 유명하다는 중식당에 가서 점심으로 짬뽕을 먹었다. 해산물을 듬뿍 넣어 만들 해물짬뽕이 일미였다.

오후 2시에 강화 북구 문화센터 개관식이 거행되었다. 오늘 행사는 서도소리 명창인 유지숙 선생께서 초대하여 개관식 행사장에 갔다. 행사장에서 강화군수와 인사를 나누었다. 공식적인 초대가 아니어서 나에 대한 소개하지는 않았다. 강화도에서 비교적 낙후한 이곳 북구 지역에 늦게나마 문화센터가 건립되어 문화예술 공연을 관람할 수 있는 기회가 주어진 것은 잘된 일이라고 생각한다. 이곳 출신 유지숙 명창이 이곳에서 강화 북구민들을 위한 품격 높은 서도소리를 자주 공연할 수 있게 되기를 바란다.

이곳에 도착했을 때 주차 장소를 잘 몰라 윤 주임이 주민들이 늘어서 있는 곳을 지나 문화센터 정문 앞까지 차를 몰아 다소 주민들이 불편하게 느꼈던 것을 나중에 알게 되었다. 주민들의 항의가 있었던지 차량 소속기관에 대한 문의가 와서 오해를 푸는 해프닝이 있었다.

2022년 3월 16일 수요일 날씨: 맑음

오후 2시부터 위원회 회의실에서 『두고 온 고향 남기고 싶은 이야기』 영상인터뷰가 있었다. 오늘 인터뷰는 평남 덕천군 출신 백윤걸 회장님과 평양 출신 강인덕 전 통일부 장관님 그리고 평남 성천 출신인 이치규 성남시 평남도민회 고문님을 했다. 강인덕 장관님은 평양고보 학생이었을 당시 학교 상황과 월남할 때의 상황 그리고 월남 후 군에 입대하여 대북 선전 요원으로 활동하셨던 이야기를 하셨다.

이런 인연으로 대북 관련 업무를 보다가 중앙정보부 창설 요원으로 참여하여 중앙정보부의 핵심 보직인 북한국장을 역임하고 이어 남북대화 실무책임자로 일하면서 대북관계 핵심 책임자로 일하셨던 일 등을 자세히 말씀하셨다. 강인덕 전 장관님의 인터뷰를 통하여 남북대화의 역사에 대해 알 수 있는 좋은 시간이 되었다. 강인덕 전 장관님의 인터뷰 시간은 무려 2시간을 넘겼다. 아마도 인터뷰 원고가 20여 페이지는 넘길 것 같다.

2022년 3월 17일 목요일 날씨: 맑음

오전 10시에 도 사무국 직원들과 주간 업무회의를 했다. 『평안남도를 빛낸 인물 II』 발간식 일정에 대해 논의를 했다. 오전 11시에는 가수 현미 선생이 평남 도지사실을 방문하여 현미 선생과 간담회를 가졌다.

오늘 오후에 『두고 온 고향 남기고 싶은 이야기』 영상인터뷰를 하기 위하여 현미 평양 출신(부모님 고향은 강동군)이신 현미 선생을 특별히 모셨다. 차를 마신 후 현미 선생과 함께 점심을 하였다. 이 자리에는 김원진 행정자문위원장과 최용호 평남중앙도민회장도 함께 했다. 김원진 위원장님은

현미 선생과 석파랑에서 오찬을 마친 후

6.25 전쟁 이후 강원도에서 군 복무 중에 현미 선생 가족과 만난 인연이 있었다고 한다.

그래서 두 분이 앞으로 오빠 동생하기로 하였다. 점심을 마치고 오후에 2시부터 이북5도위원회 회의실에서 현미 선생 영상인터뷰를 진행하였다. 『두고 온 고향 남기고 싶은 이야기』 인터뷰어는 김현균 평남민보 차장이 맡아 수고하여 주었다.

현미 선생은 평양 정의여학교 1학년 때에 조부모님과 어린 두 동생을 남겨두고 부모님과 함께 온 가족이 1.4 후퇴 시 월남하였다고 하셨다. 걸어서 대구까지 내려가는 데 무려 40여 일이 걸렸다고 한다. 대구에서 잠시 지나다가 강원도에서 피난 생활을 하다가 서울에 정착하여 덕성여대 재학 중에 미8군 무대에 무용수로 활동하다가 여자 가수가 펑크내는 바람에 대타로 출연하여 가수 생활을 하게 되었다고 말씀하셨다. 현미 선생님을 말씀을 듣고 우연한 기회에 인생행로가 바뀌게 됨을 느꼈다. 늘 평남 사람이라는 생각을 잊은 신 적이 없다시며 평남도민회가 부르면 언제든지 달려오시겠다고 하셨다.

2022년 3월 18일 금요일 날씨: 맑음

오전 11시에 평남무형문화재 유공자에 대한 도지사 표창장 수여식에 있었다. 낮 12시에 하림각에서 평남도민회 상임고문단 간담회를 겸한 오찬 모임이 있었다. 오후 2시에 『두고 온 고향 남기고 싶은 이야기』 영상인터뷰가 진행되었다. 오늘 인터뷰는 평남 중화군 출신인 평남새마을연합회 이완용 회장님 그리고 역시 중화군 출신인 김종석 선생을 모시고 진행했다. 이완용 회장님은 월남 후 남한 땅에서 정착하는 초기에 정말로 고생을 많이 하신 것 같다. 슈샨보이도 하셨다고 하니 그 고생은 이루 말할 수 없었으리라. 그래도 한평생 공무원으로 국가와 사회를 위해 봉사하셨음에 긍지를 갖고 계셨다. 현재는 평남 새마을회장으로 봉사하고 계신다.

2022년 3월 19일 토요일 날씨: 맑음

아침에 일찍 일어나 뒷산을 다녀왔다. 집사람과 하나로마트로 가서 장을 보았다. 『평남을 빛낸 인물 II』 원고를 검토하였다. 올 상반기 안에는 발간을 목표로 열심히 해야 할 것 같다. 특히 I 권과 II 권에 수록된 90분에 대한 약전을 펴내기 위한 원고작업도 이제부터 진행하려고 한다.

2022년 3월 20일 일요일 날씨: 맑음

오늘 점심에는 도연이네 집에 가서 도연이네 가족과 함께 먹었다. 해림이가 월남 쌀국수집에 재료를 주문을 해서 쌀국수에 월남식 전 등을 먹었다. 오늘 도연이의 15번째 생일 축하하는 점심을 했다. 도연에게 생일카드와 용돈을 주었다.

2022년 3월 21일 월요일 날씨: 맑음

오늘 역대 도지사들과 곰솔에서 점심을 같이했다. 김인선 지사님과 정중렬 지사님이 참석하지 못하여 네 사람만 함께 점심을 했다. 정중렬 지사님은 넘어져서 얼굴을 다치셨다고 한다. 오후 2시에는 『두고 온 고향 남기고 싶은 이야기』 영상인터뷰가 있었다. 인터뷰 진행은 김숙진 씨가 맡아 진행하였다. 오늘은 대동군에 정형도 어르신, 영원군에 방준명 고문, 개천군에 조용규 고문 이렇게 세 분을 인터뷰하였다. 방준명 영원군 고문님은 나이보다 젊게 보이셔서 나 하고는 그리 연치가 나지 않는 것으로 생각했는데 생각했던 것보다는 연세가 있으셨다. 학교를 졸업하고 미국계 우편 서비스업체에 오랫동안 근무하셨다.

2022년 3월 22일 화요일 날씨: 맑음

오전 10시에 위원회 간담회가 있었다. 이북5도위원장이 하루 휴가를 내어 네 분의 도지사들만 간담회를 했다. 오늘 주간회의에서 두 가지 사항에 대해서 이야기를 나누었다. 하나는 해외 출장 건으로 김재홍 지사에게 잘 못 보고한 사항에 대해 복무 기강 확립 차원에서 담당 사무국 직원들에게 주의를 환기시켜야한다는 의견이 있었다. 다른 하나는 과장이 새로이 이북5도로 발령받아 오면 중요 보직인 총무과장은 그동안 이북5도 사무국에 근무 경험이 있는 현 지원과장으로 보하는 것이 어떻겠냐는 의견이 있었다.

오전 10시 30분에 홈페이지 업그레이드 결과 보고회가 있었다. 보기 좋게 그리고 내용도 풍부하게 담을 수 있도록 잘 개선된 것 같다. 작년에 내가 이북5도위원장으로 있을 때 홈페이지 개선 작업 예산을 1억 원 확보한 것으로 사업을 추진한 것이라 의미가 있었고 보람을 느꼈다. 행안부에서 삭감되었던 예산을 다시 확보하여 받은 예산이었다. 점심은 중식당 하림각에서 최용호 이북도민 중앙연합회장의 초대로 5도 지사들과 함께했다. 하림각에 도착하니 VIP가 식사를 하러 왔다고 한다. 경호원들이 군데군데 배치되어 있었다. 세상이 바뀌었음을 실감하였다.

2022년 3월 23일 수요일 날씨: 맑음

『두고 온 고향 남기고 싶은 이야기』 영상인터뷰를 진행하였다. 오늘 인터뷰는 평남 성천군 출신 원호신 고문 그리고 평남 안주군에 이창현 회장님, 평남 진남포 시 출신인 박진식 선생을 모시고 진행했다. 원호신 선생은 인터뷰 도중에 감정에 복받치셨던지 눈물을 흘리시며 소리 내어 우셨다. 두고 온 그리운 고향과 부모 형제들 생각 그리고 고달팠던 피난 생활을 회상하시며 온갖 상념에 젖으셨던 것 같다. 그립고 서러운 감정이 한데 몰려 온 때문이 아닌가 생각하니 인터뷰를 지켜보던 나 또한 감정이 울컥하지 않을 수 없었다.

2022년 3월 24일 목요일 날씨: 맑음

오늘은 대구와 경북지구에 사시는 월남 1세 분들을 직접 이북5도위원회 대구광역시 사무소로 찾아가 인터뷰하였다. 출장 인터뷰는 평남민보 김현균 차장이 수고하였다. 오늘 인터뷰는 평남 중화군 출신 진병용 어르신과 평양 출신 한동웅 어르신 두 분을 모시고 인터뷰를 했다.

오후 2시에는 민주평통 이북5도 지역회의 주최로 '2022년 평화공감 한마당'이란 타이틀로 민주평통 이북5도 지역회의가 민주평통자문위원들과 이북도민 유지들이 참여한 가운데 이북5도청 중강당에서 진행했다. 박성재 부의장이 민주평통 이북5도지역회의를 맡고 부터는 이북5도지역회의가 좀 더 활기를 띠는 것 같다.

2022년 3월 25일 금요일 날씨: 맑음

오늘은 평남 대동 오늘 10:30분에 소회의실에서 2022년도 평안남도 도정보고회를 개최하였다. 코로나19 사태로 부득이 규모를 축소해서 개최하였다. 오후 2시부터 5시까지 이북5도위원회 회의실에서 『두고 온 고향 남기고 싶은 이야기』를 위한 월남 1세 어르신 세 분에 대한 영상인터뷰를 진행하였다. 대동군에 김병삼 가보회 회장, 역시 대동군 출신인 이춘섭 군민회장 그리고 양덕군민회 윤종관 회장을 모시고 인터뷰를 하였다. 이번 인터뷰는 김숙진 평남장년부녀회 명예회장이 진행하였다. 오후 5시에는 소회의실에서 강우규 의사 기념사업회 이사회를 개최하였다. 나도 기념사업회 고문 자격으로 회의에 참석하였다.

〈코로나 19로 축소 개최된 도정보고회〉   〈2022년도 도정보고회 기념촬영〉

3. 2022년도 도정일지

2022년 3월 26일 토요일 날씨: 맑음

오늘 10시에 안중근 의사 숭모회 주최로 안중근 의사 순국 112주기 추모식을 비대면으로 개최하였다. 『평남을 빛낸 인물 II』 원고작업을 계속했다. 좀 더 속도를 내어 올해 상반기에는 발간할 예정이다.

2022년 3월 27일 일요일 날씨: 맑음

아침에 일찍 일어나 뒷산에 다녀왔다. 아침을 먹고 집사람과 안양에 있는 롯데아울렛을 다녀왔다. 『평남을 빛낸 인물 II』 원고작업을 계속했다.

2022년 3월 28일 월요일 날씨: 맑음

『평남을 빛낸 인물 II』에 실릴 평안남도 역대 도지사들과 역대 도민회장들에 대한 약력 사항을 점검하였다. 역대 도시자들과 역대 도민회장들도 평남을 빛낸 인물들이다. 역대 평남도지사 중에 『평남을 빛낸 인물 II』에 선정되신 분은 초대 지사를 지내신 김병연 지사과 제3대 지사를 지내신 박재창 지사이시다 두 분 지사님 모두 평양시에서 출생하시어 고당 조만식 선생님과 함께 독립운동과 해방정국에 북한에 자유민주국가 건국을 위해 힘쓰셨던 분들이다. 역대 평남중앙도민회장을 역임하셨던 분 중에 『평남을 빛낸 인물 II』에 선정되신 분들은 초대 정일형 선생, 제4대 장기욱 선생 그리고 한일약품을 창업하신 우대규 회장이시다. 세분 모두 당신들의 분야에서 국가와 민족을 위해 헌신 봉사한 삶을 사셨던 평남을 빛낸 분들이다.

2022년 3월 29일 화요일 날씨: 맑음

오늘은 아침 일찍 대전시에 가서 대전시와 세종시 그리고 충남과 충북에 거주하시는 이북도민 1세 어르신들에 대한 영상인터뷰를 진행하였다. 인터뷰는 이북5도위원회 대전광역시 사무소 사무실에서 진행하였다. 오전 10시부터 평양고보 명예회장이신 이승규 회장님을 먼저 인터뷰하였다.

인터뷰는 평남민보 김현균 차장이 맡아주었다. 1시간 30분 정도 인터뷰를 마치고 이승규 회장께서 점심을 내시겠다고 하여 영상촬영팀과 함께 대전 시내 모 골프장 내에 있는 식당으로 가서 돼지고기 바베큐로 점심을 같이했다.

이승규 회장님은 나의 대학 선배로 선친이 목사로 평양에서 시무하시던 중 6.25 전쟁 시 공산당에 의해 순교하셨다. 그런 연유로 형님인 이승만 목사와 함께 월남하여 어려운 상황에서도 향학열에 불타 좌절하지 않고 학업을 계속하여 형님은 미국유학 후 하바드 대학에서 박사학위를 받은 후에 목사로서 그리고 대학교수로서 존경받는 목회자가 되었다. 이승만 목사님은 그 후 미국기독교협회장까지 되셨다.

이승규 회장도 연대 상대를 우수한 성적으로 졸업하여 제1기 삼성 공채사원으로 들어가 제일모직에서 직장생활을 시작하였다. 삼성그룹 임원을 역임하고 이어 롯데그룹에 픽업되어 롯데그룹사의 사장까지 되신 분이다. 오후에는 황해도 출신인 손천일 선생, 김영섭 선생, 조재춘 선생과 평남 출신인 충북 이북도민 연합회장이신 김관국 선생을 인터뷰하였다.

2022년 3월 30일 수요일 날씨: 맑음

오후 2시부터 위원회 회의실에서 『두고 온 고향 남기고 싶은 이야기』 영상인터뷰를 진행했다. 오늘 영상인터뷰는 김숙진 평남 청장년부녀회 명예회장이 진행했다. 평남 진남포 출신인 박진실 회장, 강원도 이천군 출신인 이상종 선생, 함북 회령군 출신인 최동식 선생 이렇게 세 분을 인터뷰했다. 최동식 선생은 함남 무형문화재인 '압록강 뗏목놀이'의 예능보유자이다. 경동시장에서 한약방을 경영하시며 진맥도 한다고 하여 내 진맥도 보아주셨다. 내가 신장이 허하다고 하여 특별히 부탁하여 한약 한 재를 지어 먹기로 했다. 그냥 지어주시겠다는 것을 그냥 해 주시면 받지 않겠다고 하니 약재값만 받기로 하고 한약 한재를 지어주기로 했다.

2022년 3월 31일 목요일 날씨: 맑음

오전 10시부터 평남사무국 직원들과 주간 업무회의를 했다. 『평남을 빛낸 인물 II』 발간 추진상황에 대해 점검하였다. 오는 6월 안에 발간 목표로 추진하기로 했다.

2022년 4월 1일 금요일 날씨: 맑음

오늘은 만우절이다. 예전 같으면 만우절에 대한 에피소드가 참 많았는데 요사이는 만우절에 대해 이야기하는 사람들이 거의 없어진 것 같다. 사람들이 하도 거짓말을 다반사로 하다 보니 매일 매일이 만우절이 된 것은 아닌가 생각한다. 그러니 구태여 만우절을 기억할 필요가 있겠는가. 그러고 보면 옛날 사람들은 순수했었다는 이야기다. 만우절이 필요 없는 요즘 세태에 씁쓸함을 느낄 뿐이다.

2022년 4월 2일 토요일 날씨: 맑음

아침에 일어나 뒷산에 올랐다. 내가 바쁜 도정업무에 그나마 체력이 따라주는 것은 아무래도 아침마다 한 40분 정도 이렇게 뒷산을 오르내린 덕분이라고 생각한다. 일주일에 한 번 정도는 국사봉까지 올라 갔다 오기로 했는데 그게 그렇게 쉽지 않다. 오늘은 맘먹고 국사봉까지 올라 갔다 왔다. 땀을 쭉 빼고 사우나를 한 뒤 아침밥을 먹는 맛은 어떤 것 하고도 바꿀 수 없는 즐거움 중에 하나다.

2022년 4월 3일 일요일 날씨: 맑음

하나로마트에 아내와 다녀왔다. 마트에 다녀와서 조금 쉬다가 『평남을 빛낸 인물 II』 원고 수정작업을 계속하였다. 늦어도 올 6월 말에는 발간을 목표로 하여 추진하려고 하니 마음이 바쁘다.

2022년 4월 4일 월요일 날씨: 맑음

오후 2시부터 5시까지 『두고 온 고향 남기고 싶은 이야기』 영상인터뷰를 하였다. 오늘은 평원군 출신이신 오기봉 서경회 회장, 용강군에 김태석 평남산악회 회장 그리고 양덕군에 김병수 고문을 인터뷰했다. 인터뷰는 평남도 사무국에 장유화 주무관이 진행하였다. 오늘까지 월남 1세 어르신 46분에 대해 영상인터뷰를 마쳤다. 6월 말까지는 영상인터뷰 작업을 마칠 계획이다.

2022년 4월 5일 화요일 날씨: 맑음

오전 10시부터 이북5도위원회 간담회가 있었다. 상정안건은 없었고 현안문제에 대한 의견교환이 있었다. 지사들과 함께 점심을 하였다. 황해도지사와 함남지사 두 분이 지사직을 맡은 지도 어느덧 2년이 되었다. 2년간의 지사직을 수행하며 느낀 소회를 말씀하셨다. 이제 이북5도지사의 역할과 그 직무의 중요성을 알게 되었다고 하였다. 각종 도민회 행사 일정만 소화하는 데도 무척 바쁘게 보냈다고 하였다.

2022년 4월 6일 수요일 날씨: 맑음

도 사무국 직원들과 행복집에서 점심을 함께했다. 오후 1시부터 위원실 회의실에서 『두고 온 고향 남기고 싶은 이야기』 영상인터뷰를 했다. 오늘은 평남 대동군에 김인선 전 지사님, 평남 순천군에 조선모 강원도 이북도민연합회장 그리고 미수복경기도 윤일영 회장을 모시고 인터뷰를 했다. 인터뷰는 장유화 주무관이 수고해주었다. 장유화 주무관이 차분하게 인터뷰를 잘 진행해 주었다.

2022년 4월 7일 목요일 날씨: 맑음

오전 11시부터 평남산악회 시산제를 북한산에서 했다. 모처럼 평남산악회 회원들과 함께 비봉으로 해서 사모봉까지 갔다가 내려왔다. 비봉이란 이름은 그곳에 진흥왕 순수비가 세워져 불려진 이름이다. 사모봉은 바위 모양이 선비의 사모관대 모습을 닮았다고 붙여진 이름이라고 한다. 과연 그 모습이 사모관대와 흡사하다. 사모관대 앞 바위에 올라가 사모관대를 배경으로 사진 한 장을 찍었다.

2022년 4월 8일 금요일 날씨: 맑음

오늘은 하루 연가를 내어 집에서 쉬었다. 집사람과 롯데아울렛에 가서 바지를 하나 샀다. 『평남을 빛낸 인물 II』 원고 수정작업을 계속했다.

2022년 4월 9일 토요일 날씨: 맑음

아침에 일어나 뒷산에 올라갔다 왔다. 아침을 먹고 『평남을 빛낸 인물 II』 원고 수정작업을 했다. 오리역에 있는 하나로마트에 가서 일주일 먹을거리를 샀다.

2022년 4월 10일 일요일 날씨: 맑음

아침에 일찍 일어나 운중천변을 걸었다. 만여 보쯤 걷고 집에 들어와 샤워를 하고 나니 몸이 가쁜하다. 바쁜 도정업무를 감당할 수 있는 힘도 매일 아침에 4, 5천 보씩 걷는 데서 나오는 것 같다. 좋은 습관을 기른 것 같다.

2022년 4월 11일 월요일 날씨: 맑음

『두고 온 고향 남기고 싶은 이야기』 영상인터뷰를 진행하였다. 오늘은 평남 진남포 출신 이명걸 전 평남중앙도민회장, 평양시 전 명예시장인 박도순 고문, 전 평안도지사 정중렬 지사에 대한 영상인터뷰를 하였다. 오늘 인터뷰는 맹산군 임홍식 간사 면장이 수고를 해주었다.

2022년 4월 12일 화요일 날씨: 맑음

위원회 주간회의가 있었다. 8월에 예정된 해외 이북도민 모국방문행사는 최근 심해지는 코로나19 유행으로 연기될 것 같다는 분위기라고 한다. 연기되더라도 금년에는 꼭 해외 이북도민들의 모국 방문이 이루어졌으면 한다. 지난 2년간 모국 방문 행사가 취소되는 바람에 해외 이북도민들의 사기가 많이 떨어졌다고 한다. 특히 금년에는 황해지사와 함북지사 두 분이 직접 해외를 방문하여 모국 방문계획에 대한 설명회도 가졌기에 가능하면 실현되었으면 한다.

2022년 4월 13일 수요일 날씨: 맑음

오후 3시부터 위원회 회의실에서『두고 온 고향 남기고 싶은 이야기』를 위한 영상인터뷰 촬영을 하였다. 오늘 인터뷰는 성천군 이성택 어르신과 평원군 김성주 어르신을 모시고 진행하였다. 인터뷰 중에 눈시울이 적시며 고향을 그리워하시는 모습들에 마음이 아팠다.

2022년 4월 14일 목요일 날씨: 맑음

주간 도 사무국 직원회의를 하였다.『평남을 빛낸 인물 II』책자 발간 작업을 점검하였다. 인사동 선천집에서 대학동기 점심 모임인 태평회에 갔다. 지난 30여 년간 꾸준히 만나왔다. 지난 2년간 코로나로 자주 만나지 못했는데 모처럼 오랜만에 만났다.

2022년 4월 15일 금요일 날씨: 맑음

오후 2시에 탄소중립 실천 시민 교육이 5층 중강당에서 있었다. 오후 5시에는 중식당 하림각에서 평남유지 친목회 모임을 가졌다. 오늘 유지 친목회 모임에는 문성묵 국가전략연구소장의 안보강연이 있었다. 식사 전에 평남무형문화재 제5호로 지정된 '평안남도 배뱅이 굿' 종목지정서 및 예능보유자 인정서 수여식이 있었다. 예능보유자는 박정욱 명창이다.

식사가 끝난 후에 박정욱 명창의 배뱅이굿 소리를 들었다. 박정욱 명창은 배뱅이굿 국가무형문화재인 이은관 선생으로부터 직접 소리를 배운 서도소리 명창이다.

2022년 4월 16일 토요일 날씨: 맑음

아침에 일찍 일어나 뒷산에 올랐다. 이제 봄이 완연하다. 연녹색의 나뭇잎이 봄을 재촉한다. 계절 변화의 오묘함, 생명의 신비함을 느낀다. 산에서 내려와 몸을 씻고 아내와 간단히 아침을 먹었다. 『평남을 빛낸 인물 II』 원고를 다듬었다.

2022년 4월 17일 일요일 날씨: 맑음

아침에 일어나 아내와 운중천변을 걸었다. 만 보쯤 걸었다. 오늘도 『평남을 빛낸 인물 II』 원고 마무리 작업을 하였다. 올 6월 안에는 출간을 할 수 있을 것 같다. 이번 II 권을 발간함으로써 평남을 빛낸 인물로 총 90분을 선정하게 된다. 당초 계획했던 100분 중에 10분을 남겨두고 90분만 하기로 했다. 나머지 열 분은 현재 생존해 있는 분들로 타계하신 후에 선정하기로 했다. 김형석 교수님, 김동길 교수님, 강인덕 장관님, 박기석 장관님, 김건철 회장님, 김백봉 선생님 모두 평남을 빛낸 훌륭한 인물들이시다.

2022년 4월 18일 월요일 날씨: 맑음

오후 3시에 개천군 중남면 현 명예면장이 사임함에 따라 궐위된 명예면장에 새로운 명예면장을 선임하여 위촉식을 가졌다. 새로 위촉된 중남면 명예면장에게 면장으로서 면민들을 잘 지도하고 면민회와 군민회 더 나아가서는 도민회 발전에 이바지하고 아울러 군정과 도정 발전에도 일익을 담당하여 줄 것을 당부하였다.

2022년 4월 19일 화요일 날씨: 맑음

오전 10시에 위원회 회의실에서 위원회 주간회의를 하였다. 해외 이북도민 초청행사에 따른 출장 일정에 대한 설명이 있었다. 함북지사는 미주지역을 가기로 했고, 황해도지사는 호주와 뉴질랜드를 방문하기로 했다.

2022년 4월 20일 수요일 날씨: 맑음

오전 11시에 한국프레스센터에서 개최되는 전국 아파트 입주자 대표회의 연합회 제8대 연합회장 취임식에 참석하였다. 오늘 연합회에서는 대구지구 이북도민연합회장으로 있는 김원일 회장이 연합회 회장으로 취임하였다. 김원일 연합회장의 취임을 축하하며 연합회가 아파트 입주자들의 권익을 보호하는 단체로서 큰 역할을 하여줄 것을 기대한다는 축사를 하였다.

오후 1시에는 『두고 온 고향 남기고 싶은 이야기』 촬영팀이 이북5도위원회 부산사무소를 방문하여 부산, 울산, 경남지구에 사시는 이북도민 1세 어르신들을 대상으로 영상인터뷰를 하였다. 오늘 영상인터뷰는 울산지구에 함남 출신인 이형철 회장, 경남지구에 평남 출신인 김상길 어르신과 김대련 어르신 그리고 부산지구에서는 평남 출신인 김종필 어르신을 모시고 영상촬영과 인터뷰를 진행했다. 인터뷰에는 평남민보에 김현균 차장이 수고하였다. 지방까지 내려가 수고해주는 김 차장이 고맙기 그지없다. 바쁜 취재와 편집 일정에도 불구하고 지방 출장도 마다하지 않고 인터뷰를 맡아 수고해주는 김 차장에게 고맙다는 말을 하면 오히려 김 차장 자신은 이런 기회를 주신 것에 고맙다고 말하니 나로서도 고마울 뿐이다. 이번 『두고 온 고향 남기고 싶은 이야기』 프로젝트에 참여한 모든 분의 생각이 이와 같을 것이라고 생각한다.

2022년 4월 21일 목요일 날씨: 맑음

오전 10시에 도 사무국 직원들과 주간업무회의를 하였다. 『평남을 빛낸 인물 II』 원고 정리작업 및 편집 현황에 대해 논의하였다. I권을 성공적으로 발간한 경험들이 있어 속도가 많이 빨라졌다.

2022년 4월 22일 금요일 날씨: 맑음

『두고 온 고향 남기고 싶은 이야기』에 실을 실향민 1세 어르신들의 회고록이나 고향을 그리워하는 망향 수필을 선정하였다. 주로 평양고보 동문회 잡지인 대동강이나 용강군지 등에 게재된 것 중 고향 이야기나 6.25를 겪은 사연에 대한 글을 선정하여 게재하기로 하였다.

2022년 4월 23일 토요일 날씨: 맑음

아침에 일어나 뒷산을 다녀왔다. 이제 완연한 봄이다. 이맘때쯤 산에 오르면 신록의 아름다움에 나는 취한다. 연녹색 빛을 띤 잎을 보면 생명력을 느낀다. 이양하 선생의 〈신록예찬〉 수필이 떠오른다. 신록은 인생에 있어서 소년기에 해당하리라. 『평남을 빛낸 인물 90인』에 대한 약전 원고작업을 하였다.

『평남을 빛낸 인물 I』 60인과 『평남을 빛낸 인물 II』 30인에 수록된 90분에 대한 약전을 한데 모아 평남을 빛낸 인물 90인에 대한 약전을 만들기로 했다. 90인 약전 작업은 평남 3, 4세대 교육용으로 만들려고 한 것이다. I권과 II권의 분량이 많다 보니 청소년들이 읽기 쉽지 않을 것 같아 90인에 대한 약전을 한 권의 책으로 발간하여 쉽고 편하게 읽을 수 있도록 하기 위함이다.

2022년 4월 24일 일요일

아침에 일어나 집사람과 같이 운중천변을 걸었다. 일주일에 한 번 정도는 집사람과 걸어야겠다. 아침을 먹고 난 후 『평남을 빛낸 인물 90인』

약전 작업을 하였다. 약전을 정리하는 것도 그리 쉬운 일은 아니다. 시간이 제법 걸린다.

2022년 4. 25일-4.26일 월요일-화요일 날씨: 25일 아침 조금 흐름 오후에 맑음 26일은 아주 맑고 쾌청하였다

오늘부터 1박 2일간 연세대학교 졸업 50주년 재상봉행사 학과 대표들이 강화로 힐링투어를 하는 날이다. 아침 7시쯤에 모이는 장소에 갔다. 버스로 강화를 가는 동기들이 17명이다. 아침 8시에 강화 가는 버스를 탔다. 준비한 김밥으로 아침을 먹었다. 2021년도 졸업 50주년기념 재상봉행사 박상은 총대표(전 국회의원)와 23명의 각 학과 대표들은 2022년 4. 25일부터 26일까지 1박 2일 동안 강화 힐링투어를 다녀왔다.

졸업 50주년 기념 재상봉행사를 준비하며 대학 시절로 돌아가 우정을 두터이 하고 재상봉 50주년 행사를 성공적으로 마친 것을 자축하기 위한 행사로 박상은 총대표가 기획하여 추진한 행사였다. 강화도와 석모도 그리고 교동도 돌아보며 우리 역사에 있어서 몽고의 침략과 근대화 시기에 있어서 역사의 현장이었던 강화도의 이곳저곳을 을 돌아보며 함께 즐거운 시간을 가졌다. 저녁에는 강화 출신 서도소리 명창 유지숙 선생의 서도소리 강의와 '한오백년', '아리랑' 등 민요를 감상하고 유지숙 명창 제자의 '평안도 배뱅이굿' 도 감상하였다. 유지숙 명창은 바쁜 일정에도 불구하고 내가 부탁을 하면 언제나 즐거운 마음으로 찾아와 공연해 주어 감사하기 이를 데가 없다. 현존하는 국악인 중에 최고의 서도 명창인데도 언제나 겸손하고 마음이 따뜻하다. 우리 평남의 예능 보유자라는 사실이 자랑스럽다. 예술인으로서 존경해 마지않는다.

2022년 4. 26일 부터 4. 29일 화요일-금요일 날씨: 맑음 29일 날은 비가 옴

오후 3시에 강화 힐링 투어 일정을 마치고 임영진 주임이 모는 스타렉스로 서울역에 4시 10분쯤 도착했다. 포항 가는 KTX가 5시 35분에 출

3. 2022년도 도정일지

발하기에 대합실 찻집에서 비서실장이 올 때까지 기다렸다. 5시 35분에 포항행 기차를 타고 2시간 40분 정도 걸려 저녁 8시 20분쯤에 포항역에 도착했다. 이북5도위원회 경북사무소장의 안내로 저녁 식사 장소로 갔다. 황해도지사와 민주평통 이북5도지역회의 부의장께서 이미 도착하여 식사를 하고 계셨다. 간단하게 저녁을 먹고 울릉도를 가는 여객선 터미널로 갔다.

    나는 울릉도와 독도는 난생처음 가 보는 곳이라 기대가 크다. 이번 여행은 경북지구사무소장과 광주지구 사무소장이 공동으로 주관하는 행사다. 두 지역의 이북도민과 북한 이탈주민 61명과 황해도와 평안도 양 지사와 민주평통 부의장 그리고 사무국 직원 등 6명이 함께 하는 2022년도 울릉도. 독도 안보견학 행사이다. 북한 이탈주민들이 가장 가 보고 싶어 하는 곳 중에 하나가 바로 독도라고 한다. 크루즈선에 승선하여 잠시 눈을 붙였다.

    포항 여객선 항에서 출발하여 약 4시간 30분쯤 지나니 울등도가 보였다. 난생처음 보는 을릉도. 아침 햇살에 울릉도가 신비스럽게 다가왔다. 울릉도에 내려 일행과 아침을 먹고 울릉군청을 방문하였다. 울릉군수의 영접을 받고 접견실에서 울릉도 현황에 대해서 브리핑을 받았다. 내일 독도 뱃길은 울릉군청에서 내준 행정선을 타고 가기로 했다. 행정선을 타는 경우 독도에 하선할 수 있다고 한다.

    다음 날 아침에 일어나 아침을 먹고 일행과 울산군청 행정선을 타고 독도로 향했다. 울릉도 선착장에서 아침 8시 30분에 출발하여 87.4km 떨어진 독도섬에 오전 11시쯤에 도착하였다. 일행 67명이 경북 도경 소속인 독도 수비경찰대의 안내를 받아 독도섬 동에 선착장에 내려 역사적인 동도 방문의 첫발을 내디뎠다. 경찰의 안내를 받아 한국령이라고 바위에 새겨진 곳으로 올라갔다. 한국령 표시 바위까지는 일반인은 출입이 허용되지 않아 황해지사와 민주평통 부의장 그리고 나 이렇게 세 사람과 수행원 두 사람만 한국령이라고 새겨진 바위까지 올라갔다. 일반 관광객의 경우는 동도 선착장에 하선하지도 못하고 독도 섬을 배로 한 바퀴 돈 후에 울릉도로 돌아간다고 한다. 그러나 우리는 울릉군수의 배려로 울릉군 행정선을 타고 독도에 도착하여 일행 모두 하선하여 동도 섬에 발을 디뎠다.

이명박 대통령이 대통령 시절 한국령 바위까지 올라가 독도가 우리의 땅임을 세계에 알리는 퍼포먼스를 펼친 후에 일본과 급격하게 관계가 악화되었던 적이 있었다. 독도의 영유권에 대한 양국의 입장이 첨예하게 대립이 되어있는 상황이었기에 한국령 바위에 선 소감이 남달랐다. 동도(東島-독도의 동쪽에 있는 섬)에서 기념촬영을 하고 서도를 바라보며 독도가 우리 땅임을 다시 한번 소리쳐 외쳐보았다. 독도를 방문한 날이 마침 성웅 이순신 장군의 탄신일이었다.

이순신 장군의 후예들인 대한민국 해군과 해양경찰대에 고마움과 경의를 표한다. 대한민국 만세! 우리 영토 독도 만세! 이북5도위원회 만세!를 소리 높혀 외쳤다. 한 시간가량 동도에 머물다가 12시 정각에 승선하여 울릉도로 출발하였다.

멀어져 가는 독도를 바라보며 언제 다시 올 수 있을까 생각해보았다. 2박 4일간 경북 이북도민과 북한 이탈주민 그리고 광주 이북도민과 북한 이탈주민

〈독도 한국령 바위에 서서〉

과 함께한 울릉도와 독도 안보견학 행사는 즐겁고 유익한 행사였다.

무엇보다도 날씨 관계로 1년에 60여 일 밖에 독도 하선의 기회를 주지 않는다는 독도방문은 이번 안보견학 일정의 하이라이트였다. 행사에 참가한 모든 사람이 복 받은 사람이 아닐 수 없다. 삼대에 걸쳐 음덕을 쌓은 집안의 자손임에 틀림이 없으리라. 광주시 이북도민과 북한 이탈주

민들로 구성된 악단의 길거리 즉석 공연과 독도에서 울릉도로 돌아오는 크루즈 선상에서의 공연은 정말 멋진 광경이었으며 영원히 잊지 못할 추억이 될 것이다.

크루즈 선상 공연을 일반인에게는 선박안전 규정상 허용하지 않는다고 하는데 내가 선박회사 임원에게 전화를 걸어 특별히 부탁하여 허용된 공연이어서 더욱 뜻깊었다. 이번 행사를 통하여 독도의 역사성과 그 중요성을 새삼 알게 되었고 영.호남의 화합이 우리 이북도민사회로부터 시작될 수 있음을 확인하였다.

2022년 4월 30일 토요일 날씨: 쌀쌀함

오후 3시경에 경기지구 사무소장이 차를 가지고 왔다. 사무소장의 차를 타고 제32회 평남중앙청년회 임원연수회에 참석하러 경기도 송추에 있는 행사장으로 갔다. 최용호 회장과 조성원 이북도민 새마을회장도 참석하였다. 축사를 하고 최용호 회장과 함께 간담회에 참석하여 청년회 임원들의 질문과 요청사항에 대해 답변을 하며 간담회를 가졌다. 행사가 끝난 후에 자리를 옮겨 식장에서 저녁을 함께한 후 집으로 귀가했다.

2022년 5월 1일 일요일 날씨: 맑으나 쌀쌀함

하나로마트에 가서 일주일 먹을 것을 샀다. 모처럼 푹 쉬었다. 저녁에는 현서네 집에 가서 저녁을 함께 먹었다. 평남을 빛낸 인물 60인에 대한 원고 내용을 수정 보완하였다. 내용을 수정 보완하며 한분 한분 마다 개인의 삶을 뒤로하고 조국과 민족을 위해 온 살아온 숭고한 삶에 대해 존경스럽고 평남인의 선대 어르신임에 자랑스럽다.

2022년 5월 2일 월요일 날씨: 맑으나 여전히 좀 쌀쌀함

1주일 만에 사무실에 나왔다. 비서실장과 5월 업무 일정을 작성하였다. 모처럼 사무실에 나왔기에 다른 도지사들에게 안부 인사를 했다. 점심은 함남중앙도민회 회장과 함남도민회 수석부회장과 도민회 사무국장과 함께 팔선생 중식당에서 했다.

오후 2시경에 김종덕 사장이 방문하였다. 6.25 전쟁 비정규유격대 전우회 회장이 찾아와 나에게 감사패에 넣을 문구를 보여주며 의견을 물어와 우선 고맙다고 이야기하고 감사패 초안을 조금 수정하여 전해주었다. 평양 기성줄풍류 보존회 제1회 공연에 대한 축사를 작성하여 보내도록 하였다. 오후 5시쯤에 박만규 흥사단 이사장이 방문하였다. 도산 안창호 선생에 대한 국부추대 운동에 필요한 모금에 대해 협조를 부탁하여 힘닿는 데까지 돕겠다고 하였다. 6.25 전쟁 비정규유격전우회 명의로 나에게 수여하겠다고 한 감사패의 전문은 다음과 같다.

감 사 패

이북5도위원장 겸 평남지사 이명우

귀하께서는 평안남도 도지사로 이북5도위원장을 겸임하셨을 때 공사다망하심에도 불구하고 지극하신 애국심과 애향심으로 〈6.25 참전 KLO 제8240 한국 유격군 총연합회〉에 지대한 관심을 갖고 우리 연합회의 현안문제 해결을 위해 노력하여 주셨습니다. 우리 유격군 전우회 회원들은 6.25 전쟁으로 국가가 위기에 처해 있을 때 비정규군의 신분으로 미군 예하의 KLO 제8240부대 유격대원으로서 조국 수호를 위하여 적지 후방에 침투 작전을 수행하여 국난의 위기를 극복하는데 기여하였으나 휴전 후 70여 년이 지나도록 그 전공을 인정받기는커녕 명예 회복이 지연되고 있었습니다. 이에 지사님께서 정부 요로에 우리 유격군들의 명예 회복 주장에 대해 그 당위성을 줄기차게 주장하고 설득하여 '21. 4. 13일자로 〈6.25 비정규군보상법〉이 제정되는데 크게 기여하셨습니다. 보상법이 제정됨으로써 비정규군 참전유공자 18,000여 명의 공적이 정당하게 평가되고 인권과 법적 평등은 물론 명예 회복의 계기가 되었습니다. 이에 이명우 지사님의 노고와 애향심에 깊이 감사드리며 18,000명의 비정규군 유격대 전우들의 이름으로 이 패를 드립니다.

앞으로도 변함없이 지사님의 지도편달을 부탁드리며 건강과 행운이 늘 함께 하시길 기원합니다.

2022년 4월 13일
6.25참전 KLO 제8240 한국유격군 총연합회 대표 예비역 대령 **박충암**

2022년 5월 3일 화요일 날씨: 맑음

이북5도위원회 주간회의가 있었다. 상정안건이 없어 각 도의 현안문제에 대한 의견 교환이 있었다. 이제 얼마 있으면 임기를 마칠 것을 생각하니 하루하루가 중요함을 새삼 느낀다. 임기를 마칠 때까지 주어진 업무와 책임을 다하려고 한다. 지난 3년 동안 나름 최선을 다해 내가 갖고 있는 능력과 경험을 최대한 활용하여 일했다고 자평해본다.

2022년 5월 4일 수요일 날씨: 맑음

낮 12시에 신촌 거구장에서 서경회 정기총회가 있었다. 서경회는 전.현임 평남 시·군민회장들의 친목 모임이다. 전.현직 명예시장군수들의 모임인 대동회와 더불어 평남중앙도민회의 중추적인 역할을 하는 모임이다. 서경회의 활발한 활동이 평남중앙도민회의 발전과 활성화에 직결됨을 말씀드리고 서경회 회원님들의 건강과 발전을 기원한다는 말로 축사에 갈음하였다.

2022년 5월 5일 목요일 날씨: 맑음

오늘은 평안남도 중앙도민회 주최로 평안남도 지도자 단합대회 겸 등반대회를 개최하였다. 우이동 계곡에서 100여 명의 평남도민들이 참여하여 단합대회를 가졌다. 한 시간 정도 우이동 계곡을 걷고 편안하게 걸었다. 비교적 평탄한 길이라 도민들과 이야기 하며 힘들지 않게 걸었다. 12시에 산장 식당에서 점심을 하며 단합대회를 가졌다. 우이동 계곡은 정말 오랜만에 와 본 것 같았다. 40여년 전에 어머니를 모시고 이곳 우이동 계곡에서 있었던 춘계 양덕군민회 모임 생각이 났다.
　해마다 5월 5일에는 우신고등학교 운동장에서 평남 도민체육대회를 개최하여 단합대회를 했었는데 코로나 사태로 체육대회를 하지 못하게 되어 부득이 대회를 축소하여 단합대회를 이곳 우이동계곡에서 하게 되었다. 최용호 중앙도민회 회장의 인사말에 이어 내가 축사를 하였다. 성북구청장도 귀빈으로 참석하여 축사를 하였다. 내년도에는 우신고등학교 운동장에서 체육대회 겸 도민 단합대회를 했으면 하고 기대해본다.

2022년 5월 6일 금요일 날씨: 맑음
　공무 인터넷을 체크하여 공문서를 체크하였다. 직원들과 점심을 먹고 오후 2시에 국회의원회관 제2 소회의실에서 개최된 안보세미나에 참석하였다. 오늘 안보세미나는 탈북민 국회의원인 태용호 의원이 주관하는 세미나다. 태영호 의원은 평양 출신으로 투철한 안보관과 통일에 대한 확고한 신념이 있는 정치가다. 태영호 의원의 원적은 함북 명천이나 평양시에서 출생한 탈북민이다. 우리 평남중앙도민회에서도 평양시 출신인 태 의원의 의정활동에 대해 깊은 관심을 갖고 성원하고 있다.

2022년 5월 7일 토요일 날씨: 맑음
　아침에 아내와 운중천변을 걸었다. 아침을 먹고 안양 농수산물센터에 가서 감자를 샀다. 저녁 6시에 서현동에 있는 중식당 만강홍에서 성남청장년회 모임이 있었다. 조성원 회장도 참석하였다.

2022년 5월 8일 일요일 날씨: 맑음

오늘 아침은 뒷산을 올라갔다 왔다. 날씨가 너무 좋다. 『두고 온 고향 남기고 싶은 이야기』 원고정리를 했다. 이제 원고작업이 거의 완료되어 인쇄소에 넘기려고 한다. 어버이날이라고 해림네와 현서네 가족과 함께 파스타 집에 가서 점심을 함께했다.

2022년 5월 9일 월요일 날씨: 맑음

평남사무국 직원들과 티미팅을 하였다. 오늘은 전해철 행정안전부 장관이 이임식을 하는 날이다. 윤석열 대통령의 정부가 출범하게 되어 전 정권에서 임명된 행정 각부의 장관들이 자리를 떠나게 되었다. 전해철 장관은 문재인 대통령의 최측근 인사 중에 한 사람이었다. 소위 문통의 핵심측근인 3철 중에 한 사람이다. 변호사 출신이어서 합리적인 분이었던 것으로 기억된다. 이북5도지사들 모두 이임식에 참석하였다.

서울로 올라와서 저녁 약속장소인 장충동 서울클럽으로 갔다. 저녁 6시에는 장충동에 있는 서울클럽에서 남상태 씨 부부와 이상현 회장 그리고 나 이렇게 네 사람이 저녁 모임을 가졌다. 오늘 저녁 모임은 남상태 씨 부부가 그동안 동기회 발전을 위해 수고한 우리 두 사람을 초대하여 이루어진 저녁 모임이었다.

2022년 5월 10일 화요일 날씨: 맑고 약간 더웠음

이북5도위원회 주간회의가 있는 날이나 특별한 안건도 없었고 제20대 윤석열 대통령이 취임식이 있는 날이라 차담회를 간단히 하고 대통령 취임식장에 가기 위해 정부종합청사 부근에 있는 정부 공용주차장으로 갔다. 정부 공용주차장에 가니 행안부 직원들이 우리들을 취임식 행사장에 가는 버스 차량으로 안내하였다. 우리 이북5도지사들은 각 시도지사들과 같은 버스를 배정받아 행사장으로 갔다. 오세훈 서울특별시장, 권영진 대구시장과 동승하였다. 가볍게 인사를 나누었다. 권영진 시장은 이북5도위원회 대구사무소를 방문하였을 때 인사를 나눈 적이 있어 서로 반갑게 인사를 나누었다.

취임식 행사장에 9시 30분쯤에 도착하였다. 행사장은 전통적으로 대통령 취임식이 거행되었던 국회의사당 앞마당이었다. 정무직 차관급인 이북5도지사들은 대통령 연설대 바로 뒷자리에 배정되어 대통령 연단 가까이에서 행사에 참여할 수 있었다. 윤석열 대통령과 김건희 여사 내외가 국립서울현충원 참배를 마치고 바로 행사장에 도착하여 취임식 행사가 시작되었다. 윤 대통령은 전임자인 문재인과 박근혜 대통령 등 주요 인사들과 인사하고 단상에 자리하였다. 군악대와 의장대가 행진하고 기수단 사열에 이어 21발의 예포가 발사되었다. 식순에 따라 국민의례와 김부겸 국무총리의 개식사 발표가 있었고 이어 대통령 취임선서가 있었다.

윤 대통령은 역대 대통령 최초로 돌출무대에서 취임선서와 취임사를 하였다고 한다. 국민과의 소통을 강조하는 윤 대통령의 뜻이라고 한다. 이어 축하 공연과 이임 대통령 등의 환송이 진행되었다. 역대 최초로 취임 대통령의 바로 전직 대통령뿐만이 아니고 이임 대통령도 아닌 박근혜 대통령까지도 예를

(왼쪽 아래서 둘째 줄 두 번째 자리에 있음)

갖추어 환송했다. 박근혜 대통령은 자신의 탄핵 수사를 담당했던 윤 대통령의 취임식에 참석하며 만감이 교체하였을 것이다.

윤 대통령은 취임사에서 자유의 가치를 재발견하고 자유시민으로서의

책임과 의무 그리고 연대와 박애의 정신을 강조했다. 코로나 펜데믹 종식과 경제. 사회적 문제해결, 디지털과 그린 경제의 육성 교육과 문화 분야의 혁신 정치와 행정 분야의 혁신을 강조하며 아울러 국내외적인 위기와 난제를 해결하기 위해 국민과 세계시민과 함께 힘을 합치겠다고 하며 국민화합과 세계민과의 연대를 강조했다. 진보에서 보수로 정권이 교체됨에 따라 자유민주주의 가치를 강조하고 굳건한 안보와 한미동맹의 복원이 기대되어 이북도민의 한 사람으로서 안심이 된다. 행사가 끝나고 윤 대통령 내외가 카퍼이드를 벌리며 용산 집무실로 향하며 공식행사가 마무리되었다.

오늘 취임식에는 4만여 명이 참석하였다. 연단 뒷자리에 마련된 귀빈석에는 약 천여 명 정도가 참석하였다. 영광스럽게도 우리 이북5도지사들도 귀빈석에 초대되어 행사를 참관하였다. 나는 대통령 연단 바로 뒤쪽으로 둘째 줄 자리에 앉아 행사를 지켜보았다. 대통령 선서에 이어 향후 5년간 국정을 이끌어 나갈 국정운용 방안에 대한 대통령의 취임연설이 있었다. 공식행사가 끝나고 대통령이 퇴장하면서 행사는 막을 내렸다. 오후 4시에는 3부 요인과 외교사절단, 고위공직자와 주요 경제인들이 참석한 축하 리셉션이 있었다. 윤 대통령과 악수를 하며 축하 인사를 드리면서 윤기중 교수님의 제자라고 말씀드렸더니 웃으며 화답하였다.

오늘 처음으로 김건희 여사를 가까이서 보았다. 소문대로 대단한 미인이었다. 앞으로 윤 대통령이 취임사에서 밝힌 바와 같이 국민통합을 이루며 굳건한 안보태세하에 경제발전과 사회통합을 이룰 수 있기를 희망해본다.

2022년 5월 11일 수요일 날씨: 맑고 따뜻함

오늘은 모처럼 연가를 냈다. 평남골프동우회에서 주최하는 골프모임에 참석하기 위해서다. 포천에 있는 골프장에서 동우회 회원들과 라운딩을 했다. 다섯 팀이 참가하였다. 박지환 나는 박지환 고문과 평양시 장학회장인 김남홍 회장 그리고 김남홍 회장 후배인 강연홍 회원과 함께 운동을 했다. 전반 9홀은 비교적 잘 쳤는데 후반 9홀에서 체력이 떨어졌는지 잘 맞지 않았다. 젊은 3세들도 서너 명 참여하여 기분이 좋았다.

2022년 5월 12일 목요일 날씨: 맑음

오전 10시에 도 직원 주간회의를 했다. 『평남을 빛낸 인물 II』 발간에 대한 진행 상황을 점검하였다. 태평회 점심 모임이 안국동에 있는 선천에서 있었다. 점심을 먹고 인근에 있는 귀천에서 친구들과 쌍화차를 마셨다.

2022년 5월 13일 금요일 날씨: 맑음

이북5도위원회 인천사무소에서 『두고 온 고향 남기고 싶은 이야기』 영상인터뷰가 있었다. 영상 촬영팀과 김현균 평남민보 차장이 직접 인천사무소에 가서 인터뷰를 진행하였다. 오늘은 평남 진남포 출신인 한광덕 회장과 평양시 출신인 현성호 선생을 인터뷰하였다.

2022년 5월 14일 목요일 날씨: 맑음

이북5도위원회 대구지구사무소와 대구지구 이북도민연합회의 공동 주최로 북한 이탈주민과 대구지구 이북도민 간의 가족결연식이 있어 행사에 참석하여 격려하기 위하여 대구를 갔다. 80여 명 정도의 이북도민이 참석하였고 10여 쌍이 가족결연을 하였다.

힘들게 남한 땅에 와서 정착해 가는 과정에 동향의 선배들과 가족결연을 통하여 정서적 안정감을 갖도록 하는데 가족결연사업은 큰 의미가 있다.

가족결연식이 끝나고 근처에 있는 식당에 가서 식사를 같이했다. 행사를 잘 마치고 오후 2시 30분쯤 서울로 출발했다. 대구사무소는 평남지사가 담당하는 3곳의 지방사무소 중에 하나이다, 세 곳 중에 가장 활발하게 활동하는 사무소이다. 대구사무소의 경우 일 년에 적어도 4회 이상은 방문하여 지구 도민 행사에 참석하여 지구 도민들과 함께하며 격려하고 있다.

〈대구지역 북한이탈주민 이북도민 가족결연식〉

2022년 5월 15일 일요일 날씨: 맑음

아침에 일어나 아내와 운중천변을 걸었다. 샤워를 하고 아침밥을 간단히 먹었다. 『두고 온 고향 남기고 싶은 이야기』 영상 촬영본의 원고를 정리하였다. 음성 파일을 문자로 전환하였으나 해독하기 어려운 부분이 많이 시간이 예상했던 것보다 많이 걸린다.

2022년 5월 16일 월요일 날씨: 맑음

행정안전부에서 송달된 공문서와 통지문을 열독하였다. 오늘은 전북사무소에서 전북지역에 사시는 실향민 1세 어르신들에 대해 영상인터뷰를 하였다. 평양시 출신인 서길동 어르신과 함남 출신이신 김승재 교수를 인터뷰하였다. 인터뷰는 김현균 평남민보 차장이 수고하여 주었다. 서길동 어르신은 고향에서 냉면 장사를 직접 하신 적이 있다고 말씀하셨다. 그래서 요즘도 진짜 평양냉면을 잘 뽑아내실 수 있다고 하셨다. 김승재 교수는 전북대학교 체육과 교수로 재직하셨는데 우리나라 최초로 골프로 박사학위를 받았다고 한다. 운동을 체계적으로 규칙적으로 하셔서인지 80세가 넘은 나이에도 자세가 곧고 힘이 있어 보였다고 한다.

2022년 5월 17일 화요일 날씨: 맑음
오전 10시에 이북5도위원회 주간회의가 있었다. 지난 한 주간에 각 도에서 진행된 행사와 추진사항에 대한 설명과 의견 교환이 있었다. 오전 11시에 평남무형문화재 보유자 회의가 도지사실에서 있었다. 평안남도 도정 차원에서의 지원방안과 각 무형문화재의 활성화 방안에 대해서 의견을 교환하였다. 회의가 끝난 후에 평창동 대평갈비집에서 점심을 함께하였다. 마침 황해지사와 민주평통 이북5도지역회의 부의장 두 분이 옆방에서 식사 중이어서 인사를 나누었다.

2022년 5월 18일 수요일 날씨: 맑음
모처럼 연가를 하고 집에서 푹 쉬었다. 연가를 별로 쓰지 않아 연가가 많이 남았다고 한다. 젊은 시절 쉬지 않고 일했던 버릇이 있어서인지 연가를 사용하는 게 그리 익숙하지가 않다. 요즘 젊은이들을 보면 연가를 쓰는 것이 아주 당연하다고 생각한다. 사무실 업무가 아무리 바빠도 연가를 쓸 일이 있으면 당당하게 쓰는 것을 보면 그 용기가 부럽기까지 하다. 공무원사회도 어느덧 연가를 쓰는 것이 자연스럽게 된 것 같다. 잘 쉬고 열심히 일한다면 그 또한 바람직한 것이리라.

2022년 5월 19일 목요일 날씨: 맑음
평남도 직원 주간 업무회의를 가졌다. 『평남을 빛낸 인물 II』 발간 진행 상황과 발간식 준비 관계를 논의하였다. 『두고 온 고향 남기고 싶은 이야기』 진행 상황을 점검하였다.

3. 2022년도 도정일지

2022년 5월 20일 금요일 날씨: 맑음

오늘은 평남 16개 시군 명예시장군수단의 워크숍이 시작되는 날이다. 2박 3일 일정으로 전북을 거쳐 전남을 다녀오기로 했다. 대절한 단체 버스가 경부고속도로를 이용하기에 나는 처음 집합 장소로 가지 않고 경부고속도로 동천역에 부근에 있는 고속도로 간이정류소로 갔다. 일찍 도착하여 한 15분쯤 기다리니 서울에서 출발한 특급관광열차가 도착하여 버스에 올라탔다. 동승한 명예시장군수들에게 아침 인사를 하고 버스에 몸을 싣고 남쪽으로 내려갔다. 이번 시장군수단 워크캠프는 힐링캠프 겸 업무연수 워크숍을 하는 것으로 하였다.

전남 곡성으로 해서 섬진강 장미축제, 담양 소쇄원과 메타스퀘어 길, 담양호를 거쳐 담양 대나무숲을 돌아보며 그동안 코로나 19로 지쳐 있던 몸과 마음을 힐링하고 동료애와 우정을 돈독히 하는 좋은 시간이 될 것이다. 눈을 지긋이 감고 명상에 잠기다가 잠시 눈을 뜨니 어느덧 전북 삼례를 지나 남원 쪽으로 내려가고 있었다. 창밖에 보이는 산과 들의 모습은 온통 초록이다. 온 천지가 초록 잎으로 뒤덮인 느낌이다. 이 아름다운 신록의 강산을 보며 갑자기 눈물이 핑 돌았다.

초등학교 시절 피난지 논산군 노성면 시골 마을에서 땔감으로 솔방울을 줍던 생각이 났다. 겨울이면 학교 뒷산에 올라가 교실 난로에 땔 솔방울을 줍곤 했다. 그때 주위에 온 산은 벌거숭이 민둥산이었다. 59년 가을, 10년 동안 피난 생활을 했던 우리 가족은 나의 제2의 고향인 논산을 떠나 서울로 올라왔다. 중학교 시절에는 솔방울은 줍지 않았다. 아마도 서울이어서 그랬을 것이다. 그러나 중학교 시절에는 매년 식목일이 되면 담임선생의 인솔하에 단체로 산에 나무를 심으러 다녔다. 거의 한 해도 거르지 않고 다녔다. 여름과 가을이면 산에 송충이를 잡으러 다녔다. 아마도 아차산쯤 되는 곳이었으리라.

그 당시 온 국민이 나무를 심고 송충이를 잡았다. 그렇게 몇십 년 세월이 흘러 우리 주위의 산과 들은 푸르고 울창한 나무숲을 이루고 깊은 산골짜기에는 물이 흐르기 시작했다. 그때는 몰랐다. 이 아름다운 강산을 우리 모두 함께 만들었다는 것을… 물론 박정희라는 훌륭한 국가 지도자가 있었기에 우리의 힘을 한곳으로 모을 수 있었으리라.

한 10여 년간 중동에 일 때문에 자주 다니곤 하였다. 내가 주로 다녔던 카타르와 아랍에미레이트 그리고 오만은 시내를 벗어나면 온통 모래밭이고 황량한 사막이다. 한 10일쯤 현장에 있다가 한국에 돌아와 인천공항에 내려서 서울로 오면 계절마다 느낌이 다르다. 봄에는 싱그러운 연록색의 나뭇잎 색깔, 여름이면 힘찬 생명력이 느껴지는 짙은 녹색의 나무숲, 가을이 되면 현란한 단풍잎 색깔에 매료되었다. 겨울엔 또 어떠한가. 온 산이 하얀 눈으로 뒤덮인 모습을 보며 차분히 가라앉는 내 마음과 함께 설경에 동화되어 어느덧 내 마음도 정화되어가고 있음을 느낀 적이 한두 번이 아니다. 그때마다 우리 강산의 아름다움에 흘리며 고마워했다. 이 아름다운 우리 강산이 거저 주어진 것이 아님을 우리 후세들은 알기나 할런지… 얼마 있으면 우리나라 국립공원 제1호로 지정된 지리산 자락이 나오리라. 잠시 눈을 감고 휴식을 취했다.

곡성에 도착하여 섬진강 변에 장어구이 집에서 점심을 먹었다. 이어 섬진강 부근 둘레길을 한 시간 정도 걷고 바이크도 탔다. 이에 곡성역에 도착하여 부근에서 개최되는 장미축제를 둘러보았다. 곡성 시에서 야심 차게 기획하고 준비한 전국적 규모의 축제라고 한다. 장미축제를 단체로 보고 관광객을 위한 산림욕장으로 갔다. 지방산림청에서 운영하는 관광레저용 산림욕장이다. 피톤 공기를 마시며 단체로 족욕도 하였다. 족욕을 하며 함께 노래도 불렀다. 손응렬 영원군 명예군수가 멋진 가곡을 불렀다. 프로 터너 수준이다. 교회 합창단에서 합창단원으로 활동한다고 한다. 저녁을 먹고 예약한 숙소에 들어가 내일 일정을 위하여 일찍 잠자리에 들었다.

3. 2022년도 도정일지

2022년 5월 21일 토요일 날씨: 맑음

워크숍 일정 2일 차다. 아침을 먹고 담양 창평에 있는 소쇄원으로 향했다. 조선시대 초야에 묻혀있던 선비가 속세를 벗어나 한가로이 자연과 벗하며 학문을 연마하며 유유자적하는 그런 정원으로 유명한 곳이다. 자연적인 개울을 그대로 이용하여 가꾼 정원이다. 20여 년 전에 한 번 와봤던 기억이 난다. 부근에서 점심을 먹고 담양에 있는 호텔로 갔다. 저녁에는 옥상에서 시장, 군수들과 바베큐로 저녁을 먹으며 맥주를 마시며 즐거운 시간을 가졌다. 저녁 식사 후 조금 쉬다가 모두 노래방에 가자고들 하여 호텔에 있는 노래방에 가서 즐거운 시간을 가졌다. 같이 노래도 부르고 춤도 추었다. 솔직히 말하면 거의 광란의 시간이었다. 노래방에서 신나게 어울려 놀며 고향 선후배라는 의식과 제21대 평남 명예시장군수단의 일원이라는 동료의식이 굳게 다져짐을 느꼈다. 이러한 동료의식과 평남인이라는 동질성에 대한 자각은 도정업무 수행에 큰 도움이 될 것이다.

2022년 5월 22일 일요일 날씨: 맑음

아침에 일어나 호텔 부근에 있는 담양의 유명한 메타세쿼이어 길을 걸었다. 24번 국도 옆에 조성된 길이다. 1970년대 초반에 담양군이 메타세쿼이어 묘목을 심은 것이 높이 10미터에서 20미터나 되는 크기로 자라나 현재는 8.5 km 거리에 이국적인 정취를 풍기며 울창한 가로수 터널길이 되었다. 담양에 오는 관광객들이 꼭 걸어보고 가는 길이라고 한다. 2006년도 건설교통부 선정 '한국의 아름다운 길 100선'의 최우수상을 수상하기도 했다고 한다. 아침을 먹고 담양 대나무 숲으로 갔다.

40여 년 전에 내가 산업리스 광주지점장으로 근무할 당시에 이곳 담양에 몇 번 왔었다. 그때는 이와같이 대단위로 짜임새 있게 대나무 숲 단지가 조성되지는 않았다. 담양은 대나무가 많이 자라 예전부터 대나무로 만든 죽세공품이 유명한 곳이다. 죽세공품 상점에서 등산용 대나무

스틱을 하나 샀다. 뒷산 국사봉을 올라갈 때 갖고 다니면 제격일 거다. 담양 대나무숲 투어를 마치고 2박 3일간의 워크숍 일정을 마무리하고 서울로 올라왔다.

2022년 5월 23일 월요일 날씨: 맑음

오전 11시에 평남행정자문회의를 소회의실에서 가졌다. 김원진 위원장께서 점심 식사를 스폰하셨다. 오후 1시 30분부터 『두고 온 고향 남기고 싶은 이야기』 영상인터뷰를 이북5도위원회 회의실에서 진행하였다. 오늘은 전 평남지사를 역임하신 평남 강동군 출신 백남진 지사와 평남중앙도민회장을 역임하신 평남 평원군 출신 박지환 회장 그리고 평남 용강군 출신이신 이원호 용강군민회 고문 이렇게 세 분을 인터뷰하였다. 인터뷰는 평남 청년부녀회 명예회장인 김숙진 회장이 수고해주었다.

2022년 5월 24일 화요일 날씨: 맑음

오전 10시에 이북5도위원회 주간업무회의를 하였다. 지사님들과 점심을 함께 하였다. 오후에는 도 사무국장과 5월 중에 처리할 주요 업무에 대해서 협의하였다. 『평남을 빛낸 인물 II』 발간식 일자를 논의하였다. 다음 달 하순쯤에 하는 것으로 결정하였다.

2022년 5월 25일 수요일 날씨: 맑음

오전에 결재 서류를 처리하고 수신된 공문서를 열독하였다. 비서실 직원들과 점심을 함께 했다. 오후 2시에 동화연구소가 주최한 이북도민 통일방안에 대한 정책세미나에 참석하였다. 이북도민중앙회 연합회에서 좀 더 활발하게 통일문제에 대해서 연구하고 연구한 통일방안이 이북도민과 일반인들에게 전파되었으면 하는 바램이 있다. 오후 2시부터 위원회 회의실에서 『두고 온 고향 남기고 싶은 이야기』 인터뷰가 진행되었다. 오늘 인터뷰는 함북 중앙도민회 라기섭 회장을 모시고 진행하였다. 인터뷰는 평남사무국 장유화 주무관이 수고했다.

2022년 5월 26일 목요일 날씨: 맑음
오전 10시에 도 사무국 직원들과 주간업무회의를 했다. 지난주에 처리했던 일과 내주에 계획된 일에 대해 점검하였다. 최근 진행하고 있는 월남 1세 어르신들에 대한 인터뷰작업에 대한 의견을 교환하였다. 이번 프로젝트에 도 사무국 직원들의 노고가 많은 것에 대해 고마움을 표시하였다.

2022년 5월 27일 금요일 날씨: 맑음
모처럼 공전 동기 모임인 토사회 월례 점심 모임에 참석하였다. 오후 3시부터 황해중앙도민회 김한극 회장을 인터뷰하였다. 대담에는 김현균 평남민보 차장이 수고해주었다. 당초에는 인터뷰 대상을 평남 출신 1세 어르신들로 한정하여 진행하기로 했었는데 타도에서 관심이 많아 평남 이외에 타도 출신 월남 1세 분 중에 도민회 활동을 활발히 하신 분들을 각 도에 몇 분씩 선정하여 추가로 인터뷰하기로 하였다. 김한극 회장님은 타도 출신으로 인터뷰하게 된 케이스다. 김한극 회장님은 아버지와 형님과 함께 내려와 목포에서 피난 생활을 하셨다고 한다. 이후 인천에서 학교를 다니다가 청계천 평화시장에서 장사를 하기 시작하여 큰돈을 벌었다고 한다. 사업가로 성공한 후에 애향활동을 열심히 하여 황해중앙도민회 회장을 여러 번 연임하시며 도민회와 이북도민사회에 크게 기여하고 계신다.

2022년 5월 28일 토요일 날씨: 맑음
아침에 일찍 일어나 아내와 운중천변을 걸었다. 천변을 걷고 나서 아침을 먹고 좀 쉬다가 안양에 있는 농수산물센터로 가서 감자를 사 가지고 왔다. 오는 길에 롯데아우렛에 들러 운동화를 하나를 샀다. 『두고 온 고향 남기고 싶은 이야기』 영상 원고를 정리하였다.

2022년 5월 29일 일요일 날씨: 맑음

아침에 뒷산에 올라갔다 왔다. 내가 70대 중반이 넘은 나이에도 별로 피곤함을 모르고 꽉 짜여진 공무를 수행할 수 있는 것은 아마도 매일 아침에 뒷산을 오르내리는 습관 때문이라고 생각한다. 이렇게 규칙적으로 거의 하루도 거르지 않고 뒷산을 오르내린 지 5년이 넘는 것 같다. 아침에 뒷산을 올라갔다 와 샤워를 하고 아침을 거르지 않고 먹으니 건강한 체력이 유지되는 것 같다. 걸을 수 있을 때까지 뒷산을 오르내리려고 한다.

2022년 5월 30일 월요일 날씨: 맑음

아침에 일어나 뒷산에 올라갔다 왔다. 사무실에 도착하자마자 비서실장으로부터 한 주간 업무 일정에 대해서 보고를 받았다. 화요일에 이북5도위원회 주간회의 그리고 이북 도민사회에 최고위 협의기구인 12인 협의회가 있다. 12인 협의회는 이북5도지사와 이북7도민 중앙연합회장들과의 연석회의로서 이북 도민사회에 주요행사와 현안문제에 대해 5도지사와 7도 이북도민 중앙도민회장들이 자유롭게 의견을 교환하고 상호 이해의 폭을 넓히는 기능을 담당하는 도민사회 최고 협의기구이다.

6월 1일 수요일은 전국 동시 지방선거가 있어 휴무일이고 6월 2일 목요일은 실향민 문화축제에 방영할 도지사 인사말 영상인터뷰가 예정되어 있고 그날 12시에는 이북도민 통일아카데미 회장단과의 오찬 모임이 예정되어 있다.

6월 3일 금요일에는 이북5도위원회 사무국 총무과 직원들과 '평창동의봄'이란 파스타 집에서 오찬 모임이 예정되어 있고 이어 오후 2시에 한국언론학회와 이북5도위원회의 공동 주최로 〈한반도 언론. 방송. 문화 교류. 협력과 사회적 신뢰 쌓기〉란 주제로 세미나가 한국프레스센터 19층 기자회견장에서 개최될 예정이다. 그리고 금주 마지막 날인 토요일에는

3. 2022년도 도정일지

평아름회 회원들과 경북 울진 일대를 1박 2일 일정으로 문화탐방을 곁들인 트레킹대회를 갖기로 했다. 이번 주 일정도 바쁘지만 알차게 진행될 것 같다.

2022년 5월 31일 화요일 날씨: 맑음

오전 10시에 이북5도위원회 주간회의가 있었다. 11시에는 5도 지사들과 7도 중앙도민회장들의 12인 회의가 있었다. 12인 회의는 비공식 회의지만 이북 도민사회에 최고 의견수렴 회의라고 볼 수 있다. 이북 도민사회에 중요한 현안문제와 이북7도 도민회장들의 이북5위원회에 건의할 사항에 관하여 격의 없이 의견을 교환하는 회의이다. 오늘 회의는 한동안 코로나 사태로 열리지 못하다가 오랜만에 열리는 12인 회의였다.

2022년 6월 1일 수요일 날씨: 맑음

오늘은 전국 지방선거일이다. 우리 지역구인 성남시 분당 을구는 경기도지사 보궐선거와 국회의원 보궐선거가 동시에 실시되어 성남시장, 도의원, 시의원 선거가 실시되었다. 선거 결과는 예상대로 국민의 힘의 압승이었다. 다만 경기도지사는 김은혜 후보가 김동연 후보에게 근소한 차이로 석패하였고, 전국적인 관심이 집중된 인천 지역구 국회의원 선거에는 예상대로 이재명 전 경기지사가 당선되었다. 송영길 더불어민주당 대표의 지역구를 물려받아 당연히 민주당 후보가 당선되는 지역이었지만 이재명 후보가 출마하여 전국적인 관심을 집중시켰다. 국민의 힘 후보는 그곳에서 개업의로 뿌리를 내리고 3번이나 국회의원으로 출마한 사람이었다. 이재명이라는 거물과 한판을 겨루게 되어 전국적으로 지명도를 높였다. 득표도 꽤 많이 하였다.

아무튼 이재명이란 정치인은 한국 정치사상 참 독특한 인물임에는 틀림이 없다. 변방에서 지방자치단체장만 하던 사람이 일약 전국적인 정치인 반열에 올랐다. 그것도 정치적인 후원자의 도움 없이 오로지 자신의 능력과 힘으로 거대 여당의 대통령 후보가 되었고 비록 윤석열 대통령에게 패했지만 그에 대한 지지도와 정치적 영향력은 상상을 초월하는 것으로 나타났다. 앞으로 이재명의 말과 행동은 우리나라 정치에 좋던 나쁘던 큰 영향을 미칠 것으로 예상된다.

2022년 6월 2일 목요일 날씨: 맑음

오전 9시 30분에 2022년도 실향민 문화축제 합동공연에 출연하는 평남무형문화재에 대한 소개 인터뷰 영상촬영을 하였다. 통일아카데미 이광수 회장과 유광석 사무총장을 비롯한 임원들과 대평갈비집에서 오찬 모임을 갖고 향후 운영방안에 대해 의견을 교환하였다. 이어 앞으로 이북도민 아카데미회원을 이끌어 갈 회장에 이종섭 동국대 교수를 추대하기로 의견을 모았다.

2022년 6월 3일 금요일 날씨: 맑음

이북5도위원회 총무과 직원들과 '평창동의 봄'에서 점심을 같이했다. 그동안 열심히 일한 총무과 직원들의 노고를 위로하고 앞으로 계속하여 열심히 일해 줄 것을 당부하였다.

2022년 6월 4일-6월 5일 토요일-일요일 날씨: 비가 조금 옴

평남 청년산악회 모임인 평아름회에서 1박 2일 일정으로 경북 울진으로 문화탐방 겸 트레킹을 떠났다. 평아름회원 20여 명이 참여하였다. 울진 시내에서 점심을 먹고 부근에 유명한 석류굴을 보고 천변을 따라 트레킹을 했다. 저녁을 먹고 일부 회원들과 노래방에 가서 노래를 부르며 두 시간 정도 즐겁게 보냈다. 젊은 남성 회원들은 별도로 맥주집에서 술을 마셨다. 나는 중간에 나와 숙소로 들어가 일찍 잠을 청했다.

일요일 아침에는 영주 부석사를 보러 갔다. 부석사에는 우리나라에서 가장 오래된 목조건물로 문화적 가치가 있는 건물이다. 특이하게 부석사

나무 기둥이 모두 배흘림으로 되어있다. 배흘림기둥은 목조건물의 아름다움을 더해주는 기둥 모양이다. 전국 사찰 중에 있는 목조건물 중에 배흘림기둥으로 된 건물이 그리 많이 있는 것 같지 않다. 부석사를 보고 서울로 올라왔다.

2022년 6월 7일 화요일 날씨: 맑음

이북5도위원회 간담회가 있었다. 오늘 저녁에 부산에서 평양기성줄풍류복원 연주회가 있어 평남민보 김현균 차장과 비서실장과 함께 부산으로 내려갔다. 부산지역 이북도민연합회장과 재 부산 이북도민 유지분들과 함께 탈북민이 운영하는 식당에서 저녁을 함께하였다. 저녁 7시 30분에 부산 금정문화회관에서 〈평양기성줄풍류 복원 연주회〉가 개최되었다. 부산대학교 음악대학원 출신 젊은 국악인들이 모임을 결성하여 남한에서는 최초로 평양기성줄풍류 음악을 복원하여 처음으로 연주회를 갖는다고 한다. 매우 의미 있는 연주회라고 생각하여 연주회에 참석하여 평남도지사로서 격려도 하고 축사도 하였다. 다음과 같은 축사를 했다. 몇 년 전에 평양권번에서 교육용으로 사용하던 가야금금과 아쟁 등 기악곡의 악보를 발견하였다고 한다. 악보에 수록된 서도창의 기악곡들을 부산데 전통음악과 출신들이 기성줄풍류보존회를 조직하여 연습하고 정기적으로 연주회를 갖기 시작했다고 한다. 전통음악을 전승하고 계승하려는 젊음이들의 용기와 의지에 찬사를 보내며 감사한다.

[기성줄풍류보존회 연주회 축사]

존경하는 기성줄풍류보존회 회원 여러분 그리고 기성줄풍류보존회 공연에 오신 부산시민 여러분! 안녕하십니까? 저는 평안남도지사 이명우입니다. 오늘 평양기성줄풍류 복원 연주회에 참석하여 축사를 하게 되어 매우 영광스럽게 생각합니다.

남북이 분단된 지 어언 77년의 세월이 흘렀습니다. 결코 짧지 않은 세월입니다. 그동안 많은 이북 지방의 무형문화재가 북한 땅에서 소멸되거나 그 원형이 북한 체제에 맞게 변형되어 제 모습을 잃어가고 있습니다. 평안남도에서는 이북무형문화재의 원형을 보전하고 이를 계승 발전시키기 위하여 노력하고 있으며 그 결과 현재 평안남도지정 무형문화재로 제1호인 '평양검무', 제2호 '향두계 놀이', 제3호 '김백봉 부채춤', 제4호 '평남수건춤'에 이어 지난 3월에는 '평안도 배뱅이굿'을 평안남도 무형문화재 제5호로 지정하여 지원 육성하고 있습니다.

이런 차제에 1928년 평양기성권번에서 발간된 『가곡보감』이라는 가집(歌集)을 바탕으로 거문고, 가야금, 양금 등 현악기가 중심이 되는 풍류 음악인 평양기성줄풍류음악을 학문적으로 연구하고 수많은 검증 과정을 거쳐 원형을 복원하여 오늘 첫 연주회를 개최하게 된 것에 대해 매우 기쁘게 생각하며 축하해 마지않습니다.

오늘 평양기성줄풍류 공연은 평양을 중심으로 하는 서도 지방의 음악을 새롭게 발굴해 내는 첫걸음이자 우리 평남인들에게는 잊히었던 고향의 소리를 접하게 되어 또 다른 감회를 느끼게 하는 기회가 될 것입니다. 앞으로도 평안남도와 평남도민회는 평안도지방의 문화예술을 발굴하고 보전하며 지원 육성하는 활동을 계속하여 나갈 것이며 평양기성줄풍류 음악에 대해서도 많은 관심과 성원을 보낼 것을 약속드립니다.

오늘 행사를 주관하시는 문정원 회장을 비롯한 기성줄풍류보존회 회원 여러분의 그 동안의 노력과 노고에 감사드리며 오늘 공연을 다시 한번 축하드립니다.

2022년 6월 8일 수요일 날씨: 맑음

아침에 일찍 일어나 호텔에서 간단하게 아침을 먹고 부산 영도 태종대 공원에서 제2회 영도유격대 추모행사에 참석하였다. 6.25 전쟁 당시 함경도 출신과 평안도 출신의 월남 1세 청년들이 유격대를 조직하여 적 후방인 고향에 침투하여 유격 활동을 하다 순국한 유격대원들의 넋을 기리고 추모하기 위하여 해마다 추모식을 이곳 태종대에서 거행한다고 한다.

오늘 행사를 하는 이곳은 6.25 전쟁 당시 유격대원들이 훈련을 하였던 곳이라고 한다. 작년부터 재부산 이북도민회가 주관하여 추모식을 거행한다고 한다. 군번도 계급도 없이 조국을 위해 목숨을 바치며 산화한 영령들의 숭고한 희생이 있었기에 오늘의 대한민국이 있었음을 우리 후세들은 잊지 말아야 할 것이다. 행사가 끝난 후에 참석한 이북도민들과 함께 점심을 하고 서울로 올라왔다.

2022년 6월 9일 목요일 날씨: 맑음

평남사무국 직원들과 주간회의를 했다. 오후 2시 30분에 해병 제2사단을 방문하여 정수용 사단장에게 명예평남도민증을 수여하였다. 이 자리에는 평남 명예시장군수단이 함께 하였다. 해병 제2사단은 평남도청 그리고 평남중앙도민회의 자매부대로서 해마다 연말에 부대를 방문하여 위문금을 전달하고 장병들의 격려하는 행사를 해왔다.

평남 명예시민증 전달

자매부대인 해병 제2사단은 사단본부가 김포에 있으며 김포와 강화 등 경기도 한강 북부지역의 최일선에서 국토을 방위하는 해병 최정예부대라고 한다. 바로 귀신 잡는 해병의 전통을 이어받은 청룡부대이다.

정수용 사단장은 첫 인상부터 단단한 체구에서 품어 나오는 카리스마 있는 풍모로 철두철미한 무인으로 보였다. 사단장 임기를 잘 마치고 보다 더 큰 직책을 맡아 국토방위의 임무를 잘 수행해 주었으면 하는 바램이다.

2022년 6월 10일 금요일 날씨: 맑음

오늘 오후 2시부터 4시까지 민주평통 이북5도 지역회의 2022년도 2/4분기 정기총회 겸 통일교육이 이북5도청 5층 중강당에서 개최되었다. 전 황해도지사께서 부의장으로 취임하신 이후에 민주평통의 활동이 보다 활발해진 것 같은 느낌이 들었다.

2022년 6월 11일 토요일 날씨: 맑음

오전 10시 30분부터 제1회 평안남도 볼링대회가 수유볼링장에서 개최되었다. 16개 시.군에서 모두 출전하여 첫 대회이지만 대성황을 이루었다. 최용호 회장이 취임한 이후 도민활동이 보다 활성화되는 것 같다. 오늘 대회에서 내 고향 양덕군은 준우승을 하였다. 박성영 명예군수가 선수로 출전하여 큰 역할을 하였다.

2022년 6월 12일 일요일 날씨: 맑음

아침에 뒷산에 올라갔다 왔다. 오전에 오리역 부근에 있는 하나로마트에 가서 장을 보았다. 『두고 온 고향 남기고 싶은 이야기』 원고 정리를 계속하였다. 영상인터뷰 대화 내용을 정리하다 보니 음성이 제대로 문자로 전환되지 않아 어려움이 많다. 한 분의 영상인터뷰 원고를 정리하는 데 대여섯 시간이 족히 걸리는 것 같다. 90여 명에 대한 영상인터뷰 내용을 정리하려면 2, 3개월은 족히 걸릴 것 같다. 아무래도 젊은 사람들에게 맡겨야 될 것 같다.

2022년 6월 13일 월요일 날씨: 맑음

오늘은 제42차 인천지구 평안남도 도민 만남의 날이다. 오전 11시에 숭의가든에서 인천지구 평남도민 30여명 정도 참석한 가운데 행사가 진행되었다. 인천지구는 이북도민 중에 황해도민들이 많은 편이어서 황해도민의 영향력이 매우 큰 것으로 알려져 있다. 이번 인천지구 사무소장에 황해도민 출신이 되었으면 하는 요청이 있었다. 인천지구를 담당하는 지사는 황해도지사이기에 인천지구 각 도민회 회장님들과 유지분들의 뜻을 황해도지사에게 전달하겠다고 말씀드렸다.

2022년 6월 14일 화요일 날씨: 맑음

이북5도위원회 간담회가 있었다. 어제 인천지구 도민대회에 갔다 온 이야기를 하며 이북5도위원회 인천지구사무소장의 경우 가능하면 황해도 출신이 되었으면 한다는 인천지구 이북도민 유지분들의 뜻을 전달하였다. 특히 황해도지사님께는 관심을 많이 가지시라고 말씀드렸다. 다만 현 인천사무소장은 황해도 출신이기는 하나 재임 중에 감사에 지적된 사항이 있어 참고하시라는 조언을 드렸다.

2022년 6월 15일 수요일 날씨: 맑음

한우향기집에서 점심을 하였다. 오후 5시에 하림각에서 평남유지친목회가 있었다. 임성묵 박사의 안보강의를 들었다. 임성묵 박사는 평북 출신 2세이다. 제2사관학교를 나와 육군 준장으로 예편하였다. 현역 시절 남북군사위원회에 한국 측 대표로 활동한 적도 있는 안보 분야 전문가이다. 임성묵 박사의 안보강의를 통하여 북한의 실상을 좀 더 정확하게 이해하는 계기가 되었다.

2022년 6월 16일 목요일 날씨: 맑음

오전 10시부터 30분간 사무국 직원들과 주간 업무회의를 하였다. 내일부터 개최되는 제7회 속초 실향민축제 행사준비와 행사 프로그램에 대해 점검하였다. 2016년 제1회 속초 실향민축제에는 내가 평남중앙도민회 부회장으로서 행사준비위원장을 맡아 행사를 준비하고 행사 기간의 일정을 총괄 담당했었다. 그런 인연으로 속초 실향민문화축제에 대해서는 남다른 애착이 가는 행사이다. 올해로써 7년째가 되다 보니 이젠 제법 행사 규모도 커졌고 행사내용도 짜임새가 있어 전국적인 문화축제 행사로 자리 잡은 느낌이 든다.

2022년 6월 17일 금요일 날씨: 맑았으나 더웠움

오늘은 제7회 실향민문화축제가 개최되는 첫날이다. 잠실 아시아선수촌아파트 앞에서 평남중앙도민회에서 대절한 관광버스에 올라탔다. 100여 명 정도의 평남도민들이 3대의 버스에 나눠타고 속초로 향했다. 속초에 도착하여 단체로 점심을 먹고 오후 2시에 속초시 청호동 아바이마을에 마련된 행사장에 도착하여 제7회 속초 실향민문화축제 개막식에 참석하였다. 오늘 행사는 현 속초시장인 김철수 시장이 주관하였다.

〈제7회 속초실향민문화축제〉

지난번 지방선거에서 국민의 힘 후보가 당선되는 바람에 속초시장 재선에 실패하였다. 이번 행사를 위하여 열심히 준비하였는데 시장에 낙선되는 바람에 힘이 없어 보였다. 오늘 행사에서는 일천만이산가족위원회에서 준비한 실향민통일기념비 제막식도 있었다.

한 시간 정도의 공식 행사가 끝난 후에 축하 공연이 있었다. 행사가 끝난 후에 이북5도지사분들과 행사장에 마련된 향토음식점과 피난 시절 실향민의 생활을 재현한 부스를 둘러보고 함경도 전통 향토 음식을 맛보았다. 저녁에는 평남중앙도민회 주최로 저녁을 함께하며 군 대항 노래자랑의 시간도 가졌다.

2022년 6월 18일 토요일 날씨: 맑고 더움

아침 5시 30분쯤에 일어났다. 가까이에 있는 척산온천에 온천욕을 하기로 하고 방에서 나왔다. 마침 안주군 출신으로 과기부 차관을 지내신 분도 척산온천에 가신다고 하여 차를 동승하고 함께 갔다. 한 시간 정도 온천욕을 하고 숙소로 와서 황태국밥으로 아침을 먹었다. 오전 9시쯤에 오늘 행사가 예정된 곳으로 갔다. 오늘 10시부터 실향민합동 함상위령제가 거행되었다. 속초 앞바다에 정박 중인 속초해양 경비함 함장에서 1.4 후퇴 당시 해상루트를 통하여 남한으로 내려오는 중에 해상에서 목숨을 잃은 이름 모르는 분들과 월남 후 고향 땅을 밟아보지 못하고 망향의 한을 풀지 못하고 돌아가신 1세 어르신들의 영혼을 달래는 행사이다. 1시간 정도 위령제가 거행되었다. 위령제 중에 돌아가신 분들의 넋을 위로하는 공연도 있었다.

점심은 김철수 속초시장이 이북 5도 지사들을 초대하여 바닷가에 위치한 횟집에서 먹었다. 오후 1시부터 실향민문화축제 공식행사 프로그램으로 이북5도 무형문화재 공연이 있었다. 우리 평남에서는 박정욱 명창의 평안도 배뱅이굿 공연이 있었다. 일정 관계로 공연을 관람하지 못하고 서울로 오는 길에 양양 부근에서 평남도민들과 점심을 함께하고 서울로 올라왔다.

2022년 6월 19일 일요일 날씨: 더웠음

어제 1박 2일 일정으로 속초 실향민 문화축제를 다녀와서 피로했던지 조금 늦게 일어났다. 아침에 뒷산에 올라갔다 왔다.『두고 온 고향 남기고 싶은 이야기』원고정리 작업을 했다.

2022년 6월 20일 월요일 날씨: 맑고 더움

오늘 10시 30분에 거행된 평안남도와 자매결연 부대인 해병 제2사단의 사단장 이취임식에 참석하였다. 그동안 부대를 훌륭하게 지휘해왔던 정수용 사단장과 새로이 취임하는 신임 사단장에게 축하를 드리고 앞날의 무훈을 빌었다. 나로서는 처음으로 군부대에서 거행되는 해병 제2사단장 이취임식에 참석하였다. 해병대 사령관이 참석한 가운데 거행된 이취임식행사에 참석하여 새로운 경험을 하였다.

오후에 도청으로 복귀하여『두고 온 고향 남기고 싶은 이야기』인터뷰 진행 상황을 지켜보았다. 오늘은 평양시 오희영 고문과, 정태영 평양시민회장의 영상인터뷰가 있었다.

2022년 6월 21일 화요일 날씨: 맑음

오전 10시에 이북5도위원회 간담회가 있었다. 지난주에 있었던 제7회 속초실향민문화축제 행사에 대한 평가를 하였다. 오후 6시 30분에 종로 YMCA 회관에서 개최된 2022년도 상반기 민주평통 이북5도 지역회의에서 주관하는 통일아카데미에 강사로 나서 〈통일방안과 국제정세〉란 제목으로 강의를 하였다. 50여 명이 참석한 가운데 통일방안에 대해 논리적으로 잘 정리하여 쉽게 강의하였다. 강의 후에 강의 내용이 알차고 명강의였다는 평을 들어 기분이 좋았다.

2022년 6월 22일 수요일 날씨: 맑음

오전 10시에 국회의원회관에서 국민의 힘 태영호 의원 주최로 북한이탈주민 관리 방안에 대한 토론회가 있었다. 토론이 끝난 후에 이북5도위원회 입장에서 북한 이탈주민을 효율적으로 관리하기 위해서는 현재 통일부에서 담당하고 있는 북한 이탈주민에 대한 관리업무를 행안부로 이관하여 이를 이북5도위원회에서 담당하는 것이 필요한 시기가 되었음을 주장하였다.

오늘 오후 2시에는 최기석 어르신에 대한 영상인터뷰가 있다. 최기석 어르신은 현 평남중앙도민회 최용호 회장의 부친이시다. 오후 3시에는 맹산군 출산 월남 1세인 김병순 어르신에 대해 영상인터뷰를 진행하였다. 오늘 인터뷰는 평남민보 김현균 차장이 담당하였다.

2022년 6월 23일 목요일 날씨: 맑음

오전 11시 30분에 유격군전몰 영령 5,196위의 위령비 이전 및 추모식이 국립서울현충원에서 새로 마련된 유격부대 전적위령비 앞에서 거행되었다. 군번도 없이 고향을 탈환하기 위하여 유격부대에 들어가 목숨을 바친 영령들의 넋을 제대로 기리고 위로하는 일이 이렇게 오래 걸렸다는 게 안타까운 일이다.

늦게나마 좋은 곳에 위령탑을 제막하여 추모할 수 있는 공간을 마련하여 무엇보다도 기쁘다. 유격군 거의 대부분이 월남 1세 청년들이다. 꽃다운 나이에 조국을 위해 몸 바친 청춘의 숭고한 애국정신을 우리 후세들은 이어받아야 할 것이다. 나는 특별히 유격군에 대한 보상법제정에 조그마한 힘을 보탰기에 오늘 행사가 더욱 뜻깊었다. 오후 1시에는 역대 도지사들과 코리아나호텔 대상회에서 간담회를 가졌다.

2022년 6월 24일 금요일 날씨: 비가 옴

오전 11시에 이북5도 중앙연합회주최로 경기도 파주에 있는 동화경모공원 내 망향탑에서 6.25 추모제를 거행하였다. 해마다 6.25 하루 전에 이곳 동화경모공원에서 고향을 그리다가 세상을 떠난 월남 1세 어르신들을 추모하는 추모제 행사를 갖는다. 이곳에 잠드신 1세 어르신 중에 6.25 전쟁에 참전하신 분이 많다. 그분들의 넋을 기리며 오늘날 우리가 번영된 자유 대한민국이 그분들의 애국 헌신의 덕분임을 다시금 가슴에 새겼다.

2022년 6월 25일 토요일 날씨: 맑음

오전 10시에 장충체육관에서 6.25 전쟁 제72주년 기념행사가 있었다. 윤석열 대통령이 행사에 참석하였다. 윤석열 대통령이 취임한 후부터는 안보관련 기념행사에는 대통령이 꼭 참석하고 있다. 남북한이 군사적으로 첨예하게 대립하고 있는 작금의 한반도 안보 상황에서는 굳건한 안보의 토대 위에서만이 자유 평화통일이 담보될 수 있다고 생각한다. 그런 점에서 안보에 대한 대통령의 스탠스는 지극히 당연하고 믿음직스럽다.

2022년 6월 26일 일요일 날씨: 맑음

오전 10시 30분에 백범 김구 선생기념관에서 백범 선생 제73주기 추모식이 거행되었다. 행사에 참석하여 선생을 추모하였다. 1940년부터 상해임시정부의 마지막 주석으로서 조국의 독립을 위하여 헌신하신 선생을 추모하였다. 일제강점기 민족의 지도자로서 독립운동을 지도했던 분 중에 가장 영향력이 있는 세 분의 독립운동 지도자가 있었다. 우남 이승만, 백범 김구 그리고 도산 안창호 선생이다. 이분들 모두 이북출신이다. 공교롭게도 세 분이 거의 같은 시기에 태어났다. 우남은 1875년에 백범은 1876년에 그리고 도산은 1878년에 태어났다. 세 분 중에 어느 한 분이 연령 차이가 나게 앞서 태어났더라면 독립운동의 방략이 한 방향으로 통일되어 단일대오로 독립운동을 지도할 수 있었을 거라는 어느 학자의 주장도 들었다. 아는 바와 같이 세분의 독립운동 방략은 각각 달랐다. 이승만은 외교 노선을, 김구는 무장투쟁론은 그리고 안창호 선생은 실력양성론이었다. 나의 좁은 생각으로는 세분의 독립운동 노선이 다 필요했다고 본다. 이런 세 가지의 효과적인 방략이 통합되고 상호 보완되었더라면 얼마나 좋았을까 하는 생각을 해봤다.

2022년 6월 27일 월요일 날씨 맑음

한주가 시작되는 월요일이다. 월요일은 언제나 한 주일이 기대되고 새로운 일과 새로운 사람을 만나는 기대와 설렘이 있다. 이런 기대와 설렘이 오늘의 나를 만든 것이라고 생각한다. 지난주에는 유난히 외부 행사가 많았다. 이번 주에는 특별한 외부행사 일정이 없다. 북악정에서 점심 모임이 있었다.

2022년 6월 28일 화요일 날씨: 맑음

오전 10시에 이북5도위원회 간담회가 있었다. 특별한 심의안건은 없었다. 이제 이북5도위원회 회의에 참석하는 것도 얼마 남지 않았다는 느낌이 들었다. 3년이란 세월이 참 빨리 지나간 것 같다. 오후 2시에 『평남을 빛낸 인물 II 30인』 발간식 행사에 대한 의견을 나누었다. 임기 중에 『평남을 빛낸 인물 II 30인』를 발간할 수 있어서 다행이다. 그러나 아무래도 『두고 온 고향 남기고 싶은 이야기』는 내 임기 내에 책자를 발간하기는 어려울 것 같은 생각이다. 그러나 최선을 다해보려고 한다.

2022년 6월 29일 수요일 날씨: 맑음

오늘은 대한민국 민주화의 전환기가 된 6.29선언을 한 날이다. 암울했던 군사정권에 맞서 넥타이부대의 시민 혁명이 이루어 낸 결과이다. 나도 그 당시 국민리스에 근무하며 태평로 삼성물산 건물에 있는 회사 사무실에서 태평로 거리를 수많은 학생과 넥타이부대 시민들이 거리로 나와 민주화를 외치는 현장을 목격했었다.

보통 사람이란 캐치프레이스를 내걸고 군사정권 내부 핵심 세력의 일부 반대에도 불구하고 과감하게 직선제 개헌을 약속하며 6.29 선언을 한 노태우 대통령은 대담한 결단을 한 것으로 평가할 수 있다. 6.29 선언으로 한국의 민주화는 한 걸음 앞으로 나아갈 수 있었다. 노태우를 흔히 물태우라고 폄하하는 사람도 있으나 나는 그렇게 생각하지 않는다.

📓 평양감사 1054일 II

노태우 대통령이야말로 그런 수모를 감수하며 민주화를 단계적으로 실현하는데 징검다리 역할을 아주 잘한 인물이라고 나는 평가 하고 싶다.
　대통령 재임 중 노태우 대통령의 가장 큰 업적은 북방정책이라고 평가할 수 있다. 유엔 회원국 가입, 소련과 중국과의 수교, 문민정부로의 평화적인 정권교체 그리고 무엇보다도 우리 이북도민들에게는 큰 선물을 안겨준 대통령이다. 구기동 이북5도청사 마련도 노태우 대통령 시절에 결정하여 이룬 것이며 동화경모공원이란 사후 이북도민의 안식처도 노태우 대통령 시절에 마련된 것이다. 우리 이북도민은 그런 노태우 대통령의 업적과 이북 도민사회에 기여한 공을 잊지 말아야 한다. 다행히 노태우 대통령의 사후 안식처를 우리 동화경모공원으로 정하여 모실 수 있었던 것은 얼마나 다행스러운지 모르겠다. 그분이 원했고 우리도 기쁜 마음으로 모셨다.

2022년 6월 30일 수요일 날씨: 맑음

　오전 10시에 평남사무국 직원회의를 가졌다. 제주면장에서 평남사무국 직원들과 점심을 함께 했다. 오후 2시에 사무국장과 사무국 직원 그리고 비서실장과 함께 발간식 행사 준비상황을 최종 점검했다. 오후 5시에 평안남도 무형문화재 제5호인 평안도 배뱅이굿의 예능보유자인 박정욱 명창과 간담회를 가졌다.

2022년 7월 1 금요일 날씨: 맑음

　어제 저녁에 폭우가 쏟아져 날씨 걱정을 많이 했다. 오늘이 『평남을 빛낸 인물 II 30인』과 『평남을 빛낸 인물 90인』 약전 발간식을 하는 날이다. 아침에 뒷산에 올라갔다 오는 데 오늘 날씨가 너무 좋을 것 같아 마음이 놓였다. 사무실에 출근하여 비서실장과 행사장 준비를 다시 한번 점검하였다.
　오늘 초청 인원이 80여 명 정도 되는데 날씨가 좋으니 그 정도의 인원

3. 2022년도 도정일지

평안남도를 빛낸 인물 30인 발간식

은 올 것 같다. 점심을 간단히 김밥으로 먹고 5층 중강당 행사장에 가서 꼼꼼하게 준비상황을 체크하였다. 1시 반부터 주요 내빈을 내 방으로 모시고 30여 분 동안 차를 마시며 환담을 하였다. 나는 오늘 발간식 행사에서 감격에 벅차 아래와 같은 감사의 인사말을 하였다.

[발간식 인사말]

오늘 『평남을 빛낸 인물 II』30인과 제1권과 제2권에 수록된 90인에 대한 약전 발간식에 참석해주신 내외빈 여러분들께 감사의 말씀드립니다. 먼저 바쁘신 일정에도 불구하고 오늘 발간식 행사에 참석하여 자리를 빛낸 주신 내빈들을 소개해 올리도록 하겠습니다. 소개해 드릴 때마다 따뜻한 박수로 환영해주시기 바랍니다.

방금 전에 축사를 하고 가신 김기찬 황해도지사님, 최용호 이북도민 중앙회 연합회장 겸 평남중앙도민회장님 참석해주셨습니다. 오영찬 평북지사님 오셨습니다. 김한극 황해도중앙도민회장님 오셨습니다. 양종광 평북중앙도민회장님 오셨습니다. 이주홍 함남중앙도민회장님 오셨습니다. 정대철 더불어민주당 상임고문님 오셨습니다. 강인덕 전 통일부장관님 오셨습니다. 박성재 민주평통이북지역회의 부의장님 오셨습니다. 역대 평남지사를 역임하신 백남진 지사님, 정중렬 지사님, 박용옥 지사님, 김중양 지사님 오셨습니다. 평남행정자문위원회 김원진 위원장님, 장원호 부위원장님과 행정자문위원님들 오셨습니다. 조성원 이북도민새마을회장님 오셨습니다. 송경복 평남중앙부녀회장님을 비롯한 부녀회 회원님들 오셨습니다. 김건백 대표군수님을 비롯한 명예시장군수님들 오셨습니다. 김석환 대표 시군민회장님을 비롯한 시군민회장님들 오셨습니다. 평양검무 예능보유자이신 임영순 회장님을 비롯한 평남무형문화재 예능보유자님들 오셨습니다. 독립운동사 연구에 권위자이신 김시덕 박사님과 전기작가이신 은예린 작가님도 오셨습니다. 이 두 분은 평남을 빛낸 인물평전 작업에 많은 도움을 주셨습니다. 이 자리를 빌려 감사드립니다.

끝으로 오늘 발간식 행사의 주인공들이십니다.

『평남을 빛낸 인물 제2권』30인에 선정되신 인물들의 후손이 되시는 분들이 이 자리에 함께하시어 자리를 빛내주시고 계십니다. 한 분 한 분 소개할 때마다 아주 뜨거운 박수로 환영해주시기 바랍니다.

먼저 평양시 출신으로 경민학원을 설립하시고 국회의원을 역임하시는 등 육영사업과 정치인으로 큰 족적을 남기셨던 홍우준 선생의 장남이 되시는 전 새누리당 사무총장을 지내셨던 4선 국회의원인 홍문종 전 의원께서 참석하셨습니다.

평남 강서군 출신으로 상명학원을 설립하여 우리나라 여성 교육에 큰 업적을 남기신 배상명 선생의 외손녀 되시는 전 상명대학교 이진안 교수님과 선생의 손자며느리인 한국걸스카우트 총재이며 상명학원 재단 상임이사이신 김종희 박사님 오셨습니다.

6.25 전쟁 시 공산당에 의해 순교하신 이태석 목사의 둘째 아들로 태어나 미국 예일대학 석사와 시카고 대학 종교학 박사학위를 받으시고 목사안수를 받은 후 미국 인권운동의 대부인 마틴 루터킹 목사와 함께 인권운동 목사로 활동하였고 미국 교회협의회 회장을 역임하였으며 2000년에는 동양인으로는 최초로 미국장로교 총회장으로 활동하셨던 이승만 목사의 친동생인 이승규 평양고보 명예회장님 참석해주셨습니다.

한국풍속화의 대가이시며 전장 350미터 길이의 〈한강 전도〉라는 걸작을 남기신 혜촌 김학수 선생의 제자들로 구성된 혜촌회 회원이신 이명호 교수님, 이선종 교수님, 정은실 목사님, 구자연 선생님, 이숙현 선생님 함께 오셨습니다.

혜촌 김학수 선생님의 그림 중 〈모란봉 대동강도〉는 바로 오늘 행사

3. 2022년도 도정일지

장에 걸개로 걸려있는 그림입니다. 선생의 〈모란봉 대동강도〉 진품은 오랫동안 소장하고 계셨던 이승규 장로님께서 2020년도에 평남도청에 기증하여 현재 평남 도지사실에 걸려있습니다.

존경하는 내외 귀빈 여러분!

오늘 여러분들을 모시고 『평남을 빛낸 인물 II 30인』과 90인에 대한 약전 발간식을 갖게 되어 매우 기쁘게 생각합니다. 어젯밤 폭우가 내려 날씨 걱정을 했습니다만 평남을 빛낸 인물 90인 어르신들의 보살핌으로 좋은 날씨에 발간식을 갖게 된 것 같습니다. 이 순간 지난 2년 6개월 동안 본 발간 프로젝트에 참여했던 분들과 함께 기획하고 자료를 수집하고 원고를 정리하며 책이 출간되기까지 고생했던 일들이 아름다운 추억으로 느껴집니다. 참 보람 있는 일이었고 꼭 해야 될 일이라고 생각했습니다. 그런 사명감으로 지난 2년 6개월을 함께 고생했던 김건백 발간위원장님을 비롯한 16개 명예시장군수님들과 김석환 대표시군회장님을 비롯한 시군민회장님들과 본 프로젝트에 직.간접적으로 참여했던 모든 분께 수고 많이 하셨다는 말과 함께 감사 말씀드립니다.

90인에 선정된 한 분 한 분마다 민족의 지도자들이셨고 등불이셨습니다. 독립운동가와 독립투사로, 건국과 건군의 주역으로 육영사업과 교육 학술 활동으로 후세를 양성하고 학문발전에 크게 기여하셨고 종교 지도자로 문화예술인으로 우리 정신세계를 바르게 인도하고 풍요롭게 해 주셨습니다. 맨주먹으로 월남하여 평남인의 강인한 정신으로 기업을 일으키고 가업을 이어받아 대한민국 경제발전의 초석을 놓고 견인차 역할을 하였습니다.

90인 인물을 선정하는 과정에 우리가 생각지도 못했던 훌륭한 분들이 평남 출신이신 것을 알고 벅찬 감동과 긍지를 느꼈습니다. 도산 안창호 선생, 고당 고민식 선생 그리고 6.25 전쟁의 영웅이셨던 백선엽 장군은 우리 모두가 평남 출신임을 익히 알고 있으나 우리가 너무나도 잘 알고 있었고 존경했던 분들이 평남 출신 선대 어르신이라는 사실을 본 작업을 진행하면서 알게 되었을 때 그 감동은 이루 말할 수 없을 정도였습니다.

홍범도 장군의 경우 주로 활동 무대가 함경도 지방과 북간도 지방이어서 2020년 홍범도 장군 홍범도 장군 봉오동·청산리 전승 100주년 기념식을 위한 행사를 하기 전까지는 저 자신도 부끄러운 일입니다만 평남 출신인 줄 몰랐습니다. 한국인이 가장 사랑하는 화가로 선정된 이중섭 선생의 경우도 역시 마찬가지였습니다. 선생이 평원군 출신임을 알았을 때 그 기쁨은 이루 말할 수 없을 정도였습니다. 중고등학교 때 세계적인 나비학자로 석주명 선생에 대한 이야기를 듣고 선생의 연구 업적과 학문적인 자세에 존경하는 마음 갖게 되었습니다. 두 분이 평남 출신임을 알게 되고 평남의 인물로 선정되자 두 분의 발자취를 찾아가 보기 위해 제주도로 출장을 가 2박 3일 동안 두 분의 유적지와 기념관을 방문하기도 하였습니다.

6, 70년대 우리 모두 경제적으로 곤궁했던 시절 대중에게 웃음을 선사했던 우리나라 최고의 코미디언 배우였던 구봉서 선생은 서울에 있는 대동상고를 나오셨다고 알고 있어 그저 서울 태생이신 줄 알고 있었습니다. 선생이 평남 평양시 부유한 가정에서 태어나 유소년 시절 평양에서 보낸 신 걸 알았을 때 또한 어찌 반갑고 자랑스러운 줄 몰랐습니다. 전혜린 선생, 이양하 선생 모두 제가 학창 시절 좋아했던 수필가이며 문인이었습니다.

이제 우리 평남인은 90인의 훌륭한 인물들은 우리 평남인 후세들의 별이 되어 가슴에 품을 수 있게 되었습니다. 오늘 이 발간식을 계기로 90분의 애국 헌신의 정신과 국가사회발전에 기여한 생애를 본받아 평화통일의 그 날까지 국가사회 발전에 우리 평남인들이 앞장서야 되겠습니다. 특히 오늘 발간되는 『평남을 빛낸 인물 90인 약전』은 우리 3, 4세 후계세대들이 널리 읽고 마음에 새겨 평남인의 정신을 이어받고 본받아 미래에 대한민국의 큰 인물들이 될 수 있기를 기대합니다.

다시 한번 오늘 행사에 참여하신 내외빈 모든 분께 감사드리며 늘 건강하시고 하시는 일 만사형통하시길 기원합니다. 감사합니다.

2022년 7월 2일 토요일 날씨: 맑음

여천 홍범도장군기념사업회 이사분들과 백령도로 안보견학을 가기로 했었는데 더불어민주당 국회의원인 우원식 이사장의 일정 관계로 다음으로 미루었다. 홍범도장군기념사업회에서는 해마다 해외나 국내에 안보견학 프로그램을 운영하고 있다. 서도 5도는 우리나라 국방 안보상 매우 중요한 지역이다. 이곳의 방어망이 뚫리면 서해바다로 해서 인천과 서울이 위험해진다. 서해 5도 중에서 백령도와 연평도는 매우 중요한 군사기지이기에 국군의 최정예부대인 해병부대가 방어선을 담당하고 있다.

2022년 7월 3일 일요일 날씨: 맑음

아내와 하나로마트로 가서 일주일 먹을거리를 샀다. 매주 토요일이나 일요일에는 하나로마트에 가서 일주일 먹을거리를 사 왔다. 우리가 사오는 식료품은 주로 감자나 고구마, 달걀 1팩, 우유 한 병, 과일 등이다.

2022년 7월 4일 월요일 날씨: 맑음

오전 10시부터 제22대 평남 명예시장군수 후보자에 대한 면접이 실시되었다. 이번에는 부득이한 경우를 제외하고는 연임을 하지 않는 것으로 방침을 세웠다. 용강군 명예군수, 개천군 명예군수, 중화군 명예군수의 경우 해당 군에서 연임을 적극적으로 원하여 세 군의 경우는 예외로 하는 것으로 결정하였다. 대부분 1순위로 추천된 사람들이 최종 후보자로 추천되었다.

오전 11시에는 이북5도위원회 각 시도지구 사무소장에 대한 임용장 수여식과 직무연수 교육이 있었다. 평안남도지사 관할 지구인 광주지구는 연임되었고 경기지구와 대구지구는 새로운 소장으로 교체되었다. 두 지구 소장 모두 3연임을 한 분들이라 능력이 뛰어남에도 부득이 연임을 시킬 수가 없었다.

2022년 7월 5일 화요일 날씨: 맑음

오전 9시 30분에 이북5도위원회 회의가 있었다. 오후 2시에는 육군회관 1층 태극홀에서 고 백선엽 장군 서거 제2주기 추모 학술대회가 있었다. 평안남도지사로서 백선엽 장군을 추모하는 추모사를 하였다. 추모사 중에 백선엽 장군님을 생전에 찾아뵙고 백선엽 장군님과 나누었던 이야기를 회상하며 장군님을 추모하였다. 학술대회에서 백선엽 장군님의 장남인 백남혁 선생을 만나 반갑게 인사를 나누었다.

2022년 7월 6일 수요일 날씨: 맑음

이제 평남도지사로 일할 날도 얼마 남지 않은 것 같다. 퇴임하기 전에 『두고 온 고향 남기고 싶은 이야기』를 마무리지어야 할텐데 시간이 충분할 것 같지 않다. 퇴임을 하더라도 제21대 명예시장군수단과 함께 잘 마무리해야겠다.

2022년 7월 7일 목요일 날씨: 맑음

오전 10시에 평남도 직원 업무회의를 하였다. 지난주에 추진한 일과 앞으로 1주일간 추진한 주요 업무에 대해서 의견을 나누었다.

2022년 7월 8일 금요일 날씨: 맑음

아침 7시 30분에 정자역으로 가서 정경조 장군을 픽업하였다. 용인에 사시는 박용옥 지사댁으로 가서 지사님을 픽업하여 함께 대전국립현충원으로 갔다.

3. 2022년도 도정일지

〈고 백선엽 장군 영전에 분향 재배〉　　〈고 백선엽장군 2주기 추모사〉

　오늘은 우리 평남중앙도민회장을 역임하셨던 6.25 전쟁의 영웅이신 백선엽 장군 제2주기 추도식이 있는 날이다. 작년에 평안남도가 주관하여 제1주기 추도식을 대전현충원에서 거행하였다. 올해부터는 평안중앙도민회에서 추도식을 주관하기로 하였다. 40여 명의 평남도민 유지들이 참석하였고 육군 본부에서는 육군참모총장을 대리하여 인력담당사령관이 참석하였다.
　나는 다음과 같은 추도사를 했다.

[백선엽 장군 추도사]
　존경하는 백선엽 장군님!
　그동안 편히 쉬시고 계셨는지요? 장군님의 고향 후세인 저희들은 장군님의 소천 2주기를 맞이하여 지난해에 이어 장군님을 추모하기 위하여 이곳 대전 국립현충원에 왔습니다.
　장군님께서는 우리 고향 평남 강서군에서 태어나신 평남을 가장 빛낸 인물 중에 한 분이십니다. 6.25 전쟁이라는 민족 최대의 위기에 창군의 주역이셨던 장군께서는 풍전등화와 같은 위기에 빠진 대한민국을 구하셨습니다. 장군님이 이끌었던 제1사단이 낙동강 다부동 전투에서 북괴군 최정예 3개 사단의 남하를 필사적으로 막음으로써 인천상륙작전이 가능하였으며 이로써 북진 반격의 발판을 마련하였음을 우리는 잘 알고 있습니다. 낙동강전투에서 장군님은 "내가 물러서면 나를 쏴라"며

죽음을 무릅쓴 임전무퇴의 정신으로 부하들의 전의를 북돋았습니다.
실로 장군님은 용장이셨으며 지장이셨으며 또한 덕장이셨습니다.
생전에 장군님을 뵙고 인사를 드렸을 때 과거를 회고하시며 일생에 가장 기뻤던 순간은 1950년 10월 장군님이 지휘하던 제1사단이 제일 먼저 본 평양에 입성하여 고향 땅 평양을 탈환하였던 때라고 말씀해 주셨습니다. 조국의 통일을 눈앞에 두고 그것도 장군님이 태어나신 고향 땅을 다시 밟으셨으니 그 감격은 그 누구보다도 컸으리라 생각됩니다. 장군님은 대한민국 최초의 4성 장군으로 전후에는 두 번에 걸쳐 육군참모총장을 역임하시며, 굳건한 한미 군사동맹과 정예국군 건설의 초석이 되어 오늘날 대한민국이 자유와 평화를 누릴 수 있는 기초를 닦으셨습니다. 역대 주한 미군 사령관이 가장 존경하는 한국군 장성이셨으며 한국군의 상징이셨습니다. 그럼에도 불구하고 일부 편협하고 왜곡된 역사관을 갖고 있는 사람들이 장군님을 폄하하고 공적을 깎아내리려고 하는 시도를 자행하고 있음을 우리는 목도하고 있습니다. 정말로 개탄해 마지않을 수 없는 일입니다.
이제 우리 평남 후세들은 장군님을 폄훼하고 공적을 깎아내리려 하는 세력에 대해 단호하게 대처하여 장군님의 빛나는 공적과 명예를 지켜나갈 것입니다. 우리 180만 평남도민들은 장군님이 우리에게 남기신 애국 헌신의 정신과 자유에 대한 신념 그리고 불굴의 의지를 가슴 깊이 새기며 장군님의 뜻을 이어 나갈 것입니다. 부디 하늘나라에서 편안하게 영면하시옵소서.
끝으로 바쁘신 중에도 추도식에 참석하여 주신 평남도민 유지 여러분, 오늘 추도식 행사에 도움을 주신 박정환 육군참모총장님과 국립대전현충원 관계자 여러분께 감사의 말씀드립니다.
장군님의 후세 평안남도지사 이명우

2022년 7월 9일 토요일 날씨: 맑음

오전 11시 30분에 종로 2가에 있는 파노라마뷔페에서 개최된 제55차

덕천군민회 정기총회에 참석하였다. 덕천군민회의 무궁한 발전을 축원하는 축사를 했다. 함께 식사를 한 후에 이북5도청으로 갔다. 오늘 오후 2시부터 새마을 이북5도지회 주최로 개최되는 〈통일 새마을운동 워크숍〉에 참석하였다. 오늘 〈통일 새마을 어떻게 할 것인가?〉라는 주제로 통일 새마을운동에 대한 세미나를 개최하였다. 내가 세미나 좌장으로 세미나를 진행하였고 마지막 연사로 나서 〈통일 새마을운동의 방향〉에 대해 주제발표를 했다. 좌장으로서 그리고 주제발표자로서 좋은 평가를 받았다.

2022년 7월 10일 일요일 날씨: 맑음

아내와 오리역에 있는 하나로마트로 가서 일주일 먹을거리를 샀다. 우유 한 병, 달걀 한 판, 복숭아 한 상자, 야채 등을 샀다. 『두고 온 고향 남기고 싶은 이야기』 원고 수정작업을 했다. 영상녹음 파일을 문자로 전환하는 과정에서 음성이 분명하지 못한 소리는 원음과 전혀 다른 글자로 표시되어 해독하기가 쉽지가 않다.

2022년 7월 11일 월요일 날씨: 맑음

2022년도 국가사회 발전에 공헌한 평남도민 후보자에 대한 최종 점검을 하였다. 국민훈장 동백장과 국가 포장 후보자에 대해 점검하였다. 제주지구 이북도민연합회장인 노현규 회장에 대해서는 검토한바 국가 포장을 수여한 지 7년이 경과 하지 않아 추천대상자에서 제외되었다. 추천 예상 후보로는 대동군에 김병삼 가보회 회장과 평원군에 오기봉 서경회 명예회장이 추천되었다고 한다. 각 지구 도민회장들에게도 기회를 주어야 할 것 같아 노현규 회장 대신 강원지구 평남도민회장을 오랫동안 맡아 강원지구와 춘천지역 도민회 발전에 크게 기여한 조선모 회장을 추천 해보도록 강원지구 사무소장에게 연락하였다.

2022년 7월 12일 화요일 날씨 :맑음

위원회 간담회가 있었다. 5도 지사들과 차기 도지사 내정자에 대한 이야기를 나누었다. 이번에는 북한이탈주민 중에 한 사람이 이북5도지사로 올 거라는 소문도 있다. 북한 이탈주민이 35,000여 명이 되고 탈북민 출신 국회의원이 두 명이 있으니 그런 말도 나올만한 때가 된 것 같기도 하다. 그러나 이북 도민사회에서는 아직은 이르지 않나 하는 생각이 다수인 것이 사실이다.

2022년 7월 13일 수요일 날씨: 맑고 더움

오전 9시경에 김호영 전 외무차관과 조성원 이북도민 새마을연합회 회장 그리고 장원호 전 평남중앙도민회 회장이 사무실로 오셨다. 오늘 2022년도 국가사회 발전에 공헌한 평남도민에 대한 공적심사가 있는 날이다. 공정하게 심사해 줄 것을 당부했다. 오전 9시 30분에 2022년도 국가사회 발전에 기여한 상훈 후보자들에 대한 심사가 있었다. 선정된 분들 모두 합당한 분들이 선정된 것 같다. 오후 4시 30분에 2022년도 청년 육성 후원회 결산보고 대회가 있었다.

2022년 7월 14일 목요일 날씨: 맑음 - 7월 15일 금요일 날씨: 맑음

오전 10시 30분쯤에 박 주무관이 왔다. 오늘은 평남 명예시장군수단 안보교육 겸 워크숍을 연평도로 가기로 했다. 낮 12시쯤에 인천항 연안여객터미널 제2 게이트에 도착하여 미리 대기하고 있던 강 비서실장을 만났다. 길 건너에 있는 전주 콩나물국밥집에서 점심을 일행과 함께하기로 하여 국밥집으로 갔다. 대여섯 명의 시장 군수들이 먼저 와서 기다리고 있었다. 조금 기다리니 오늘 워크숍에 참석하기로 한 사람들이 모두 도착하였다. 평남민보에 김현균 차장과 이북오도민신문 김영근 대표도 이번 워크숍에 취재차 동행하기로 했다. 콩나물국밥으로 점심을 먹고 연안여객터미널에서 잠시 기다렸다. 낮 12시 50분에 모두 연평도로 가는

3. 2022년도 도정일지

여객선에 승선했다. 여객선에 승선하기 전에 기념촬영을 했다. 나는 내 생애에 연평도를 오늘 처음 간다. 한 번 꼭 가고 싶었던 연평도다.

여객선에 승선하여 정해진 좌석에 앉아 창밖을 보고 있었다. 여객선이 출발한 지 한 30분쯤 지났을 때다, 비서실장에 급히 나한테 오더니 긴급뉴스라며 내일 7.15 일자로 평남지사를 포함하여 3개 이북도지사에 대한 인사 발령이 났다고 한다. 내달 8월 중에 있을 것으로 생각했는데 예상보다 조금 빨라져 다소 놀랐다. 물론 마음 속으로는 준비를 하고 있었지만 너무 갑작스럽다 보니 처음 그 소식을 접하고는 놀랍기도 하고 다소 서운한 감도 느끼며 만감이 교차 되었다.

인사 발령 내용을 자세히 듣고는 또 한 번 놀랐다. 평남지사로는 평양시 출신 탈북민으로 김일성대학 교수를 지냈고 전 국회의원을 역임한 조명철 전 의원이었다. 이번에 교체되는 세 명의 도지사 중에 한 사람은 탈북민 출신이 될 거라는 설은 있었으나 그게 평남지사일 줄은 전혀 예상하지 못했다. 탈북민 출신 중에 한 사람을 이북5도 지사로 임명한다면 아마도 북한 이탈주민 숫자가 가장 많은 함북지사가 될 거라고 모두들 그렇게 생각했었다. 이번 제19대 평남지사로 선임된 조명철 전 의원은 매스컴을 통해서 널리 알려진 인물이다. 자유를 찾아 대한민국으로 온 용기 있는 분이다. 탈북민 중에서는 최고급 엘리트에 속하는 사람이다. 한국에 와서 정부와 학계에 통일 관련 기관과 단체에서 일을 하였고 비례대표의원이기는 하지만 북한 이탈주민 출신 중에는 최초로 국회의원으로도 활동한 분이다. 통일문제와 북한 이탈주민에 대한 이해도가 높기 때문에 평남지사로서 큰 역할을 하실 것으로 기대된다. 내 후임으로서 앞으로 3년간 평남 도정과 이북 도민사회를 잘 이끌어주시기를 마음속으로 빌었다.

평북지사로는 평북중앙도민회장으로 있는 양종광 회장이 임명되었다고 한다. 조금은 예상 밖이었다. 그러나 도민사회를 잘 아는 사람이 도지사가 되는 것도 의미가 있을 것으로 생각되었다. 함북지사로는 예상했던 바대로 이훈 전 통일전망대 사장이 선임되었다. 모두 축하하며 앞으로 도민과 화합하여 도정을 잘 이끌어 줄 것을 기대하여 본다.

명예군수단 워크숍에 가는 중에 인사 발령 소식을 듣게 되어 조금은 난감하기도 하였다. 잠시 후에 자리에서 일어나 사람이 없는 난간에 나가서 조명철 신임지사에게 축하 전화를 드렸다. 축하한다는 말씀드리고 앞으로 도정과 도민사회를 잘 이끌어주실 것으로 기대한다고 말했다. 조명철 신임지사께서는 내 축하 전화에 감사하다는 말씀과 함께 혹시 불편하게 한 거는 아닌지 걱정이 된다며 미안한 마음이라고 하여 웃으면서 말했다. "아니 무슨 그런 말씀을 하십니까? 전혀 그런 생각하지 마십시오"라고 말하고 훌륭한 분이 후임 지사로 와서 마음 든든하다고 덕담을 하였다.

어떻게 알았는지 신임도지사 임명 소식을 알게 된 시장군수들이 나에게 와서는 너무 의외라며 아쉬워하면서 위로의 말을 하였다. 나는 전혀 괜찮은데 모두 서운해하니 내 마음도 조금은 다운되는 것 같았다. 명예시장. 군수들과는 지난 3년간 함께 도정을 운영하며 정이 많이 들었다. 마음속으로 고맙고 흐뭇하기까지 했다. 그래도 내가 인심을 잃지는 않았구나 하는 그런 생각이 들었다. 여객선은 신나게 연평도를 향해 달리고 있었다. 밖을 바라보니 계속하여 망망대해다.

가만히 눈을 감고 도지사로서의 지난 3년간의 공직생활을 회상해 보았다. 전혀 꿈꾸지도 않았던 일이었다. 나에게 도지사로서 국가를 위해 봉사할 수 있는 기회가 주어지리라고는 전혀 예상하지도 바라지도 않았다. 관운이 있었던 것일까? 너무나도 자연스럽게 그리고 순조롭게 나에게 기회가 주어졌다. 물론 나는 항상 미래를 위해 준비하며 살아왔던 것은 사실이다. 만나는 사람마다 진실하게 대했고 최선을 다하여 좋은 관계를 유지하려고 노력하였다. "좋은 친구를 갖기 원한다면 좋은 친구가 되어 주십시오" 란 에머슨의 말처럼 늘 먼저 다가가고 좋은 친구가 되어 주려고 노력하였다. 어쩌면 이런 나의 평범한 대인관계가 나에게 국가와 고향 평안남도를 위해 봉사할 수 있는 기회가 오게 된 것이 아닌가 생각한다. 모든 분에게 감사한다.

2019년 8월 26일 첫 출근 하던 날의 가슴 설레임, 첫날 도지사실에 들어가 책상 앞에 앉아 앞을 바라보며 도산 안창호 선생의 좌우명인 무실역행(務實力行)과 고당 조만식 선생의 좌우명인 기인위보(基仁爲寶) 여덟 자의 글귀를 바라보고 마음속으로 한 자 한 자 음미하며 읽으면서 민족의 지도자요 선각자였던 평남 출신 두 어른의 높은 뜻과 경륜을 본받아 성공적인 도정을 이끌어나 갈 것을 마음속으로 다짐했었다. 이튿날 8월 27일 오전 11시에 제18대 평남도지사 취임식에 참석하여 앞으로 도지사로서 〈도민과 함께하는 도정〉을 이끌어나가겠다는 다짐을 굳게 했었다. 도지사실은 언제나 문을 활짝 열어 놓고 찾아오는 도민들을 정성을 다하여 맞이했다. 각종 행사에 빠지지 않고 참석하여 늘 도민과 함께하고 도민의 말에 귀 기울였다.

지난 3년 동안 200여 건이 넘는 대내외 공식행사에 참석하였고 매년 천여 명이 넘는 이북도민과 외부 인사들을 만났다. 또한 원로 어르신들을 자주 뵙고 그분들로부터 좋은 말씀과 가르침을 받았다. 훌륭한 고향 선후배와 좋은 친구들도 많이 만나고 가까이하게 되었다. 젊은 고향 후배들과도 격의 없이 지내며 그들의 말을 귀담아들었다. 고향의 선배로서 그들에게 귀감이 되도록 노력하였고 청년회 활동에 빠짐없이 참석하여 함께하고 격려하였다. 평남도민회장과 원로 유지분들과 함께 후계세대 육성 발전에도 많은 관심을 갖고 도지사로서 지원하고 격려하였고 기회가 있을 때마다 평남 출신의 훌륭한 인물에 대해 이야기하며 그분들의 나라와 고향을 사랑하고 헌신하였던 정신을 본받자고 힘주어 말해주었다.

2019년 10월에 개최된 대통령기 이북도민체육대회에서는 5년 만에 우리 평안남도가 종합우승을 차지하는 기쁨을 맛보았다. 평남무형문화재 제2호로 지정된 향두계놀이는 2019년 전국 무형문화재 경연대회에서 영예의 문화공보부장관 상을 수상하여 평남무형문화재의 예술성을 널리 알리는 계기가 되었다.

  2020년에는 이북5도위원회 위원장으로서 대내외적으로 이북5도를 대표하는 도지사로서의 역할을 충실히 하고자 노력하였다. 연초부터 유행하기 시작한 코로나19 사태로 대내외적인 활동에 많은 제약이 있었음에도 불구하고 이북5도위원장으로서의 역할을 성실히 수행하였다. 2020년 3월에는 평남부녀회원들을 중심으로 코로나방역 마스크를 6천여 개를 제작하여 코로나19 유행이 가장 심했던 대구, 경북지구에 이북도민과 북한 이탈주민들에 보냈다. 그리고 이북도민과 북한 이탈주민들을 위한 종합상담센터를 설치하고 운영하였던 일, 6월과 10월에는 김재홍 함북지사와 함께 봉오동·청산리전투 승전 100주년 기념 사진도록을 제작하고 관련 사진전시회를 이북5도청 로비를 비롯하여 전북도청, 세종시청, 속초시청 등지에서 개최하였던 일도 보람된 일이었다. 기획재정부 예산관리실장의 특별한 배려로 행정안전부에서 삭감된 홈페이지 제작 예산을 확보하여 이북5도위원회 홈페이지를 새롭게 개편하고 내용을 업데이트하며 충실하게 한 일, 이북5도위원회 방송실을 개설한 일 등 나름 열심히 일하였고 어느 정도 성과도 있었다. 특히 홈페이지 개편 작업을 위한 예산확보를 위하여 기획재정부에 예산담당관실장을 직접 만나 간곡히 부탁하여 1억의 예산을 확보한 일 또한 나름 큰 성과로 생각한다.

  6.25 참전 유격전우회 박충암 회장과 함께 국회 국방위원회회와 예산결산위원회 등 국방예산 담당 국회의원들을 일일이 찾아가 유격전우회원들의 보상법 통과를 위해 노력한 결과 20년 동안 국회 본회의의 벽을 넘지 못하던 관련법을 2021년도에 제정하도록 한 일이 무엇보다도 보람이 있었다. 그런 나의 공적을 인정하여 유격전우회로부터 분에 넘치는 감사패를 받았다.

  2021년 6월 25일에는 『평남을 빛낸 인물 60인』 책자를 발간하였고 이어 2022년 7월 1일에는 『평남을 빛낸 인물 30인』과 『평남을 빛낸 인물 90인 약전(略傳)』을 발간하여 성대하게 발간식을 거행하고 평남도민들과 평남 3, 4세 청소년들에게 배부하였다. 평남의 무형문화재 발굴과 육성 발전을 위해서도 깊은 관심과 애정을 갖고 지원하고 평남무형문화재 활동에 늘 함께하였다. 특히 2022년에는 평안도 배뱅이굿을 평남무형문화재 제5호로 지정하여 서도소리의 맥을 잇게 하였고, 서도소리를 육성 발전시키는 토대를 마련하기도 하였다. 임기 중에 끝내려고 했던 『두고 온 고향 남기고 싶은 이야기』 영상편집과 책자 발간 작업을 마무리하지 못한 것이 못내 아쉽다. 그러나 퇴임한 이후에도 계속 작업을 독려하여 오는 12월 중에는 책자 발간을 하려고 한다. 이런저런 생각을 하며 지난 3년간을 회상하다 보니 어느덧 연평도에 도착하였다. 선착장 앞에 연평도라고 쓴 큰 팻말이 보였다. 연평도는 서해 5도 중에 가장 남동쪽에 있는 섬이다. 저녁 식사를 하며 그동안 함께 평남 도정을 이끌어 준 제21대 평남 명예 시장군수들에게 고마움을 전하며 감사 인사를 하였다. 모두 아쉬워하며 그동안 도지사님으로부터 많은 것을 배웠다고 감사해하였다.

저녁 식사를 마친 후 술자리를 마련하겠다는 시장, 군수들의 청을 사양하고 내 방에 들어와 손을 닦고 잠시 휴식을 취했다. 앉는 책상 앞에 앉아 잠시 눈을 감고 명상에 잠겼다. 외로움이 엄습해 왔다. 갑자기 외딴섬에 나 홀로 서 있는 것 같은 착각이 들었다. 지난 3년간 도지사로서 평남도민과 함께한 보람되었던 일들이 파노라마처럼 펼쳐졌다. 보람이 있었고 영광스러웠다. 평남도민과 함께한 즐거웠던 시간, 각종 행사에 참여하여 축사와 격려사를 했던 일, 도 직원들과 추진한 의미 있는 각종 사업 들...

이어 고향을 가 보지 못하고 하늘나라에 가 계신 부모님과 형님 생각이 났다. 잠시 눈을 감고 지난 70여 년간의 내가 걸어온 길을 회상하면서 과거로 시간 여행을 떠나보았다. 퇴임 후 조금 한가해지면 지난 세월 나의 인생을 되돌아보며 내가 걸어온 길을 글로 써보려고 한다.

연평도 안보워크숍 일정은 아래와 같이 진행되었다.

7/14일 일정
13:00-15:00   연평도 입도(인천항 연안여객터미널에서 연평도로 출발)
15:00-16:00   연평부대 방문
16:00-16:30   수련원 도착, 숙소 배정
16:30-18:00   평화안보 현장견학 (전문강사 조혜리 강의시간)
               연평도 안보교육장 현장강의-망향공원-서정우 하사
               묘표지
18:00-19:00   연평회관 꽃게탕
19:00-   휴식

7/15일 일정
07:00   기상
07:30-09:00   아침식사 부강식당 백반
09-11   평화안보 교육특강
11:20-12:00   평화안보현장견학 평화공원 현지식당
12:00-13:00   연평회관 점심 식사 낙지볶음
13:00-14:00   평화안보 현장 견학, 전망대 까페 OP-포 7중대
14:00-14:40   설문지 작성
15:00-15:00   선착장 이동
15:30 연평도 출도-인천항 연안여객터미널 도착. 중식당에서 저녁 식사 후
      해산

저녁 식사를 하며 그동안 함께 평남 도정을 이끌어 준 제21대 평남 명예시장군수들에게 고마움을 전하며 감사 인사를 하였다. 모두 아쉬워하며 그동안 도지사님으로부터 많은 것을 배웠다고 감사해하였다.

3. 2022년도 도정일지

2022년 7월 16일 토요일 날씨: 맑음

아침에 일찍 일어났다. 도청에서 연락이 왔다. 가능하면 오늘 내로 사무실을 정리해달라는 전언이다. 나라의 일이라는 것이 한치의 시차와 오차도 없어야 하기에 이해는 가나 조금은 야속한 생각도 들었다. 마음을 추스르고 차를 몰고 구기동 사무실로 갔다. 함께 가겠다는 집사람을 만류하고 나 혼자 이북5도청으로 갔다. 이북오도청 청사 길로 접어들어 청사 건물이 보이자 갑자기 가슴이 뭉클해졌다. 옥외 주차장에 주차를 하고 사무실에 올라가니 강 실장과 이 비서가 나와 있었다. 반갑게 인사를 하였으나 두 사람 다 표정이 울상이었다. 지난 3년 동안 이 두 사람이 나를 지근거리에서 헌신적으로 보필하였다. 내가 비교적 불편함이 없이 마음 편하게 근무할 수 있었던 것도 이 두사람 덕분이라 생각했다. 사물함은 인사 발령이 날 것을 대비하여 미리 정리한 것이 있어서 한두 시간 내에 대충 정리하였다. 주변 정리와 청소는 이 비서에게 부탁하였다.

짐을 정리하고 차에 싣고 강 실장과 이 비서 두 사람에게 악수를 하며 그동안 고마웠다고 말했다. 강 실장과 이 비서가 갑자기 얼굴을 옆으로 돌리며 눈물을 훔치고 있었다. 두 사람의 표정을 보고 갑자기 나도 가슴이 뭉클해지며 울컥하며 눈물이 나올 것 같았다. 참 정이 들었나 보다. 그래도 내가 이 두 사람에게 인심은 잃지 않았구나 하는 생각이 들었다. 강 실장과 이 비서의 등을 가볍게 두드려주며 "우리 자주 보세" 하며 차에 올랐다. 이제부터는 이곳 이북5도청을 평남 양덕군 출생 이북도민의 한 사람으로 올 것이다. 나의 평양감사 1054일은 이렇게 해서 마무리되고 있었다.

2022년 7월 22일 금요일 날씨: 맑음

오늘은 제18대 평안남도 지사직을 마감하고 이임하는 날이다. 아침에 10시 30분에 박진수 주무관이 관용차를 집 앞에 대기하고 있었다. 집사람도 이임식을 하러 가는 나를 위해 파이팅을 외쳤다. 차를 타고 점심 약속장소인 코리아나 호텔로 갔다. 3층 대상해에서 평남 성우회 회원들을 초대하여 오찬을 함께 하기로 했었다. 내가 취임하였을 때도 원로 유지분들과 평남 성우회 회원들을 초대하여 점심을 모신 적이 있다. 오늘 점심에는 백선엽 장군의 장남이신 백남혁 선생과 최용호 평남중앙도민 회장도 자리를 함께했다. 특별히 신입회원으로 순천군 출신인 조 장군도 참석하였다. 그동안 지도 편달해준 성우회 회원분들께 감사드리고 식사를 하며 정경조 장군으로부터 백선엽 장군 기념사업회 관련하여 설명을 들었다.

오찬을 마친 후에 이북5도청으로 갔다. 이임식을 하러 가니 매일 출근하던 길이 조금은 색다른 느낌이 들었다. 이임식은 오후 3시에 시작하기에 시간이 좀 있어 평남 지사실에 가 조명철 신임 평남지사를 만나 인사를 나누며 몇 가지 사적인 인수인계 사항에 대해서 말하고 향후 도정을 운영함에 있어 참고가 될 만한 사항에 대해 간단히 이야기하였다. 오후 3시에 이취임식이 동시에 진행되었다. 우리 가족 모두 참석한 가운데 나는 다음과 같은 이임사를 하였다.

〈제18대 평남도지사 이임식〉　　〈이임식에 함께한 가족과 양덕군민〉

[제18대 평안남도지사 이임사]

존경하는 평남도민 여러분! 그리고 내외 귀빈 여러분!

오늘 저는 제18대 평남도지사의 임기를 마치고 여러분 곁을 떠나면서 지난 3년 동안 여러분들께서 베풀어 주신 관심과 사랑에 대해 감사 인사드릴 수 있는 기회를 갖게 되어 매우 기쁘게 생각합니다.

3. 2022년도 도정일지

오늘 이 자리에 서고 보니 3년 전 취임식에서 "저에게 도지사의 직책이 주어진 것은 고향과 나라를 위해 마지막으로 봉사하라는 하늘의 뜻으로 알고 혼신의 힘을 다하여 봉사하겠다"고 결연한 어조로 다짐했던 기억이 납니다. 오늘 이 자리에 서서 지난 3년간의 도정 활동을 생각해 보니 이 말의 무게가 얼마나 큰 것인가를 절실히 느끼며 부끄러운 마음이 앞섭니다. 열심히 하려고는 했습니다. 일을 잘해보려는 욕심도 가져 보았습니다. 그러나 제 능력이 그에 미치지 못했고 코로나 사태 등 여건 또한 녹녹지 않았습니다.

그럼에도 불구하고 여러분들의 관심과 성원으로 몇 가지 의미 있는 일을 할 수 있었습니다. 『평남을 빛낸 인물 90인』을 1, 2차에 걸쳐 선정하고 이를 책자로 발간했던 일, 2020년 이북5도위원장을 맡으며 부녀회원들과 함께 방역 마스크를 만들었던 일, 그리고 봉오동·청산리 대첩 100주년 기념 사진전과 도록을 만들어 대한독립군의 정신을 되새겼던 일, 또한 평남 향토문화예술에 관심을 갖고 평남무형문화재를 새로이 발굴하고 발전에 기여했던 일도 보람 있는 일이었습니다.

올해 역점 사업으로 선정하여 추진했던 『두고 온 고향 남기고 싶은 이야기』사업은 월남 1세 어르신 100분에 대한 인터뷰를 지난 6월에 마치고 이제 원고 수정작업과 영상편집 작업 중에 있습니다. 늦었지만 꼭 해야 될 일이었고 매우 의미 있는 사업이었습니다. 앞으로 책자 발간과 영상편집은 사업추진단인 명예시장 군수단에서 훌륭하게 마무리하리라고 생각합니다.

존경하는 평남도민 여러분!

어려운 여건하에서도 위와 같은 일을 이룰 수 있었던 것은 도민 여러분들의 깊은 관심과 성원 덕분이라고 생각합니다. 특히 저와 함께 호흡을 맞추며 평남중앙도민회를 이끌어 오셨던 조성원 회장님, 전승덕 회장님 그리고 최용호 회장님들의 이해와 협조가 있었기에 가능한 일이었습니다. 특히 김건철 상임고문님과 김원진 행정자문위원장님을 비롯한 원로 1세 어르신들의 조언과 격려는 저에게 큰 힘이 되었습니다. 이 자리를 빌려 감사의 말씀드립니다.

또한 도정업무를 수행함에 있어 김건백 대표군수님을 비롯한 제21대 명예시장.군수님들께서 맡은 바 소임을 충실하게 해주었습니다. 때로는 과중한 업무지시도 마다하지 않고 과업을 성실히 수행하였습니다. 정태옥 사무국장과 강대석 실장을 비롯한 평남사무국 직원들 또한 열심히 저를 보좌하여 주었습니다. 진심으로 감사드립니다.

지난 3년 동안 도지사로서 일하며 저는 국가와 도민사회에 봉사할 수 있는 기회를 가질 수 있었던 것에 대해 큰 보람과 긍지를 느끼고 있습니다. 그러나 무엇보다도 보람 있고 행복했던 것은 고향 어르신들과 선후배들과의 만남이었습니다. 중앙도민회와 시군민회 등 각종 행사에 참여하며 많은 고향 분들을 만나 뵙고 인사 나누며 가까이 할 수 있는 기회를 가졌습니다. 3년간 제가 만난 고향 분들이 대략 천여 명이 넘는 것 같습니다. 모두 귀한 고향 분들로 기억하고자 합니다.

오늘 이 자리에는 사랑하는 저희 가족도 참석하였습니다. 가족은 늘 저에게 큰 힘이 되었고 따뜻한 안식처였습니다. 부족한 저를 늘 이해하며 사랑으로 감싸준 아내 임희정 여사에게 감사하는 마음 전합니다. 사랑하는 두 딸과 아들과 같은 두 사위 그리고 도연, 제인, 제윤이 세 손녀에게도 고맙다는 말 전합니다. 도연아!, 제인아!, 제윤아! 고맙다.

오늘 우리 평남은 조명철 전 의원님을 제19대 평남도지사로 맞이하게 되었습니다. 조명철 신임 도지사님은 통일문제에 대한 풍부한 지식과 경험을 갖춘 분으로 앞으로 평남 도정을 이끌어 가시면서 큰 업적을 남기실 걸로 확신합니다. 신임 조명철 도지사가 이끌어 가는 도정과 도민사회가 서로 이해하고 협력하여 내실을 기하며 평화통일에 한 걸음 더 다가갈 수 있기를 바랍니다.

존경하는 평남도민 여러분!

오늘 저는 여러분 곁을 떠나지만 한 사람의 평남도민으로 돌아가 항상 여러분과 함께할 것입니다. 그동안 저에게 베풀어 주셨던 관심과 사랑에 다시 한번 감사드리며 늘 건강하시고 행복하시기를 기원합니다. 그동안 감사했습니다.

이임식을 마치고 가족들과 함께 평창동의 봄 파스타집에 가서 저녁을 함께하였다. 사랑하는 가족들이 있었기에 대과 없이 평안남도 지사직을 잘 수행했다고 생각한다.

『두고 온 고향 남기고 싶은 이야기』 발간식 거행

- 일시 : 2022년 12. 28일 오후 2시
- 장소 : 이북5도청 5층 중강당

오늘 오후 2시에 이북5도청 5층 중강당에서 150여 명의 내외 귀빈을 모시고 『두고 온 고향 남기고 싶은 이야기』 발간식을 거행하였다. 발간식에 앞서 식전 행사로 평남무형문화재인 평양검무와 서도소리, 평남수건춤 그리고 평안도 배뱅이굿 공연이 있었다. 이어 두세 분의 인터뷰 영상을 상영하였다. 영상 상영 중에 인터뷰하신 어르신들이 감정에 복받쳐 소리 내어 우시는 장면을 보고 참석한 모든 분이 잠시 숙연해지기도 했다. 본 행사는 내빈소개에 이어 발간 경과보고와 내빈 축사가 있었다. 내빈 축사는 최용호 평남중앙도민회장 겸 이북도민중앙회 연합회장, 이진규 이북5도위원장 겸 함북지사 그리고 강인덕 전 통일부 장관께서 해주셨다. 인터뷰를 하셨던 강서군 출신 손명원 전 쌍용자동차 사장께서는 인터뷰 소감 겸 90년대 초 삼촌인 손원태 선생과 함께 김일성의 초청으로 평양을 방문하여 김일성을 만났던 이야기도 하여 주셨다.

공식 행사가 끝나고 이어 기념촬영과 식후 축하 공연인 남성 4중창의 공연이 있었다. 앵콜 곡으로 크리스마스 캐롤을 메들리로 블러 연말 분위기를 한 컷 느끼게 하였다. 이어 대강당으로 옮겨 식사를 함께하며 즐거운 시간을 가졌다. 나는 발간식에서 아래와 같은 인사말 말씀 겸 『두고 온 고향 남기고 싶은 이야기』 발간 경위에 대해서 말씀드렸다.

평양감사 1054일 II

〈두고 온 고향 남기고 싶은 이야기〉 발간식

[발간식 인사 말씀]

다사다난했던 임인년 한해도 어느덧 저물어 가고 있습니다. 한 해의 끝자락 바쁘신 일정에도 불구하시고 오늘 『두고 온 고향 남기고 싶은 이야기』 발간식에 참석해주신 내외 귀빈 여러분께 진심으로 감사의 말씀 드립니다.

지난 한 해 동안 월남 1세 어르신 96분을 직접 뵙고 인터뷰를 가졌습니다. 그렇게 인터뷰한 내용과 15분으로부터 받은 회고록을 정리하여 오늘 이렇게 여러분을 모시고 발간식을 갖게 되어 기쁘게 생각합니다. 모두 반공투사로, 6.25 참전용사로 힘든 피난 생활을 견디며 굳세고 열심히 살아오셨습니다. 늘 고향을 그리며 남한 땅에 뿌리를 내리며 가정을 이루고 국가와 도민사회 발전에 헌신적으로 기여하여왔습니다.

한 분 한 분의 삶을 한데 묶어보니 그것이 곧 대한민국의 현대사가 됨을 느꼈습니다. 굳세게 살아오셨습니다. 열심히 그리고 정직하고 성실하게 살아오셨습니다.

『두고 온 고향 남기고 싶은 이야기』 속에 담긴 1세 어르신들의 지난 70여 년간의 삶의 이야기가 이북도민 후계세대에게 삶의 귀감이 된다면 이 책을 펴낸 보람이라 할 것입니다.

『두고 온 고향 남기고 싶은 이야기』 발간사

2021년도와 2022년도 2년에 걸쳐 『평남을 빛낸 인물』 90인을 선정하여 선정된 분들에 대한 생애를 정리, 두 권의 책자를 발간하였다. 우리가 『평남을 빛낸 인물』을

3. 2022년도 도정일지

선정하기로 한 것은 첫째는 선정된 선대 어르신들의 생애를 통하여 그분들의 훌륭한 업적과 정신을 계승하고자 함이요 둘째는 우리 젊은 후계세대들에게 훌륭한 고향 선대 어르신들을 사표로 삼아 나라를 사랑하고 애향심을 길러 평남인으로서의 자긍심을 함양시키고 평남인의 뿌리를 찾고자 함에 있었다. 선정된 한 분 한 분마다 민족과 국가의 지도자였고 자신과 가족의 안위보다는 나라를 먼저 사랑하고 헌신한 분들이었다. 때론 독립을 위해 목숨을 바쳤고, 창군의 주역으로 그리고 6.25 전쟁의 영웅으로 나라를 지켰으며, 자유민주주의 국가건설에 헌신하신 분들이었다. 또한 맨주먹으로 월남하여 기업을 일으켜 세계 10위권의 경제 대국을 만드는 데 기여한 훌륭한 경제인이었고 육영 사업가들이었다.

두 권의 책자를 발간한 후 21대 명예시장군수단은 1세 어르신들의 월남 후 지난 70여 년간의 삶에 대한 진솔한 이야기를 직접 인터뷰를 통하여 들어보고 이를 책자로 영상으로 제작하여 보자고 의기투합하였다. 두 번에 걸친 책자 발간의 경험이 이런 엄청난 일을 감행할 용기를 갖게 하였다. 어쩌면 평범한 우리 월남 1세 어르신들의 이야기가 고향을 잊어가는 젊은 세대들에게는 좀 더 리얼하게 다가갈 수 있겠다는 생각도 들었다. 무엇보다도 고향을 기억하고 월남하였을 때 겪었던 일, 월남 후 지난 세월 치열하게 살아오신 이야기를 우리 후세에게 전할 수 있는 1세 어르신들이 점점 세상을 떠나고 있다는 사실에 우리의 결의는 절실하였다. 평안남도 제21대 명예시장군수단이 주축이 되어 발간위원회를 구성하고 지난 1년 동안 꾸준히 작업을 해왔다. 인터뷰하는 동안 감정이 복받치셨는지 눈시울을 적시는 분도 있었고 소리 내어 우시는 분들도 있었다. 함께 작업에 참여한 우리도 어르신들을 따라 눈물을 흘리기도 하였다.

인터뷰에 참여한 100여 분 모두, 두고 온 고향을 그리워하였고 꿈속에서도 잊지 못한다고 하셨다. 부모님과 어린 동생을 두고 떠나왔던 그 시절로부터 어언 70여 년의 세월이 흘렀건만 고향을 회상하며 이야기하실 때는 20세 안팎의 청소년으로 돌아간 기분이었다. 월남 후 아무 연고도 없는 남한 땅에서 역경을 딛고 강인한 이북도민의 정신력으로 새로운 삶을 개척하여 군인으로서, 공무원으로, 교사로 그리고 기업인으로 남한 땅에 굳건하게 뿌리를 내렸다. 이분들의 삶의 이야기를 정리하다 보니 숙연해지며 자랑스러웠다. 이분들의 한 분 한 분의 삶이 곧 해방 이후 우리나라 삶의 역사라고 생각되었다. 귀하고 자랑스러운 이분들의 진솔한 삶의 이야기를 책으로 엮어 후계세대에게 전할 수 있어 큰 보람으로 생각한다.

『두고 온 고향 남기고 싶은 이야기』를 책자로 발간하는데 많은 분이 수고를 아끼지

평양감사 1054일 II

않았다. 지대한 관심과 성원을 보내주신 조명철 평남지사님, 물심양면으로 도움을 주신 최용호 평남중앙도민회장님과 김원진 행정자문위원장님을 비롯한 평남유지 여러분께 감사드린다.

발간위원회를 구성하고 인터뷰대상자들을 선정하고 책자 발간을 실질적으로 주관한 김건백 대표군수를 비롯한 제21대 평남 명예시장군수단, 바쁜 가운데에도 시간을 내어 인터뷰를 담당해 준 김현균 평남민보 차장과 김숙진 전 평남 중앙청년부녀회장과 은예린 작가, 원고정리와 편집을 담당해 준 박영철 양덕군 명예군수께 특별히 감사의 말씀드린다. 그러나 무엇보다도 180만 도민 모두『두고 온 고향 남기고 싶은 이야기』책자 발간에 지대한 관심과 성원을 보내주셨음에 이 자리를 빌려 진심으로 감사드린다.

발간위원회 명예위원장
제18대 평안남도 지사 **이 명 우**

3. 2022년도 도정일지

조선일보에 게재된 발간 기사

현미, 손명원… 실향민 109명이 1000쪽에 풀어놓은 '분단의 아픔'

장지섭 기자

업데이트 2023.01.12. 23:52

1948년 평양에 살던 열 살 소년 박도순의 집에 한밤중 소련군이 들이닥쳐 그의 큰형을 잡아갔다. 당시 기독교·보수 인사들이 다수 포진된 조만식의 조선민주당에서 활동하던 큰형은 김일성 세력과 소련군에게 눈엣가시 같은 존재였다. 평양에 머물던 가족들은 1950년 12월 피란 열차에 올랐다. 발 디딜 틈 없이 피란민으로 들어찬 지붕에서 일부는 떨어져 죽기도 했다. 제대로 먹지 못한 어린아이가 엄마 등에 업힌 채 굶어 죽기도 했다. 박도순(85) 전 평양시민회장이 겪은 분단과 6·25 당시 모습이다. 이 증언을 비롯해 실향민 109명의 증언이 담긴 책이 나왔다. 이북5도위원회 평안남도 평남중앙도민회의 후원으로 평안남도 제21대 명예군수단에서 발간한 '두고 온 고향 남기고 싶은 이야기'다. 실향민 93명의 인터뷰와 16명의 회고록 등 총 1064페이지 분량이 두 권으로 나뉘어 발간됐다.

윤공희 대주교, 현미 가수, 강인덕 전 장관, 박도순씨 /조선일보DB

6·25전쟁을 군사·정치 등 거대 담론으로 분석한 책은 많지만, 100명 넘는 실향민의 목소리를 담은 증언록은 드문 일이다. 실향민들의 자발적 모금으로 발간 비용을 마련했다. 지난해 내내 서울 종로구 이북5도청 청사에서 인터뷰가 진행됐고, 지방 거주자를 위해 출장 인터뷰도 했다.

109명의 필진 중에는 각 분야 명사들도 있는데, 잘 알려지지 않았던 비화들도 들려줬다. 천주교계 원로 윤공희(99) 대주교는 낙동강까지 밀렸던 국군이 대반격에 나서면서 평양 고구가 일시적으로 회복됐던 순간을 회고했다. 1950년 11월 20일 평양 관후리 성당을 찾았고, 평양의 교인들과 감격스러운 재회를 했다. 월남 전까지 다녔던 고향 진남포 성당도 감개무량한 마음으로 둘러봤고, 평양 성당의 주임신부로 발령 났다. 그러나 이런 기쁨도 잠시, 채 한 달이 되지 않아 전세가 뒤바뀌면서 평양을 떠나야 했다.

가수 현미(85)도 목숨 걸고 월남하던 기억을 떠올렸다. 1950년 12월 평양을 떠나 다리가 끊긴 대동강을 배로 건넌 뒤 정처 없이 걸었다. "어린 동생들은 부모가 업었고, 오빠는 쌀을 지고, 나는 냄비를 지고 걸었다"고 했다. 연천 고랑포 부근에서 잠복해있던 인민군 패잔병들에게 붙잡혔다. 단발의 여성이었던 패잔병 우두머리는 "동무들은 지금 가봐야 대포밥밖에 안 된다. 다시 평양으로 돌아가라"고 협박했다. 그때 하늘에서 비행기 굉음이 들려오자 놀란 인민군들이 달아났다. 임진강에 다다른 가족은 밤이 돼 강물이 얼어붙을 때를 기다려 노끈으로 서로를 묶은 뒤 강을 건너야 비로소 대구에 정착했다.

평양고보를 졸업한 강인덕(91) 전 통일부 장관도 해방 직후의 어수선한 분위기를 들려줬다. 그는 "1945년 8월 15일 해방이 됐고, 소련군이 8월 25일 평양을 점령했으니 북한 동포들이 자유를 맛본 건 딱 열흘"이라며 "시베리아 형무소에 있던 죄수들이 주축이었던 평양 진주 소련군은 집집마다 다니며 물건을 뺏고 부녀자를 겁탈했다"고 했다. 변변한 전화도 없던 상황에서 주민들은 새끼줄로 이 집과 저 집을 연결하고 깡통을 매달았다. 소련군이 나타나면 줄을 흔들어서 이웃끼리 '경계정보'를 전달해주는 것이었다.

평안남도 출신 할아버지(독립운동가 손정도 목사)와 아버지(손원일 전 국방장관)를 둔 손명원(82) 전 현대미포조선 사장은 아홉 살 때 발발한 6·25전쟁 초기 낙동강 전선까지 밀렸던 급박한 상황에서 부모의 모습을 회고했다. 해군참모총장이었던 아버지의 사무실에는 '국가와 민족을 위하여 이 몸을 삼가 바치나이다'라는 붓글씨 액자가 걸려있었고, 어머니는 자신에게 물을 떠오게 한 뒤 직접 부상병들의 얼굴과 손을 닦아줬다.

이번 증언록 발간을 총괄한 이명우(76) 전 평안남도 지사는 "인터뷰에 응하신 어르신들은 낯선 남한 땅에서 이북 출신다운 강인한 정신력으로 굳건하게 뿌리 내리며 젊은 세대의 귀감이 됐다"며 "그러나 두고 온 고향과 가족과의 이별 순간을 떠올릴 때면 어김없이 서글프게 흐느끼셨다"고 말했다. 인터뷰 참여자 중 김건철 전 평남장학회장은 출간을 보지 못하고 지난해 93세로 세상을 떠났다.

331

통일신문(2023/01/02)에 게재된 기사

[신간소개] 실향민 1세대 어르신들 애환 녹아있는 인터뷰
두고 온 고향 남기고 싶은 이야기/ 실향민 95인- 림일 객원기자

이 책에는 93명의 실향민 1세대 어르신들의 애환이 녹아있는 인터뷰가 담겼다. 어쩌면 평범한 월남 1세 어르신들의 애절한 이야기가 고향을 잊어가는 젊은 세대들에게 좀 더 리얼하게 다가갈 수 있겠다는 생각도 쉽게 든다. 무엇보다도 떠나 온 고향을 아프게 기억하고 월남했을 때 겪었던 일, 월남 후 지난 세월 치열하게 살아오신 이야기를 후세에게 전할 수 있는 실향1세 어르신들이 점점 세상을 떠나고 있다는 사실에 직시했다. 뭔가 기록을 하고 싶었다. 평안남도 제21대 명예시장, 군수들이 주축이 되어 '두고 온 고향…' 발간위원회를 구성하고 지난 1년 동안 꾸준하게 작업을 해왔다. 인터뷰하는 동안 감정이 북받쳐 눈시울을 적시는 분도, 소리 내어 우시는 분들도 있었다고 한다.

인터뷰에 참여한 모든 분들이 고향을 사무치게 그리워했고 꿈에서도 잊지 못한다고 하였다.

사랑하는 가족을 두고 떠나왔던 그 시절부터 어언 70여년의 세월이 흘렀지만 고향을 회상할 때는 20세 안팎의 나이로 돌아간 기분이었다. 월남 후 아무 연고도 없는 남한 땅에서 역경을 딛고 강인한 이북도민의 정신력으로 새로운 삶을 개척하여 군인으로서, 교사로, 공무원으로 또한 기업인으로 자유민주 사회 남한 땅에 굳건하게 뿌리를 내린 실향민 1세대 어르신들이다.

그들의 삶의 이야기를 정리하며 숙연해지고 자랑스러웠다고 한다. 한 분 한 분의 삶이 곧 해방 후 우리나라 삶의 역사라고 생각된다. 귀하고 자랑스러운 이들의 진솔한 삶의 이야기를 책으로 엮어서 후세에 전할 수 있어 다행이다.

이명우 제18대 평안남도지사가 발간사를 맡았다. 조명철 평안남도지사, 최용호 이북도민회중앙연합회장, 강인덕 전 통일부장관이 축사를 썼다. 책자는 1·2권으로 되었고 모두 95명의 월남 1세대 어르신들의 심층 인터뷰가 들어있다. 책에는 부록 ▲평남인의 기질과 인물 ▲평남무형문화재와 평남출신 전통문화예술인 ▲월남 1세대와 이북도민 수 ▲해방 이후와 6·25 전후 주요사건 연표로 되어있다. 이 책의 구상과 추진 경과도 생동하게 기록했다.

분단과 전쟁의 아픔을 누구보다 생생하게 경험한 실향민들의 애환을 담은 도서 '두고 온 고향 남기고 싶은 이야기'는 1권 641쪽, 2권 602쪽이다. 편집은 이명우, 박영철, 은예린. 대성인쇄사가 펴냈다.

4. 국내외 언론기관 인터뷰

1. 통일신문(림일 객원기자)
2. 아이뉴스코리아 TV(서성희 리포터)
3. 아주경제(조인경 기자)
4. 북한연구소(김희철 소장)
5. 독일슈피겔지와 네델란드 폭스크란트(카타리나 피터스)
6. CBS 1라디오 방송국
7. 평남민보(김현균 차장)
8. 통일신문(림일 객원기자)

통일신문 인터뷰

- 일   시 : 2020. 1. 29
- 장   소 : 이북5도위원회 평안남도 지사실
- 인터뷰어 : 림일 객원기자

[통일신문] "대한민국 발전에 실향민들 애국심과 성실한 땀방울 깃들어 있어"

　남한 국민이 북한을 방문하려면 통일부의 방북 승인을 받아야 한다. 남북교류협력법 시행령 제12조 2항에 따르면 방북 승인을 위해서는 '북한 당국이나 단체 등의 초청 의사를 확인할 수 있는 서류'가 있어야 한다. 대북 접촉 채널이 없는 일반 국민의 경우 북측에 초청장을 요청한다는 것 자체가 어려운 일이다.

　그러나 앞으로 이산가족이 중국 여행사를 통해 북한의 고향을 방문하는 길이 열릴 전망이다. 통일부는 지난 10일 "북한이 (우리 국민에게)비자를 발급한다면 그 자체가 신변안전 보장과 같은 것"이라며 "(국민들이) 북측의 초청장이 없더라도 북한 비자만으로 방북을 승인하는 방안을 검토 중"이라고 밝혔다.

　세계 유일의 분단국가 한반도에서 사는 실향민들의 아픔은 해가 갈수록 더 해가고 있다. 고령인 그들에게 헤어진 북한의 가족·친지를 만나고 고향 땅 한 번 밟고 죽는 것이 간절한 소원일 정도로 애타는 마음이다.

4. 국내외 언론기관 인터뷰

서울 구기동에 있는 이북5도청을 방문해 이명우 이북5도위원회 위원장 겸 평남도지사를 만났다.

이북5도위원회는 어떤 기관인가?

이북5도위원회는 1945년 8월 15일 대한민국 행정구역상의 도(道)로서 수복되지 아니한 황해도, 평안남·북도, 함경남·북도를 포함한 이북5도와 경기도, 강원도의 미수복 시·군을 관할하는 행정안전부 산하의 정부기관이다. 서울 구기동에 소재한 이북5도위원회(이북5도청이라고도 함)는 실향민들의 마음의 고향이다. 특히 설날이나 추석이면 북녘의 고향을 그리워하는 실향민들로 항상 붐비는 곳이다.

이북5도위원회의 주요 업무에 대해 소개해 달라.

실향민과 함께 열어가는 평화 번영의 시대에 남북교류 협력 지원으로 이북도민 소통과 화합으로 따뜻한 도민사회 구현에 중점을 두고 있다. 또한 실향민들의 고향 방문 등 도민들의 숙원사업 추진을 지원한다.

또한 이북의 무형문화재 발굴 및 육성 사업을 지속적으로 추진하고 있다. 통일에 대비한 조사연구 업무도 중요한 업무 중에 하나이다. 아울러 향토지 발간 및 문화 조사와 연구도 지원하는데 이는 통일을 대비해 아주 중요하다. 특히 통일을 위한 이북도민 후계세대를 교육하고 육성하는 일을 하고 있다.

탈북민 관련 정책도 있다고 하던데 어떤 것이 있는가?

하나원에서 정규교육 중인 북한 이탈주민들이 사회현장 탐방을 할 때 실생활 중심으로 안내해 주고 있다. 또한 하나원 교육 이수 후 대한민국 사회에 정착하였을 때 실향민들의 기업체 연수를 통한 취업 지원을 강화하고 있으며 수요자 중심의 탈북대학생 희망캠프를 정기적으로 운영하고 있다. 그리고 실향민과 북한 이탈주민 간의 가족결연 행사를 통해 통한 정서적인 안정감을 주기 위한 행사도 지속적으로 하고 있다.

현재 실향민 1세대는 얼마나 되는가?

그에 대한 정확한 통계는 현재 없다. 1945년 분단 이후 1953년 휴전까지 모두 8년간 북에서 남으로 내려온 실향민은 조사기관에 따라 차이가 있으나 대략 적게는 120만 명에서 많게는 180만 명 정도로 추산된다. 평균 잡아 대략 150만 명 정도로 본다. 당시 20~30대 사람들은 지금 나이로 모두 90~100세이다. 해마다 고향을 그리다가 유명을 달리하시는 분들이 급격하게 증가하고 있는 안타까운 실정이다. 1945년에 태어난 아이가 80세, 1953년에 태어난 아이가 70세이다. 당시 갓난아기가 현재 백발의 노인이 된 것이다. 해마다 다양한 실향민 관련 행사장에서 느끼는 것은 어르신들이 많이 하늘나라로 갔음을 짐작한다.

초기 실향민 1세가 180만 명이면 현재는 어느 정도 생존하고 있는가?

공산정권인 북한에서 해방 후부터 6·25전쟁 발발 전까지 5년간 자유세상 남으로 내려온 실향민은 약 70만 전쟁 3년간에는 80만 명으로 추정한다. 1960~70년대에는 수만 명의 실향민들이 분단에 실망을 느껴 해외로 이민을 갔다.

워낙 오랜 세월이 흘렀으니 많은 실향민들이 질병과 사고, 노환으로 세상을 떠났다. 정부의 공식적인 통계는 없지만 현재 남은 실향민 1세대는 대략 35만 명 정도로 추정한다. 그러나 1세대 어르신들의 후계세대가 현재 5세대까지 출생하여 실향민사회에서는 이북도민의 숫자를 대략 850만 명으로 추산하고 있다.

실향민 관련 이북5도위원회 행사는 어떤 것이 있는가?

해마다 5월이면 해외이북도민 초청 고국 방문 행사가 있다. 고국의 발전에 기여한 해외동포에게 고국의 발전상을 보여주고 정부의 통일정책을 알려준다. 해외에서 민간외교를 잘하여 고국의 위상을 높이는 데 기여한 것에 대한 감사의 인사를 표하는 자리이다. 해외 거주 실향민들이 조국에 대한 긍지를 갖고 참석한다.

또한 해마다 각 도(道, 황해도, 평안남도, 평안북도, 함경남도, 함경북도)의 체육대회가 있다. 매년 6월에는 강원 속초 아바이마을에서 '실향민문화축제'를 한다. 일명 '아바이축제'라고도 한다. 매년 10월에는 서울 효창운동장에서 대통령기 이북5도민(미수복 경기도와 미수복 강원도 포함) 전체 체육대회가 열린다. 이 4개의 연례행사가 가장 대표적인 실향민 행사다.

대표적인 행사 한두 개 소개해준다면 어떤 것이 있나?

대표적인 행사는 매년 5월에 있는 해외이북교민 초청행사와 10월에 있는 대통령기 이북도민체육대회이다. 이외 올해 5회째로 열리는 '속초 실향민문화축제'는 정부 지원예산이 큰 폭으로 증액되어 기대되는 연례행사이다. 여기에는 옛 사진전시회, 지도에서 이북고향 찾아보기, 문화·음식 체험, 탈북예술인들의 예술 공연 등 다양한 행사가 진행된다. 아바이마을의 실향민축제는 속초시 지역의 독특한 문화행사로 자리매김하고 있다.

2016년 여름에 있은 제1회 '속초 실향민문화축제' 당시 평안남도 준비위원장 직무를 맡았다. 도민회에서 지원해주는 예산 갖고는 턱없이 부족한 형편이어서 도내 유지들의 협찬도 받고 나도 추진위원장으로서 일조하기도 했다. 실향민 관련 여러 가지 행사에는 국가 보조금도 일부 들어가지만 넉넉하지 못하다. 그래서 일부 도민 후원자로부터 기부나 찬조를 받는 것이 현실이다.

실향민들의 애환은 아무래도 이산가족 상봉이겠다. 이산가족 상봉에 대한 한 말씀 해달라.

이북도민들이 그렇게 생각하지만은 않는 것 같다. 과거 이산가족상봉

현황을 살펴보면 북에 있는 가족상봉 신청을 한 사람보다 안 한 사람이 더 많다. 물론 남북 양측이 각각 100명인 한계도 있지만 다른데도 이유가 있다. 다시 말해 '북의 가족 친척을 일회성으로 한 번 만나면 이후에는 '마음만 더 아프니 차라리 안 만나는 것이 더 낫다'며 한사코 고사하는 실향민들이 많다는 소리이다. 틀린 소리가 아니며 충분히 이해가 가는 대목이다. 차라리 그것보다는 남북 관계가 호전되면 1세 어르신만이라도 고향 방문의 길을 열어주는 것이 보다 효과적이고 현실적이라고 생각한다. 정부에서도 이런 문제를 심각하게 고민하고 있는 것으로 알고 있다.

이북5도위원회에서는 탈북민들과 어떤 연계를 하려 하는가?
우선 각 도별로 지역 출신의 탈북민들에 대한 도민회 활동 참여에 적극적으로 동참해줄 것을 당부하는 협조를 할 예정이다. 이는 실향민과 탈북민이 하나가 되는 좋은 자리이기에 적극 장려해야 한다고 생각한다. 그리고 해마다 가을 서울 효창운동장에서 열리는 대통령기 체육대회에 더 많은 탈북민들이 참가해서 함께 어울려야 한다. 한 고향사람이니까 좋은 일이든 슬픈 일이든 함께 나누는 것이 당연지사라고 본다.

더 구체적으로 말해 준다면.
지금까지도 그래왔지만 앞으로도 매해 6월 호국보훈의 달을 맞아 우리 이북5도위원회에서 주최하고 진행하는 글짓기대회, 그림그리기, 퀴즈경연 등에 실향민 3, 4세뿐만 아니라 탈북민 2, 3세들의 참여도 적극적으로 권장하겠다.

그리고 중요한 것은 가족결연 사업이다. 작년 한 해 우리 평안남도에서만도 200가정(탈북민 100명과 실향민 100명)에게 가족결연을 시켜주었다. 단순한 가족결연이 아닌 양부모 양아들·딸로 가족같이 화목하게 지내는 관계이다. 이 사업을 통하여 탈북민들에게 남한 사회에 조기 정착할 수 있도록 도움을 주고 정서적으로 안정감을 줄 수 있다. 실향민과 탈북민은 고향이 같다는 점에서 동질성과 일체감을 느끼며 탈북민들이 쉽게 실향민들에게 마음을 열 수 있을 것이라고 생각한다.

또 다른 계획이 있다면 무엇인가?

작년에는 탈북 여성 한성옥 모자 아사 사건으로 실향민사회도 다소 충격이었다. 선배인 우리가 미처 그늘 속의 후배를 찾아보지 못한 자책감을 느꼈다. 하여 올해는 이북5도위원회 산하 전국 16개 시·도 사무소에 주변의 탈북민들을 잘 살펴볼 것을 당부하는 업무지침을 내려보내려 한다. 특히 위기상황의 탈북민에 대한 신속 구호체계를 각 시·도 광역지자체에 있는 하나센터와 연계해 올해 안에 구축하려 한다.

탈북민 호칭에 대해 관심이 많던데 탈북민에 대한 적절한 호칭은 무어라고 생각하는가?

현재 탈북민을 지칭하여 정부가 공식적으로 사용하는 용어는 정확히 '북한 이탈주민'이다. 다소 긴 이 이름 외에도 귀순용사(군인), 귀순자(민간인), 귀순동포, 탈북자, 자유이주민, 하나인, 북향민 등 수많은 이름으로 불린다. 통일부는 2005년 1월부터 '새로운 터전에 온 사람'이란 뜻으로 '새터민'이라는 용어를 쓰기 시작했으나 단순하게 먹을 것을 찾아 남한 사회에 터를 잡은 이주민"으로 해석될 수 있다며 당사자들의 거부감이 큰 줄 안다. 똑같이 이북이 고향인 실향민은 단 하나의 이름으로 불린다. 거기에 비하면 똑같이 이북이 고향인 탈북민은 여러 가지 이름으로 불리는 것은 다소 국민들에게 혼잡성을 준다. 나는 실향민이어서 그런지 탈북민은 같은 형제로 느껴진다. 그래서 실향민과 영원히 함께 간다는 의미에서 '탈북도민'이라고 불렀으면 한다.

위원장의 고향은 어디인지 자신을 소개해 달라.

나는 1947년 7월 평안남도 양덕군에서 태어났다. 부친은 양덕군청과 금융조합에서 근무하셨는데 해방 후 들어선 김일성 공산정권에 크게 실망을 느꼈다고 한다. 김일성 우상화, 종교탄압, 재산몰수 등 공산체제에는 마음이 없었다고 하였다.

1948년 12월 부모님은 형님과 나를 데리고 남하했다. 아버지가 서울 을지로 6가에서 잡화장사로 자리를 잡을 무렵 6·25전쟁이 터졌고 다시 우리 가족은 충남 논산으로 내려갔다. 1959년 서울로 올라와 금호동에서 중.고등학교 시절을 보냈다.

학력과 주요 경력을 말해준다면

1971년 연세대학교 상학과를 졸업하였다. 졸업 후 한국상업은행(지금의 우리은행 전신)에 입행했다. 이후 3년간 군(軍)복무를 마치고 은행에 복직하여 근무하던 중 1976년에 한국산업리스로 전직하여 광주지점장을 역임한 후 1985년에 같은 리스회사인 국민리스에 영업부장으로 스카우트되어 국민리스 이사로 재직하던 중 IMF 이후 퇴임하였다. 2001년부터 한미기초개발건설회사를 인수하여 2019년까지 전문건설업체로 경영하였다. 1990년에 연세대학교 경영대학원에서 경영석사 학위를 받았고 2005년에는 단국대학교 대학원에서 경영학 박사학위를 받았다. 이후 명지전문대학교 경영과 교수로 8년간 동안 강의하였다. 금융인으로, 대학교수로, 기업인으로 다양한 사회경험을 했다. 그런 경험이 도지사로서의 직무를 수행하는 데 많은 도움이 되고 있다.

과거 실향민 관련 어떤 일을 했나?

2014년부터 2019년까지 평안남도중앙도민회 부회장을 역임하였고, 2019년까지 평안남도 행정자문위원을 2회 연임하였다. 작년 5월부터 양덕군민회장을 역임했다. 기억에 남는 일은 군민회 깃발과 조기(애도깃발)를 군민들의 아이디어로 교체한 것이다.

내 사비로 교체할 수도 있었으나 군민들의 성금으로 하는 방식을 택했다.

1인당 1만 원씩의 성금으로 교체한 군기와 조기를 보며 군민들이 고향 사랑을 가슴에 새기자는 취지에서다. 그것이 곧 애향심이고 애국심이라고 생각한다.

끝으로 하고 싶은 말은 어떤 것이 있나?

실향민과 북한 이탈주민은 하나로 뭉쳐 통일로 힘차게 나가자는 것을 호소하고 싶다. 우리는 이래도 저래도 같은 고향 사람들인 실향민이고 탈북민이다. 대한민국이 오늘 이렇게 발전한 데는 실향민들의 애국심과 성실한 땀방울도 깃들어 있다. 우리가 하나로 똘똘 뭉쳐 나라와 고향을 사랑하며 대한민국 안보를 튼튼히 지켜나갈 때 국민들이 우리를 진정성 있게 바라본다. 그것은 우리 후세들에게도 좋은 모습이다.

아이뉴스코리아 TV 인터뷰

- 일   시 : 2020. 3. 19
- 장   소 : 평남도지사실
- 레포터 : 아이뉴스코리아 TV 서성희 기자

대담자 : 이북오도위원회는 이북 도민과 북한 이탈주민의 마음의 고향 이북 5도의 다양한 문화를 계승하고 또 연구하는 곳이죠. 오늘은 다양한 분야에서 여러 봉사활동을 하고 있는 이북 5도위원회 이명우 위원장님 만나서 얘기 들어보겠습니다. 안녕하세요? 위원장님! 이북5도위원회는 어떤 곳인지 한번 말씀해 주시겠어요?

이명우 위원장 : 이북5도위원회는 행정안전부에 소속된 행정기구입니다. 위원회는 이북 5도 지사들로 구성돼 있고요. 주로 하는 일은 이북도민들 그리고 탈북민들을 지원 관리하는 업무를 맡고 있습니다. 그다음에 북한의 정치 경제 사회 문화 모든 것에 대한 조사연구업무 그리고 또 이제 우리가 수복이 됐을 경우 해야 될 정책적인 과제 같은 것을 연구하고 있습니다. 그리고 또 하나 이제 중요한 것은 이북5도의 향토문화를 계승 발전하고 지원하는 업무도 하고 있습니다. 이북5도에는 전통적으로 내려오는 여러 가지 전통무형문화재들이 있는데요.

지금 이북은 아시는 것처럼 전통무형문화재가 거의 사라졌습니다. 그쪽은 체제 유지를 위한 예술 활동이 활발할 뿐 전래의 전통예술은 거의 없어지는 상태이기 때문에 이렇게 북한지역에서 사라져가고 있는 전통예술을 우리가 유지 보존하고 계승하는 그런 일을 매우 중요하게 생각하고 전통문화예술의 전승

4. 국내외 언론기관 인터뷰

과 발전을 위해 노력하고 있습니다.

대담자 : 그러면 그 수복이 됐을 시에 필요한 과제들을 연구한다고 하셨는데 그런 건 어떤 거였는지 조금 더 자세하게 말씀해 주실 수 있으신가요?

이명우 위원장 : 우리들이 북쪽에 정치 제도라든지 앞으로 이제 우리가 수복이 됐을 경우 우리가 자유민주주의 체제와 시장경제체제를 어떻게 거기에 접목시킬 수 있는가 그런 것에 대한 연구가 될 것 같습니다. 우리 이북도청은 이제 북한에서 내려온 탈북민뿐만 아니라 실향민 1세대의 마음의 고향입니다.

그래서 그분들 이런 말씀을 하세요. "저, 지사님 이곳 이북5도청에 오게 되면 정말로 고향에 온 것 같은 그런 마음을 느껴요" 그런 말씀들을 하시며 눈시울을 적시기도 하십니다. 실향민 1세들과 북한 이탈주민들은 이곳 남한 땅에도 우리 고향 같은 그런 이북5도 행정기구가 있다. 그런 느낌을 받음으로써 마음의 위안을 많이 받는다고 생각합니다. 최근에 정부에서 조사한 것에 의하면 북한 이탈주민들이 갖고 있는 어려움이 사실은 경제적인 문제일 것이라고 생각했는데 예상과는 달리 가장 큰 어려움이 바로 외로움이었습니다. 외로움요, 그다음에 따돌림이고요 마지막 그다음에 경제적인 문제가 세 번째예요. 그걸 보면 그분들이 얼마나 한국 사회에 정착하는 데 있어서 외로움을 느끼고 소외감을 느끼는가 그런 것을 절실히 느끼고 있습니다. 그러한 것을 메워주는 역할을 우리 이북위원회의 이북5도청이 할 수 있다고 저희는 자부합니다.

대담자 : 그러면 북한 이탈주민들을 굉장히 많이 만나보셨을 것 같아요. 그분들 중에 혹시 기억나는 분이나 아니면 감동적인 또는 재미있는 에피소드 같은 게 생각나시는 게 있으신가요?

이명우 위원장 : 네 좀 최근의 일인데요. 경기도 지역에서 이북도민과 북

343

한 이탈주민간에 가족결연을 작년에 10쌍이 했습니다. 10쌍을 했는데 그 10쌍 중에 이제 한 분이 아주 재주가 많으신 분이에요. 재주가 많은데 이제 그 칼국수집을 하려고 계획했어요.

대담자 : 칼국수집이요?

이명우 위원장님 : 칼국수집을 오픈하려고 그렇게 이제 준비를 했어요. 그래서 이제 저한테 아 칼국수를 오픈하려고 그러는데 지사님 혹시 저 중고 주방기구 같은 거 어디 싼 데 구입할 수 없습니까? 라고 물어왔습니다.

대담자 : 기계를 좀 더 저렴하게요?

이명우 위원장 : 그래서 좀 저렴하게 구입할 수 있는 것을 내가 알아봐 주겠노라고 말하고는 탈북민과 가족결연을 맺은 열 사람에게 다 연락을 했었죠. 그랬더니 아 그중에 한 분이 마침 그 일본 국숫집을 운영하다가 정리를 하고 다른 사업을 하는 사람이 있었어요. 그래서 그분이 갖고 있는 주방 설비 이런 거를 전부 다 그냥 거져 주겠다는 거예요. 어차피 처분할 거니까 그냥 주겠다는 거예요. 그것뿐만 아니라 그 양반이 한 15년 정도 국수집을 하신 것 같아요. 그러다 보니 이제 나름대로 음식점에 대한 노하우가 있지 않겠어요. 그래서 그 제조하는 방법, 손님 접대하는 방법, 점포 운영하는 방법에 대한 것을 아주 꼼꼼하게 지도해주고 그래서 오픈을 지난 16일에 했습니다. 저희들이 오는 24일 정도에 결연한 가족들이 전부 다 가서 한번 좀 축하해 드리려고 합니다.

대담자 : 이북5도위원회가 또 많은 다른 봉사활동도 하고 있다고 들었습니다.

이명우 위원장 : 저희들은 사실은 이북5도는 행정기구입니다. 그런데 이북5도회가 지원하고 있는 기관과 단체가 있는데요. 그게 이제 이북 5도의 도민회입니다. 여기 이북5도청에 통일회관이라고

해서 사무실을 차리고 있고요. 그다음에 도민회 관련 유관단체가 많습니다. 이북도민청년회, 이북도민 새마을회 이런 조직들이 봉사활동을 나름대로 열심히 하고 있고요. 최근에 우리 코로나19 사태로 인해서 상당히 대구·경북 지구 어려움을 많이 겪고 있죠. 그래서 특히 그중에서 북한 이탈주민들이 돈이 없어서 마스크를 못 산다는 그런 분들이 있다는 거예요.

대담자 : 마스크 구매가 어렵죠.

이명우 위원장 : 그래서 이제 그런 분들을 위해서 우리가 마스크를 제작을 해서 전해주자 그런 운동을 했습니다. 그래서 이북도민 사랑의 마스크 운동본부를 세워가지고 지난주부터 열심히 만들고 있고요. 지금 한 2천 개 정도를 만들었습니다.

대담자 : 2천 개나요?

이명우 위원장 : 이미 어저께 1천 개를 코로나19 감염상태가 심각한 대구·경북지구에 보냈습니다. 그리고 이제 오늘부터 각 16개 시도에 조금씩 이렇게 열심히 지금 막 만들고 있습니다

대담자 : 지금 바로 옆에서 그럼 만들고 있겠네요. 이따 한번 현장을 저희가 또 담아보도록 하겠습니다. 감사합니다. 그럼 앞으로의 이북 5도위원회의 계획이 있다면 어떤 게 있을까요?

이명우 위원장 : 저희는 해마다 정기적으로 갖고 있는 연례행사가 많이 있습니다. 기본적인 연례행사는 계속할 것이고요. 특히 금년도 제가 이북5도위원장을 맡으면서 역점을 둔 사업이 몇 개 있습니다. 첫째는 홍보를 제대로 하지 못해서 이북5도위원회가 어떤 일을 하는가를 잘 모르는 북한 이탈주민들이 많이 있습니다. 우리 이북5도청의 위치를 잘 모르시는 경우가 많습니다. 그래서 그분들한테 우리의 위치와 우리가 하는 일을 잘 알리려고 합니다. 그래서 첫째는 하나원의 교육을 할 때 그 교육과정에 이북5도청을 방문하는 그런 교육과정을 하나 넣으려고 합니다.

대담자 : 교육과정으로요?

이명우 위원장 : 예, 그렇습니다. 그래서 이제 그분들이 직접 우리한테 와서 우리 이북5도위원회가 하는 일도 좀 설명을 듣고 그리고 이북도민들은 그분들보다 먼저 이북에 온 고향 선배들 아니겠습니까, 그래서 고향 선배님들의 경험과 격려도 좀 듣게 하려고 합니다. 그렇게 해서 일단은 그런 내용으로 하루짜리 이북5도청 안내 교육프로그램을 만들려고 하고요. 두 번째는 우리 이북도민들이 이북5도청에 행사 때문에 오시긴 하는 데 보다 좀 그분들한테 실질적인 도움과 혜택을 줘야 되겠다 하는 생각에서 청사 1층에다 방문객센터라고 하는 상담센터를 만들려고 합니다.

대담자 : 이북5도청을 방문하는 이북도민을 위한 상담센터를 만드신다구요?

이명우 위원장 : 예, 그렇습니다. 우선 법무, 세무, 의료 건강 그다음에 심리상담 그래서 이북도민들은 물론 북한 이탈주민들에게 실생활에 도움이 되는 상담을 하는 상담센터를 운영할 수 하려고 합니다. 현재 각 분야 전문가들은 섭외하여 상담자로 위촉하고 있습니다.

대담자 : 정말 이북도민과 탈북민에게 실질적으로 도움이 되는 사업을 하시는 것 같습니다. 그럼 아까 말씀 나눴던 사랑의 마스크를 만드는 현장을 한번 취재해보도록 하겠습니다.

이명우 위원장 : 예, 그럼 같이 작업장으로 가시지요.

대담자 : 여기 모두 지금 바쁘게 무언가를 하고 계신데요. 여긴 어떤 곳인가요?

이명우 위원장 : 이북도민 사랑의 마스크 만들기 작업장입니다. 이북도민 부녀회원들이 작업팀을 구성하여 이곳에 작업장을 만들어 놓고 사랑의 마스크를 만들고 있습니다. 잘 아시는 것처럼 코로나19 사태로 인해서 대구.경북지역 국민들이 너무나 어려움

을 많이 겪고 있지 않습니까? 그분들을 조금이라도 돕기 위해서 이렇게 발 벗고 나섰습니다.

이명우 위원장 : 어디 뭐 일하시는데 힘들지 않으세요?

부녀회원 : 예, 안 힘들어요. 즐거운 마음으로 작업하고 있습니다.

이명우 위원장 : 저기 우리 작업 팀장님인데요. 팀장님, 오늘은 얼마나 만드셨어요?

작업팀장 부녀회원 : 한 500장 정도 만들 것 같습니다. 며칠 작업을 하다 보니 팀웍도 짜여져서 능률이 올라가는 것 같습니다.

이명우 위원장 : 그렇군요. 오늘 500장 만들 것 같구요. 전에는 보통 얼마 정도 만드셨나요?

부녀회원 : 하루에 100장 정도밖에 못했어요. 오늘은 도와주시는 분도 많고 그래서 한 500장 정도 나올 것 같아요.

이명우 위원장 : 아이구, 팀장님 감사합니다. 여기는 이제 마무리 작업이어서 포장해서 포장이 잘 되면 이제 대구시에 우선 보내드리구요. 여유가 있으면 각 시도에 거주하는 북한 이탈주민한테 우선적으로 보낼 예정입니다.

대담자 : 마스크가 마지막으로 보내지는 과정이네요

이명우 위원장 : 예, 그렇습니다.

대담자 : 네 말씀 감사합니다.

이명우 위원장 : 이렇게 와주셔서 대단히 감사합니다.

대담자 : 오늘 이렇게 이북5도위원회가 하는 일 또 이렇게 다양하게 들어봤는데요. 꼭 도움이 필요한 분들이 있다면 여기 이북5도위원회 홈페이지를 방문하셔서 충분한 도움 받으셨으면 더더욱 좋겠습니다. 지금까지 리포터 서성희였습니다.

아주경제 2020. 6. 5. 아주경제 조인경 기자

이북5도위원회, '봉오동전투 100주년' 특별 사진전 개막
"100년 전 항일 독립전쟁 정신으로 남-북 이념차이 넘어서야"

이명우 이북5도위원장이 4일 서울 구기동 이북5도청 앞마당에서 열린 '이북도민 역사기록 및 남북이음교육 순회공연 개막식'에 참석해 인사말씀을 하고 있다.

행정안전부 이북5도위원회(위원장 겸 평남지사 이명우)가 4일 서울 구기동 이북5도청 앞마당에서 봉오동 전투 승전 100주년을 기념하는 '대한독립! 그날을 위한 봉오동 전투' 특별 사진전 개막식을 가졌다.

이날 개막식은 신종 코로나 바이러스 감염증(코로나19) 감염 예방을 위해 야외 행사로 실시하고, 이북5도 도지사, 도민회장, 명예시장·군수 등으로 참석인원도 최소화했다. 장검무 식전 공연을 시작으로 이명우 이북5도위원장의 인사말씀과 황원섭 홍범도장군기념사업회 부이사장의 축사, 남북이음아카데미의 특별강연, 테이프 커팅식 등의 순으로 진행됐다.

4. 국내외 언론기관 인터뷰

이 위원장은 기념사에서 "봉오동·청산리전투는 우리 독립군 연합부대가 1910년 일제에 나라를 강탈당한 후 10년 만에 승리한 첫 번째 정규전으로, 독립전쟁 청사에 길이 빛나는 역사적 의의가 있는 승전이었다"며 "단순한 독립전투가 아니라 일본제국에 대한 대한임시정부의 독립전쟁이었다"고 의미를 부여했다.

그는 "승전의 주역인 홍범도 장군은 이북 평남 출신으로서 1907년부터 함남 삼수, 갑산, 그리고 북청을 무대로 산포수를 규합해 의병 활동을 활발히 전개했던 독립군의 탁월한 지도자였다"며 이북5도위원회와 이북도민사회가 봉오동전투 승전 100주년을 뜻깊게 기념하는 이유를 설명했다.

문재인 대통령의 지난 3·1절 기념사를 언급하며 선대들의 독립전쟁 정신으로 남과 북의 이념 차이를 극복하자고도 제안했다.

위원장은 "문 대통령도 홍점도 장군의 봉오동 대첩 업적을 높이 평가하고, 올해 안에 카자흐스탄에 잠들어 있는 홍 장군을 고국으로 꼭 모셔오겠다고 말씀한 바 있다"며 "일제에 대항했던 선대들의 독립전쟁의 정신으로 남과 북의 이념 차이를 극복하고 자유민주주의, 시장경제, 인류 보편의 가치가 실현될 수 있고 한민족의 역사적 정통성이 이어질 수 있는 평화통일을 이루는데 이북도민들이 앞장서야 할 때"라고 강조했다.

기념식에 이어 남북이음아카데미의 특별강연에서는 동북아역사재단 수석연구원인 장세윤 박사와 김영진 전 농림부 장관이 각각 '독립군의 봉오동·청산리 전투와 홍범도 장군', '3·1운동을 인류의 유산으로'를 주제로 봉오동전투 승전 100주년의 의미를 되짚었다.

한편, 이번 전시는 북간도 근대문화의 발상지이자 항일독립운동 기지 역할을 했던 북간도 명동촌을 개척한 규암 김약연 선생의 증손자 김재홍 함경북도지사가 사진을 제공하면서 이뤄졌다. 위원회 측은 "이번 전시가 한국 독립운동사는 물론 북간도 이주사 등에도 매우 유용하고 의미 있는 자료가 될 것"이라고 소개했다.

북한연구소 김희철 소장과의 인터뷰 2020. 7. 8. 오전

이북5도위원회에 대해 간단한 소개 부탁드립니다.

평안남도와 도청에 대한 소개 말씀드리기 전에 이북5도지사들의 회의체인 이북5도위원회에 대해서 우선 설명을 드리도록 하겠습니다.

이북5도위원회는 1945년 8월 15일 현재 행정구역 상의 도(道)로서 아직 수복되지 않은 황행도, 평안남북도, 함경남북도 등 이북5도와 경기도와 강원도의 시. 군으로서 아직 수복되지 아니한 시. 군의 사무의 전부 또는 일부를 공동으로 처리하기 위하여 설치된 행정안전부 소속의 정부기관으로 5명의 이북5도지사들로 구성되어있는 위원회입니다. 1962년 1월 20일에 제정 공포된 "이북5도 등에 관한 특별조치법"(2015년 5.18일 개정됨) 제 7조(이북5도위원회의 설치)에 따라 설치되어 있습니다. 위원장은 5도 지사가 윤번제로 1년간 위원장직을 수행하며 2020년 올해는 평남지사 위원장직을 수행하고 있습니다. 당해 연도 위원장은 미수복 경기도와 미수복 강원도의 지사 업무도 겸임하고 있습니다. 이북5도위원장은 대외적으로 이북5도와 850만 이북도민과 3만 4천 명의 북한 이탈주민들을 대표하고 있습니다.

평안남도와 평안남도 도청에 대한 간단한 소개를 부탁드립니다.

1) 평안남도는 이북5도의 정치·경제·사회 문화 등 각 분야의 중심도시인 평양을 도청소재지로 갖고 있는 명실상부한 이북5도의 중심도입니다. 특히 평양은 우리나라 5천 년 역사 중에 기장 역사가 오래된 도읍지입니다. 역사가 오래된 만큼 훌륭한 인물도 많이 배출되었습니다. 근현대사에 있어서 도산 안창호, 고당 조만식 선생을 비롯한 민족의 지도자와 홍범도 장군같은 위대한 독립군 대장, 6.25 전쟁의 영웅 백선엽 장군 등 수많은 독립유공자와 애국자를 배출하였으며 5명의 국무총리를 배출하였습니다.

4. 국내외 언론기관 인터뷰

2) 평안남도 도민은 현재 4세까지 포함하여 180만 명 정도이며 중앙도민회를 비롯하여 16개 시도군민회가 활발하게 애향 활동을 하며 통일을 염원하며 통일의 역군임을 자임하고 있습니다. 평남 도정은 정무직 차관급인 임명직 도지사가 도정을 통할하고 있으며 16개 명예시장군수와 139개 읍면동장이 도지사를 보좌하여 도정업무를 보고 있습니다. 평남도지사는 1949. 2월부터 임명되어 현재 18대 도지사가 도정업무를 관장하고 있습니다. 도지사의 주요업무는 "이북5도 등에 대한 조사연구 업무, 이북도민과 이북도민 관련 단체 지원 및 관리업무, 북한 이탈주민의 정착지원 사업 협력, 이북5도 등의 향토문화 계승발전, 통일 안보교육과 후계세대 양성" 등이 있습니다.

그러나 무엇보다도 평남 출신 도민과 북한 이탈주민의 구심점으로서 도민사회단체의 각종 행사에 참여하여 이를 격려하고 지원함으로써 정신적인 지주 역할을 수행한다는 데 큰 의미가 있다고 봅니다.

8.15 광복 당시 평안남도의 상황에 대해 말씀을 부탁드립니다.

8.15 해방이 되자 일본인 평안남도 도지사가 이북 도민사회에 지도자로 추앙받던 조만식 선생에게 치안유지 협조를 부탁하였다. 그러나 조만식 선생은 일제와는 협상하지 않고 독자적으로 8월 16일 조선건국준비위원회 평안남도를 조직하고 치안과 행정을 담당하며 혼란기를 수습하려고 했습니다. 조만식 선생은 평양지역 시민들로부터 뜨거운 지지를 받아 가며 건국준비위원회(건준) 평안남도위원회 위원장에 선출되었다. 소련군이 평양에 진주한 후 소련군의 권고에 의해 조만식이 주도한 건준과 현준혁이 이끄는 조선공산당이 평남 인민정치위원회를 구성하고 조만식이 위원장이 되었고 현준혁은 부위원장이 되었다. 현준혁이 극우 테러단체인 백의사에 암살당하고 이후 소련점령군의 비호와 지원 아래 북한에 들어 온 김일성은 처음에는 조만식 선생과 협력하여 소련식 공산주의 국가를 건설하려고 하였다.

당초 소련은 민주정당, 사회단체들의 광범위한 지지기반 위에 브루주아 민주주의 정권을 창설하라고 지시하였으나 북한에 남아있는 유일한 민족주의자인 조만식 선생은 이를 반대하여 결국 소련은 김일성 일파를 통해 독자적인 공산주의 건설하도록 지령하고 이를 지원하였다. 점령군인 소련군은 겉으로는 해방군이라고 선전하였으나 북한지역에 소련식 공산국가 건설을 독려하며 온갖 만행을 저질렀다. 공산정권이 들어서면 민족주의자나, 기독교인, 지주 그리고 친일파 등이 숙청의 대상이 되는 것은 필연적인 사실이라 수많은 반공주의 인사들이 자유를 찾아 남한으로 내려오게 되었다.

1945. 10월 10일 김일성을 비롯한 공산주의자들은 조선공산당 서북 5도당 책임자 및 열성자 대회를 개최하였다. 북한은 이날을 조선노동당 창건일로 기념하고 있다. 김일성의 협력 제안을 거절하고 난 이후인 10월 중순 조만식과 비공산계 민족주의자 들은 공산주의자들의 대안이 될 수 있는 정당의 창당을 논의하여. 1945년 10월 28일 북조선 5도 행정국이 설치되자 조만식 선생은 위원장에 선출되고 이어 1945년 11월 3일 기해 조선민주당이 창당되었다. 조만식 선생이 당수로 선출되어 창당 수개월 만에 50만 당원을 확보할 정도로 폭넓은 지지를 받았다. 초기에는 소련도 조만식 선생과 손잡고 소련식 사회주의 인민공화국을 설립하려고 하였으나 조만식 선생과의 이념 차이가 워낙 뚜렷하여 소련의 회유와 압박이 갈수록 심해졌다.

이어 1945년 12월에 신탁통치가 결정되면서 4개국 신탁통치안에 대한 문구가 쟁점이 되어 찬.반탁 구도가 설정되자 조만식 선생에게는 정치적으로 불리하게 작용하였다. 그는 모스크바 3상 회의에서 결의된 '통일 임시정부 수립'안에는 찬성했으나, 신탁통치안에 대해서는 강력히 반발했다.

1945년 12월 27일 모스크바 결정이 알려진 직후, 조만식 선생은 평안남도 인민위원회 확대회의에서 신탁문제를 둘러싸고 소련과 공개적으로 충돌했다. 소련 측은 1946년 1월 세 차례에 걸쳐 조만식 선생에게 새로 수립될 정부의 대통령 자리까지 제시하면서 모스크바 협정을 지지할 것을 요청했다.

반탁 운동을 벌이던 조만식 선생은 뜻을 바꾸지 않았고 북조선에서 소련군의 비호아래 정권을 잡은 김일성 세력에 의해 곧바로 인민정치위원회 위원장에서 축출된 뒤 1946년 1월 5일부터 연금 상태에 처하게 되었다. 1946년 2월 8일 조선공산당 북조선분국은 김일성을 위원장으로 하는 북조선 최고 권력기구인 '북조선임시인민위원회'를 결성하고 토지개혁을 단행하여 인민의 절대적인 지지와 호응을 받았다.

김일성 공산세력이 집권하는 과정에서 평양을 비롯한 평남 각지에서는 반공 청년들을 중심으로 소련과 공산당에 반대하는 애국청년들의 반공투쟁이 일어났으나 조직의 열세와 소련군의 강제 진압으로 효과를 보지 못하고 희생만 당하였다. 극우단체인 백의사는 공산당의 중심인물인 김일성. 최용건 등 북한 공산정권수립의 주역들을 처단하기 위하여 거사를 계획하였으나 실행단계에서 실패하였다. 공산정권이 본격적으로 수립되고 민주인사나 지주계급 기독교인 친일세력을 처단하기 시작하자 공산 치하에 살기 어려운 많은 민주 인사들이 월남하기 시작하였다. 확실한 정부 통계는 없으나 학자들의 연구 결과에 따르면 대략 해방이후 6.25전까지 약 60-70만 명 정도의 실향민이 대거 남한으로 넘어왔다고 한다. 이 중에서 평남인은 대략 25% 정도인 15만 명 정도로 추산된다.

남한에 아무 연고도 없었던 실향민 1세 청년들은 서울 중심의 여관이나 집단 거주지를 만들어 함께 생활하였는데 이들 청년들이 결성한 우익 반공단체가 서북청년단이다. 고등학교 이상의 학력을 가진 젊은이들이 주류였으며 철저한 반공주의로 무장한 애국 청년들이었다. 해방정국 당시 좌우 이념대결이 극심하였던 시기에 이들은 공산주의자들을 타도하는 데 앞장섰다. 그 당시 경찰력이 미치지 못하는 공산주의 집회나 노조 파업 등의 현장에 출동하여 서북청년단이 이를 제압하고 공산주의 확산을 막았다. 특히 강성 공산주의 노조가 있는 철도노조, 산업현장의 파업현장 등에 투입되어 공산당의 불법적인 투쟁을 분쇄하여 사회불안을 해소하는 데 기여하였다. 인원이 많아지고 조직이 강화되면서 점점 세력화되어 정치권력에 이용되는 면이 적지 않았다. 대표적인 예로 제주4.3사태에서 발생한 무력충돌과 진압과정에서 과격한 진압으로 일부 무고한 시민들이 희생당하게 하는 일을 발생하였다. 그러나 이러한 무고한 시민들에 대한 테러에 대한 책임을 면하기 어려우나 일면 준동하는 공산세력을 제압하고 확산을 막아 자유대한민국을 건설하는 데 일조하였다는 긍정적인 면도 있다. 어쩌면 해방정국의 극심한 좌우 이념대립이 가져온 필연적인 과정이라고도 볼 수 있다. 1946년 11월 30일에 창설된 서북청년단은 1949년 12월 19일에 해산되어 단원들은 대부분 군에 입대하거나 경찰에 투신하여 대한민국 건설에 기여하였다.

현재 평안남도 도민회 현황은 어떠한지 말씀을 부탁드립니다.
1) 현재 공식적인 평안남도민의 수는 180만 명으로 추산하고 있다.
이는 1970년도 실향민을 대상으로 한 가호적 정리 당시 평남도민 신고 인원수가 1,175,200명이었다. 이 가호적 신고 인원수에 2015년까지 우리나라 인구 증가율 56. 99%를 곱하여 산출한 인구수이다. 현재 평남인 실향민 1세 생존자 수는 대략 8만 명 정도에 불과하다고 볼 수 있다. 이 숫자도 해마다 급격히 줄어들고 있는 실정입니다.
월남 1세들은 애향심도 강하고 통일에 대한 염원도 남다르다. 그러나 후계세대로 내려오면서 평남은 1세 어르신들의 고향일 뿐 자기들의 고향은 아니라는 생각이 세대로 내려갈수록 커지는 것 같다. 그나마 현재 활발하게 활동하고 있는 2세들의 경우 부모님들로부터 고향에 대한 이야기를 자주 들어왔고 해마다 명절 때만 되면 고향을 그리워하시는 부모님들의 모습을 보아왔기에 이북이 고향이라고 당당히 말하는 사람들이 대부분이다. 그러나 3세 4세로 넘어가면 그런 생각 엷어지고 있는 것이 현실이다. 통일에 대한 생각도 1세대와 2세대는 대다수가 통일을 원하지만 3, 4세대로 가면 통일에 대한 필요성이 그리 절실하지 않은 것으로 조사되고 있는 실정입니다.

도민회 활동은 크게 전국적인 규모의 중앙도민회활동과 각 시군단위의 시군민회 그리고 16개 시도지구 단위의 도민회 활동으로 나누워져 매년 정기적인 도민회 행사를 진행하고 있습니다. 매년 5월에는 평남도민회 체육대회 그리고 10월에는 대통령기 이북도민 체육대회를 개최하고 각 시군민회와 각 시·도지구 도민회는 매년 정기총회 겸 시·군민 대회를 개최합니다. 중앙도민회 산하 각종 유관단체인 새마을회 부녀회, 청년회, 장학회 등의 모임을 정례적으로 갖고 있으나 해마다 그 참석인원이 줄어들고 있는 실정입니다. 이에 무엇보다도 후계세대 육성이 절실한 실정이며 도민회뿐 아니라 도정에서도 이에 각별한 관심을 갖고 장기적인 육성 계획을 수립하여 추진하고 있습니다.

도민회 활동을 활성화하기 위해서는 예산의 뒷받침이 있어야 하는데 1세 어르신들이 활동하셨던 때와는 달리 중앙도민회나 시·군민회 등에 발전기금을 희사하는 도민의 수나 금액이 현저 줄어들고 있는 실정이어서 활성화에 어려움이 있는 실정입니다. 도정 예산지원도 예년도 예산 수준에 동결 또는 삭감되고 있는 실정이어서 도민회 활성화에 어려움이 많다. 그러나 무엇보다도 염려되는 것은 해마다 도민회 행사 참여 인원이 줄어들고 있고 열의도 식어가는 것이 무엇보다도 어려운 점이라 할 수 있겠다.

실향민 1세들의 고향방문 및 이산가족 문제에 대한 대 정부 제언

실향민 1세들의 평균 연령이 80대 후반에서 90대 초반이다. 이제 그분들의 여생이 얼마 남지 않은 현실에서 고향을 그리며 생전에 가보고 싶은 마음은 이루 헤아릴 수가 없다. 또한 이산가족 상봉문제도 146,000여명이 신청자 중에 현재 생존자는 5만여 명에 불과 한 실정이다. 한 번

상봉이 가능한 인원이 100여명 정도에 불과 하며 그것도 현재 남북관계의 상황에서는 실현되기 요원한 것이 사실이다.

　1세분들의 고향방문과 이산가족문제는 정치와 안보의 문제가 아니라 인권과 인륜의 문제이다. 따라서 남북관계에 있어서 우선적으로 해결해야 할 문제이다. 최근 통일부장관 후보로 지명된 이인영 전 민주통합당 대표가 한미 워킹그룹에서 예외로 해결할 수 있는 방안을 고민해 보겠다고 말씀하셨다. 이에 우리 이북 도민사회는 이산가족상봉문제와 실향민 1세분들의 고향 방문 행사를 안보나 핵문제와 같은 남북미 간의 근본적인 문제와는 별개로 인간적인 차원에서 분리하여 접근하였으면 한다. 고향 방문이나 제3국을 통한 고향방문 여행과 같은 방법으로 진행해보고 성과가 있고 안전이 보장되면 직접 육로를 통한 고향방문을 겸한 북한여행이 조만간에 실현되었으면 한다.

앞으로 평안남도 도청의 활동계획은 어떠한가요?(추진 중인 도정사업 및 8.15 행사 등)

　지난 상반기에는 코로나19 사태로 예정되었던 각종 도민회 행사와 도정일정에 큰 차질이 있었다. 그럼에도 불구하고 지난 3월에는 평남부녀회원들과 청년회를 중심으로 사랑의 마스크 만들기 운동을 전개하여 극심한 고통을 겪고 있는 대구 경북지구에 마스크를 전달하였고 연로한 이북도민 어르신들께도 전달하였다. 6. 4일에는 평남 평양출신 홍범도 장군 봉오동전투 100주년 기념식을 거행하여 기념식과 함께 강연회도 하고 봉오동전투를 비롯한 북간도 명동촌의 독립기지로서의 역할을 조명하고 봉오동·청산리 전투 이후에 벌어진 간도 대참변에 관련된 사진전을 6. 30일까지 이북5도청 1층 로비에서 개최하여 큰 성황을 이루었다. 국내 유수한 언론기관에서도 많은 관심을 갖고 이를 취재하여 이북5도위원회의 활동상황을 널리 알리는 계기가 되었다. 전시된 사진들에 대한 역사적인 고증을 거쳐 독립운동사 연구가의 해설을 곁들여 사진전 도록을 만들어 유관기관과 이북도민들에게 배부하여 선대들의 독립투쟁 정신과 나라사랑의 정신을 다짐하는 계기를 만들었다. 하반기에도 서울시청, 국회의원회관, 서대문 역사박물관 그리고 전국 시도지구를 순회하며 사진전시회를 하고 기념강연회도 계획하고 있다. 또한 독립운동가 등 평남을 빛낸 인물 50인을 선정하여 이분들의 생애와 정신을 후세인 우리들이 본받아 애국심과 애향심을 함양할 계획이다. 8.15해방 75주년을 맞이하여 평남인 중에 독립과 건국에 기여한 분들에 대한 몇 분에 대한 기념강연회도 추진하고 계획하고 있다. 앞으로 코로나19사태의 확산이 진정국면에 들어서면 좀 더 활발한 도장과 도민회 활동을 강화하려고 한다.

독일 슈피켈지와 네델란드 폭스크라트와의 인터뷰

- Interview with Der Spiegel & De Volskrant
  (22nd Aug. 2020 at Ibuk5Do)

The Purpose of establishment of the 5 Northern Provinces Committee

○ The Governors of the Five Northern Korean Provinces have been appointed from February 1949, since the Republic of Korea Government established in 1948 and the Five Province administration office opened in May 1949. At the beginning stage of South Korean Government, the reason why the governors were appointed and their offices opened was clear and definite. In Article 3 of our Constitutional Law, our territory is defined as "The territory shall be the Korean Peninsular and its Annexes" which expresses clearly and publicly declares that the 5 Northern Korean Provinces is still our national territory. By the appointment of governors and opening of 5 governors' offices, we embody the spirit of our Constitutional Law and it is an expression of our strong and affirmative will to reunification.

○ The Five Northern Korean Provinces Committee consists of Five Northern Korean Provinces governors as an government organizaional committee under the Ministry of Interior and Safety Department. The Committee related Law was enacted and promulgated in Jan, 1962 when the Committee started to work. As each northern province has common interests, and similarities in historical background and organization purpose. Therefore, each administrative operations needed to be integrated for efficiency and effectiveness. Furthermore an organization was needed to be established for representing 5 Northern Korean Provinces and 5 governors to the public.

○ The 5 Northern Governors are vice ministerial level in political affairs and are directly appointed by the President. Each Governor works for every week day- It is full-time job.

The total number of officers for the Committee and how many governors in the Committee?

○ First of all, I''d like to say the definition of Five Northern Korean Provinces. Our relative laws defines Five(5) Northern Korean Provinces-
"Hwanghae-Do, South & North Pyongan-Do and South & North Hamkyung-Do" as the 5 Northern Korean Provinces as of 15th Aug. 1945 when our country was liberated from Japan- which were located above 38th Parallel North. And they includes some parts of unrecovered Gyunggi-Do Province and Gangwon-Do Province. These Provinces's Name and area are different from those of present North Korean Regime. At present there are nine provinces in North Korean Regime.

○ The Committee's T/O has 45 public officials including five governors. Among them, each Province has 4 officials for each Province administration services and they assist and support each Governor. The other public officials are fully devoting for the Committee's roles and duties. From time to time they support and assist each Province's administration and operation if needed.
The Committee's Chairman take the position for one year term in the prescribed order. The Chairman has responsibilities for his Province

and for the unrecovered Gyunggi-Do and Gangwon-Do Provinces as well.

○ Our Committee's Major roles and responsibilities are as below
1. Research and Study activities related to reunifications
2. To provide administrative services and supports to the 5 Northern Korean Provincial Peoples in Korea. They are about 8.5 millions and 35 thousand North Korean defectors.
3. Succession and development of the 5 Northern Korean Provinces' traditional folk culture.
4. Support and management of the Northern provincial peoples' association.

○ The above roles and activities are being done by the Committee toether with 5 Governors, some times each Governor directly take responsibilities for some of them respectively considering each Province's situation if necessary and more effective.

The Numbers of Honorary Mayor, County Chief Official and Town Mayor, Head of Town?

○ The Committee commissions honorary mayor, county chief official and town mayor, head of town as an assisting organization for supporting each governor's roles and public activities. Those administrative organization for cities, counties, towns are same as those in North Korea as of 15th Aug. 1945.
The Committee has now 97 city mayor or county chief officials for 5 Northern Korean provinces and both of unretaken Gyunggi-Do and Gangwon-Do Provinces. And the numbers of honorary town mayor or head of town are 911 in total. Their office term are 3 years.

○ Their titles and positions are honorary but they are very enthusiastic and devotional with hometown loving spirits for each province and county's public works. City mayor and County Chief Official are assisting and supporting their Governor for the Committee and each Province public operations. And they are taking the very important roles for good communication between the Committee, Governors and each province people. And they also handle province people's requests and needs.

○ Town mayor and head of town do same duties and activities as city mayor and county chief official. They support and assist Governor and their upper level officials. They handle requests from their people.

Supporting Ibukdomin-Northern Korean province people-one of the major activities-Who is Ibukdomin and what kind of supporting services (administrative supports) are rendered to them.

○ Northern Korean Provincial People(Ibukdomin)- the beneficiaries of the Committee's supports. Who are them? Firstly, Ibukdomin includes the first generation who were born in 5 Northern Korean Provinces and came down to South Korea for freedom from our Liberation day(15th Aug. 1945) to the end of Korean Civil War and also includes the 1st generation's descendants and their descendant's spouses. Up to present there are 4th generation Ibukdomin. The numbers of alive Ibukdomin at present are estimated around 8.5 millions. The 35 thousand North Korean defectors are also included in Ibukdomin.

○ "Supporting Northern Korean Privinccial People(Ibukdomin in Korean) is one the most important works for the Committee. Each Northern Korean Provincial people organized its central association from 1946 in order to build up their friendly relationship, to help each others and also to support the Committee and each province authority. There are 7 Central Ibukdomin Associations including unrecovered Gyunggi-Do and Gangwon_do Provinces. Under the Central Associations, there are 100 city or county level Ibukdomin associations for the same purpose as the Central Associations. And there are 16 Local Associations. There are a lot of northern Korean provincial people societies (Ibukdomin Society Group in Korean) organized by the Central Ibudomin Association for specific purposes such as Youth Association, Saemaeul Movement Association and Women's Association etc.

○ The Committee supports and manages such Northern Korean Provincial people Associations(Ibukdomin Association) and their related specific groups as below;
  1. Central Associations Athlete Meetings, Cities or Counties Annual Meetings, Publication of Central Associations and Cities or Counties The Committee supports the above activities with manpower and budget.
  2. Development of various programs for fostering succession generation.
  3. Encouragement of those who contribute to development of the country and Ibudomin Association and Society by conferring order of Merit. Providing administrative services
  4. Vocational education for North Korean defectors and arrangement of jobs to them for early settlement in South Korea. And family partnership project for emotional stability.
  5. Most of all, the Committee is regarded as a symbol of hometown in South Korea for Northern provincial people. and the Committee provides them with emotional stabilities and satisfaction.
  The five governors are regarded as spiritual pillars to them. That is one of the reasons why the Committee shall exist.

Introduction of Projects related to this year Corona 19 and Major Projects

○ From beginning of this year, we have many difficulties to perform our planned projects and tasks. Most of them have been cancelled or delayed to the later half of this year. Our main planned projects for the first half of the year are
  1) Invitation of Overseas Northern Korean provincial people to their Homeland South Korea is delayed to October 2020
  2) Annual Athlete Meeting for each Northern Province was cancelled.

○ In spite of Corona 19, the Committee performed very meaningful projects
  1) Love quarantine mask making campaign
     The Committee set up a special project team to make quarantine masks in February. We called the Campaign as "Love Quarantine Mask Making Campaign" We made 7,000 masks for 3 weeks. We gave the masks to Daegu City and Gyungbuk Province where the Corona 19 confirmed cases are most common. And the Committee has followed the Government Quarantine Guideline thoroughly.

○ 100th Anniversary Bongodong Combat Victory led by General Bumdo Hong-Commemoration Ceremony and Historic pictures Exhibition.
  1. Date : From 4th Jun. 2020 to 30th Ju. 2020
  2. Lectures on General Bumdo Hong's Life
  3. Historic Pictures and Records Exhibition.
     The Ceremony, lectures and Exhibition provided many Northern Provincial people (Ibukdomin) and citizens with opportunities to think over the our Independence Army's activities and patriotism and to keep in mind General Hong's independent spirits. And we renewed our commitment to reunification.

○ Intensifying public relation activities to the public. Homepage Renewal &Update, We have actively engaged in press release activities to major news medias and have enhanced their understanding of us

What kinds of events and activities are planned in the latter half of this year by the Committee?

○ The 38th Presidential Flag Ibukdomin(Northern Provincial people) Athlete Meeting.
This Athlete Meeting is the most biggest and meaningful annual event for the Committee. This is used to be held in October annually for harmony and unity of Ibudomin Societies. It is a customary practice for President or Prime Minister to attend the Althlete Meeting to encourage Ibukdomin and to confer order of merits to those who contribute to develop our country or Ibukdomin Societies

○ Invitation of overseas provincial people to their homeland South Korea. We invite around 100 persons every year to encourage them and show them the development of their motherland Korea. Through this program and meeting with Ibukdomin societies, we strengthen mutual ties and friendship among invitees and northern provincial people in South Korea. Because of this year COVID 19, we postpone this event to this coming October which was scheduled in May this year.

○ Annual Public Performance of the Committee's designated Intangible Culture Assets.
We hold joint performances of our 19 designated intangible culture assets in the second half of each year to contribute to the development of them.

○ The 13th Northern Provincial People Unification Arts Exhibition
Every December, the Committee holds Unification Arts Exhibition for a theme of unification. About 100 Art Works are submitted to compete such as western paintings, Korean paintings and Calligraphy.

What kinds of Laws and Decrees are proposed or amended for recovery of 5 Northern Korean Provinces?

○ The proposal or amendment of laws and decree regarding reunification is the Ministry of Unification's own original rights. The Committee belongs to the Ministry of Interior and Safety. So We have no right or authority for such proposal. However, in case the proposed laws are related to the Committee, the authority Ministry used to request the Committee's opinions. Up to now this year we do not receive any request from the Ministry.

○ The second half of last year and at the beginning of this year, we delivered our positive opinions about individual tour to North Korea, the 1st generation's visit to hometown and video reunions to the Ministry of Unification.

How long have you served as the Committee's Chairman, And what is your priority in your tasks?

○ I was appointed as the Governor of South Pyongan-Do Province in August last year. As I just explained, each Governor takes the chairman's position for one year term on rotation basis. My chairman's term began from the start of this year.

○ When I started to assume the chairmanship, I declared that I would lead the Committee together with Northern Korean Provincial People Association (Ibukdomin Association). As our Committee's main tasks and responbilities are supporting and management of Ibukdomin Association, we can not accomplish our goal and can not expect successful results without their strong supports and well understandings. Through good communication and mutual understanding, we will get their voluntary support and cooperation. So we will do our best to achieve our national reunification which promises us an free democracy, free market economy and maintenance of our historical orthodoxy.

We also try to foster a successor generation and strengthen ties with North Korean defectors to make them new leaders of reunification. Furthermore, by benchmarking the successful process and policies of West and East German Reunification, our Committee and Ibukdomin Societies would like to make a contribution toward peaceful reunification.

○ The Committee places an emphasis on public relation activities to the public and try to get them understood about the Committee's activities and roles.

Finally, we will discover, restore, and develop northern korean provincial intangible folk culture assets. Those our efforts will make a foundation for preservation and maintenance of traditional intangible culture assets until the time of reunification.

Let us know the Chairman's major roles and duties in detail.

○ The Committee chairman is the leading governor of 5 Northern Korean province governors and represent the Committee to the public and presides the Committee's meeting for deliberating and deciding important agenda.

The Chairman performs major tasks collaborating with other governors and some of them are being done independently by the Chairman. I, as the Chairman do its original tasks and I take the responsibilities and duties for South Pyongan-Do province and unrecovered Gyunggi-Do &Gangwon-Do provinces as well.

○ As the Committee's Chairman, the Committee and Chairman's Major and important operational works are as follow;
  1. Annual Presidential Flag Ibukdomin(Nothern Provinces' People) Athlete Meeting
  2. Annual Invitation of overseas Northern Province People to their homeland South Korea for encouragement and showing them South Korean development.
  3. The Committee designated Intangible Culture public performance
  4. Ibukdomin Unification Fine Arts Contest and Exhibition
  5. Management of the Committee's manpower and its Office Building and facilities.
  And as the Committee' Chairman, I attend various national ceremonies and meetings representing 5 governors of the Committee.

Please let us know your profile in brief

○ Name in Full : Myung Woo Lee
  Age : 73(1947)
  Birth Place : Yangduk-Gun(County), Pyong-an Na-Do(South Pyongan Province), North Korea

○ Degree & Educational Background
  - Ph.D in Business management(Dankuk University, Graduate School)
  - MBA(Yonsei University- Graduate School)

평양감사 1054일 II

- BBA(Bachelor of Business Administration)-Yonsei University

○ Major Career
- Advisor for Admimistrative Advisory Committee to South Pyongan-do Province)
- Vice Chairman of South Pyongan-do Province People's Association
- Chairman and CEO of Hanmi Geotech Construction Company
- Professor- Business Department of Myung-Ji College.

CBS 1라디오 방송국 인터뷰 내용

• 2020년 11월 7일 저녁 11시 10분에 방송

먼저 자신의 소개 좀 부탁드립니다.
안녕하세요? 이북5도위원회 위원장 이명우입니다.

이북5도위원회는 어떤 곳인지요?
이북5도위원회는 1945년 8월 15일을 기준으로 한 대한민국 행정구역상의 도(道)로서 아직 수복되지 않은, 황해도, 평안남도, 평안북도, 함경남도, 함경북도 등 5도와 경기도, 강원도의 미수복 시·군을 관할하는 행정안전부 소속의 정부기관으로서 상기 이북5도지사들로 구성된 위원회 조직입니다.

이북5도위원회는 어떤 일을 하는 곳인지요?
우리 위원회는 ❶이북5도 등에 대한 조사·연구 업무, ❷이북5도민 및 미수복 시·군의 주민 지원 및 관리업무, ❸이북5도 향토문화의 계승 및 발전 업무, ❹이북도민 관련 단체의 지도 및 지원업무와 이북도민과 북한 이탈주민과 가족결연사업등을 통해 북한 이탈주민들이 한국 사회에 안정적으로 정착할 수 있도록 도움을 주고 있습니다.

통일, 북한이탈주민을 관련해서는 어떤 사업을 하는지?
❶취업지원을 위한 기업체 연수교육, ❷실생활 중심의 사회통합교육과정 운영, ❸북한 이탈주민 학생을 대상으로 하는 청소년캠프 운영, ❹이북도민과 북한이탈주민 간의 교류활동을 통해 남한 사회에 안정적으로 정착할 수 있는 다양한 사업을 추진하고 있습니다.

📖 평양감사 1054일 II

이북도민 청소년 통일 글짓기·그림그리기 대회 소개 좀 해주세요

이북도민과 북한 이탈주민의 손·자녀인 초·중·고등학생을 대상으로 통일을 주제로 한 글짓기와 그림 그리기 대회이며, 금상인 행정안전부장관상을 포함해 총 29명에 대한 시상과 시상금이 있고, 수상작에 대해서는 작품전시회도 하고 있습니다.

올해로 몇 번째 열리는 대회인가요?

2008년에 처음으로 대회를 개최하기 시작하여 올해로 13회째를 맞이하고 있습니다.

어떻게 이런 대회를 진행하게 되었는지? 이 대회의 가장 큰 목적은 무엇인가요?

월남 1세대가 고령화되고 세상을 떠나시는 분들이 증가함에 따라 최근 월남 1세대의 수가 급격하게 감소되는 추세를 감안하여, 이북도민의 3·4세대인 학생들에게 이북도민의 후손이라는 정체성을 확립하고, 향후 건전한 통일세대의 주역으로 육성하기 위함입니다.

대회는 언제, 어떤 형식으로 진행이 되는가요?

매년 축제 같은 현장행사로 진행하였으나 올해는 코로나19 감염 및 확산 방지를 위해 10월 19일부터 11월 18일까지 신청서류와 응모작품을 함께 접수를 받아 심사위들의 심사 후에 수상 대당자를 선정하고 12월 3일 수상자에 대한 시상식을 개최 할 계획입니다.

① 이번 대회 작품주제는 무엇인지요?

이번 대회의 주제는 '통일이 된다면'으로 정했습니다. 참여 대상 학생들이 다양한 생각과 상상력을 발휘할 수 있도록 폭넓은 주제로 정했습니다.

4. 국내외 언론기관 인터뷰

② 어떤 작품을 출품할 수 있는지요?

글짓기는 시 같은 운문과 산문, 그림 그리기는 풍경화와 상상화를 출품하도록 하고 있습니다.

대회에 참여하고 싶다면 어떻게 하면 되는지요?

이북도민과 북한 이탈주민의 손·자녀임을 입증할 수 있는 서류와 참가신청서, 응모작품을 함께 접수하면 되겠습니다. 자세한 사항은 이북5도위원회 홈페이지에 게시되어 있으니 참여하고자 하는 학생들은 참고하면 되겠습니다.

대회에 많은 청소년들이 참여하였으면 좋겠다는 위원장님의 한 말씀 부탁드립니다.

월남 1세대 이북도민의 3, 4세대 후손 여러분 그리고 북한 이탈주민 자녀 여러분! 여러분들의 조부모님들과 부모님들은 오직 자유를 찾아 대한민국에 오신 분들입니다. 늘 고향을 그리워하시며 살아오셨으며 오늘날 세계 12대 경제대국과 자유민주주의 국가건설에 헌신해 오신 분들입니다. 통일에 대한 염원 또한 남다른 분들이십니다. 그분들의 후세들인 여러분들 또한 이북이 여러분들의 마음의 고향이며 뿌리입니다. 이것이 여러분들이 통일에 대해 남다른 생각을 가져야 되는 이유이기도 합니다. 이번 "이북도민 청소년 통일글짓기. 그림그리기 대회"에 많이 참여해줄 것을 부탁드립니다. 앞으로 우리 이북5도위원회에서는 여러분들의 생각과 뜻을 잘 듣고 이를 통일정책과 위원회 활동에 반영하고자 합니다. 여러분들의 적극적인 참여와 관심 부탁드립니다.

평남민보 2022. 6. 22. 김현균 차장

- 일   시 : 2022년 6월 22일 16:30~17:30
- 장   소 : 이북5도청 이북5도위원회 회의실
- 인터뷰 : 김현균 평남민보 차장

대담자 : 『두고 온 고향 남기고 싶은 이야기』 프로젝트를 기획하신 평안남도 이명우 지사님과 함께하고 있습니다. 지사님 안녕하세요? 큰 프로젝트를 추진하셨는데 지금 작업이 마무리되고 있습니다. 이 프로젝트를 기획하시게 된 동기와 취지 등을 알고 싶습니다. 말씀해 주십시오.

이명우 지사 : 제가 도지사가 되어 가장 관심 있게 생각했던 것 중의 하나는 우리 평남 출신의 훌륭한 분들이 어떤 분들이며, 그분들의 역사적인 업적과 행적을 찾고 싶었습니다. 그래서 그분들의 업적을 체계적으로 정리하여 후세에게 남기고 싶어 약 100분 정도 선정했습니다. 이분들을 선정해 책자를 만들어 보겠다는 결심을 했습니다. 지난 2년여에 걸쳐 1차로 60인을 선정하고, 2차로 30인을 선정해서 총 90인을 『평남을 빛낸 인물』로 선정하였습니다. 그리고 선정된 분들에 대한 생애를 잘 정리하여 『평남을 빛낸 인물』이란 제하로 두 권의 책자를 발간했습니다. 『평남을 빛낸 인물』에 선정된 90인의 평남 출신 선대 어르신들은 독립운동가요, 민족의 지도자였으며, 문화예술인이었고 우리나라 경제발전과 민주 발전에 크게 기여한 분들이셨습니다. 그런데 우리 평남 출신 월남 1세 어르신들 대부분은 공산정권의 학정에 시달림을 피해서 맨주먹으로 월남하여 지난 70여 년 동안 남한 땅에서 정착하면서 갖은 고생도 하셨을 것이고,

4. 국내외 언론기관 인터뷰

또 그런 과정에서도 정말로 열심히 살아오시며 가정을 이루고 자기 분야를 개척해 성공한 분들이 많이 있습니다. 그래서 그분들의 진솔한 삶의 이야기를 들어보고 그런 이야기를 통해서 후세들에게 교훈을 줄 수 있다고 판단했습니다. 지난날 맨주먹으로 월남하신 1세 어르신들 이야기를 직접 듣고 정리하여 기록을 남기고자 『두고 온 고향 남기고 싶은 이야기』 프로젝트를 기획하고 추진하게 되었습니다.

대담자 : 그분들의 기록이야말로 실향민의 생생한 삶의 역사이며 6.25 전쟁을 전후로 한 우리나라 현대사의 역사로 가치가 있습니다.

이명우 지사 : 맞습니다. 보통 사람들의 삶의 역사입니다. 이런 보통 사람들의 삶의 역사가 모여 한나라의 역사가 된다고 생각합니다. 그런 점에서 『두고 온 고향 남기고 싶은 이야기』 프로젝트는 우리 평남 출신 1세 어르신들의 삶의 역사를 기록하여 이를 후세에 전하는 작업이라고 감히 말씀드릴 수 있을 것 같습니다.

대담자 : 이번 사업을 추진하면서 어려운 점이 많으셨을 텐데요. 그런 어려움을 어떻게 극복하시고 사업을 성공적으로 추진하실 수 있었나요?

이명우 지사 : 참 어려운 점이 많았습니다. 명예시장·군수단과 시·군민회장단과 많은 논의를 했습니다. 처음 해보는 작업이라 많이 힘들었고, 기획 초기 단계에는 '제대로 할 수 있을까?' 하는 의문도 많았고, 또 잘 진행될까 하는 염려도 많았습니다. 그래도 사업추진위원회 여러분들께서 힘을 모아주셨고, 또 우리 평남 16개 명예 시·군수님들과 16개 시·군민회장님들께서 열심히 도와주셨습니다. 그분들의 도움이 있었기에 지금 대부분 마무리 단계에 온 것 같습니다.

대담자 : 사실 제가 알기로는 월남 1세 어르신들을 인터뷰하면서 영상으로도 남기고, 또 대담내용을 기록물로 남기는데요. 이런 일련의

작업이 사실 방대한 작업인데요. 그 과정에서 예산도 만만치 않을 텐데 예산은 어떻게 마련하셨는지요?

이명우 지사 : 저는 항상 어떤 일을 할 때 예산부터 걱정하지 않습니다. 예산이나 돈 걱정을 하지 않고 우선 일부터 먼저 추진하는 편입니다. 일을 하다 보면 좋은 뜻에 마음을 줄 수 있는 그런 분들이 많이 있습니다. 특히 평남유지들께서는 이번 일에 적극적으로 관심을 보이며 성원해주고 계십니다. 그리고 이 사업을 완성하도록 도움을 주겠다는 분들이 많이 있었습니다. 그분들의 관심과 성원 덕분에 여기까지 왔습니다.

대담자 : 지사님, 사업을 추진하는 과정에서 보람 있는 일도 있었을 겁니다. 특히 처음에 프로젝트를 시작하실 때 예상했던 것보다 더 많은 분을 인터뷰하셨는데, 시간과 노력도 많이 들었고 인터뷰한 자료도 방대하게 늘어났을 텐데, 그 과정을 간단하게 설명해 주십시오.

이명우 지사 : 처음 생각에는 1세 어르신 한 60분 정도만 인터뷰할 것으로 예상하고 평남 출신 1세 어르신들만 대상으로 인터뷰하는 것으로 계획했습니다. 그런데 프로젝트를 진행하다 보니 처음 계획했던 것처럼 우리 평남에 있는 분들만 대상으로 할 게 아니라, 우리 이북5도를 위해 헌신하고 봉사하시는 어르신 중에서 특히 도민회 활동을 열심히 하고 계시는 1세 어른들의 사연도 듣고 함께 담고 싶었습니다. 그래서 인터뷰 범위를 조금 더 확대했습니다.

대담자 : 네, 그러셨군요. 그러면 그런 분들은 주로 어떤 분들이신가요? 소개 좀 해 주십시오.

이명우 지사 : 네, 타도에 계신 분 중에서 황해도 출신으로 김한극 황해중앙도민회장님, 박충암 유격군 전우회장님, 또 역시 황해도 출신으로 현재 민주 평통 이북지역회의 부의장으로 계신 전 황

4. 국내외 언론기관 인터뷰

해지사 박성재 님 그리고 함북에 라기섭 함북중앙도민회장님, 윤일영 미수복 경기중앙도민회장님 등, 이분들이 인터뷰에 응해주셨습니다. 그분들에게 좋은 말씀을 듣게 되었고, 큰 도움을 받았습니다. 이분들 덕분에 내용도 다양해지고 풍부해졌습니다.

대담자 : 그렇군요. 그 과정에서 보람이 있으셨을 것 같습니다. 제 생각에는 그분들도 자신의 삶을 인터뷰 통해 말씀하시면서, 당신들의 삶에 대해서 조금은 다시 되돌아보는 시간이 되셨을 것 같습니다.

이명우 지사 : 네, 맞습니다. 제가 어르신들 인터뷰하는 과정을 옆에서 지켜보면서 그분들이 하시는 말씀에 공감이 되었고 감동도 받았습니다. 때로는 감정에 복받쳐 울먹이시는 분들도 많았습니다. 어떤 분들은 소리 내어 우시는 분들도 있었어요. 이분들이 절절하게 말씀하시는 진솔한 삶의 이야기 그 자체 내용만으로도 우리 후계세대들이 잘 듣고 일상생활에 좋은 지침으로 삼았으면 좋겠다는 생각을 하게 되었습니다. 한 번은 제가 아주 감정에 복받쳐 소리 내어 우셨던 어르신께 직접 여쭤보았습니다. "어르신, 오늘 인터뷰하시면서 우시기도 하셨는데 지난 세월을 이야기하시며 슬프고 힘든 일들을 회상하시며 감정에 복받치셨나요?" 그랬더니 이런 말씀을 하시더군요. "공산당을 피해 단신 월남해서 초창기에 고생이 많았습니다. 안 해본 일 없고 정말로 열심히 살았습니다. 생활이 안정되고 어느 정도 기반도 잡히고 행복한 가정도 이루고 자식들도 훌륭하게 키웠지요. 그런데 마음 한구석 고향 생각이 간절하고 두고 온 부모 형제들 생각에 잠 못 이룬 때가 많았습니다. 그러나 지난 70여 년 동안 남한 땅에 와서 겪었던 그 어려웠던 피난 생활 같은 것은 자식들한테 들려주지 않고 속으로만 깊이 간직하고 있었어요. 물론 주위 가까운 친구들한테도 깊이 이야기하지 않았어요. 그

동안 가슴 깊숙이 쌓아두었던 그런 이야기를 털어놓고 나니 그만 감정에 복받쳐 눈물이 흐르네요." 어르신들의 말씀을 듣고 저 또한 눈시울이 뜨거워졌습니다. 참 어렵고 서러운 일도 많았을 것이고 고향 집과 고향에 두고 온 부모 형제들과 친구들이 얼마나 보고 싶겠습니까.

대담자 : 네, 저도 어르신들을 여러 번 인터뷰 했었습니다. 제가 인터뷰한 분들 중에도 말씀하시다가 고향 이야기와 부모 형제 이야기를 하시며 우시는 분이 계셨습니다. 인터뷰 중 눈물을 참느라고 힘들었습니다. 어떤 때는 같이 따라 울기도 했습니다.

지사님! 인터뷰대상자들을 섭외하는 과정도 어렵지 않았는지요? 어려운 과정이 있었을 것 같습니다. 제가 듣기로는 지방에 내려가서 지방에 살고 계시는 어르신들도 인터뷰했고, 심지어 해외에 사시는 분들도 인터뷰하려고 계획했다고 들었습니다. 지방 출장 인터뷰와 해외 이북도민을 상대로 한 인터뷰는 잘 진행이 되었는지요? 그리고 인터뷰대상자들의 연령층은 대략 어떻게 되십니까?

이명우 지사 : 앞서 말씀드렸듯이, 처음 기획 단계에는 평안남도 출신분만 대상으로 했습니다. 그래서 사업추진단인 평남 16개 명예시장군수들에게 각 시·군에서 최소 3~4명 정도 대상자를 선정해 달라고 부탁했습니다. 인터뷰 대상 기준은 적어도 고향을 기억할 수 있는 분들로 정했습니다. 그러다 보니 1950년을 기준으로 하여 중학생 정도의 연령은 되어야 하기에 1935년생 이전 출생 분들을 인터뷰 대상 기준으로 했습니다. 따라서 대상자들의 연령이 주로 88세에서 90대 초중반인 분들이 대부분입니다. 하지만 100세 가까이 되시는 분들도 있었고, 어떤 분은 100세가 넘은 분들도 있었습니다. 그런데 말씀을 정확하게 하십니다.

이명우 지사 : 예를 들어 황해도에서 월남하신 송용순 여사님이 계십니다. 그분이 올해 102세인데 아직도 정정하시구요, 요즘도 도민회 활동을 열성적으로 하시죠. 그분께 좋은 말씀을 많이 전해 들었습니다. 또 평양에서 오신 송경복 어르신도 계신 데, 그분도 1928년생으로 올해 95살이 되십니다. 평남중앙부녀회장을 맡고 계시지요. 이화여대에서 체육을 전공해서인지 아주 건강하십니다. 말씀하시는 톤이 평양에 사실 때 여유있게 살아오신 느낌이 들었습니다. 대동강에서 스케이트도 타셨다고 하더군요.

지방에 거주하시는 분들의 경우 서울에 올라오기 어려운 분들을 위해 직접 지방으로 내려가 각 지구의 이북5도위원회 사무실에서 인터뷰했습니다. 대전지구(대전시, 세종시, 충남, 충북), 광주지구(전남, 광주), 대구지구(대구, 경북), 부산지구(부산, 울산, 경남), 전북지구, 인천지구 등 6개 지구 사무소로 인터뷰팀이 직접 내려가 총 17분을 인터뷰했습니다. 해외 거주 이북도민은 영상이나 전화 인터뷰 방식으로 진행해보려고 했으나 현실적으로 어려움이 있어 서면으로 질문서를 보내어 답변을 받는 방식으로 시도해보려고 합니다. 마침 해외 거주하시는 분들 중에 군지(郡誌)에 고향을 그리는 글들이 있어 그분들의 글을 게재하려고도 합니다.

대담자 : 인터뷰하신 분들이 80대 후반에서 90대분이 대부분이었군요. 말씀을 듣고 보니 지방 출장도 다니시며 고생을 많이 하셨습니다.

이명우 지사 : 네, 인터뷰어, 촬영 팀 그리고 행정지원 요원 등 지방 인터뷰를 하는 경우 보통 4~5명이 한 팀이 되어 지방 출장을 가게 됩니다. 김현균 차장님께서 인터뷰를 직접 담당해 주어 잘 진행된 것 같습니다. 이 자리를 통해 진심으로 수고하셨다는 말씀과 함께 감사드립니다. 그리고 이 프로젝트를 진행하면서

참 안타깝게 생각하는 것은 이런 작업이 한 10년 전쯤 추진했더라면 하는 아쉬움이 있습니다. 그러면 고향을 생생하게 기억하시는 분들이 더 많았을 것이고 내용이 보다 알차고 충실했을 것으로 생각됩니다. 그러나 지금도 늦지 않았고, 지금이라도 해야 한다는 절박한 심정으로 추진했습니다.

대담자 : 『두고 온 고향 남기고 싶은 이야기』 프로젝트가 큰 의미가 있는 것은 이북에서 그분들이 사셨을 당시 삶의 모습이 그대로 그분들의 입을 통해서 직접 전해지기 때문이라고 생각합니다.

이명우 지사 : 맞습니다. 월남 1세 어르신들의 생생한 삶의 기록이며 한 분 한 분 삶의 기록이 모여 실향민의 역사가 된다고 생각합니다.

대담자 : 그래서 사실은 지사님이 그동안 도지사로 도정 활동을 하시며, 이것은 정부 차원에서 자료들을 수집하고 정리해야 했다는 그런 생각을 많이 하셨을 것 같습니다.

이명우 지사 : 네, 작업하며 그런 생각을 절실하게 느꼈어요. 이런 작업은 더 일찍 철저하게 해야 했다는 아쉬움이 많이 남았습니다. 우리의 역사는 어떤 위대한 인물이나 정치가들에 의해 만들어지지만, 그 역사의 밑바탕에는 민중의 힘을 무시할 수 없습니다. 즉 개개인의 삶이 하나씩 모여 역사가 이뤄지는 것이 아니겠습니까? 그런 점에서 볼 때 어쩌면 위대한 사람의 인생보다는 보통 사람들의 인생을 하나하나 묶은 것이 진실한 역사가 될 수 있겠다는 생각으로 이 작업을 하게 되었습니다. 제가 1세 어르신들을 인터뷰하면서 알게 된 것 중에, 6.25 전쟁 이후 소위 1·4 후퇴 때 월남 한 분은 그렇게 넘어오는 데 별 어려움이 없었던 거 같아요. 물론 고생은 많았지만, 월남할 때 북괴군의 감시를 받지는 않았습니다. 그런데 해방 후 6.25 전쟁 이전에 월남한 분들은, 1945년 해방 이후 북한 사회가 공산주의가 공고화되고 공산당 정권이 시작되는 단계에서 지주

나 부르주아 자본가들 그리고 기독교인들이나 소위 지식인들입니다. 이런 분들은 북한에서 도저히 살 수 없어서 월남하게 되었습니다. 이분들은 당시 38선이 굳게 닫혀있었고 경비도 아주 심해서 38선을 넘는 과정에서 어려움을 많이 겪었다고 말씀하더군요. 1·4 후퇴 시 월남 한 분은 기차를 타거나 군용차를 타고 대부분 하루 또는 3~4일 걸려 내려왔다고 합니다. 하지만 6.25 전쟁 전에 내려온 분들은 인민군의 감시를 피해 안내자의 안내를 받으며 내려왔기에 시간이 오래 걸렸던 것 같습니다. 어떤 분의 증언에 의하면 내려오다가 검문에 걸려 다시 이북으로 돌아가는 경우도 있었다고 합니다.

대담자 : 이 프로젝트를 추진하면서 이분들이 사실은 고향에 대한 간절한 그리움 그리고 이산가족을 만나고 싶은 간절한 마음을 절실히 느끼셨을 것 같습니다. 그럼, 이분들이 주로 정부에 말하고 싶거나 본인 마음속에 담고 있는 소원은 무엇이었나요?

이명우 지사 : 어르신들의 생각은 참 소박해요. 고향 한번 가봤으면 좋겠다는 소망을 이야기하고 계세요. 공산주의, 민주주의 따지는 것보다는 아버지와 어머니 그리고 같이 살던 고향 친구들하고 어울려 놀던 그 고향을 그리워하는 마음이었습니다. 그런 다음 세상을 떠났으면 좋겠다는 소박한 소원이 있습니다. 사실 가장 소박하면서도 어쩌면 가장 절실한 소원이라고 생각합니다.

대담자 : 지사님도 이북에서 태어나 같은 실향민으로 개인적인 아픔이 있으시잖아요. 지사님 가족은 언제 어떻게 월남하게 되었는지 말씀해 주십시오.

이명우 지사 : 네, 우리 가족은 1948년 겨울에 제 나이 두 살 때 부모님과 저보다 4살 위에 형님하고 이렇게 네 가족이 월남했습니다. 사실 해방 이후부터 6.25 전까지 월남한 분들은 대부분 공산주의 체제하에서 살기 어려운 분들이 내려오셨지요. 저의 아버

지도 공무원이었고 금융조합에도 다녔기 때문에, 공산 치하에 협조하기는 어렵다는 신념으로 월남을 결심하였습니다. 우리 가족은 내려올 때 큰 어려움을 겪지 않았다고 합니다. 38선을 넘을 때 인솔자의 친절한 안내로 특별한 어려움은 없었지만, 대신 비용은 많이 들었다고 합니다. 우리 가족은 월남 후 서울 광희동이라는 곳에 정착했습니다. 일 년 반 정도 광희동에 거주했는데, 6.25 전쟁이 났습니다. 그때 아버지 생각에 북한이 싫어 북에서 온 사람이니 북괴군에 잡히면 죽임을 당할 것이라는 생각이 드셨던 것 같습니다. 그래서 남으로 피난하여 정착한 곳이 충남 논산군 노성면이란 곳이었습니다. 제가 어린 시절을 보낸 곳입니다. 그곳 노성면에서 초등학교 4학년까지 다니다가 4학년에 논산읍으로 이사하여 6학년 2학기 때인 1959년에 서울로 올라와 쭉 서울에서 살게 되었습니다.

대담자 : 혹시 이북에는 다른 가족도 계신가요?

이명우 지사 : 네, 있습니다. 다행히 부모님과 형님 이렇게 직계 가족은 모두 월남하였습니다. 하지만 고향 양덕에는 할아버지와 할머니 그리고 나이 어린 고모님이 계셨다고 합니다.

대담자 : 어릴 때 내려오셔서 고향에 대한 기억은 거의 없으시겠습니다.

이명우 지사 : 네, 사실 기억이 없습니다. 기억이 날 정도의 나이에 내려왔더라면, 아마도 제 성격에 고향이 그리워 향수병에 힘들었을 것 같아요. 할아버지와 할머니 그리고 고모에 대한 기억은 전혀 없습니다. 다만 아버지께서 할아버지가 한학에 조예가 깊으신 분이라고 하셨습니다. 제 생각에는 할아버지가 뛰어난 학자라기보다는 자식 교육상 할아버지를 본받으라는 뜻으로 말씀하신 것 같습니다.

대담자 : 지사님은 성장하시면서 아버지가 명절 때 고향의 부모님을 그리워하는 광경을 옆에서 많이 지켜보셨을 것 같습니다. 마음이

4. 국내외 언론기관 인터뷰

어떠셨어요?

이명우 지사 : 특히 명절 때인 설날이나 추석이면 우리 가족은 천주교를 믿어 특별히 제사를 지내지는 않았습니다. 아버지께서는 음식을 차려 놓고 묵념하시며 고향의 할아버지와 할머니, 그리고 두고 온 어린 동생인 고모를 생각하셨던 것 같습니다. 아버지는 성격이 활달하신 어머니와는 다르게 아주 조용하시고 차분하신 편이었습니다. 별로 말씀은 없으셨으나 조용하게 눈을 감으시며 북에 계신 할아버지와 할머니를 생각하셨던 그 모습이 지금도 눈에 선합니다. 그리고 가끔 고향에 명절 이야기도 하셨습니다. 평남 사람들은 대부분 명절 전날에는 빈대떡을 지지고 만두 빚는 일을 합니다. 가끔 순대도 어머니께서 직접 만들어 주시곤 했습니다.

대담자 : 지사님이 두 살 되던 해에 월남하셔서 고향 양덕에 대한 기억이 전혀 없으시죠? 하지만 부모님께 들은 고향 이야기 중에 혹시 생각나는 게 있으면 말씀해 주십시오.

이명우 지사 : 제 어머니는 양덕 읍내에 큰 온천장이 있는 옥천여관이라는 집의 딸이었습니다. 저의 아버지는 군청에 근무하느라 어머니의 여관집에 장기간 하숙을 하는 하숙생이었지요. 아버지는 군청이 있는 읍내에서 약 20리쯤 떨어진 곳에 살았기에 외할아버지의 옥천여관에서 장기 하숙을 하다 보니 외할아버지께서 살펴보며 좋은 감정을 느꼈던 것 같습니다. 아버지는 조용하고 얌전하신 편이셨어요. 흔히 모범적인 청년이었습니다. 외할아버지께서 훌륭한 청년으로 판단하셔서, 두 분이 인연을 맺게 되었다고 합니다.

대담자 : 부모님 두 분 다 실향민이시라 고향 이야기를 많이 하셨겠네요. 명절 때라든가 가끔 고향에 대해서도 말씀하셨을 텐데 무슨 말씀을 하셨어요.

이명우 지사 : 할아버지가 한학을 하신 분이라 겉으로는 무척 근엄하고 마음은 따뜻하셨고, 아버지가 3대 독자로 귀엽게 자라신 것 같습니다. 할아버지의 지극한 자식 사랑으로 우리 아버지도 "너희들을 사랑하지 않을 수 없다." 하시며 자식 사랑이 지극하셨습니다. 이남에 일가친척이 거의 없다 보니 가족 간에 정이 두터웠습니다. 어머니 집안이 온천장을 했는데, 양덕온천이 당시 전국에서 가장 유명한 온천이었다는 말씀을 자주 하였습니다. 온천물이 나오는 곳에는 흐르는 물에 달걀을 넣으면 달걀이 익혀진다는 이야기도 들었습니다. 일본 사람들이 온천욕을 좋아해서 양덕 산골까지 일본인들이 많이 왔다고 합니다. 또 일제강점기에 전국 온천 품평회를 했다고 합니다. 그 당시 유명한 온천은 남한에 동래온천, 온양온천 같은 곳이 있었는데 품평회에서 양덕온천 물이 단연 1위를 했다고 해요. 온천물이 뜨겁고 몸에 좋은 각종 광물질이 많이 녹아있어 최고의 온천으로 선정되었다고 합니다. 야외온천장으로는 소탕지, 대탕지가 있었다

김병수 고문이 그리신 양덕군 양덕읍 전경

고 하는 데 아마 온천의 크기에 따라 붙여진 이름 같습니다. 우리 양덕군 출신 어르신 중에 김병수 선생이 계십니다. 그분이 그림을 아주 잘 그리십니다. 제가 도지사로 임명받았을 때, 양덕읍 전경을 유화로 그려 선물로 주었습니다. 뒤에는 높은 산이 있고 앞에는 양덕천이 흐르는 전형적인 산촌마을 모습입니다. 양덕 읍내 기와집들이 여러 채 그려져 있었는데 그중에 조금 크게 그린 집이 있더군요. 그래서 여쭤보니 그분 말씀이 "바로 이 집이 지사께서 태어나신 집입니다." 해서 감회가 깊었습니다.

대담자 : 지금 양덕은 많이 개발된 것으로 알고 있는데요.

이명우 지사 : 천지개벽이란 말이 맞을 겁니다. 엄청나게 변했다고 합니다. 아시는 것처럼 김정은 위원장이 해외관광객 유치를 위해 관광지로 개발한 곳이 북한에 세 곳이 있지 않습니까? 원산 해수욕장, 백두산 천지연 관광지 그리고 나머지 한 곳이 바로 양덕온천을 중심으로 한 대단위 복합 레저타운입니다. 김정은이 신세대는 신세대 같습니다. 대단위 온천장을 비롯하여 국제 규모의 스키장 그리고 각종 레저 시설을 갖춘 복합 레저타운으로 개발한 것 같습니다. 통일이 되거나 아니면 통일이 안 되더라도, 남북 관계가 잘 된다면 제 고향인 양덕에 꼭 가보고 싶습니다. 고향에 가서 제가 태어난 곳도 보고 양덕온천에 가서 온천욕도 하고 싶습니다.

대담자 : 영상인터뷰를 다 끝내셨다고 하셨는데요, 앞으로 영상편집과 책자발간은 언제쯤 마무리가 됩니까? 그리고 어떤 식으로 홍보하실 계획인지 간단히 말씀해 주십시오.

이명우 지사 : 네, 이제부터 영상인터뷰 원고를 정리하고 영상편집 작업을 시작하려고 합니다. 지금 이 작업을 진행한 지 6개월 되었습니다. 오늘 현재 100분에 대한 인터뷰를 완료했는데, 직접

영상인터뷰는 75분 했습니다. 나머지 25분 들은 영상인터뷰를 할 수 없어 개별적으로 대면 인터뷰를 하거나 1세 어르신들이 평남민보나 각 시·군에 기고한 회고록을 정리하여 책자 발간을 위한 원고를 작성했습니다. 기본 작업은 이제 다 끝난 셈입니다. 이제부터 본격적인 작업의 시작입니다. 이제 원고를 완성하고 수정 보완한 후 교정을 보는 시간이 한두 달 정도 걸릴 것 같아요. 목표는 9월 말까지 원고작업과 영상편집 작업을 완료하고 10월 중에 기록물 보관용 영상편집을 완료하고『두고 온 고향 남기고 싶은 이야기』제하의 책자도 발간할 계획입니다.

대담자 : 그러면 사실 기록물이지만 기록물로 남겨지기만 할 게 아니고 많은 사람이 공유해야 하지 않습니까? 어떤 방법으로 기록물로 남기고 도민들과 공유할 것인지 말씀해 주십시오.

이명우 지사 : 네, 맞습니다. 기록물로도 남기고 평남도민뿐 아니라 많은 사람과도 공유하는 방법을 생각하고 있습니다. 우선 첫째는 책자를 발간하여 도민들에 나눠주고 전국 주요 도서관에도 기증하여 보관하도록 할 계획입니다. 두 번째는 영상 유튜브를 제작하여 유튜브를 통하여 일반 대중에게도 전달할 것이고 그다음에 홍보할 계획입니다. 지금 제가 아직 장담은 못 하지만, 이 기록물 자체가 과연 평남도민과 평남도청만의 기록물은 아니라는 생각입니다. 조금 더 확대해서 국가기록물로 만들어야 한다고 감히 말씀드리고 싶습니다. 그래서 정부 관계부처와 협의해 이것을 국가기록물로 지정할 수 있도록 노력해보려고 합니다.

대담자 : 국가기록물로 지정이 되면『두고 온 고향 남기고 싶은 이야기』프로젝트가 큰 의의가 있는 사업으로 남을 것 같습니다. 지사님께서 주도하여 추진하는 이 사업이 평안남도뿐만 아니라 타도에서도 많이 알려졌습니다. 타도에서도 반응이 있었습니까?

타도에서도 이와 같은 사업을 추진하려고 하는 데가 있는지요?

이명우 지사 : 우리 평남이 『평안남도를 빛낸 인물』을 1, 2차에 걸쳐 발간하고 나니 황해도의 김기찬 지사께서도 〈황해도를 빛낸 인물〉 발간 작업을 추진하고 있습니다. 그리고 우리 평안남도가 『두고 온 고향 남기고 싶은 이야기』 사업을 완료하면 우리 평안남도를 벤치마킹하여 타도에서도 추진하리라고 생각합니다. 만약 타도에서 우리와 같은 프로젝트를 추진하려고 하면 그동안 우리들의 경험을 공유해서 사업이 잘 추진될 수 있도록 도와줄 생각입니다.

대담자 : 이 작업이 마무리되면 또 생각하시는 사업이 있습니까? 지사님은 아이디어도 많으시고 추진력도 있으시니, 혹시 구상하시는 또 다른 계획이 있습니까?

이명우 지사 : 저는 도지사로 3년 동안 봉직하면서 보람 있는 일을 하려고 노력했고, 또 그런 노력의 결과물이 있었다고 생각합니다. 제가 마지막으로 하고 싶었던 일은 평남무형문화재를 육성 발전시키는 데 도움을 주는 일이었습니다. 이를 위해 올해 새롭게 평남무형문화재를 하나 추가로 선정하였습니다. 현재 평남무형문화재로 지정된 것이 다섯 종목이 되었습니다. 그 다섯 종목에는 춤도 있고 소리도 있고 놀이극도 있습니다. 무형문화재 구성이 잘 짜여져, 이 다섯 종목의 평남무형문화재를 정기적으로 합동 공연무대를 만들어 보았으면 하는 생각입니다. 올 가을에 처음으로 평남무형문화재 합동 공연을 기획하여 무대에 올리고 싶습니다. 그래서 해마다 한 번씩 정기적으로 합동 공연을 개최하였으면 합니다. 그러면 우선 평남무형문화재 보유자들에게 발표의 장을 마련해주는 기회를 주고, 두 번째는 평남도민들이 무형문화재 공연을 정기적으로 관람하면서 우리 고향에 무형문화재가 어떤 것이 있는지 알게 되고, 그 결과 평

남도민들이 정체성을 찾고 정서적으로 일체감을 주는 효과가 있다고 생각합니다. 좀 더 확대하면 일반 시민들에게 평남의 우수한 무형문화재를 이해할 수 있는 기회를 제공할 것으로 생각합니다. 우리가 무형문화재를 보존하고 유지하고 지원하는 근본 이유는 전통 문화예술의 보존과 계승이 바로 역사의 보전 작업이기 때문입니다.

우리 평남의 무형문화재가 지금 이북에서는 거의 사라졌다고 하는 이야기를 들었어요. 이북은 무형문화재나 대중 예술을 정치 전선 도구화하지 않습니까. 공산당이 선전 선동의 중요한 방편으로 이용하고 있기 때문에 평남의 전통무형문화재가 변질되거나 사라지고 있다고 합니다. 그래서 아마 현재 북한에는 평남무형문화재를 전승하는 사람이 없어서 보존이 힘든 것으로 알고 있습니다.

우리가 이곳 대한민국에서 평남무형문화재를 잘 유지하고 전승 발전시키면 평화통일이 되었을 때 원형의 모습을 우리 고향 평남에서 재현할 수 있는 것으로 확신합니다. 그런 사명감을 갖고 평안남도와 평남도민들은 평남무형문화재에 애정을 갖고 지원하고 육성 발전시켜야 한다고 생각합니다.

대담자 : 그러면 지금 평남무형문화재를 전승하시는 분들은 이북 출신분인가요?

이명우 지사 : 네, 말씀드린대로 평안남도가 지정한 무형문화재가 다섯 종목이 있습니다. 그중에서 〈김백봉부채춤〉 잘 아시죠? 〈김백봉부채춤〉의 그 김백봉 선생이 평양 출신입니다. 현재 김백봉 부채춤 예능보유자는 김백봉 선생의 따님인 경희대학교 무용과에 안병주 교수입니다. 그다음 〈평남수건춤〉의 예능 보유자이신 한순서 선생도 평양에서 태어나신 분입니다. 그리고 〈평양검무〉는 평양에서 월남하신 이봉애 선생이 안양에 정착하여

제자들을 기르고 육성하여 〈평양검무〉의 원형을 남한 땅에 보존하고 전승하였습니다. 현재 예능보유자로 지정된 정순임 선생과 임영순 선생은 아쉽게도 평남 출신은 아닙니다. 최근에 〈평양검무〉 전수교육 이수자 중에 평남 출신이 한 사람 있다고 합니다.

그리고 잘 아시는 우리 평남무형문화재 중 민속놀이극인 〈향두계놀이〉는 평안도 농촌 지방에서 전래해 오던 두레를 서도소리 가락의 노동요와 만담적인 사설로 꾸며내는 농촌 마을의 놀이극이지요. 이 〈향두계놀이〉를 복원하여 전승하고 있는 분이 서도소리 명창인 유지숙 선생이십니다. 유지숙 선생은 강화에서 태어났지만 어머니가 황해도 출신으로 황해도민 2세입니다. 서도소리하면 황해도와 평안도 소리이니까 넓은 의미에서는 서도소리를 이어받은 2세라고 볼 수 있겠지요.

평남 무형문화재 제5호인 〈평안도배뱅이굿〉은 예능보유자가 박정욱 명창인데 이은관 선생의 수제자입니다. 배뱅이굿은 1920년대 초에 평남 용강군 출신의 명창인 김관준 선생에 의해 오늘날과 같은 배뱅이굿이 완성되었다고 합니다. 또한 박정욱 명창은 국가무형문화재 제29호인 서도소리 명창 김정연 선생을 사사한 서도소리 정통 전수자라고 볼 수 있습니다. 김정연 선생은 잘 아시는 바와 같이 평양 권번 출신으로 평양에서 태어나신 분이지요. 그렇게 보면 〈평안도배뱅이굿〉은 그 뿌리가 평남임을 알 수 있습니다.

대담자 : 지사님은 평안남도 무형문화재에 애정이 깊으신 것 같습니다. 지사님, 지난 3년 동안 도지사로서 활동하며, 도지사보다는 이북도민의 한 사람으로서 후세들에게 좀 남기고 싶은 이야기 있으시면 한 말씀 해주십시오.

이명우 지사 : 저는 후세대 청년들에게 이런 이야기를 해주고 싶습니다.

우리 대한민국을 건국하는데 우리 이북 출신 선대 어르신들이 이바지한 공이 너무나 크다 하는 점을 특별히 강조하며 잊지 말아야 한다고 말하고 싶습니다. 무엇보다도 우리나라는 민주공화국이며 자유민주주의를 바탕으로 시장경제체제를 유지하는 나라가 되어야 한다는 것을 강조하고 싶습니다. 그리고 항상 월남 1세 어르신들의 고향인 평남이 바로 내 고향이라는 생각을 가졌으면 합니다. 그리고 고향을 반드시 가야겠다고 생각하고, 찾아가기 위해 노력해야 한다는 말씀을 드립니다. 그래서 준비를 항상 해라. 그리고 평남을 빛낸 수없이 많은 지도자와 훌륭한 분들이 많이 있지만 바로 여러분들의 부모님이 훌륭한 스승이다. 그런 부모님의 강인한 정신과 애국 애향 정신을 본받아 우리나라를 앞으로 크게 일으키는 그런 주역들이 되었으면 하는 바람이 있습니다.

대담자 : 지사님이 지난 3년 동안 도지사로 활동하며 느낀 점이 많으신데, 이북 도민사회 미래에 대해서도 애정 어린 걱정을 많이 하십니다. 이북 도민사회 미래를 위해 우리 이북도민이 어떤 식으로 이 조직을 끌고 나가야 하는지, 앞으로 어떤 역할에 충실해야 하는지, 간단하게 말씀해 주세요.

이명우 지사 : 네, 사실 1세 어르신들이 중심이 되어 이끌어 왔던 도민사회는 오로지 고향을 가겠다는 일념과 애향심만 가지고 똘똘 뭉쳐 굳건하게, 또 활발하게 활동해 왔습니다. 2세의 경우도 1세인 부모님들의 손에 이끌려 도민 활동에 참여하였기에 1세만은 못 합니다만 애향심과 도민사회에 대한 충성심은 여전히 높다고 볼 수 있습니다. 2세까지만 해도 부모님의 고향인 평남이 바로 내 고향이라는 생각이 있습니다. 그런데 3, 4세대로 넘어가면 그런 생각이 옅어지는 것이 사실입니다. 어쩔 수 없지만 자연스런 일이라고 생각합니다. 그런데도 월남 1세 어르신들

이 세운 평남도민회와 도민사회를 계속하여 유지하고 발전시켜나가야만 하는 것도 3세 4세 후세대들의 몫이 아닌가 생각합니다. 그러기 위해서는 도정과 도민회는 3, 4세대 후세대가 흥미를 느끼며 도민사회에 참여할 수 있는 여러 가지 프로그램을 개발해야 할 것 같습니다.

저는 『평남을 빛낸 인물』 작업을 추진하면서 느낀 것은 우리 선대 어르신 중에 너무나 훌륭한 분들이 많다는 사실입니다. 그렇게 훌륭한 분들의 유전자를 갖고 태어난 우리 평남 3, 4세대들은 그분들에 못지않은 훌륭한 일을 할 수 있어야 하지 않을까요?

훌륭한 유전자와 강인한 맹호출림의 정신이 언젠가는 발휘될 것으로 확신합니다. 그래서 우리 평남 후세대들이 국가와 세계를 위해 큰일을 하여 선대 어르신들을 뛰어넘는 사람들이 많이 배출되길 바랍니다. 그런 사람들을 양성하기 위해 우리 함께 노력해야겠습니다.

대담자 : 정부 통계를 보면 이제 탈북민이 3만 4천 명을 넘어서고 있습니다. 지사님께서 전국적으로 가족결연 사업도 하고 탈북민을 위한 통일 교육프로그램도 많이 개발해서 진행하고 계시며 취업 알선 사업도 하는 등 탈북민의 대한민국에 정착할 수 있게 여러 가지 지원 사업을 하고 있지 않습니까? 그런데 실질적으로 탈북민들에게 정말 피부에 와 닿는 도움을 줄 수 있는 그런 일에 대해 말씀해 주십시오.

이명우 지사 : 우리 이북5도위원회와 평안남도에서 이북도민과 탈북민을 연결하는 가족결연사업을 계속해 왔습니다. 그런데 일회성 행사로 끝나는 경우가 있습니다. 가족결연사업을 좀 더 심도 있고 실효성 있게 지속할 필요가 있습니다. 그다음 북한 이탈주민들을 위한 멘토 사업을 새롭게 해나갔으면 합니다. 가족결연

사업의 확장으로 볼 수도 있습니다만, 북한 이탈주민들에게 남한 사회정착에 필요한 각종 생활지식과 정보를 제공하고 또 자문에 응할 수 있는 그런 북한 이탈주민 멘토를 좀 많이 양성하여 수시로 그분들한테 가까운 거리에서 도움을 줄 수 있는 멘토 시스템을 구축하였으면 합니다. 물론 먼저 온 북한 이탈주민 중에서 멘토로 선발하여 이들을 대상으로 체계적으로 멘토 소양 교육을 받게 하여 양성하는 방법도 필요할 것 같습니다. 또 하나는 현재 정부조직법상 이북5도위원회가 북한 이탈주민을 지원하고 남한 사회에 정착할 수 있게 하는 데 한계가 있습니다. 북한 이탈주민이 남한에 오는 경우 우선 국가정보원에서 안보 관련 조사를 한 후 통일부 주관으로 3개월간의 대한민국 사회정착에 필요한 기본교육을 합니다. 이 과정에서 이북5도위원회의 역할이 거의 없는 실정입니다. 우리의 주장은 같은 동향 사람으로 정서적으로 교감이 잘 될 수 있는 이북5도위원회와 이북 도민사회가 이들의 교육과 사회정착 업무를 책임지고 맡아 하는 것이 보다 효과적이며 예산도 절감할 수 있다고 생각합니다. 오늘도 그런 세미나에 다녀왔습니다. 그리고 그 세미나에서 제가 이와 같은 우리의 입장을 강력하게 주장하였습니다.

이제는 북한 이탈주민의 사후 관리업무는 통일부에서 행정안전부로 이관할 때가 되었다고 생각합니다. 이를 이북5도위원회에서 맡아서 심도 있고 체계적으로 했으면 좋겠습니다. 이북5도 위원회가 그 일을 맡아야 할 당위성은 분명합니다. 그분들이 사회정착에 가장 필요로 하는 것은 물질적인 도움보다는 정신적인 안정이며 사회 적응입니다. 그분들을 남한 사회에 정착시키기 위해서 정서적으로 안정시킬 수 있는 가장 좋은 방법은 같은 고향의 공기를 마셨던 사람, 같은 고향의 물을 마셨던 사람, 그리고 고향의 말씨로 이야기하는 이런 고향의 어르신이나 선배들이 서로 마음을 터놓고 접근하면 마음을 열 수 있을 것이고 이야기도 쉽게 통할 수 있을 것입니다. 효과가 매우 클 것으로 생각합니다.

대담자 : 이북도민의 앞으로의 역할이나 자세에 대해서 말씀해 주셨는데 저도 개인적으로 앞으로 지사님께서 또 추진하는 일에 대해서 큰 기대를 걸고 있습니다. 큰 기대를 하며 앞으로도 좀 좋은 일 많이 해주시길 부탁드립니다.

이명우 지사 : 네, 감사합니다. 오늘 제가 마지막으로 이렇게 인터뷰를 하게 되었는데요. 그동안 1세 어르신들 93분을 대상으로 인터뷰하는데 여러분들이 많은 도움을 주셨습니다. 평남 명예시장·군수 단이 시·군민회장단과 함께 인터뷰대상자 선정에서부터 인터뷰 일정을 조정하는 등 인터뷰 과정에서 실무적인 일을 담당해 주었습니다. 그리고 최용호 중앙도민회장님을 비롯한 상임고문님들과 임원님들께서 깊은 관심을 갖고 성원하고 지원해주셨습니다. 이 자리를 통해 다시 한번 감사드립니다. 또한 김현균 차장님을 비롯하여 김숙진 청년부녀회장님, 이옥영 민주평통 이북5도협의회 부녀분과위원장님, 평남사무국에 장미희 주무관, 정하솔 청년회원, 임홍식 맹산군 간사면장, 은예린 작가 등 인터뷰를 담당한 분들의 노고가 너무나 컸습니다. 특히 김현균 차장께서는 기사 취재와 편집 업무 등 바쁜 일정에도 불구하고 지방 출장 인터뷰를 전담하여 주신 덕분에 인터뷰를 성공적으로 마칠 수 있었습니다. 진심으로 감사드립니다. 마지막으로 인터뷰 영상촬영을 헌신적으로 담당해 주신 이성환 감독님을 비롯한 촬영 팀에게도 감사 말씀드립니다.

대담자 : 저도 이번 『두고 온 고향 남기고 싶은 이야기』 프로젝트에 참여하게 되어 큰 보람을 느끼며 이같이 의미 있는 일에 동참할

기회를 주신 것에 깊이 감사드립니다.

이명우 지사 : 제가 3년 전 8월 26일 자로 정부의 부름을 받고 제18대 평남지사로 취임하였습니다. 이제 제 임기도 얼마 남지 않은 것 같습니다. 임기를 마치기 전에 영상인터뷰 작업을 완료할 수 있어서 무엇보다도 기쁩니다. 제가 도지사직에서 물러난 후에도 본 프로젝트를 훌륭하게 완성하도록 하겠습니다. 또 도민의 한 사람으로 돌아가 항상 도민사회에 관심을 쏟고 제 역할을 다하도록 하겠습니다. 감사합니다.

대담자 : 지사님, 그동안 고생 많이 하셨습니다. 늘 건강하시고 개인적으로도 큰 꿈과 성취하시고자 하는 소망 이루시길 바랍니다.

평안남도지사 이임식에 가족과 함께(2022. 7. 22.)

4. 국내외 언론기관 인터뷰

통일신문 림일 기자와 인터뷰

- 일   시 : 2023/01/12 [12:00]
- 장   소 : 평남도지사실
- 레포터 : 림일 객원기자

실향민 1세대들의 다사다난한 생애 통해 업적과 정신 기린다
실향민 1세 96인 증언 『두고 온 고향 남기고 싶은 이야기』

-이명우 월남 1.5세 증언도서 명예발간위원장

한 해가 다 저물어 가던 작년 12월 28일, 서울 종로 구기동 이북5도위원회 통일회관에서 다소 이색적인 행사가 열렸다. 96인 실향민들의 애환을 담은 도서 '두고 온 고향 남기고 싶은 이야기' 발간식(출판기념회)이 성황리에 진행되었다. 분단 역사이기도 한 70여 년 실향민 역사에서 처음 있는 일이다. 그동안 여러 실향민들의 개개인 자서전은 다소 있었

어도 이렇게 거의 100명에 가까운 사람들이 한 제목의 책자 속에 기록된 것은 초유의 일이다. 정말 놀라운 기록이다.

　책 속의 주인공인 실향민 1세대 어르신들과 가족, 관계자 등 수십여 명이 참석했다. 출판기념행사에서는 취재원 인터뷰 동영상 시청에 이어 관련자들의 상세한 경과보고가 있었다. 심금을 울리는 대목이 많았다. 전 2권으로 된 96인 실향민 증언도서 '두고 온 고향 남기고 싶은 이야기'는 모두 1,198쪽의 분량이다. 세상에 남기고 싶은 이야기가 무척 많다는 것이다. 이명우 실향민 증언도서 명예발간위원장을 만났다.

림일 기자 : 실향민 증언도서 발간 계기가 알고 싶다.
발간위원장 : 제18대 평남도지사로 재직할 때인 2년 전 두 번에 걸쳐 '평남을 빛낸 인물' 90인의 실향민 1세 어르신들을 선정해서 그분들의 생애를 정리해 두 권의 책을 낸 적이 있다. 평범한 마음으로 시작했는데 의외로 반응이 좋았다. 다음에 기회가 되면 자기도 증언하겠다며 긍정적 반응을 보인 분들이 적지 않게 있었다.
　　이후 21대 명예시장군수단은 머리를 맞대고 고민을 했다. 1세 어르신들의 월남 후 70여 년간의 삶에 대한 진솔한 이야기를 직접 인터뷰해 이를 책자와 영상으로 제작해보자고 적극적으로 나섰던 것이다. 이것이 원동력이 되었다.

림일 기자 : 도서 발간구상을 하게 된 이유는.
발간위원장 : 시간은 정말 살 같이 빠르다. 우선은 병마와 고령으로 인해 점점 줄어드는 실향민 1세대 어르신들의 다사다난한 생애를 통해 그분들의 업적과 정신을 계승하자고 함에서이다. 그리고 후계세대들에게 훌륭한 고향 선대 어르신들을 거울로 삼아 나라를 사랑하고 애향심을 길러 평남인의 자긍심을 함양시키고자 해서이다.

4. 국내외 언론기관 인터뷰

림일 기자 : 좀 더 구체적으로 말해준다면.
발간위원장 : 이번에 인터뷰한 실향민 1세대 어르신들의 고귀한 증언은 어쩌면 우리 대한민국 건국의 산 역사라고 해도 과언이 아니다. 역사는 기록이다. 후세들이 그 역사를 보면서 더 나은 미래를 창조할 것이다. 이제 여생이 얼마 남지 않은 이들의 증언과 모습을 이제 기록을 못 하면 영원히 묻힐 수도 있겠다는 절박감이 깊이 들었다. 솔직한 말로 10대 시절의 고향을 기억하는 실향민은 그렇게 많이 남아있지 않다.
　　평남을 빛낸 인물 90분을 선정하여 그분들의 위대한 생애를 정리해 두 권의 책을 낸 적 있는데 의외로 반응 좋았다. 그런 경험을 바탕으로 생존해 계시는 이북도민 1세 어르신들을 대상으로 그분들을 직접 인터뷰하여 책자로 남겼으면 하는 생각을 갖게 되었습니다. 이제 월남 1세 어르신들은 고령으로 인해 그 수가 점점 줄어가고 있습니다. 시간이 별로 남아 있지 않다는 절박한 생각이 들었습니다. 이런 1세 어르신들의 다사다난한 생애를 통해 그분들의 업적과 정신을 계승하여 후계 세대들에게 전하여 그분들의 나라사랑과 고향사랑의 정신을 후세들이 거울로 삼아 평남인의 자긍심 함양을 위해서 1세 어르신들을 직접 인터뷰하게 되었다.
림일 기자 : 주로 어떤 분을 선정하였는가.
발간위원장 : 공무원, 군인, 회사원, 기업인 등 다양한 직업을 가졌던 분들로 모두가 민족과 국가의 지도자였다. 자신과 가족의 안위보다 나라를 먼저 사랑하고 헌신했다. 맨주먹으로 기업을 일으켜 세계 10위권의 경제대국 건설에 기여한 분들이었다. 취재원 93명 중 72명이 평안남도 출신의 실향민 1세대 어르신들이고 나머지는 황해, 평북, 함경도 등 다른 도 출신 실향민들이다. 현재 실향민 최연소는 72세(1950년생)이고

평양감사 1054일 II

최장수는 100세 이상이다. 88세 이상 실향민은 대략 5만 명 정도로 추산된다.

림일 기자 : 취재단은 어떻게 구성했나.

발간위원장 : 도서 '두고 온 고향 남기고 싶은 이야기' 발간위원회를 발족하고 김건백 명예평양시장 겸 평안남도 16개 시·군 대표군수가 위원장을, 내가 명예위원장을 맡았다. 발간위원으로 김남길 명예진남포시장을 비롯한 15명이 활동했다. 매월 1~2회 인터뷰 관련 회의를 진행하였다. 16개 시·군 추천 58인, 도지사·유지 추천 15인, 16개 시·도지구 추천 16인, 해외도민회 추천 4인이다. 행정지원은 평안남도 사무국이 했다.

림일 기자 : 인터뷰는 어떤 방법으로 하였나.

발간위원장 : 실향민 1세 어르신들이 대부분 고령이라는 점을 감안하여 그분들을 찾아가서 취재하는 방식으로 했다. 이북5도위원회 대구사무소서 경북·대구, 부산사무소서 부산·경남·울산, 광주사무소서 광주·전남, 전북사무소서 전북, 대전사무소서 충남·대전·충북·세종, 인천사무소서 인천지역 거주 실향민들을 만나 취재하였다.

림일 기자 : 해외 취재원도 있던데.

발간위원장 : 미국 필라델피아 이북도민협회의 도움을 받아 현지 거주 실향민 4명을 영상인터뷰 하였다. 사전에 메일로 질문지를 보내고 영상을 촬영했다. 이번에 전국 이북5도위원회 지방사무실에서 직접 만나 인터뷰한 사람은 76명이고 나머지 17명은 서면으로 했다. 이유는 이북에 남겨진 가족·친인척들의 안전 때문이었다. 사실 전쟁 때 가족은 이제 별로 없겠지만 후손들이 이북에 남아있으니 안타까운 마음이 들었다.

림일 기자 : 특별히 기억에 남는 취재원은.

발간위원장 : 취재원 A씨는 1·4후퇴 때 홀로 넘어와서 군부대 노무자 생

활 10년간을 마쳤다. 이후 어디 갈 곳이 없어 해당 부대 장교의 고향(울산 언양)에 가서 배 밭을 샀다. 다음 베트남에 가서 돈을 벌어 배 밭을 일구어 농업기업인이 되었다. 지역에서 손꼽히는 거부가 된 그분은 울산 이북도민회를 통해 매해 거액을 기부하고 있다.

취재원 B씨는 가족과 함께 남쪽으로 피란을 내려오던 중 아버지의 손목을 놓쳐 고아가 되었다. 이후 서울에서 공부를 했고 어느 날 충무로에서 우연히 헤어진 아버지와 계모를 만났다. 눈물을 머금고 다시 아버지와 헤어졌고 악착같이 일해 돈을 벌었다. 지금은 후손들 모두 사회의 훌륭한 사람들로 성장시켰다.

림일 기자 : 평남 출신의 유명인사가 있다면.

발간위원장 : 일제강점기에 민족의 지도자이셨던 도산 안창호 선생, 고당 조만식 선생, 장면 박사를 비롯한 6분의 국무총리, 통합 조계종 초대 종중이신 효봉스님, 노기남 대주교, 6.25 전쟁의 영웅 백선엽 장군(강서), 김형석 교수, 김동길 교수님 등 종교계와 학계 그리고 문화예술계에 많은 인물들을 배출했다. 이 외에도 우리 대한민국의 독립과 해방, 6·25전쟁 승리를 위해 그리고 오늘의 경제 대국의 번영을 위해 묵묵히 헌신하신 많은 분들이 있다.

림일 기자 : 이번 사업 총평을 해준다면...

발간위원장 : 많은 어르신들이 평소 가까운 사람들 심지어 가족에게도 잘 말하지 않은 고향 애환까지 허심탄회하게 말씀해 주신 것에 진심으로 감사한다. 예로부터 "범은 죽어 가죽을 남기고 사람은 이름을 남긴다"고 하였다. 모두가 영웅들이다.

정말 다행이라고 생각한다. 어디서 들을 수 없는 고귀한 증언을 이렇게 도서와 영상으로 남겼으니 이것이 국가 유산이 아니고 뭐겠는가. 언젠가 통일이 되었을 때 후손들이 오늘의 실향민 1세대를 반드시 기억해 주리라 확신한다. 꼭 그래야 만이 그들이 과거를 답습하지 않고 새로운 것을 창조하면서 더욱 번영할 것이다.

림일 기자 : 태어난 고향이 어디인가?

발간위원장 : 1947년 7월 평안남도 양덕에서 태어났다. 아버지는 양덕 군청과 금융조합서 근무했다. 해방 후 들어선 김일성 공산정권의 종교탄압, 재산몰수 등에 실망했다고 한다. 이듬해 12월 부모님은 형님과 나를 데리고 남하했다. 아버지가 서울 을지로 6가서 잡화장사할 때 북한군의 침공으로 발발한 6·25전쟁이 터졌고 우리 가족은 충청남도 논산으로 피란을 갔다. 이후 1959년 서울 금호동으로 올라와 정착하였다.

림일 기자 : 아버님에 대한 추억이 궁금하다.

발간위원장 : 전시에는 군대에서 젊은 남자들을 노무자(군부대에서 일하는 사람)로 많이 끌어갔다. 아버지도 차출되었는데 어머니가 "남편을 끌어가려면 우리 4식구도 데려가라. 남편이 없이 우리는 어떻게 사는가?"며 항변했던 것이 기억난다.

아버지는 음력설이나 추석 때 밤이면 고향 양덕 이야기를 자주 들려주셨다. 계란도 삶아 먹을 정도의 온천이 유명하고 말씀하시면서 우리 형제에게 "너희들은 꼭 열심히 공부해서 훌륭한 사람이 되라!"고 입버릇처럼 강조하셨다.

림일 기자 : 어린 나이에 들었던 생각은.

발간위원장 : 유년 시절 또래 친구들이 방학이면 기차와 버스를 타고 할아버지, 할머니가 있는 시골로 놀러 간다고 할 때 나는 그럴 수가 없으니 막연한 마음으로 마냥 부러워했다. 그것도 어린 시절 잠깐 있었던 즐거운 시간인데 왜 그렇게 가슴이 먹먹했던지. 그래서 더 열심히 공부하여 꼭 남보다 뭐든 잘

4. 국내외 언론기관 인터뷰

      돼야겠다는 강한 의욕이 생겼다.
림일 기자 : 사회생활 경력은 어떻게 되나.
발간위원장 : 당시는 사회적 향학 열의가 대단히 높았다. 1971년 연세대학교 상학과를 졸업했으며 한국상업은행(지금의 우리은행 전신)에 입행하였다. 이후 3년간 군(軍) 복무를 마치고 1974년부터 산업은행의 자회사인 한국산업리스에서 근무하게 되었다. 그 후 국민리스 이사로 재직하다가 IMF 이후 퇴직하여 2001년 한미기초개발건설회사를 인수해 2019년까지 회장으로 건설회사를 경영했다. 2005년 단국대학교 대학원서 경영학 박사학위를 받고 명지전문대학교 경영과 겸임교수로 8년 동안 학생들에게 시장조사론과 광고론을 가르쳤다.
림일 기자 : 제18대 평안남도지사를 역임했다. 도지사 전에는 도민사회에 어떤 일을 하였는가? 도민회 활동 중에 특별히 기억에 나는 일은 무엇인가?
발간위원장 : 지난 2014년부터 평안남도중앙도민회 부회장 직무를 2019년까지, 행정자문위원을 2회 연임하였다. 2019년 5월부터 양덕군민회장을 역임했고 기억에 남는 일은 군민회 깃발과 조기(애도깃발)를 군민들의 아이디어로 교체한 것이다.
      그리고 2019년 8월부터 2022년 7월까지 1053일간 행정안전부 이북5도위원회 제18대 평안남도지사를 역임했다. 행정안전부 장관의 제청을 받아 대통령이 임명하는 정무직 차관급 공무원이다. 개인적으로 영광이라고 생각한다.
림일 기자 : 재임 기간 남긴 성과가 있다면 어떤 것이 있는가?
발간위원장 : 이북5도위원장 겸 평안남도지사를 역임하며 2020년 11월 강원도 속초시립박물관서 일제 강점기 우리 민족의 자존심을 건 대표적 항일투쟁인 봉오동·청산리전투 100주년을 기

> 평양감사 1054일 II

념하는 특별 사진전을 열었다. 속초에는 국내 유일의 실향민 마을이 형성되어 있고 그 후세(2~3세)들이 대거 살고 있다. 후계세대 교육사업은 정말 중요하다. 재임 기간 중 몇 권의 책을 발간하였다.『평안남도를 빛낸 인물』I, II 권과『평안남도를 빛낸 인물 90인 약전』, 그리고『두고 온 고향 남기고 싶은 이야기』I, II 권을 발간한 것이다.

림일 기자 : 앞으로 계획이 듣고 싶다.

발간위원장 : 실향민 1세대(이북에서 해방~6·25전쟁 기간 남하한 사람)로써 이북도지사 역임은 사실상 나를 마지막으로 끝이라고 봐야 한다. 이제는 후계세대가 바턴을 이어가야 한다. 제18대 평안남도지사 직무를 역임하는 1054일간 매일 같이 일기처럼 기록한 자료가 있다. 실향민 1세대 어르신들과 그 후손들의 이야기다. 개인적으로 가칭『평양감사 1054일』이란 제목하에 도정일기를 발간하려고 한다.

림일 기자 : 주변에서 칭찬이 자자하다.

발간위원장 : 부끄럽다. 똑같은 실향민으로서 이 나라 자유 민주화와 경제발전에 지대한 공적을 쌓고도 꿈에도 소원인 이북고향 땅 한번 밟지 못하고 끝내 세상을 떠나시는 어르신들이 너무 많아 가슴이 아프다. 어쩌면 우리 모두의 아픔이다. 그 아픔을 조금이라도 함께 나누고자 작은 후원금을 내고 힘자라는 데까지 도왔을 뿐이다.

꼭 하고 싶은 말은 이번 실향민 96인 증언도서 '두고 온 고향 남기고 싶은 이야기'와 인터뷰 영상물은 100% 이북도민 평남도민들의 후원금으로 제작하였다. 이 지면을 빌어 소중한 후원금을 보내주신 모든 분에게 정말 고맙다는 인사를 머리 숙여 드린다. 앞으로 위와 같은 사업은 정부에서 재정을 지원해 줬으면 한다. 실향민 1세대 어르신들에게는 시간

4. 국내외 언론기관 인터뷰

이 많지 않다. 그들의 기억이 없어지기 전에 귀한 자료를 남겨 후계세대에게 대한민국 분단과 전쟁, 건국의 역사를 꼭 알려야 한다.

5. 내가 걸어온 길
The Road I've walked

5. 내가 걸어온 길
The Road I've walked

  2022년 7월 14일 제21대 평남 명예군수단과 함께 연평도로 지도자 워크숍을 가던 날 연평도행 여객선 선실에서 후임 도지사 인사명령 소식을 접했다. 윤석열 정부가 출범한 이후 마음속으로 준비는 하고 있었으나 그래도 예상했던 것보다는 다소 빨라진 것 같아 놀라기도 했고 솔직히 조금은 섭섭한 마음도 있었다. 연평도를 가는 선실에서 가만히 눈을 감고 지난 3년간의 평안남도 도지사로서의 공적 생활을 생각해보았다. 도지사의 길을 걷게 된 것은 나로서는 전혀 예상하지도 못했던 기회였고 영광스러운 길이었다. 그런 만큼 나름 최선을 다해 나에게 맡겨진 책무를 성공적으로 수행하려고 노력하였고 평남도민들의 정신적인 지주로서 평남도민회의 발전을 위해 열심히 봉사하려고 하였다.
  월남 1세 어르신을 만나면 고향을 그리시다가 돌아가신 부모님 생각을 떠올리며 공경하는 마음으로 대했고 그분들의 경험과 지혜를 배우려고 노력하였다. 동년배 평남도민들과는 친구처럼 격의 없이 지내려고 노력하였고 후배들에게는 모범을 보이며 평남인의 정체성과 자유 평화통일에 대한 신념을 불어 넣어주려고 나름 노력했다. 특히 평남을 빛낸 인물을 선정하여 이를 책자로 발간하여 그분들의 숭고한 삶과 정신을 후계세대에 전하려고 하였다.
  고등학교 시절 윤동주 시인을 알게 되었다. 그 당시 그가 지은 서시(序詩)의 한 구절은 나에게 큰 울림을 주었다. 시인의 안타까운 죽음이 서시의 영적 순수성과 진솔함을 더하여주면서 그 시절 시의 맛을 알아 갈 즈음에 나의 영혼을 일깨워 주웠다. "죽는 날까지 하늘을 우러러 한 점 부끄럼이 없기를, 잎새에 이는 바람에도 나는 괴로워했다" 서시의 첫 소절을 읽어 내려가는 순간 가슴이 먹먹하고 숨이 막히는 느낌을 받았다. 이

5. 내가 걸어온 길

어 내 영혼도 순수하게 맑아져 감을 느꼈다. 한 소절을 읽고 눈을 감고 시인의 마지막 순간을 떠올려 보았던 기억이 있다. 젊은 시절 시인의 말처럼 늘 한 점 부끄럼이 없는 삶을 살아보겠노라고 각오도 했고 노력도 했다. 그러나 살아오면서 현실은 그러하지 못했음을 고백하지 않을 수 없다. 그러나 때론 나의 생각과 행동이 바르지 못하게 될 때 서시의 한 구절이 나에게 순수함을 되찾아주기도 하였다.

　그 시절 내가 즐겨 암송했던 시가 또 하나 있었다. 로버트 프로스트가 지은 '가지 않은 길'이었다. 살아오면서 늘 내가 가지 않았던 아니 가려고 했으나 가지 못했던 길에 대한 동경과 아쉬움이 있었다. 청소년 시절 그 당시 대부분 친구들이 그러했던 것처럼 나도 판검사나 고위공직자가 되고자 했다. 그러나 대학 시절 과외지도를 해 학비를 마련해야 했던 나로서는 고시 공부를 할 시간적 여유가 없었다. 졸업 후 금융기관에 들어가 사회생활을 시작한 나로서는 청소년 시절의 꿈을 접고 현실에 충실하고 만족해야 했다. 내가 택했던 길을 걸으며 내가 걸어왔던 그 길 또한 국가와 사회에 기여하는 길임을 알게 되었고 내가 걸어온 그 길에 한없는 자긍심과 보람을 느꼈다. 그러나 마음 한구석에는 가끔 청소년 시절의 꿈을 생각하며 내가 걸어보지 못한 그 길에 대한 미련과 아쉬움이 가끔은 있곤 하였다. 내가 걷지 못한 그 길이 과연 어떤 길일까? 프로스트가 말한 '내가 가지 않은 길'은 어떤 길이었을까?

　2019년 8월 전혀 기대하지도 않았고 예상하지도 못했던 나에게 정무직 차관급인 평안남도 도지사라는 영광스런 자리가 주어졌다. 살아오면서 두 갈래 길에서 내가 가지 않았던 그 길, 아니 내가 가고 싶었던 그 길은 과연 어떤 길일까 궁금해하였고 한편으로는 아쉬워하기도 하였다. 도지사로 지명되었다는 연락을 받고 순간 프로스트의 'The road not taken'이란 시가 떠올랐다. 내가 가고 싶었던 그 길이 이제 내 앞에 펼쳐진 것이다. 젊은 시절 가고 싶었던 그 길, 대학을 졸업하고 은행원으로 사회에 진출한 후 금융 분야에서 나 나름 열심히 배우고 열정적으로 일

하며 인정도 받았고 어느 정도 성취도 하였지만 가끔 내가 가보지 못했던 그 길, 아니 내가 갈 수 없었던 그 길에 대한 미련과 동경이 있었고 그 길이 어떤 길일까 궁금해하기도 하였다. 그러다 2019년 8월에 가고 싶었던 그 길을 가게 되었다. 3년간 그렇게 미련을 가졌던 가고 싶었던 그 길을 걸었다. 3년이 지난 지금 지난 온 3년간의 그 길을 회고해 보면 내가 그동안 걸어왔던 그 길과 별 차이가 없었음을 깨닫게 되었다. 이제야 나는 알 수 있을 것 같다. 젊은 시절 우리가 운명적으로 한 길을 선택하여 걸으면 비록 그 길이 우리가 원하여 선택했던 길이 아니라 할지라도 인생의 종점에 이르러서는 우리가 원했던 그 길과 같아진다는 것을...

2024년 올해에 내 나이 이제 만 77살이 되는 해이다. 세는 나이로는 78살이다. 인생 칠십고래희(人生七十古來稀)라 하지 않았는가? 고희를 맞이한 지도 어언 8년이 되어가니 이쯤해서 70여 년의 지나온 세월을 한 번 회고해 봄은 어떨까 하는 생각도 들었다. 그러나 아직은 나 자신 회고록을 쓰기에는 이른 것 같고 조금은 쑥스러운 생각이 드는 것이 사실이다. 마침 지난 3년간 제18대 평남지사로 봉직하는 동안 날마다 써 온 일기를 정리하여 『평양감사 1054일』이란 제목으로 책으로 펴내며 이 책 말미에 『내가 걸어온 길』이란 부제를 달아 지나온 나의 발자취를 정리하여 실었으면 하는 생각이 들었다.

하나님이 주신 크나큰 은혜로 아직도 현업에서 뛰며 사회활동을 하고 있기에 나중에 현업에서 물러난 후 조금은 여유로울 때 여기에 실린 글을 다듬고 보충하여 제대로 된 회고록을 내보려고 한다. 이에 지나온 나의 77년간 인생역정에 중요한 일들만 기억이 나는 대로 이야기 해보려고 한다.

나는 평남 양덕에서 태어났다.

나는 1947년 정해년(丁亥年) 음력 7월 20일 저녁 7시경에 평안남도 양덕군 양덕읍 봉계리 111번지에서 태어났다. 아버님은 관자 욱자(官字

5. 내가 걸어온 길

旭字)로 청해이씨 추밀공 세번공파 21세손이시며 어머님은 옥자 손자(玉字 孫字)이시다. 할아버님은 재자 호자(載字 鎬字)이신데 한학을 하신 유학자셨다. 청해이씨 본향은 함남 북청이며 시조는 이성계와는 의형제를 맺은 조선 건국의 1등 공신이셨던 휘 이지란 할아버지시다. 자손 대대로 무과와 문과에 급제하여 양반 가문으로 가문이 번성하였으나 조선 중엽에 이르러 서북인들에 대한 차별이 심해지면서 출사의 기회가 줄어들어 고조부 대부터는 명색만 양반 가문이었고 농업을 생업으로 하여 살아오셨다고 한다.

아버님은 어린 시절 할아버님으로부터 한문을 익히셨다고 하며 학교를 졸업한 후 군청에 직원으로 근무하셨다. 그 후 읍내에 금융조합에 근무하시게 되었는데 집에서 읍내까지 거리가 좀 되어 양덕 읍내에 있는 옥천이란 온천여관에 장기 하숙을 하게 되셨다. 이때 아버님의 성실함을 눈여겨보신 옥천 온천장 주인이셨던 외할아버지께서 막내 따님인 어머니의 배필로 정하여 두 분이 인연을 맺으셨다.

외할아버님은 젊은 시절 잠시 일본 경찰에 근무하셨다. 솔직히 말하자면 일제에 협조한 친일파이다. 그러나 외할아버님은 철저히 일제에 부역하지는 않으셨던 것 같다. 잠시 순사로 있다가 무슨 일이 있으셨는지 순사직을 그만두시고 읍내에서 온천장을 경영하셨다. 주위 분들한테 인심을 잃지 않으셨는지 주위 사람들이 "옥 순사, 옥 순사"하면서 존경하였다고 한다. 이 말은 내가 10여 년 전에 양덕군민회에 나가 애향 활동을 하면서 외할아버님을 기억하시는 고향 어르신들로부터 직접 들은 이야기다.

내가 태어난 평남 양덕군

나는 두 살이 되던 해 겨울에 부모님 등에 업혀 월남하였기에 내가 태어난 양덕에 대한 기억은 없다. 그러나 아버님과 고향 어르신들로부터 자라면서 고향 양덕에 대한 이야기를 자주 들었다. 산 좋고 물 좋은 고장이라고들 하셨다. 주위에 높은 산들로 둘러싸인 분지로 특히 양덕은 온천이 유명하였다. 일제강점기에는 우리나라 최고의 온천 휴양지로 소문났다고 한다.

지리적으로 동쪽은 함경남도 영흥군과 고원군, 서쪽은 성천군, 남쪽은 황해도 곡산군, 북쪽은 맹산군과 접해 있다. 높은 산과 험한 고개가 겹겹이 싸고 있는 산악지대이다. 함경남도와 경계를 이루는 동쪽에는 낭림산맥의 남단부에 해당해 백산(1,452m)·북대봉(1,327m)·거차령(557m)·소북대봉(1,274m) 등이 솟아 있고, 성천·곡산과 경계를 이루는 남쪽에는 언진산맥이 뻗어내려 자하산(1,216m)·하람산(1,486m)·박죽산(949m) 등이 솟아 있다. 산림자원이 풍부하여 산림업이 발달하였고 목재상이 유명하였다. 북대봉의 산줄기는 대동강의 상류인 비류강과 그 지류인 남강(南江)의 분수령이 된다. 이 두 강은 깊은 계곡을 따라 굽이굽이 흘러 각처에 기암과 절벽의 절승지를 이루어 놓았다. 또한 지역에 따라 작은 평지나 선상지·분지를 형성하는데 그중에서도 양덕 분지가 가장 넓다.

'평남도가'(平南道歌) 첫 소절에 나오는 '양덕 맹산 흘러내리는 맑고 고운 대동강'이란 노랫말이 있다. 아마도 대동강 발원지가 우리 양덕 부근이 아닌가 생각한다. 지난해 월남 1세 어르신들을 인터뷰하였다. 우리 양덕군 출신 중에 양덕군 명예군수를 역임하신 이응두 어르신을 인터뷰하였는데 그분으로부터 고향 양덕군에 대한 자세한 이야기를 들을 수 있었다. 이응두 어르신 말씀의 첫마디가 "양덕이 산간지대라 주변에는 아주 고봉이 많습니다"로 시작하여 내 고향 양덕에 대해 상세히 말씀 해주셨다. 다음은 이응두 선생님이 말씀하신 내 고향 양덕에 대한 이야기이다.

"양덕이 산간지대라 주변에는 아주 고봉이 많습니다"
1천m 이상 되는 산 16개가 양덕군과 경계선을 이루고 있지요. 그중에 양덕군 내에만 있는 1천m가 넘는 산이 모두 4개나 됩니다. 심산유곡입니다. 이 양덕이라는 곳은 평안남도에서 아마 두 번째로 가는 산골일 거예요. 우리 양덕군의 특징은 대동강의 남강이 양덕군 동산매에서 발원합니다. 그다음에 우리 양덕군에서 나가는 것은 전부 청천에서 북강으로 흘러 내려와요. 그래서 양덕에 물이 다 남강과 북강의 발원지가 되어 서도소리 양산도의 첫 구절이 '양덕, 맹산'으로 시작된 거지요. 우리 양덕에는 자연적인 환경은 과거 농경시대로 보면 아주 열악한 지방이지요. 우리가 살 때는 아주 농경사회나 다름없었는데 만약에 통일된다고 하면 거기에 발전할 수 있는 것은 관광 사업입니다.

양덕은 볼거리도 많고요. 특히 조선 태조 이성계가 청해이씨 시조인 이지란과 의형제를 맺고 우리 양덕에서 무술 훈련을 하였던 터가 있어요. 이성계의 고향인 함남 영흥군이 양덕군과 인접해 있습니다. 그러다 보니 두 영웅호걸이 이곳 양덕으로 와서 무술을 연마했던 것 같습니다. 양덕에 두류산이라고 하는 산도 있고 그다음에 하람산이라고 양덕군에서 제일 높은 산도 있습니다. 1,486 미터 높이입니다. 그렇게 높은 산이 두 개가 있는데 이런 일화가 전해집니다. 이성계가 말을 타고 하람산에서 두류산을 향하여 활을 쏘는데 활을 쏘면서 말에게 "네가 먼저 가야지 네가 나중에 가면 죽을 것이다."하였습니다. 그러고는 이성계가 활을 쏘니 말이 달리는 겁니다.

이성계가 가보니 화살이 보이지 않아 화살이 지나가 버린 것으로 판단하고는 그냥 말의 목을 쳐버렸습니다. 말의 목을 치니 피가 뚝뚝 떨어져 주르르 흘러내려 갔다고 합니다. 그런데 말의 목을 친 다음에 조금 있으니 이성계가 쏜 화살이 도착한 겁니다. 그때 이성계가 통곡을 하였다고 합니다. 이런 일화를 바탕으로 그 산의 이름이 머리 두(頭)자에 흐를 류(流)를 써서 두류산이 되었다고 합니다. 한국에 대표적인 명산으로 12종산(宗山)이라고 있는데 그중에 하나가 양덕군 대륜면에 있는 두류산입니다. 하람산에는 큰 바위에 달릴 치(馳)자 말 마(馬)자를 써 치마대라고 하는 곳이 있습니다. 이곳도 여행이 될 수 있는 관광 대상이 될 수 있습니다.

그다음에 뭐니 뭐니 해도 양덕온천이지요. 1938년에 조선총독부에서 전국의 온천수를 평가했어요. 여론조사를 했는데 25만여 표로 양덕군의

양덕읍 대탕지 온천

온천물이 1위로 나왔습니다. 양덕에는 1941년 전에는 교통이 나빴어요. 1941년에 평양에서 원산까지 가는 평원선이 완공된 이후부터 관광객들이 몰려오기 시작을 했지요. 우리 양덕군은 평양에서 약 120km쯤 동쪽으로 떨어져 있는 곳으로 평원선의 중간 지점 정도 되는 곳입니다. 평원선이 개통된 이후 양덕은 임산업과 관광업이 발달하게 되었지요. 특히 온천이 유명했는데 양덕온천 중 〈대탕지〉라고 하는 유명한 온천탕이 있었습니다. 그 〈대탕지〉는 피부병, 위장병, 여자들의 불임증 이런저런 병들이 다 낫는다고 해서 전국에서 많은 사람들이 찾아오기 시작했습니다. 그런데 온천이 거기에만 있는 게 아니고 양덕군 여러 곳에 있었습니다. 온천수의 온도는 섭씨 57도 정도에요.

〈대탕지〉는 양덕군 양덕읍 용계리에 있습니다. 양덕읍에 일본인들이 고급 호텔을 지어놨어요. 양덕읍이 1914년까지는 구룡면이었습니다. 그래서 구룡면의 이름을 본 따 '구룡각'이라고 하는 호텔이 있었죠. 일본 사람들이 많이 왔었습니다. 그다음에 온천면에 소탕지라고 하는 좋은 온천이 또 있어요. 여기다가 원탕지, 야탕지 등을 더하면 양덕군 전체에 전부 5개의 온천이 있었습니다. 우리가 양덕군에 살았을 때는 온천탕이 다섯 개였는데 지금 들리는 말에는 아홉 개라고 합니다. 그런데 온천면에 있는 온천탕에는 섭씨 77도가 되는 물이 나와요. 〈야탕지〉에서 이렇게 뜨거운 물이 나오는데 거기에 사람들이 가서 물이 뜨거우니 닭, 돼지 같은 것도 그 뜨거운 온천물에 다 튀기는 거예요. 그냥 흘러가는 물로요. 그 〈야탕지〉에 용출량이 많아서 겨울에도 내까지 흘러가는 물이 어느 정도 거리까지는 미지근합니다. 겨울에도 뜨겁고 그러니까

사람들이 여기저기에서 머리를 풀러 갑니다. 거기 가려면 사방에서 고개를 넘어서 들어가는데 고개만 넘어도 겨울철에는 온천물 특유의 유황 냄새가 납니다.

그다음에 우리 양덕은 송이가 유명합니다. 산간지대이다 보니 송이가 많이 생산되고 자연산 송이 산지로 유명해서 가을철이면 송이를 채취하려 평양에서도 오고 심지어는 서울에서까지 와서 송이를 수집하곤 했습니다. 양덕산 송이를 일본 사람들이 아주 좋아했어요. 그래서 양덕산 송이를 중앙에서 선물용으로 구매하려고 많이 왔었습니다. 심지어는 일본에서도 왔었지요. 송이 채취 때가 되면 그 시절에는 외지 사람들이 싹 쓸어가서 양덕 사람들은 제대로 맛보지도 못했지요. 그리고 광산도 좀 여기저기 있었어요. 남북관계가 좋을 때 북한에서 추석 선물로 북한산 송이를 보내온 적이 있었는데 그 송이가 양덕산 송이였다고 합니다.

그리고 양덕군은 산간지대이기에 목재상이 많이 있었어요. 그러다 보니 양덕에서 월남하신 분 중에 이만길 이란 분이 계셨는데 종로 2가에 있는 관철동에서 70년대까지 아주 큰 목재상을 하셨지요. 그런데 최근에 위성사진에서 보니까 그렇게 울창하던 양덕군 산간지방에 나무가 거의 없더군요. 참 안타까운 현실입니다. 옛날에는 참 울창했는데요.

그다음에 양덕에서 생산하는 담배가 유명했습니다. 엽초 재배를 꽤 많이 해서 유명했습니다. 그런데 인접 군인 성천군에서 엽초 재배를 양덕보다 많이 하고 판매가 더 많이 되어 양덕초보다는 성천초란 담배가 더 알려져 있었습니다. 그래서 그때 양덕초라기보다는 성천초라고 했던 것 같습니다. 양덕에서는 양덕읍하고 동양면까지 재배했는데 일본 사람들이 상당히 장려했어요. 양덕군에는 신석기 시대부터 사람이 살았다는 흔적이 있습니다. 양덕읍 태평리라는 곳에 가면, 내가 살던 동네에서 조금 더 올라가면 괸돌, 벤돌 이렇게 부르는 지명이 있습니다. 이 말의 어원이 고인돌이라고 합니다. 고인돌이 신석기 시대의 유물이라고 알고 있는데 그런 점에서 양덕군은 신석기 시대부터 사람들이 거주했다는 것을 알 수 있습니다.

📖 평양감사 1054일 II

양덕에 대한 기억이 전혀 없기에 커가면서 내 고향 양덕이 어떤 곳인가 많이 궁금해했다. 양덕군민회 활동을 하면서 고향 양덕군에 대한 궁금증을 풀기 위해 고향 어르신들로부터 고향에 대한 이야기를 자주 들었다. 양덕군지와 자료를 찾아가며 고향 공부를 나름대로 열심히 하기도 했다. 부모님과 네 살 위에 형님 이렇게 네 식구가 월남하여 아버님은 1974년도에 환갑을 막 넘기시고 세상을 떠나시고 형님과 어머님이 20여 년 전에 차례로 하늘나라로 가셨다. 월남한 가족 네 사람 중에 고향을 전혀 기억하지 못하는 나만 혼자 남았다. 고향에 대한 생각이 더욱 절실해졌다. 바쁜 사회생활에도 불구하고 짬을 내어 열심히 애향 활동에 참여하였다. 양덕군 유지모임인 양우회 부회장을 시작으로 양덕군민회장, 평남중앙도민회 부회장, 평안남도 행정자문위원 등을 맡으며 열심히 고향을 찾아 나섰다. 그러던 중 2019년 8. 26일 자로 전혀 기대하지도 않았는데 영광스럽게도 제18대 평안남도 지사로 임명되어 지난 3년 동안 고향 평남을 위해 봉사할 수 있는 기회가 주어졌다. 도지사로 봉직하는 동안 고향을 찾아 나서는 나의 노력을 계속되었다.

내 고향 양덕은 산골 마을이지만 산수가 수려하여서인지 많은 인물들이 배출되었다. 일제 강점기 시대 우리나라 최초의 판사였던 이찬형 어르신이 내 고향 양덕군 출신이다. 평양복심재판소(고등법원 격) 판사 시절 독립운동가에게 어쩔 수 없이 사형선고를 내린 후 심적 고통을 이기지 못하여 가족과 주위 친지들에게 알리지도 않고 참회하는 마음으로 3년 동안 엿장수를 하며 전국을 떠돌아다녔다고 한다. 그 후 금강산에 들어가 불교에 귀의하여 오랜 고행 끝에 득도하여 효봉이란 법명을 받고 큰 스님이 되어 우리나라 초대 통합조계종 종정이 되셨다.

경성제대 법문학부를 졸업하고 심계원(감사원의 전신)국장을 거쳐 정치인으로 서울 중구에 여러 번 국회의원 선거에 출마했던 박인각 어르신도 양덕군 출신이다. 박인각 선생은 제4대 평남도지사를 역임하셨다. 서울대 법대 교수와 성균관대학교 총장을 역임하시고 법무부 장관을 지내신 황산덕 선생, 해방 이후 월남하여 한국 제약업계에 선도적인 역할을 하셨던 한일약품 창업자인 우대규 회장도 양덕군이 배출한 평남을 빛낸 인물이다. 우대규 선생은 평남중앙도민회 회장도 맡아 애향활동과 통일운동에 큰 기여를 하셨다. 재무부 차관을 역임하고 은행감독원장과 제일은행장을 지낸 민영훈 선생, 도쿄대학교에서 식물생태학 박사학위를 취득하고 건국대학교 식물학 교수를 지내셨던 한국 식물학계의 석학이신 이일구 교수, 보성전문학교를 나와 천도교 기관지인 개벽사에 입사하여 주필로 활약했고 이후 동아일보 주필과 조선일보 부사장을 지낸 언론인 이을(이재현) 선생, 이을 선생은 나와는 청해이씨 같은 문중의 어르신으로서 월남 후에 청해이씨 대종회를 창립하여 초대 회장을 지내셨다. 삼성제약 사장으로 계셨던 김종건 초대 양덕군민회장, 평양고보를 나와 경성제대를 졸업한 후 군문에 투신, 6.25 전쟁에 참전하여 공을 세운 이기련 대령, 작곡가이며 가수인 윤일로 선생, 문화방송국 전무를 역임하고 평남중앙도민회장을 지낸 우윤근 회장, 이일구 선생의 장남으로 서울대학교 수의과대학장을 역임하고 식약청장을 거쳐 현재는 대한민국학술원 회원으로 있는 이영순 교수도 양덕군의 자랑스런 인물이다. 서울대 수의대학 명예교수로 있는 박양호 교수도 양덕군 2세이다. 박양호 교수 아버님은 의사 출신으로 군의관으로 복무하다가 의무감이 된 분이다. 이렇듯 내 고향 양덕은 군세는 비록 작지만 높은 산과 맑은 물이 흐르는 산자수려한 곳이어서 인물이 많이 나는 고장이다.

월남 시기와 피난 생활

나는 두 살이 되던 1948년 12월에 부모님과 4살 위 형님과 함께 고향 양덕을 떠나 남한으로 내려왔다. 호적에 기록된 내용이다. 내 나이 두 살이었을 때이니 월남 당시의 기억이 있을 리가 없다. 우리 가족이 월남했던 1948년 12월이면 38선에 굳게 닫혀있었던 때였다. 어린 시절 부모님께 들은 이야기로는 이사하는 가족으로 위장하여 고향 양덕에서 황

평양감사 1054일 II

해도 쪽으로 내려와 38선 부근 마을에서 며칠을 묵은 후에 경험 많은 길 안내자를 따라 월남하였다고 한다. 아버님이 공무원으로 그리고 금융조합에 근무하셨기에 북한 공산체제에서는 살아가기가 힘들 거라는 판단을 하셨던 것 같다. 게다가 어머님의 언니 두 분 가족도 월남하기로 결정하였던 터라 월남을 결심하시기 쉬웠을 거라 생각된다. 아무튼 큰 어려움이 없이 38선을 넘어 남한으로 넘어와 그 당시는 서울 변두리라 할 수 있는 시구문이 있는 광희동에 셋집을 얻어 살았다. 집주인 할머니는 마음씨 좋은 분이었는데 용금이란 이름의 예쁜 손녀딸 하나만을 두고 있었다. 손녀딸은 나보다 예닐곱 살 위인 누나 뻘이었다. 누나는 동생이 없어서인지 나를 무척 예뻐해 줬다고 한다. 우리 가족이 논산에서 피난 생활을 하다가 서울로 다시 올라와서 금호동에 정착하여 살았는데 그때 누나가 우리 집에 놀러 온 적이 있었다. 누나는 마음씨도 고왔지만 얼굴도 참 예뻤다.

아버님은 낯선 이남 땅에서 적당한 일자리를 찾지 못해 북에서 가지고 온 금붙이 등을 처분하여 장사밑천을 마련하여 평생 해보지 않은 장사를 하셨다. 어느 정도 자리를 잡아가던 중 6.25 사변이 일어났다. 많은 서울 사람들이 한강을 건너 남쪽으로 피난을 했다. 우리 가족은 피난할 사이도 없이 한강 다리가 끊어지는 바람에 서울에 남아 9.28 수복이 될 때까지 광희동 셋집에서 숨어지냈다. 어머니만 먹을 것을 구하러 바깥 출입을 하였고 아버지와 우리는 낮에는 마루 밑에 숨어 살았고 밤에만 방에 들어와 지냈다. 기억이 나지는 않지만 어머니 말씀에 찌는 듯 더운 여름철 어느 날 나를 데리고 세검정 자두밭에 가서 자두를 한 자루 따가지고 왔다는 말씀을 하셨다. 그 당시에 세검정 일대는 자두밭이 많았던 같다.

하루는 어머니가 먹을 것을 많이 구해 오셨다. 아버지는 깜짝 놀라 물으셨다. 어머니의 대답인즉 성문 안에 들어갔다가 거리에서 말을 타고 지나가는 한 경찰을 보았는데 어머니 친정 오라버니뻘 되는 분이었다고

5. 내가 걸어온 길

한다. 인민군 고관이었다고 한다. 그래도 혈육인지 서로 반갑게 인사를 했다고 한다. 안부를 묻고는 먹을 것을 주며 얼마 있으면 남한을 통일하니 그때 보자고 했다고 한다.

9.28 수복 후 수복의 기쁨도 얼마 가지 않아 북진하여 압록강까지 진격했던 국군과 유엔군이 중공군의 참전으로 후퇴하기 시작해 12월에 초에 평양이 북괴군에 넘어가자 많은 이북도민이 월남하기 시작하였다. 월남한 사람들의 이야기를 들어보니 전황이 매우 불리하다는 것을 깨닫고 아버지는 가족들을 데리고 피난을 가기로 결심했다. 그때 내 나이 네 살이 되는 겨울이었다. 피난길에 기억이 나는 것은 없다. 아마도 추운 겨울 무척 고생이 심했을 것이다. 다만 내가 기억이 나는 것은 천안인지 어딘지는 모르겠으나 피난 도중 어느 여관에 하루 묵게 되었는데 마침 그 여관집이 2층집이었다. 2층으로 올라가는 계단이 하도 신기해서 여러 번 올라갔다 내려왔다 했던 기억이 있다.

며칠이 걸렸는지는 모르겠으나 우리가 정착한 곳은 충남 논산군 노성면이란 곳이었다. 계룡산에서 가까운 거리에 있는 아주 시골 마을이었다. 노성면 읍내리 2구 109번지, 일명 고랭이라는 곳인데 이곳이 내가 어린 시절을 보낸 제2의 고향이다. 내가 살던 고랭이 마을은 노성면사무소 소재지에서 논산 방향으로 2km 미터쯤 떨어진 전형적인 농촌 마을이었다. 김씨 집성촌이었다. 20여 호쯤 되는 가구가 살고 있었다. 마을 사람들은 마음씨 따뜻했고 피난민인 우리 가족에게 친절했다. 한 2, 3년 동안 세 들어 살았는데 마을 사람들이 피난민인 우리에게 집을 지어주자고 결의를 하여 마을 사람들이 힘을 합쳐 신작로길 옆에 방 두 칸에 부엌이 딸린 흙담집을 지어주었다. 물론 지붕은 초가집이었다. 구들장은 동네 사람들이 마을에서 한 20여 리쯤 떨어진 노성산에서 지게에 여러 장 짊어지고 날랐다. 초등학교 들어가기 전이었는데 어린 나도 조그마한 구들장 돌을 하나 들고 날랐던 기억이 있다. 집이 완성되어 입주하는 날 우리 가족은 얼마나 기뻤는지 모른다. 고랭이 마을 사람들은 그렇게 피난민은 우리 가족을 따뜻하게 대해주었다.
　아버지는 서울에서 장사를 해보신 경험이 있는지라 어머니와 함께 노성면 인근 5일장을 돌아다니면서 잡화장사를 하셨다. 형님은 초등학교에 들어가 학교에 다니고 어린 나는 집에 혼자 남아 동네 아이들과 놀았다. 가끔 외롭기도 했으나 동네 형들과 산과 들을 뛰어노는 것이 그렇게 좋았다. 봄에는 누나들이 봄나물을 캐러 갈 때 함께 가곤 했다. 누나들이 그런 이야기도 들려주었다. 새봄이 와 처음 보는 나비가 흰나비이면 그해에 어머니가 돌아가신다고 하였다. 새봄이 올 때마다 흰나비를 처음으로 보지 않으려고 무던히도 가슴 조이고 불안해하기도 하였다. 어느 해인가 맨 처음 보지 말아야 할 흰나비를 보았다. 어찌나 불안하고 마음이 아팠던지 한동안 어머니를 쳐다보며 말없이 눈물을 흘리곤 하였다. 곧 돌아가실 것만 같은 어머니를 생각하며 어느새 나는 착한 아이가 되어가고 있었다. 그러나 그해에 어머니는 돌아가시지 않았다. 내가 어머니 말씀 잘 듣고 착한 아들이어서 어머니가 돌아가시지 않은 거라 생각했다. 그렇게 남몰래 한동안 가슴앓이를 했다.
　여름엔 논두렁에서 미꾸라지도 잡고 우렁도 잡았다. 언덕길 옆에 있는 과수원에 복숭아가 익으면 복숭아를 따 먹으러 가기도 했다. 가을엔 누렇게 익은 황금 들판을 보면 즐거워했다. 학교가 끝나면 농사짓는 친구네 논에 가서 친구와 같이 참새떼를 쫓기도 했다. 참새들이 떼를 지어 날아오면 논에 설치해놓은 방울을 세게 흔들어 참새떼를 쫓고는 했다. 집에서 농사를 짓는 친구들은 학교에서 돌아오면 거의 매일 참새떼를 쫓으러 논에 나가곤 했다. 어떤 때는 추수한 고구마밭에 가서 캐다 남긴 고구마를 줍기도 했다. 겨울엔 꽁꽁 언 논에 나가 어른들이 만들어 준 썰매를 타고 놀았다. 펑펑 눈이 내리는 날이면 밖에 나와 친구들과 눈싸움을 하며 놀았다. 봄 여름 가을 겨울 사계절마다 놀 거리가 많았다. 그렇게 즐겁게 뛰놀며 어린 시절을 보냈다. 나는 지금도 어린 시절 내가 농촌 마을에서 자란 것이 자연에 순응하고 자연을 사랑하며 여유로운 심성을 형성하는 데 큰 영향을 끼쳤다고 생각한다.

초등학교 들어가기 전 노성면 고랭이에서 살면서 기억이 나는 것이 몇 가지 있다. 그중에 하나는 아버지가 국군보급대 노무자로 끌려가셨던 기억이다. 아마도 6.25 전쟁 막바지였던 것 같다. 군부대에서 보급품을 나르며 군부대를 돕는 노무자 인력이 많이 필요했던 것 같다. 그때 아버님의 연세가 40이 갓 넘었을 때였다. 군에 입대할 연령이 넘은 사람 중에 장년층에 속하는 사람들은 노무자로 징집하였던 때였다. 그런 소문을 들은 어머니는 아버지 대신 시장에 장사하러 나가시고 아버지는 집에서 숨어지내셨다. 어느 날 지서에서 노무자 징집을 담당하는 사람이 우리 집에 들이닥쳤다. 낌새를 차리신 아버지가 뒷문으로 빠져나갔는데 뒷문을 지키고 있는 다른 사람이 아버지를 발견하고는 아버지를 잡으려고 하였다. 순간 아버지가 집을 빠져나와 시내 쪽으로 달려가다가 그 사람들에게 잡히고 말았다. 힘없이 끌려가는 아버지를 보며 얼마나 울었는지 모른다. 며칠 후 어머니가 지서에 가서 아버님을 모시고 왔다. 수완이 좋으셨던 어머니가 마을 이장님을 모시고 가서 아버지가 노무자로 끌려가면 남아있는 가족이 생활하기 어렵다는 것을 하소연했다. 아마도 얼마간 사례도 했을 것이다. 그리고 1953년 여름으로 기억한다. 마을에 20여 명 정도의 반공포로들이 들어왔다. 같은 이북 사람들이라 부모님들과 가까이 지냈다. 두세 달 정도 마을에 머물렀는데 이 집 저 집 돌아다니면서 숙식을 해결하였다.

노성초등학교에 들어가다.

6.25 전쟁에 끝난 다음 해인 1954년 4월에 노성읍에 있는 노성국민(초등)학교에 들어갔다. 우리 집에서 학교까지는 2Km쯤 떨어진 거리에 있었다. 일곱 살 나이에 걸어서 다니기엔 제법 먼 거리였으나 나는 학교에 가는 것이 그렇게도 신이 났다. 그때는 시계도 없었던 때라 아침밥을 일찍 먹고는 학교에 늦을세라 책보를 둘러매고 학교로 갔다. 우리 동네

에서 학교로 가는 길에는 야트막한 고갯길이 있었고 고갯길 옆에는 과수원이 있었다. 복숭아밭이었는데 여름에 되면 복사꽃이 만발하여 장관이었다. 복숭아가 익을 때면 학교에서 돌아올 때 철조망 근처에 있는 복숭아나무에서 몰래 복숭아를 따 먹기도 하였다. 과수원 길을 따라 고개를 넘으면 졸졸 흐르는 작은 시내가 있었다. 폭이 20여 미터밖에 되지 않는 작은 개울이지만 여름철에 비가 많이 오는 날에는 징검다리가 물에 잠겨 바지를 걷고 건너가곤 하였다. 학교에서는 매월 하루 위생검사를 하였다. 위생검사를 하는 날이면 냇가에 수십 명의 학생들이 몸을 씻곤 하였는데 그 광경이 장관이었다. 개울을 건너 500미터쯤 더 가면 내가 다니던 노성초등학교가 나온다. 어린 내 눈에는 큰 학교 건물에 큰 운동장이 신기하기만 하였다. 그리고 학교 옆에는 큰 방죽이 있었다.

  1학년 담임 선생님은 아주 인자한 분이셨다. 한번은 운동장에서 우리를 앉혀놓고 동서남북의 방향을 알려주셨다. 알려주시고는 한 사람씩 나와서 손으로 방향을 가르키며 이야기하라고 하셨다. 그러나 나온 친구마다 제대로 이야기하지 못했다. 내 차례가 되었을 때 나는 앞에 나가 큰 소리로 또렷또렷하게 동서남북의 방향을 제대로 가리키며 이야기했다. 끝나고 나니 선생님이 나를 보고 똘똘이라고 하시며 칭찬을 해주셨다. 그 뒤 친구들이 나를 보고 똘똘이라고 불러 졸지에 나는 똘똘이가 되었다. 나는 선생님의 말씀대로 똘똘이가 되려고 노력했다. 4학년 1학기에 우리 가족은 논산 읍내로 이사를 갔다. 그런데 어느 날 우리 동네에서 그 선생님을 우연히 뵙게 되었다. 어찌나 반가웠던지 선생님께 달려가며 인사를 드렸다. 선생님께서도 나를 보자마자 반갑게 머리를 어루만져 주셨다. 선생님은 논산읍 부근에 있는 은진초등학교로 전근을 오셨다고 하셨다. 가끔 선생님을 뵐 때마다 선생님께서는 우리 똘똘이 여전히 공부 잘하지? 하시며 격려해주셨다. 나는 선생님 기대에 어긋나지 않기 위해서 더욱 열심히 공부하였다.

  1학년 가을엔 운동회가 있었다. 청군 백군으로 나누어 시합을 했는데

5. 내가 걸어온 길

운동회날은 노성 읍내에 큰 잔치 날 같았다. 모든 것이 새롭고 즐거웠다. 2학년에 올라가서는 담임 선생님이 여 선생님이셨다. 사범학교를 갓 졸업하신 분이었는데 우리 학교에 유일한 여선생님이셨다. 빨간색 비로도 저고리에 검정색 비로도 치마를 입으셨는데 참 예쁘게 생기신 분으로 기억된다. 선생님에게 잘 보이려고 공부도 열심히 했다. 그해 여름에 노성에서 계룡산 쪽으로 20여 리쯤 떨어진 상월이라는 곳으로 이사를 가게 되어 상월초등학교로 전학을 가게 되었다. 아마도 피난민 가정에 이주 지원을 했던 것 같다. 닭 몇 마리와 오리 몇 마리를 받아서 길렀던 것 같다. 많이 정들었던 친구들이랑 선생님과 헤어지는 것이 그렇게 슬펐다. 상월초등학교 전학한 후 노성초등학교 친구들 생각이 나서 한동안 마음을 잡지 못해 공부도 제대로 하지 못했다. 나의 어린 시절 가장 쓸쓸하고 외롭게 느꼈던 시기였다. 부모님은 여전히 잡화장사를 하셨다. 인근 5일 장을 다니시며 힘들게 피난 생활을 하였다.

다음 해에 노성으로 다시 이사를 해서 노성초등학교를 다시 다니게 되었다. 고향에 돌아온 것 같은 느낌이었다. 다시 마음을 잡고 공부에 재미를 붙이고 즐겁게 학교를 다녔다. 노성초등학교는 4학년 1학기까지 다녔다. 나는 어린 시절 전형적인 한국 농촌 마을에서 자란 것이 나의 인성 발달에 적지 않은 영향을 미쳤다고 생각한다. 비록 우리 집이 농사를 짓고 살지는 않았지만 50년대 한국 농촌의 인정이 넘치는 마을 분위기는 내가 그 후 도회지에 와서 성장하며 사회에 나와 바쁜 직장생활을 함에 있어서도 때로는 소박한 시골 풍경이 마음에 위안과 평온을 주었던 것이 사실이다. 시골 마을 공동체가 살아가는 협동심과 인정이 넘치는 분위기는 전후 각박한 한국인의 삶에서도 평온함과 여유로움을 주었던 것 같다.

새해 첫날 동네 형들과 함께 집집마다 돌아가며 마을 어르신들께 세배를 드렸다. 세배하고 나면 어른들의 덕담을 들으며 새해를 시작했다. 정월 대보름까지 설 명절 분위기가 이어졌고 대보름 휘영청 밝은 보름달을 보며 쥐불놀이를 하며 옆 마을 동네와 불놀이 싸움을 했다. 또 대보름날에는 여럿이 모여 집집마다 밥을 얻으러 다녔고 얻어온 밥을 함께 먹으며 밤늦게까지 동네 형들과 즐겁게 놀았던 기억이 있다. 겨울방학이 되면 마을 앞에 있는 논은 꽁꽁 얼기 마련이다. 썰매를 만들어 신나게 타고 놀았다. 볍씨 뿌리기와 모내기 그리고 김매기 농사철에는 농악대도 동원하여 온 마을 사람들이 함께 볍씨를 뿌리고 모내기를 하고 김을 맸다. 두레라는 한국 농촌사회의 공동체 문화는 농촌사회를 지탱하는 협동심의 뿌리였다.

여름밤에는 동네 형들하고 뒷동산에 올라 담력을 기르는 놀이도 했다. 어린 우리들에게 담력을 길러준다고 하며 한 사람씩 뒷동산에서 200미터쯤 떨어져 있는 공동묘지에 갔다 오라고도 했다. 공동묘지 몇 번째 무덤에 무언가 숨겨놓고 그것을 찾아오라고도 하였다. 1단계 담력시험이 끝나면 2단계는 저학년 초등학생에게 도저히 하기 힘든 과제를 주었다. 다름 아닌 동네에서 500미터 떨어져 있는 마을 어귀 야트막한 산 중턱에 있는 상여 창고다. 대낮에도 혼자 그곳을 지나가려면 등골이 오싹해짐을 느끼는 곳이다. 그러나 형들은 저학년이었던 나에게는 2단계 담력 기르기 과제는 주지는 않았다.

가을이 되면 마을은 무척 바빠졌다. 벼도 베고 마당에서 탈곡도 했다. 고구마 수확 철이면 친구네 고구마밭에 가서 고구마를 캐는 일을 도와주고 일이 끝나면 고구마 몇 개를 주어 집으로 가져왔다. 겨울방학 중에 며칠은 학교 소집일이 있게 마련이다. 눈이 많이 온 날이면 학교 부근에 있는 노성산에 단체로 가서 토끼잡이를 했다. 4학년까지 저학년은 산 위에서 일렬로 서서 내려오면서 소리를 지르며 토끼를 산 아래쪽으로 몰아갔다. 산밑에서는 5, 6학년인 고학년 형들이 선생님들과 몽둥이를 들고 내려오는 토끼를 기다렸다가 토끼를 발견하면 몽둥이로 때려잡았다. 토끼는 앞다리가 짧아 산 위에서 토끼를 와와 하고 소리를 지르며 몰면 정신없이 아래쪽으로 내려오다가 짧은 앞다리 때문에 앞으로 굴러 넘어지곤 했다. 그때 산 아래쪽에서 기다리고 있던 고학년 형들이 몽둥이로 넘어져 구르는 토끼를 잡곤 하였다. 어느 해인가는 한 20여 마리쯤 잡았다. 잡은 토끼는 가죽을 벗기고 고기는 큰 솥에 넣고 삶아서 선생님들과 학교 주변 마을 어르신들이 드셨던 것 같다.

　3년 반 정도 노성초등학교를 다녔지만 내 생애 처음 다녔던 학교라 기억에 남는 것이 많다. 특히 함께 공부했던 친구들을 잊지 못한다. 1학년 때부터 줄곧 반장을 했던 형태라는 친구가 있었다. 나보다 한 살인가 많았던 것 같다. 키도 크고 얼굴도 잘 생겼다. 어린 시절 한 살 차이는 크게 느껴진다. 늘 형같은 느낌이었다. 공부도 잘했고 리더십도 있었다. 나중에 알고 보니 외국에서 유학도 하고 와서 모교인 한남대학교에서 교수로 있다가 총장까지 지냈다. "될성부른 잎은 떡잎부터 알아본다"라는 속담이 있는 것처럼 형태란 친구는 내 기억에도 아주 특별했다. 길호란 친구는 노성 읍내에서 살았는데 아버지가 가내수공업을 했던 것 같다. 차분하고 조용했으며 공부를 잘했다. 노성초등학교를 나온 가까운 선배한테 듣기로는 서울 명문대학을 나와 행시에 합격하여 정부 고위직에 있다가 퇴임했다는 말을 들었다. 또 생각이 나는 친구는 여준이와 태식이란 친구들이다. 둘은 삼촌 조카 사이다. 여준이가 태식이의 삼촌이다. 파평 윤씨 종갓집 자제들로서 겉보기에도 깔끔하고 부잣집 아이들 같게 생겼다. 한번은 여준이와 태식이가 자기 집에 놀러 가자고 해서 친구 집에 가 보았다. 으리으리하게 생긴 큰 기와집이 여러 채가 있었다. 어린 마음에도 대단한 집이라고 느꼈다. 10년 전쯤 집사람 형제자매들하고 동학사와 갑사로 해서 상월을 지나 내 고향 노성에 들른 적이 있었다. 읍내에 있는 윤증 고택도 가보고 내친김에 내가 다녔던 초등학교로 해서 여준네가 살았던 병사리에 가보았다. 윤씨 문중 종학당이 잘 보존되어 있었고 윤씨 종가집 기와집도 여전히 그 자리에 있었다. 50년 전에 친구 집에 왔었던 그 시절을 생각하며 잠시 어릴 적 시절을 회상하였다.

　여준이와 태식이는 나와 연세대학교에서 다시 만났다. 1967년도 봄에 캠퍼스에서 우연히 두 친구를 만났다. 너무나 반가웠다. 근 20년 만에

서로 만났는데도 옛 얼굴이 기억이 났다. 서로 반갑게 인사를 나누었다. 여준이는 연대 의대에 다녔고 졸업 후에 강남에서 개업을 하였다. 태식이는 연대 전기공학과를 다녔는데 졸업 후에 일찍 세상을 떠났다고 한다. 참 착하고 멋있는 친구였다. 태식이 소식을 뒤늦게 전해 듣고 얼마나 마음이 아팠는지 모른다. 조용하고 잘생긴 귀공자 타입의 멋있는 친구였다. 공부는 우리 반에서 형태라는 친구가 단연 제일 잘했다. 그다음으로는 위에 말한 세 친구와 내가 우열을 가리기 어려울 정도로 실력이 막상막하였다.

4학년 1학기 때에 가족 모두 노성에서 8km쯤 떨어진 논산읍으로 이사를 가게 되었다. 취암동에서 살았는데 집에서 가까운 부창초등학교를 다니게 되었다. 논산읍은 그 당시 논산훈련소가 있어서인지 어린 나에게는 제법 도시같은 느낌이 들었다. 시내에는 극장도 있었고 공설시장도 있었다. 논산극장에서 단체로 관람한 영화가 〈검사와 여선생〉이란 영화였다. 영화를 보는 도중에 얼마나 눈물을 흘렸는지 모른다. 주인공이 마치 나 같은 생각이 들었다. 그 영화를 보고 나서 나도 이다음 크면 착한 변호사가 되어야겠다고 생각했다.

논산읍 부근에는 논산훈련소가 있어 매주 주말이면 전국 각지에서 훈련소로 면회 오는 사람들이 많았다. 내가 다녔던 부창초등학교 옆에는 논산성당이 있었다. 꽤 오래된 성당이었다. 벽돌로 지은 서양식 건물은 퍽 인상적이었다. 친구가 성당에 다녀 친구 따라 성당에 다니다가 불란서 신부님한테 영세도 받았다. 그 당시에 영세를 받으려면 교리문답이란 책을 외어야 했었다. 나는 암기력에 좋아 한 달도 안 되어 교리문답을 완전히 외어 영세를 받게 되었다. 신부님이 나에게 요셉이란 세례명을 지어주셨다. 어린 시절 천주교를 믿게 된 것은 나에게 예수그리스도 참 사랑과 서양문화의 보편적인 진리를 자연스럽게 받아드리는 데 큰 역할을 하였다고 생각한다.

내가 6학년에 올라가던 해 봄에 아버님이 서울에 갔다 오셨다. 아마도

5. 내가 걸어온 길

서울로 이사하려고 사전에 알아보시려고 갔다 오신 것 같다. 아버님이 서울 다녀오신 후 한 달 정도 지난 후에 우리 가족이 서울로 이사를 하게 되었는데 6학년 졸업반은 전학이 잘 안된다고 하여 나는 논산에 남아 초등학교를 졸업할 때까지 하숙을 하며 학교를 다니기로 했다. 어린 나이에 혼자 남게 되었지만 학교에 다니며 공부하는 게 좋았고 주말에는 성당에 다녀 외롭지 않았다. 가족이 서울로 이사한 지 한 6개월 정도 되었을 때였다. 더위가 가시고 서늘한 바람이 불어올 때였기에 아마도 10월쯤 되었을 거다. 어느 날 아버지가 서울에서 오셨다. 내 전학문제를 서울학교 교장 선생님과 상담을 하였다고 한다. 집안 사정을 말하고 부탁을 드렸다고 한다. 어린 나를 혼자 시골에 놓아둘 수 없으니 도움을 주십사고 요청하였다. 교장 선생님 말씀이 6학년인 경우 거의 전학을 받아주지 않는다고 말씀하셨다고 한다. 다만 학생을 실력테스트를 해서 충분히 수학능력이 인정되면 예외적으로 교장의 재량권으로 전학이 가능할 수도 있다고 하였단다. 이에 우리 아버님이 우리 애는 아주 머리가 좋고 성적도 좋으니 한번 테스트를 해서 합격이 되면 전학을 받아달라고 부탁을 드렸단다. 아버지가 오신 이틀 후에 버스를 타고 서울로 올라왔다. 그 당시 버스는 직행버스가 없어 여러 곳을 들려 오느라 서울에 도착하니 밤이 되었다. 버스를 처음 오랫동안 타고 오다 보니 멀미가 나고 구토도 하고 아주 혼났다. 서울 영등포에 도착하니 저녁인데도 불빛이 휘황찬란하여 너무 놀랐다. 영등포역에서 전차를 타고 동대문에서 내려 다시 버스를 타고 금호동 집으로 왔다.

다음날 아버지를 따라 금호초등학교로 갔다. 아버지와 함께 교장 선생님실에 들어가니 인자하게 생기신 교장 선생님이 앉아 계셨다. 교장 선생님께 인사를 드리니 앉으라고 말씀하시어 자리에 앉았다. 내가 자리에 앉자마자 교장 선생님이 문제를 내셨다. 나는 지금도 그 문제를 똑똑하게 기억하고 있다. 교장 선생님은 산수 문제를 내셨다. 교장 선생님께서 나에게 내신 문제는 다음과 같았다. "최소공배수와 최대공약수에 대해서 설명해 봐라, 그리고 8과 24의 최소공배수와 최대공약수는 각각 얼마인가?"

마침 최소공배수와 최대공약수에 대한 공부를 논산 부창초등학교에서 한 달 전에 배운 거였다. 교장 선생님의 질문이 떨어지자마자 나는 또박또박 조리 있게 대답을 하였다. 그리고 8, 24의 최소공배수는 24이고 최대공약수는 8이라고 대답하였다. 교장 선생님이 놀란 표정을 지으시다가 말씀하셨다. 시골 학생이지만 공부를 잘하는구나, 전학을 시켜주마. 교장 선생님의 말씀에 나보다도 아버님이 더 기뻐하셨다. 사실 아버님은 내가 공부를 잘한다는 것은 알았지만 그렇게 똑 부러지게 대답을 잘하리라고는 생각을 못 하셨던 것 같다.

다음날부터 서울 친구들과 어울리면 즐겁게 학교에 다녔다. 전학한 후 한 달인가 지났을 때 일제고사를 보았다. 내가 국어와 사회과목에서 만점을 받아 우리 반 톱을 하였다. 마음속으로 서울 친구들이 별거 아니구나 하는 생각도 들었다.

장학생으로 선발되어 중학교에 들어가다.

겨울방학이 끝나고 중학교 진학 문제를 생각하게 되었다. 명문중학교에 가고는 싶었으나 학비가 문제였다. 월남 가족이라는 것을 아는 담임 선생님께서 하루는 교무실로 나를 부르셨다. 선생님 말씀이 가정형편도 넉넉하지 못한데 학비가 면제되는 학교로 추천해주시겠다는 거였다. 금호동에 새로 설립된 대경중학교라는 학교가 있는데 장학생을 추천해달라고 연락이 왔다는 거였다. 계속 공부를 잘하면 3년 내내 장학금을 받고 학교에 다닐 수 있다고 하셨다. 그날 집에 돌아와 부모님께 말씀드렸더니 두 분 모두 아무 말씀도 않으셨다. 아마도 내심 나에게 미안한 마음이 있으셨던 건 아닌지 모르겠다. 밤새 갈등하였다. 실력대로 가고 싶은 명문중학교를 갈 것인가 아니면 장학금을 받으며 학비 걱정 없이 선생님이 추천해주는 학교로 갈 것인가? 아침에 일어나자마자 마음을 굳힌

나는 부모님께 말씀드렸다. "저 장학금 받는 학교로 가렵니다. 학교가 집에서도 가깝고 잘하면 3년간 장학금 받으며 다닐 수 있을 것 같아요" 내 딴에는 씩씩하게 이야기했지만 말을 마치고 돌아서는 내 눈에는 눈물방울이 맺혔다.

봄이 오고 새 학기가 시작되어 대경중학교에 장학생으로 입학을 하였다. 중학교에 입학하면서 마음속으로 다짐했었다. "공부 열심히 하여 3년간 장학금을 받고 다니자, 그리고 내가 원해서 들어온 학교이니 학교에도 도움이 되도록 좋은 학생이 되자"라고 다짐했다. 3년 동안 열심히 공부했다. 영어는 그 당시 최고의 영어학습교재인 안현필 선생의 〈영어실력기초〉를 세 번이나 보았고 고등학생들이 보는 〈영문 3위 일체〉로도 공부를 하였다. 친구들과도 잘 지냈다. 반 친구 모두 나를 좋아했다. 나 또한 친구들이 좋았다. 2학년부터는 아침 자습시간을 두어 내가 영어를 친구들에게 가르쳐주기도 했다. 시험 기간에는 가까운 친구들과 학교 앞산 그늘진 곳에 가서 시험공부를 같이했다. 중학교 3년 내내 특대생으로 학비 전액을 면제받았다.

점심을 싸가지 못하는 경우가 많았다. 그때마다 가까이 지내는 친구들과 도시락을 함께 먹으며 3년을 다녔다. 특히 같은 반에 영진이와 영갑이란 친구와 가까이 지냈다. 영진이와는 그 후 대학입시 준비할 때 도서관에 함께 다니며 공부했고 내가 군대를 제대한 후 은행에 복직한 후 한일 년 동안 영어학원을 함께 운영하기도 했다. 영갑이는 연세대학교에서 다시 만났다. 영진이란 친구 이외에 3년 동안 가까이 지내던 친구는 국민은행 지점장을 지낸 성실하고 착한 병렬이, 깔끔한 외모에 영어를 아주 잘 했던 외환은행 오사카지점장을 지낸 진호, 오십이 넘은 나이에 영어학 박사학위를 받은 집념의 사나이 재기, 나와는 다른 반에서 늘 1등을 하던 경남은행 뉴욕지점장을 지낸 승우, 국가 중요기관의 고위직을 지내며 요즘도 국가의 안보를 걱정하는 재민, 평생을 지방직 공무원으로 국가와 국민에게 성실히 봉사해온 흥수 그리고 국내 굴지의 베어링 제조

회사의 회장으로 있는 병섭이 있었다. 병섭은 학교에 다닐 때 공부를 열심히 하는 편은 아니었다. 그러나 친구 좋아하고 매사 긍정적이어서 사업가 기질이 있었던지 다니던 회사에서 기술을 익힌 후에 창업하여 우리나라 특수베어링 업계에서는 선두주가 되었다.

나는 친구들과 달리 고등학교를 다른 곳으로 진학하다 보니 사회진출 후에도 한동안 중학교 동창 친구들과는 만나지 못하며 지냈다. 예순이 넘은 나이가 되자 중학 시절 친구들이 생각나고 그리워져 중학교 동창 모임에 나가기 시작했다. 지금도 이금회(二金會)라고 매월 둘째 주 금요일마다 10여 명의 친구들이 모여 저녁모임을 갖고 있다. 이금회 친구 중에는 중학교는 다른 곳에서 다니다 고등학교를 대경상고로 온 친구들도 있다. 이금회 모임에 나가면서 알게 된 친구들이다. 모임 총무로 열심히 봉사하는 명환, 시의원을 했던 헌로, 매일 단톡방에 서너 편의 좋은 글을 올리는 인기, 민주평통자문위원이며 고향 유지인 정교, 오랫동안 병석에 누워있는 아내를 지극정성으로 보살피는 종만, 시사 문제에 일가견이 있는 해복이, 태준이 이들 모두 중학교 때 함께 공부한 친구들은 아니지만 오래된 중.고 동창처럼 허물없이 지내는 사이가 되었다. 이금회 모임에 나가며 만나면 왁자지껄 학창시절 이야기로 시간 가는 줄 모른다. 모임 회장인 병섭이 가끔 스폰을 하여 1박 2일 코스로 단체 관광을 하기도 한다. 정말로 정답고 소중한 친구들이다.

중학교 선생님들도 신설학교이어서 그런지 열심히 우리를 지도해주셨다. 선생님마다 나에게 특별한 관심을 갖고 지도해주셨고 격려의 말씀을 주셨다. 특히 한우진 선생님을 지금도 잊지 못한다. 2학년 때 영어를 가르치셨고 윤리도 가르치셨다. 강의하실 때마다 힘이 있었고 나에게 꿈을 심어주셨다. 달가스를 통해 농촌계몽 운동의 참뜻을 알려주셨고, 슈바이처를 통해 헌신적인 사랑과 봉사 정신을 일깨워주셨다. 선생님은 여러 위인의 생애에 대해 말씀해 주시며 국가와 사회에 참 일꾼이 되기를 힘주어 말씀하시곤 하셨다. 선생님 강의가 끝나면 꼭 나보고 강의한 내용에 대해 말해보라고 하셨다. 선생님 말씀을 잘 정리해서 말하고 이어 나의 느낌과 각오를 말하면 '잘했어!', 잘했어!' 하시며 흐뭇해하셨다. 선생님은 나를 당신의 수제자로 생각하시는 것 같았다. 여러 선생님으로부터 관심과 사랑을 받으며 나도 모르게 성장해 갔다.

중학교 3년간 친구들과 좋은 교우 관계를 유지하며 정말 열심히 공부했고 내적으로 많은 성장을 하였다. 제법 어른 같은 생각을 그때부터 하였다. 3학년 2학기 끝날 때쯤에 나를 아꼈던 선생님들은 내가 동일계 고등학교에 진학하기를 바랬다. 처음엔 나도 그게 당연한 것으로 생각했다. 그런데 3학년 2학기가 거의 끝날 때쯤에 집안 형님뻘 되는 분이 앞으로 대한민국은 기술자가 필요한 시대라는 말씀을 하셨다. 그 말이 내 가슴에 깊게 꽂혔다. 사실 나는 이과나 공과에 적성이 맞지 않는 사람이었다. 그런데 대한민국의 장래를 위해 나 자신이 필요하다면 나는 그 길을 마다하지 말아야겠다고 생각했다. 그때 신문 지상에 박정희 대통령이 중견 기술자를 양성하기 위하여 서울, 부산, 대전, 삼척에 4개의 5년제 공업고등전문학교를 설립하겠다는 기사가 났다. 그 기사를 보는 순간 나는 바로 이거라고 생각했다. 나의 길이 바로 이거라고 생각했다. 입학원서에 담임선생의 확인을 받는데 선생님이 매우 의아하게 생각했다. 본교 진학을 하지 않는다면 당연히 명문 고등학교로 진학할 것으로 생각하셨던 모양이다. 아무튼 확고한 나의 신념을 확인한 선생님께서는 마지못해 경기공전 입학원서를 써주셨다. 전공은 토목과로 하였다. 나에게 중견 기술자가 필요한 시대라고 말씀하신 분이 토목기술자였다.

기술 입국의 사명감을 갖고 경기공전에 입학하다.

경기공업고등전문학교(개방대학으로 되었다가 여러 번 학교명이 바뀌다가 현재는 서울과학기술대학교가 되었다.)는 경기공업고등학교(줄여서 '기공'이라고 했다)를 모태로 해서 출발했다. 경기공업고등전문학교는 고등학교 3년 과정과 전문대학 2년 과정을 합하여 5년제 학제로 편제되어 국가경제발전에 필요한 중견 고급기술자를 양성하는 교육기관으로 출발하였다. 우리나라 최초의 5년제 전문학교 학제의 효시였다. 국립학교였고 학비도 아주 저렴한 데다가 대학식으로 교육한다고 하니 가정형편이 넉넉하지 못한 수재들이 전국에서 모여들었다. 경쟁률도 아주 높았고 커트라인도 명문고등학교와 거의 같았다. 기계, 건축, 토목, 공예 4개 학과에 160명을 모집하였다. 나는 토목과 톱으로 들어갔고 장학금을 받고 입학하였다.

친구들 모두 새로운 학제에 기대가 컸고 공부를 열심히 하였다. 선생님들도 교수라고 호칭하였고 모든 선생님이 전국 최고 선생들로 교수진이 구성되었다. 국사 담당 교수는 국사정설이란 대입 수험 필독서를 저술한 유명한 남도영 교수였다. 남도영 선생님의 강의는 청산유수였다. 공학도인 우리들이었지만 우리는 이분의 강의에 매료되었다. 영어는 영문학자이며 문학평론가였던 김병걸 교수였다. 우리가 졸업한 후 민주화 투쟁이 한창인 시절에 재야 민주인사로 활동하여 옥고를 치르시기도 하셨다. 수학은 연세대 출신의 장영하 교수였고 그 외 과목의 교수들도 서울 시내 유명 고등학교의 최고 실력파 선생들이 우리를 가르쳤다. 철학 과목도 수강하였는데 철학을 전공한 교수가 강의를 하였다. 초대 학장이셨던 충암 이인관 선생(충암고등학교 설립자이다)은 매우 유명한 고등학교 교장을 여러 곳 역임한 분이었는데 문교부 보통학무국장도 역임한 초기 대한민국 중고등 교육계에 유능한 교육자였다. 그런 연고로 교육계와 학계에 아시는 분이 많았다. 이인관 학장은 일주일에 한 번씩 저명한 교수들을 초빙하여 우리에게 좋은 강의를 듣도록 하였다. 전공과목 교수들도 서울공대 출신이거나 전공과목 분야에서 최고 수준의 공업고등학교 교사들로 교수진이 구성되었다. 1학년부터 전공과목이 40프로 이상이었다.

1학년 1학기가 거의 끝나갈 무렵부터 나는 회의를 느끼기 시작했다. 내가 공부하고 싶은 것은 인문사회과학 분야였다. 전공과목에 전혀 흥미를 느끼지 못했다. 특히 제도(설계제도)와 측량과목 분야는 흥미도 없을

5. 내가 걸어온 길

뿐더러 워낙 그 분야에 소질이 없다 보니 낙제점 면하기도 쉽지 않았다. 그나마 영어와 정치사회 그리고 철학 과목 등 외국어와 인문사회과목에 흥미를 갖게 되어 이들 과목은 열심히 공부하였다. 1학년 때에 나는 벌써 3학년 정도의 영어 실력을 갖추게 되었고 몇 권의 철학 서적을 탐독하였다. 그 당시 지성인들의 필독서라고 할 수 있는 장준하 선생이 발행하는 월간 〈사상계〉를 몇 개월 지난 잡지를 얻어 정독하였다. 사상계를 통해 그 당시 우리나라의 유명한 교수들의 글을 접할 수 있었고 나의 사고와 지적 영역은 깊고 넓게 확장되어갔다.

1학년 때 우리 학과 담임은 국어를 담당하셨던 이휴복 선생이셨다. 서울사대 국어학과를 나오신 분이었다. 함남 홍원군 출신 실향민이었는데 나를 각별하게 사랑하셨다. 2학기 들어서 첫 국어 시간이 끝나고 나니 선생님께서 나를 교무실로 부르셨다. 교무실로 가니 선생님은 자리에 앉으시라고 하시며 몇 가지를 물어보셨다. 첫 번째 질문은 왜 경기공전에 들어왔냐는 것이었다. 잠시 머뭇거리다가 가정 형편상 학비가 저렴할 것 같아서 지원하게 됐다고 말씀드렸다. 선생님 앞에서 거창하게 대한민국의 경제발전에 기술분야 고급기술자가 필요할 것이고 그런 일을 감당할 생각이라고 말할 수가 없었다. 물론 그런 당초에 이런 나의 생각은 1학기가 지난 이후부터 점점 엷어져 가고 있었다. 선생님께서는 같은 이북 출신으로서 피난민들이 겪는 어려움을 잘 알고 계신 것 같았다. 선생님을 이어서 지금 어디에 살고 있냐고 물어보셨다. 옥수동에서 살고 있다고 말씀드렸다. 내 대답이 들으신 선생님을 잠시 뜸을 드리시더니 내가 졸업한 중학교 선생님 몇 분이 전화를 주셨다고 하셨다. 선생님들 말씀이 아주 장래가 촉망되는 우수한 학생이니 잘 지도해달라고 당부하더라고 하셨다. 갑자기 눈물이 핑 돌았다. 선생님은 잠시 침묵하시더니 나에게 말씀하셨다. 한남동에 사는 초등학교 4학년 학생이 있는데 과외지도를 해보면 어떻겠냐고 물으셨다. 한남동이라면 옥수동 우리 집에서 가까워 학교를 마치고 두세 시간 초등학교 4학년을 가르치는 것은 그리 어려

429

운 일이 아닐 것 같았다. 그 당시는 중학교 입시경쟁이 아주 치열해서 초등학생 과외지도가 성행하던 시절이었다. 선생님 말씀이 떨어지자마자 나는 하겠노라고 말씀드렸다. 그랬더니 그럼 오늘부터 해보라고 하며 주소를 알려주셨다.

선생님께서 적어 준 주소로 찾아가 문 앞에서 초인종을 누르니 50대 중년 부인이 나오시며 반갑게 맞아주셨다. 붉은 벽돌집에 아담한 양옥집이었다. 집에 들어가니 내가 과외 할 초등학교 4학년 학생이 얌전하게 인사하며 나를 바라보았다. 그 후 나는 매일 학교가 끝나면 한남동 과외집에 가서 학생을 가르쳤다. 내가 과외를 하고 난 후에 학생의 실력도 많이 향상되어가는 것 같았다. 어느 날 과외지도를 하러 갔더니 30대 중반쯤 되어 보이는 부인이 어린아이와 같이 거실에 있었다. 목례를 하며 가볍게 인사를 드렸더니 "아 과외선생이시구나" 하시며 반갑게 인사를 하셨다. 나중에 알고 보니 그분은 이휴복 선생님의 사모님이셨다. 선생님은 나를 위해 선생님의 초등학생 처남의 과외를 부탁하신 거였다.

그 후 나는 선생님의 어린 처남을 열심히 지도하였다. 한남동에서 과외지도를 한 지 2년쯤 지나 과외지도를 하던 집이 효창동으로 이사를 하게 되었는데 그때부터 나는 입주 과외를 하게 되었다. 학비와 먹고 자는 문제는 완전히 해결된 셈이었다. 효창동에서는 아현동 굴레방다리에 있는 경기공전까지 걸어서 다녔다. 효창공원을 지나 균명고등학교 고갯길을 넘으면 아현동이 나왔다. 빠른 걸음으로 걸으면 30분 정도로 걸리는 거리였다. 2학년에 올라가니 전공과목이 더 많아졌다. 재료공학, 측량학, 구조역학, 측량 실습 등 제법 전공과목의 심도가 높아졌다. 나는 전공과목에 흥미가 없었지만 이론은 그런대로 좋은 성적을 내었다. 그러나 측량과 제도 같은 전공 실기 과목은 흥미도 없었고 성적도 별로였다. 2학년 2학기가 되면서부터 이공 계통이 나의 길이 아님을 확신하게 되었다. 이쯤해서 방향을 바꾸는 것이 미래를 위해 나을 것 같았다. 이휴복 선생님께서도 나의 고민을 아시고 진로상담을 해주셨다. 선생님은 나보고 서

5. 내가 걸어온 길

울대학교 문리과대학을 가면 좋겠다고 하셨다. 그러나 나는 문리과대학보다는 상경계통의 학과를 가려고 생각하고 목표를 연세대학교 상대로 정하였다. 중학교 시절부터 나는 신촌에 있는 연세대를 동경하였다. 대학을 간다면 실력이 넘쳐도 꼭 연대 상대를 가겠다고 생각했었다.

3학년 여름방학이 시작될 무렵 주임교수께 나의 뜻을 밝히고 중퇴하기로 결심하였다. 교수님이 펄쩍 뛰시면 말리셨고 부모님을 모시고 오라고 했지만 나의 결심은 확고했다. 주임교수의 강력한 만류에도 불구하고 다음날부터 등교하지 않고 학교 부근에 있는 아현도서관에 다니며 입시공부를 하기 시작했다. 과외하는 집에는 당분간 학교를 중퇴했다는 말을 하지 않고 다녔다. 마침 이휴복 선생님은 그 당시 다른 고등학교로 전근 가신 후였기에 당분간 알리지 않아도 될 것 같았다. 낮에는 도서관에서 공부하고 학교 끝날 때쯤에 집으로 와 저녁에는 과외지도를 했다. 다음 해인 66년도 여름에 대입검정고시를 합격한 후 본격적으로 입시공부를 하였다. 검정고시에 합격한 후 이휴복 선생님께 경기공전을 그만두었고 검정고시에 합격했다고 말씀드렸다. 선생님은 매우 기뻐하셨고 고생했다고 말씀하셨다. 그러나 선생님의 표정을 보니 아마도 내가 중퇴한 것을 이미 알고 계셨던 것 같았다. 선생님은 나를 믿고 지켜봐 주셨던 거였다.

내 인생에 있어서 경기공전은 두 가지 점에서 매우 의미 있는 곳이라고 생각한다. 첫째는 나에게 경제적인 어려움이 없이 학업을 계속할 수 있는 과외 자리를 제공해주신 평생의 은인이며 은사인 이휴복 선생님과의 만남이다. 선생님은 1학년 2학기 초까지 경기공전에 재직하셨고 이후 창덕여고로 전근하셔서 우리들을 직접 지도한 기간을 얼마 되지 않았다. 그러나 내가 선생님의 처남 둘을 과외지도하는 동안 자주 뵙게 되었고 뵙게 되면 늘 격려하여 주셨다. 선생님은 나의 멘토셨고 언제나 든든한 정신적 지주셨다. 나는 선생님의 기대에 어긋나지 않는 훌륭한 사람이 되려고 열심히 공부했고 몸과 마음을 단련하였다. 내 인생에 선생님을 만난 것은 하나님의 은총이었다.

둘째는 내가 근 28년간 금융기관 생활을 마치고 이후 현재까지 20여 년간 건설 분야에서 일할 수 있는 기초적인 토목공학 관련 소양을 쌓게 해준 곳이라는 점이다. 물론 경기공전 2년 반 동안의 기간이 나의 적성과는 맞지 않는 공부를 하였고 학교 특성상 인문 소양을 쌓을 수 있는 기회가 적었던 점도 있었다. 그러나 반면에 일찍부터 기술인으로서 사회 진출에의 필요한 소양을 쌓는 데 도움을 주었다고 생각한다. 사회인으로서 전문 기술인으로서 가져야 할 자세와 책임의식을 알게 해준 시기라고 생각한다. 그런 점에서 경기공전 2년 반의 기간이 나에게는 결코 헛된 시간이 아니었음을 확신한다.

나는 지금도 공전 시절 재료공학 교수님께서 수업 시간에 하신 말씀을 기억하고 있다. 교수님은 철도 분야에 실무경험이 많으신 분이셨다. 어느 날 교수님은 일제강점기 시절에 읽은 어느 일본 철도기술자의 수기에 대해서 말씀하셨다. 그 일본 기술자의 수기는 자기가 설계하고 시공한 터널 부분의 철로 구간에 대한 이야기였다. 긴 터널이었고 난공사였다. 양쪽에서 동시에 터널 공사를 했는데 중간 접속지점이 직선으로 곧게 연결이 되지 못하고 약간의 오차가 발생했다고 하였다. 최선을 다하여 오차를 줄여 준공하였는데 그 기술자는 그 터널 지점을 지날 때면 기차가 미세하게 흔들리는 것을 느낀다고 했다. 그때마다 괴로워했고 기술자로서 양심의 가책을 느꼈다고 한다. 어떤 때는 옆 좌석에 있는 사람에게 물어보기도 했다고 하였다. 그때마다 사람들의 답변은 잘 모르겠다고 했지만, 그는 여전히 그 구간을 지날 때면 약간의 진동을 느끼며 괴로워했다고 한다. 이런 자세가 바로 진정한 기술자의 자세이며 마음가짐이라고 말씀하셨다. 나는 그 말씀에 깊은 감동을 받았고 내가 건설업에 종사하면서 기술개발과 책임시공을 강조하고 이를 기업 정신으로 삼는 계기가 되었다. 이러한 기술자의 정신과 자세 그리고 얼마간 배운 토목 분야의 지식은 내가 건설회사를 경영하는 데 큰 도움이 되고 있는 것이 사실이다.

1963년에 토목과에 40명이 입학하여 7, 8명이 대학에 진학했고 중간에 학업을 포기한 친구들이 있어 최종졸업한 친구들이 20여 명쯤 된다. 훌륭한 선생님으로부터 5년 동안 열심히 수학한 친구들은 토목 전공 분야에 있어서는 명문대학 토목과 출신보다 현장에 적응하는 토목기술 실력이 훨씬 나았다고 한다. 이것은 국내 굴지의 대형건설사 인사 담당자의 공통된 의견이었다고 한다. 동기 친구들은 지방자치단체, 철도청, 한전, 토지공사 등 공기업과 대형건설사의 중견 기술자로 70년대부터 근 40년간 한국 건설업계에 중추적인 역할을 하였다. 친구들은 직장을 다니며 대부분 야간 공대를 나왔고 기술자의 꽃이라고 부르는 토목기술 관련 기술사도 7, 8명이나 된다. 철도청에 근무하던 친구는 건설본부장(국장급)까지 올라갔고 해양수산부에 근무하던 친구는 부이사관까지 올라갔다. 기술사무관도 2명이 나왔고 현대건설을 비롯한 대기업에 임원과 중견건설업체와 엔지니어링 회사의 사장도 몇 명 배출되었다.

  2001년부터 내가 건설업계에 종사하면서 한동안 연락을 하지 않아 소식을 모르고 지내던 친구들과 다시 만나게 되어 친구들의 뛰어난 기술력과 건설업계의 끈끈한 인맥이 나에게 큰 도움을 주곤 하였다. 올해로 우리가 만난 지 60주년이 되지만 지금도 친구들과 정기적으로 점심 모임을 한다. 모두 열심히 일하고 성실하게 살아왔다. 60년 전 꿈많던 공전 시절의 친구들이 귀하고 자랑스럽다.

연세대 상학과에 입학하다.

  내 인생에서 가장 감격스러웠던 첫 번째 기억은 아무래도 1967년도 2월에 연세대학교 상학과에 합격하여 합격생 방을 바라보며 기뻐서 어찌할 줄 몰랐던 때가 아닌가 싶다. 지금도 기억이 생생하다. 그 시절 대학교 입학시험 합격생명단 발표는 대개 합격생의 수험번호를 큰 모조지로 써서 넓은 판자 위에 붙인 후에 교문 옆 운동장 한구석에 붙여 게시했었다. 상경대학 상학과 방을 보니 내 번호인 280번이 보였다. 그것도 아주 또렷하고 크게 보였다. 가슴이 뛰었고 세상의 모든 것을 얻은 것 같은 느낌이 들었다. 그렇게 들어가고 싶어 했던 연대 상대가 아니었던가?

이틀 전에 조선일보에 전화를 걸어 확인해본 결과 합격자 명단에 없다고 하여 여간 실망하지 않았었다. 그날 상심한 마음을 달래며 2차 지원을 생각한 경희대 캠퍼스를 가보았다. 경희대 캠퍼스가 조금은 아름다워 보여 다소 마음의 위안은 되었다. 그래 경희대에 우수한 성적으로 합격하여 입학금과 수업료를 면제받으며 다니면 되지 않겠나 하고 스스로 위안하며 경희대를 둘러보고 왔다. 마음이 많이 가라앉았다.

하루를 집에서 푹 쉬고 그다음 날 아침에 일어나니 내가 불합격되었다는 것이 도저히 믿어지지 않았다. 열심히 준비했고 내 실력이 서울상대 들어갈 정도의 충분한 실력을 인정받았기 때문이다. 사실 나는 실력이 넘치더라도 서울대는 가려고 생각하지 않았다. 그런 내가 불합격이라니 아무래도 직접 가서 확인해보지 않고는 믿어지지 않았다.

아침을 먹고 일찍이 신촌 연세대 입구에 있는 운동장으로 갔다. 운동장 입구에 합격생 방이 붙어 있었다. 날씨도 몹시 추웠고 합격 발표 후 이틀이 지난 후인지라 합격생 방을 보러 온 사람이 거의 없었다. 상경대학 상학과 합격생 방을 보려고 나는 방이 붙어 있는 곳으로 천천히 다가갔다. 가까이 다가가서는 차마 곧바로 눈을 뜨고 볼 용기가 없어서 한동안 눈을 감았다. 심호흡을 한번 하고 지그시 감은 눈을 서서히 떴다. 어차피 떨어졌다고 신문사에서 알려주었으니 가벼운 마음으로 보자, 그저 떨어졌다는 것만 사실인지 확인만 하자, 그런 기분으로 천천히 고개를 들고 보기 시작했다. 그런데 방을 보는 순간 나는 놀라지 않을 수가 없었다. 내 수험번호 280번이 한눈에 들어오는 것이 아닌가. 그것도 합격생 명단 위에서 3번째로. 가슴이 멈추는 것 같은 순간이었다. 합격이구나, 합격이야. 나는 만세를 부르며 소리쳤다. 그리고는 백양로 길을 정신없이 뛰었다. 어떻게나 빨리 뛰었는지 뛰는 동안 신고 있던 헐거운 구두가 그만 벗겨졌다. 구두 벗겨진 것도 느끼지 못한 채 10여 미터를 뛰었

5. 내가 걸어온 길

던 것 같다. 발에 찬기가 느껴져 정신을 차려 보니 한쪽 발에 구두가 없는 맨발이었다. 구두 한 짝이 10여 미터 뒤에 떨어져 있었다. 뒤로 가서 구두를 다시 신고 또다시 뛰었다.

교무처 사무실에 들어가자마자 "제가 이명우인데요. 상과 합격했는데요, 어떻게 하면 되지요." 나는 사무실에 있는 분에게 두서없이 말했다. 차분하게 생기신 여직원 선생님이 나를 진정시키며 천천히 확인해주었다. "어머 상학과에 3등으로 합격했네요, 축하해요. 그런데 오늘이 신체검사 날이에요." 하는 것이었다. 어떻게 하면 되느냐고 나는 다짜고짜로 물었다. 그분 말씀이 상경대학 사무실에 가서 합격확인을 받고 신체검사장인 세브란스병원으로 가라는 것이었다. 상경대학 본부에서 합격확인을 받아 신체검사를 무사히 마쳤다. 정말 아찔한 순간이었다. 합격생이 신검에 불참하면 입학 의사가 없는 것으로 알고 일정한 기일이 지나면 불합격 처리되는 것이 일반적인 절차라는 것을 후에 알았다. 정말로 하늘이 도왔다. 세상을 살아오면서 나는 결정적인 순간마다 하늘이 도와주는 경험을 여러 번 했다.

나중에 확인한 일이지만 조선일보에 합격 문의를 해주신 분은 과외 학생의 아버님이셨다. 고향이 함경도분이신데 나이가 제법 있으신 분이었다. 그분이 상학과라고 발음을 하기는 했는데 조선일보 담당자가 듣기에는 사학과로 들었다는 것 같다. 그러다 보니 사학과 합격자 명단에 내 이름이 없다 보니 불합격되었다고 확인해준 것이다.

나는 중학생 때부터 연세대가 그렇게 마음에 들었다. 이다음에 크면 꼭 연세대학생이 되고 싶었다. 방학 때만 되면 금호동에서 그 당시로는 꽤 멀리 떨어져 있는 신촌에 있는 연세대 캠퍼스를 친구와 함께 둘러보러 가곤 하였다. 그리고는 마음속으로 이다음 크면 꼭 연세대학생이 되어야겠다고 생각했다. 최근 그때 같이 갔던 친구가 내 자랑을 다른 친구들에게 하면서 그 당시 나와 같이 연세대에 갔었던 이야기를 해주어 당시의 기억이 새롭게 떠올랐던 적이 있었다.

435

나는 중학생 시절 연세대 배지를 단 대학생을 보면 모두 얼굴이 말끔하고 교양이 있어 보였고 참 신사처럼 멋있고 세련되게 보였다. 그때는 외국인 교수들이 더러 계셨던지 교수분 자제 같은 외국인 아이들이 연세대학교와 이대 부근 놀이터에 놀곤 했었다. 외국인 아이들을 만나면 용기를 내서 다가가 영어로 말도 걸고 이야기하는 것이 그렇게 즐거웠다. 연세대의 서양문화 분위기가 어린 나에게 그렇게 끌렸기에 대학시험 준비를 하면서 실력이 넘치더라도 무조건 연세대로 가기로 작정을 했었다. 무엇보다도 그 당시 애틋하게 읽었던 강신재의 단편 소설 "젊은 느티나무'의 배경이 바로 신촌 연대 캠퍼스 부근 아니었던가. 그런 연세대에 그것도 연세대의 간판 학과인 상경대학 상학과에 3등으로 합격했다니. 그때 나는 세상의 모든 것을 얻은 것 같았고 부러울 것이 없었다. 내 앞길은 환하게 열려 있다고 생각했다. "I got the World !"였다.

과외지도하던 집에 어르신은 사업을 하시는 분이셨다. 어르신은 내가 과외지도를 잘해 아들들을 명문중학교에 보내고 또 성실하고 학업에도 열심히 하는 모습에 칭찬을 많이 하시고 격려해주셨다. 어르신은 나의 합격 소식을 듣고 무척 기뻐하시며 입학금 전액을 대주셨고 신사복 한 벌도 맞춰 주셨다. 선생님께서도 무척 기뻐하셨다.

꿈을 키웠던 4년간의 연세 동산

1967년 새봄에 신촌에 있는 연세 교정에 첫 등교하였을 때의 기분은 이루 말할 수 없이 기뻤다. 정문에서 상경관까지 500여 미터쯤 되는 거리의 백양로는 이름 그대로 은백색의 백양나무가 심어있는 길이었다. 그 길을 힘차게 걸으며 열심히 공부하겠노라고 마음속으로 다짐하였다. 예일대학교 교정을 닮았다는 연대 캠퍼스는 그 당시 우리나라에서 가장 아름다운 대학 캠퍼스였다. 담장 넝쿨이 휘감아 올라간 상경대학 건물은 고색창연하였고 역사와 전통을 말해주는 그런 건물이었다. 마치 미국 동부에 있는 아이비리그의 한 대학 같은 느낌이 들었다. 친구들 대부분이

5. 내가 걸어온 길

서울과 지방의 명문 고교 출신들로 재기발랄하며 지적 욕구가 강했고 반듯한 자세와 마음 또한 따뜻한 멋있는 친구들이었다.

이른 봄에 교정에 피기 시작하는 샛노란 개나리, 4월에 흐드러지게 피는 벚꽃과 진달래, 신록의 5월은 연세 캠퍼스의 아름다움의 절정이었다. 녹음이 짙어지면 청송대와 노천강당의 그늘진 나무숲은 더위를 식혀주며 친구들과 인생을 논하는 장소였고 야외수업 교실이었다. 한여름 백양로 길을 걸을 때 시원한 바람이 불어 백양나무 나뭇잎이 바람결에 하늘거리면 햇빛에 반사된 그 찬란한 은빛 색깔의 아름다움에 취해 저절로 감탄하기도 했다. 가을이 되면 노란 은행잎과 붉은 단풍잎은 가을의 정취를 더해주었고 겨울이 되어 흰 눈이 내려 연세 동산이 온통 흰 눈으로 뒤덮이면 그 순백의 아름다움과 순결함에 우리들의 마음이 정화되곤 하였다. 봄, 여름, 가을, 겨울 그렇게 계절의 변화를 네 번을 겪으며 나는 육체적으로나 정신적으로 성장하였고 지적으로 그리고 영적으로 성숙되어가는 것을 느꼈다.

〈진리가 너희를 자유케 하리라〉라는 연세의 건학정신에 나의 몸과 마음은 조련되었고 나도 모르게 성장하여갔다. 무엇보다도 졸업 후 사회에 진출하여 성실하게 일하며 낮은 자세로 섬기고 사회에 봉사하는 그리스도의 정신을 실천하려고 노력하여왔던 것도 연세 정신이 내 몸속에 체화되었던 때문이라 생각한다. 연세의 정신인 진리와 자유 그리고 그리스도 정신인 사랑과 봉사는 나의 인격 형성에 큰 영향을 끼쳤다. 일주일 한 번씩 대강당에서 의무적으로 참석하는 채플 시간이 있었다. 교회를 다니지 않는 친구들은 채플 시간이 싫어 간혹 빠지기도 했지만 나는 단 한 번도 빠지지 않고 채플에 참석하였다. 채플 중에는 연대의 유명 교수분들뿐 아니라 타 대학의 저명한 교수님들이 오셔서 특강을 하였다. 덕분에 4년 동안 한국의 훌륭한 교수님들의 귀한 말씀을 들을 수 있었다.

우리 대학에서는 연세대학교의 상징인 백낙준 박사와 최현배 선생님 그리고 연세의대에 김명선 의대 부총장님을 비롯하여 경제학에 최호진 박사님, 세익스피어 문학의 대가인 오화섭 교수님, 철학과에 김형석 교수님, 신과대학에 서남동, 김찬국 교수님 같은 분들로부터 인생을 살아가는 데 귀중한 말씀을 들을 수 있었다. 외부 저명한 교수님들은 고려대 상대 교수인 조동필 교수, 서강대 남덕우 교수, 향가연구로 유명하신 자칭 국보라고 하시던 양주동 선생, 숭실대에 안병욱 교수, 한신대에 문익환, 문동환 교수 등 그 당시 한국의 대표적인 지성인들의 강의를 직접 듣곤 하였다. 때론 음대 교수나 재학생들의 아름다운 연주도 들을 수 있었다.

어느 분이었는지는 기억이 확실하지 않으나 아마도 위에 언급한 분 중에 한 분이 이었던 것 같다. 그분 말씀 중에 여러분은 대학 4학년 동안 우직하게 그리고 끈질기게 진리의 다이아몬드를 캐는 광부가 되라고 하셨다. 연세 동산에서 4년 동안 광부와 같이 땀을 흘리며 열심히 지식의 보고를 캐다 보면 석탄도 캐고 금도 캐고 때론 다이아몬드도 캘거라고 말씀하셨다. 그 말씀을 듣고부터 나는 광부가 된 심정으로 연세 동산에 묻혀있는 지식의 다이아몬드를 캐려고 노력하였다.

대학에 들어간 첫해 봄 학기에는 새로운 친구들을 사귀고 대학 신입생 기분을 느끼느라 정신없이 보냈다. 한 번의 단체 미팅을 했고 5월 대학 축제에는 친구가 같은 교회에 다닌다는 경희대 여학생을 소개해주어 캠퍼스를 함께 걸으며 대학생이 된 기분을 실감하였다. 여전히 과외지도를 하며 대학에 다녔다. 대학에 들어가서도 영어공부는 열심히 하였다. 중고등학교 학생을 지도하다 보니 자연히 영어는 열심히 공부하지 않을 수가 없었다. 친구 재찬이 권유로 쿠사라는 동아리에도 들어가 활동하였다. 같은 과 친구 중에 재찬, 규현 그리고 흥래도 있었다. 나중에 경준이와 준기도 쿠사동아리에 들어와 함께 활동하였다. 아르바이트를 하느라 동아리 활동을 다른 친구들처럼 활발하게 하지는 못했지만 어쩌면 학교 수업과 과외지도로 단조로웠을 대학생활에 큰 활력소가 되었다.

쿠사동아리 활동을 통하여 리더십과 팔로워십을 체득할 수 있었다. 지성인으로서의 사회적 책임과 소명감도 자각하게 되었다. 무엇보다도 쿠사의 정신인 새물결 정신은 새로운 시대에 적응하며 인류에 봉사하는 코스모폴리탄적인 생각을 갖게 하였다. 또한 조직에 잘 적응하고 내가 속한 조직은 그 어느 곳이든지 긍정적인 역할을 할 수 있는 소양을 쌓는데 도움이 되었다. 사회에 나와 다양한 조직에서 활동하며 조직에 긍정적인 역할을 할 수 있는 소양을 길러준 곳도 쿠사였다. 무엇보다도 훌륭한 친구들과 함께 활동하며 평생의 친구로서 가까이 지낼 수 있게 된 것은 정말로 나에게는 축복이었다. 탁월한 리더십과 다재다능한 재찬이로 부터는 조직관리와 리더십을 그리고 언제나 여유롭고 마음 따뜻한 규현이로 부터는 그의 착한 심정을 닮으려고 하였다. 규현이네 집은 전형적인 서울 중산층 가정이었다. 훌륭한 부모님과 8남매의 대가족이 우애롭게 살아가는 모습은 참 부러웠다. 대학 4학년 때 규현이 바로 밑에 남동생의 과외지도를 1년 동안 하였다. 그런 인연으로 규현이와는 더욱 각별히 친하게 지냈고 졸업 후 사회에 나와 지금까지 돈독한 관계를 유지하고 있다. 특히 규현이 아버님은 나를 당신의 아들처럼 생각하시며 아껴주셨다. 은행에 입행 할 때는 재정보증까지 서 주셨다.

 대학 2학년과 3학년에는 전공과목이 많아졌다. 그 당시 경영학 교수님들은 모두 미국 와싱톤대학교 경영대학교에서 공부하고 오신 분들이었다. 그 당시는 우리나라는 경영학이 미국으로부터 도입된 초창기였다. 워싱턴대학교의 특별교육 프로그램에 의하여 연세대학교와 고려대학교의 교수들을 초빙하여 미국의 선진 경영학을 이수하게 하였다. 워싱턴대학교에서 박사학위를 받고 오신 교수님들은 한국 경영학계의 초창기 교수분들이었다. 인사관리에 정종진 교수. 재무관리에 이기을 교수와 임익순 교수, 마케팅에 이종하 교수 등 한국 경영학 도입 초기에 쟁쟁한 교수분들이 우리를 지도하셨다. 3학년 과정을 마치고 나니 어느 정도 경영학이란 학문에 대해 체계가 잡혀가는 것 같았다. 나는 전공과목 중에 인사관리와 마케팅 과목에 흥미를 느꼈다. 특히 인사관리 과목은 사람을 뽑고, 적재적소에 배치하고 조직원의 동기를 부여하고 능력을 개발하며 조직원 간의 의사소통을 원활하게 하여 생산성을 높이도록 해야 한다는 조직원리에 대해서 많은 흥미를 느꼈다. 특히 그 당시에 개발된 행동과학 분야에 관심을 갖고 공부하였다. 또한 경영학이 단순한 경영기술을 배우는 것이 아니라 인간과 조직을 이해하고 인간과 조직을 관리하는 학문임을 알게 되었다. 경영학의 아버지라는 피터 드러커도 어찌 보면 경영학자이기 전에 사상가이며 철학자라는 생각이 들었다.

대학 4학년에 올라가니 친구들이 졸업 후 진로 문제에 관심을 갖기 시작했다. 입학 동기들 중에 절반 정도는 2, 3학년 때 군에 입대하였다. 4학년 초가 되니 상경대 학생회에서는 졸업반을 위한 영어 특강반을 개설하여 한주에 3일 하루 1시간씩 아침에 영문과 교수를 초빙하여 영어특강을 했다. 그때 영어특강을 해주신 분은 학원가에서도 명성이 높으셨던 김태성이란 강사였다. 그리고 한주에 한 시간 정도 논문 작성 방법에 대한 강의도 들었다. 논문이라기보다는 논설문 정도였다. 교수님이 매주 주제를 정해주면 논설문을 작성하여 제출하고 평가를 해주었다. 친구들 중에 제일 잘 쓴 논설문을 복사를 하여 나누어 주고 참고하도록 하였다.

대학 4년 동안을 회고해 보면 나는 세 가지 일에 몰두한 것 같다. 첫째는 학교 수업을 열심히 듣는 것이었다. 덕분에 4년을 마치고 나니 경영학이라는 학문에 대해 어느 정도 학문의 체계가 잡히는 것 같았다. 둘째는 등록금을 마련하기 위하여 하루도 빼놓지 않고 수업을 마치고는 과외지도를 하였다. 그 덕분에 학비 걱정 없이 제 때에 등록하고 학교를 다녔다. 그러다 보니 학점은 그리 뛰어나지 못했다. 중 상위 정도의 학점을 받았던 것 같다. 대학 4년 동안 3학년 1학기에 딱 한 번 장학금을 받았을 뿐이다. 셋째는 짬을 내어 쿠사동아리 활동을 한 것이다. 쿠사동아리 활동마저 없었다면 아마 나의 대학 생활은 무미건조하고 삭막하기까지 했을 것이다.

한국상업은행에 입행하여 사회 첫발을 내딛다.

대학교 4학년이던 해인 1970년 12월이었다. 한국상업은행 입행 시험에 당당히 합격한 것이다. 그 당시 군대를 다녀오지 않고 들어갈 수 있는 곳은 공무원과 금융기관뿐이었다. 금융기관의 경우 취업이 되면 군대 복무 중에도 월급이 나온다고 하여 재학 중에 군대를 다녀오지 않은 친구들은 대부분 금융기관을 선호하였다. 나 또한 금융기관을 목표로 열심히 취직시험 준비를 했다.

나는 중고등학교 시절부터 영어공부를 열심히 했기에 비교적 영어 실력은 탄탄한 편이었다. 대학 4학년 동안에도 중고등학생 과외지도를 하였기에 가르치며 배운다는 말이 있듯이 매일 매일 영어를 가르치기 위하여 준비했기에 영어는 자신이 있었다. 영어특강 후 첫 모의고사에 내 영어 실력이 최상위권으로 나타냈다. 글 쓰는데도 어느 정도 자신이 있었기에 논설문 작성 평가도 좋은 편이었다. 상업은행 입행 시험은 영어와 전공 그리고 논문이었다. 영어 시험문제가 아주 쉽게 나와 변별력이 없을 것 같아 걱정했을 정도이다. 전공인 경영학 시험도 상업문제 수준이었다. 아무튼 나는 무난히 입행 시험에 합격하여 1개월간 신입 행원 연수를 마치고 우리 집에서 가장 가까운 중구 장충동지점으로 발령받았다. 그때 그 기분은 이루 말할 수 없을 정도로 기뻤다. 이제부터 어엿한 사회인이 되었다는 생각에 나 자신이 대견했고 앞날에 서광이 비칠 것만 같았다. 그 당시 금융인에 대한 사회적 평판은 아주 좋았다. 안정된 직장에 최고의 보수를 받는 직장으로 선망의 대상이었다. 나는 1970년 12월에 금융인이 되어 1998년 8월 IMF 여파로 국민리스 이사로 퇴임할 때까지 군 복무 기간 3년을 제외하고 근 25년간을 금융인으로 직장생활을 했다.

생각해보면 내가 연세대학교 상경대학에 입학하여 진리와 자유를 모토로 하는 연세대학교의 서구적이며 자유로운 학풍에 매료되어 훌륭한 교수님들의 가르침을 받으며 공부를 할 수 있었던 것은 나에게 크나큰 기회였으며 하나님이 나에게 주신 큰 선물이라고 생각한다. 물론 내가 중학교 시절부터 동경했던 학교였기에 연세를 한없이 사랑하고 연세대학교 출신임을 자랑스럽게 생각한다. 한국 사회가 여전히 그러하듯이 소위 역사와 전통이 있는 대학 출신이라는 프리미엄이 알게 모르게 작용하는 것이 사실이다. 직장생활과 사회생활을 하며 결정적인 순간에 선배들의 도움도 받았고 후배들의 지지도 받았다. 그동안 사회생활을 해오며 내 실력보다 더 좋은 평가와 대접을 받았다면 그것은 오로지 내 모교인 연세대학교의 덕분이라고 말하고 싶다.

2021년 10월 22일에 모교 연세를 졸업한 지 50주년 되는 동기들이 모교를 찾았다. 졸업 50주년 기념 재상봉행사였다. 재상봉행사준비 상학과 대표로 그리고 전체대표모임에 총괄 운영위원장으로서 근 1년 동안 재상봉 행사준비를 맡아 하였다. 탁월한 리더십이 있는 박상은 재상봉행사준비위원회 총대표를 보좌하며 열심히 준비하고 동기들을 독려한 결과 코로나 19 여파에도 불구하고 400여 명 가까이 되는 졸업 동기들이 모여 감격스런 졸업 50주년 기념 재상봉 행사를 가졌다. 모교에 발전기금도 어느 해보다 많이 기부하였다. 특히 우리 상학과 동기들은 2억 5천만 원 정도 모금하여 그중 2억 원을 학교발전기금으로 기부하였다.

우리 67년도 입학 동기들은 우리 대한민국 건국 이후 최대의 전란이었던 6.25 전쟁 이전에 태어나 어렴풋이 참혹한 6.25 전란을 경험하였고 50년대와 60년대 초까지의 보릿고개도 겪어 본 세대이다. 산업화와 민주화 과정을 거치며 4.19혁명과 5·16 쿠데타, 한일회담, 10.26사태, 광주민주화운동, 6.29 항쟁, 문민정부 수립, 남북정상회담, OECD 선진국 진입, IMF 사태 등 수많은 크고 작은 역사적인 사건을 목격하였고 직접 참여하기도 하며 경제발전과 민주화 발전에 기여도 하였다. 특히 우리 과 친구들은 경영학도로서 훌륭한 교수님으로부터 전수받은 현대적인 경영지식과 기법을 바탕으로 사회에 진출하여 대기업 오너 기업가로, 삼성, 현대, LG, SK 등 대기업의 CEO와 임원, 중소기업 창업자, 대학교수, 금융기관 임원과 주요간부, 국가 주요기관의 고위공직자 그리고 회계사 등으로 각 분야에서 괄목할 만한 업적을 남겼고 국가사회 발전에 헌신적으로 기여 하여왔다. 뿐만 아니라 건전한 사고방식과 의식 있는 사회 지도층 인사로서 나름 한국 사회에 오피니언 리더로서의 역할을 해 왔다. 대부분 건강하고 화목한 가정을 이루었고 올바르게 후세들을 키워 국가사회 발전에 기여하도록 하였다. 참으로 지나온 세월 힘들고 어려운 일도 많았지만 열정과 헌신으로 개인과 가정에 충실했고 국가사회 발전에 공헌하여왔다고 자부해도 될 것이다. 우리는 대한민국의 산업화를 이룬 마지막 세대이며 586세대의 앞선 선배세대로 민주화운동의 기틀을 마련한 소위 넥타이부대-민주화 시민운동 세대라고 할 수 있다. 우리 모두 열심히 일했고 성실하게 살아왔다.

나의 첫 직장 첫 근무지 - 한국상업은행 장충지점

나의 첫 직장 첫 근무지는 내가 살던 금호동에서 가까운 거리에 있는 중구 장충동에 있었던 상업은행 장충동지점이었다. 처음 출근하는 날 어찌나 가슴이 설레고 뛰었는지 모른다. 이제 안정된 직장에서 사회생활을 한다고 생각하니 그동안 가정교사를 하면서 힘들게 공부했던 지난 7년 여간의 생활이 주마등처럼 머리에 스치고 지나갔다. 그 당시 은행원에 대한 사회적 평가는 대단히 높았다. 직원들에게 인사를 하고 정해주는 자리에 앉았다. 처음 담당업무는 교환방이었다. 교환방이란 그 당시는 모든 금융거래가 직접 실물로 거래되는 시기였기에 우리 지점에서 수납한 타행 또는 우리은행의 타지점 발행의 당좌수표와 약속어음 등의 유가증권을 본점 어음거래소에 가서 제출하고 본점 어음거래소에서 수집한 우리 지점이 발행한 당좌수표와 약속어음 등 유가증권을 받아서 그 차액을 결제하는 역할을 하는 업무이다. 매우 중요한 업무이기는 하나 단순한 업무이기 때문에 주로 신입 행원들이 담당했던 업무이다. 교환업무를 한 3개월 정도하고 환 업무 담당을 하게 되었다. 처음으로 은행 창구에 앉아 고객을 상대로 업무를 보게 된 것이다. 고객에게 늘 상냥하고 친절하게 최선을 다하려고 하였다. 환 업무는 송금환과 역 송금환을 담당하는 업무로 주로 고객의 송금업무와 추심업무를 담당하는 일이었다.

　장충지점에 근무한 지 6개월이 지난 1971년 5월 중순 경에 입영 영장이 나와 은행에 휴직을 하고 군에 입대하였다. 상업은행 장충지점은 비록 근무한 기간이 반년밖에 되지 않았지만 내가 사회에 나와 처음 직장생활을 한 곳이기에 영원히 잊을 수가 없는 곳이다. 비록 짧은 기간이었지만 직장생활을 어떻게 해야 하는지 어슴푸레 알게 해준 곳이다. 상업은행 장충지점은 을지로 6가 네거리에서 장충동 쪽 코너에 있었다. 지금은 재개발되어 그 당시 모습이 남아 있지 않지만 가끔 장충지점이 있었던 곳을 지날 때면 햇병아리 신입 행원 시절의 나의 모습을 떠올리며 추억에 잠기곤 한다.

12164350 - 나의 군번이다.

　입영 소집 영장을 받고 논산훈련소로 갔다. 나의 원적은 평남 양덕군이지만 본적은 6.25 피난지였던 충남 논산군이다. 그래서 논산훈련소로 입영 소집되었다. 훈련소에 입영하기 전에 부여에 살고 계시는 이종사촌 형님댁에 가서 인사를 하고 하룻밤을 묶었다. 다음 날 훈련소에 입영하니 대기소에는 많은 입영 대기자들이 있었다. 내가 어린 시절을 보냈던 곳이라 낯설지가 않았다. 입영대기소에서는 보통 1주일에서 2주일 정도 대기하고 훈련소 내에 신병 교육연대나 별도 특과 부대로 배치가 된다고 하였다. 입영하기 전에 군대에 다녀온 선배들이 소위 백을 쓰면 좋은 곳으로 배치될 수 있다고 조언하였으나 나는 그러고 싶지 않았다. 그냥 운에 맡기기로 하였다. 어느 곳으로 배치되든 3년간 열심히 군 복무를 마치겠다고 작정하였다. 그 당시 박정희 대통령의 통치 스타일에 대해 대다수 지식인들이나 대학생들은 반대하였고 대학가에서는 공공연히 반정부 시위가 심심치 않게 있었다. 나도 학교에 다니며 6.8 부정선거에 대한 시위에도 참여했고 가끔 반정부 시위에 가담하기도 하였다. 물론 그 당시 학생운동은 그렇게 조직적이거나 과격하지는 않았다. 이에 박정희

5. 내가 걸어온 길

정부는 대학생을 통제할 목적으로 대학생들에게 교련과목을 필수과목으로 하여 이수하게 하였고 대학생들의 동태를 파악하기 위하여 안기부 요원을 학원에 상주시키기도 하였다. 또한 대학생들이 입영하게 되면 무조건 전방으로 배치하도록 하였다. 물론 전방 병력을 강화하기 위해서는 병력 자원의 교육수준도 높아야 한다는 명분도 있었다.

한 일주일이 지난 다음에 제25연대 신병교육대로 배치되었다. 나에게 부여된 군번은 12164350이었다. 나는 지금도 군번을 잊지 않고 있다. 군대 생활 3년 동안 쉴새 없이 복창했던 번호였기에 평생 잊어버리지 않는다. 나는 그곳에서 6주간의 신병 교육을 받았다. 그 당시 나는 체력이 약한 편에 속했다. 운동신경이 좀 둔한 편이었고 그동안 육체적인 활동을 별로 하지 않고 공부만 하던 처지라 6주간의 신병 교육은 나에게는 견디기 힘든 고된 훈련이었다. 새벽에 일찍 일어나 사격훈련을 하러 가는 날에는 구보로 사격훈련장을 가곤 하였는데 어떤 날은 잠을 자면서 뛰기도 하였다. 고된 훈련을 받고 육체적으로나 정신적으로 진짜 사나이가 되어가는 것 같은 느낌이 들었다. 6주간의 신병 교육이 끝나는 날 보충대 배치가 있었다. 나는 전방사단으로 배치되는 춘천에 있는 101보충대로 배치되었다. 역시 내가 예상했던 대로였다. 서울 출신으로 대학재학 이상 학력을 가진 자원은 전방사단으로 배치된다는 말이 사실이라고 생각했다. 그날 저녁에 연무대에서 특별 야간열차를 타고 서울 용산역에 새벽에 도착하였다. 7주 만에 서울에 온 것인데도 오랜만에 고향에 온 것 같은 착각이 들었다. 용산역에서 잠시 휴식을 한 후 춘천 101 보충대로 갔다. 보충대에서 며칠을 보낸 후 최종 군 복무지인 화천에 있는 보병 제7사단으로 배치되었다. 춘천에서 군 트럭을 타고 화천 읍내에 있는 7사단 본부에 도착하였다. 사단본부에서 며칠을 보낸 후 후반기 훈련을 받기 위해 사단 직할 훈련소로 이동하였다. 사단 직할 훈련소는 사단본부에서 약 10킬로미터쯤 떨어진 곳인데 도로를 이용하지 않고 개울을 건너고 산을 넘어 강행군을 하면서 이동하였다. 처음부터 강한 군인정신

445

을 심어주기 위한 의도였던 것으로 생각된다. 훈련소에서 4주간의 신병 교육을 받았다. 논산훈련소에서 신병교육을 받을 때보다 강도가 더 심했다. 최전방 사단이라 북괴군과 마주 보며 전방을 지키는 사단이라며 실전과 같은 혹독한 훈련을 받았다.

4주간의 훈련을 마친 후에 자대배치가 되었는데 운이 좋았던지 포병 대대 행정병으로 배치가 되었다. 나중에 알게 된 일이지만 16포병 부대의 부관이 사단 부관 참모에게 특별히 부탁하여 훈련병 중에 가장 학력이 좋은 자원을 행정병으로 보내 달라고 요청하였다고 한다. 그 당시 16 포병 부대는 화천 시내에서 전방으로 약 20킬로미터쯤 떨어져 있는 곳에 있었다. 본부부대가 있는 곳에서 조금만 북쪽으로 가면 민간인 출입이 제한되는 민통선이다. 예하 전투포병부대는 민통선을 지나 최전방에 배치되어 있었다.

나는 대학을 졸업하고 직장을 다니다가 뒤늦게 군에 입대하다 보니 입대 동기들보다는 서너 살이 많았다. 그러다 보니 자연히 선임병들도 나에게는 막 대하지는 않았다. 특히 내가 맡은 일이 행정업무로 사병들의 진급과 휴가를 담당하였기에 선임병들도 나에게 부탁할 일이 많았다. 나는 하루 일과가 시작되면 주로 행정사무실에서 행정업무를 보게 되어 사역이나 훈련에서 열외가 되는 경우도 많았다. 그 당시 군대는 군기도 세고 군대 생활이 열악한 편이었다. 그러나 나는 육체적으로는 비교적 편하게 군대 생활을 한 편이다. 육체적으로나 정신적으로 힘든 군 생활을 하지는 않았지만 최전방 화천의 겨울 날씨는 정말 견디기 어려웠다. 한 겨울에 기온이 영하 20도는 보통이었다. 눈이 오는 날에는 발이 빠질 정도로 많이 내렸다. 아침에 일어나 개울가에 가서 세수를 하려고 하면 꽁꽁 얼은 얼음을 깨고 세수를 하였다. 식사를 하고 개울가에서 식기를 닦는 것이 얼마나 힘들었는지 모르겠다. 그러나 그런 혹한을 견디며 3년을 보내는 동안 나도 모르게 어려움을 참는 힘이 생긴 것 같았다. 제대 후 사회생활을 하면서 힘든 일을 겪을 때마다 군대 생활을 생각하면 어려움

5. 내가 걸어온 길

도 쉽게 견딜 수 있었다.

제대하기 한 6개월 정도는 대학 후배인 ROTC 장교의 추천으로 함께 사단 훈련소에 파견되어 교육행정병으로 그 후배와 함께 근무하였다. 나는 파견된 훈련소에서 교육 장교인 후배의 배려로 근무시간 이외는 자유롭게 내무생활을 할 수 있었다. 입대한 지 35개월쯤 되는 1974년 3월에 군에서 제대하여 사회에 복귀하였다. 대한민국의 사나이로 태어나 병역을 의무를 마치니 진짜 사나이가 된 것 같은 생각이 들었다. 군에 가기 전에는 52킬로 밖에 나가지 않던 약골이었던 내가 몸무게도 늘고 체력도 강해졌다. 배짱도 두둑해졌고 행동도 민첩해졌다. 3년간의 규칙적이고 조직적인 군대 생활이 결코 허송세월이 아니라고 생각되었다. 군 생활 3년 동안 나도 모르게 다져진 체력과 강인한 정신력으로 사회에 다시 복귀하여 어떤 어려운 일도 이겨낼 수 있을 것 같은 자신감이 생겼다.

만기제대 후 상업은행에 복직하다.

제대한 후 바로 본점 인사부에 복귀 신고를 하였다. 며칠 후에 남대문지점으로 발령이 났다. 남대문지점은 상업은행 지점 중에 영업부와 명동지점을 제외하고는 가장 큰 영업점이라고 했다. 부근에 삼성그룹이 있어서 삼성그룹사를 영업 타겟으로 하여 최근에 신설된 지점이었다. 처음 내가 맡은 업무는 중립동에 있는 서울세관에 파출 수납업무를 담당하는 일이었다. 세관 내에 설치된 남대문지점 간이 영업취급소에서 관세를 수납하는 업무였다. 매일 아침 지점에 출근한 후 담당 대리의 지시를 받고 지점장 차를 타고 중립동 간이 영업취급소에 가서 그날 관세를 수납하는 일이다. 영업시간이 종료되면 수납한 현금과 수표 등 현물을 갖고 지점차를 타고 지점으로 돌아와 수납전표와 현금 등을 맞춘 후에 전표와 현금을 계산계에 인계하는 일이다.

파출 수납업무를 한 지 한 2개월쯤 되었을 때였다. 아침에 세관 영업소로 가려는 데 지점장님이 부르셨다. 지점장실에 들어가니 여직원 한 분이 지점장께 인사를 드리며 나가려고 하였다. 지점장이 나를 보시더니 오늘 미쓰 임이 중림동으로 발령이 났다며 세관으로 출근하는 길에 중림동지점까지 바래다주라고 말씀하셨다. 지점장이 미쓰 임이라고 부른 직원은 차분하며 여성스럽게 생긴 임희정 씨였다. 간혹 지점 내에서 마주칠 때면 상냥하게 웃으며 인사를 주고받곤 했던 여직원이었다. '네, 알겠습니다' 하고 인사를 드리고 함께 차를 타고 임희정 씨를 중림동 지점으로 바래다주었다. 중림동지점은 서울세관 바로 건너편에 있었다. 그동안 임희정 씨와는 같은 지점에서 근무는 했지만 업무적으로나 개인적으로 가까이할 기회는 거의 없었다. 서로 마주치면 가볍게 인사를 하였을 뿐이었다. 차를 타고 가면서 직장생활에 대해 가볍게 이야기를 하였던 것으로 기억한다. 말씨도 차분하고 조신한 몸가짐에 좋은 집안에 잘 자란 여성이란 인상이었다. 마음씨도 예쁜 얼굴만큼 아름다울 거라는 생각을 했었다.

중림동 지점은 세관 앞 큰길 도로 건너편에 있었다. 수납업무를 하다가 잔돈이 부족하면 중림동지점에 가서 임희정 씨에게 부탁하여 잔돈을 바꾸곤 하였다. 비록 짧은 기간이지만 같은 지점에 근무했던 인연으로 우리는 편하게 이야기하는 사이가 되었다. 시간이 지날수록 점점 친해지기 시작했다. 가끔 점심을 같이 하기도 하였다. 고향이 충남 부여라고 했다. 내가 1.4 후퇴 시 피난 생활을 했던 논산이 바로 부여 옆에 있었다. 그것도 인연이란 생각이 들었다. 가끔 임희정 씨가 내가 있는 파출 수납 창구로 와서 누가바도 건네주고 가곤 하였다. 그 당시 난 참 수줍은 청년이었다, 그때까지 연애다운 연애를 한 번도 해본 적이 없었다. 임희정 씨도 연애에 관한 한 나와 별반 차이가 없었던 것 같았다. 자주 만나다 보니 자연스럽게 데이트를 하게 되었고 서로 사랑한다는 고백도 없이 우리는 자연스럽게 사랑하는 사이가 되었다.

파출 수납업무를 담당한 지 4개월 정도 되었을 때 외환계로 계 이동이 되었다. 그동안 본점에서만 취급하던 외환업무를 남대문지점에서도 본격적으로 취급하게 되었다. 두 분의 담당 대리와 다섯 명의 남자 행원 그리고 세 명의 여직원으로 외환업무 담당 부서가 구성되었다. 나는 수출 신용장 네고(Nego) 업무와 수입인증업무를 담당했다. 그제샤 은행원이 되었다는 실감이 났다. 외환계의 취급업무는 갈수록 늘어났다. 나는 담당업무의 필요성 때문에 외환업무에 필요한 실무지식은 물론 외환업무 이론을 관련 서적을 구하여 많이 공부했다. 외국환관리법, 무역실무, 신용장 관련 대학교재도 열심히 읽어 그때 외환업무에 대해 많이 공부했다. 내친김에 그 당시 상경대학 출신들에게 인기가 있었던 무역사 시험도 보았다. 6개월 정도 준비하여 1975년도에 무역사 시험에 합격했다. 주위에서 나의 실력을 인정해주는 것 같아 마음이 뿌듯했다. 자신감도 생기기 시작했다.

　외환계에 근무하다 보니 종합무역상사나 무역회사 직원들과 접촉을 많이 하게 되었다. 거래처 회사 중에 레저가먼트 오퍼상을 하는 회사가 있었다. 그 회사 직원이 나와 동갑내기였다. 가까이 지내다 보니 외국인 오퍼상에 매력을 느끼게 되었고 나도 외국인을 상대하는 무역회사에 근무하고 싶다는 생각이 들었다. 어느 날 그 친구에게 잘 아는 무역회사를 소개해달라고 부탁하였다. 그 친구 말이 외국인 오퍼상보다는 요즘 가죽제품 제조로 큰돈을 벌고 있는 뉴크라운이라는 회사에서 무역 일을 배우는 것이 좋겠다고 하였다. 무역 일을 배우다가 오퍼상을 잡아 수출 오더를 받으면 창업도 할 수 있고 아무튼 좋은 기회가 많을 거라 했다. 자기도 오퍼상을 잡으면 독립할 거라고 하였다. 나는 그 친구의 말에 솔깃하여 뉴크라운이라는 가죽옷 제조회사에 소개를 부탁했다. 마침 그 회사에서 영어와 무역업무에 능통한 사람을 채용하려고 한다고 하여 그 회사 대리로 출근하기 시작했다. 종로 5가에 있는 중소규모의 회사인데 오퍼상으로부터 오더를 받으면 샘플을 만들고 만든 샘플에 대한 승인이 떨어지면 재단사가 가죽 원단을 재단하여 재단한 것을 두세 곳의 하청공장에 주어 제품을 만들었다. 제품이 만들어 지면 이를 포장하여 수출하는 과정을 거치게 된다. 나는 주로 외국인 오퍼상을 만나고 이들에게 샘플을 전해주거나 오퍼상이 한국에 체류하는 동안 안내를 맡았다. 때로는 공장 방문도 함께 했다.

한 4개월 정도 근무하다 보니 어느 정도 회사 내용과 수출입거래 흐름을 알 것 같았다. 그런데 한 2년 동안 그래도 출퇴근 시간이 일정하고 안정된 금융기관에 다니다 보니 그런 직장 분위기가 몸에 배었는지 일반 개인회사의 불규칙한 출퇴근 시간과 오너와 오너 가족의 직원들에 대한 비상식적이고 고압적인 자세에는 인내하기가 참 어려웠다. 물론 나한테는 귀한 분을 은행에서 모셔왔다며 조금은 예우를 해주기는 하였으나 옆 동료들이나 여직원에 대한 태도를 볼 때면 내가 어쩌다 이런 회사에 왔나 하고 후회하기 시작했다.

특히 나를 직접 스카우트했던 이 상무라는 분이 회사 오너 측과 심심치 않게 갈등을 노출하는 것을 보고 불안감을 느끼지 않을 수 없었다. 그 당시 나는 우리 집사람과 한참 연애 중이었다. 나를 보려고 은행 근무를 마치고 오면 내가 업무를 마칠 때까지 무작정 부근 다방에서 기다리기가 일쑤였다. 미안하기 이루 말할 수 없었다. 마침내 이런 직장 분위기와 환경 속에서 계속 다닐 것인지 아니면 품위 있고 좀 더 안정된 직장으로 옮길 것인지 심각하게 고민할 수밖에 없었다. 그런 고민을 하던 중 마침내 결정적인 계기가 왔다. 외근하고 사무실에 들어오니 회사 사장님과 이 상무가 큰소리로 대판 싸우고 있었다. 참 난감했다. 사장과 사장의 부인인 전무 두 분이 이 상무를 심하게 몰아세우며 따지는 거였다. 참다못한 이 상무가 '그럼 제가 나가겠습니다' 하는 거였다. 나는 이 상무를 통해서 오퍼상 접촉과 상담하는 요령 등 세일즈의 방법을 열심히 배우고 있는 중이었는데 이 상무가 회사를 그만둔다고 하니 내 위치도 불안했다. 가뜩이나 회사 분위기와 근무조건에 회의를 갖기 시작하던 터에 양단간에 결단을 내려야겠다고 생각했다.

다음 날 출근을 하지 않았다. 몸이 좀 불편해서 며칠 못 나가겠다고 회사에 연락을 하고 며칠을 쉬었다. 희정 씨에게는 걱정할까 보아 이야기를 하지 않았다. 은행을 그만둔다고 했을 때 희정 씨가 참 안타까워했었다. 내심으로는 그대로 다녔으면 하는 눈치였다. 그 당시 은행원은 가장 안정된 직장이며 최고의 대우를 받는 곳이었다. 본인이 은행에 다니고 있으니 최고의 안정된 직장이라는 것은 누구보다도 잘 알고 있었을 것이다. 희정 씨 큰아버님도 은행원 출신이다. 은행 부장으로 근무하시다가 퇴직하고 은행과 관련된 회사의 대표로 몇 년 근무하신 적이 있다. 그러니 은행원이 얼마나 좋은 직장인지 너무나 잘 알고 있었을 것이다. 그런데 이번에도 얼마 다니지 않고 그만두겠다고 하면 아마 모르긴 몰라도 나에 대한 신뢰감이 한순간에 사라질 것이다. 뉴크라운에 근무한 기간이 비록 4개월밖에 안 되는 짧은 기간이었지마는 근 50년간의 나의 직장생활 중에 일반 개인 기업체에 직원으로 근무한 유일한 경우였다. 적지 않은 값진 경험을 했다. 결코 헛되게 보낸 시간이 아니라고 생각한다.

한국 최초의 리스금융회사인 한국산업리스에 들어가다.

며칠을 집에서 쉬었다. 집에서 쉰 지 한 3일째쯤 되는 날이었다. 그날은 좀 늦게 자리에서 일어났다. 간단히 세수를 하고 마당에 놓인 조선일보를 집어 들고 방에 들어와 신문을 보기 시작했다. 신문을 보다가 눈에 띄는 구인광고 하나가 눈에 꽂혔다. 경력사원 모집이었다. 모집 분야 중에 해외투자와 외자업무가 있었다. 내가 꼭 해보고 싶었던 분야였다. 모집하는 회사는 한국산업리스라는 회사였다. 리스(Lease)라면 금융성격이 있는 금융업이라는 것쯤은 잘 알고 있었다. 회사 소개에 한국산업은행의 100% 자회사이며 선진금융기관이라고 되어있었다. 한국산업은행이라면 한국은행과 비견되는 우리나라 최고의 금융기관이다. 그런 산업은행의 100% 자회사라고 하니 산업은행과 다름없는 금융기관이라는 생각이 들었다. 이력서를 첨부하여 원서를 제출하라고 하여 그날로 이력서를 작성하여 을지로 입구 백남빌딩에 있는 산업리스 총무부로 갔다.

도심 중심부에 최고급 건물 안에 있는 산업리이스의 사무실은 일반은행의 객장 분위기와는 전혀 다른 외국상사 같은 세련된 느낌이었다. 꼭 들어가고 싶었다. 응시원서를 받아 가지고 오면서 꼭 합격했으면 좋겠다고 생각했다. 며칠 후에 시험을 보았다. 영어 시험과 논술을 보았다. 그리고 면접시험도 보았다. 영어는 자신있게 썼다. 문제 중에 지금도 생각나는 게 있다. LIBO Rate(리보 금리)에 대해서 영어로 답하라는 것이였다. 나는 일 년 전에 무역사 시험을 보면서 외환용어에 대한 공부를 철저하게 하여 거의 퍼펙트한 답을 했다. 면접시험은 2차에 걸쳐서 있었다. 임원들이 면접을 본 후에 최종적으로 사장의 면접이 있었다. 임원 면접에는 전무로 계시는 분이 재정학 교수를 하셨던 분이라 재정학을 누구한테 배웠느냐고 물어보시고 간단하게 질문하여 적당히 답변을 드렸다. 대학에서 재정학을 배우기는 했으나 경영학도라 내가 생각하기에도 답변이 그리 만족스럽지는 못했다. 이어 다른 임원이 은행에 근무하다가 퇴직하고 무역회사에 들어가 4개월쯤 근무하다가 퇴직했는데 금융기관이 적성에 맞지 않다고 생각해서 퇴직한 사람이 다시 금융기관에 온 이유가 이해가 안된다. 우리 회사에 합격이 되어도 곧 그만둘 수 있지 않겠나 하면서 날카롭게 질문하였다. 순간 아찔했다. 잘못 답변하면 불합격될 것 같은 불안감이 들었다.

이런 상황에서는 이실직고하고 심플하게 답변하는 게 최상이라고 생각했다. "네, 사실은 제가 겉멋이 들었던 것 같습니다. 은행에서 외환업무를 보다보다 무역회사 직원이 멋있어 보였고 부러웠습니다. 그런데 들어가 보니 참 힘들더라구요. 일요일도 없었습니다. 아침 일찍 출근하여 밤늦게까지 하청공장에 가서 제품을 체크하고 생산 독려를 하러 다녔습니다. 한 3년 동안 은행원 생활을 하다 보니 은행 직장 분위기가 어느덧 몸에 밴 것 같았습니다. 지난 4개월 동안 참 힘들었습니다. 참고 버티려고 했으나 제 체질이 이미 전형적인 은행원이 된 것 같았습니다." 여기까지 진심 어린 목소리로 답변을 하니 면접관 두 분이 모두 웃으시며

5. 내가 걸어온 길

"그래 그렇지, 역시 은행원은 그렇게 힘한 개인 일반회사에 다니기 어렵지" 하시면서 내 답변에 맞장구를 쳐주셨다. 나는 속으로 쾌재를 불렀다. 1차 면접이 끝난 후에 사장실로 가서 사장님 면접을 보았다. 사장님은 산업은행 수석 이사를 하셨던 이춘우 사장님이셨다. 사장님은 나를 보시더니 이어 내 입사자료를 찬찬히 보시며 다짜고짜로 "연대 상대를 나왔구먼, 이상준이를 아나?" 하고 물어보시는 거였다. 경제과 3년 선배로 이상준이란 이름을 가진 선배가 있었던 거 같았다. 물론 잘 알지는 못했다. 이럴 때는 나중에 어떻게 되든 안다고 하는 게 상책일 것 같았다. "네, 압니다" 안다고만 했지 양심상 잘 안다고는 안 했다. 아무튼 안다고 대답했더니 '아, 그래요' 그러시더니 '시험은 잘 보았나요?' 하고 물어보셨다. 열심히 썼습니다 하고 말씀드렸더니 웃으시며 '합격하면 열심히 근무하세요' 하시는 거였다. 면접시험은 잘 본 것 같았다. 나중에 알고 보니 이상준 선배는 이춘우 사장님의 장남이었다. 잘 알지도 못하는 선배 덕을 톡톡히 본 것이다.

일주일 후에 합격통보를 받았다. 과장급으로 2명, 5급 사원 5호봉(군필 대학졸업자 초임호봉은 5급 3호봉이다)으로 2명이 최종적으로 합격했다. 과장급 두 사람은 다 고대 출신으로 한 사람은 회계사 2차 시험 합격자로 기획과장으로, 다른 한 사람은 세무사로서 경리과장으로 보임되었다. 나와 같이 합격한 5급 경력사원 중 다른 한 사람은 서울대 경영학과 출신으로 카이스트에 근무한 경력이 있는 실력이 뛰어난 다재다능한 실력파였다. 서울대 출신과 연대 출신인 나는 기획실로 배치되었다. 나는 외자 업무와 합작업무를 담당하게 되었고 서울상대 출신 입사 동기는 기획업무를 담당하게 되었다. 기획실에는 기존에 서울상대 출신으로 사업계획과 예산업무를 담당하는 직원이 있었다. 기획실장은 연대 상대를 나와 미국 뉴욕대 경영대학원을 나온 분이었다. 모두 실력과 내공이 대단한 실력파들이었다.

기획실에 배치되어 외자도입 업무를 담당했다. 처음으로 내가 담당한 외자도입업무는 IBRD 차관자금 5백만 불을 도입하는 거였다. 그 당시 국내기업체들이 일본이나 미국 등으로부터 생산설비와 기계들을 많이 도입하기 시작하였는데 국내 시설자금 지원 규모가 태부족이다 보니 부족한 자금을 외국금융기관으로부터 차입한 외자에 많이 의존하였다. 금리가 원화자금에 비해 매우 낮고 그 당시만 해도 환율이 고정환율이라 외자융자를 받으면 특혜를 받는 것이나 마찬가지였다. 그 당시 IBRD 차관자금 도입은 경제기획원의 승인절차를 거쳐야 한다. 필요한 자금 수요를 산정하고 자금 용도를 확정하고 기업체에 대한 자금 지원 시의 투자효과분석 등 승인요청에 필요한 서류를 작성해야 한다. 담보는 산업은행의 보증으로 해결하였다. 도입승인이 나면 영업부에서 요청한 설비도입 자금을 IBRD에 요청하여 결제하는 업무까지 내가 맡아 하였다. 이후 일본 산와은행으로부터 상업차관 도입도 담당하였다.

　새로운 직장에 잘 적응하였고 담당업무도 재미가 있어 직장생활에 보람이 있었다. 일반금융기관보다 보수도 좋아 결혼을 해야될 때가 되었다고 생각했다. 임희정 씨에게 정식으로 청혼을 하였다. 여러 가지로 부족한 나의 청혼을 기꺼이 받아주어 우리는 1976년 9월 29일에 회사가 입주해 있던 프레지던트 호텔의 예식장에서 결혼식을 올렸다. 신혼살림은 동교동에 방 두 개짜리 전셋집을 마련하여 시작하였다. 그 당시 젊은이들은 특별한 경우가 아니면 모두 그렇게 시작하였다.

　나의 인생에 있어서 가장 성공적인 것이 무엇이냐고 물으면 나는 단연코 임희정을 만나 사랑을 하고 결혼한 것이라고 말할 수 있다. 나는 집사람을 만나 사랑을 나누고 결혼을 하여 가정을 꾸린 것을 내 인생에 있어서 가장 성공적인 작품이라고 생각한다. 세월이 흐를수록 나이를 먹을수록 그런 생각은 확고하다. 집사람은 나와는 달리 차분하고 생각이 깊은 사람이다. 그러면서도 참 마음이 따뜻한 사람이다. 원칙이 뚜렷하고 계획적인 사람이어서 내가 가지지 못한 장점을 많이 갖고 있는 사람이다. 결혼생활을 하는 동안 모든 일을 집사람과 상의하고 의견을 구했더

5. 내가 걸어온 길

라면 하는 생각을 나이를 먹어가면서 절실히 느끼고 있다. 집사람에 비하면 나는 저돌적이고 무계획적인 사람이다. 계획을 사전에 치밀하게 세워 준비하며 일을 추진하는 스타일이 아니고 무조건 저질로 놓고 처리하는 편이다. 이런 일 처리 스타일로 인해 어려움도 많이 겪었고 실패도 겪고 손해도 많이 보았다. 그러나 한 가지 분명한 것은 어떠한 경우라도 나는 좌절하거나 두려워하거나 물러서지 않았다. 잘 처리 해왔고 그때마다 어려움을 잘 극복하였다. 그러한 과정에서 일 처리 방법도 터득하고 용기와 뱃심도 두둑해졌던 것은 사실이다. 처음부터 집사람과 합작하여 일을 추진하고 의논하면서 집안 대소사를 처리했더라면 더 좋았을 것이라고 생각하며 후회스럽기 그지없다.

　사실 나는 결혼 초부터 집사람 모르게 본가 어머니와 동생들을 돌볼 수밖에 없었다. 그러다 보니 모든 것을 다 집사람에게 이야기하지 못하는 일들이 자주 생기게 되었다. 특히 본가에 관한 일들에 대해서는 집사람을 불편하게 하지 않으려는 내 나름의 생각으로 집사람을 배려한답시고 본가의 일을 터놓고 이야기를 하지 못하는 것이 더러 있게 되었다. 그러다 보니 그것이 습관화되어 어느 사이 집사람의 의견을 들어 일을 처리하는 것이 불편한 것이 되어 버렸다. 특히 부동산 투자 문제는 내가 저질로 놓은 다음 집사람에게 의논하는 식으로 처리한 것이 한두 번이 아니었다. 그 결과적으로 상당한 손해를 보게 된 것이 한두 번이 아니었다. 지금도 대치동 우성 아파트를 내 뜻대로 팔고 큰아이 학교 부근인 이대 부근 대흥동 재개발 아파트로 이사한 것은 나의 최대의 실수이며 평생 두고두고 집사람한테 미안한 생각이 든다. 집사람은 지금도 대치동에서 알게 된 자모들이나 성당 교우 모임 사람들하고 모임을 계속 이어오고 있다. 모임에 갔다 와서는 한동안 대치동의 아파트값 오를 때마다 한마디씩 하곤 하는 데 나는 할 말이 없었다. 참 미안하고 후회스럽다. 이제 와 집사람보고 이해하여 달라고도 할 수 없는 노릇이다. 그렇다고 가장으로서 그리고 남편으로서 내 책임과 의무를 소홀히 한 적은 거의 없었다고 생각한다. 언제부터인가 사소한 일이라도 집사람과 상의하며 의견을 물어 처리하려고 생각을 고쳐먹었으나 이제는 별로 상의할 거리가 없는 편이 되었다. 후회막급이다. 아내가 너그럽게 이해해주기를 바랄 뿐이다. 기대하는 것이 염치없는 일이기는 하지만….

아내 임희정은 가정을 규모 있게 잘 꾸리고 두 딸을 모두 잘 교육시킨 덕분에 두 딸 모두 여느 양가집 딸들처럼 교양 있게 잘 자랐다. 공부도 제법 잘하여 명문학교에 입학하고 우수한 성적으로 졸업하였고 훌륭한 배필을 만나 원만하고 행복한 가정을 이루고 잘살고 있다. 그것이 나에게는 가장 큰 복이고 모두 나의 아내 임희정 님의 덕분이라고 생각한다. 평남지사에 취임한 후 첫 번째 공직자 재산 신고를 하는데 나는 아내가 이재에는 전혀 무관심하고 재주가 없는 줄 알았다. 그런데 재산 신고 후 보니 나한테는 전혀 말하지 않았던 재산이 제법 있는 것을 보고 깜짝 놀라지 않을 수 없었다.

첫째 딸 해림이 둘째 딸 현서가 태어나다.

동교동에 신접살림을 차린 지 6개월쯤 지나 시흥동에 단독주택을 지어 이사했다. 장인어른이 대지를 구해주어 은행에서 융자를 받아 꿈에도 그리던 우리 집을 갖게 되었다. 준공검사를 마치고 대문에 내 이름으로 된 문패를 걸었을 때 얼마나 기뻤는지 모른다. 입주하여 3개월쯤 지난 77년 6월 20일에 첫째 딸 해림이 태어났다. 첫아이 해림이 우리가 직접 지은 집에 태어난 것이 얼마나 뿌듯한지…

내 인생에 있어서 가장 감격스럽고 신비로운 것은 아무래도 첫 딸 해림을 보았을 때와 둘째 딸 현서가 우리 두 사람에게 태어난 것이라고 생각한다. 생명의 신비로움, 종족보존의 책임감 완수, 아무튼 감격스럽고 행복했다. 세상에 태어나 나와 아내를 닮은 2세를 두었다는 기쁨은 이루 말할 수 없는 하나님의 축복이라고 생각했다. 두 아이는 정말 말썽 하나 피우지 않고 부모 말에 잘 따랐고 어려움이 없이 잘 자라고 훌륭하게 교육받았다. 큰아이 해림은 언제나 우등생이었고 학급의 리더였다. 모든 친구들이 좋아했고 따랐다. 내가 생각하기도 마음이 넓고 여유로웠다. 어려운 친구들이나 부족한 친구들에게 진실로 대했고 진실한 우정을 나누며 지내는 것 같았다. 옳고 그름이 분명하였고 생각이 깊었다. 내 자식이지만 내 마음속으로도 대견하고 자랑스러웠다. 주위에서 큰 인물이 될 거라고 칭찬이 대단했다. 우리 부부도 그런 생각을 하였다.

내가 산업리이스 광주지점장을 할 때였다. 회사 일로 심적으로 조금 어려움을 겪고 있었을 때였다. 점을 본 적이 없는데도 마음이 약해지니 용하다는 점집을 가게 되었다. 내 사주를 보더니 기사 있는 자가용을 탈 팔자라는 것이었다. 그 당시 금융기관 지점장으로 이미 기사 있는 차를 타고 있었기에 별로 신통하다는 생각이 들지 않았다. 그런데 그 점쟁이 그다음에 하는 말이 "관운이 있네요." 하는 것이었다.

사실 나는 대학교 다닐 때부터 판검사가 되거나 관계로 진출하려고 생각했었다. 그러나 아르바이트를 해서 학비를 벌어야 학업을 계속할 수 있는 형편이라 고시 공부를 별도로 준비할 시간이 전혀 없었다. 그것이 나로서는 지금도 못내 아쉬웠다. 공부할 시간만 있었다면 사시나 행시에 충분하게 합격할 수 있다고 생각했다. 그런 나에게 관운이 있을 팔자라니 믿기지 않았으나 귀가 솔깃할 수밖에 없었다. 그래서 되물어 보았다. "정말 관운이 있어 보입니까?" 그 점쟁이 말이 "있네요, 그런데 좀 늦게 와요." 그러더니 애들 사주를 한번 보자고 말하는 것이었다. 복채 벌려고 하는 수작이려니 하고 그냥 나올까 하다가 다시 점 볼 일도 없고 하니 온 김에 애들 것도 봐 보자 하고 큰 아이인 해림이 사주를 봐 달라고 했다. 한참을 보더니 하는 말이 "참 좋은 사주입니다. 옛날에 태어났더라면 왕비가 될 사주네요." 하는 것이었다. 호기심이 동하여 "뭐라고요? 그런 사주로 풀이됩니까?" 하고 되물었다. 그렇습니다. 성품이 너그럽고 포용력과 이해심이 많아 주위에 따르는 사람이 아주 많습니다. 배우자 운도 아주 좋습니다. 본인이 크게 되지 않으면 배우자가 크게 될 운수에요. 선생님의 관운도 딸의 사주 덕입니다." 하는 것이었다. 믿기지는 않았지만 듣기에는 너무 좋았다. 나는 이런 말을 이제까지 어느 누구한테도 말하지 않았다. 천기누설이랄까 그런 기분이었다. 심지어는 아내한테도 최근까지 말하지 않았다. 최근에 큰애가 너무 집안일에만 전념하고 자기계발이나 일체의 사회활동을 하지 않고 있기에 내심 안타까운 생각이 들어 카톡으로 이런 비슷한 이야기를 딸아이한테 문자로 보낸 적이 있었다. 카톡을 보내 놓고 그 후에 집사람한테 이와 비슷한 이야기를 한번 한 적이 있었다.

둘째 현서도 지능지수가 매우 높고 공부 욕심도 있어 그 어려운 대원외고를 나와 원하는 대학에 들어가 사회에 진출하여 유능한 직장인으로 활발하게 사회생활을 하고 있다. 두 아이 다 좋은 배필을 만나 행복하게 살고 있으니 더 바랄 것이 없다. 해림이 부부 사이에는 손녀딸 도연이를 두었다. 부모를 닮아서인지 영민하고 마음이 따뜻하다. 몸 건강하게 반듯하게 잘 자라 훌륭한 인물이 되었으면 한다. 둘째 현서 부부 사이에는 제인이와 제윤이 두 딸을 두었다. 연년생이다 보니 재잘거리며 노는 두 아이 모습을 보면 흐뭇하다. 모두 건강하게 자기들이 하고 싶은 일을 하며 살았으면 한다.

아무튼 우리 두 딸은 우리 부부에게는 하늘이 우리에게 보낸 최상의 선물이며 보배이다. 우리의 모든 것을 주어도 아깝지 않은 존재들이다. 아무쪼록 몸 건강하게 배우자와 진정으로 사랑하며 행복한 가정을 이루면 그 이상 바랄 것이 없다.

대리로 진급하고 미국 리스회사와 합작을 하여 마케팅부서에 근무하다.

산업리이스에 입사한 후 2년 만에 대리로 진급했다. 그동안 몇 건의 외자도입을 성공적으로 했고 근무성적도 좋다고 평가를 받아 드디어 78년 3월에 대리로 진급했다. 금융기관에서 대리는 직원에서 책임자로 올라가는 최초의 직위이다. 일반적으로 금융기관의 경우 지점장 대리가 실

5. 내가 걸어온 길

무적인 책임을 거의 지고 일을 한다. 그래서 은행에서의 대리의 역할과 권한은 일반회사의 대리직급과는 상당한 차이가 있다. 그런 대리직급으로 승진하고 보니 갑자기 책임감도 무거워지고 나 자신이 좀 더 열심히 일해야 되겠다는 각오도 하게 되었다.

외자 수요가 급격히 증가하자 안정적인 외자도입 선을 확보하기 위하여 외국은행과 합작의 필요성이 대두되었다. 합작 대상국은 미국계 은행과 일본계 은행으로 나누어 검토하였다. 합작업무를 주관했던 기획실은 미국계 은행을 선호했고 일본 시대에 학교를 다녔던 몇몇 임원들은 일본계 은행을 선호하였다. 기획실장이 미국 유학파였기에 우리 기획실은 미국계 금융기관을 대상으로 합작선을 검토하기 시작했다. 이춘우 사장도 영어에 능통하고 산업은행 재임 시절에 외자부장과 외자 담당 임원을 하였기에 합작선으로 미국계 은행에 점수를 더 주셨다. 최종적으로 미국계 금융기관으로 결정하여 결국 미국 맨트러스은행 계열의 리스회사인 Manufacturer Hanover Leasing Corporation(MHLC)와 합작하게 되었다. 합작업무를 추진하는 몇 개월 동안 야근을 밥 먹듯 하였다. 합작업무는 실무적으로 내가 주도하여 추진하였다. 사업계획 관련 분야만 기획예산 담당 직원의 지원을 받았다. 거의 매일 밤늦도록 야근을 했다. 그러나 일이 즐거웠고 보람이 있었다. 합작업무를 추진한 지 1년 만에 MHLC와 합작을 하여 국내 리스회사 중 최초로 한미합작회사가 되었다. 이로써 우리가 필요한 외자를 필요한 시기에 유리한 조건으로 필요한 금액을 순조롭게 조달할 수 있게 되었다.

합작회사가 된 후 미국 측 주주 회사에서 3명의 임원을 한국에 파견하였다. 수석부사장과 영업담당 부사장 그리고 심사담당 상무였다. 이들 임원들은 미국의 선진 금융기법을 우리에게 전수하기 시작했다. 대대적인 조직개편이 이루어지고 이어 신규 직원을 많이 채용하였다. 주로 서울대와 연고대 상경계 출신으로 신입직원을 선발하였다. 합작회사가 되면서 마케팅부서가 핵심부서가 되었다. 나를 포함하여 기존 직원 중에

네 명 그리고 신입직원 5명 정도가 마케팅부서로 발령받았다. 외국인 부사장이 마케팅담당 부사장이 되었고 기획실장이 마케팅담당 부장이 되었다. 미국인 부사장은 우리에게 선진금융마케팅기법을 전수하기 시작하였다. 미국인 마케팅담당 부사장은 마케팅부서 직원들에게 일주일에 한 번씩 리스금융이론과 미국식 마케팅 기법에 대해서 교육을 하였다. 미국인 부사장으로부터 마케팅에 대한 선진지식과 기법을 체계적으로 배웠다. 합작회사가 된 후 회사 조직도 커지고 회사의 각 조직이 활발하게 움직이기 시작하였다. 필요한 외자는 합작선으로부터 손쉽게 조달할 수 있게 되었고 마케팅부서에서 열심히 영업활동을 하여 우수한 기업체를 많이 발굴하여 지원하다 보니 회사의 영업실적이 해마다 배가 되었다.

  합작회사가 된 이듬해인 1980년에 합작회사인 MHLC 본사의 연차회의에 참석하러 미국으로 출장을 가게 되었다. 뉴욕 본사에서 해마다 5월에 미국 내 지점과 영업소 그리고 해외에 있는 합작사의 대표들이 모여 연차회의가 열린다고 한다. 우리 회사의 대표로는 마케팅부장과 내가 선발되었다. 두 사람이 합작업무를 주도했기에 첫 번째 회의 참석자는 합작업무에 공이 많은 두 사람이 가는 것이 좋겠다는 이춘우 사장님의 특별한 배려였다. 1980년 5월 17일에 김포공항에서 LA로 가는 비행기에 올랐다. 나는 사실 그때까지 미국은 물론 외국이라고는 처음이었다. 더군다나 비행기도 처음 타보는 거였다. 그 당시는 해외 출장이나 여행이 자유롭지 못하였고 엄격하게 통제하던 시절이었다. 내가 김포공항을 출발하던 날은 국내 정치 상황이 매우 불안하던 시기였다. 신군부세력이 정권을 장악하던 시절로 민주화 요구가 뜨겁게 분출하던 시기였다. 당시 야당 지도자 중에 한 사람이었던 김대중의 정치적 고향이 호남이었고 특히 호남의 중심도시인 광주에서는 군부세력에 대한 데모가 끊이지 않고 발생하였던 시기이다. 광주사태가 심각한 수준으로 발전하자 신군부는 5월 18일 광주를 비롯한 호남지역에 계엄령을 선포하였다. 하루만 늦게 출발하였어도 출국이 금지될 뻔하였다.

5. 내가 걸어온 길

　　LA에서 MHLC LA 지점을 방문하여 업무회의를 하였다. LA에서 이틀을 묵으며 디즈니랜드를 관광하였다. 저녁에 호텔에 들어와 뉴스를 보니 해외 뉴스로 한국의 광주사태가 톱뉴스로 보도되고 있었다. 계엄군들이 무자바하게 데모대를 진압하는 영상이 생생하게 보도되었다. 어찌나 걱정이 되었는지 모른다. 이틀 후에 뉴욕으로 갔다. 공항에 내리니 국내선 공항인데도 김포공항에 비해 엄청 오월의 싱그러움이 느껴지며 이국적인 풍광에 황홀했다. 뉴욕 파크애비뉴 45번가에 있는 고풍스런 호텔에 투숙하였다. 첫날 아침 식사를 하는데 그 당시는 뷔페식이 일반화되었던 시기가 아니었던 것 같다. 식당 종업원이 자리를 안내해주어 자리에 앉았다. 맨 처음 자몽 반쪽에 시럽이 곁들여 나왔다. 나는 그때 자몽이란 과일을 처음 먹어보았다. 약간 씁쓸한 맛에 시럽을 쳐서 먹으니 달콤하기도 했다. 나중에 알게 되었는데 자몽을 메인 음식을 먹기 전에 먹으면 식욕을 돋구어 준다고 했다. 그때의 자몽 맛을 잊지 못하여 나는 요즘도 자몽을 즐겨 먹는다. 연 3일 동안 연차회의에 참석하여 합작회사의 현황을 이해하는 데 좋은 기회가 되었다. 공식 일정이 끝난 후 이틀간은 뉴욕 시내 관광을 하였다. 엠파이어스테이트 빌딩, 자유의 여신상, 워싱톤 스퀘어광장, 센트럴파크공원 등을 돌아다녔다. 아침에 일찍일어나 센트럴 피크 공원에서 조깅도 하였다. 뉴욕의 일정을 마치고 동행하였던 권부장님의 동서분이 살고 있는 켄터키주 루이빌로 갔다. 권 부사장의 동서는 연대 의대를 나와 미국으로 이주하여 컨터키주립 대학병원에서 의사로 재직하고 있는 분이었다. 루이빌에서는 맘모스 동굴을 관광했다. 루이빌에서 이틀을 보내고 LA를 거쳐 하와이로 갔다. 하와이 와이키키해변은 그 당시 세계 최고의 관광명소 중에 하나였다. 와이키키해변은 전 세계에서 온 관광객으로 인산인해를 이루었다. 관광객 대부분이 서양사람들이었다. 그 당시만 해도 동양인은 거의 없었다. 간혹 일본인들이 눈에 띌 정도였다. 와이키키해변의 이국적인 풍광에 매료되어 아 바로 이곳이 천국이구나 하는 생각이 들었다. 다음날 하이이 섬 일주 관광을 하였다. 하와이는 우리 민족과는 각별한 인연이 있는 곳이다. 1903년 인천 앞바다에서 하와이 사탕수수밭으로 노동 이민을 간 곳이다. 미국이민 역사의 시작이었다. 그곳에서 힘들게 노동을 하던 우리 선대 어르신들은 일부는 미국 본토를 진출하여 샌프린시코, LA 등지 터를 잡고 도산 안창호 선생의 지도하에 독립운동의 후원세력이 되었다. 하와이에 거주했던 교포들은 이승만을 중심으로 해외 독립 전진 기지로서의 역할을 했던 곳이다. 이승만 대통령이 4.19혁명 후 이곳으로 와 생을 마감할 때까지 여생을 쓸쓸히 보내신 곳이기도 하다.

산업리이스 광주지점장으로 픽업되다.

1981년 3월에 대리로 진급한 지 만 3년 만에 과장으로 진급하였다. 파격적인 승진이었다. 회사 조직이 갑자기 커지기도 했지만 다른 직원들에 비해 인사고과가 월등히 좋았던 덕분이었다. 마케팅부서에 근무하는 직원 중에 나의 영업실적이 가장 탁월했다. 합작 후 연 2년 동안 영업실적이 단연 최상위였다. 미국인 임원들의 발원권이 크다 보니 연공서열보다는 실적 위주로 인사고과 해야 한다는 주장이 받아들여진 결과였다. 과장으로 진급한 후에 더욱 열심히 일했다. 그해 가을 내 나이 만 34세에 신설 지점인 광주지점장으로 전격 발탁되었다. 지점개설을 포함해서 개설지점의 초기 업무를 모두 내가 주도하여 처리해야 한다.

그 시절 일반적인 금융기관의 관행으로는 지점장은 통상적으로 부장이나 적어도 고참 차장급에서 임명되는 것이 관행이었다. 그런데 과장급 그것도 1년 차 초임 과장이 지점장을 맡는 경우는 아마도 금융기관 역사상 내가 전무후무한 일일 것이다. 그것도 개설지점장이란 막중한 자리에. 그 당시만 해도 금융기관지점장에 대한 사회적 평가와 예우는 지금에 비할 바가 아니었다. 기사가 있는 전용차에 여비서까지 있으니 갑자기 나의 사회적 신분이 급상승한 것 같은 착각이 들었다.

내가 광주지점장에 전격 발탁된 배경에도 역시 관운이 따랐다. 그해

5. 내가 걸어온 길

　1981년도는 바로 광주사태가 있은 지 1년이 지난 해였다. 광주 민심이 흉흉하였고 전두환 군사정권에 대한 반감이 이루 말할 수 없이 극도로 악화되어 있었을 때였다. 그래서 광주지점장의 필수적인 요건은 광주 출신이거나 아니면 최소한 경상도 출신은 배제되어야만 했었다. 그런데 그 당시 우리 회사에는 상층부가 거의 경상도 출신으로 되어있었고 전라도 출신 직원으로서는 최고 직급은 대리였다. 부득이 경상도 출신이 아닌 직원 중 최고위직인 사람을 선발하다 보니 내가 최적임자로 발탁되었다. 그런 연유로 약관 34세의 젊은 나이에 정부투자 국책 금융기관인 산업리스의 초대 광주지점장으로 발탁되게 되었다.

　만 3년간 광주지점장으로 근무하면서 많은 경험을 하였다. 향후 직장생활과 사회생활을 하는 데 있어서 조직관리나 대인관계에 있어서 필요한 소양과 경험을 이 기간 나름 많이 쌓았다. 특히 조직 생활에 있어서 상사뿐만 아니라 지역사회 어른들이나 소위 유지분들에 대한 예의와 처신에 대해서 값진 경험을 많이 할 수 있었던 기간이었다. 광주에서 3년을 살면서 리스 영업을 위해 전남북에 소재한 기업체와 대학 그리고 대학병원 급 종합병원은 거의 방문하였다. 그러다 보니 고향이 호남인 친구들보다 호남의 여러 도시와 명소들을 더 많이 알게 되었다. 지금도 호남 출신들을 처음 만나게 되면 고향을 물어보게 된다. 고향이 어디라고 하면 그 고장 출신만이 알고 있는 특별한 것을 화제로 이야기를 나누기도 한다. 그러면 금방 서로 동향 출신 같은 정서상 일체감을 느껴 곧바로 친밀감을 갖게 되기도 한다.

　또한 예향의 도시인 광주와 목포의 유지분들과 친교를 나누며 한국화와 서편제인 남도 창에 대한 문화적 소양을 쌓을 수 있는 좋은 기회도 가졌고 송광사, 선운사, 선암사 등 명산 고찰을 답사하여 불교에 대해 조금이나마 이해할 수 있는 기회를 갖게 된 것도 나로서는 매우 보람되고 유익한 경험이었다. 그러나 무엇보다도 한국 현대사에 있어서 6.25사변 이후 우리 역사상 최대의 아픔이었던 5.18 민주항쟁의 본고장에서 3년을 광주, 전남 분들과 가까이 친교하며 그들을 이해하고 그들의 아픔을 객관적으로 이해할 수 있게 된 것은 우리 현대사의 중요한 한 부분을 알려는 노력에 많은 도움이 되었다. 광주라는 곳이 그런 의미에 나에게는 어린 시절 피난 시절을 보냈던 논산 다음으로 나의 제2의 고향 같은 곳이라고도 할 수 있는 곳이다.

국민리스 영업부장으로 스카우트 되다.

광주지점장 3년을 마치고 본사 영업부 차장으로 복귀하여 몇 개월 근무하고 있었던 1985년 2월이었다. 하루는 사장실에서 나를 부른다기에 사장실에 들어가 홍은기 사장님을 뵈었다. 홍은기 사장님은 중앙일보 회장으로 계셨던 홍진기 회장의 제씨 되시는 분으로 산업은행 수석 이사를 하시다가 오신 카리스마가 넘치시는 대단한 분이셨다. 홍 사장은 나를 보자마자 다짜고짜로 "이 차장 참 좋은 기회가 왔네. 자네를 새로 설립된 국민은행 자회사인 국민리스에 영업부장으로 천거하기로 하였네. 자네가 좋다면 이번 주 내로 가는 것으로 하세." 너무 갑작스러운 말이었다. 사실 그 당시 나는 광주지점장으로 있었을 때 천일사라는 도자기 제조회사에 리스금융을 해주면서 취급직원이 리스물건 점검을 소홀히 하는 바람에 신용보증기금으로부터 보증채무 무효 소송이 진행 중이었다 (나중에 승소하여 채무변제를 받았다). 만약 패소하는 경우 지점장으로서 관리책임을 면하기 어려울 수도 있는 상황이었다. 그러다 보니 내 입장이 약간은 곤란한 상황이었다. 어쩌면 국민리스 영업부장으로 가는 것이 나에게 더 좋은 기회가 온 것인지도 모르겠다는 생각도 들었다. 생각해 보겠다고 말씀을 드리고 사장실을 나왔다. 집에 와서 집사람에게는 참 좋은 기회가 왔다고 말하고 회사를 옮기겠다고 말했다. 집사람도 찬성하여 다음 날 출근하여 국민리스로 가겠노라고 사장님께 말씀을 드렸다. 초임 과장으로 광주지점장으로 발탁되었고 이번에도 초임 차장으로 금융기관의 막중한 자리인 영업부장으로 발탁된 셈이었다.

5. 내가 걸어온 길

다음 주 월요일에 국민리스 권영로 사장님께 인사를 드리러 갔다. 권영로 사장님은 국세청 차장 출신으로 세무대학장을 하시다가 국민리스 초대 사장으로 국민리스가 설립된 해인 1984년 10월에 취임하셨다. 나는 드디어 리스회사의 가장 핵심 부서장인 영업부장으로 한 직급 상향하여 전직하게 되었다. 이번에도 나의 사회적인 신분이 수직 상승된 것 같은 느낌을 받았다. 나중에 들은 이야기인데 권영로 사장님은 신설된 회사인 국민리스의 영업부를 보강하기 위하여 기존 3개 리스사 중에 선발주자인 산업리스에서 영업부장을 스카우트하려던 참이었다고 한다. 권영로 사장의 경북고등학교 동기동창이신 분이 그 당시 산업은행 정춘택 총재였다. 권 사장께서 정 총재에게 직접 연락하여 영업력이 뛰어난 부장급 한 사람을 특별히 부탁하였다고 한다. 정 총재는 산업은행의 자회사인 산업리스의 홍은기 사장에게 연락하여 영업력이 가장 뛰어난 직원을 추천해 달라고 부탁했고 이에 홍은기 사장이 다른 임원들과 협의한 결과 내가 가장 적임자로 의견을 모으고 나를 추천하되 나의 사기를 생각하여 직급을 한 단계 높여 영업부장으로 보내는 것으로 협의했다고 한다.

이번에도 나에게는 직장 운이 따른 것이라고 생각했다. 사실 산업리스는 기반이 탄탄하고 주주가 산업은행이라 국민리스와는 회사의 가치나 위상 면에서 비교가 되지 않았다. 그러나 내 입장만을 고집할 수 없는 상황이라 차라리 나에게는 좋은 기회라고 생각하고 국민리스로 옮기기로 결정하였다. 쉽지 않은 결정이었으나 결정하고 나니 마음이 홀가분했고 새로운 환경에서도 잘해 나갈 자신이 생겼다.

국민리스로 이직한 후 정말 열심히 근무했다. 영업부 조직을 정비 보강하고 직원 교육을 시키고 짧은 기간 내에 기존 리스사와 경쟁할 수 있는 영업부 조직을 갖추었다. 실력을 인정받아 영업부장으로 온 지 5년 만에 이사로 승진하였다. 드디어 금융기관의 꽃인 이사 자리에 오른 것이다. 금융기관의 이사직에 오른 후에 나는 드디어 내 대에 목표로 삼았던 한국사회의 중상층에 진입하는 초입에 들어간 것으로 생각하게 되었다. 적어도 나의 2세들이 이를 바탕으로 한국에 오피니언리더 그룹에 합류할 수 있을 것으로 기대해 보았다.

생각해 보면 내가 한국산업리이스에 들어가 평생의 업으로 리스금융업에 종사할 수 있었던 것은 우연한 계기였지만 한국 리스금융업계에 1세대로서 한국 리스산업 발전에 이론적으로나 실무적으로 나름 역할을 했었다고 자부한다. 1976년부터 1998년까지 만 22년 동안 리스 금융인으로 활동한 시기는 내 인생의 가장 황금기였다. 사랑하는 사람과 가정을 이루고 사랑하는 두 딸을 낳아 잘 키우고 사회활동을 통해 훌륭한 선후배를 만나고 교류하며 나의 삶을 풍요롭고 값지게 가꾸어 나갔다. 산업리이스 광주지점장으로 3년, 마케팅부서에서 근무한 2년 그리고 국민리스로 자리를 옮겨 초대 영업부장으로서 근무한 3년과 이사로 선임되어 영업을 담당한 2년 총 10년간 나는 국내 주요 기업체와 유망 중소기업 등에 리스금융을 지원하는 업무를 담당했다. 내가 직접 개발하여 지원한 업체 수는 연평균 50개 업체 정도로 10년간 총 500개 업체나 된다. 총 리스금융 지원금액은 1조 원이 넘을 것이다. 지원한 업체가 성장하는 모습을 보며 큰 보람을 느꼈다. 70년 후반부터 90년대까지 한국 경제성장 발전단계에 기업체에 필요한 설비자금을 적기에 지원하여 비약적인 한국 경제발전에 어느 정도는 기여했다는 나름 자부심도 있고 보람도 느낀다.

1990년대에 들어와 리스업계가 난립하여 시장구조가 완전히 Buyer's Market으로 전환되었다. 전국규모의 은행은 물론 지방은행도 리스금융회사를 설립하였다. 기존에 종합금융회사도 리스업을 영위하였기 때문에 리스업을 취급하는 회사가 국내에 25개사가 넘게 되었다. 리스수요가 70, 80년대처럼 폭발적으로 증가하던 추세도 차츰 둔화되어 가는 국내시장 여건하에서 리스금융 취급사가 갑자기 늘어나다 보니 자연히 리스사 간에 경쟁이 치열해져 갔다. 리스 이용자들은 조건이 보다 유리한 리스사를 쇼핑하는 시대가 된 것이다. 과열 경쟁으로 리스 조건이 완화되

5. 내가 걸어온 길

고 다투어 리스요율도 낮아지면서 리스사들의 영업 이익율이 급격히 감소하기 시작하여 재무구조가 취약해지기 시작했다. 워낙 리스시장의 경쟁이 치열하다 보니 한계기업인 것을 알면서도 과감하게 신용 위주로 취급하기 일쑤였다. 영업담당 이사에서 기획담당 이사로 자리를 옮긴 후에 이런 상황을 예견하고 영업부서에 경고 조치를 전달했으나 이미 관성에 의해 굳어진 영업패턴은 쉽게 개선되지 못했다. 이런 사정은 우리 회사뿐만 아니었다.

1997년 12월에 드디어 올 것이 오고 말았다. 몇 개월 전부터 동남아 금융시장이 어려움을 겪기 시작하였고 그 여파에 우리나라에도 미쳐서 갑자기 한국은행의 외화보유고가 급격하게 떨어지게 되었다. 결국 정부는 IMF에 긴급 구제금융을 신청하기에 이르렀다. 초유의 외환위기를 겪으며 부실한 기업들에 거액의 대출을 해준 금융기관이 하나둘씩 디폴트 선언을 하기 시작했다. 리스회사들도 예외는 아니었다. 국민리스의 경우도 대주주인 국민은행이 자회사인 국민리스에 특단의 자구책을 요구하였다. 자구노력이 충분하지 못해 자생하지 못할 경우 회사를 정리할 수도 있다는 의사를 표명하였다.

IMF 사태 직후부터 비상체제에 돌입하여 리스영업을 전면적으로 중지하고 부실 리스계약 건에 대한 특별관리를 하기 시작했다. 부실한 대기업체에 건당 몇백억 원이 넘는 리스금융을 지원해준 계약 건 위주로 특별채권관리팀을 구성하여 운용하였다. 1998년에 들어서부터 고액 부실 리스계약 건의 연체율이 점점 높아져 갔다. 금융기관의 경우 일반관리비의 60프로 이상이 인건비로 구성되어있다. 그러다 보니 자구책으로 가장 먼저 선택하는 것이 인원 감축이다. 50대 이상으로 고액 연봉 받는 직원부터 정리대상 1순위 올라갈 수밖에 없다. 동고동락하던 직원들을 자리에서 물러나게 하는 것만큼 괴로운 것이 없었다. 노조에서는 직원뿐만 아니라 임원들도 책임을 지고 용퇴하라고 압박하였다.

이제 국민리스를 떠날 때가 되었음을 느꼈다. 몇 년 전부터 퇴직하면 경기도 일원에 전원주택을 짓고 그 부근에서 가장 가까운 대학에 강의를 하며 노년을 보냈으면 하는 참 낭만적인 생각을 했었다. IMF 난 이후 그런 생각이 부쩍 들었다. 98년 3월에 드디어 큰 결심을 하였다. 집에서 가까운 단국대학교 일반대학원 박사과정에 등록했다. 마침 단국대 상경대학장이 대학동기여서 자문을 받았다. 친구의 적극적인 권유로 등록을 하고 열심히 공부하기 시작했다.

국민리스를 퇴직하고 건설회사를 경영하다.

1998년 8월에 만 13년 6개월 동안 근무했던 국민리스를 퇴직하였다. 다행히 퇴직금이 좀 되었다. 그 돈이면 아이들 대학 등록금과 내 등록금은 졸업할 때까지 충분할 것 같았다. 생활비는 최소로 하며 박사학위를 취득할 때까지 지낼 수 있을 것 같았다. 다행히 회사를 그만두면서 회사에서 보험대리점 영업을 할 수 있도록 배려를 해주었다. 보험대리점 수수료 수입이 월 몇백만 원은 되었다. 기본 생활비는 충당할 수 있었다. 1개월간의 보험대리점 취급을 위한 자격시험 공부를 한 후 시험에 합격하여 무교동에 있는 삼성화재에서 마련한 보험대리점 사무실로 출근하기 시작했다.

2000년 여름 어느 날이었다. 국민리스에서 나와 같이 근무했던 후배한테서 연락이 왔다. 후배는 벤처캐피털 회사의 사장으로 있었다. 후배 사무실에 찾아가니 투자계획서를 내보이며 광고 전문회사인데 인터넷과 연결하여 광고하는 회사로 기술력이 있고 장래 전망이 좋다고 평가되어 투자를 결정했다고 하였다. 그러면서 나보고 그 회사에 대표이사를 맡아 주면 좋겠다고 하였다. 회사 규모는 작으나 광고업 분야에 흥미도 있어 해보겠다고 하였다. 투자금 1억 원이 지원되었고 나도 주주로서 10%인 1천만 원을 투자하였다. 기술력을 보유하고 있다는 광고업계에 전문가인 구 부사장과 여직원 1명 이렇게 세 사람이 무교동 광교빌딩에 사무실을 차려 사업을 시작했다. 특허기술이라는 것이 프라즈마를 이용한 광고물 제작이었다. 또 하나는 한국일보와 계약을 체결하여 전자 광고계시판에 주요 뉴스를 게재하여 일반 시민들의 주목을 끌어 광고하는 구조였다. 주로 전자 광고계시판 주위에 있는 업체나 상점으로부터 광고를 수주하여 수익을 창출하는 시스템이었다. 전자 광고계시판 사업은 한국일보와 업무협약을 체결하였으나 광고 수주가 여의치 않아 중도에 포기하였다. 프라즈마 광고물은 싱가포르의 유명한 맥주회사인 생미구엘 회사에 미화 5만 불 정도 수출에 성공하였다. 이후 추가 오더는 없었다.

광고물 제작회사에 출근하여 근무하던 중에 건설업을 하는 우근우 사장한테서 전화가 왔다. 시간이 나면 한 번 만났으면 좋겠다고 했다. 우근우 사장은 나와는 대학 시절부터 절친하게 지내는 이재찬 사장과 사회에 나와 알게 된 친구였다. 나하고도 여러 번 만나 서로 잘 알고 지내는 사이였다. 시간을 내어 우 사장 사무실로 갔다. 우 사장은 CGS (Compactiuon Grouting System) 공법이란 특수지반보강 특허를 개발하여 지반보강공사를 주로 하는 건설회사를 운영하고 있었다. 그날 우 사장은 두 아들 교육 때문에 미국으로 이민을 가려고 한다고 말하며 회사 현황에 대한 설명하면서 자기가 미국에 가 있는 동안 회사 자금 관련한 일을 좀 보아 달라고 부탁하였다. 내가 매일 근무하기는 어렵다고 하니 일주일에 한 이틀 정도만 사무실에 나와 일을 봐줬으면 했다. 별로 어려운 일도 아닐 것 같고 보수도 준다고 하니 쾌히 승낙하고 바로 이튿날부터 한미기초개발로 출근하였다. 오전에는 무교동 사무실에 출근했다가 특별한 일이 없으면 점심 먹고 오후에는 목동에 있는 한미기초개발 사무실로 가서 업무를 보았다. 업무를 보다 보니 CGS 특허공법에 대해 알게 되었고 차츰 건설회사 업무 내용에 대해서도 조금씩 알게 되었다. 경기공전 토목과를 2년 반 정도 다닌 것이 큰 도움이 되었다.

한미기초개발 사무실에 왔다 갔다 한 지 6개월 정도 되었을 때였다. 그동안 미국에서 가족들과 함께 있다가 모처럼 우 회장이 한국으로 왔다. 사무실에 온 우 사장과 회사 현황을 이야기하고 업무 협의를 하였다.

저녁에 우 회장과 식사를 같이 했다. 식사 중에 우 회장이 나에게 혹시 회사를 인수할 의향이 없느냐고 물었다. 너무 갑작스런 제안이었다. 우 사장은 아무래도 한국에 자주 오기가 힘들 것 같고 미국에서 다른 일을 하고 싶다고 했다. 답변을 하지 못하고 있는데 내가 인수하겠다면 좋은 조건으로 넘기겠다고 하였다. 생각해보겠다고 말하고는 내가 토목에 대해서는 별로 아는 게 없는 데 자신이 없다고 말했다. 이에 우 사장이 토목기술자와 함께 회사를 인수하면 어떻겠냐고 물었다. 내 생각에도 좋은 아이디어 같아 혹시 추천할 만한 사람이 있느냐고 물었다. 우 사장은 사전에 생각해 두었던지 회사 기술 자문역으로 있는 곽수정 박사와 같이하면 어떻겠냐고 제안하였다.

곽수정 박사는 토목공학박사로 토공기술사와 토질기술사 자격증을 갖고 있는 실력 있는 토목기술자다. 별도 엔지니어링 회사를 운영하며 대학에도 출강하고 있었다. 토질분야에서는 한국토질학회에서 제법 이름이 있는 기술자였다. 한미기초개발에 때때로 기술자문도 해주고 있어 나도 한 몇 번 만난 적이 있는 사람이다. 곽 사장의 기술력과 나의 관리능력이 결합하면 환상의 콤비가 될 것 같은 생각이 들었다. 우 사장에게 곽 사장의 의사를 물어보도록 하였다. 다음 날 곽 사장이 회사를 방문하였다. 회사 인수에 뜻이 있고 나와 같이 회사를 인수한다면 자기가 부족한 부분인 회사 관리 부분이 보완될 수 있을 것 같다며 함께 인수하자고 했다. 그런데 인수하는 경우 주식인수 비율은 60:40으로 하자고 제안하였다. 자기가 건설회사의 속성과 내용을 잘 알고 있고 영업활동과 공사 책임관리도 하려면 제1대 주주가 되어야 하겠다는 논리였다. 무척 당황스러웠다. 나는 내가 주도하는 인수에 곽 사장을 일부 참여시켜주는 것으로 생각했었다. 잠시 생각하다가 지분문제는 좀 더 생각해보자고 하고 인수하는 문제에 대해서만 원칙적으로 합의했다.

곽 사장과 회사 인수문제를 협의한 후 우 회장과 지분문제에 대해서 상의하였다 우 사장 생각도 곽 사장의 의견에 따르는 게 좋겠다고 했다.

규모가 작은 소규모의 건설회사의 경우 대부분 기술자가 실질적인 소유자인 경우가 많다는 것이다. 특히 전문건설회사의 경우는 기술자가 직접 영업 수주 활동과 공사관리를 책임지고 관리해야 효율적이고 경영에 효율성이 있다고 했다. 말을 듣고 보니 일리가 있었다. 가까이 지내는 친구 몇 명에게 상의해 보니 모두 기술자 주도로 관리하는 것이 좋을 거라는 의견이었다.

다음 날 곽 사장에게 연락하여 곽 사장이 제안한 지분인수 비율에 동의한다고 말하고 인수절차를 진행하기로 했다. 주식 평가는 1주당 액면가의 2.5배로 하여 10억 원으로 결정하였다. 주식인수 대금은 계약 체결 시 40%인 4억 원을 현금으로 지불하고 나머지 60%는 6개월에 걸쳐 분납하기로 했다. 마침 현대자동차 울산 공장에 공사금액 20억 원의 지반보강공사가 시공 중이었다. 현대자동차 공사 건과 현재 추진 중인 수주 건으로 충분히 주식 인수대금을 지급할 수 있을 것 같았다. 며칠 후 우 사장과 주식 양도양수 계약을 체결하고 계약금 4억 원을 지불하였다. 이로써 나는 정식으로 건설회사의 2대 주주가 되었다. 회사를 인수한 후 나는 회장으로 자금과 회사 관리업무를 맡고 곽수정 박사는 대표이사로 영업 수주 활동과 시공을 맡아 상호 협력하고 보완하며 회사를 키워나갔다.

2001년도 한미기초개발 인수 당시 연 매출액이 30억 원 정도밖에 되지 않는 소규모 전문건설회사였다. 전문건설업 면허도 지반보강공사업만 소지하고 있었다. 회사 규모는 작지만 저유동성 그라우팅 공법(Compaction Grouting System-CGS 특허공법)이란 특수공법의 특허를 보유한 회사로서 전망이 좋은 회사였다. 기술력이 뛰어난 곽 사장의 수주능력과 나의 관리능력이 결합하여 시너지 효과를 내면서 회사는 매년 50% 이상씩 성장하였다. 2006년도에는 PRS(Pipe Roof System)이란 비개착터널 공사 특수공법도 개발하여 특허를 받아 신설 도로공사나 철도 구간 및 단지 조성 공사 시 비개착 터널공사를 많이 하였다. 2008년도에는 현대건설그룹에 사장을 역임한 대학 동창 김재수 사장의 도움을 받아 현대건

📖 평양감사 1054일 II

설이 공사는 카타르 복합화력발전소 건설공사에 협력사로 선정되어 참여하였다. 그 후 4, 5년간 중동에 UAE, 오만 등지에서 그리고 방글라데시에서 제법 큰 공사를 하여 약 5천만 불 정도의 해외공사를 하였다.

2010년도에 이르러 회사 규모가 엄청나게 커졌다. 항시 종업원 50여 명에 연간 외형이 350억 원에 이르렀다. 회사 규모가 커지다 보니 자연히 주주 간에 의견이 생기기 시작했다. 곽 사장과 나와는 나이 차이가 15년 정도 나다 보니 솔직히 내가 곽 사장의 생각을 따라가기가 쉽지 않게 되었다. 사업을 확장하려는 곽 사장과 건설업 그것도 우리 회사 전문분야에만 특화하여 주력하자는 내 생각과 의견 차이가 생기기 시작했다. 특히 곽 사장은 고향 무안에 관광호텔을 건설하여 호텔사업을 하고자 하였다. 또한 동생들을 회사에 취업시켜 직원들과에 의사소통에 벽이 생기기 시작했다. 생각다 못해 곽 사장과 지분정리를 하기로 마음먹고 어느 날 곽 사장에게 내 뜻을 밝혔다. 처음에는 나를 잘 모시겠다고 하며 만류하였으나 내 뜻이 확고하였고 나도 적은 규모의 회사라도 100프로 내 뜻대로 회사를 경영해 보고 싶다고 하였다. 다행히 이런 것을 미리 예견한 것은 아니었으나 2003년도에 시설물유지보수를 전문으로 하는 한미알앤아이라는 회사를 한미기초개발의 자회사로 설립하여 별도 회사로 운영하고 있었다. 마침내 곽 사장과 주식지분 정리방안에 대해 원만하게 합의하여 한미기초개발은 곽 사장이 단독으로 경영하고 한미알앤아이는 내가 단독으로 경영하는 것으로 합의하여 두 회사의 주식지분을 정리하였다. 지분정리를 한 후 내가 단독으로 경영하기로 한 회사의 상호를 한미지오텍건설로 변경하고 지반보강공사업과 토공공사업 면허를 추가로 취득하여 취급업무를 확장하여 단독경영하게 되었다.

2001년부터 근 10년간 한미기초건설을 공동경영하면서 전혀 생소했던 건설회사에 대해 많은 것을 경험하고 배웠다. 다행히 경기공전에서 2년 반 동안 토목공학을 배운 것이 큰 도움이 되었다. 한미기초개발을 공동으로 인수한 후 얼마 동안은 직원들이 내가 대학에서 경영학을 배웠다는 사실만 알았고 경기공전에서 토목공학을 공부했다는 사실을 전혀 몰랐다. 이따금 직원들이 공사 관련하여 설계된 공법에 대해 설명해주면 곧바로 이해하는 것을 보고 내가 머리가 굉장히 좋은 사람인 것으로 과대 평가하고는 하였다.

10년 동안 전문건설업체로서 국가기간시설 공사에도 참여하여 큰 기여를 하기도 했다. 그중에서도 기억에 남는 주요 공사 중에 하나는 2003년도 7월에 이명박 대통령이 서울시장으로 재직하였을 때 추진한 청계천 복원공사였다. 동아일보사에서 시작하여 청계천 8가까지 청계천 좌우 양안(兩岸)의 지반을 다지는 일에 참여하여 6개월 정도 작업을 하였다. 지반보강공법으로 CGS공법이 적용되어 CGS 공법 회원사 5개사가 전 구간을 나누어 공사를 했다. 우리 회사는 청계천 3가와 4가 구간을 맡아서 공사를 했다. 2005년 10월 1일 동아일보사 앞에 마련된 임시 무대에서 노무현 대통령을 모시고 이명박 서울시장의 주관으로 성대한 준공식을 하였는데 나는 그 역사적인 준공식에 시공사 대표로 참석하여 얼마나 감격스러웠는지 모른다. 또 동자동에서 청파동까지 서울역사 지하를 통과하는 지하 통로를 PRS 특허공법을 이용하여 우리 회사가 건설하였다. 공사 난이도가 높았으나 예정 공기 안에 성공적으로 공사를 마무리하여 서울시민의 통행 편의를 제공하였다는 데에 큰 보람과 자부심을 느꼈다. 또 인천 청라 국제지구 건설공사에 지반보강공사를 CGS공법으로 공사를 하였다. 지반보강 단일 건으로는 가장 규모가 큰 공사였다.

해외공사에도 참여하여 우리나라 대형건설사들이 수주한 공사에 협력사로 선정되어 일하였다. 2008년도에 현대건설이 추진한 카타르 라스라판 산업단지 내에 복합화력발전소 건설현장에 Bored Pile 공사를 했다. 이것이 첫 해외공사였다. 이후 우리 회사의 기술력을 국내 메이저 건설업체가 인정하여 UAE에서 추진한 대단위 정유 프랜트 건설공사에 협력사로 참여했다. 삼성건설에 이어 GS건설 그리고 대우건설에서 추진하는 정유프랜트 공사에 참여하여 정해진 공기 안에 성공적으로 공사를 마쳤다. 중동지역에서 난이도가 제법 높은 지반보강 공사를 여러 건 하다 보니 실력을 인정받아 그 후 10여 년간 카타르에 현지법인을 설립하여 한국 건설업체의 협력사로서 열심히 일했다.

경영학박사 학위를 받고 대학 강단에 서다.

1997년 12월 한국 정부는 국제통화기금(IMF)과 구제금융양해각서를 체결하여 IMF로부터 195억 달러 IBRD로부터 70억 달러 아시아개발은행으로부터 37억 달러 총 302억 달러의 긴급 구제금융을 받아 가까스로 외완 위기를 넘겼다. 그해 7월부터 태국 바트화 폭락에 이어 필리핀 페소의 폭락 등이 나타나면서 아시아 전역에 위환위기가 확산되었다. 정부는 모든 수단을 동원하여 외화와 환율방어를 위해 노력하였으나 역부족이었다.

1997년에 들어서며 한보철강의 부도를 시작으로 우성과 삼미가 도산하는 등 재벌급 기업이 줄 도산을 하였다. 특히 건설업계의 부도가 심했다. 이로써 국내 금융기관도 부실화되고 외환부족 상태에 이르러 국내 외환위기가 현실화되었다. 제2금융권의 부실도 문제가 되었다. 내가 다니던 국민리스도 예외는 아니었다. 한 치 앞을 내다볼 수 없는 상황에 이르러 회사 분위기도 많이 침체되어 갔다. 명예퇴직 문제가 공론화되었고 내 자신의 자리보존도 어렵다는 생각이 들었다. 이런 상황에서 만약의 경우를 대비하여 장래를 생각하지 않을 수 없었다. 나는 전부터 퇴직 후에는 경기도로 이사하여 전원주택을 짓고 집 부근 가까운 곳에 있는 대학교에 강의나 하면 좋겠다는 생각을 했었다. 대학 강사를 하려면 박사학위는 있어야 될 것 같았다.

다음 해 2월에 단국대학교 일반대학원 경영학박사 과정에 입학했다. 영어와 면접시험을 보았다. 무난히 입학시험에 합격하여 3년간 열심히 공부하였다. 전공은 재무관리로 하였다. 수업 시간이 주로 오후에 있어 회사를 다니며 공부하는 데 그리 어렵지는 않았다. 오십이 넘은 나이에

5. 내가 걸어온 길

공부를 하려니 쉽지가 않았다. 그러나 나에게 중도 포기는 없다는 단단한 각오로 열심히 공부하고 연구하였다. 박사과정 3명, 석사과정 5명 이렇게 젊은 후배들과 3년간 열심히 공부했다. 3년간의 코스워크를 마치고 바로 박사학위 논문을 준비하려고 했으나 사정이 여의치 못하여 졸업한 지 4년 만인 2005년 2월에 경영학 박사학위를 받았다. 논문 제목은 〈주식수익율과 거시경제변수간의 관계에 대한 연구〉였다. 주요 거시경제변수 중 환율, 이자율, 통화량, 물가지수 그리고 미국 S&P500 지수를 외생적 독립변수로 놓고 이러한 외생적 변수들이 주식수익율에 어떻게 영향을 미치는지를 다중회귀분석 기법을 통하여 분석한 연구논문이었다.

박사과정 공부를 하는 중에 석사과정의 젊은 후배들하고 잘 어울렸다. 가끔 밥도 사주고 술도 사주니 나를 삼촌이나 친형처럼 따랐다. 재무관리 과정을 공부하다 보니 그 당시 주식투자에 대해 관심들이 많았다. 후배 중에 한 친구가 투자상담사 시험을 보자고 하였다. 젊은 후배들은 모두 그렇게 하자고 하고 공부를 시작했다. 시험일이 2, 3개월밖에 남지 않았다. 전공이 재무관리이다 보니 모두들 별로 어렵게 생각하지 않았다. 후배들이 나한테 선배님도 한 번 보시지요 하고 권유하였다. 후배들의 말을 듣고 증권회사 임원으로 있던 대학 동기에게 투자상담사의 전망에 대해 물어 보았다. 친구 말이 전도유망한 증권투자분야 인기 유망직종이라고 했다. 친구 말을 듣고 나도 시험을 보기로 했다. 투자이론과 증권투자분석 및 기법 그리고 증권관련법이 주요 과목이었다. 이왕 시험을 보기로 했으니 한 번에 합격해야겠다고 생각하고 하루 일과를 끝내고 집에 가서는 저녁을 먹고 난 후 하루 두세 시간씩 열심히 공부했다. 두 달 정도 열심히 공부하니 교재로 선택한 책을 두세 번 정독할 수 있었다. 나와 후배 4명 이렇게 5명이 시험을 보았다. 시험 결과는 나만 합격이었다. 갑자기 후배들한테 미안한 생각이 들었다. 물론 투자이론면에서 후배들이 나보다 월등히 잘 알고 실력이 좋다. 투자이론 세미나에서 후배들이 발표하는 것을 보면 알 수 있다. 그러나 후배들은 그냥 한번 봐 볼까 하면서 시험을 본 것이고 나는 이왕 시험을 보는 거라면 꼭 합격해야 겠다는 생각이 강했다. 절실한 것과 그냥 한 번 해볼까? 하는 것과는 그 결과가 하늘과 땅 차이다. 나는 그동안 세상을 살아오면서 이런 경우를 수없이 경험하였고 목격하기도 했다. 젊은 후배들의 경우 투자이론에서는 좋은 점수를 받았으나 증권관련법 과목에서 점수를 제대로 받지 못한 것 같았다. 아무튼 나만 합격하여 후배를 기를 꺾은 것 같아 후배들에게 미안한 생각이 들었다.

각고의 노력 끝에 3년간의 힘겨운 박사 코스를 끝낸 후 4년 만에 박사학위를 받고 얼마나 감격스러웠는지 모른다. 나는 집안의 품격이 단지 재력으로만 되는 것이 아니라고 생각한다. 가풍과 품격이 있어야 하며 그 것은 적어도 가족 구성원의 학력이 기본적인 바로미터가 된다고 생각한다.

학문의 정점을 사회적으로 인정해주는 것이 박사학위이며 대학교수직이라고 생각한다. 단국대학교 일반대학원 재무관리 박사과정을 마치고 나니 대학 동기인 명지전문대학 경영과 신문영 교수의 추천으로 명지전문대학 경영과에 조교수로 출강하게 되었다. 박사학위를 받은 후에는 부교수로 발령받았다. 내가 처음 맡게 된 과목은 시장조사론이었다. 통계학이론을 기초로 하여 소비자 수요조사를 하는 이론과 실무를 교수하는 과목이었다. 통계학의 이론적 기초가 없이는 강의하기가 어려운 과목이다. 대학 2학년 때 통계학기초과목을 이수하기 하였으나 전혀 기억이 없었다. 할 수 없이 강남에서 통계학을 강의하는 학원에 등록하여 3개월간 통계학 기초에 대해 별도로 공부하였다. 학원 수강을 마친 후에 시장조사론 교재를 서너 권 구하여 열심히 공부하고 이를 토대로 별도 강의안을 작성하여 강의를 시작하였다. 학생들이 흥미를 갖고 공부할 수 있도록 강의시간에 강의 내용과 관련된 내용은 물론 사회에 나가 직장생활을 하는 데 있어 필요한 소양에 대해서도 이야기 해주었다. 때로는 인생의 선배로서 바르게 그리고 성공적으로 사는 삶에 대해서도 이야기했다. 그 다음 학기에는 광고학개론 과목을 강의하였다. 광고학 개론 강의 시에는 국내 주요 광고기획사 임원들을 강사로 초빙하여 실무 위주의 현실감 있는 강의를 진행하기도 했다.

두 과목을 번갈아 가며 8년을 강의했다. 성의를 다해 정말로 열심히 준비하고 강의하다 보니 어느 학기에는 수강 학생들로부터 내 강의가 최상위로 평가받기도 했다. 내가 학위를 받은 단국대학교에서도 강의를 맡아달라고 하여 〈경영학원론〉과 〈기업과 사회〉 과목을 한 2년간 강의하였다. 비록 겸임교수로 강의를 하였으나 10여 년간 대학교에서 강의를 한 것은 나에게는 값지고 보람 있는 경험이었다. 내가 평남지사로 천거된 것도 나의 경력 중에 대학에서 강의를 한 경영학박사라는 것이 어느 정도 영향을 미쳤으리라 생각된다.

한미지오텍건설을 단독으로 경영하다.

2010년에 한미기초개발의 주식을 정리하고 한미지오텍건설의 주식을 100프로 인수하여 독자적으로 회사를 경영하기 시작했다. 그동안 한미기초개발에서 함께 일하던 송영복 사장과 정우섭 전무가 나와 함께 일하겠다고 하여 큰 힘이 되었다. 박영숙 대리도 우리와 함께하겠다고 하였다. 기본 팀웍이 짜여졌고 사무실도 당분간은 내곡동 한미기초개발의 2층 사무실을 사용하기로 했다. 새로 시작하는 기분으로 모두 열심히 일을 하여 초기 어려움을 극복하고 회사 운영에 필요한 기본 매출은 유지되었다.

2013년 6월에 양재동 시민의숲 역 부근에 있는 사무실을 얻어 내곡동 사무실에서 나와 실질적으로 완전히 독립하였다. 모두 심기일전하여 제 몫을 하여 회사는 매년 꾸준히 성장해나갔다. 해안항만공사에 지반보강공사를 주로 하는 김덕기 사장도 한미 가족의 일원으로 참여하여 활동하기 시작했다. 2015년에는 대보건설 사장을 지냈던 윤응수 사장이 우리 회사에 합류하여 주로 한국가스공사에서 발주하는 가스관 추진공사 분야를 특화하여 영업활동을 하였다. 송 사장과 윤 사장의 활발한 수주 활동으로 사세가 해마다 확장되어갔다. 한미지오텍건설을 독자적으로 경영하기 시작할 때 당시 외형이 연 10억 원에 불과하던 회사가 2020년부터는 100억 원을 돌파하였다. 드디어 중견 전문건설업체에 진입한 것이다.

한미기초개발을 함께 운영하던 곽수정 사장은 나와 지분정리를 하여 독자적으로 한미기초개발을 운영하였다. 워낙 기술력이 좋고 그동안 대형건설사의 협력업체로 기술력을 인정받아 외형이 급격히 늘어났다. 외형이 늘어감에 따라 관리를 철저하여 내실을 기해야 함에도 기술자의 한계인지 관리부실로 나와 지분정리를 한 후 3년이 못 되어 회사가 급격히 부실해졌다. 여러 가지 이유가 있었으나 한마디로 관리부실과 비전문분야에 대한 투자실패였다. 관리부실은 주로 인사의 난맥과 비전문분야에 무리한 투자로 인한 자금관리의 부족이었다. 투자실패는 전문분야인 건설업이나 건설업과 유관한 분야에 투자를 해야함에도 제조업이나 호텔업 등에 투자를 하여 회사의 인적자원과 자금이 헛되이 분산되고 낭비되었다. 그 결과 조그마한 외부 충격에도 취약할 수밖에 없었다. 회사 부도 직전까지 대형건설 공사가 대여섯 건이 동시에 진행되었다. 검증이 제대로 되지 않은 현장소장을 외부에서 급히 채용하게 되었고 그러다 보니 현장소장들의 회사에 대한 충성도가 지극히 저조했다. 현장소장마다 한 건주의였다. 근무하는 동안 기회와 구실만 있다면 적당히 챙겨야 되겠다는 생각들이 대부분이었다. 처음엔 남는다고 하여 남는 줄 알았는데 공사가 완료된 후 정산하면 몇십억 원씩 손실이 발생하였다고 한다. 앞으로 남고 뒤로 손실이 나는 경우가 태반이었다. 나와 지분정리를 한 지 만 3년 만에 연 매출 400억 원에 달하던 잘 나가던 회사가 결국에는 부도가 나고 말았다. 참 안타까운 일이 아닐 수 없었다. 곽 사장과 지분정리를 하지 않고 함께 경영을 했더라면 좋았을 걸 하는 후회도 들었다.

2019년 8월에 평남지사로 임명되자 회사 대표이사직을 사임하고 내 주식 50%를 젊은 후배에게 양도하였다. 공직에 있는 동안 회사 경영은 젊은 사장에게 맡겼다. 2022년 7월에 지사직에서 퇴임한 후 회사에 복귀하여 현재까지 현업에서 일하고 있다. 수주 활동과 시공관리는 젊은 임원들에게 전적으로 맡기고 나는 중요한 사항만 보고 있다. 이 나이에 매일 아침 출근할 수 있는 곳이 있다는 게 얼마나 고마운 줄 모르겠다.

두 딸이 결혼하고 손녀를 보다.

건설회사를 경영하는 동안 두 딸이 결혼했다. 큰딸 해림이는 맏사위인 영민이와 대학교 때부터 같은 동아리 활동을 하며 친구처럼 지내더니 장래를 약속하며 2005년도에 결혼을 하여 가정을 꾸렸다. 진실하고 믿음직한 영민이는 대학생부터 우리 집에 놀러 와 사위라기보다는 아들 같은 느낌이 든다. 장래가 촉망되는 법관으로 어느새 고참 부장판사가 되었으니 마음 든든한 맏아들 같은 느낌이다. 둘째 딸 현서도 성품 좋고 성실한 지홍이를 만나 행복한 가정을 이루고 있어 여간 고맙지 않다. 우리 부부 사이에 아들이 없다 보니 두 사위가 우리 두 내외에게는 아들과 같다.

큰딸에게서 첫째 손녀인 도연이가 둘째 딸에게서 제인이와 제윤이가 태어났다. 손녀딸들이 그렇게 귀여울 수가 없다. 세상에 태어나 종족보존의 기본 의무를 그제야 완수한 것 같은 느낌이 들었다. 옛 어른들이 손자 손녀를 그렇게 기다리는 이유를 이제야 알 것 같았다. 우리가 세상을 떠나 이승에 없더라도 이들 손녀들을 통하여 우리 부부의 몸과 정신이 면면히 이어질 거라고 생각하니 신기하기도 하고 마음이 그렇게 편안할 수 없다. 도연이는 예의 바르고 머리가 영리할 뿐만 아니라 생각도 깊어 큰 인물이 될 것 같은 생각이 든다. 제인이와 제윤이도 총기가 있어 보여 기대가 된다. 반듯하게 잘 성장하여 큰 인물이 되어 국가와 사회에 공헌할 수 있는 사람이 되었으면 더없이 좋겠지만 모두 건강하고 행복하게 제 몫을 하며 살아간다면 그것으로 더 바랄 게 없다.

애향활동을 하다.

이북이 고향인 실향민 1세들은 고향을 그리는 것이 남다르다. 남쪽이

평양감사 1054일 II

고향인 사람들은 고향을 떠나 타향에 살더라도 설날이나 추석 한가위에는 고향에 내려갈 수 있다. 그러나 고향을 잃은 이북에서 온 실향민들에게는 돌아갈 고향이 없다. 돌아갈 고향이 없을 뿐 아니라 이북에 두고 온 사랑하는 부모 형제도 볼 수가 없다. 그러니 고향 생각이 각별할 수밖에 없다. 나의 부모님도 언제나 고향을 그리워하며 사셨다. 아버님이 돌아가시고 어머니께선 더욱 고향이 그립고 고향 분들이 그리웠던지 해마다 5월이면 열리는 고향 양덕군 군민회에 매년 참석하셨다. 제대를 하고 은행에 복직한 후 바쁘게 직장생활을 할 때인데도 어머니의 강권(?)에 의해 나는 몇 번 군민회에 참석하고는 하였다. 그 당시만 해도 군민회 모임인데도 몇백 명이 모였던 것 같다. 어느 해인가 아내와 함께 군민회에 참석한 적이 있었다. 아마 수유리 공원 부근 유원지였던 것으로 기억된다. 그해에 나는 꽤 큰돈을 찬조금으로 냈다. 찬조금을 낸 사람의 명단을 종이에 적어 줄에 매달아 놓았는데 어머니는 그걸 보시며 매우 기뻐하셨다. 하기야 혼자 가실 때는 아마도 찬조금을 전혀 내지 못하셨을 것이다. 그 후 한두 번 더 군민회 모임에 참석하였다.

사회생활이 바빠지고 휴일에도 회사 단체모임이나 경조사 등에 바삐 다니다 보니 더 이상 어머니를 모시고 군민회 모임에 참석하지 못했다. 2014년 봄에 대전에 사시던 이종 형님께서 올라오셨다. 존경하는 고향 어르신이 돌아가셔서 문상을 하러 올라왔다고 하셨다. 어느 분이 돌아가셨냐고 물어보니 평남도지사를 역임하신 박인각 선생이라고 하셨다. 박인각 선생은 아버님의 후배로 아버님이 생전에 내게 자주 말씀해 주셨던 분이셨다. 아버님은 양덕군 출신 중에 박인각 선생과 건국대학교 교수로 계셨던 이일구 박사에 대해서 가끔 내게 말씀하시곤 하셨다. 두 분 다 공부도 많이 하셨고 큰일을 하시는 본받을 분이라고 말씀하셨다. 박인각 선생이란 말에 아버님 생각이 나서 형님과 함께 문상을 갔다. 빈소에는 고향 양덕군 출신 분들이 많이 문상을 오셨다. 그분들 중에 양덕군 명예군수를 역임하신 이응두 선생을 만나 뵙고 인사를 나누게 되었다. 이응두 선생께서 고향에 대한 이야기도 해주시고 군민회 활동에 대해서도 말씀하셨다. 말씀 중에 앞으로 군민회 모임에 나와 활동을 해주었으면 좋겠다고 하셨다. 고향을 그리다가 세상을 떠나신 부모님과 형님을 생각하며 이제 홀로 남은 나라도 양덕군민회 모임에 참석해야겠다는 생각을 하게 되었다. 나는 그해 양덕군민회 정기총회에 참석하여 고향분들에게 인사를 드리고 앞으로 자주 군민회 모임에 참석하겠다고 말씀드렸다. 그후 군민회 행사가 있을 때마다 거의 빠지지 않고 참석했다. 나이 많으신 고향 어르신들로부터 고향 이야기를 자주 들었다. 특히 기억력이 무척 좋으셨던 윤덕성 어르신과 이응두 어르신으로부터 고향의 풍물과 인물에 대해 이야기를 많이 들었다. 군민회 모임에 자주 참석하다 보니 어르신들이 나에 대한 평가가 좋았는지 양우회 모임에 부회장을 맡아 보라고 하셨다. 양우회는 양덕군 유지모임으로 양덕군 출신 1세 어르신들 중심으로 구성된 양덕군 원로들의 친목 모임이다. 공식적인 모임은 아니지만 회원 모두 원로 1세 분들로 군민회장과 명예군수를 역임하신 분들이었다. 양덕군민회장과 양덕군 명예군수를 역임한 이응두 선생이 회장으로 계셨다. 이응두 회장님은 나를 당신의 후계자로 생각하셨는지 애향활동을 어떻게 하는지에 대해 자상하게 설명하며 지도해주셨다.

　한 1년쯤 애향활동을 열심히 하였다. 그러다 보니 군민회 원로그룹에서는 나를 장래 양덕군민회의 지도자급으로 생각하는 것 같았다. 2016년 장원호 회장이 월남 2세로서 처음으로 평남중앙도민회장으로 취임하였다. 젊고 패기 있는 장 회장이 중앙도민회를 의욕적으로 이끌어가고 있었다. 그해 나는 양덕군민회의 추천으로 평남중앙도민회 부회장에 선임되었다. 이왕 활동하는 김에 고향을 위해 좀 더 열심히 봉사하자는 생각이 들었다. 부회장으로 선임된 지 얼마 지나지 않아 장원호 회장께 전화를 드렸다. 평남중앙도민회 부회장으로서 열심히 회장님을 돕겠다고 말씀드리고 어떤 일이든지 맡기면 열심히 돕겠다고 했다. 며칠 후에 장 회장으로부터 전화가 왔다. 올해 강원도 속초시에서 제1회 속초 아비이 실향민문화축제를 전국적인 규모로 개최한다고 하였다. 그러면서 장 회장께서 나에게 제1회 속초 실향민 축제 행사 준비위원장을 맡아달라고 하였다. 기꺼이 맡겠다고 말씀드리고 속초시 행사담당자들과 수시로 연락하여 준비를 하였다. 한번은 속초시를 직접 방문하여 실무책임자들과 행사준비상황에 대해 의견을 나누었고 중요 사항에 대해 공유하였다. 열심히 준비를 한 덕에 첫 행사임에도 성공적으로 행사에 참여하였다.

그 후 장원호 회장이 나에게 두 번의 특별한 미션을 주어 만족스런 보고서를 작성하여 제출한 적이 있었다. 장 회장은 나의 완벽한 보고서에 깜짝 놀랐다고 한다. 대기업이나 관공서의 중요 프로젝트 보고서같이 철저한 조사에 완벽한 방안을 제시했다며 나의 보고서를 높이 평가해주었다. 이후 장 회장은 나를 각별하게 생각하였고 기회가 되어 나를 평남행정자문위원으로 추천해주었다. 그동안 도지사 후보 추천 시 행정자문위원 중에 추천하는 것이 관례였다고 한다. 내가 도지사 후보로 추천될 수 있었던 것도 행정자문위원이었기 때문이었다. 매사 자기 직분과 맡은 일에 최선을 다하면 언젠가는 생각지도 않은 기회가 온다는 것을 새삼 깨달았다. 그 후 장 회장과는 각별한 관계를 유지하며 친교를 맺어왔다.

애향활동을 하며 내가 특별히 관심을 갖게 된 것 중에 하나는 통일문제였다. 장원호 회장이 도민회장 재임 시에 평남도민들을 대상으로 통일교육을 몇 차례 걸쳐 개최하였다. 통일 교육을 함께 받으며 교육을 받은 도민들과 통일문제를 좀 더 심도있게 공부하고 토론하기 위하여 이북도민통일아카데미 모임을 결성하였다. 내가 초대 회장으로 추대되어 교육동기생들과 연 2회 모임을 갖고 독서토론회와 단합대회를 가져왔다. 내가 개인적으로 무척 애정을 갖고 있는 모임이다.

몇 년 전부터 월남 1세 어르신들의 도민회 활동 참여 인원이 급격히 줄여졌다. 열심히 활동하시던 어르신들의 연세가 90세를 훌쩍 넘기셨으니 어쩔 수 없는 일이다. 2세들은 그래도 1세 어르신들의 직접적인 영향으로 도민회 활동을 젊은 시절부터 한 사람은 여전히 애정을 갖고 참여

한다. 그러나 3, 4세에 이르면 참여 인원이 급격히 떨어지고 있는 추세이다. 안타깝지만 어쩔 수 없는 노릇이다. 이런 점을 고려하여 평남도청이나 도민회에서는 3, 4세 이북도민의 도민회 활동 참여율을 높이기 위해 다양한 방안을 강구하여 시행하고 있다. 내가 평남지사로 봉직하는 동안 이런 점을 감안하여 청년 모임에는 적극적으로 참여하였고 이들에게 이북도민의 정신과 정부의 평화통일정책에 대한 교육을 실시해왔다. 이러한 노력은 앞으로도 계속할 것이다.

평안남도지사 임명 통보를 받다.

2019. 8. 16 아침이었다. 평소에 잘 아는 분으로부터 전화가 왔다. "이번에 평남지사로 내정되신 것 같습니다. 축하합니다" 전달하는 말은 짧고 간결했지만 듣는 나는 무척이나 떨렸고 가슴이 뛰었다. 기쁘다는 생각보다는 이게 정말일까 하는 생각이 들었다. 신뢰할 수 있는 분한테서 온 연락이라 틀림은 없으리라 생각했으나 좀처럼 믿어지지 않았다. 유력하게 경합 중이라는 소리는 이달 초에 간접적으로 들었으나 그것이 사실이 되리라고는 정말 생각하지도 못했다. 내가 알고 있는 다른 경쟁 후보들의 경력이 나와는 비교가 안 될 정도로 공직경력이 뛰어난 분들이다. 유력한 후보로 거론되었던 사람들이 전직 차관급 고위직을 지내신 분들이었다. 17대까지의 역대 평남지사들의 면면을 보더라도 거의 대부분 차관급의 고위공직자 출신들이셨다. 공직경력이랄 것이 별로 없었고 굳이 있다고 한다면 명지전문대학교 경영과 교수 8년을 한 것이 나로서는 공적인 경력의 전부였다. 과거에 임명된 도지사들의 경력과 견주어 보아도 내게 도지사직의 기회가 올리라고는 생각도 할 수 없었던 것이 사실이었다. 후보추천이 되었다는 말을 들었을 때도 들러리라고 생각하며 담담한 마음으로 인사 검증에 임했었다.

전화를 받고 "감사합니다. 앞으로 열심히 하겠습니다." 겨우 그 소리 밖에 할 수가 없었다. 옆에서 전화를 듣고 있던 아내도 눈치를 챘는지 좀처럼 흥분하지 않는 차분한 성격의 사람인데도 이 소식에는 기뻐서 어찌할 줄 몰라 하였다. 우리는 서로 얼싸안고 "감사합니다. 감사합니다"를 연발하였다. 공식 인사 채널을 통하여 전해준 소식도 아니고 아직은 안심할 단계가 아니어서 우선은 보안에 신경 쓰기로 하였다.

주말을 어떻게 보냈는지 모르겠다. 빨리 시간이 지나 확정된 소식을 듣고 싶었다. 주말 내내 궁금하기도 하고 불안하기도 하고 온갖 생각이 다 들었다. 이러다가 잘못되어 혹시 뒤바뀌는 것은 아닐까 온갖 상념에 잠겼다.

다음 날 평소와 같이 회사에 출근하여 별일 없는 듯이 표정 관리를 하였다. 그러나 마음속으로는 안절부절 이었다. 11시쯤 되어 평안남도 사무국장으로부터 "도지사님 축하드립니다."라는 전화를 받았다. 정식 라인을 통하여 내가 도지사로 내정되었다는 첫 번째 통보를 받았다. 박종배 사무국장 말로는 일정상으로는 이번 주 대통령의 재가가 나고 도지사 이취임식을 할 수도 있을 것 같다고 하였다. 그제야 조금은 안심이 되어 사무실 직원들에게도 이야기하였다. 모두들 축하해주며 자기 일처럼 기뻐하였다. 집사람과 가족들에게 그리고 가까운 친지들 몇 사람에게도 기쁜 소식을 알려주었다. 모두 기뻐하며 축하해주었다.

8월 20일에 평남도민회 유지 친목 야유회가 있었다. 날씨가 맑고 더웠다. 산정호수 부근에 있는 수정갈비집으로 80여 명 정도의 평남 유지분들이 야유회 겸 지도자 수련대회를 하는 날이었다. 지하철 3호선을 타고 구파발역에서 내려 대기하고 있는 버스를 타고 수정갈비집에 도착하였다. 작년에 양덕군 유지모임인 야유회를 했던 곳이라 낯이 익었다. 유지분들과 인사를 나누고 나니 수련회 행사가 진행되었다. 조성원 중앙도민회장과 김중양 도지사 그리고 원로 유지분들의 인사말에 이어 주위 분들은 맛있는 갈비구이를 소주와 곁들어 먹기 시작하였다. 옆에 사람들은 맛있게 식사를 하고들 있는데 나는 그분들처럼 잘 먹을 수가 없었다. 나의 도지사 임명 소식을 어느 정도 사람까지 알고 있을까 궁금하기도 하고 은근히 불안하기도 하였다. 김중양 도지사님한테 가서 술 한잔을 따라드렸다. 그제서야 김 지사님 말씀이 "차기 도지사에 당신으로 결정되었다."라며 축하한다고 말했다. 정중렬 전 지사님, 백남진 전 지사님 모두 조용한 목소리도 축하의 말씀을 해 주셨다. 그러나 다른 유지 어르신들은 아직도 모르는 것 같았다. 계속 표정 관리를 할 수밖에 없었다. 전임 지사님들은 평안남도 사무국에서 미리 도지사 내정 사실을 귀띔해준 것 같았다. 아직도 실감이 나지 않았다.

주위에서 권하는 술을 평소와는 달리 사양을 하지 않고 받아 마시다 보니 숨이 좀 가빠지고 몸을 제대로 가눌 수 없을 정도로 취한 것 같았다. 모임이 거의 끝날 때쯤 먼저 나와 밖에 벤치에 앉아 술을 깨려고 바람을 쐬고 있었다. 지나가며 나를 알아보는 사람마다 반갑게 인사를 건네어 속으로 저분들도 혹시 나의 도지사 임명 소식을 미리 알고 계신 건가 하는 그런 착각을 하였다. 박지환 고문님이 다가와서 나의 성품과 인격이 참 마음에 든다고 덕담을 하여 주셔서 고맙게 생각했다. 앞으로 도지사에 취임하면 지금처럼 늘 겸손하게 선배 어르신들의 말씀을 경청하고 존경하며 도민의 의견을 수렴하여 도민과 화합하는 도정을 이끌어야겠다고 마음속으로 다짐하였다.

8월 21일 양재동 사무실에 출근하여 평안남도 사무국으로부터 별도의 소식이 오나 기다려졌다. 오후에 이북5도위원회 총무과장으로부터 전화가 왔다. 총무과장 말로는 국무총리 결재는 났고 현재 대통령 재가를 기다리는 중이라고 했다. 대통령 재가 예정일은 8월 23일쯤이라고 하였다. 갑자기 불안한 생각이 들었다. 그사이 다른 변수가 생기지나 않을까 하는 불안한 생각이 들었다. 총무과장 말로는 8월 23일 재가가 나면 다음 주쯤 취임식을 할 수 있을지도 모르겠다고 말하였다.

고위 공직 경험이 있는 우리 회사 이병길 부회장이 대통령의 재가가 아직 나지 않은 상태라면 변수가 있을 수도 있고 아직은 100% 안심할 단계가 아니라고 말하니 더욱 불안해졌다. 마음을 가라앉히며, 그래 무슨 일이 생기더라도 차관급 도지사에 1차까지는 합격한 셈이니 "그것이라도 얼마나 영광이며 행운이란 말인가?" 하고 스스로 마음을 달래 보았다.

그날 오후에 평안남도 박종배 사무국장으로부터 기쁜 소식을 전달받았다. 오늘 일자로 문재인 대통령의 재가가 났다는 통보였다. 박 국장이 나에게 정식으로 "도지사님 진심으로 축하드립니다."라고 말하였다. 정말로 기뻤지만 긴장이 풀린 탓인지 갑자기 온몸에 힘이 쭉 빠지는 것 같은 느낌이 들었다. 박 국장이 전하는 말로는 도지사 임명 일자는 8월 26일자이며 김중양 현 도지사와 협의한 결과 8.27 일자로 이취임식을 하자고 협의가 되어 그렇게 진행할 예정이라고 말하였다. 내가 평안남도지사로 가는 길은 정말로 긴장되고 긴박하고 가슴 졸이는 긴 여정이었다. 그러나 드라마틱하며 스릴이 있었다.

일요일 아침에 미사에 참석하고 하나님께 진심으로 감사기도를 드렸다. 열심히 평남 도지사직을 수행하려고 하니 늘 지켜봐 주시고 현명한 판단을 할 수 있게 지혜와 용기를 주시라고 간절히 기도를 드렸다. 하나님과 예수님께서 나의 기도에 대해 응답하실 것으로 확신하였다. 첫 출근 하는 다음 주 월요일이 무척이나 기다려졌다

평안남도지사가 되다.

2019년 8월 26일 자로 평안남도지사에 임명되었다. 오늘은 내가 평남지사로 첫 출근 하는 역사적인 날이다. 나로서는 인생에 있어서 공직자로서는 처음으로 출근하는 날이다. 그것도 조선 시대로 말하면 종2품에 해당하는 정무직 차관급이다. 내 개인의 영광이며 가문의 영광이라고 아니할 수 없다. 무엇보다도 아내 임희정 님에게 기쁨을 안겨준 섯 같아서 나 자신이 대견스럽게 생각되었다.

윤 주무관이 아침 7시 정각에 집 앞에 차를 대기하고 있었다. 관용차를 타고 출근하면서 지난 온 나의 직장생활과 사회생활이 주마등처럼 스쳐 지나갔다. 1984년 10월 약관 34살의 나이로 산업리이스 광주지점장

으로 발령을 받아 운전기사가 출퇴근시켜주던 생각이 갑자기 떠올랐다. 그때 갑자기 신분이 급상승되는 묘한 기분을 느꼈었던 기억이 있다. 그러나 이번에는 그때와는 또 다른 무게감을 느꼈다.

이북5도 청사에 도착하여 2층에 있는 평안남도지사 사무실에 도착하여 도지사 집무실로 들어가는 데 힘이 솟아오름을 느꼈다. 그래, 나에게 주어진 이런 중요한 직책과 기회를 헛되이 보내지 말고 나름 좋은 업적을 남겨야 하지 않겠나 하고 마음속으로 다짐하고 각오를 새롭게 했다. 도지사실 소파에 앉으니 도지사로 취임한 것이 비로써 실감이 나는 것 같았다.

조금 지나니 박종배 평안남도 사무국장을 비롯하여 김한상 계장, 김윤미 주임, 강대석 실장, 이은주 비서가 지사실로 들어와 정식 인사를 하고 각자 자기소개와 함께 담당업무에 대해 이야기했다. 드디어 도지사가 되었다는 실감이 났다. 앞으로 이 사람들과 서로 존중하고 신뢰하며 열심히 근무하여 맡은 바 책임을 다해야겠다고 마음속으로 다짐하였다. 오늘은 평안남도 행정을 책임지고 180만 평안남도 도민을 대표하는 평안남도 지사로서 공식적으로 집무를 하는 첫날이다. 책임이 막중함을 느꼈고 마음속으로 잘 해보리라 결의를 다졌다. 사무국 직원들과 첫 대면을 하고 업무브리핑을 받은 후에 도지사 집무 책상에 앉았다. 정면을 바라보니 붓글씨로 쓴 액자가 좌우 양쪽으로 하나씩 걸려있었다. 그동안 평남 행정자문위원으로서 여러 번 도지사실을 방문하였으나 눈에 띄게 보이지 않았던 액자의 내용이 오늘따라 뚜렷하게 내 눈에 들어왔다. 왼쪽 액자의 글은 도산 안창호 선생의 좌우명인 "務實力行(무실역행) 忠義勇氣(충의용기)" 중에 하나인 "務實力行(무실역행)"이란 네 글자였다. 오른쪽 액자의 내용은 고당 조만식 선생의 말씀인 "基仁爲寶(기인위보)였다. 일제강점기 시절 민족의 지도자이셨던 고향 큰 어른이신 두 분에 대해 평남의 후배인 도지사들이 꼭 가슴에 새겨 두어야 할 귀중한 말씀이라고 생각했다. 두 분 큰 어르신들의 사상과 애국 애족 활동에 대해 우리 후세들이 잘 이해하고 이를 후계세대에 제대로 알려야 되겠다는 사명감이 들었다. 도지사로서 도정을 수행하기 위하여 관련 법령을 다시 검토해보았다. 관장업무를 숙지하고 도지사 직책을 잘 해나갈 것을 마음속으로 굳게 다짐했다.

사실 나는 처음 청와대 인사혁신처에서 인사 검증에 동의하냐고 전화가 왔을 때만 해도 들러리라고 생각했고 기대도 하지 않았다. 그러나 하늘의 뜻인지 관운이 있었던지 다른 후보자들보다 상대적으로 공직 경험이 없는 내가 발탁되었다. 72년간의 내 인생에 있어서 가장 극적이며 감동적인 일이었다. 생각해보면 도지사로 가는 길이 마치 잘 짜여진 예정된 스케쥴에 따라 오래전부터 차질 없이 차근차근 진행된 것 같은 느낌이 들었다. 단계 단계마다 전 단계가 다음 단계의 잘 준비된 준비단계인 것 같았다. 그 단계마다 준비가 잘 되었고 나를 도와주는 사람들이 있었다. 도와주는 사람들은 그것이 나를 도와준다는 것을 의식하고 도운 것은 아니었다. 그러나 모든 과정이 나의 도지사 지명과 어쩌면 그렇게 서로 관련되어 차질 없이 연결되어 최종 목적지에 물 흐르듯 안착할 수 있었는지 모르겠다.

나는 온천 휴양지로 유명한 평남 양덕에서 태어났다. 내 나이 한 살 되던 해인 1948년에 가을에 어머님 등에 업혀 부모님과 형님과 함께 네 식구가 남쪽을 내려왔다. 그러나 부모님과 형님은 그렇게 그리던 고향 땅을 밟아보지 못하고 세상을 떠나 나 혼자 남게 되었다. 평남지사로 임명될 것이라는 소식을 모처로부터 통보받은 날 아내의 손을 잡고 기쁨에 넘쳐 감격했던 기억이 생생하다. 그날 하늘에 계신 부모님을 생각하며 도지사에 임명되었다는 소식을 전하였다.

도지사로 첫 출근을 한 다음 날인 2019년 8월 27일에 제18대 평안남도 도지사 취임식이 있었다. 집사람과 같이 이북오도 청사로 관용차를 함께 타고 출근하였다. 집사람과 함께 차를 타고 청사로 가면서 만감이 교차되었다. 오전 10시 30분부터 축하객들이 몰려오기 시작하여 행사

5. 내가 걸어온 길

시작할 때쯤 되니 400여 명의 축하객이 이북5도청사 5층에 있는 중강당을 가득 메웠다. 많은 분들이 참석하여 주셨다. 대성황이었다. 김중양 지사님의 이임사에 이어 나의 약력이 간단히 소개되고 이어 나는 단상에 올라 취임사를 하였다. 취임사가 끝난 후에 평안남도 기를 전임 지사로부터 인수받아 내빈들을 바라보며 힘차게 휘날렸다. 취임식이 끝난 후에 대강당으로 옮겨 축하객들과 점심을 함께하며 자축하였다. 점심 식사비용은 김건철 행정자문위원장께서 흔쾌히 부담하여 주셨다. 영원히 잊을 수 없는 취임식이었다.

점심식사를 한 후 지사 집무실에 들어오니 평남중앙도민회 상임고문님들과 유지 선배님들이 축하 인사차 내방하여 담소를 나누었다. 나의 취임식을 축하하기 위해 처가 집 식구들이 세종시에서 먼 길을 마다하지 않고 와 주었다. 감사한 일이다. 축하 화분이 40여 개나 들어 왔다. 주위에 언제나 변함없이 나를 생각하고 아껴주시는 분들이 많아 인복은 타고난 것이 아닌가, 그런 생각이 들었다.

〈2019년 8월 27일 취임식〉

평안남도지사 취임사

존경하는 평안남도 도민 여러분!

그리고 공사다망하심에도 불구하고 이 자리에 참석하여 함께 해주신 내빈 여러분께 먼저 감사의 말씀을 드립니다. 8월 26일 자로 정부의 부름을 받고 제18대 평안남도 도지사라는 막중한 직책을 맡게 되니 어깨가 무겁습니다.

우선 지난 3년 동안 풍부한 행정 경험과 훌륭하신 인품으로 탁월한 업적을 세우시고 오늘 이임하시는 김중양 도지사님께 깊은 경의와 함께 감사의 말씀을 드립니다. 바쁘신 중에도 저의 도지사 취임을 축하하고 격려해주시기 위해 참석하여 주신 조성원 중앙도민회장님과 역대 도민회장님들, 역대 평남지사님들, 박성재 황해도지사 겸 이북5도위원장님, 오영찬 평안북도지사님, 한정길 함경남도 지사님, 김재홍 함경북도지사님, 김한극 황해도 도민회장 겸 이북도민연합회 회장님을 비롯한 각 도민회장님, 김건철 행정자문위원장님을 비롯한 행정자문위원님, 김원진 회장님을 비롯한 중앙도민회 상임고문님 등 내외귀빈 여러분께 각별한 감사의 말씀을 드립니다.

존경하는 도민 여러분, 그리고 이 자리에 함께하신 내빈 여러분!

최근 한반도의 정세는 북한의 탄도미사일 발사, 미.중의 무역갈등, 일본의 경제보복 등으로 혼미를 거듭하며 어려운 상황에 직면해 있습니다. 이러한 때에 우리는 감정적인 대응보다는 냉정하고 근본적인 대책을 마련해야 할 때입니다. 이를 위해 무엇보다도 평남도민은 물론 850만 이북도민 전체가 힘을 하나로 모아 자유민주주의와 시장경제체제를 굳건히 지켜나가겠습니다.

존경하는 도민 여러분! 그리고 내외 귀빈 여러분

여러모로 부족한 제가 평남지사라는 막중한 직책을 맡게 되어 무거운 마음이 앞섭니다.

그러나 우리에게는 도민사회의 선배님들께서 이루어 놓으신 굳건한 토대와 훌륭한 전통이 있습니다. 또한 전임 김중양 지사님께서 이루어 놓으신 도정기반 위에 열과 성의를 다한다면 지사직을 충실히 수행해나 갈 수 있으리라 확신합니다.

앞으로 저는 지사직을 수행하면서 도정운영의 기본방향을 다음과 같이 설정하여 운영하려고 합니다. 첫째 도민 중심의 도정을 이끌어나 가도록 하겠습니다. 도민과 호흡을 같이하며 도민의 좋은 생각과 건전한 요구를 도정에 반영하고 도정의 방향과 목표를 도민에게 이해시켜 협조를 얻어내는 쌍방향의 협력체제를 구축하여 도정을 운영하도록 하겠습니다. 이를 위해 적어도 분기별로 1회 이상은 평남중앙도민회장님과 정책간담회를 개최하도록 하겠습니다. 또한 지사실은 항상 개방하여 도민 누구라도 언제든지 쉽게 찾아와 상담하고 의견을 나눌 수 있는 열린 지사실로 운영하겠습니다.

둘째 통일역량의 배양과 연구조사 업무에 역점을 두고자 합니다. 돌이켜보면 그간 우리 1세대 어르신들은 투철한 반공정신과 통일에 대한 일념으로 엄청난 노력과 헌신을 하셨습니다. 이제 세월의 흐름 속에 1세대 어르신들은 연로해지시고 해를 거듭할수록 그 숫자도 감소해 가고 있습니다. 이러한 때에 2, 3세대인 청장년층을 적극적으로 육성해야 할 필요성이 절실합니다. 청장년들이 도정에 적극적으로 참여하고 도민회를 이끌어가는 지도자로 육성하여 활력이 넘치는 도민사회를 만들어나가겠습니다. 이를 위해 도민회와 협력하여 2, 3세 지도자 육성프로그램을 개발하고 도민회에서 주관하는 통일아카데미와 같은 통일교육 프로그램을 적극적으로 지원하도록 하겠습니다. 이러한 통일교육 프로그램을 통하여 도민들의 통일역량을 함양하여 향후 통일에 대비하여야 할 것입니다. 또한 통일관련 연구 조사업무를 강화하여 북한체제와 제도 및 문화 등을 연구하여 통일사업의 기초가 되도록 하겠습니다.

셋째 북한 이탈주민과 더불어 살아가는 사회 분위기 조성에도 힘쓰겠습니다.

평양감사 1054일 II

 북한 이탈주민은 70년이 넘도록 단절된 집단 체제하에 살아왔기에 문화와 의식이 우리와는 전혀 다릅니다. 따라서 대한민국에 동화되어 살아가기란 쉽지 않을 것입니다. 그들이 우리 사회에 건강하게 뿌리내리도록 도와주어야 합니다. 대한민국에 하루빨리 정착되어 자유민주주의 체제의 자유와 풍요로움을 느낄 수 있게 해주어야 할 것입니다. 최근 북한 이탈주민 모자가 주위의 무관심으로 아사했다는 기사를 접하고 얼마나 가슴이 아팠는지 모릅니다. 평안남도 출신의 북한 이탈주민은 결코 이러한 일이 생기지 않도록 철저히 관리하도록 하겠습니다.

 앞으로 저는 도민복지향상과 향토문화의 계승·발전을 위한 노력도 적극적으로 추진해 나가겠습니다. 아울러 세계의 평화와 번영을 위한 정부의 한반도 평화프로세스가 성공할 수 있도록 적극적으로 노력하겠습니다. 저에게 도지사의 직책이 주어진 것은 고향과 나라를 위해 마지막으로 봉사하라는 하늘의 뜻으로 알고 혼신의 힘을 다하여 봉사하겠습니다. 도민 여러분들의 아낌없는 지도와 성원을 기대합니다.

 끝으로 오늘 이임하시는 김중양 지사님, 그리고 오늘 참석해주신 모든 분의 가정에 늘 건강과 행복이 함께 하시길 기원합니다.

국무총리로부터 도지사 임명장을 받다.

 2019년 9월 14일 광화문 서울종합청사 국무총리실에서 제18대 평안남도지사 임명장을 받았다. 감격적인 영광스럽고 감격적인 순간이었기에 임명식 절차와 분위기를 그날 일기에 남겼다. 다음은 그날 일기의 내용이다.

 오후 2시에는 도청 스타렉스를 타고 정부 제2 종합청사로 도지사 임명장을 받으러 갔다. 오후 2시 30분에 도착하여 대기실에서 잠시 대기하였다. 대기실에 대기하는 중에 민주평통 이승환 사무처장, 광주교육대학교 최도성 총장, 서울특별시 강태웅 행정 제1 부시장, 기획재정부 김용범 제1차관, 김형종 외교안보원장들과 함께 인사를 나누고 가볍게 이야기를 나누었다. 조금 있으니 행사 담당관이 와서 오늘 임명식 진행순서에 대해서 설명해주고 임명장 수여하는 장소로 이전하여 예행연습을 하였다.

정부 의전행사에는 난생처음으로 참석하는 것이라 긴장도 되었지만 호기심도 발동하여 임명장 수여식의 절차와 진행을 눈여겨보았다. 오늘 차관급 8명에 대한 임명식 진행순서를 요약하면 다음과 같다.

[도지사 임명장 진행순서]
1. 임명대상자 8명이 대기실에서 오전 9:30분까지 대기하였다. 대기 중에 서로 수인사를 하였다.
2. 임명자 전원이 참석하자 인사혁신처 담당관과 국무총리 의전 담당관이 와서 오늘 임명식 행사 진행 요령을 간략히 설명하였다.
3. 간단한 설명이 끝난 후 임명장을 수여하는 옆 방으로 옮겨 임명식 리허설을 하였다.
4. 리허설은 아래와 같았다.
    1) 우선 임명장 수령자들의 위치를 확인해준다. 위치는 색 테이프로 표시되어 있었다. 위치는 우로부터 부처 건제 순으로 도열한다. 서열순은 정부 직제순이었다. 그러나 국립대학교 총장은 부처 서열순위와는 별도로 제일 우선한다고 한다. 따라서 오늘 임명장 받는 분들의 도열 순서는 최도성 총장, 김용범 차관, 이승환 사무처장, 김형종 원장, 이명우 평남지사, 오영찬 평북지사, 김재홍 함북지사, 강태웅 서울시 부시장 순으로 도열한다.
    2) 임명장 수령을 받으러 총리 앞에 서는 자리와 총리의 위치가 색 테이프로 표시되어 있었다.
    3) 총리께서 입장하신다는 말을 사회자가 하면 모두 그쪽을 바라보고 있다 들어오시면 가볍게 목례를 한다.
    4) 사회자가 임명장 수여식을 한다고 말하고 도열 순서에 따라 한 사람씩 총리 앞에 서서 가볍게 목례를 하면 사회자가 임명장을

대독하고 대독이 끝나면 총리께서 임명장을 한 사람씩 수여하게 된다. 수여자는 가볍게 인사하면서 임명장을 받은 후 왼쪽 손으로 잡아 옆구리에 낀 채 총리와 악수를 한 후 제자리로 돌아간다. 모든 사람이 임명장을 받은 후에 모두 일렬로 옆으로 도열한 후에 한 사람씩 총리와 기념촬영을 한다. 위치는 총리의 왼쪽에 서고 촬영을 끝난 후에는 반드시 총리가 서 계시는 뒤로 해서 제자리로 간다.

5) 개인별 기념촬영이 끝나면 수여자 모두 함께 총리와 기념촬영을 하였다. 위치는 총리를 가운데로 하여 왼쪽부터 첫 번째가 1위, 그다음 총리 오른쪽 첫 번째가 2위 그런 식으로 위치를 잡아 단체 촬영을 한다.

6) 임명장 수여식이 끝나면 옆방에 있는 총리 접견실로 옮겨 차를 마시며 담소하는 시간을 갖는다. 담소 시간은 약 30분 정도로 예정되어 있다.

상기와 같은 예행연습을 한 후 오전 10시쯤 총리께서 행사장에 입장하신 후 위와 같은 절차에 따라 임명장 수여식이 진행되었다. 수여식이 끝난 후에 접견실로 들어가 총리와 담소를 나누었다. 좌석 배치도 총리를 중심으로 좌우로 임명장 수여 건재 순으로 배치가 되어 지정된 자리에 앉았다.

모두 착석한 후 총리께서 모두에게 취임을 축하한다는 말씀을 하신 후 서열순에 따라 한 사람에 5분 내외씩 대화를 하였다. 주로 질문하시고 이에 대한 답변 형식으로 진행되었고 나중에는 종합적으로 총리께서 요즘 시국에 대한 말씀도 하시며 열심히 하시라는 당부의 말씀을 하셨다.

총리께서는 나에게는 "이 지사님은 먼저 언제 남한에 내려오셨나요?"라고 물어보셨다.

이에 나는 1947년에 평남 양덕군에 출생하여 1948년 남한에 내려왔다고 말씀을 드리고 이어 양덕군에 대한 간단한 설명을 드렸다. 양덕군

5. 내가 걸어온 길

이낙연 총리로부터 임명장을 수여받다

은 평양과 원산 사이 중간에 있으며 산림이 울창하여 임업이 발달하였고 특히 온천으로 유명한 곳이라고 설명드렸다. 최근에는 김정은이 온천 휴양지 개발을 현지 지도하기도 하였다고 말씀드렸다.

이어 총리께서는 이북에서 내려오신 분들이 유난히 북한을 싫어하는 이유를 물어보시어 이북사람들 중 남한에 내려온 사람들은 지주계급, 기독교인 등 공산주의에 반대하여 내려온 분들이 대부분이어서 공산주의를 태생적으로 혐오하고 반대하며 특히 공산주의의 잔혹성과 폭정을 몸으로 체험한 분들이라 그렇다고 말씀을 드렸다.

이어 이북사람들은 주로 어디 가서 평양냉면을 먹는지를 물어보셨다. 이에 나는 장충동에 있는 평양냉면이나 을지로3가에 있는 평래옥에 자주 간다고 말씀을 드리고 총리님께 냉면을 드실 때는 간단한 팁 하나 말씀을 드리겠다고 하면서 냉면을 드실 때는 면을 잘라서 드시지 마시라고 말씀을 드렸다. 만약 그 냉면집 주인이 평남 출신이면 진짜 냉면을 드실 줄 아는 분이라고 알아보고는 냉면 한 그릇을 더 줄 거라고 우스개소리로 말씀을 드렸다. 이낙연 총리께서는 "그렇게 먹었는데 더 주지 않더군요" 해서 모두 웃었다. 딱딱한 분위기가 다소 부드러워졌다.

이어 오영찬 평북지사의 순서가 되자 오 지사께서 북한 이탈주민 관리문제가 이북오도 지사들의 관장업무이며 관심사인데 법적으로 제약조건이 많아 관리할 수 없는 현실을 말씀을 드리고 통일부의 북한 이탈주민 관리업무를 하나원 교육 이수 후에는 이북5도위원회에서 관리할 수 있도록 하면 좋겠다고 건의하였다. 총리께서도 이에 공감하시고 관련 부처에 이북5도위원회와 협의를 하라고 지시하셨다. 생각지도 않았는데 대박

495

을 터뜨린 셈이었다. 오 지사의 순발력과 뚝심이 대단한 것 같았다.
이어서 김재홍 함북지사께서 함북 출신이 북한 이탈주민의 상당한 비율을 차지하고 있다고 실상을 말하고 이북5도민을 대상으로 만주 등 이북 접경지대에 항일 독립유적지를 탐방하는 교육프로그램을 추진하고 싶다는 계획을 말하였다. 예정된 담화시간이 되어 총리께서 다시 한번 축하한다는 말씀과 함께 소관 업무를 잘 수행해 줄 것을 당부하며 총리와의 담화시간을 마쳤다.
이낙연 총리님의 인상은 우선 자세가 바르고 온화한 인상이었다. 나는 개인적으로 직접 뵌 것은 오늘 임명식장에서 처음이다. 물론 유명한 정치인이었기에 매스컴을 통해서는 자주 볼 기회가 있어 어느 정도 친근감을 느낄 수 있는 얼굴이었으나 오늘처럼 가까이에서 뵙고 말씀을 나눈 것은 처음이다. 말씀도 조용하면서도 차분하게 조리 있게 말씀하셨다. 기자 출신이어서 그런지 언어 구사력이 뛰어났고 상대방에게 편하게 질문하여 대답을 끌어내는 탁월한 능력이 있으신 분이란 인상이 들었다.

어머님께 도지사 취임 신고를 하다.

평남지사에 취임한 후 몇 개월 동안 바쁜 일정으로 정신없이 보냈다. 한 해가 가기 전에 어머님 찾아뵙고 도지사 취임 인사를 정식으로 드렸다. 마침 아내가 도연이 보러 간다고 하여 나는 간단히 아침을 챙겨 먹고 홀가분한 마음으로 모처럼 어머니 산소에 가서 어머님께 평양감사 신고(?)를 하기로 했다. 집에서 배와 귤 그리고 키위를 챙기고 마침 떡 한 팩이 있어 같이 봉투에 담아 가지고 갔다. 12시쯤에 광주에 있는 광주공원묘원에 도착하였다. 공원묘원으로 들어가는 입구에서 생화 한 다발과 소주 한 병을 샀다. 공원묘원에 도착하여 형님한테 드릴 꽃도 샀다.
모처럼 찾아뵈니 불효막심한 놈이라고 섭섭하게 생각하실 것 같아 못내 마음이 아팠다. 과일을 깎고 귤을 까서 놓고 소주 한 잔을 올리며 큰 절을 하였다. 속으로 "어머니 둘째 왔습니다." 하고 문안드리며 잠시 어

5. 내가 걸어온 길

머님의 밝은 미소를 떠올렸다. 참 긍정적이고 활달하신 분이셨다. 아버님을 일찍 하늘나라에 보내시고 홀로 되시어 어려운 상황에서도 언제나 웃음을 잃지 않고 열심히 사셨다. 걱정이란 것은 전혀 없으셨던 분이셨다. 내가 세상을 살아가며 아무리 어려운 문제에 봉착해도 쉽게 극복할 수 있었던 것은 아마도 어머니의 그런 긍정적인 성격을 닮고 태어난 것이 아닌가 생각한다. 어머니는 언제나 이 둘째 아들이 당신의 희망이셨던 것 같았다. 언제 어디를 가나 우리 공부 잘하는 명우, 명우 하며 자랑을 하고 다니셨다고 한다. 그래서 주변에서 어머니를 조금이라도 아시는 분들은 내가 무척이나 공부를 잘하는 학생으로 알고 있었다.

어머니께 인사를 드리며 "엄니, 엄니가 그렇게 자랑하시던 명우가 올해 평안남도지사가 되었습니다, 양덕군수도 아니구요, 피양감사에유, 피양감사유…. 피양감사라는 말이 채 끝나기도 전에 가슴이 울컥해지며 뜨거운 눈물이 나의 두 뺨에 흘러내렸다. 마침내 나는 끝내 울음을 참지 못하고 꺼억 꺼억 하고 소리 내어 울고 말았다. 어머니가 덩실덩실 춤을 추며 내 손을 잡는 것 같은 느낌이 들었다. 나도 모르게 덩실덩실 춤을 추웠다. 그래야 울 엄마가 기뻐하실 것 같았다. 한참을 울면서 무덤 주위를 춤을 추며 돌면서 나는 어머니와 행복한 만남을 가졌다. 얼마 전 한정길 함남지사님께서 지은 시 한 구절이 생각이 났다.

"울 엄마, 나 함남지사가 되었어요, 기쁘시지요?,
덩실덩실 춤추고 싶으시지요.
울 엄마한테 자랑하고 싶은데요. 맘껏 자랑하고 싶은데…
울 엄니가 안 계시는구먼요.
기쁜 날인데, 정말로 기쁜 날인데 젤 기뻐하실 엄마는 안 계시는구먼요."

한정길 지사님의 시구가 떠오르며 울 엄마 생각을 했다. 한 지사의 시를 보지 않았더라면 아마 나도 한 지사가 지으신 시와 자구 하나 토씨 하나 틀리지 않게 똑같은 시를 지었을 것 같은 생각이 들었다.

"엄니, 엄니 기쁘시지요?

엄니! 둘째에요, 엄니! 제가 평남지사가 되었어유, 엄니 말로 피양감사유! 기쁘시지시요?

하늘나라 동네방네 다니시며 자랑하고 싶으시지요?" 막 자랑하고 다네세요. 살아생전에도 둘째 자랑 많이 하셨잖아요. 엄니가 그렇게 공부 잘하는 아들이라고 자랑하시던 명우가 피양감사가 되었어요. 엄니, 피양감사가 어떤 분인지 잘 아시지요?

그렇게 자랑하시던 둘째 아들이 평남지사 되시는 모습을 직접 보셨더라면 얼마나 좋아하셨을까? 덩실덩실 춤을 추시며 온 동네를 마냥 돌아다니셨을 것이다. 만나는 사람마다 붙잡고 자랑하셨을 것이다. 물론 집사람도 참 기뻐했다. 처음 지사 임명 소식을 함께 전해 듣고 팔짝팔짝 뛰며 서로 껴안고 좋아했었다. 우리 애들은 그저 말로만 축하한다고만 할 뿐 크게 기뻐하는 것 같지는 않았다. 하기야 인사 검증절차를 시작하려고 할 때 우리 두 애들은 한사코 반대를 했었다. 심지어 큰 애는 인사 검증절차에 동의하지도 않으려고까지 하였다. 되지도 않을 일 아빠가 힘만 들이고 결국엔 마음만 상할 것라는 아빠에 대한 지극한 효심에서 한 거였을 것이다. 포기하지 않고 큰 애를 잘 설득하여 뚝심있게 추진한 것이 얼마나 다행인지 모르겠다. 그러다 보니 내가 너무 좋아하는 게 체신이 없어 보일 것 같아 애들 앞에서는 기쁜 표정도 맘대로 하지 못했다.

조용히 속으로 '어머니'하고 불러보았다. 방긋 웃으시며 "애비야, 너무 수고했다." 하고 말씀하시는 것 같았다.

"엄마, 피양감사 부임 소식 늦게 전해 미안해요. 도지사 취임하고 참 바쁘게 보냈어요. 온다, 온다 하면서도 이제 사 왔네요. 용서하세요. 이제 아셨으니 하늘나라에서도 맘껏 자랑하고 다니세요. 어머니와 나는 어느 자식들보다도 사연이 많다. 큰아들인 형님 때문에 마음고생을 평생토록 하셨기에 언제나 말썽 없이 공부 잘한다고 생각하셨던 둘째인 나를 끔찍하게도 마음속으로 든든하게 생각하셨고 어머니의 희망이셨던 것 같다. 50대 중반에 홀로 되시어 힘들게 가족의 생계를 책임지셨지만 언제나 힘이 넘쳤고 웃음을 잃지 않으셨다. 아마도 착실하게 공부 잘하는 둘째 아들이 마음에 큰 위안이 되셨던 것 같다. 도지사직을 퇴임하고 좀 한가해지면 어머니에 대한 이야기를 써 보고 싶은 생각이 든다.

한참을 어머니 곁에 머물며 어머니와 무언의 대화를 나누며 어머니와의 추억을 회상하였다. 무덤 주위를 정리하고 마지막으로 비석을 어루만지다가 떨어지지 않은 발걸음을 돌리면서 다시 뵈러 오겠다고 말씀드리고 어머니 곁을 내려왔다.

3년간 도지사 직분에 대한 소회

2019년 8월 26일에 평남지사에 취임하여 2022년 7월 14일까지 봉직하였으니 도지사 재임 기간이 1054일이나 되었다. 3년간 도지사로 재임하는 동안 나름 열심히 일했고 보람도 느꼈다. 도지사로 취임한 다음 해인 2020년에는 평남지사인 내가 이북5도지사를 대표하는 이북5도위원장을 맡게 되었다. 그해 2월부터 시작된 코로나 19사태에도 불구하고 이북5도위원장으로서 나름 의미있는 성과를 거두기도 했다. 이북도민부녀회원들과 함께 '사랑의 마스크 만들기' 운동을 전개하여 어르신들과 어려운 이북도민들에게 마스크를 전달한 것을 비롯하여 이북도민 상담센터 개설, 이북5도위원회 홈페이지 개편 그리고 홍범도 장군의 봉오동·청산리 전투 승전 100주년을 맞이하여 봉오동·청산리 전투 관련 희귀사진을 수집 정리하여 도록을 제작하였다. 이어 서울과 전주시, 세종시, 속초시 등 전국을 순회하며 전시회를 개최하여 북간도를 중심으로 한 독립운동과 독립군의 활동을 재조명하고 널리 알리는 일을 하였다.

평남도지사로서는 후세들에게 귀감이 될 수 있는 훌륭한 평남 출신 인물 90인을 선정하여 그분들의 생애를 정리하여 『평남을 빛낸 인물』 I, II

권을 발간하였고, 실향민 1세 어르신 96분을 대상으로 직접 인터뷰하여 『두고 온 고향 남기고 싶은 이야기』 책자를 발간한 것도 보람 있는 일이었다.

또한 대외 언론기관과 여덟 번의 인터뷰를 통하여 이북5도위원회의 역할과 활동에 대해 홍보하였고 조선일보 등 일간지에 기고하여 이북5도위원회와 이북5도지사의 역할에 대해 널리 알리는 일도 하였다. 그러나 무엇보다도 이북도민의 정신적인 지주로서 그분들과 기쁨과 슬픔을 함께하며 통일이 되어 고향에 함께 가는 그날까지 자유 평화통일이 앞당겨지도록 노력하기도 하였다. 특히 후계세대 육성에 지대한 관심을 갖고 이북도민 3, 4세대를 대상으로 평남인 정체성과 자유 평화통일 방안에 대한 교육을 실시하기도 했다. 또한 이북에서는 사라져가는 고향의 전통 무형문화재를 발굴하고 계승 발전시키는 일에 관심과 노력을 기울인 것도 큰 보람이었다.

3년간 도지사로 재임하는 동안 나름 열심히 일했고 보람도 느꼈다. 나는 역대 평남도지사 중에 공직 경험이 없는 최초의 도지사였다. 역대 지사님들 모두 고위공직자 출신들이었다. 공직 경험이 없는 나로서는 역대 훌륭한 도지사님들에 누가 되지 않도록 열심히 그리고 온 정성을 다하여 일해야 하겠다고 마음속으로 굳게 다짐하고 최선을 다하여 일했다. 도지사 재임 3년 동안 바르고 공정하게 공무를 수행하려고 했고 새로운 일을 찾아 열심히 일했다. 사전에 잘 준비를 하였고 기획한 일은 기쁜 마음으로 열정을 가지고 추진하였다. 무엇보다도 겸손하고 열린 마음으로 도민들에 가까이 다가가 그분들의 이야기를 듣고 도정에 반영하도록 노력하였다. 그 결과 나름 적지 않은 성과도 있었고 도민사회에서 인정도 받았던 것 같다.

2019년도 도정활동

2019년 8월 26일에 행정안전부 이북5도위원회 평안남도 지사로 임명

5. 내가 걸어온 길

되어 이튿날 평남도민과 내외귀빈으로 모시고 이북5도청 중강당에서 제18대 평남지사 취임식이 있었다. 취임식에서 나는 〈도민 중심의 도정〉을 이끌어 나가겠다고 천명하였다. 도민과 호흡을 같이하며 도민의 좋은 생각과 건전한 요구를 도정에 반영하고 도정의 방향과 목표를 도민에게 이해시켜 협조를 얻어내는 쌍방향의 협력체제를 구축하여 도정을 운영하려고 하였다.

 도지사에 취임 한 달간 새로운 도정업무를 익히는 데 열중하였다. 이북5도위원회 관련 제 규정을 숙지하고 그동안 전임 도지사들께서 역점을 두어 하셨던 사업과 업무를 꼼꼼히 챙겨보았다. 무엇보다도 행정안전부 이북5도위원회 평안남도지사(이것이 나의 정식 직함이다. 우리나라 행정조직이 직제 중 정무직 차관급 직함의 이름 중 가장 긴 직명이다)의 역할이 무엇인지 철저히 공부하고 연구하여 앞으로 무엇을 어떻게 해야 하는지를 꼼꼼히 준비하였다. 이 과정에서 이승만 건국 대통령께서 실지(失地)인 이북5도에 차관급 지사를 임명한 큰 뜻을 정확하게 알게 되었다. 1949년 이승만 대통령은 이북5도지사를 임명하였다. 이는 실지를 회복하기 위한 이승만 초대 대통령의 강한 의지의 표현이다. 우리나라 헌법 제3조에는 대한민국의 영토에 대해 규정하고 있다. 매우 간단한 한 문장으로 되어있는 헌법 조문은 "대한민국의 영토는 한반도와 그 부속도서로 한다"로 되어있다. 공산세력이 일시 점령하고 있는 이북5도와 미수복 경기, 미수복 강원지역은 헌법상 우리의 영토다. 또한 유엔은 대한민국 정부 수립 당시에 우리 대한민국을 한반도 유일한 합법 정부임을 승인하였다. 국제법상으로도 대한민국이 유일한 한반도의 합법정부이다. 따라서 우리의 영토인 이북5도 등을 관할하는 이북5도지사를 임명하는 것은 헌법정신을 지키는 일이다.

 이북5도위원회 평남지사로서의 주요 업무는 이북5도의 정치, 경제, 사회, 문화, 교육 등 각 분야에 걸친 정보의 수집·분석과 이북5도 등을 수복할 경우에 시행할 각종 정책의 연구, 월남(越南) 평남도민의 지원 및 관리, 이산가족 상봉 관련 업무 지원, 평남 향토문화의 계승 및 발전, 이북도민 관련 단체의 지도 및 지원, 평남도민에 대한 자유민주주의 함양 및 안보의식 고취 등이다. 즉 통일에 대비하여 평남도민과 도민단체를 지원관리하고 통일 후 평남 도정을 안정적으로 인수하여 자유민주주의 체제를 유지 발전시키도록 하는 중요한 역할을 하는 기관이다. 이러한 기관의 막중한 중책을 수행하기 위하여 재임기간 중에 도민사회와 유기적이고 협조적인 관계를 유지하며 통일의 초석을 놓도록 최선을 다하겠다고 다짐하였다.

평남지사로서의 책임과 의무 등 도지사 직분에 대한 이해를 바탕으로 평남지사로 취임한 이후 활발하게 도정업무를 수행하였다. 특히 도민사회와의 접촉을 활발히 하며 각종 도민사회 모임과 활동에 적극적으로 참석하고 격려하였다. 월남 1세 어르신들을 자주 만나 그분들의 경험과 지혜를 도정을 운영하는 데 도움이 되도록 노력하였다. 그러한 노력은 평남을 빛낸 훌륭한 인물들을 찾아 나서는 일부터 시작했다. 평남의 큰 인물인 도산 안창호 선생과 고당 조만식 선생을 참배하였고 이어 평남의 큰 어른들을 찾아뵙고 취임 인사를 드렸다.

8월 30일에는 충주에서 개최된 2019년도 세계 무예마스터십대회 개막식에 참여하였다. 도지사로 취임한 후 첫 공식적인 대외행사였다. 행사 귀빈으로 초대되어 개막식에 참석하고 도지사로서 VIP 의전을 받고 지사직의 무게를 느끼기도 했다. 8월 31일에는 평남도민 전·현직 시장, 군수로 구성된 대동회의 40주년 행사에 참석하여 축사를 했다. 도지사에 취임한 후 첫 공식행사이었다. 이후 도민회와 시군민회에 중요 모임에는 빠짐없이 참석하여 격려하고 도정에 대한 설명을 드리고 참여와 협력을 당부드렸다.

9월 4일 오후 2시에 정부 제2 종합청사에서 이낙연 총리께서 수여하는 도지사 임명장을 받았다. 평남중앙도민회와 평남 16개 시·도민회 각종 행사에 참석하여 축하와 격려를 했다. 도민회 행사에 참석하여 함께

하는 것은 도지사의 주요 업무 중에 하나이다. 나와 함께 평안남도 도정을 이끌어 갈 제21대 평남 명예시장군수 임명식이 있었다.

제37회 대통령기 이북도민체육대회 우승

10월 20일에 제37회 대통령기 이북도민 체육대회가 효창공원에서 개최되었다. 아침 8시 30분에 집에서 출발하여 효창공원으로 갔다. 9시 10분 정도에 도착하여 귀빈통로를 통하여 운동장 귀빈 스탠드 석에 들어갔다. 대통령기 이북도민 체육대회는 이북5도 위원회와 이북도민중앙연합회가 해마다 공동으로 개최하는 체육대회로서 이북5도위원회로서는 일 년 중에 가장 큰 행사이다. 내가 도지사에 취임하여 첫 번째로 맞이하는 대회로서 조성원 평남중앙도민회장과 함께 올해는 꼭 우승기를 우리 평남이 가져오자고 결의하고 선수단과 임원 모두 열심히 준비했다. 어제 축구경기 예선전에서 강팀인 황해도 팀에 1:2로 역전패당하여 우승 가능성이 조금은 떨어졌지만 희망을 잃지 않고 최선을 다해보기로 다짐하였다. 특히 육상과 모래주머니 던지기 대회는 선수도 보강하고 연습도 열심히 하여 승산이 있는 종목이라고 선수단들이 자신 있게 이야기하여 기대해보기로 하였다.

10시 정각에 이낙연 총리께서 입장하여 체육대회가 개막되었다. 개막식에서는 도민사회에 기여한 공로가 있는 분들에게 국민훈장 동백장이 일곱 분에게 수여되었다. 우리 평남에서는 송경복 평남중앙부녀회장께서 수상하시어 매우 기뻤다. 송경복 회장님은 오랫동안 평남부녀회장과 서문여고 동창회장을 지내시며 도민사회 발전에 기여하신 바가 크신 분이었다. 특히 평남 행정자문위원으로도 활동하시며 도정 발전에 기여하셨다.

개막식이 끝난 후에 평남 응원단석 앞에 마련된 곳에서 공로포장 및 표창장 수여식을 가졌다. 국민포장에는 개천군에 임석환 회장께서 수상하였고 대통령 표창에는 장재홍 선수단장과 우리 양덕군에 윤종관 군민회장께서 수상하였다. 공로포장과 표창장 수여식에 앞서 평안남도 홍보대사로서 활약하고 있는 이인혜 교수에게 감사패와 명예평남도민증을 수여하였다. 일체 사례를 받지 않고 평남의 홍보대사로 활동해 주시는 이인혜 교수에게 도민을 대표하여 감사의 뜻을 전했다.

점심시간에는 평남도민들과 식사를 함께하며 담소를 나눈 후에 오후 경기가 시작되었다. 육상 4개 종목에서 3개 종목을 평남이 우승하고 1개 종목은 3등을 차지했다. 그리고 열심히 연습했던 모래주머니 던지기 경기에서도 우리 평남이 우승하였다. 중간 종합전적이 황해도와 막상막하였다. 황해도 축구팀이 미수복 경기팀과의 결승전에서 거의 일방적으로 우세하여 황해도의 우승이 거의 확실해져 가고 있었다. 결국 승부의 관건은 줄다리기에 달려있었다. 우리 평남 팀은 경기도 팀의 기권으로 준결승에 진출하였으나 준결승전에서 역전의 강호인 강원도 팀에 패하여 이 종목에서 80점을 획득하였다. 줄다리기 최종 결승전은 황해도 팀과 강원도 팀이 맞붙게 되었다.

강원도 팀이 이기면 우리 평남이 황해도에 5점이 앞서서 종합우승을 하게 되고 만약 황해도가 우승하면 황해도 팀이 5점을 우리보다 앞서게 되어 종합우승을 하게 되어있었다. 우리의 운명이 강원도 팀에 달려있게 된 셈이 되었다. 강원도 팀은 지난 몇 해 동안 줄곧 줄다리기 종목에서 우승을 한 팀이라 황해도 팀을 틀림없이 이기리라고 주위에서 말하였지만 경기가 시작할 때까지 마음이 조마조마하였고 안절부절 하였다. 게임은 예상했던 대로 강원도 팀의 일방적인 승리였다.

경기가 끝나자 우리 선수단과 임원진 일동은 서로 얼싸안고 기뻐하였다. 강원도 팀의 덕분으로 우승한 꼴이 되었지만 기쁘지 않을 수가 없었다. 우리는 서로 부둥켜 안고 우승을 자축하였다. 평남 응원단 석으로 가서 도민들과 함께 우승의 기쁨을 만끽하였다. 행운권 추첨을 마치고 효창운동장 부근에 있는 뼈다귀 집에서 도민들과 함께 승리를 자축하여 즐거운 시간을 가졌다.

제60회 대한민국민속예술대전에서 우리 평남 대표로 참가한 평남무형문화재 제2호인 '향두계놀이'가 3위인 문화관광부장관상을 수상하였다. 대한민국민속예술대전은 역대 민속예술대전에 대통령상을 받은 최우수 민속예술단들이 참여하여 그 예술성을 겨루는 대회이다. 한마디로 왕중왕전이라고도 할 수 있는 권위 있는 대회이다. 그런 권위 있는 민속예술대전에서 평남무형문화재 제2호인 '향두계놀이'가 3위로 선정되었다는 것은 매우 자랑스럽고 평남무형문화재의 예술성에 대해 높이 평가받은 결과라고 생각한다. 이번 대회에는 우리 평남도민들이 100여 명 정도 참관하며 열렬히 응원한 것도 한 몫 하였을 것이다.

평남지사에 취임한 첫해 도지사의 역할을 숙지하고 중앙도민회와 협력하며 많은 1세 어르신들과 2, 3세 청년 후계세대들을 만나고 이야기를 나누며 도민사회 발전과 활성화를 위해 노력한 첫해였다.

- 2019년 주요행사 기념사진-

도지사 취임식('19.8.27)

지사 임명장수여('19.9.4)

백선엽 장군 예방('19.9.9)

제21대 시장·군수 위촉식

제60회 전국민속경연대회

대통령기 이북도민체육대회

2020년도 도정활동

2020년도는 평안남도지사가 이북5도위원회를 대외적으로 대표하며 이북5도위원회 사무국을 지휘 통합하는 이북5도위원장을 맡는 해이다. 연초에 중국 우환에서 발생한 코로나 19가 우리나라에 전염되어 2월부터는 대외적인 위원회 활동에 많은 제약이 있었다. 그럼에도 불구하고 이북5도위원장으로서 여러 가지 의미 있는 일을 하였다.

3월 초부터 평남부녀회원을 중심으로 '사랑의 마스크 만들기'을 사업을 추진하여 2주간에 걸쳐 6천 5백 장의 마스크를 제작하여 초기에 코로나 19 감염환자가 가장 많이 발생하였던 대구.경북지구에 보내고 연로한 1세 어르신들과 도움이 필요한 이북도민 그리고 북한 이탈주민들에게 나누어주었다. 이번 사랑의 마스크 만들기 작업은 초기에 평남부녀회가 중심이 되어 시작하였으나 이후 이북도민 부녀회 전체가 함께 참여하여 사랑의 마스크 제작 봉사활동을 했다는 데에 큰 의의가 있었다. 이북도민사회 각 단체가 한마음이 되어 합동으로 봉사활동을 한 첫 번째 사례가 되었다. 이를 계기로 이북도민사회가 한데 힘을 모아 봉사활동은 물론 통일사업을 함께 해나갈 수 있는 계기를 마련했다.

상반기부터 이북도민 상담센터를 개설하여 법무·세무·의료 및 건강, 심리상담 등 전문가를 전문위원으로 위촉하여 매주 3일간 오전 2시간 오후 2시간 하루 4시간 정도 전문가의 상담을 받도록 하였다. 특히 연로한 1세 어르신들에게 매주 1회씩 갖는 전문의 건강 상담은 큰 인기를 끌었고 많은 호응을 받았다. 이북도민뿐만 아니라 북한 이탈주민에게 필요한 법률상담과 직업 상담 상담서비스를 제공하였다. 이북5도위원회 홈페이지도 내용과 포맷을 확장 개편하여 실시간으로 최근 이북5도위원회의 관련 정보를 얻을 수 있게 하였다.

홍범도 장군의 봉오동·청산리전투 승전 100주년을 맞이하여 봉오동·청산리전투 관련 희귀사진을 정리하여 도록을 제작하였다. 이어 서울과 전주시, 세종시, 속초시 등 전국을 순회하며 전시회를 개최하여 북간도를 중심으로 한 독립운동과 독립군의 활동을 재조명하고 널리 알리는 일을 함께하였다. 이 작업을 추진함에 있어 100년 전 봉오동·청산리전투에 대한 희귀한 기록 사진들은 함북지사인 김재홍 지사께서 제공하여주셨다. 김재홍 지사는 북간도 대통령이라는 별칭으로 칭송되는 독립운동가 김약연 선생의 증손자 되는 분이다. 김약연 선생은 북간도의 독립운동사에서 이 분을 빼놓고는 이야기할 수 없을 정도로 북간도에 한인촌 건설에 중심인물이다. 김재홍 지사는 평생을 모아온 귀중한 사진과 자료와 연구논문들을 봉오동·청산리 100주년 기념도록 제작과 전시 사진을 준비하는 데 기초자료로 제공하여주었다. 이번 전사 사진 중에는 그동안 일반에게 공개되지 않았던 희귀사진과 자료도 여러 점 있어 전시 도록의 내용과 전시회의 역사적 가치를 높여주었다는 평가를 받았다.

이북5도위원회의 연중 중요행사는 해외이북도민 격려 방문과 모국초청행사, 10월에 대통령 배(盃) 이북도민체육대회 그리고 11월에 이북도민미술대전이다. 그러나 아쉽게도 코로나 사태로 해외이북도민 격려 방문과 모국초청행사 그리고 이북도민 행사 중 가장 큰 행사인 대통령 배 이북도민체육대회는 개최하지 못하였다. 그러나 여건이 허락하는 범위 내에서 이북5도위원회 각종 행사를 차질없이 내실 있게 진행하였다.

특히 2021년도 예산에는 기재부 예산실장을 직접 만나 필요 예산증액을 요청하였고 그 결과 홈페이지 관련 예산을 1억 원 증액하여 반영하였다. 이번 예산증액은 당초 이북5도위원회에서 예산을 편성할 때 반영된 것이었으나 행정안전부에서 기획재정부에 예산안을 제출할 때 삭제된 예산 항목이었다. 그런 상항에서 기재부 예산실장을 직접 면담하고 홈페이지 개편에 필요한 예산 배정의 필요성을 역설한 결과 행안부에서 삭감된 예산안에 다시 반영할 수 있게 하였다. 이북5도위원회 사무국 예산담당 직원과 두 번에 걸쳐 기재부를 방문하여 설득한 결과이다. 기재부에서 예산반영의 필요성을 인정하였기 때문이기도 하였겠지만 우리들의 자세가 너무 진지하고 절실하게 느꼈기 때문이 아닌가 생각한다. 물론 예산실장이 나의 대학 후배이어서 어느 정도 나의 진지하고 절실한 호소력에 감동을 받은 점도 있으리라 생각한다.

평남 명예 시장군수들과 평남을 빛낸 인물 선정작업을 하고 선정된 분들에 대한 생애를 정리하여 『평남을 빛낸 인물』 책자를 만들기로 의결하고 대표 군수를 위원장으로하는 발간위원회를 구성하고 발간 작업에 전력을 다하였다. 평남을 빛낸 인물을 선정하는 목적은 평남 출신으로 민족의 지도자로서 독립운동과 대한민국 건설에 큰 역할을 한 분들의 생애를 정리하여 그분들의 높은 뜻과 한없는 애국애족의 정신을 이어받고 후세에 전하기 위함이었다. 각 시군민회에서 추천한 인물들을 대상으로 외부 전문가들을 모시고 『평남을 빛낸 인물』 선정작업을 시작하였다.

2020년도 한해는 평안남도 지사로서 뿐만 아니라 이북5도위원장으로서 보람 있는 한 해를 보냈다고 자평해본다.

-2020년도 주요행사 기념사진-

사랑의 마스크 만들기

봉오동전투 100주년 기념식

봉오동전투 사진전

무형문화재 전수교육자

강우규의사 의거 101주년

이북도민예술 시상식

2021년도 도정활동

2021년도는 평남도지사 3년 차가 되는 해이다. 제법 도지사로서 관록도 붙었고 도지사의 업무와 역할에 대해서도 익숙해져 성과가 나기 시작한 해이었던 같다. 연초에 올 한해 도정운영의 캐치프레이스는 "도민과 함께 만들어 가는 평화와 번영의 대한민국으로"라는 비전 아래 소통과 화합으로 하나 되는 도민사회 구현과 도민사회 역량 강화 및 이탈주민 정착지원에 역점을 두었고 이를 구현하기 위하여 노력하였다. 도정 및

5. 내가 걸어온 길

시·군정 보고회를 성공적으로 개최하고, 명예시장·군수와 읍·면·동장과의 정기적인 업무회의를 통하여 도정과 도민사회 발전에 기여하였고 시장군수들의 직무역량 제고에 노력해왔다.

1세대 어른들이 이룩하신 빛나는 업적과 애향심을 계승발전 시키기 위해서 후세대 육성에 보다 힘썼고, 청년회 육성 발전에 적극적으로 노력해왔다. 청년회 모임에는 빠짐없이 참석하여 격려하고 청년회 발전을 위해 토론하고 의견을 나누었다. 도지사 사무실은 항상 문을 열어놓고 도청과 도민회를 방문하는 평남도민들을 반갑게 맞이했다. 하루에 보통 3, 4분이 도지사실을 방문했으니 올해도 연인원 천명 정도는 직접 대면하여 만난 것 같다. 연로하신 어르신들은 도지사 사무실에 들러 내 손을 잡으시며 한결같이 하시는 말씀들이 있다. "도지사님 이곳 구기동 도청에 와 도지사님을 뵈면 마치 고향에 온 것 같아요" 때론 눈시울을 적시시면 하시는 말씀을 들으면 통일의 절실함을 느끼곤 한다.

특히 북한 이탈주민에 대해 관심을 갖고 그분들이 도지사실을 방문하였을 때마다 따뜻하게 맞이하고 애로사항을 청취하였다. 박지원 국정원장의 배려로 북한 이탈주민들이 한국에 들어와 초기 3개월 동안 합숙하며 집단으로 교육을 받는 하나원에도 방문하여 북한 이탈주민들의 교육과정을 살펴보기도 했다. 평남중앙도민회와 평남 16개 시·군민회의 정기모임에는 꼭 참석하여 격려하고 도정업무에 대해 설명하고 협조를 구했다. 평남중앙도민회 각종 산하단체의 행사에도 빠짐없이 참석하여 함께하였다.

일상적인 도정업무와 도민회 활동을 지원한 것 이외에 특별히 올 한해 추진했던 일 중에 보람 있었던 사업은 다음과 같다.

첫째는 무엇보다도 『평남을 빛낸 인물 60인』을 발간한 일이다. 평남 출신 인물로서 독립운동과 국가 건국 그리고 국가사회발전에 크게 기여한 60분을 선정하여 그분들의 생애를 정리하여 책자를 발간한 것이 올해 내가 한 일 중에 가장 보람 있고 자랑스런 일이라고 생각한다. 이어 추가로 30인을 선정하는 작업을 시작한 것 또한 중요한 일이었다. 추가 30인의 생애에 대해서는 원고가 정리되는 대로 책자로 만들 계획이다.

둘째는 『평남을 빛낸 인물』 발간 작업에 이어 평남 출신 1세 어르신들의 고향 이야기와 월남 시 겪었던 일 그리고 월남 후 대한민국에 정착하며 겪었던 지난 70여 년간의 삶을 인터뷰를 통하여 정리하고 이를 영상과 책자로 발간하려는 계획을 세워 추진하기로 한 일이다. 이를 위해 시장군수단으로 하여금 『두고 온 고향 남기고 싶은 이야기』 발간위원회를 구성하도록 하고 내년부터 본격적으로 추진하기로 한 것이다.

셋째는 6.25 전쟁 참전 비정규군보상법이 제정된 일이다. 작년에 이북5도위원장으로 재직하였을 때 6.25 전쟁 유격전우회 박충암 회장과 함께 국회 국방위와 관련 국회의원들을 직접 찾아가 만나며 법 제정의 필요성을 역설하고 설득한 결과 드디어 올해 그 결실을 맺어 관련법이 통과되고 제정 공포되었다. 지난 20년간 국회 마지막 문턱인 법사위와 총회에서 번번이 좌절되어왔었는데 우리의 노력과 정성이 통했는지 올해 그토록 염원하던 보상법이 통과되었다. 작은 힘이나마 관련 법 제정에 기여하였다는 보람을 느꼈다. 유격전우회에서도 이러한 나의 공적을 인정하여 영광스럽게도 유격전우회 명의로 나에게 감사패를 주었다.

넷째는 10월 15일 자 조선일보에 나의 글이 게재된 일이다. 해마다 언론기관에서 이북5위원회에 대해 부정적인 방송과 기사를 내보내고 있다. 그동안 이북5도위원회에서는 이에 대한 소극적인 대응만 하여왔고 이북5도위원회의 역할과 기능에 대해 언론기관이나 일반 국민을 상대로 적극적인 홍보 활동을 하지 않았던 것이 사실이다. 이에 이북위원회의 존립 이유와 이북5도지사의 임명은 자유 평화통일을 위한 헌법정신과 가치를 지키는 것이라는 요지의 나의 글이 조선일보에 게재되어 이북5도위원회와 이북5도지사의 역할에 대해 널리 알리는 계기가 되었다.

다섯째는 개인적인 일이기는 하나 대학을 졸업한 지 50년이 되는 올해에 졸업 50주년 재상봉 행사에 우리 학과 대표로 그리고 전체동기 준

5. 내가 걸어온 길

비위원회 총괄 운영위원장으로서 열심히 활동하며 봉사한 것을 들 수 있다. 정말로 열심히 준비하여 멋진 졸업 50주년 재상봉행사를 하였다. 특히 우리 과 단독 기념문집을 만들어 동기들에게 대학 생활의 추억을 회상할 수 있는 기회를 준 것도 큰 보람이었다. 올 한 해를 돌이켜 보면 아쉬운 점도 있었으나 열정적으로 일했고 최선을 다해 공적인 일이나 사적 일에 최선을 다했다고 생각한다. 나에게 그런 일을 맡겨주신 하나님과 국가 그리고 이북도민과 친구들에게 감사한다.

그러나 무엇보다도 평남도민들과 좀 더 가까워지고 평남중앙도민회 발전에 일조를 하였다는 것이 큰 보람이다. 훌륭한 1세 어르신들과 자주 만나 그분들로부터 실향민 1세로서 만난을 극복한 지혜와 용기를 배웠고 고향 선후배들과 형제의 정을 나누며 좀 더 가까이할 수 있었다. 후계세대들에게 선대 어르신들의 자유민주 평화통일의 정신과 투철한 반공정신 그리고 나라와 고향을 지극히 사랑하는 마음을 교육과 대화를 통하여 전할 수 있었다. 많은 분들을 새롭게 만났고 우정과 사랑을 나누었다.

-2021년도 주요행사 기념사진-

평남을 빛낸 인물 60인 발간식

평남을 빛낸 인물 60인 발간식

국가사회발전 유공포상식

평남을 빛낸 인물 책자

조선일보 기고문

평양검무 정기공연

2022년 도정활동

2022년에 들어서니 전국은 제20대 대통령 선거에 모든 이슈를 빨아드리는 것 같았다. 이북도민의 성향이 반공 보수이기에 이북도민은 물론 이북5도지사들도 내심으로는 보수 정권이 정권을 창출했으면 하는 분위기였다. 올해는 평남지사 임기 마지막인 해이도 하다. 올해를 시작하면서 추진했었던 사업이 잘 마무리되고 도지사 임기로 순조롭게 잘 마무리될 수 있기를 바라며 차분하면서도 성과 있게 도정업무를 수행했다.

올해는 정치적으로도 큰 의미가 있는 해였다. 3. 9일에 대통령 선거가 있고 근소한 표차로 국민의힘 윤석열 후보가 당선되었다. 5월 10일에는 국회의사당 광장에서 제20대 대한민국 대통령 취임식이 있었다. 우리 이북5도지사들도 취임식 행사에 내빈으로 초대되어 귀빈석에서 취임식을 지켜보았다.

4월에는 이북5도위원회 경북지구 사무소와 광주지구 사무소가 공동 주최하는 안보행사의 일환으로 두 지역 이북도민과 북한 이탈주민 80여 명이 참여한 울릉도와 독도 방문 안보견학을 다녀왔다. 나는 광주지구사무소를 담당하는 이북5도지사로서 함께하였다. 독도 방문 시 도지사에 대한 예우로 독도경비대의 공식적인 환영을 받았고 동도에 위치한 독도경비대 숙소와 독도령이라고 새겨진 바위에 올라가 기념사진도 찍었다. 이곳은 일반인들은 출입이 제한된 곳이다. 이명박 대통령이 대통령 재임 시에 이곳을 올라가 일본 측으로부터 격렬한 항의를 받고 한동안 한일간에 외교적으로 어려움을 겪기도 한 적이 있었다.

작년부터 계속이어서 추진하였던 『평안남도를 빛낸 인물 30인』 편찬 작업도 잘 마무리되어 6. 30일에 발간식을 가졌다. 2021년 12월에 『평안남도를 빛낸 인물 60인』을 발간한 후 6개월 만이다. 이로써 총 90분의 평남을 빛낸 인물들을 우리 가슴속에 담게 되었다. 이분들의 숭고한 삶과 겨레와 민족을 위해 헌신한 삶을 우리 후세들이 계승하기를 기대해 본다. 작년 말에 기획하여 추진하기로 했던 1세 어르신들의 고향 이야기와 월남 시 겪었던 일 그리고 월남 후 고단했던 피난 생활을 극복하고 남한 땅에 뿌리내려 이룩한 치열하고 진솔한 삶의 이야기를 직접 인터뷰하여 펴낸 『두고 온 고향 남기고 싶은 이야기』는 평남도지사로서 가장 보람 있었던 사업이라 생각한다. 아쉽게도 재임 중에 마치지 못하고 2022년 12월에 책으로 발간하였다.

평남지사로 재임하는 동안 모두 일곱 권의 책을 발간하였다. 2020년도에 봉오동·청산리전투 승전 100주년을 맞이하여 『독립전쟁! 그 현장을 가다』 I, II 권을 펴냈고, 2021년 12월에 『평남을 빛낸 인물 60인』, 2022년 6월에 『평안남도를 빛낸 인물 30인』과 『평안남도를 빛낸 인물 90인 약전』 그리고 도지사 퇴임 후인 2022년 12월에 『두고 온 고향 남기고 싶은 이야기』 I, II 권이다. 하고 싶었던 일이었고 꼭 해야만 할 일이었다. 뜻은 내가 세웠으나 평남도민들과 도 사무국 직원들이 정성과 힘을 한데 모아 이루어 낸 일이다. 함께 작업에 참여했던 모든 분께 감사드린다. 특히 1억 원 가까이 든 사업비용을 후원해주신 평남도민 여러분들께도 감사한 마음 이루 말할 수 없다.

도지사로 재임하는 동안 평남무형문화재 발굴과 전승에 각별한 관심을 갖고 지원하였다. 내가 도지사로 취임하였을 때 평남에는 4개의 무형문화재가 평남무형문화재로 지정되어 있었다. 우리 평남은 서도소리의 본고장이다. 그런데 내가 도지사로 취임할 때는 서도소리가 평남무형문화재로 지정된 것이 없었다. 김정연 선생과 이은관 선생으로부터 서도소리와 배뱅이굿을 전수받은 박정욱 명창이 오랫동안 서도소리를 해왔고 이를 계승 발전시키려고 노력해왔다. 국악계에서 소리 분야 이론에 최고의 권위자인 서한범 단국대 명예교수도 박정욱 명창의 소리를 극찬하였기고 문화재 심의위원들 모두 이의 없다고 하여 박정욱 명창을 평안도 배뱅이굿 무형문화재로 지정하였다.

박정욱 명창의 평안도 배뱅이굿이 평남무형문화재에 지정됨에 따라 우리 평안남도는 전통무용과 춤, 서도소리 그리고 향두계놀이라는 소리

놀이극 등 다양한 종목에 걸쳐 균형감 있게 선정되었다. 이제 기악 부문만 무형문화재로 선정된다면 거의 모든 분야에 무형문화재를 보유하게 된다. 마침 부산대학교 대학원에서 전통음악을 전공한 젊은이들이 평양줄풍류단을 창단하여 활발하게 해마다 연구 발표회를 하고 있다. 적당한 시기에 이들을 평남무형문화재로 지정하게 되면 우리 평남은 검무, 소리 놀이극, 춤, 서도소리 그리고 기악곡 분야의 무형문화재 갖게 되어 거의 모든 분야에 걸친 무형문화재를 지정한 이북5도가 될 것이다.

-2022년도 주요행사 기념 사진-

평남을 빛낸 인물 I 발간식   윤석열 대통령 취임식   제18대 평남지사 이임식

연평도행 여객선에서 평남지사 면직 소식을 듣다

2022년 7월 14일 한 달 전부터 계획된 제21대 평남 명예시장군수단 워크숍을 가는 날이다. 오전 10시 30분쯤에 박 주무관이 왔다. 오늘은 평남 명예시장군수단 안보교육 겸 워크숍을 연평도로 가기로 했다. 낮 12시쯤에 인천항 연안여객터미널 제2 게이트에 도착하여 미리 대기하고 있던 강 비서실장을 만났다. 길 건너에 있는 전주 콩나물국밥집에서 점심을 일행과 함께하기로 하여 국밥집으로 갔다. 대여섯 명의 시장 군수들이 먼저 와서 기다리고 있었다. 조금 기다리니 오늘 워크숍에 참석하

5. 내가 걸어온 길

기로 한 사람들이 모두 도착하였다. 평남민보에 김현균 차장과 이북오도민신문 김영근 대표도 이번 워크숍에 취재차 동행하기로 했다. 콩나물국밥으로 점심을 먹고 연안여객터미널에서 잠시 기다렸다.

낮 12시 50분에 모두 연평도로 가는 여객선에 승선했다. 여객선에 승선하기 전에 기념촬영을 했다. 나는 내 생애에 연평도를 오늘 처음 간다. 한 번 꼭 가고 싶었던 연평도다. 여객선에 승선하여 정해진 좌석에 앉아 창밖을 보고 있었다. 여객선이 출발한 지 한 30분쯤 지났을 때다, 비서실장에 급히 나한테 오더니 긴급뉴스라며 내일 7.15 일자로 평남지사를 포함하여 3개 이북도지사에 대한 인사 발령이 났다고 한다. 내달 8월 중에 있을 것으로 생각했는데 예상보다 조금 빨라져 다소 놀랐다. 물론 마음속으로는 준비를 하고 있었지만 너무 갑작스럽다 보니 처음 그 소식을 접하고는 놀랍기도 하고 다소 서운한 감도 느끼며 만감이 교차 되었다.

인사 발령 내용을 자세히 듣고는 또 한 번 놀랐다. 평남지사로는 평양시 출신 탈북민으로 김일성대학 교수를 지냈고 전 국회의원을 역임한 조명철 전 의원이었다. 이번에 교체되는 세 명의 도지사 중에 한 사람은 탈북민 출신이 될 거라는 설은 있었으나 그게 평남지사일 줄은 전혀 예상하지 못했다. 탈북민 출신 중에 한 사람을 이북5도 지사로 임명한다면 아마도 북한 이탈주민 숫자가 가장 많은 함북지사가 될 거라고 모두 그렇게 생각했었다. 이번 제19대 평남지사로 선임된 조명철 전 의원은 매스컴을 통해서 널리 알려진 인물이다. 자유를 찾아 대한민국으로 온 용기 있는 분이다. 탈북민 중에서는 최고급 엘리트에 속하는 사람이다. 한국에 와서 정부와 학계에 통일 관련 기관과 단체에서 일을 하였고 비례대표의원이기는 하지만 북한 이탈주민 출신 중에는 최초로 국회의원으로도 활동한 분이다. 통일문제와 북한 이탈주민에 대한 이해도가 높기 때문에 평남지사로서 큰 역할을 하실 것으로 기대된다. 내 후임으로서 앞으로 3년간 평남 도정과 이북 도민사회를 잘 이끌어주시기를 마음속으로 빌었다.

평북지사로는 평북중앙도민회장으로 있는 양종광 회장이 임명되었다고 한다. 조금은 예상 밖이었다. 그러나 도민사회를 잘 아는 사람이 도지사가 되는 것도 의미가 있을 것으로 생각되었다. 함북지사로는 예상했던 바대로 이훈 전 통일전망대 사장이 선임되었다. 모두 축하하며 앞으로 도민과 화합하여 도정을 잘 이끌어 줄 것을 기대하여 본다.

명예군수단 워크숍에 가는 중에 인사 발령 소식을 듣게 되어 조금은 난감하기도 하였다. 잠시 후에 자리에서 일어나 사람이 없는 난간에 나가서 조명철 신임지사에게 축하 전화를 드렸다. 축하한다는 말씀드리고 앞으로 도정과 도민사회를 잘 이끌어주실 것으로 기대한다고 말했다. 조명철 신임지사께서는 내 축하 전화에 감사하다는 말씀과 함께 혹시 불편하게 한 거는 아닌지 걱정이 된다며 미안한 마음이라고 하여 웃으면서 말했다. "아니 무슨 그런 말씀을 하십니까? 전혀 그런 생각하지 마십시오"라고 말하고 훌륭한 분이 후임 지사로 와서 마음 든든하다고 덕담을 하였다.

어떻게 알았는지 신임도지사 임명 소식을 알게 된 시장군수들이 나에게 와서는 너무 의외라며 아쉬워하면서 위로의 말을 하였다. 나는 전혀 괜찮은데 모두들 서운해하니 내 마음도 조금은 다운되는 것 같았다. 나와 호흡을 맞춰 온 제21대 명예시장. 군수들과는 지난 3년간 함께 도정을 운영하며 정이 많이 들었다. 마음속으로 고맙고 흐뭇하기까지 했다. 그래도 내가 인심을 잃지는 않았구나 하는 그런 생각이 들었다.

내 마음을 아는지 모르는지 여객선은 경쾌하게 연평도를 향해 달리고 있었다. 창밖을 바라보니 계속하여 망망대해다. 가만히 눈을 감고 지난 3년간 도지사로서의 공직생활을 회상해 보았다. 전혀 꿈꾸지도 않았던 일이었다. 나에게 도지사로서 국가를 위해 봉사할 수 있는 기회가 주어지리라고는 전혀 예상하지도 바라지도 않았었다. 관운이 있었던 것일까? 너무나도 자연스럽게 그리고 순조롭게 나에게 기회가 주어졌다.

물론 나는 항상 미래를 위해 준비하며 살아왔던 것은 사실이다. 만나는 사람마다 진실하게 대했고 최선을 다하여 좋은 관계를 유지하려고 노력하였다. "좋은 친구를 갖기 원한다면 좋은 친구가 되어 주십시오"란 에머슨의 말처럼 늘 먼저 다가가고 좋은 친구가 되어주려고 노력하였다. 어쩌면 이런 나의 평범한 대인관계가 나에게 국가와 고향 평안남도를 위해 봉사할 수 있는 기회가 오게 된 것은 아닌가 생각한다. 모든 분에게 감사한다.

2019년 8월 26일 첫 출근 하던 날의 가슴 설레임, 첫날 도지사실에 들어가 책상 앞에 앉아 앞을 바라보며 도산 안창호 선생의 좌우명인 무실역행(務實力行)과 고당 조만식 선생의 좌우명인 기인위보(基仁爲寶) 여덟 자의 글귀를 바라보고 마음속으로 한 자 한 자 음미하며 읽으면서 민족의 지도자요 선각자였던 평남 출신 두 어른의 높은 뜻과 경륜을 본받아 성공적인 도정을 이끌어나 갈 것을 마음속으로 다짐했었다. 이튿날 8월 27일 오전 11시에 제18대 평남도지사 취임식에 참석하여 앞으로 도지사로서 〈도민과 함께하는 도정〉을 이끌어 나가겠다는 다짐을 굳게 했었다. 도지사실은 언제나 문을 활짝 열어놓고 찾아오는 도민들을 정성을 다하여 맞이했다. 각종 행사에 빠지지 않고 참석하여 늘 도민과 함께하고 도민의 말에 귀 기울였다.

지난 3년 동안 200여 건이 넘는 대내외 공식행사에 참석하였고 매년 천여 명이 넘는 이북도민과 외부 인사들을 만났다. 또한 원로 어르신들을 자주 뵙고 그분들로부터 좋은 말씀과 가르침을 받았다. 훌륭한 고향 선후배와 좋은 친구들도 많이 만나고 가까이하게 되었다. 젊은 고향 후배들과도 격의 없이 지내며 그들의 말을 귀담아들었다. 고향의 선배로서 그들에게 귀감이 되도록 노력하였고 청년회 활동에 빠짐없이 참석하여 함께하고 격려하였다. 평남도민회장과 원로 유지분들과 함께 후계세대 육성 발전에도 많은 관심을 갖고 도지사로서 지원하고 격려하였고 기회가 있을 때마다 평남 출신의 훌륭한 인물에 대해 이야기하며 그분들의 나라와 고향을 사랑하고 헌신하였던 정신을 본받자고 힘주어 말해주었다.

2019년 10월에 개최된 대통령기 이북도민체육대회에서는 5년 만에 우리 평안남도가 종합우승을 차지하는 기쁨을 맛보았다. 평남무형문화재 제2호로 지정된 향두계놀이는 2019년 전국 무형문화재 경연대회에서 영예의 문화공보부장관 상을 수상하여 평남무형문화재의 예술성을 널리 알리는 계기가 되었다. 2020년에는 이북5도위원회 위원장으로서 대내외적으로 이북5도를 대표하는 도지사로서의 역할을 충실히 하고자 노력하였다.

연초부터 유행하기 시작한 코로나19 사태로 대내외적인 활동에 많은 제약이 있었음에도 불구하고 이북5도위원장으로서의 역할을 나름 성실히 수행하였다. 2020년 3월에는 평남부녀회원들을 중심으로 코로나방역 마스크를 6천여 개를 제작하여 코로나19 유행이 가장 심했던 대구, 경북지구에 이북도민과 북한 이탈주민들에 보냈다. 그리고 이북도민과 북한 이탈주민들을 위한 종합상담센터를 설치하고 운영하였던 일, 6월과 10월에는 김재홍 함북지사와 함께 봉오동·청산리전투 승전 100주년 기념 사진도록을 제작하고 관련 사진전시회를 이북5도청 로비를 비롯하여 전북도청, 세종시청, 속초 등지에서 개최하였던 일도 보람된 일이었다.

기획재정부 예산관리실장의 특별한 배려로 행정안전부에서 삭감된 홈페이지 제작 예산을 확보하여 이북5도위원회 홈페이지를 새롭게 개편하고 내용을 업데이트하며 충실하게 한 일, 이북5도위원회 방송실을 개설한 일 등 나름 열심히 일하였고 어느 정도 성과도 있었다. 특히 홈페이지 개편 작업을 위한 예산확보를 위하여 기획재정부에 예산담당관실장을 직접 만나 간곡히 부탁하여 1억의 예산을 확보한 일 또한 나름 큰 성과로 생각한다.

6.25 참전 유격전우회 박충암 회장과 함께 국회 국방위원회와 예산결산위원회 등 국방예산 담당 국회의원들을 일일이 찾아가 유격전우회원들의 보상법 통과를 위해 노력한 결과 20년 동안 국회 본회의 벽을 넘지 못하던 관련법을 2021년도에 제정하도록 한 일이 무엇보다도 보람이

있었다. 그런 나의 공적을 인정하여 유격전우회로부터 분에 넘치는 감사패를 받았다.

2021년 6월 25일에는 『평남을 빛낸 인물 60인』 책자를 발간하였고 이어 2022년 7월 1일에는 『평남을 빛낸 인물 30인』과 『평남을 빛낸 인물 90인 약전(略傳)』을 발간하여 성대하게 발간식을 거행하고 평남도민들과 평남 3, 4세 청소년들에게 배부하였다. 평남의 무형문화재 발굴과 육성 발전을 위해서도 깊은 관심과 애정을 갖고 지원하고 평남무형문화재 활동에 늘 함께하였다. 특히 2022년에는 평안도 배뱅이굿을 평남무형문화재 제5호로 지정하여 서도소리의 맥을 잇게 하였고, 서도소리를 육성 발전시키는 토대를 마련하기도 하였다. 임기 중에 끝내려고 했던 『두고 온 고향 남기고 싶은 이야기』 영상편집과 책자발간 작업을 마무리하지 못한 것이 못내 아쉽다. 그러나 퇴임한 이후에도 계속 작업을 독려하여 오는 12월 중에는 책자 발간을 하려고 한다. 이런저런 생각을 하며 지난 3년간을 회상하다 보니 어느덧 연평도에 도착하였다. 선착장 앞에 연평도라고 쓴 큰 팻말이 보였다. 연평도는 서해 5도 중에 가장 남동쪽에 있는 섬이다. 저녁 식사를 하며 그동안 함께 평남 도정을 이끌어 준 제21대 평남 명예 시장군수들에게 고마움을 전하며 감사 인사를 하였다. 모두 아쉬워하며 그동안 도지사님으로부터 많은 것을 배웠다고 감사하다고들 하였다.

저녁 식사를 마친 후 술자리를 마련하겠다는 시장, 군수들의 청을 사양하고 내 방에 들어와 손을 닦고 잠시 휴식을 취했다. 앉는 책상 앞에 앉아 잠시 눈을 감고 명상에 잠겼다. 외로움이 엄습해 왔다. 갑자기 외딴섬에 나 홀로 서 있는 것 같은 착각이 들었다. 지난 3년간 도지사로서 평남도민과 함께한 보람되었던 일들이 파노라마처럼 펼쳐졌다. 보람이 있었고 영광스러웠다. 평남도민과 함께한 즐거웠던 시간, 각종 행사에 참여하여 축사와 격려사를 했던 일, 도 직원들과 추진한 의미 있는 각종 사업 들... 이어 고향을 가보지 못하고 하늘나라에 가 계신 부모님과 형님 생각이 났다. 잠시 눈을 감고 지난 70여 년간의 내가 걸어온 길을 회상하면서 과거로 시간 여행을 떠나보았다. 퇴임 후 조금 한가해지면 지난 세월 나의 인생을 되돌아보며 내가 걸어온 길을 글로 써보려고 한다.

집무실을 정리하고 3년간 정든 이북5도청사를 떠나다

2022년 7월 16일 아침에 일찍 일어났다. 도청에서 연락이 왔다. 가능하면 오늘 안에 사무실을 정리해달라는 전언이다. 나라의 일이라는 것이 한치의 시차와 오차도 없어야 하기에 이해는 가나 조금은 야속한 생각도 들었다. 마음을 추스르고 차를 몰고 구기동 사무실로 갔다. 함께 가겠다는 집사람을 만류하고 나 혼자 이북5도청으로 갔다. 오도청 청사 길로 접어들어 청사 건물이 보이자 갑자기 가슴이 뭉클해졌다. 옥외 주차장에 주차하고 사무실에 올라가니 강 실장과 이 비서가 나와 있었다. 반갑게 인사를 하였으나 두 사람 다 표정이 울상이었다. 지난 3년 동안 이 두 사람이 나를 지근거리에서 헌신적으로 보필하였다. 내가 비교적 불편함이 없이 마음 편하게 근무할 수 있었던 것도 이 두 사람 덕분이라 생각했다. 사물함은 인사 발령이 날 것을 대비하여 미리 정리한 것이 있어서 한두 시간 내에 대충 정리하였다. 주변 정리와 청소는 이 비서에게 부탁하였다.

사물을 정리하고 차에 싣고 강 실장과 이 비서 두 사람에게 악수를 하며 그동안 고마웠다고 말했다. 강 실장과 이 비서가 갑자기 얼굴을 옆으로 돌리며 눈물을 훔치고 있었다. 두 사람의 표정을 보고 갑자기 나도 가슴이 뭉클해지며 울컥하며 눈물이 나올 것 같았다. 참 정이 많이 들었나 보다. 그래도 내가 이 두 사람에게 인심은 잃지 않았구나 하는 생각이 들었다. 강 실장과 이 비서의 등을 가볍게 두드려주며 "우리 자주 보세" 하며 차에 올랐다. 이제부터는 이곳 이북5도청을 평남 양덕군 출생 이북도민의 한 사람으로 올 것이다. 나의 평양감사 1054일은 이렇게 해서 마무리되고 있었다.

5. 내가 걸어온 길

2022년 7월 22일 제18대 평안남도 지사직을 마감하고 이임하는 날이다. 아침에 10시 30분에 박진수 주무관이 나를 관용차를 집 앞에 대기하고 있었다. 집사람도 이임식을 하러 가는 나를 위해 파이팅을 외쳤다. 차를 타고 점심 약속장소인 코리아나 호텔로 갔다. 3층 대상해에서 평남 성우회 회원들을 초대하여 오찬을 함께 하기로 했었다. 내가 취임하였을 때도 원로 유지분들과 평남 성우회 회원들을 초대하여 점심을 모신 적이 있다. 오늘 점심에는 백선엽 장군의 장남이신 백남혁 선생과 최용호 평남중앙도민회장도 자리를 함께했다. 특별히 신입회원으로 순천군 출신인 조 장군도 참석하였다. 그동안 지도 편달해준 성우회 회원분들께 감사드리고 식사를 하며 정경조 장군으로부터 백선엽 장군 기념사업회 관련하여 설명을 들었다.

오찬을 마친 후 이북5도청으로 갔다. 이임식을 하러 가니 매일 출근하던 길이 조금은 낯 설은 느낌이 들었다. 이임식은 오후 3시부터 진행하기로 되어있었다. 이임식이 시작하기에 시간이 좀 있어 평남 지사실에 가 조명철 신임 평남지사를 만나 인사를 나누며 몇 가지 사적인 인수인계 사항에 대해서 말하고 향후 도정을 운영함에 있어 참고가 될 만한 사항에 대해 간단히 이야기하였다. 오후 3시에 이취임식이 동시에 진행되었다. 우리 가족 모두 참석한 가운데 나는 다음과 같은 이임사를 하였다.

[제18대 평안남도지사 이임사]

존경하는 평남도민 여러분! 그리고 내외 귀빈 여러분!

오늘 저는 제18대 평남도지사의 임기를 마치고 여러분 곁을 떠나면서 지난 3년 동안 여러분들께서 베풀어 주신 관심과 사랑에 대해 감사 인사드릴 수 있는 기회를 갖게 되어 매우 기쁘게 생각합니다.

오늘 이 자리에 서고 보니 3년 전 취임식에서 "저에게 도지사의 직책이 주어진 것은 고향과 나라를 위해 마지막으로 봉사하라는 하늘의 뜻으로 알고 혼신의 힘을 다하여 봉사하겠다"고 결연한 어조로 다짐했던 기억이 납니다. 오늘 이 자리에 서서 지난 3년간의 도정 활동을 생각해 보니 이 말의 무게가 얼마나 큰 것인가를 절실히 느끼며 부끄러운 마음이 앞섭니다. 열심히 하려고는 했습니다. 일을 잘해보려는 욕심도 가져보았습니다. 그러나 제 능력이 그에 미치지 못했고 코로나 사태 등 여건 또한 녹녹지 않았습니다.

그럼에도 불구하고 여러분들의 관심과 성원으로 몇 가지 의미 있는 일을 할 수 있었습니다. 『평남을 빛낸 인물 90인』을 1, 2차에 걸쳐 선정하고 이를 책자로 발간했던 일, 2020년 이북5도위원장을 맡으며 부녀회원들과 함께 방역 마스크를 만들었던 일, 그리고 봉오동·청산리 대첩 100주년 기념 사진전과 도록을 만들어 대한독립군의 정신을 되새겼던 일, 또한 평남 향토문화예술에 관심을 갖고 평남무형문화재를 새로이 발굴하고 발전에 기여했던 일도 보람 있는 일이었습니다.

올해 역점 사업으로 선정하여 추진했던 『두고 온 고향 남기고 싶은 이야기』 사업은 월남 1세 어르신 100분에 대한 인터뷰를 지난 6월에 마치고 이제 원고 수정작업과 영상편집 작업 중에 있습니다. 늦었지만 꼭 해야 될 일이었고 매우 의미 있는 사업이었습니다. 앞으로 책자발간과 영상편집은 사업추진단인 명예시장 군수단에서 훌륭하게 마무리하리라고 생각합니다.

존경하는 평남도민 여러분!

어려운 여건하에서도 위와 같은 일을 이룰 수 있었던 것은 도민 여러분들의 깊은 관심과 성원 덕분이라고 생각합니다. 특히 저와 함께 호흡을 맞추며 평남중앙도민회를 이끌어 오셨던 조성원 회장님, 전승덕 회장님 그리고 최용호 회장님들의 이해와 협조가 있었기에 가능한 일이었습니다. 특히 김건철 상임고문님과 김원진 행정자문위원장님을 비롯한 원로 1세 어르신들의 조언과 격려는 저에게 큰 힘이 되었습니다. 이 자리를 빌려 감사의 말씀드립니다.

또한 도정업무를 수행함에 있어 김건백 대표 군수님을 비롯한 제21대 명예시장·군수님들께서 맡은 바 소임을 충실하게 해주었습니다. 때로는

5. 내가 걸어온 길

　과중한 업무지시도 마다하지 않고 과업을 성실히 수행하였습니다. 정태옥 사무국장과 강대석 실장을 비롯한 평남사무국 직원들 또한 열심히 저를 보좌하여 주었습니다. 진심으로 감사드립니다.
　지난 3년 동안 도지사로서 일하며 저는 국가와 도민사회에 봉사할 수 있는 기회를 가질 수 있었던 것에 대해 큰 보람과 긍지를 느끼고 있습니다. 그러나 무엇보다도 보람 있고 행복했던 것은 고향 어르신들과 선후배들과의 만남이었습니다. 중앙도민회와 시군민회 등 각종 행사에 참여하며 많은 고향 분들을 만나 뵙고 인사 나누며 가까이 할 수 있는 기회를 가졌습니다. 3년간 제가 만난 고향 분들이 대략 천여 명이 넘는 것 같습니다. 모두 귀한 고향 분들로 기억하고자 합니다.
　오늘 이 자리에는 사랑하는 저희 가족도 참석하였습니다. 가족은 늘 저에게 큰 힘이 되었고 따뜻한 안식처였습니다. 부족한 저를 늘 이해하며 사랑으로 감싸준 아내 임희정 여사에게 감사하는 마음 전합니다. 사랑하는 두 딸과 아들과 같은 두 사위 그리고 도연, 제인, 제윤이 세 손녀에게도 고맙다는 말 전합니다. 도연아!, 제인아!, 제윤아! 고맙다.
　오늘 우리 평남은 조명철 전 의원님을 제19대 평남도지사로 맞이하게 되었습니다. 조명철 신임 도지사님은 통일문제에 대한 풍부한 지식과 경험을 갖춘 분으로 앞으로 평남 도정을 이끌어 가시면서 큰 업적을 남기실 걸로 확신합니다. 신임 조명철 도지사가 이끌어 가는 도정과 도민사회가 서로 이해하고 협력하여 내실을 기하며 평화통일에 한 걸음 더 다가갈 수 있기를 바랍니다.
　존경하는 평남도민 여러분!
　오늘 저는 여러분 곁은 떠나지만 한 사람의 평남도민으로 돌아가 항상 여러분과 함께할 것입니다. 그동안 저에게 베풀어 주셨던 관심과 사랑에 다시 한번 감사드리며 늘 건강하시고 행복하시기를 기원합니다. 그동안 감사했습니다.

〈제18대 평남도지사 이임식〉

이임식을 마치고 가족들과 평창동의 봄 파스타집에 가서 저녁을 함께 하였다. 사랑하는 가족들이 있었기에 대과 없이 평안남도 지사직을 잘 수행했다고 생각한다.

집으로 돌아오니 갑자기 온몸에 힘이 쭉 빠지는 것 같았다. 무거운 짐을 벗었다는 안도감 때문일까, 지난 3년간 매일 매일 긴장하며 살아오지 않았나 하는 생각도 들었다. 거실 소파에 앉아 있으니 아내가 시원한 식혜를 갖다 주었다. 아내가 옆자리에 앉더니 내 손을 잡으며 다정한 목소리로 말했다. "여보, 그동안 수고 많이 했어요. 정말로 큰일 하셨어요. 당신이 자랑스러워요" 아내의 말에 갑자기 눈시울이 뜨거워졌다. 아내는 조용하며 생각이 깊은 사람이다. 요란한 공치사는 애시당초 어울리지 않는 사람이다. 칭찬이 인색해서가 아니라 원래 성품이 그러하다. 그런 아내한테서 평소 아내답지 않게 최고의 찬사를 들으니 기쁘지 않을 수 없었다. "모든 것이 다 당신 덕분입니다" 나의 이 말은 진심이고 사실이다.

아내와 손을 잡고 지난 세월을 회상해 보았다. 지나온 세월 정말 잘 살아왔고 성공적인 삶을 살아왔다고 자부하고 싶어졌다. 물론 살아오는

5. 내가 걸어온 길

동안 좌절과 실패, 슬픔과 절망, 억울함과 분노, 처절한 경쟁과 배신 그리고 비열한 싸움이 나에겐들 왜 없었겠는가. 때로는 참 힘들었고 마음에 상처도 받고 가슴 아린 아픔도 수없이 겪어 보았다. 그러나 어느 경우라도 남을 탓하지 않았고 쉽게 좌절하지도 않았다. 역경에 처하였을 때마다 용기를 잃지 않고 나를 담금질하며 결코 물러서지 않고 앞으로, 앞으로 전진하였다. 실패는 다음 도전의 밑 걸음이 되도록 하였다. 절망은 희망으로 승화하였고 분노와 미움은 포용과 화해로 극복하였다. 나와 만나고 함께 일하며 만났던 사람들 모두에게 최선을 다하려고 노력하였고 진심으로 성의를 다하여 왔다. 오늘 나에게 이런 영광의 기회가 주어진 것은 이런 나의 인생관과 인생역정의 자연스런 과정이며 인과 결과라고 말한다면 너무 과한 표현일까?

아내와 함께한 지난 46년간의 세월을 회상하며 서로 마주 보며 빙그레 웃었다. 그러나 생각해 보면 오늘에 내가 있기까지 내가 어느 정도의 성취를 이룰 수 있었던 것은 집사람의 착한 마음과 사려 깊은 심성에서 비롯된 덕이라고 나는 생각한다. 사주와 관상을 보는 사람들의 말에 의하면 남자의 운세, 그중에서 관운은 남자 혼자만의 사주팔자로 만으로는 되지 않는다고 한다. 본인의 사주에 배우자의 사주가 잘 도와주어야 된다는 것이다. 그 말은 정말 맞는 말이다. 여러 가지로 부족한 나에게 아내와 같은 훌륭한 품성의 배우자가 있었기에 나에게 특별한 관운과 성취가 있었던 것이라고 생각한다.

본업으로 돌아오다

평남지사 직에서 물러난 후 바로 본업에 복귀하였다. 사무실도 안양 두산벤처다임에서 양재시민의 숲 역 부근으로 옮겼다. 지난 3년 동안 나 대신 송 사장과 윤 사장이 열심히 해준 덕분에 회사는 착실하게 운영되었다. 고마운 일이다. 이제 본업에 복귀했으니 나도 열심히 일하려고 한다. 직원들은 잘 모실테니 그냥 자리만 지켜달라고 하나 내 성격상 가만히 앉아 있을 수는 없다. 나도 내 몫은 해야할 것이다.

평남 지사직을 그만두었으나 평남중앙도민회 상임고문직을 맡게 되어 도민회 활동은 여전히 전과 같이 하고 있다. 당연히 그래야 한다고 생각한다. 양덕군민회 활동에도 열심히 참여하여 활동하고 있다. 양덕군민회 유지모임인 양우회 회장직을 여전히 맡고 있으니 양우회장 직분도 충실히 하려고 한다.

평남지사로 봉직하는 동안 여러 기념사업회에 관계하여 활동하게 되었다. 도지사 취임 며칠 후에 도산 안창호 선생기념사업회를 방문하여 김재실 회장께 인사를 드렸다. 겨레의 큰 스승이며 평남도민의 자랑인 도산 선생을 생각하며 평남도지사로서 조그만 역할이라도 맡겨주시면 마다 안겠다고 말씀드렸다. 나의 말에 감동한 김재실 회장께서는 맞장구를 치시며 나에게 평남지사는 도산 안창호 선생기념사업회 당연직 이사가 되어야 한다고 하여 기념사업회 이사직을 맡게 되었다. 젊은 시절 선생을 흠모했던 나로서는 영광이 아닐 수 없었다. 그 후 도산 선생의 기념사업회 행사에는 꼭 참석하여 선생을 기리며 선생의 애국애족과 독립정신을 널리 알리는 데 일조하고 있다. 현재는 기념사업회 부회장으로 활동하고 있다. 분에 넘치는 자리이지만 선생의 숭고한 정신을 널리 현양할 수 있음에 긍지와 보람을 느낀다.

일제 강점기 시대에 제3대 조선 총독으로 부임한 사이토 마코토를 향해 남대문 역(현 서울역)에서 폭탄을 투척하여 비록 그 뜻은 이루지 못하였지만 일제의 간담을 서늘하게 하였고 일제의 한반도 강점 후 무기력해진 조선의 청년들에게 큰 용기와 깨우침을 준 평남 덕천군 출신 왈우 강우규 선생기념사업회에서도 고문으로 활동하고 있다. 지사 취임 전부터 활동하였는데 그때는 이사로 활동하였다. 기념사업회 장원호 전 평남중앙도민회장께서 기념사업회를 열정적으로 운영하여 의사의 의거를 젊은 청소년들에게 널리 알리는 데 큰 역할을 하고 있다. 나도 옆에서 조그만 힘이라도 보태고 있음에 감사한다.

5. 내가 걸어온 길

2020년은 홍범도 장군의 봉오동·청산리전투 승전 100주년이 되는 해였다. 평양시 출신 독립군 대장 홍범도 장군의 위대한 업적을 기리기 위해 평남도청을 비롯한 이북5도청은 장군의 업적을 기리기 위해 대대적으로 전시회와 기념식을 거행하였다. 봉오동·청산리 전투 기록사진과 명동촌과 용정을 비롯한 북간도 지역 조선인의 독립투쟁기록을 정리하여 두 권의 책자를 발간하였다. 함북지사로 계셨던 김재홍 지사는 명동촌을 건설한 독립운동가 김약연 선생의 증손자였다. 김 지사가 수집한 각종 희귀사진과 기록들을 정리하여 <독립전쟁! 그 현장을 가다>라는 제목의 책자를 발간하였다. 책자 발간 과정에 홍범도장군기념사업회 이사장을 맡고 있는 우원식 국회의원을 만나게 되었다. 우원식 이사장께 발간 축사를 부탁하기 위해서였다. 그 후 기념사업회와 긴밀하게 연락하고 협의하는 과정에서 기념사업회에 동참하게 되었다. 기념사업회 이사로 활동하며 홍범도 장군의 업적을 현양하는 기념사업회 이사로서 작은 힘이라도 보태고 있다. 2022년 10월에는 장군이 그동안 영면해 있던 카자흐스탄 크즐오르다를 방문하여 장군의 기념 묘역을 참배하고 장군의 이름을 딴 거리도 걷고 왔다.

청해이씨 대종회 회장이 되다.

나는 청해이씨 추밀공파 세번파로 휘 이지란 시조 할아버지의 22대손이다. 이지란 할아버지는 고려말에 이성계와 의형제를 맺고 이성계와 함께 왜구를 물리치고 북방을 정벌하는 등 큰 공을 세운 분이다. 이성계와 생사고락을 함께하며 크고 작은 전투에서 많은 공을 세웠다. 그 후 이성계와 의기투합하여 위화도 회군에 참여하고 조선 건국에 일등 공신이 된 분이다. 평생을 나라에 충성하고 대의를 따르는 충절의 상징이셨다. 2세인 화상, 화영 선조님도 조선 초기 훌륭한 무장으로 큰 공을 세웠다. 특히 화영 선조님은 수많은 여진족을 귀화시키고 여진족의 근거지를 두만강 이북 쪽으로 올려 오늘날 우리나라의 영토 강역을 두만강 위쪽으로 확정하는 데 지대한 공을 세운 분이다. 이후 수많은 청해이씨 가문의 선조들이 문과와 무과에 급제, 조정에 출사하여 나라에 충성하고 국난의 위기에는 목숨을 바쳐 나라에 충성해온 조선시대 명문 중에 명문 가문이다. 이런 빛나는 전통을 이어온 가문에 2023년 4월 30일 대종회 춘제시에 영광스럽게도 회장으로 추대되어 청해이씨 대종회 회장으로 활동하고 있다.

나는 사회생활을 해오면서 여러 봉사단체나 친목 모임 활동에 적극적으로 참여해왔다. 사람 사귀는 것을 좋아하고 모임 활동에 즐겁고 적극적으로 활동하다 보니 크고 작은 모임에 대표로 활동을 많이 해왔다. 일단 책임 있는 자리를 맡게 되면 열심히 봉사하였다. 70대 후반에 들어서며 모임을 줄이고 대외활동도 줄여볼까 생각도 하지만 주위에서 놓아주지 않으니 당분간은 어려울 것 같다. 그것도 팔자려니 생각한다.

대학 동기모임 총무를 시작으로 재상봉 25주년과 50주년 총괄운영위원장, 연세대 상경대학 총동창회 상임부회장과 연경산악회 회장, 연세대학교 경영대학원 총동창회 상임부회장, 동 총동창회 산악회 총무, 연세대학교 경영대학원 석사동기회 회장(연길회 회장), 리스회사 간부 미국 연수동기 모임인 월셔클럽 회장, 고려대학교 경영대학원 금융최고위과정 제10기 동문 친목 모임 회장, 서울과학기술대학교 총동문회 수석부회장 등 동문 관련 모임은 물론 국제 3대 민간 봉사단체 중에 하나인 국제키와니스클럽의 한국지부 사무총장과 재무총장을 거쳐 제2 지역 담당 부총재를 맡아 봉사활동을 젊은 시절 오랫동안 하였다.

애향 활동을 하면서는 양덕군민회 유지모임인 양우회의 부회장을 시작으로 평남중앙도민회 부회장, 평남행정자문위원, 양덕군민회 회장을 역임하였다. 양덕군민회 회장은 회장을 맡은 지 3개월 만에 평남지사로 임명되는 바람에 부득이 군민회 회장직을 사임하고 말았다. 그리고 이북도민통일아카데미라는 통일문제연구모임을 만들어 이북도민들과 함께 통일문제를 연구하고 독서 토론회를 통하여 통일문제에 대해 서로의 의

5. 내가 걸어온 길

견을 나누며 민간차원의 통일 운동도 하였다. 이러한 폭넓은 인적교류과 모임활동을 통하여 나의 교제 범위와 인적 네트워크는 심화 확대되었고 나의 식견과 인격이 넓어지고 높아짐을 느꼈다.

지나온 77년간 내가 걸어온 길을 주마간산 식으로 정리해보았다. 어려운 일도 많이 겪었지만 기쁘고 즐거웠던 일이 나에게 더 많았던 것 같다. 타고난 낙천적인 성격 탓일 수도 있다. 생각해보면 운도 따랐고 주위에 도움을 주는 사람도 많이 만났다. 그러나 노력하며 열심히 살아왔고 언제나 정직하고 성실하게 살았다. 일을 맡게 되면 열과 성의를 다하여 최선을 다했고 때론 찾고 만들어서 일을 하기도 했다. 매사 감사하며 작은 성취와 작은 행복에도 만족하며 살았다. 결코 좌절하거나 꺾이지 않았다. 걷다가 돌에 걸려 넘어지면 훌훌 털고 웃으며 다시 일어났다. 나를 낳아주신 부모님, 훌륭한 선생님들, 좋은 친구들 그리고 동료 선후배들 모두 내가 그들에게 해준 것보다 내가 받은 것이 더 많았다. 무엇보다도 나의 인생의 반려자인 임희정을 하나님께서 선택하여 나와 인연이 되게 해주신 것에 대해 감사한다. 여러 가지로 부족한 나에게 사려 깊은 말과 행동으로 때론 따뜻한 마음으로 바른길을 알려주고 위로해주었다.

지난 77년간 뚜벅뚜벅 앞만 보고 걸었다. 때론 빠르고 걷기도 하고 조금 쉬면서 천천히 걷기도 했다. 평탄한 길도 걸었고 때론 가파른 길도 힘겹게 걸었다. 걷다가 돌뿌리에 채여 넘어지며 상처가 나고 피를 흘리기도 했다. 그러나 돌뿌리를 탓하지는 않았다. 곧바로 일어나 훌훌 털고 앞을 향해 걸었다. 그렇게 걸어오며 수없이 많은 사람들을 만났다. 만났던 사람 모두 나에게는 귀한 인연이었다. 때론 그들을 귀한 인연으로 만들려고 했고 귀한 인연이 되려고 했다.

앞으로도 계속 앞을 보며 걸을 것이다. 그러나 이제는 천천히 주위도 보고 여유있게 걸으려고 한다. 혼자 걷지 않고 옆 사람의 발걸음 맞춰가며 함께 걸을 것이다. 걸으며 힘들게 걷는 사람, 넘어지는 사람 보이면 부축하고 힘이 되어줄 것이다. 앞으로 어느 만큼 더 걸어갈지 알 수 없지만 앞으로 가는 길의 이야기를 이글에 보태어 언젠가는 『나의 길 나의 삶-My Way and My Life』이란 제목으로 회고록을 내 보려고 한다.

내가 걸어왔던 길 위에 만난 모든 분에게 감사한다. 특별히 나의 인생의 동반자 사랑하는 임희정 님과 나의 두 딸 가족에게 한없는 사랑과 감사드린다.

6. 발간 축하 메시지

발간 축하 메시지
(메시지 도착순)

- 늘 다정다감했던 대학 친구가 평안남도지사가 되었다 했을 때 명예직으로 생각했었습니다. 그런데 실제로는 중요한 업적을 남겼군요. 하루도 빠짐없이 업무일기를 쓴 것을 보고 나서 큰 감명을 받았습니다. 이 지사의 일기는 언젠가 이루어질 남북통일을 위한 작은 밀알이 될 것이라 생각합니다. 『평양감사 1054일』 발간을 축하합니다.   -연세대학교 명예교수 김준석

- 『평양감사 1054일』 상재를 축하드립니다. 조선 시대의 최고의 관직인 평양감사를 하시면서 공적을 쌓았으니 후대에 귀감이 될 것입니다.
  -홍범도 장군 기념사업회 부이사장 황원섭

- 평남남지사 재직 중에 하루도 빠짐없이 도정일지를 기록하여 『평양감사 1054일』 이름으로 책 발간한다 하니 진심으로 축하하네. 지사 시절을 보람있게 보낸 결과 아닌가 생각하네. 모든 일에 열정적으로 도전하는 모습이 늘 존경스럽네. 다시 한번 축하하네.   -전 태일정밀 부사장 장규현

- 역시 명우는 대단해… 우리 같은 凡人은 아니네… 50대였으면 그 재주를 더욱 빛낼 수 있었으련만…   -전 삼성전자 상무 한창균

- 지사님 『평양감사 1054일』 출간을 진심으로 축하드립니다.
  -전 삼성경제 고문 부윤경

- 진심으로 『평양감사 1054일』 출판을 축하드립니다.   -닥터딥 회장 정내하

- 평양감사로 봉직하시는 기간 『평남을 빛낸 인물 90인』을 발간하심으로 이명우

지사님은 이제 평남을 빛낸 101인에 선정되셨습니다. 발간을 축하하오며 건승을 기원합니다.   －이북5도담 은라이프상조 이윤창 대표

- 회장님! 축하드립니다. 지나온 세월이 때로는 힘들고 고달픈 날들이 많았을텐데 이에 굴하지 않고 많은 사람들을 위해 더 나아가 국가를 위해 애쓰신 지난날들을 되돌아보면 실로 무한한 존경과 감사의 말씀을 올립니다.
  －산청에서 전 부산리스 서울지점장 정규일

- 평남지사와 이북5도청의 중책을 무사히 마침도 대단한데 재임 봉직을 책으로 내다니요, 동문으로 부럽기도 하고 후원합니다. 대단하십니다. 성공적인 출판이 되길 기원합니다.   －고양 특례시에서 고교동창 장영호

- '평양감사도 저 싫으면 그만'이라는 속담도 있는 데 반해 무려 1054일을 봉직하며 평남 도정을 꼬박 일기로 담아 세상에 내놓았습니다. 언제나 주위에 훈훈하고 선한 영향력을 실천하는 이명우 지사의 열정과 노력에 경의를 표하며 출판을 고대합니다. 동창 친구 모두에게 일독을 권합니다.
  －인천에서 고교동창 박인기

- 훌륭한 작품 기대가 됩니다. 대단하십니다. 파이팅입니다. 이명우 평안감사는 우리 고려대학교 경영대학원 고경회 멤버 중에서 공전절후(空前絶後)요 유일무이(唯一無二)입니다. 앞서도 없었고 뒤에도 없고 오직 하나뿐이고 둘도 없는 이름입니다. 『평양감사 1054일』 발간을 진심으로 축하드립니다.
  －고대경영대학원 고위금융정책과정 제10기 초대 회장 이해문

- 3년의 도정일기, 『평양감사 1054일』 발간을 진심으로 축하드립니다. 동행의 가치를 높이시고 도민 사랑을 실천하신 이명우 도지사님의 진심을 글로 보게 되어 기쁘기 그지없습니다.   －평남 양덕군 명예군수 박영철

- 하루하루의 기록이 평남 일기가 되었네요. 그것 또한 돌아보면 상임고문님께서 기록하신 자료일 것입니다. 이 또한 지사님 하시면서 추억의 한 페이지이네요. 발

6. 발간 축하 메시지

간을 축하드립니다.　　　　　　　　　　　-평남 양덕군민회 상무 김정현

- 평안남도 도지사로서 영역을 새로이 개척하셨습니다. 『평양감사 1054일』을 진심으로 축하드립니다.　　　　　　　　　　-평남 양덕군민회장 박성영

- 이명우 회장님은 늘 모임을 중히 여기고 회원 한 사람 한 사람에게 사랑과 애정을 보여주시고 늘 우리 모두에게 영원한 사표이십니다. 우리 후배들도 회장님의 뒤를 이어 꿈과 열정을 가지고 우리 자신보다 나라와 주위를 먼저 생각하고 사랑하며 자유민주주의 국가건설에 일조할 것임을 다짐합니다. 우리의 큰 스승이자 선배님! 회장님의 역저 『평양감사 1054일』 발간을 진심으로 축하하는 바입니다.　　　　　　　　　　　　　-㈜신영 감사 구자형

- 60년 지기 나의 친구 이 지사님, 평남도지사라는 중책을 잘 마치고 『평양감사 1054일』이라는 도정일기를 출간한다니 진심으로 축하드립니다. 우리 생애에 통일이 되어 함께 평양 한번 가보기를 소원합니다. -전 경남은행 서울지점장 장승우

- 끈임없는 자기계발에 대한 욕구와 언제나 긍정적인 마음으로 목표를 향해 전력투구하는 모습이 너무나 멋집니다. 도정일지 출간을 진심으로 축하합니다.
　　　　　　　　　　　　　　　　　　　-전 SK건설 계열사 사장 유재기

- 평남지사 이명우 님을 처음 만나 뵌 것은 대략 47년 전, 언니와 함께 인사를 하러 저희 집에 오셨을 때였습니다. 당시 어렸던 저에게 지사님을 보는 순간 인자하신 부처님의 얼굴이 떠올랐습니다. 모든 사람을 귀하게 대하시며 사시는 모습으로 제가 처음 받았던 인상을 늘 지켜 오셨습니다. 평남지사라는 중책을 기쁨으로 수행하시는 중에도 매일 일기를 쓰셔서 『평양감사 1054일』을 발간하시다니 그간의 노고와 열정에 큰 기립 박수를 보내드립니다.
　　　　　　　　　　　　　　　　　　　　　　　-막내 처제 임재신

- 제부는 인성이 맑고 조화로운 삶을 사는 훌륭한 분으로 늘 존경스럽습니다. 『평양감사 1054일』 발간을 축하합니다.　　　　　　　　-서예가 임희경

- 성경 말씀에 믿음·소망·사랑이 있어야 한다고 강조하면서 그중에서도 가장 위대한 것은 사랑이라고 말합니다. 형님의 동료. 형제 그리고 이웃들에 대한 사랑과 배려심은 예수님을 닮았다고 말해도 지나치지 않습니다. 그러하신 형님께서 이번에 『평양감사 1054일』을 발간하시다니 진심으로 축하드립니다. 이런 일을 베푸신 하나님의 은혜에 감사드립니다.   - 아랫동서 김수연

- 열린 마음과 긍정적이며 적극적인 삶을 사시면서 높고 낮음이 없이 모든 사람들을 포용하며 사랑하는 형부를 존경합니다. 이번에 펴내시는 『평양감사 1054일』의 발간을 진심으로 축하드립니다.   - 처제 임희순

- 존경하는 이명우 지사님의 『평양감사 1054일』 발간을 진심으로 축하드립니다. 우리 고향 양덕군의 자랑입니다.   -전 양덕군 명예군수 김병수 장로

- 『평양감사 1054일』 발간을 진심으로 축하드립니다. 소중한 일상의 기록을 남겨 후세에 활용토록 하신 뜻에 깊은 존경의 마음을 드립니다.
  　　　　　　　　-전 청해이씨 대종회장, 전 홍성시 부시장 이홍집

- 『평양감사 1054일』 도정일기는 이명우 님이 지난 3년간 평남지사로 재직 시 공과 과를 한눈에 볼 수 있는 자료로서 감히 이순신 장군의 '난중일기'에 노량해전에서 결정적인 승리를 거두고 최후를 맞이하기까지의 약 7년간의 '난중일기'에 버금가는 귀중한 자료라고 생각합니다. 소중한 자료 책으로 출간하게 되어 축하와 함께 많은 사람들에게 貴談이 될 수 있기를 바랍니다.
  　　　　　　　　-전 국방관리연구소 책임연구원, 시니어 모델 윤일선

- 『평양감사 1054일』 - 묵언으로 어떤 경지에 이르는 일이 가능할까요? 언어와 기록이 역사를 이루어낸다고 생각합니다. 낯선 언어를 해독하시며 수용하는 과정에서 수많은 막힘과 굴곡졌던 일들도 의연하게 극복하시고 체계와 구조를 올바르게 이해하시고 막힘없이 풀어내시며 봉직하시더니 기록화 작업까지 하시며 평양감사의 소임을 마무리하시네요. 임기 동안 기록화 작업에 쏟으신 시

6. 발간 축하 메시지

간과 정열에 힘찬 박수와 존경의 마음을 올립니다.
-평안남도 무형문화재 제1호 평양검무 인간문화재 임영순

- 이명우 지사님의 평남도지사 재임 기간 중 업적, 일정, 추억 등을 담은 『평양감사 1054일』발간을 축하하며 함께 동참하게 되어 영광으로 생각합니다. 저는 이명우 지사님과 2021년 4월부터 지사님 퇴임 시 2022년 8월까지 약 1년 4개월 동안 함께 이북5도청에서 함남도지사로서 근무하며 이 지사님 옆에서 지사님의 일상을 유심히 관찰할 수 있는 기회를 가졌습니다. 이 지사님은 매사를 언제나 깊게 생각하시며 조그만 일도 허투루 넘기는 일이 없는 매우 용의주도하고 꼼꼼한 분이셨습니다. 그리고 일을 처리할 때 전혀 독선적이지 않고 타협하며 상대를 배려하는 마음이 넓으신 분입니다. 나는 연배가 후배인데도 동료 지사로 깍듯이 대해주시며 가끔 개인적으로 찾아뵐 때 항상 따뜻한 미소로 고향 형님같이 자상하게 대해주시던 모습이 기억에 남아있습니다. 강한 이북기질인 평양도 기질이라는 이미지와는 달리 항상 따뜻한 미소를 머금으며 상대를 편하게 해주시는 성품은 어디서 유래하는지 곰곰이 생각해 봤는데 그건 개인적 따뜻한 성품 특성에서가 아닌가 생각합니다. 이걸 굳이 충청도 논산에 연고가 있어 충청도 기질이라고 치부하고 싶지는 않습니다. 그는 강인한 이북사람이기 때문입니다. 지금은 이 지사님도 나도 도지사를 퇴임하고 함께 가끔 만나는 모임을 갖고 있습니다. 자주 뵙는 동안 지속적으로 이 지사님의 기품을 건네받고 행복한 시간을 가졌으면 합니다. 도지사로 만나기 전에도 한두 번 인생의 만남이 있었던 우리의 인연이 계속 이어져 아름다운 순환적 운명적 관계가 지속되기를 희망합니다.   -전 함남도지사, 고려대 명예교수 이진규

- 수고 많으셨습니다. 건강 챙기시고 늘 웃는 모습 보여주셔서 고맙습니다. 『평양감사 1054일』출간을 진심으로 축하드립니다. -청해이씨 대종회 이사 이상호

- 『평양감사 1054일』발간을 축하드립니다. 매사에 꼼꼼하시고 틈틈이 재기 넘치는 글을 발표하시더니 이번에 그동안 기록하신 도정일기를 펴낸다 하시니 축하를 드립니다.   -전북대 명예교수, 연세 쿠사 동문 신무섭

- 바쁜 도정을 시행하는 일만으로도 그리 만만치 않은 것을, 하루 일상을 정리 마감하는 그 자세가 오늘날 특히 공직자들에게는 귀감이 되리라고 생각한다. 먼저 저자의 그 집념과 열정에 찬사를 보내며 고향을 떠나온 실향민들에게 울림과 공감을 나누는 계기가 되었으면 한다.

  -임실 우거에서 60년 지기 중학 동창 재민

- 나와 이 지사는 63년 전부터 중학교 3년간의 시절을 같은 반에서 지낸 동창생이다. 그는 일찍이 중등학교 생활 전반에 걸쳐 두각을 보여 그의 모범적인 그때 모습에서 장래에 대성할 자질을 고루 갖춘 인물임을 예감할 수 있었지요. 그래서 그와는 더욱이 친근하게 지냈던 추억이 늘 생각납니다. 그 후 친구는 내가 기대했던 바와 같이 명문대학에서 공부하여 풍부한 지성을 닦고 사회에 진출하여 금융기관을 시작으로 여러 방면에 걸쳐 풍부한 경험을 하며 폭넓은 실무지식, 정확한 판단능력, 공과 사에 관한 분별능력, 정직함과 성실함, 겸손과 배려심 그리고 깊은 인간미까지 고루 겸비한 큰 인물이 되었지요. 마음으로 소중히 아껴왔던 친구임을 비로소 밝힙니다. 그렇게 생각하고 있던 터에 평안남도 도지사에 임명되었다는 소식을 국제전화로 전해 듣고 그날은 온종일 한없이 기뻤습니다. 공직 수행에는 늦은 나이라 생각될 수 있는 그의 나이에 중임(重任)을 맡게 된 것은 그에게 그 소임을 맡기기로 결정한 분들의 안목이 실로 매우 높고 각별히 존경할 만하다고 생각했습니다. 친구들을 초대한 지사 취임 축하 모임에서 평소 마음속으로 소중하게 아껴온 친구가 중요한 공직을 수행함에 있어 평생 동안 닦고 쌓아온 풍부한 지식, 다양한 경험 그리고 훌륭한 자질들을 大任에 아낌없이 쏟아부어 기억에 남는 공적을 남겨 주길 소망한다는 뜻을 전한 바 있습니다. 이 지사는 그런 나의 간절한 소망에 부응하듯 여러 가지 큰 업적을 남겼고 지사 재임기일 1054일간 매일 매일의 일과를 소중히 생각하며 이를 800여 쪽이나 되는 일기에 담아 『평양감사 1054일』이란 표제의 책을 출간한다고 하니 각별한 찬사와 함께 축하를 드립니다.

  -일본 오사카에서 전 외환은행 오사카 지점장 최진호

- 어느덧 세월이 흘러 까까머리 동창들이 어른이 되고 이제는 칠순을 훌쩍 넘기고 있지만 마음으론 늙지 않는 것은 삶에 대한 열정과 정열이 있기 때문입니다.

6. 발간 축하 메시지

친구가 인생의 중요한 공적 생활을 글로 남긴다고 하니 이명우 동창에게 경의를 표합니다. 만고에 변치 않을 동창 친구의 고귀함에 찬사를 보내며 친구의 파란만장한 인생에 숙연함을 느끼면서 이번에 발간되는 도정일지인 『평양감사 1054일』을 기대하며 축하의 박수를 보냅니다. ㅡ㈜KOPECO 회장 박병섭

- 『평양감사 1054일』책 발간을 축하하며 더불어 감사드립니다. 책을 쓴다는 것은, 더구나 자신의 일기를 세상에 내놓는다는 것은, 자신의 옷을 벗고 벌거벗은 몸으로 세상 앞에서는 것과 같다고 생각합니다. 떳떳한 생활, 어려웠던 생활, 국민을 위한 1054일의 생활의 기록을 보며 후배 공무원과 후배들이 인간의 삶의 의미와 정도를 찾는 데 도움이 되리라고 생각합니다. 시작하는 날부터 일기를 쓰셔서 끝나는 날까지 꾸준히 썼다는 것은 지사로서의 하루하루를 누구를 위하여, 나 자신이 무엇을 하고 있는지를 생각하고 또 할 일들을 지시하고 이들을 기록한 것이 아닌가 생각합니다. 공무원으로서 거리낌 없이 자신의 하루하루를 국민 앞에 내놓을 수 있는 지사님의 책임감의 표명에 감사드립니다. 당신 일기 쓸 수 있어? 당신 정직히 당신이 책임을 수행할 수 있어? 라는 질문에 대한 답변이 되겠네요. 이명우 지사님의 용기와 봉사의 마음에 감사드립니다. ㅡ손컨설팅 컴퍼니 대표 손명원(손정도 목사 손자, 손원일 제독의 장남)

- 『평양감사 1054일』 발간을 진심으로 축하드립니다. 그냥 지나칠 수 있었던 소중한 시간 속에 흘러가는 일상적인 감상과 공적인 일을 기록으로 남겨 주신 깊은 뜻에 고개 숙여 감사 드립니다. 또한 "역사는 과거와 현재의 끊임없는 대화이다."라는 에드워드 카의 명언처럼, 이 기록이 후세에게 역사의 업적으로 전해져 미래 그곳에 머무르는 분들께도 큰 선물로 전해질 것입니다. 늘 부지런하시고 겸손하시고 공감과 경청을 바탕에 둔 섬김의 리더십으로 최선을 다하시는 모습이 기억에 남습니다. 이북오도와 여러 활동을 통해 많은 사람들께 보내주신 노고와 사랑에 다시 한번 감사한 마음을 전합니다.

  ㅡ강우규 기념사업회 이사, 전기작가 은예린

- 『평양감사 1054일』의 출간을 모든 경기공전 토사회 회원들과 더불어 진심으로 축하합니다. 평안남도지사 재직 시 발자취를 이처럼 꼼꼼히 기록하고 정리했다

평양감사 1054일 II

는 사실은 참으로 뜻있는 일이라고 생각합니다. 왜냐하면 지나 온 역사를 충실하게 기록하고 돌이켜 보는 일은 곧 새로운 역사를 창조할 수 있는 밑거름이 될 것이기 때문입니다. 사랑하고 공경하는 나의 벗 당하 이명우 회장! 벗과 나의 운명적인 첫 만남은 60년 전 5년제인 국립경기공업고등전문학교 토목과에 입학을 하던 해인 1963년 3월부터입니다. 그러나 벗은 더 큰 뜻을 품고 연대 상대에서 수학하고 금융인으로 사회에 첫발을 내디딘 후 금융기관의 임원으로 재직 국내 기업발전에 크게 기여하였습니다. 그 후 서로 다른 길을 걷던 우리는 이 회장이 한미기초개발 회장으로 재직할 때인 2002년 9월에 재회하여 현재까지 매달 만나 우정을 나누고 있습니다. 우리들의 인연에는 전생에 인연이 있지 않았나 생각됩니다.

세월은 참으로 빠르게 흘러가나 봅니다. 처음 만났던 10대 동안의 청소년들이 이제 팔순을 바라보면서 몇몇 친구는 하늘나라에 있으니 말입니다. 세월의 흐름 속에 벗의 명석한 두뇌와 예리한 판단력, 신의를 소중히 여기고 신뢰하며 특히 남을 배려하는 자상한 마음가짐 그리고 한번 한 약속은 어떠한 경우에도 반드시 지키는 사람으로서 이 회장은 모든 사람에게 회자되고 있지요. 이러한 훌륭한 인격이 귀한 쓰임으로 고향인 평안남도의 지사직에 오르게 되었습니다. 지사직을 수행하면서 국가를 위해 고향 평남을 위해 큰 업적을 남긴 것으로 알고 있습니다. 사랑하고 공경하는 나의 벗 당하 이명우 회장. 이 글을 쓰면서 나는 근간 벗의 일상생활을 떠올려 봅니다. 벗의 활기 넘치는 일상, 생활의 여유로움, 친구들에 대한 각별한 우정. 다방면의 걸친 훌륭한 인간관계, 원만한 사회생활로 즐거운 인생을 보내는 벗은 노성인(老成人)의 모델입니다. 다시 한 번 勞作 『평양감사 1054일』 출간을 진심으로 축하합니다.

-전 철도청 고속철도본부장 및 시설본부장 공학박사 홍만용

- "모교와 고향을 자랑하지 않는 사람은 나라도 사랑하지 않는다"
이 말은 제 고향 강화 석모도에 있는 제 공적비에 쓰여 있는 저의 어록입니다. 바로 이명우 지사가 이와 반대로 그의 고향 평안도와 모교 연세 일이라면 앞장서는 나의 자랑스런 친구입니다. 이명우 지사는 대학 시절 상대, 나는 법대를 다녔는데 그의 고향이 충청도로 알고 있었지요. 똑똑한 상대생들은 실력들이 좋아 비교적 개인 프레이가 심하고 타 대학 내지 타과 친우들과 교제가 많

6. 발간 축하 메시지

지 않았으나, 이 지사는 많이 달랐습니다. 써클 활동도 열심히 하고 넓은 교제로 3선개헌 반대 운동하던 나하고도 가깝게 지냈으니까요.

졸업 후 금융기관에 진출하여 동기생 중 앞장서 임원이 되더니 IMF 이후 퇴임 후 내 앞에 사라졌는데, 어느 날 평남지사로 우리 앞에 나타났습니다. 당시 나는 국회의원으로 활동하고 있었는데, 내 주위에는 유독 평안도 분들이 많았습니다. 특히 연세대학에는 백락준 총장님을 비롯, 방우영 이사장님, 김동길 박사, 심치선 교수, 김동건 선배 또 저희 법대에는 박관숙, 김기범, 정영석 교수님 그리고 요즘 백세 철학자로 많은 국민들에게 가르침을 주시는 김형석 교수님 거기에 내가 젊음을 바친 대한전선그룹 창립자 설경동 회장님도 털산(철산) 출신이시라 평안도에 관하여 비교적 많은 지식을 갖고 있었는데, 이명우 지사를 만나고는 더 이상 그 앞에서 평안도 이야기를 할 수가 없었습니다. 왜냐하면 너무나 진지하게 고향에 관심과 애정을 퍼붓기 때문이다. 평안도 그리고 연세라면 누구보다 하나라도 더 공부하고, 뭔가 도움이 되고자 노력하는 이명우 지사를 나는 존경하고 지지하는 친구가 된 것을 자랑스럽게 생각합니다. 이 지사의 고향 평남에 대한 지극한 사랑과 열정적인 도정업무가 녹아있는 『평양감사 1054일』의 출간을 진심으로 축하한다.

－박상은, 한국학술연구원 이사장(전 대한제당 사장, 경제통상대사, 제18, 19대 국회의원)

- 『평양감사 1054일』은 이명우 지사께서 제18대 평안남도 도지사로 재임하신 1054일의 기록입니다. 글자의 행간에는 많은 땀과 눈물과 삶의 희노애락이 녹아있습니다. 글은 읽는 사람은 행간의 의미를 읽어내야 합니다. 기록을 남기는 일은 아무나 할 수 있는 일이 아니며 성실하고 근면해야 가능한 일입니다. 옛 성현들은 자신들의 일들을 기록으로 남겨 후세에 전하였습니다. 이 지사께서는 재직 중에도 『두고 온 고향, 남기고 싶은 이야기』를 발간하시며 실향민 월남 1세 111분의 소중한 삶을 조명하셨습니다. 그리하여 한국전쟁 70여 년의 분단의 상처를 넘어 월남 1세 어르신들의 삶이 생생한 기록으로 남게 되었습니다. 참 잘하신 일입니다. 모든 것들이 사라지고 소멸되어 가고 있는 이때에 기록의 중요성을 일깨워주시고 당신의 삶을 기록으로 남기시는 지사님께 감사드리며 『평양감사 1054일』의 발간을 축하드리며 늘 강건하시길 기도합니다.

－한국카톨릭평신도회 회장 안재홍

평양감사 1054일 ②

2024년 3월 20일 초판 1쇄 발행

저 자	이 명 우
출 판 사	한국웰스메니지먼트 인스티튜트
주 소	(06785) 서울시 서초구 강남대로 10길 84 삼흥빌딩 2층
대표전화	02-571-1173
이 메 일	hanmi1173@daum.net
출판등록	제2023-000015호(2006.4.18)

ISBN 978-89-93314-98-4(03810)
정가 20,000원

* 잘못된 책을 구입하신 서점에서 바꾸어 드립니다.